U0649441

驾驶人
交通特性模拟研究

赵晓华　李海舰　李振龙　伍毅平　荣　建　编著

Simulation Research
on Driver Traffic Characteristics

人民交通出版社股份有限公司
北 京

内 容 提 要

本书围绕驾驶人交通特性模拟研究进行编写,内容分为三篇,共十章。第一篇为基础理论篇(第一～五章),总结了驾驶人特性和典型驾驶行为,阐述了驾驶人人因实验测试和数据分析基本方法,介绍了驾驶模拟实验平台及其关键技术。第二篇为典型案例篇(第六～九章),介绍了驾驶模拟技术在驾驶人人因方面的典型研究案例,主要包括标志标线设计优化、驾驶行为优化管理、道路交通安全管理、车路协同与自动驾驶等。第三篇为拓展应用篇(第十章),介绍了虚拟现实技术和大数据分析方法在交通人因研究方面的拓展应用,探讨了交通人因研究的发展新趋势。

本书可供广大交通工程及相关专业师生、科研技术人员及工程管理人员等参考使用,指导其基于驾驶人人因基础理论和分析方法开展交通系统评估及优化的相关应用研究。

图书在版编目(CIP)数据

驾驶人交通特性模拟研究/赵晓华等编著. —北京:
人民交通出版社股份有限公司,2023.7

ISBN 978-7-114-18866-4

Ⅰ.①驾… Ⅱ.①赵… Ⅲ.①交通事故—事故分析—中国 Ⅳ.①U491.31

中国国家版本馆 CIP 数据核字(2023)第 115784 号

Jiashiren Jiaotong Texing Moni Yanjiu

书 名	驾驶人交通特性模拟研究
著 作 者	赵晓华 李海舰 李振龙 伍毅平 荣 建
责 任 编 辑	王金霞
责 任 校 对	孙国靖 宋佳时 龙 雪
责 任 印 制	张 凯
出 版 发 行	人民交通出版社股份有限公司
地 址	(100011)北京市朝阳区安定门外外馆斜街 3 号
网 址	http://www.ccpcl.com.cn
销 售 电 话	(010)85285857
总 经 销	人民交通出版社股份有限公司发行部
经 销	各地新华书店
印 刷	北京建宏印刷有限公司
开 本	787×1092 1/16
印 张	31.25
字 数	709 千
版 次	2023 年 7 月 第 1 版
印 次	2025 年 7 月 第 2 次印刷
书 号	ISBN 978-7-114-18866-4
定 价	145.00 元

赵晓华教授邀我给她的专著《驾驶人交通特性模拟研究》写序,我勉为其难。

赵晓华教授原在北京工业大学电控学院教自动控制原理,2007年转到交通工程专业,移志研究驾驶人交通特性。晓华教授聪明睿智,看问题有独到之处,善于发现研究的新视点,找到了用武之地,成为变换专业方向的成功者。为提高教学质量,她带领团队开发了交通信息与控制实训平台,该平台现已被20多所高校采用。她获得北京市高等教育教学成果一等奖二次,被评为第十七届北京市高等学校教学名师、北京市教育系统教书育人先锋。晓华教授勤奋刻苦,有拼搏精神,带领团队使用2003年由挪威订购、2005年安装运转的交通模拟舱,研究驾驶人交通特性。她精选课题,筹集经费,维修机器,甚至亲自动手更新模拟舱部件。她带领团队,经过十多年的深耕,取得了丰硕的研究成果,开创了驾驶人交通特性模拟研究的新局面,为驾驶模拟技术研究与应用之翘楚。相信凝结着团队长期研究成果的这本专著,会带给大家惊喜。

人是交通系统的主体。有交通,就有交通事故。交通安全是交通研究的永恒主题,如同爱情描写是文学艺术创作的永恒主题。发生交通事故的原因很多,统计表明,由视觉不准、判断有误、反应失当等人因造成的事故占90%以上。欲揭示交通事故成因,提高交通安全水平,首选研究驾驶人的交通行为。此外,道路线形设计要协调,需符合驾驶人的识知规律。交通设施的设置、交通管理措施的制定,都要考虑用路人的感受。所以,要深入研究人的交通特性,驾驶模拟技术是很有效的途径。

《驾驶人交通特性模拟研究》一书,阐述了用驾驶模拟技术研究驾驶人交通特性的理论、方法和应用案例。晓华教授系统梳理了驾驶人交通特性及典型驾驶行为,介绍了驾驶人人因实验测试与数据分析方法,由多年研究实践凝练出了驾驶模拟实验平台及其关键技术。该书利于学用,从交通标志标线优化设计、典型道路交通安全设施优化设计、驾驶行为优化管理、车路协同和自动驾驶等几个方面给出了基于驾驶人交通特性的典型应用案例。同时,书中还记述了团队在驾驶人与车路协同方面的最新研究成果,探讨了交通人因研究发展新趋势。

  该书是至今鲜见的既有基础理论分析与实验方法介绍,又有大量应用案例的专著,可为交通行业相关人员研究驾驶人交通特性提供借鉴,也可供交通工程学科师生参考。

  感谢作者的辛劳付出,为交通工程专业增添了一本参考文献。

任福田 口十口岁

2022 年 8 月 19 日

　　道路交通系统是由"人、车、路、环、霾"各要素组成的有机系统。人是交通系统的核心,且驾驶人在道路交通运输中占主导地位,对道路交通系统安全性、高效性和生态性具有重要的影响。明确驾驶人特性及其驾驶行为特征,是有效开展道路交通条件优化和针对性进行驾驶行为管理的基础核心,对于提升道路交通系统的整体运行水平具有重要作用。因此,有必要系统研究驾驶人人因特性及其应用这一根本问题,从而更好地支撑道路交通系统中各要素的相关研究。

　　为便于广大交通工程及相关专业师生、科研技术人员以及工程管理人员系统学习驾驶人人因相关理论知识,掌握驾驶人人因实验测试和数据分析的基本方法,熟悉基于驾驶人人因特性的典型应用案例,进而更好地开展交通规划、设计、运营和管控等交通领域相关工作,北京工业大学赵晓华教授团队基于近10年的研究成果和经验积累,组织编写了本书,以期为我国交通运输工程学科发展提供有益参考。

　　本书聚焦于驾驶人人因特性及应用相关的理论方法、关键技术和工程案例。首先,概述了驾驶人人因要素相关基础理论,系统地总结了驾驶人特性及其典型驾驶行为,进而给出了驾驶人人因实验测试与数据分析的基本方法,并详细介绍了用于开展驾驶人人因实验测试的驾驶模拟实验平台及其关键技术;在此基础上,重点阐述了团队基于驾驶模拟技术开展以驾驶人人因为核心的典型应用案例,主要包括交通标志标线设计优化、典型交通安全设施设计优化、驾驶行为管理优化,以及车路协同和自动驾驶方面的最新研究成果;最后,简要介绍了 VR、Unity、VR + BIM 技术以及大数据分析方法等在交通人因研究方面的拓展应用,并探讨了交通人因发展新趋势。此外,作者将多年积累的实验测试数据形成数据集,与读者共享。读者扫描封面二维码,即可获取与本书内容相关的案例数据,基于此数据和分析方法可复现书中所提及的研究结果,这样能够更加深入理解和应用书中所述理论方法。同时,数据集还可支撑相关实践实训环节,将理论和实践相结合,可以培养学生的综合应用能力。

本书共十章,其中,第一、二、三章和第八章由赵晓华、伍毅平编写,第四、五、六、十章由赵晓华、李振龙、荣建、姚莹、边扬编写,第七、九章由赵晓华、李海舰、翁剑成、李佳编写,全书由赵晓华教授统稿。在编写过程中,国内外多位交通领域行业专家提供了鼎力支持并提出了宝贵的意见及建议。北京工业大学交通运输工程学科博士研究生关伟、张兴俭、丁罕、杜洪吉、黄利华、陈晨、杨丽平、赵妮娜、李洋、李雪玮、郭淼、丁阳、陈兵硕、刘祥敏、张晓龙、陈浩林、付强、张建华、亓航、陈雅楠,硕士研究生李佳辉、吕柳璇、迟景昊、樊兆董、张常奋、林展州、许亚琛、徐文翔、姚翔林、任贵超、陈雨菲、鞠云杰、刘一兵、国景枫、冯笑凡、邢冠仰、陈志雄、梁鲲、朱红臻、董文慧、闫鹏威、何晨曦、刘琪琪、戴义博、张钰、赵子龙、高龙凯,以及本科毕业生杨家夏,为书稿涉及的相关内容和最终成稿做了大量基础工作,在此一并表示诚挚的感谢。

本书笔者在编写时虽倾心落笔、字斟句酌,但因知识有限,书中难免存在瑕疵和不足之处,敬请广大读者指正并慷慨赐教。

编　者

2023 年 5 月

CONTENTS | 目录

第一篇　基础理论篇

第二篇　典型案例篇

第三篇　拓展应用篇

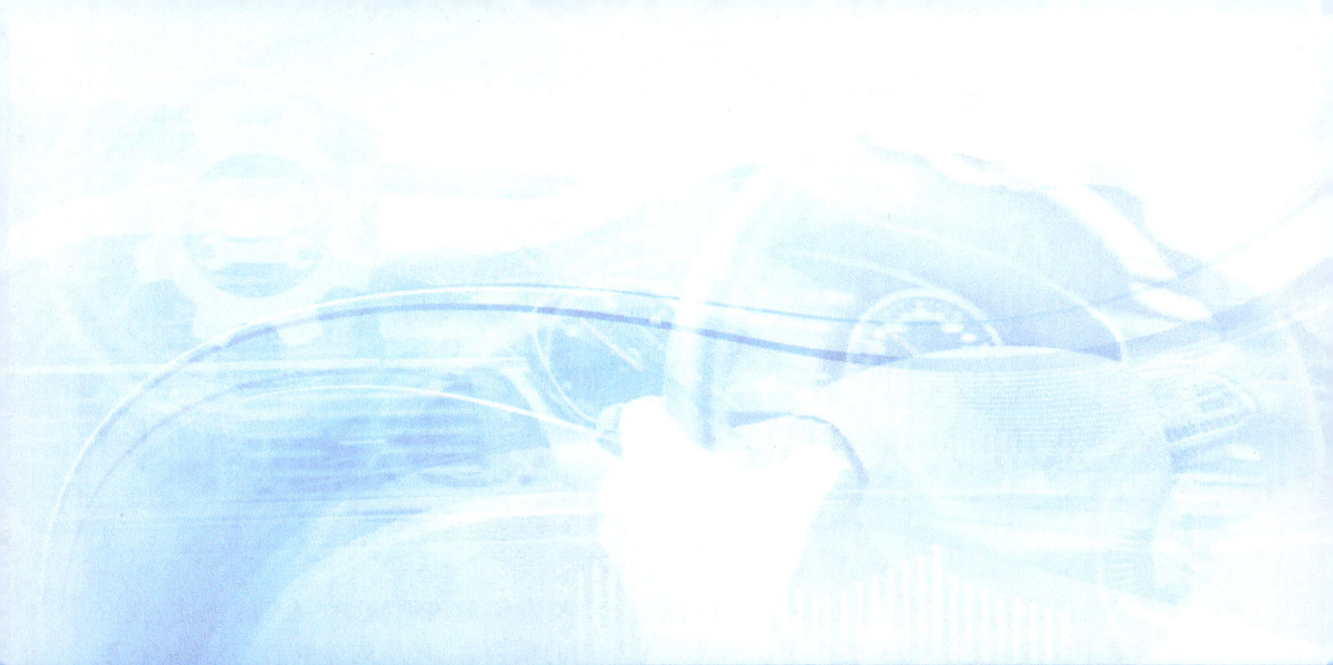

第一篇

CHAPTER 1

基础理论篇

第一章
驾驶人人因概述

　　道路交通系统是一个有人参与的复杂系统,驾驶人作为该系统中"人"的主体,在交通运输中发挥着至关重要的作用。驾驶人是车辆的操控者、环境的体验者、道路的行驶者、管理的执行者,始终在道路交通系统动态范畴中处于主导地位,对保证整个系统的稳定有着非常大的主观能动性,也是影响道路交通畅通程度的关键因素。因此,道路交通系统中各要素设计均应"以人为核心",考虑驾驶人人因因素,满足人因需求。驾驶人人因研究主要以驾驶人个体特征为基础,开展驾驶行为管理及道路交通条件优化,探索网联自动驾驶技术中的人因需求,从而全面提升道路交通系统的安全性、生态性和高效性。

第一节　交通系统组成

　　人、车、路是道路交通系统中最基本的三要素,各要素的特性均受到外部环境的影响,且各要素间的相互关系随时间不断变化,而交通管理能够协调各要素之间的相互关系。可见,道路交通系统是由"人、车、路、环、管"等因素组成的动态开放系统。道路交通系统组成要素间的关系如图 1-1 所示。

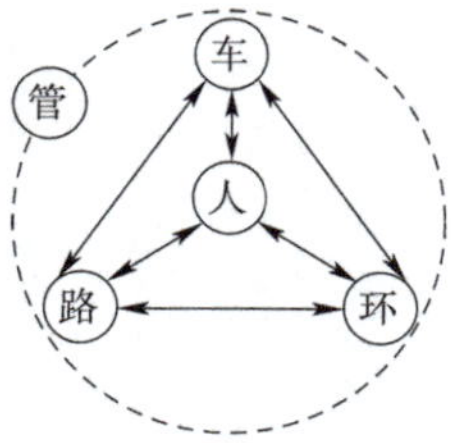

图 1-1　道路交通系统组成要素间的关系示意

1. 人

　　人作为交通系统的主体,在交通系统中具备能动性,可以较好地与系统内其他要素耦合。道路交通系统中的人泛指广义的道路参与者,主要包括驾驶人、行人、骑行者、乘客以及管理者。人的特性对整个交通系统有决定性影响。

2. 车

　　车是人或物的载体,车辆的特征与性能很大程度上决定了道路设计参数,并对车辆操控主体提出了一定的技能要求。道路交通系统中的车辆指行驶在道路上的各种车辆,主要包括小汽车、公共汽车、载货汽车、摩托车、自行车等。车辆的各种性能与操控主体相结合,是影响交通流特性和道路交通安全的关键要素。

3. 路

路是车辆运行的基础设施,是保障运行舒适性、快速性和安全性的主要影响要素,主要包括公路和城市道路等。道路的服务性能,如道路网密度、道路网布局、道路等级、道路线形、道路结构等,必须符合人和车的交通特性。

4. 环

环境能够影响交通系统的其他要素,可以改变交通系统的交通特性。环境主要包括道路景观、自然环境以及交通污染等。其中,道路景观包括绿化、照明、沿线建筑物、附属建筑物以及交通设施等;自然环境包括地理环境和气候条件等;交通污染包括废气污染和噪声污染等。

5. 管

管理是道路交通系统中的核心因素,通过协调交通系统中各要素间的关系,使其扬长避短、相互配合、相互支持,从而确保交通系统在安全性、高效性、生态性、舒适性方面的综合提升。管理主要包括针对人、车、路、环境等要素制定的交通法律、法规、管控等措施。

第二节　交通参与者

作为一个有人参与的复杂系统,道路交通系统参与者的行为特性是决定系统性能的主要因素。道路交通系统参与者出行时往往会受到自身偏好、性格、心理、生理等特性的影响,需要与交通系统中的其他要素相融合,以提高交通系统运行效率和安全水平。道路交通系统参与者主要包括驾驶人、行人、骑行者、乘客和管理者。

1. 驾驶人

驾驶人作为道路交通系统中最核心的要素,在系统中发挥着最为关键的作用。驾驶过程中,驾驶人通常需要在短时间内收集、筛选驾驶环境中大量的交通信息,并将其进行加工和处理,以便快速做出反应和决策。驾驶人作为一类特殊群体,其年龄、性别、驾驶经验等都会存在一定的差异。由于受到环境认知、决策处理与驾驶操作能力的限制,驾驶操控行为也存在一定的不确定性,如对转向盘、离合器踏板、制动踏板等的操作。可见,充分了解和认识驾驶人的交通特性,对道路交通系统综合性能的提升至关重要。

2. 行人

道路交通系统中,行人是各类道路使用者中最脆弱、承受安全风险最高的一类参与者,其具有步行速度慢、出行距离短、占用空间小、通达性高等特征。行人在整合周围车辆运行状态、驾驶人传递的信息以及环境信息后,做出相应的判断决策,并在执行过程中进行动态调整。行人交通特性包括行人生理心理特征、出行目的需求、路径选择行为、障碍规避行为、盲从行为、速度-步幅行走特性等。这些交通特性与行人自身的年龄、性别、出行目的、教养、心境、体质等内在因素相关,也与行人生活区域、周边环境、交通状况等外部因素有关。

3. 骑行者

骑行者作为自行车系统中最为活跃的要素,在道路交通系统中也属于弱势群体,其通过听觉、视觉等感官获得系统中人、车辆、道路、环境等信息。骑行过程中,人们通常最先感知到听觉刺激,并通过双耳效应进行空间定位,进而引导视线的移动。骑行者的视觉和听觉行为均受道路环境影响。环境越嘈杂,骑行者依靠听觉获取信息的干扰程度越大,扫视时间所占比例也就越大,每个注视点持续时间也越短。骑行者的操作行为则取决于骑行者的个人属性、生理感知以及对行为的心理认知,通常受年龄、性别、职业、地域等因素的影响。

4. 乘客

乘客是指为了到达目的地而选择搭载交通工具的参与者。该群体包含乘坐出租汽车、公交车、轨道列车、航空及自动驾驶车等多种载运工具的乘客。乘客出行感受是交通系统服务水平的关注重点,包含出行满意度和出行舒适度等生理心理评价。乘客出行感受的测量可借助主观问卷的心理测量方式,也可结合人因数据采集设备测量心率、肌肉电波等生理指标。乘客个体特征、出行任务属性、服务系统特性和外部环境条件等因素均会影响乘客的出行感受。例如,乘客的情绪态度、出行偏好、出行目的,行车平稳性、行车安全性、出行经济性、道路线形以及车外景观等因素均是影响乘客出行感受的潜在变量。

5. 管理者

管理者决定着道路交通系统运营和管控的科学性及适应性。在获得实时准确的交通运行状态、道路条件、气象特征以及事故特性等信息基础上,实现信息加工、融合、分析及预测,形成调度指挥策略、启用应急处置预案、构建决策支持系统,为道路交通参与者提供综合信息服务,科学合理协调调度,提升交通参与者的出行品质。

第三节　驾驶人人因

道路交通系统需要考虑驾驶人人因,主要指车、路、环、管等要素设计均应"以人为核心",充分满足人的需求。例如,车辆的构造、仪表、操纵系统应当适合驾驶人驾驶操作习惯,道路线形设计要符合驾驶人视觉和交通心理特性,交通标志的大小、颜色、设置地点均应考虑驾驶人的视觉机能,交通法律、法规也应合情合理等。因此,交通规划师和设计师们必须切实了解"驾驶人人因"的内涵,充分认识并考虑驾驶人特性,以确保交通规划与设计满足交通参与者的人因需求。

1. 驾驶人特性

驾驶人作为道路交通系统中的主要参与者,其特性是指驾驶人在行车时,信息处理过程中所表现的自身特性,其因素主要包括生理、心理、行为等。生理特征,可分为性别、年龄、疲劳状态、反应能力等因素;心理特征,包含心理应激、情绪、态度、个性等因素;行为特征,包括信息感知、判断决策、驾驶技能等因素。另外,道路条件、交通状态、运行环境、气象特征等外部条件均会对驾驶人交通特性造成影响,同时以上外部因素也需通过驾驶人自身特性而发挥作用。

2. 车辆与人因

车辆与人因主要是指汽车产品设计中应以驾驶人为核心,运用科学的方法充分研究汽车产品的舒适性、安全性、艺术性,在驾驶人与车辆高度和谐的基础上,创造出符合时代特征和驾驶人需求的交通工具。例如,座椅本体尺寸与形状要符合驾驶人身体特征;仪表板应设置在驾驶人最佳视角,从而有效避免驾驶人视觉疲劳和分心,以利于及时得到信息反馈;中控板设置在驾驶人手可触及范围内;转向盘背面设计成凹凸状,以便于驾驶人双手把握等。

3. 道路与人因

道路与人因是指在道路设计过程中根据驾驶人的行为习惯、心理特征、思维方式以及人体生理结构等特征,实现道路及附属设施的设计和优化,以提升驾驶人驾驶体验感和舒适度。例如,道路线形设计需充分考虑驾驶人视距要求,确保驾驶人看到的曲线恰好落于视距范围内,从而使驾驶人在不需要移动视线或转动头部的情况下即可充分了解道路及交通状况,以提高行车安全性和舒适性,减缓行车疲劳和紧张感。

4. 环境与人因

环境与人因是指在交通环境设计过程中强调"以人为本"的基本原则,将驾驶人作为主体对象,站在驾驶人立场和角度考虑安全出行的可靠性,并以此为基础提升驾驶人出行的安全性及舒适性。例如,设置交通标志时,要充分考虑驾驶人反应时长,合理设置其大小和间距等参数;设计道路照明时,要考虑驾驶人视觉明暗适应能力、夜间视觉特性以及动态视认性;夜间行车时,道路中央分隔带种植树木,以遮挡来向车灯光线,避免驾驶人产生眩光。

5. 交通管理与人因

交通管理与人因是指以驾驶人为主体,利用法制、行政、技术、教育、培训、监管、控制等手段,对交通系统各要素进行合理的限制和科学的组织,使交通运行尽可能安全、高效、绿色和舒适。例如,制定和颁布交通法律法规,建立驾驶人管理制度和诚信体系,构建多种违章与事故处理规则并实施监督;采取临时或局部交通管制措施,控制车辆流向,限制行驶方向等;对驾驶人开展在途风险行为监测和评估、定期宣传和教育,进而提升驾驶人安全文明行车意识。

第四节　驾驶人人因研究现状与趋势

驾驶人人因研究主要以驾驶人个体特征精准辨识与刻画为基础,开展驾驶行为管理及道路交通条件优化,进一步探索网联自动驾驶技术中以人因需求为导向的解决方案,从而全面提升交通系统的安全性、高效性和生态性。其中,驾驶人个体特性是驾驶人人因研究的基础,包含驾驶人个体属性、认知行为特性及生理心理特征;驾驶行为管理,即驾驶行为评估诊断及矫正干预,是指以提升驾驶人驾驶能力为目标,对驾驶人行为特征进行描述、评估、诊断和优化;道路交通条件优化,即道路交通环境的评价甄别及优化甄选,是以驾驶人需求为导向优化道路交通环境等外部条件;网联自动驾驶技术中以人因需求为导向的解决方案则主要探讨车路协同和自动驾驶条件下驾驶人的适应性等问题。

1. 驾驶人个体特性

驾驶人个体特性的不同是造成驾驶行为差异的根本原因。驾驶人个体特性涉及个人属性、生理心理特征、感知-决策-操控-运行特性等要素。相关研究多以驾驶人特性分类为基础,探究不同类别驾驶人特性差异的成因,研究不同类别驾驶人特性对信息感知、车辆操纵及运行状态的影响。

个人属性是驾驶人的基本特性之一,主要包括驾驶人的性别、年龄、驾龄等。相关研究多基于实验测试数据及事故和风险的统计数据,探究个人属性对驾驶人信息感知、判断决策、操作行为、运行状态的影响,分析个人属性与交通事故和风险的关联关系。个人属性的影响涉及驾驶人认知特性、驾驶风格、生理心理因素、社会属性以及车辆运行和交通事故等多个因素,是分类别、精细化开展道路交通条件优化和驾驶人个性化管理的基础。

生理心理特征包含驾驶人视觉、疲劳、心理应激、情绪和性格等因素。驾驶人的生理心理活动贯穿整个驾驶过程,不仅要求驾驶人具备良好的生理机能,还需保持良好的心理状态。相关研究多通过问卷调查、驾驶适应性检测、驾驶模拟实验等手段,探讨驾驶人生理心理因素对驾驶行为表现及行车安全的影响,进而从心理特征角度提出驾驶行为管理措施和交通要素优化方案,这对于交通事故的主动防控具有重要的作用。

认知行为特性指驾驶人的感知-决策-操控-运行认知过程特性,主要体现为驾驶人通过感官系统获取车辆内外信息,经过大脑加工处理与驾驶有关的信息后生成决策方案,进一步校正后通过手、足实现对车辆的操控和运行。相关研究多基于驾驶模拟实验和实车测试等技术,借助眼动仪、脑电仪等设备,获取驾驶人信息感知、决策、操控及车辆运行状态等微观行为数据。通过统计分析和行为建模等方式描述驾驶人在外部环境作用下的特征表现,探究驾驶人认知决策特性与车辆运行状态的关联关系,从而明确驾驶人特性对交通运行状态的影响。

2. 驾驶行为管理

驾驶行为管理主要通过矫正优化驾驶人驾驶行为特征以达到车辆安全、高效、生态运行的目的。目前,相关研究主要集中于解决驾驶行为特性描述、评估诊断及矫正优化等问题,旨在提升驾驶行为管理的科学性、针对性和有效性。

驾驶行为特性描述方面,主要是用驾驶人操作行为和车辆运行状态参数进行特性描述。其中,驾驶人操作行为主要体现在驾驶人对车辆转向盘、变速器操纵杆、加速踏板、制动踏板及离合器踏板等的控制;车辆运行状态则主要表征为车辆位置、车辆速度、加速度、发动机转速、转矩等参数的变化。此外,视觉特征、面部状态、脑电信号、心电波动等也经常纳入驾驶行为特征参数范畴。在特性参数描述的基础上,可借助数学模型实现驾驶行为状态和过程的描述,例如,不同道路条件下驾驶人生态性描述、信号交叉口车辆最优行驶轨迹表达以及最佳驾驶策略模型等。

驾驶行为评估诊断方面,以数据为驱动的驾驶行为评估诊断已成为主流模式和重要手段,国内外学者主要借助驾驶人操控行为和车辆运行轨迹数据,利用聚类分析、多目标决策分析、模糊综合评价、机器学习等方法对个体驾驶行为特征进行等级划分。基于此,进一步采用统计分析、机器学习、因果分析模型等方法建立外部条件和驾驶行为表现间的关联关系,进而挖掘风险、生态、舒适等不同驾驶行为特征的影响因素致因。

驾驶行为矫正优化方面,当前主要分为线下和线上两种方式。线下方式主要包括静态宣教和实操培训。其中,静态宣教主要通过培训手册、网站及其他教育资源开展,实操培训的基础设备和场地主要包括驾驶模拟系统、实验测试场地、实际道路三种方式。线上方式主要借助驾驶辅助系统为驾驶人提供动态驾驶建议,必要时对驾驶行为进行干预和矫正,与线下培训相比,线上方式更具实时性和针对性。由于驾驶人个体特性存在一定的差异,外在知识学习和行为转化过程中会存在一定的滞后、偏差及倾向,因而"千人千面"的差异化、个性化驾驶行为矫正优化方法是主流发展趋势。

3.道路交通条件优化

基于驾驶人人因需求的道路交通条件优化是以驾驶人为核心,在深入分析驾驶人特性的基础上,通过优化道路几何结构、交通设施以及车载人机交互终端等外部条件来满足驾驶人的需求,从而提升行车安全性、舒适性和生态性。目前研究主要集中于探讨外部道路交通环境条件对驾驶人的影响特征、作用机理、效用评价及优化甄选等内容。

影响特征方面,道路交通条件对驾驶人的影响贯穿整个认知过程,大多数研究基于驾驶人视觉感知、行为决策以及车辆运行的链路来刻画外部环境对驾驶人的影响特征。交通标志优化是道路交通条件优化研究中的典型案例,基于驾驶模拟虚拟测试和外场实车测试手段可获取交通标志影响下多维人因数据,遵循驾驶人感知-决策-操控-行为的认知链路,提取交通标志对驾驶人视觉感知、操控行为、运行状态、心理感受的影响规律。然而,交通标志对驾驶人的影响随着行车过程实时改变,如何准确刻画交通标志影响下驾驶行为的动态变化规律、作用程度及序贯关系是当前研究的难点问题。

作用机理方面,与显性影响特征不同,道路交通条件对驾驶人的作用机理揭示了道路交通环境设计参量对驾驶行为表现的驱动关系,具有耦合、隐性、复杂的特点。因此,挖掘道路交通条件对驾驶人的作用机理一直是难点问题。随着数据感知手段的多元化以及数据模型挖掘能力的不断增强,以数据为驱动建立道路交通条件与驾驶行为表现的因果关系,进而解析道路交通条件的影响要素、作用程度、作用过程是当前研究热点,常用方法包括结构方程模型、路径分析模型以及可解析机器学习模型等。

评价优化方面,主要基于对道路交通条件的作用解析,建立道路交通条件评价指标体系,进而构建综合效用量化评价模型,实现不同道路交通环境设计方案的甄选和优化。其中,评价指标体系主要考虑驾驶人"感知-决策-操控-运行"过程、生理心理状态及主观感受,重点解决评价指标的全面性、量化性、多维性等问题。评价优化方法是以车辆运行安全性、顺畅性、平稳性、舒适性、生态性等为目标,构建多目标决策为导向的道路交通条件量化评价模型,实现不同设计方案效用评估和最优方案甄选。

4. 网联自动驾驶和车路协同技术

利用先进的环境感知、无线通信、自动控制等技术,网联自动驾驶和车路协同系统使车辆、基础设施、交通管控终端间的数据实时交互共享,实现人-车-路-环-管几大要素的有机融合,给驾驶人带来了全新的驾驶体验。由于驾驶人是道路交通系统的主体,驾驶人的适应性是检验网联自动驾驶和车路协同系统优劣的标尺。目前,网联自动驾驶条件下的人因相关研究主要体现在车路协同预警、自动驾驶接管、自动驾驶决策算法等内容。

车路协同预警方面,当前主要集中于预警系统设计、评价及优化。研究常基于虚拟现实技术构建车路协同预警系统,针对多种道路条件、交通状态、特殊事件等设计典型应用场景,从驾驶人主观感受以及车辆运行安全性、生态性、高效性等不同维度,实现车路协同预警系统作用效果综合评价,明确驾驶人对车路协同预警系统的适应性,进而提取车路协同状态下综合评估指标体系及作用机理,优化车路协同预警系统的设计参数和综合性能。

自动驾驶接管方面,在探究影响自动驾驶接管因素的基础上,量化接管绩效,并对自动驾驶接管性能提出优化建议。相关研究主要借助虚拟现实技术开展实验测试,探讨自动驾驶接管的主要影响因素并量化其影响程度。接管绩效评价方法主要分为驾驶人主观评价和驾驶人驾驶行为评价两类。针对自动驾驶车辆安全员接管绩效的提升,研究考虑驾驶人人因特性,结合自动驾驶接管情景特征,实现自动驾驶接管系统的交互策略优化设计。

自动驾驶决策算法方面,当前主流算法大致分为三类:基于规则的方法、强化学习方法和深度学习方法。目前,自动驾驶决策算法主要解决车辆不同运行环境条件下安全性、舒适性和生态性问题,通过不断改进车辆感知决策能力提升算法应对不同场景的稳定性和鲁棒性。一方面,针对自动驾驶的不同等级水平,辅助驾驶仍然是决策算法需要考虑的关键问题之一,将驾驶人人因特性与驾驶辅助决策算法融合,实现人机和谐共驾是目前研究的重点方向之一;另一方面,自动驾驶决策算法以提升车辆运行性能和改善交通运行状态为目标,同时,如何充分考虑驾驶人特性,实现自动驾驶的类人决策也是自动驾驶决策算法研究的重要问题。

思考题

1. 驾驶人在道路交通系统中扮演何种角色?有何特点?
2. 驾驶人的哪些个性特征会影响驾驶行为?其影响如何?
3. 交通设施设计中哪些情况考虑了驾驶人的行为特性?请举例说明。

本章参考文献

[1] 朱超. 基于管理因素的道路交通系统安全运行分析研究[D]. 重庆:重庆交通大学,2011.

[2] 赵晓华,荣建,张兴俭. 危险驾驶行为特征提取及识别[M]. 北京:人民交通出版社股份有限公司,2015.

[3] 赵晓华,荣建,张志清. 驾驶行为模拟实验平台及其应用研究[M]. 北京:人民交通出版

社,2013.

[4] 伍毅平,赵晓华,姚莹,等.生态驾驶行为特征识别与优化方法及应用[M].北京:中国建筑工业出版社,2021.

[5] 赵晓华,鞠云杰,李佳,等.基于驾驶行为和视觉特性的长大隧道突起路标作用效果评估[J].中国公路学报,2020,33(06):29-41.

[6] 陈志贵,王雪松,张晓春,等.山区高速公路驾驶人加减速行为建模[J].中国公路学报,2020,33(07):167-175.

[7] 冯忠祥,袁华智,刘静,等.驾驶人个人特征对行车速度的影响[J].交通运输工程学报,2012,12(06):89-96.

[8] 谷传海,郑诗伦.浅论道路交通安全设施对交通安全的影响[J].公路,2020,65(06):164-166.

[9] 程文冬,付锐,马勇,等.驾驶人在手机通话行为中的认知分心图像识别研究[J].中国公路学报,2021,34(05):168-181.

[10] 王雪松,杨俊广,杨筱菡,等.考虑空间相关性的行人宏观安全研究[J].中国公路学报,2018,31(05):136-142.

[11] 王传连.生理因素对驾驶人行为及风险感知影响研究综述[J].中国安全生产科学技术,2018,14(04):155-159.

[12] 冯忠祥,李靖宇,张卫华,等.面向人机共驾车辆的驾驶人风险感知研究综述[J].交通信息与安全,2022,40(02):1-10.

[13] 杨静思,闫学东,段克,等.基于驾驶模拟器的性别对信控铁路道口抵近行为的影响研究[J].中国公路学报,2020,33(06):54-64.

[14] 严利鑫,吴超仲,高嵩,等.驾驶人个体因素对驾驶愤怒情绪影响关系研究[J].交通信息与安全,2013,31(06):119-124.

[15] 伍毅平.生态驾驶行为特征甄别及反馈优化方法研究[D].北京:北京工业大学,2017.

[16] 何石坚.基于驾驶人-车辆-道路-环境全因素的高速公路事故分析与预测方法[D].广州:华南理工大学,2019.

[17] 宗长富,代昌华,张东.智能汽车的人机共驾技术研究现状和发展趋势[J].中国公路学报,2021,34(06):214-237.

[18] 冯树民,黄秋菊,张宇,等.驾驶人"感知-决策-操控"行为模型[J].交通运输系统工程与信息,2021,21(01):41-47.

[19] 杨松,胡立伟,薛刚,等.高速公路交通设施对驾驶人动态视觉特性影响分析[J].价值工程,2016,35(04):212-214.

[20] 赵晓华,陈雨菲,李海舰,等.面向人因的车路协同系统综合测试及影响评估[J].中国公路学报,2019,32(06):248-261.

[21] PETRAKI V,ZIAKOPOULOS A,YANNIS G. Combined impact of road and traffic characteristic on driver behavior using smartphone sensor data[J]. Accident Analysis & Prevention,2020,144:105657.

[22] 徐筱秦,冯忠祥,李靖宇.驾驶员接管自动驾驶车辆研究进展[J].交通信息与安全,2019,37(05):1-8.

[23] 吴超仲,吴浩然,吕能超.基于间接共享控制的智能车协同接管方法[J].中国公路学报,2022,35(03):101-114.

[24] 鲁光泉,赵鹏云,王兆杰,等.自动驾驶中视觉次任务对年轻驾驶人接管时间的影响[J].中国公路学报,2018,31(04):165-171.

[25] 吕能超,郑梦凡,郝威,等.基于客观风险感知特性的前向碰撞预警算法优化与标定[J].交通运输工程学报,2020,20(02):172-183.

[26] 史云霞.基于 LSTM 和蚱蜢优化算法的自动驾驶决策算法研究[D].长春:吉林大学,2021.

[27] JAHN G,OEHME A,KREMS J F,et al. Peripheral detection as a workload measure in driving: Effects of traffic complexity and route guidance system use in a driving study[J].Transportation Research Part F:Traffic Psychology and Behaviour,2005,8(3):255-275.

第二章
驾驶人特性及典型驾驶行为

　　驾驶人作为道路交通系统的重要组成要素,是保证车辆安全运行的核心。驾驶人通过感知、判断和操作的认知过程控制车辆运行,继而表现出跟驰、换道等基础驾驶行为以及生态、不良和违法等特殊驾驶行为。其中,驾驶人的行为受到驾驶人生理心理等个体属性和认知过程的影响,不同驾驶个体的驾驶行为存在一定差异。因此,明确驾驶人的个体属性、认知行为特性以及由此产生的各种驾驶行为特征,是保障车辆合理操作及安全运行的前提。本章主要介绍驾驶人个体属性、认知行为特性、典型驾驶群体生理心理特性以及典型驾驶行为,属于交通系统中驾驶人人因的基础内容。

第一节　个体属性

　　驾驶人的个体属性可划分为生理特征和心理特征两个方面。其中,生理特征包括性别、年龄和驾龄等;心理特征包括气质、性格和情绪等。本节以驾驶人人因研究中常考虑的性别、年龄、驾龄和气质为例,介绍不同个体属性驾驶人的典型差异。

1.性别

　　男性与女性驾驶人在交通事故和驾驶表现方面存在一定差异。男性驾驶人在交通事故方面表现出更高的参与比例。我国交通运输部统计数据表明,2019 年道路交通事故男女比例为 17︰3;中国司法大数据研究院发布的《司法大数据专题报告之交通肇事罪特点和趋势(2016.1—2019.12)》指出,在交通肇事行为人中男性被告人占比为 94.60%,女性被告人占比为 5.40%。驾驶表现方面,男性驾驶人处事果断、冒险行为多,女性驾驶人这种现象则较少;女性比男性驾驶人对复杂交通环境的辨别能力弱,且在驾驶应激环境下反应不如男性积极,导致对突发事件的应对表现较差。

2.年龄

　　常规情况和紧急情况下的驾驶反应测试结果表明,常规驾驶情况下,年龄在 45 岁以内的驾驶人的反应测试得分随年龄增长而增多,事故随年龄增长而减少;紧急驾驶情况下,年龄在 20~25 岁之间的驾驶人得分高,事故少,年龄大者成绩差。我国 2016—2021 年的道路交通事故数据显示,交通事故肇事者的年龄集中在 26~50 岁之间,所造成的事故数量约占事故总数的 72.6%。事故伤亡人员中,死亡比例最高的年龄段为 65 岁以上,伤者多数集中于 41~55 岁与 65 岁以上两个年龄段。

3. 驾龄

驾龄指机动车驾驶人自取得驾驶资格之日起开始计算的年限。驾驶人的驾龄对事故风险具有显著影响,表现为交通事故风险随驾龄增长显著降低。我国 2015—2019 年的道路交通事故数据显示,驾龄为 5 年及以下的驾驶人造成的交通事故约占事故总数的近四成,其中驾龄小于 3 年的肇事者造成了 15.8% 的交通事故。而驾龄为 1 年及以下的驾驶人造成的事故比例高达 9.1%,造成交通事故死亡人数占死亡总数的 7.9%,受伤人数占受伤总数的 9.7%,远高于其他驾龄驾驶人的平均值。

4. 气质

气质是人典型的、稳定的心理特点。这些心理特点以相同方式表现在各种各样的活动中,不以活动的内容、目的和动机为转移。气质可以根据占优体液或价值和目标取向划分为不同类型。

1) 基于占优体液的气质类型

古希腊著名医生希波克拉特观察到不同人有不同气质。他认为人体内有四种体液:血液、黄胆汁、黏液和黑胆汁。机体的状态决定于四种体液的混合比例,由于某种体液占优势而产生四种气质。

(1) 多血质型(血液占优势)具有活泼、好动、敏感、反应迅速、喜欢与人交往、注意力容易转移、兴趣容易变换等特征。

(2) 胆汁质型(黄胆汁占优势)具有直率、热情、精力旺盛、情绪易于冲动、心境变换剧烈等特征。

(3) 黏液质型(黏液质占优势)具有安静、稳重、反应缓慢、沉默寡言、情绪不易外露、注意稳定但又难于转移、善于忍耐等特征。

(4) 抑郁质型(黑胆汁占优势)具有孤僻、行动迟缓、体验深刻、善于觉察别人不易觉察到的细小事物等特征。

2) 基于价值和目标取向的气质类型

由于存在个体特征差异,并非所有人都具有相同的价值观。根据以往研究,驾驶人改变驾驶行为的动机主要受两方面的影响:价值取向和目标取向。

(1) 价值取向。不同驾驶个体可能被分成两种属性:自我型或公益型。自我型驾驶人更在乎自我行为改变能否提升自身收益,如燃油费用的降低;公益型驾驶人更关注自我行为改变能否给公众带来效益,如能否减少车辆尾气排放。

(2) 目标取向。不同驾驶个体可能倾向于不同的学习方式:竞技型和学习型。竞技型驾驶人注重自身能否成为对比群体中的第一,乐于通过与其他驾驶人的对比提升驾驶行为;学习型驾驶人更加关注自身的进步过程,希望得知自身驾驶行为随时间的变化过程。

第二节　驾驶人认知行为特性

车辆行驶过程中,驾驶人通过视觉和听觉等感觉器官感知车内外各种行车信息。通过注意的选择,一部分信息以较深刻的印象进入驾驶人的大脑神经中枢,并结合驾驶人的经验进行加工,然后形成相应的判断和决策,最后通过驾驶人的手、脚等运动器官操纵车辆。驾驶过程是感知、反应和操控行为的循环过程。

一　感知特性

在驾驶过程中,车内外的信息主要通过视觉和听觉器官获取。

(一)视觉

驾驶人视觉的感知特性包括视力、视野、光线变化情况下的明/暗适应及耀眼等。

1. 视力

视力是指眼睛分辨两物点之间最小距离的能力。视力有静视力、动视力和夜间视力之分。

静视力是待检人员站在视力图表前面,距视力表 5m,依次辨认视标测定的视力。视力共分14级。视力值从 4.0～5.4,每级差 0.1。我国申请大中型客货车和有轨电车、无轨电车驾驶证的驾驶人的体检视力标准为两眼裸视力或者矫正视力均应达到对数视力表 5.0 以上,其他车型要求两眼视力达到对数视力表 4.9 以上,无红、绿色盲。

驾驶人在行车过程中观察周围事物的能力叫动视力。随着汽车速度的提高,驾驶人的动视力明显下降。例如,以 60km/h 的速度行驶,驾驶人能看清车前 240m 的标志,而以 80km/h 的速度行驶,则在接近车辆 160m 处才能看清。车速提高 33%,视认距离减少 36%。此外,视力下降数值与驾驶人的年龄也有关系,年龄越大,视力下降的幅度越大。

夜间视力受环境和车辆光线等因素影响较大。照度(光照强度,指单位面积上所接受可见光的光通量)增加,视力上升。在照度 0.1～1000lx 范围内,两者为线性关系。由于汽车前照灯光线较低,所以物体在车前的位置越低,夜间越容易发现。同时,在夜间明度(眼睛对光源和物体表面的明暗程度的感觉)对比度大的物体更容易被视认,但视认距离比白天短 53%。

2. 视野

视野是指两眼注视某一目标时,注视点两侧可以看到的范围。将头部与眼球固定,两眼同时看到的范围为静视野。若将头部固定,眼球自由转动,两眼同时看到的范围为动视野。动视野比静视野大,左右约宽 15°,上方约宽 10°,下方无变化。正常的单眼视野范围,颞侧为90°,鼻侧为60°,上方为55°,下方为70°。两眼的视野可达160°。驾驶人的视野与行车速度有密切关系,随着汽车行驶速度提高,注视点前移,视野变窄,周界感减少。行车速度越高,驾驶人越注视远方,视野越窄,注意力随之引向景象的中心而置两侧于不顾,结果形成所谓隧洞视。因此,在设计道路时,应在平面线形中限制道路直线段的长度,强制地促使驾驶人变换注视点的方向,避免打盹,以致发生事故。此外,车速越高越不易看清路边近处的景物,因而交通标志的设置要与驾驶人有一定的距离。

3. 明/暗适应

在明亮的白天和黑暗的夜间,眼睛虽然能通过瞳孔的变化来适应环境,发挥视觉功能,但对明暗的突然变化则不能立即适应,特别是由明到暗,比由暗到明适应起来更慢。由明处到暗处,眼睛逐渐适应,视力恢复,叫暗适应;由暗处到明处,眼睛逐渐适应,视力恢复,叫明适应。暗适应通常较明适应所需时间长。例如,入暗室时,基本适应所需时间约为15min,若完全适应,则需30min以上。明适应较快,不过数秒至1min。一般由隧道外面进入隧道,大约发生10s的视觉障碍,易成为事故原因。在隧道出口产生的视觉障碍,大约在1s后恢复,影响相对较小。因此,在隧道入口处应设有缓和照明,以减少视觉障碍,或在路旁设立"隧道内注意开灯"的标志,提醒驾驶人注意。

4. 耀眼

通常光线越明亮视觉越好。若视野内有强光照射,颜色不均匀,人的眼睛会产生不舒适感,形成视觉障碍,这就是耀眼。夜间行车,对向来车的前照灯强光照射,最易使驾驶人产生耀眼现象。耀眼是由眩光产生的,眩光会使人的视力下降,下降的程度取决于光源的强度、视线与影响光间的夹角、光源周围的亮度、眼的适应性等多种因素。视力从眩光影响中恢复需要的时间,从亮处到暗处大约需6s,从暗处到亮处约需3s。视力恢复时间的长短与刺激光的亮度、持续时间、受刺激人的年龄有关。为了避免眩光影响,可采取改善道路照明、设置防眩设施、在道路中央分隔带植树遮蔽迎面来车的灯光等交通工程措施。

(二) 听觉

物体振动发出声波,声波作用于听分析器而引起听觉。听觉有音高、响度和音色的区别。

音高基本上决定于音波每秒振动的次数,即声音的频率。频率越大,听到的声音就越强。人对1000Hz附近的声音的感受性最高。对500Hz以下和5000Hz以上的声音,需要非常大的强度才能被感受到。20Hz以下或20000Hz以上的声音,无论强度多大,都不能使人产生听觉。响度与声音的物理强度相对应。响度的计量单位是分贝[dB(A)]。根据我国的噪声标准,听力保护最大值为90dB(A),思考工作允许值为45dB(A)。一般来说,50dB(A)以下被认为安静。当响度超过140dB(A)时,所引起的不再是听觉而是不舒适的痛觉。音色是指不同声音表现在波形方面与众不同的特性,是区分基本频率与强度相同但附加振动成分不同的声音的特殊品质。

驾驶人凭借听觉收听声音信息,例如根据交通指挥人员的指令进行各种操作,根据汽车构件发出的声响判断是否发生故障等。美国曾对全聋的驾驶人与不聋的驾驶人进行对比试验,结果表明全聋驾驶人发生交通事故显著增多,事故次数比不聋驾驶人多1.8倍。

二　反应特性

驾驶人对感知信息的反应时间会影响交通安全。明确关键因素对反应时间的影响,有助于在车辆、道路及交通环境设计方面采取有利于降低驾驶人反应时间的措施,提高行车安全。一般来说,信息特征、驾驶人特性和行车状态均会影响驾驶人的反应时间。

1.信息与反应

信息类型不同,反应时间不同。驾驶人对触觉信息的反应最快,其次是听觉信息,再次是视觉信息,反应最慢的是嗅觉信息。驾驶人对触觉、听觉、视觉和嗅觉四类信息的反应时间依次是$0.11 \sim 0.16s$、$0.12 \sim 0.16s$、$0.15 \sim 0.20s$ 和 $0.20 \sim 0.80s$。在驾车过程中,驾驶人接收的信息主要是视觉和听觉信息,触觉和嗅觉两类信息的接触相对较少。

同种类型信息,强度越大,反应时间越短。对于同种类型信息,信息强度越大表明作用于感觉器官的能量越大,在神经系统中进行的过程越快。因而,提高视觉信息亮度、提高听觉信息强度有助于缩短驾驶人的反应时间。

信息量加大会使反应时间增长。如当红色信号和有声信号同时作用时,驾驶人的反应时间比只有红色信号作用时的反应时间增加 $1 \sim 2$ 倍以上。同时,信息的传输应有量的限制驾驶表现与信息输入关系如图 2-1 所示。图中,A 是驾驶人负荷转折点,也是安全隐患的分界点。B 是驾驶人能处理信息的能力"上限"。当信息输入不超过 A 时,驾驶人能正确地处理输入信息;当信息输入超过 A 时,驾驶人不能够较好地作出反应。AD 与 ABC 之间形成落差,从而影响行车安全。

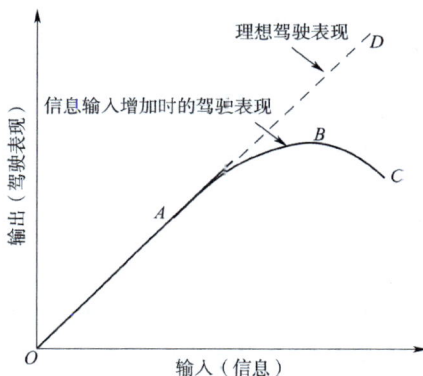

图 2-1　驾驶表现与信息输入关系示意图

信息显露时间不同,反应时间也不同。在一定范围内,反应时间随信息显露时间的增加而减少。表 2-1 为光信息显露时间对反应时间的影响。光信息持续时间越长,反应时间越短。当光显露时间超过 24ms 时,反应时间不再减少。

光信息显露时间与反应时间关系(单位:ms)　表 2-1

光信息显露时间	3	6	12	24	48
反应时间	191	189	187	184	184

另外,反应时间与信息的空间位置、尺寸大小等空间特性有关。在一定限度内,驾驶人观看信息的视角越小,反应时间越长,反之则短。同时,信息的空间特性对反应时间的影响还表现为双眼视觉反应比单眼反应时间显著缩短,双耳听觉反应时间也比单耳反应时间短。

2.年龄和性别与反应

反应时间与人的年龄和性别都有关系。30 岁以前,反应时间随年龄增加而缩短,30 岁以后则相反。同龄的男性比女性反应时间要短。一般而言,男性为外倾型(心理活动表现外在、开朗、活泼、善交际),女性为内倾型(深沉、文静、反应迟缓、适应困难),男性驾驶人反应时间短,女性驾驶人反应时间长。男性和女性驾驶人在遇到紧急情况时的应对表现也存在较大差异,例如在遇到正面冲撞之前的刹那间,多数男性驾驶人会想方设法摆脱,而女性驾驶人则多为恐慌与手足无措。

3. 车速与反应

汽车速度越快,驾驶人反应时间越长,车速慢时反应时间则短。从人的生理角度看,车速越快,驾驶人视野越窄,对视野以外的信息感知能力变弱,情绪和中枢神经系统都处于相对紧张状态,导致反应时间变长。据测试,在正常情况下,车速为40km/h时,驾驶人反应时间为0.6s左右;当车速增至80km/h时,反应时间增至1.3s左右。随着车辆运行速度的提高,驾驶人的脉搏和眼动随之加快,对各种信息的感受刺激迟钝,反应变慢,容易出现低估车速和距离等失误,从而影响行车安全。

三 操控行为特性

驾驶人的操控行为受驾驶风格影响。驾驶风格指驾驶人选择的驾驶方式或习惯性的驾驶方式。根据日常驾驶习惯,驾驶人一般可以被分为谨慎型、正常型和激进型,这三类驾驶人操控行为的具体表现如下:

从横向控制能力来看,不同风格驾驶人的换道次数、转向灯提前开启时间、横向偏移量及转向盘操控均具有显著差异。相同驾驶环境中,激进型驾驶人的换道次数最多,其次是正常型驾驶人,谨慎型驾驶人的换道次数最少。转向灯开启时间及开启率反映了驾驶人换道时的驾驶规范性。不同风格驾驶人转向灯的平均开启率差别不大,但随着驾驶风格激进程度增加,转向灯提前开启时间逐渐变短。横向偏移量表征驾驶人维持车辆在当前车道中心线行驶的能力,偏移量变化率越大,行车风险越大。正常型驾驶人对车辆横向稳定性控制最好,激进型驾驶人的车辆横向偏移量最大。谨慎型驾驶人在驾驶过程中的转向盘转角熵值最大,这与驾驶人行车时的谨慎心理有直接关系。

从纵向控制能力看,不同风格驾驶人行车过程中对加速踏板和制动踏板的控制具有明显差异。其中,激进型驾驶人踩下加速踏板的速度明显大于其他两类驾驶人。在换道意图阶段和车道保持阶段,激进型驾驶人踩踏制动踏板深度的标准差与其他两类驾驶人相比存在显著差异,而谨慎型驾驶人和正常型驾驶人踩踏制动踏板深度的标准差都比较小。另外,驾驶风格对各阶段的制动踏板踩踏深度均存在显著影响。

第 ③ 节 典型驾驶人生理心理特性

由于驾驶经验不足、年龄增长和生理缺陷等原因,新手驾驶人、老年驾驶人和残疾驾驶人等典型驾驶人的生理心理特性与其他驾驶人往往存在较大差异。本节以这三类典型驾驶人为例,介绍典型驾驶人的生理心理特性及其对驾驶行为的影响。

一　新手驾驶人

1.生理特征

新手驾驶人由于缺乏驾驶经验,驾驶所必需的技能尚未得到充分锻炼。一般情况下,新手驾驶人抗干扰能力较低,反应时间较长,速度估计、深度知觉和动视力等能力较差。驾驶过程中,由于操作不够熟练,肢体不能协调配合,容易导致判断失误和动作偏差。

2.心理特征

新手驾驶人由于刚开始独立驾驶车辆,驾驶新鲜感较强,但驾驶经验较为缺乏,除驾驶的兴奋感外,常伴随有恐慌、急躁、恐惧和弱危险感知等心理。

(1)兴奋。新手驾驶人刚刚接触汽车,"车瘾"通常非常大,如遇外出,会抢着开车。新手驾驶人的这种兴奋往往需要很长时间才能平息下来。

(2)恐慌。新手驾驶人都会经历初次上路时的不知所措,尤其害怕在城市道路独立驾驶,特别是在交通拥挤的高峰时段、繁忙的交叉路口等场景容易产生恐慌。

(3)急躁。新手驾驶人驾驶不够熟练,在拥堵、抢行等情境下,如遇操作时起步熄火、停车溜滑,加上后车用喇叭催促,心理就会急躁不安。

(4)恐惧。新手驾驶人在行车中遇到危险情况,尤其是看到惨重的伤亡事故后,在心理上会产生恐惧感。

(5)弱危险感知。危险感知是人们对某个特定危险的特征和严重性所做出的主观判断。危险感知显著影响驾驶活动、驾驶责任和交通规则认知。随着驾龄的增加,驾驶人的风险意识随之升高。新手驾驶人、中等经验驾驶人和经验丰富的驾驶人在危险识别数目、观察层次和危险感知准则上均有较大差异。新手驾驶人的危险感知能力较差,由此导致的交通事故发生率较高。

二　老年驾驶人

1.生理特征

老年驾驶人生理上的增龄性退化不容忽视,主要表现为感官能力减弱和运动能力下降。

(1)感官能力减弱。

感官是感受外界事物刺激的器官,包括眼、耳、鼻、舌、身等。与驾驶能力显著相关的感官包括视觉、听觉和触觉器官。随着年龄增加,驾驶人视觉、听觉和触觉能力均存在不同程度的下降。视觉上,老年驾驶人对比敏度减弱,眩光敏感度增强,有效视野范围缩小。听觉上,老年驾驶人分辨信息能力下降。触觉上,老年驾驶人的表皮传感细胞触觉感知力明显降低,压感和痛感减弱、不能灵敏察觉温度变化。老年驾驶人感官能力下降,使其对交通环境的注意-感知-判断-决策能力降低,对突发事件的反应时间较长,处理能力较差,更容易发生危险。

(2)运动能力下降。

运动能力是指参加运动和训练所具备的能力。伴随着年龄增长,老年人与驾驶相关的运动能力的下降主要体现在耐力、运动力和协调力三个方面。

①耐力下降。耐力是指人们进行某活动的耐久能力。老年驾驶人肌肉弹性降低,收缩力减弱,肌肉变得松弛,更容易产生疲劳感。老年驾驶人肌肉可能产生萎缩现象,使得他们只能进行轻度小幅运动,并且体力耗费会加速,导致其身体承受能力不断受限。因此,老年驾驶人难以坚持长时间的驾驶。

②运动力下降。运动力是指跑、跳、掷、蹬以及踢等基本运动技能。骨骼问题是导致老年驾驶人运动力下降的重要原因。骨骼问题主要表现在老年驾驶人的肢体操作能力和肢体活动能力上。骨骼韧度随着骨密度的减小而变弱,并且骨头变得易脆,因此很多老年人患有骨质疏松、骨软化等病症,引发老年人肢体操作能力和肢体活动能力下降,从而增加老年驾驶人的事故风险。

③协调力下降。协调力是指在身体运动过程中,调节与综合身体各部分动作的能力。驾驶操作是手脚协调运动的过程,而老年驾驶人的手脚协调能力大大降低。由于下肢肌纤维数减少和萎缩程度比上肢更厉害,老年人肢体运动障碍首先出现在腿部运动上。下肢运动机能的老化对老年驾驶人的下肢操作会有很大影响,实现手脚协调操作比较困难。

2. 心理特征

由于身体功能的衰退和社会联系的疏远等原因,老年人往往很难保持心理上的稳定。其中,对驾驶行为带来负面影响的心理特征包括性格不易改变、情绪起伏较大、自我评估差异较大和认知能力下降。

(1)性格不易改变。

性格是指人对客观现实所持的稳固的态度及与之相适应的习惯化的行为方式,是人格的核心部分。一些老年驾驶人自恃驾驶经验丰富,事故率低或者根本没有发生过交通事故,对自身的驾驶技术过分自信,产生了骄傲自满心理,放松了交通安全意识。这些老年驾驶人不愿改变固有的驾驶习惯,常常不按驾驶规范进行操作,如转弯不开转向灯、逆行、不规范超车、随意变道等。

(2)情绪起伏较大。

情绪是人对客观事物是否符合自己需要而产生的态度和体验,是以个体期望和需要为中介的一种心理活动。老年驾驶人更容易因生活及周围环境的变化产生较多的消极情绪,精神上容易产生失落和焦虑感,生活中易出现负面悲观情绪或者易发怒,也更加缺乏安全感。当这些负面情绪被带入驾驶过程中时,可能会导致老年驾驶人在感知到交通信息的刺激时更容易产生兴奋、惊异、愤怒、恐惧、紧张等情绪。

(3)自我评估差异较大。

自我评估是人对自我思想、愿望、行为和个性特点的判断和评价。阳光开朗、精力充沛的老年驾驶人,对自身的驾驶会有相对乐观的评估,对完成驾驶任务更自信。而悲观消极、患有疾病的老年驾驶人逐渐感知到自身的衰老,偶尔的病痛会强化其害怕死亡的心理状态,驾驶中易出现负面情绪,驾驶行为更加谨慎保守。

(4)认知能力下降。

认知是指人脑加工、储存和提取信息的能力。在道路驾驶过程中,驾驶人的注意力、逻辑推理能力、视觉空间构造能力和视觉感知能力是影响驾驶安全的重要因素。驾驶需要不同类型的注意(如选择性注意、分散注意和持续注意)、记忆(如瞬时记忆、短时记忆和长时记忆)、感觉(视觉、听觉、触觉、嗅觉和味觉)和知觉(空间知觉、时间知觉和运动知觉)等。随着年龄的增长,老年人的身体素质逐渐衰退,并常患有糖尿病、心脏病、高血压、脑血栓等疾病。常年服用的降糖药、降压药和精神类药物会影响驾驶人的精神状态和认知功能。其中,与驾驶活动相关的认知功能的衰退表现为记忆力、注意力、判断力和执行力的下降。

①记忆力下降。记忆力是指视觉、听觉、触觉、嗅觉和味觉五大信息通道对客观事物关注后在大脑中的存留印记的能力。从识记的长短来看,记忆力由短到长可以分为瞬时、短时和长时记忆。这三种记忆均随年龄增长而减退,老年人主要是长时记忆衰退。从记忆的内容来看,通过机械化的重复而形成的记忆叫作机械记忆,在对事物内在规律理解的基础上形成的记忆叫作理解记忆。老年人的理解记忆保持较好,而机械记忆减退较快。尤其在面对交通环境给予的信息刺激时,老年驾驶人可能整合新信息并从记忆中提取出来的速度变慢。

②注意力下降。注意力又称专注力,指专注于某一件事情,或者是某一项活动的心理状态。据统计,约30%的交通事故与驾驶人注意力分散有直接关系,70%的致命交通事故是驾驶人注意力不集中造成的。随着年龄增长,老年人易罹患或多发一些与衰老有关的疾病,如阿尔茨海默症、脑血管疾病等。这些疾病在临床早期往往伴随着抑郁、情感淡漠或焦躁不安、注意力涣散等精神障碍。注意力分散极大削弱了驾驶人的应变能力,不仅会妨碍其他车辆通行、造成交通拥堵,还可能对其他道路使用者构成明显而重大的安全风险。

③判断力下降。判断能力是人在思维的基础上对事物进行分析、辨别、推断的技能和本领。老年人脑功能的减弱会影响分析和辨别能力,导致老年驾驶人对感知到的驾驶安全信息进行抽象性总结的能力减弱,难以清楚感知全部信息并理解信息间的关联性。由于老年人认知水平降低,老年驾驶人对车辆信息、驾驶人个人信息和环境信息的推断能力减弱,影响其做出正确的安全驾驶决策。另外,老年人容易形成思维定式,并习惯于经验主义,对事物的理解不能随时代发展而更新。

④执行力下降。执行力是指贯彻战略意图,完成预定目标的操作能力。随着年龄的增长,驾驶过程中的执行力明显下降。由于人类具备学习能力,尽管一些老年驾驶人的执行能力具有缺陷,但他们仍然能在熟悉的路线安全驾驶。不过当发生预期以外的事件时,执行能力差的老年驾驶人修改驾驶路线或执行安全操作的能力较差,从而容易将自己或他人置于危险之中。

三　残疾驾驶人

1. 生理特征

残疾驾驶人主要包括视力残疾、听力残疾和肢体残疾的驾驶人。视力残疾驾驶人视力差,全身运动协调能力不好,运动系统和心肺功能等方面都低于健全人。听力残疾驾驶人的运动系统和心肺功能与健全人基本一致,但运动的节奏感和运动技能的学习明显差于健全人。视、听觉残疾驾驶人由于视力和听力损失,主要依靠其他感官如触觉、味觉、嗅觉等途径感知外界事物,从而限制了感知觉的范围和深度,如不能及时认知交通信号灯、交通标志。肢体残疾者由于肢体功能的不同程度缺失,导致对车辆转向盘、换挡装置、制动装置、灯光装置等的操作存在一定困难,对车辆的控制操作能力不足。

2. 心理特征

残疾驾驶人的心理问题不仅具有普遍性和特殊性,而且与健全人相比更具有持久性和复杂性的特点。从心理角度看,残疾驾驶人对驾驶行为造成影响的心理特征主要表现在消极情感较多和认知差异较大。

(1)消极情感较多。

情感是人们内心对外界事物所持的肯定或否定态度的心理体现。残疾人的情感特点主要表现为缺陷心理、挫折心理、依赖心理和防御心理。多数残疾驾驶人孤独、自卑、敏感,情绪反应强且不稳定,容易产生悲观、失落、抑郁和强烈的挫折感。如视、听觉残疾驾驶人情绪反应强烈,容易与其他驾驶人发生冲突。肢体残疾驾驶人的性格特点主要表现为倔强和自我克制,驾驶时遇到突发情况情绪更容易紧张和焦虑。

(2)认知差异较大。

不同的生理缺陷会影响人的认知能力和认知方式。视力残疾驾驶人由于视觉障碍,缺乏甚至没有视觉空间的概念,没有视觉形象和对周围事物的完整图像,但听觉能力发达,记忆力好,抽象思维和逻辑思维更发达。听力残疾驾驶人因为缺乏或丧失听力,逻辑思维和抽象思维相对受到影响,但形象思维非常发达。残疾驾驶人认知功能会影响驾驶状态,相较于健全人来说,生理残疾会给驾驶人执行驾驶任务带来诸多不便。

第 ④ 节　典型驾驶行为特性

驾驶行为是与驾驶人相关的各种处理操作的总称。驾驶过程中,驾驶人需要执行多种驾驶任务,而驾驶行为是驾驶人完成驾驶任务的直接体现。除跟驰、换道等基础驾驶行为以外,还包括生态、不良和违法等特殊驾驶行为。

一　驾驶任务

行车过程中,驾驶人不仅要完成与车辆驾驶相关的任务,同时也会根据个人需求进行其他任务。驾驶任务可划分为驾驶主任务、次任务以及副任务。驾驶人在进行驾驶次任务和副任务时,会对驾驶主任务造成干扰,极易引起注意力分散,进而降低驾驶安全水平。研究表明,驾驶人能够接受2s以内的副任务活动时间。

1.驾驶主任务

驾驶主任务指驾驶人通过合理的操作以期快速、安全地到达目的地所进行的一系列任务，包括车辆控制、车道保持、道路环境监控及紧急情况反应等行为。

2.驾驶次任务

驾驶次任务要求驾驶人根据交通状况对主要任务进行支持。驾驶次任务取决于主任务的驾驶需求，分为体现驾驶人意图的驾驶动作(如换道时开转向灯、向其他道路使用者发出警示时鸣喇叭等)和对外部环境变化做出的驾驶反应(如遇迎面驶来的车辆时将远光灯切换为近光灯、下雨时打开刮水器、手动变速器车辆换挡等)。

3.驾驶副任务

驾驶副任务是所有与驾驶不相关或不直接相关的其他任务，其主要目的是丰富驾驶体验并提升驾驶乐趣，如听音乐、开空调等。

二 基础驾驶行为

(一)跟驰行为

1.跟驰行为特性

跟驰行为是典型的纵向驾驶行为。驾驶人在同一车道遇前方行驶车辆且不满足超车条件时，不得不跟随前方车辆，形成队列行驶状态。此时，驾驶人需根据行车状况采用相应的车速以保持安全车距。跟驰状态下驾驶行为具有如下特性：

①制约性。车辆行驶过程中，驾驶人总是期望获得理想行驶速度，即使是在跟驰行驶过程中也不愿意落后很多，而是紧随前车前进。但是，紧随行驶受安全条件限制：一是车速制约，目标车车速不能长时间大于前车车速，而只能在前车速度附近摆动，否则会发生碰撞；二是间距制约，车与车之间必须保持安全距离，即前车制动时，两车之间有足够的距离，从而有足够的时间供目标车驾驶人做出反应，采取制动措施。

②延迟性。从跟驰行驶的制约性可知，跟驰车辆的运动状态会随着前车运动状态的改变而变化。由于存在驾驶人感知和反应时间，导致两车运行状态的改变不是同步的，而是目标车运行状态的改变滞后于前车。跟驰行为一般可以分为三个阶段：首先，驾驶人通过视觉搜集相关信息，包括前车的速度、加速度、车间距离、相对速度等；进而，驾驶人对所获得信息进行分析，决定跟车策略；最后，驾驶人根据跟车决策以及前车、道路的状况，对车辆进行操纵控制。这三个阶段所需的时间称为反应时间。假设反应时间为 T，前车在 t 时刻的动作，目标车要在 $t+T$ 时刻才能做出相应的动作。

③传递性。由制约性可知，第一辆车的运行状态制约着第二辆车的运行状态，第二辆车又制约着第三辆车，以此类推。一旦第一辆车改变运行状态，它的效应将会逐一向后传递，直到最后一辆，这就是传递性。而这种运行状态改变的传递又具有延迟性。这种具有延迟性地向后传递的信息不是平滑连续的，而是像脉冲一样间断连续的。

2. 跟驰行为模型

跟驰模型的发展已有数十年的历史,包括刺激-反应模型、安全距离模型、优化速度模型、智能驾驶模型、元胞自动机模型、心理-生理模型、人工智能模型等。下面以经典的刺激-反应模型为例进行介绍。

国内外研究人员使用不同的因素作为刺激以解释驾驶人的反应(加速)。其中,GM 模型是最重要的刺激-反应模型。Gazis、Herman、Rothery 给出了 GM 模型的通用表达式,也称为 GHR 模型,其公式如下:

$$a_n(t+T) = \frac{\lambda v_n^m(t+T)}{[x_{n-1}(t) - x_n(t)]^l}[v_{n-1}(t) - v_n(t)] \tag{2-1}$$

式中,$a_n(t+T)$ 为第 n 辆车在 $t+T$ 时刻的加速度,m/s²;$x_n(t)$ 为第 n 辆车在 t 时刻的位移,m;$v_n(t)$ 为第 n 辆车在 t 时刻的速度,m/s;λ 为敏感系数;T 为反应时间,s;m、l 为待标定系数。

该模型的基本假设为:驾驶人的加速度与两车之间的速度差成正比,与两车的车头间距成反比,同时与自身的速度也存在直接的关系。GM 模型清楚地反映了车辆跟随行驶的制约性、延迟性和传递性。

(二)换道行为

1. 换道行为过程

换道行为是典型的横向驾驶行为。换道行为过程可以划分为换道意图的产生、换道判断决策和实施换道三个阶段。根据其动机和影响结果,换道行为可分为有明确驾驶任务目标驱动的强制换道和车速或环境改善驱动的自由换道。不同换道类型通常涉及不同的决策过程,对周围交通环境的影响也不同。

强制换道指具有确定的目标车道,在一定时空范围内必须实施换道的行为,如遇到有导向车道的交叉口、交织区或者故障车辆等。强制换道过程如下:当驾驶人产生强制换道意图后,首先会调整车速并选择目标车道,之后根据外部和内在信息判断换道实施的可行性,例如驾驶人会对目标车道上前后车的间隙进行估计,或对其自身到必须完成换道的某一道路关键点的距离进行估计等。若换道可行则实施换道,否则停车等待换道机会,直至成功实施换道。

自由换道指驾驶人为获得理想速度和行驶空间而改变行驶车道的行为,如遇到较低速的前车,驾驶人为了追求更快的车速而发生的变换车道行为,或驾驶人为躲避高速行驶的后车而更换到慢车道等。以前者为例,自由换道行为可分为如下三个阶段:当驾驶人在当前车道行车时,由于受到慢速前车的影响而使其车速低于期望车速的一定数值范围内,则驾驶人会产生自由换道意图;之后驾驶人会对比原车道与邻近车道上的行驶条件,进一步评估变换车道的安全性,判断与目标车道前后车、当前车道前车发生冲突的可能性;若满足安全需求、换道可行,则实施换道进入目标车道,否则将继续在原车道行驶。

2. 换道行为模型

换道行为模型按其应用可以分为两类:面向智能汽车或自动驾驶系统的驾驶辅助类模

型与面向计算机仿真的换道仿真模型。前者集中在智能驾驶系统的范畴,考虑了转向盘转角和横向运动对车辆换道性能的影响,主要用以提高行车安全与道路通行能力,具体还可分为防碰撞模型和自动控制模型。防碰撞模型用于支持驾驶人换道策略,协助驾驶人实现安全换道,旨在提高道路安全;自动控制模型用于完全或部分替代驾驶人完成驾驶任务,即通过转向盘转角的自动调整控制车辆的横向运动,减少危险的换道操纵,如换道辅助系统、侧向防碰撞系统等。

面向计算机仿真的换道仿真模型关注的是驾驶人在不同道路条件、不同驾驶场景和环境特征下的变道决策及其实施,具体分为换道决策模型和换道实施模型。前者主要构建驾驶人换道决策规则并描述决策过程,用于仿真驾驶人微观行为特性,按其不同的理论基础又可分为刚性机械式模型以及人工智能模型;换道实施模型主要分析换道车辆与周边车辆的交互关系,用于仿真换道车辆与周边交通流的影响。

此外,还有学者根据研究对象将换道行为模型分为换道决策模型和对交通环境的影响模型,其中换道决策模型主要包括 Gipps 及其扩展模型、基于效用理论的换道决策模型、CA 模型、马尔可夫模型、生存模型、基于模糊理论的换道决策模型等。换道决策模型是横向驾驶行为分析的核心模型。

三　生态驾驶行为

1.生态驾驶行为定义

目前,生态驾驶行为还没有严格的定义,不同国家使用的术语也不同,如生态驾驶、节油驾驶、明智驾驶、节能驾驶或绿色驾驶等。广义上的生态驾驶行为,其内容不仅包括驾驶过程中的驾驶操作行为,也涵盖车辆日常检查维护和定期专业维护等内容。狭义上的生态驾驶行为通常针对驾驶操作行为,是指驾驶人在驾驶过程中及时换挡、保持平稳的行驶速度、预测前方交通流状态及信号变化情况,最大限度地避免突然加、减速和长时间怠速等行为,以更加经济、环保的方式驾驶汽车。

2.生态驾驶行为内涵

以实际行车过程为线索,生态驾驶行为过程主要包括出发前做好准备工作、驾驶过程中保持良好的驾驶行为习惯、特殊道路交通条件下采取正确的驾驶方式、收车后注意进行车辆自检以及按时进行车辆专业维护等。

(1)出发前做好准备工作。行车前的准备行为包括:①调节座椅靠背,保持正确驾驶姿势;②合理规划运行路线,尽量避开拥挤路段和不必要行程;③调整心态,保持心态平和;④做好出车前自检;⑤冬季行车前正确预热发动机等。

(2)驾驶过程中保持良好的驾驶行为习惯。驾驶过程中良好的驾驶行为习惯主要包括:①平缓起步;②及时换挡;③匀缓加速;④控制车速;⑤禁止频繁变道;⑥预见驾驶,提前减速;⑦避免长时间怠速;⑧合理使用空调;⑨驾驶过程中注意观察和感知车辆状态等。

(3)特殊道路交通条件下采取正确的驾驶方式。在城市快速路、上下坡道、匝道、弯道和信号交叉口等不同场景,根据道路条件、交通服务水平和交通运行状态等,实施生态驾驶行为操作,如采取经济车速行驶、提前预判信号灯状态、根据坡长提前调整车速等。

(4)收车后注意进行车辆自检。收车后的车辆自检主要包括车辆外观清洗、轮胎等关键部分检查、车厢和驾驶室打扫等常规性车辆检查。

(5)按时进行车辆专业维护。结合车辆特性和行驶频率,按时进行车辆维护。如北京出租汽车行业规定,每行驶满5000km后,需进行一次车辆专业检修,并根据车辆情况,随着车龄增加、缩短检修频率。

3. 生态驾驶行为效益

西方国家经验显示,以 3 年为周期进行评估,生态驾驶至少可使燃油消耗平均降低5% ~ 10%,表现优异者甚至达到 20% ~ 50%,同时,还可使地面交通温室气体排放减少10%。为进一步明确我国驾驶环境下生态驾驶行为的节能减排潜力,相关研究针对北京市实际路况,对提前减速、停车熄火、车辆加速和持续驾驶四种生态驾驶行为在若干场景下的污染物排放以及油耗情况进行测试。以 2.0L 排量的小汽车为例,测试结果见表2-2。由此可知,生态驾驶行为对于降低机动车能耗、排放具有重要作用。

机动车节能减排潜力测试结果　　　　　　　　　　　　　　　　表2-2

驾驶行为	具体参数	油耗↓	CO_2↓	CO↓	NO_x↓	HC↓
提前减速	减速距离 50m 与 20m	48.0%	48.0%		7.0%	
停车熄火	停车熄火 60s 与不熄火	40.4%	40.4%	40.0%	6.0%	
车辆加速	加速时间 6s 与 2s	33.2%	12.8%	92.9%	27.5%	64.6%
持续驾驶	匀速与加减速	14.9%	12.2%	94.7%	92.6%	92.6%

四　不良驾驶行为

不良驾驶行为是指驾驶人在驾驶汽车时出现的不规范带来一定交通安全隐患的驾驶行为。不良驾驶行为会扰乱交通秩序,妨碍日常出行,不利于交通规则的执行。常见的不良驾驶行为有不良情绪驾驶、"三急"行为等。

1. 不良情绪驾驶

影响驾驶安全的情绪表现主要有愤怒、抑郁和焦虑。研究表明,焦虑往往与分心驾驶有关,愤怒与攻击性驾驶有关,抑郁的驾驶人转向操作更缓慢、事故率更高。

以愤怒情绪为例,驾驶愤怒的表达分为三种形式:言语攻击(抱怨、骂人、吼叫等)、肢体攻击(攻击对方身体及其所有物等)和以车为发泄媒介(猛按喇叭、强行超车等)。驾驶人在愤怒情绪下最容易分神,导致出现驾驶操作失误,在控制能力不强的情况下,还会冲动驾驶。相关研究表明,驾驶人在愤怒情绪下对加速踏板、制动踏板、离合器踏板、转向盘、变速器操纵杆等的操作要比在正常情况下更加频繁、猛烈。驾驶人换道频次相对于平时也相应地增加,更倾向于近距离跟车。在此情境下,通过开车窗、听音乐等方式可以在一定程度上缓解驾驶人的愤怒情绪。

2. "三急"行为

在驾驶过程中,受道路条件、气候、交通状态等影响,车辆会不同程度地出现急加速、急减速、急变道等行为,简称"三急"行为。"三急"行为会导致交通流不平顺,产生额外的拥堵现象,也会导致其他驾驶人反应不及时,出现剐蹭、几近碰撞等事故。若"三急"行为发生在高速公路则后果更为严重,更易导致类似连环追尾的严重交通事故。从导航数据来看,急变道、急加速更易发生在高速公路的高架和引桥路段,急减速更易发生在高速公路与其他道路交接的枢纽路段。"三急"行为可用于辨识、评估驾驶人行为风险,也可用于车辆运行状态实时监测,并在出现危险驾驶行为时进行提醒报警。

五　违法驾驶行为

事故统计结果表明,交通事故大部分是由机动车驾驶人违法驾驶行为造成的。我国驾驶人常见的违法驾驶行为包括超速行驶、疲劳驾驶、酒后驾驶、毒驾等。

1. 超速行驶

超速行驶指驾驶人在驾车行驶中,以超过法律、法规规定的速度行驶的行为。超速行驶会影响驾驶人观察、判断的准确性,使驾驶人的辨认距离缩短、空间认知能力及反应判断力减退,导致驾驶人对空间距离、速度的判断产生误差。此外,超速增加了车辆安全驾驶的技术难度,使车辆制动距离增长,行驶稳定性变差,增加了车辆间的冲突性,加重了交通事故的严重性。超速行驶也会增加机动车发生故障的可能性,使机动车故障率提高、工作寿命缩短,容易引起爆胎等。

2. 疲劳驾驶

驾驶人疲劳驾驶时,感觉、知觉、判断、意志决定、运动等都受到影响。疲劳驾驶在生理上主要表现为感觉功能减退、知觉反应下降、频繁眨眼;心理反应方面则主要体现为大脑反应迟缓、注意力不集中、反应时间长、思维逻辑能力下降等。驾驶人的疲劳程度直接影响行车安全。统计表明,因疲劳驾驶而造成的交通事故约占事故总数的15%～20%。由于疲劳很难正确判断,实际上因疲劳发生的事故数可能更多。研究表明,驾驶人以100km/h的速度行驶2h后,生理机能便进入睡眠状态;驾驶人一天行车超过10h时,如果睡眠不足4～5h,则事故发生率最高。

3. 酒后驾驶

驾驶人饮酒之后,特别是过量饮酒之后,会影响中枢神经系统的正常生理功能,产生头昏、乏力、言语增多、语无伦次、动作不协调、判断力降低等症状,导致感觉模糊、判断失误、反应失误,极易发生事故,严重威胁行车安全。资料表明:当人体内酒精浓度在0.3%时,驾驶能力就开始下降;浓度达0.8%时,错误操作增加到16%,以致驾驶人不能正确操纵转向盘,不能控制车速;浓度达1.0%时,驾驶能力降低15%;浓度达1.5%时,驾驶能力降低30%,甚至可能把加速踏板当作制动踏板,而导致重大事故发生。我国的刑法、道路交通安全法等法律法规等均对酒后驾驶机动车的行为作出了规定,因此驾驶人须做到严禁酒后驾驶机动车。

4. 毒驾

毒驾是指未戒掉毒瘾的患者和正在使用毒品的驾驶人驾驶机动车的行为。毒驾和酒驾都是绝对禁止的行为。毒瘾发作时,人的身体无力、行为异常、意识障碍、人格改变等,会严重影响驾驶人的判断,进而引发交通事故。研究表明,驾驶人毒驾时的反应比酒驾还要慢9%。酒后驾车反应时间比正常情况慢12%,毒驾则比正常反应时间慢21%。吸毒后人往往会出现幻象,驾驶能力严重削弱,为恶性交通事故的发生埋下隐患。

思考题

1. 驾驶人的哪些个体特性会影响驾驶行为与安全？请举例说明。
2. 驾驶人的信息处理过程是怎样的？哪些要素会影响驾驶人的信息处理过程？
3. 新手驾驶人、老年驾驶人、残疾驾驶人的生理心理特征与其他群体有何差异？
4. 驾驶人个体特征及认知特性如何在跟驰及换道等行为过程中产生影响？

本章参考文献

[1] 中国司法大数据研究院.交通肇事罪特点和趋势(2016.1—2019.12)—司法大数据专题报告[R/OL].[2022.05.15].https://www.baogaoting.com/info/5375.

[2] MAYHEW D R,SIMPSON H M,PAK A. Changes in collision rates among novice drivers during first months of driving[J]. Accident analysis & prevention,2003,35(5):683-691.

[3] STERN P C. Contributions of psychology to limiting climate change[J]. American psychologist,2011,66(4):303-314.

[4] 任福田.新编交通工程学导论[M].北京:中国建筑工业出版社,2011:12.

[5] 王雪松.交通安全分析[M].上海:同济大学出版社,2022:33.

[6] 王炜.交通工程学[M].2版.南京:东南大学出版社,2011:11.

[7] 裴玉龙.道路交通安全[M].北京:人民交通出版社,2007:87.

[8] 徐耀赐.道路交通工程设计理论基础[M].北京:中国建筑工业出版社,2020:6.

[9] 侯海晶,金立生,关志伟,等.驾驶风格对驾驶行为的影响[J].中国公路学报,2018,31(4):18-27.

[10] 赵晓华,朱红臻,边扬,等.基于扩展TPB模型的老年驾驶人自我调节行为研究[J].华南理工大学学报(自然科学版),2022,50(03):28-37.

[11] 尹岩.驾车打电话对道路交通安全的影响及对策[J].山西科技,2013,28(06):82-84.

[12] 詹静静.青年与老年驾驶人车辆操控行为特征及差异性研究[D].合肥:合肥工业大学,2018.

[13] 孙海姣.适合视力障碍者的室内空间人性化设计与研究[J].中小企业管理与科技(下旬刊),2009(03):169.

[14] 刘文超,周志强.上肢残疾人员驾驶证申领管理研究[J].汽车与安全,2015(12):44-48.

[15] 蒋晓蓓,王武宏,郭宏伟,等.人车路系统驾驶行为分析与安全支持[M].北京:化学工业出版社,2020:12-40.

[16] CHIGURUPATI S,POLAVARAPU S,KANCHERLA Y,et al. Integrated computing system for measuring driver safety index[J]. International Journal of Emerging Technology and Advanced Engineering,2012,2(6),384-388.

[17] FAZEEN M,GOZICK B,DANTU R,et al. Safe driving using mobile phones[J]. IEEE transactions on intelligent transportation systems,2012,13(3):1462-1468.

[18] BERGASA L M,ALMERÍA D,ALMAZÁN J,et al. Drive safe:An app for alerting inattentive drivers and scoring driving behaviors [C]//2014 IEEE Intelligent Vehicles Symposium Proceedings. IEEE,2014:240-245.

[19] 刘志强,蔡策,童小田.我国道路交通安全现状分析[J].公路交通科技,2001,18(2):70-73.

[20] 严新平,张晖,吴超仲,等.道路交通驾驶行为研究进展及其展望[J].交通信息与安全,2013,31(01):45-51.

[21] 刘晶晶.驾驶危险性预测及3D交通危险场景模拟研究[D].西安:长安大学,2012.

第三章
驾驶人人因实验测试方法

人因实验测试是获取驾驶行为数据的重要方法。驾驶人人因数据包括主观数据和客观数据,是全方位、细致地刻画驾驶人主观认知和客观行为的重要支撑。准确获取多维细粒度驾驶行为数据时,需要采用科学系统的人因实验测试。其中,科学合理的实验测试设备、实验设计方法、实验样本量、实验测试流程及数据预处理过程均缺一不可。基于获取的驾驶人人因数据,实现驾驶人主客观不同维度数据的互联与匹配,进而构建特征数据库,是后续开展驾驶行为分析及评估的基础。

第一节　驾驶人人因数据获取方法

驾驶人人因数据主要包括主观数据和客观数据。主观数据是指驾驶人的态度、满意度、认知情况等主观感受数据;客观数据是指根据实验测试得到的驾驶人行为和车辆运行数据。

一　驾驶人人因数据特征

在驾驶过程中,面对交通系统各组成要素的影响和刺激,驾驶人驾驶行为实时动态调整。尽管驾驶行为受到交通环境影响,由于驾驶人敏感性存在差异,面对相同刺激时同一驾驶人在不同时间、空间的反应表现也不尽相同。驾驶行为数据具有以下特征:

(1)动态性。驾驶操作过程随外部条件改变而动态变化,驾驶行为数据呈现动态变化的特征。

(2)连续性。驾驶操作由一系列不间断的微小过程组成,包括驾驶人感知、决策、操作的循环往复。因此,驾驶行为数据具有连续性和过程化的特点。

(3)时空性。驾驶行为在不同时间段和空间点均可能存在差异,即便同一驾驶人在不同的时间和路况下接收同样的刺激,也可能出现不同的反应。

(4)个体性。驾驶人个体差异是导致驾驶行为多样性的重要因素,由于生理、心理、敏感程度等存在较大差异,不同驾驶人面对相同刺激的行为表现可能存在显著差异。

(5)细微性。面对不同类型、程度的外界刺激,驾驶人主要通过控制加速踏板、制动踏板、转向盘、变速器操纵杆等改变车辆运行状态。除紧急和特殊情况,驾驶人的操作行为通常是轻微细小的。

二　主观数据获取方法

主观数据主要包括驾驶人个人属性信息、非规范化问题信息、量表调查信息、驾驶人主观认知特性信息等,一般通过问卷调查和桌面实验等获取。

1. 问卷调查

问卷调查是最常用的主观数据获取方法,设计形式包括选择、填空、连线等,适用于不同的样本量,能够获取多种类型的主观数据。

(1)问卷内容。

主观调查问卷的内容涉及人口学变量、非规范化问题以及测试量表。人口学变量为常规统计信息,通常包括性别、年龄、驾龄、受教育程度、驾驶总里程数、平均年/周驾驶里程数等,可根据研究目的删减和补充;非规范化问题是指根据研究目的设计的必要问题,灵活性较大,可根据需求自行调整,例如询问驾驶人的信息需求偏好、驾驶操作习惯、对交通安全设施效用的主观满意度等;测试量表是严格按照规范设计和修订的一系列问题,例如"五大人格测试量表""驾驶风格量表"等。

(2)设计原则。

问卷设计应充分考虑被调查对象(以下称为"被试")的特点,确保所研究问题真实情况的有效性和所得到答案的可信性,保证被试和问卷设计人员能够进行有效的信息沟通。设计问卷时应遵循以下主要原则:

①目的性原则。问卷必须与调查主题相关。

②一般性原则。问题的设置具有普遍意义。

③逻辑性原则。问卷的设计要有整体感,也即问题和问题之间要具有逻辑性,独立的问题本身也不能出现逻辑上的错误。

④规范性原则。问题设置的规范性,具体指命题是否准确,提问是否清晰明确、便于回答;被试是否能够对问题作出明确的回答等。

⑤便于整理分析原则。成功的问卷设计除考虑到紧密结合调查主题与方便信息收集外,还要考虑到调查结果要容易得出和要有说服力,这就需要考虑问卷调查后的整理与分析工作。

⑥可接受性原则。问卷要容易让被试接受,具体可考虑该项调查的意义;问卷说明词要亲切、温和;提问部分要自然、有礼貌,可适当进行物质奖励;考虑被试信息保密性;问句构造尽量适合被试身份和文化水平,不使用生僻词语和模棱两可的词语;避免列入一些令被试难堪或反感的问题等。

⑦效率原则。问卷设计在保正获得同样信息的前提下,应选择最简捷的询问方式,以节约调查成本。题量和难度应适中,尽量控制其他成本开支。

2. 桌面实验

桌面实验也是获取驾驶人主观认知数据的有效方式,一般用于小样本深度调查。可根据实验目的直接向被试展示视频、图片、音频等内容，提出与实验目的相关的问题，记录被试的认知和理解数据。

三　客观数据获取方法

客观数据主要包括驾驶人感知、决策和操控数据，常通过驾驶适应性检测、驾驶模拟技术、自然驾驶监测和软件仿真测试等方式获取。

1. 驾驶适应性检测

驾驶适应性是指驾驶人具备不出差错地完成驾驶工作的素质，主要从心理学、生理学和人机工程学三个方面考查。2017 年之前驾驶适应性特征参数执行国家标准《机动车驾驶员的身体状况及其评价要求》（GB 18463—2001），以反映驾驶人的状态特征和驾驶能力。典型的驾驶适应性检测仪器、测试参数和工作原理如表 3-1 所示。

驾驶适应性检测仪器、测试参数和工作原理　　　　表 3-1

仪器	测试参数	工作原理
视力测试仪	基本视力	使用国际视力测试标准
	视觉敏锐度	驾驶人正确识别远近运动物体的视力清晰锐利程度
	夜视力	视觉环境变暗时，驾驶人需要适应的时间
	动视力	驾驶人与被观察物在一定相对运动时对物体的视觉辨认能力
听力测试仪	听力	驾驶人在一定距离内能准确听到的声音的分贝量
反应时间测试仪	光反应时间	当光刺激出现时，驾驶人对光刺激进行响应所需的时间
	声反应时间	当声刺激出现时，驾驶人对声刺激进行响应所需的时间
注意分配测试仪	错误数	通过模拟转向盘转动过程测试驾驶人注意力分布，以错误数表示驾驶人的驾驶能力和注意力分布
复杂响应测试仪	错误率和反应时间	分别设定驾驶人手足对应指示灯，随机光照射在指示器上时，要求驾驶人正确响应，以错误率和反应时间作为评价复杂响应的指标
深度感知测试仪	位置偏差	距离指定物体一定距离，调整物体的纵向位置，要求驾驶人估计与物体位置的距离，以位置偏差来评价驾驶人的深度感知
速度估计测试仪	时间偏差	驾驶人通过匀速运动指示器建立运动概念后，要求驾驶人根据原始速度估算行驶一定距离所需的时间，以时间偏差来评估速度估计能力

2. 驾驶模拟技术

驾驶模拟技术通过三维动态影像渲染、车辆动力学模型仿真、分屏多视角呈现、交通元素可视化编辑、车辆运动状态数据同步传输等核心技术营造动态虚拟车辆驾驶情境，能够为驾驶人提供道路、交通标志标线、背景车辆、路侧设施等丰富的 3D 虚拟驾驶场景，同时可变换天气、时段等。驾驶模拟器实时呈现由计算机模拟生成的行驶环境,驾驶人通过控制加速踏板、制动踏板、转向盘、变速器操纵杆等实现与车辆和场景的互动互联,计算机采集并记录驾驶行为数据后通过用户数据报协议(User Datagram Protocol,UDP)接口输出。

3. 自然驾驶监测

自然驾驶监测常以互联网+技术为支撑,基于车辆自诊断系统+全球定位系统(OBD+GPS)等车载感知终端动态获取车辆运行数据,通过网络传输至云平台进行存储,本地服务器完成面向应用需求的后台算法设计和数据处理,能够以一定采样频率读取车辆运行速度、油耗、发动机转速等数据。

4. 软件仿真测试

基于计算机技术,开展场景仿真、汽车动力学仿真、传感器仿真等,对车辆运行特征进行早期开发和验证,能够获取车辆动力学、油耗及与其他车辆交互等相关数据。

四　常用实验仪器设备

驾驶人人因实验测试主要包括实车测试和驾驶模拟测试两大类。本节主要介绍用于驾驶模拟实验的常用仪器设备。

1. 驾驶模拟系统

驾驶模拟系统利用虚拟现实(Virtual Reality,VR)技术营造虚拟驾车环境,驾驶人通过操作模拟系统的部件与虚拟环境产生交互,从而完成驾驶训练或驾车体验。驾驶模拟系统由动力学仿真系统、视景仿真系统、声频仿真系统、运行操作系统和数据记录系统组成。驾驶人模拟车辆时,计算机实时产生行驶过程中的虚拟视景、音响效果和运动感觉,使用户沉浸在虚拟环境中,给予其尽可能真实的驾驶感觉。驾驶模拟器一般分为简单驾驶模拟系统、真实车辆驾驶模拟系统和多自由度驾驶模拟系统。

现以北京工业大学驾驶行为实验室的 AutoSimAS 真车模拟平台为例(图 3-1),车辆为丰田 Yaris 手自一体车型,配备有转向盘、加速踏板、离合器、制动踏板和后视镜等设备,与真实车辆的操作方式一致,且在运行时可以产生逼真的振动感。除此之外,还能够产生逼真的发动机运行、车辆制动、车辆运行等音效,给驾驶人真实的驾驶体验。模拟器能为驾驶人提供前方 140°水平视野和 40°垂直视野,以及左右后视镜和后方 30°水平视

图 3-1　驾驶模拟实验平台

野、40°垂直视野。该模拟器同时兼备数据收集和传输的功能,基于可调频率记录包括速度、加速度、侧向位移、加速踏板、制动踏板、离合、转向盘转角、车辆坐标等多种车辆运行参数,同时也能记录与临近车辆之间的距离及背景车辆的运行参数。控制台可以使用应用程序编程接口(Application Programming Interface,API)为实验场景构造不同的

天气参数、光照参数、交通流参数及交互参数等,同时可将模拟器获取的实验数据通过 UDP 同步传输到数据中心。

2. 眼动仪

眼动仪分为接触式和非接触式两种。非接触式主要依靠高清视频感知及捕捉技术。接触式眼动仪根据佩戴位置不同又可分为头盔式和眼镜式,图 3-2 展示了德国 SMI 公司生产的头盔式和眼镜式两种眼动仪,集被试活动的自由性和设置及操作的便捷性于一体。其功能包括:①强大且便于调整的眼动追踪算法,确保在特殊环境条件下数据的精确性;②用户界面友好,系统集成性管理,可以实现实时数据定性预览;③眼部视频图像可实现即时分析,被试凝视位置以及辅助信息被添加到凝视视频图像上,可实现所需相关信息的存储;④系统可采集多种实验所需的眼动数据并实现快速精确控制和分析,能够在被试移动或固定条件下检测凝视位置及瞳孔大小。

a) 头盔式眼动仪　　　　　　　　　　　　b) 眼镜式眼动仪

图 3-2　接触式眼动仪

现以德国 SMI 生产的 ETG 2w 型便携眼镜式眼动追踪系统设备为例;其能够获取的驾驶人视觉特征数据包括注视点位置、注视点个数、注视持续时间、眼跳次数、扫视持续时间等。

3. 心电仪

心电仪分为常规心电仪和动态心电仪两种。常规心电仪体积大,价格昂贵,使用烦琐,不适用实验研究。动态心电仪体积小,价格便宜,能长时间记录被试的心电数据,适用于实验研究。实验中常用的动态心电仪是穿戴式心电仪,其工作原理是:由心电贴片通过两个专用电极从人体左侧胸部皮肤上的两点采集电位信号,可实时采集并通过手机等外部设备接收、中转、记录监测数据。

以 KF2 型动态穿戴式心电仪为例(图 3-3),利用该心电仪可采集的驾驶人心电信号指标如下:心电图信号、心率、呼吸率、体表温度、体动。

4. 脑电仪

Neuroscan 32 脑电仪(图 3-4)适合进行脑认知科学研究,是目前世界范围内被广泛使用的脑电采集分析系统。系统包括脑电帽、NuAmps 型放大器、导电膏、数据采集狗、数据分析狗、Scan 数据分析软件等。其基本工作原理是:头皮电位通过脑电帽上的电极与导电膏传送至电脑,在插有数据采集狗的电脑中以脑电图的形式被记录和保存。Neuroscan 32 脑电仪还具有全新的脑电分析功能模块,包括采用 DC(直流)方式(也可采用 AC(交流)传统方法)采集脑电信号、在线实时分析[事件诱发电位(ERP)分析、脑电频谱分析、相干同步分析等]、通过独立成分分析和主成分分析（ICA/PCA）的方法去掉脑电波（EEG）中无效成分、通过 Source 实时观察偶极子的状态等。

图 3-3　穿戴式心电仪
1-说明书；2-SD 储存卡；3-充电器；4-心电仪
器；5-设备捆绑带

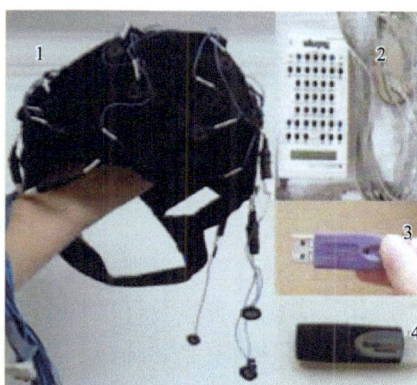

图 3-4　Neuroscan 32 脑电仪
1-脑电帽；2-放大器；3-数据采集狗；4-数据
分析狗

Neuroscan 32 脑电仪可采集分析驾驶人不同频段的脑电波,采样速率≥15kHz(每个通道)。数据采集过程中所有事件均能够自动检测并记录,反应代码和刺激代码可有效分离,根据实验和研究需求进行数据滤波(从傅氏变换到小波变换)、数据重组、眼电干扰去除及伪迹剔除,还可将脑电的不同成分和不同类型(刺激或反应)进行叠加分析、调整基线等。

5.其他辅助设备

通过其他辅助设备,以满足驾驶模拟实验中更多设计需求和数据收集需求。例如,针对酒驾实验的酒精测试仪、记录实验过程的摄像机、与被试进行交互的音响和人机交互界面(Human Machine Interface,HMI)等设备。

(1)酒精测试仪:人体呼气测试酒精含量,可获得驾驶人体内酒精浓度。

(2)摄像机:记录实验过程和驾驶人行为的视频数据。

(3)音响:实现与车辆、交通环境和外部车载设备(导航)的声音交互。

(4)HMI:能够通过语音提示和用户界面为驾驶人提供道路状况、交通条件和周边车辆的行驶信息。

第 二 节　实验设计方法

一　实验设计基本概念

实验设计(Design of Experiments,DOE)也称为试验设计,是对实验进行科学合理安排,以期达到最好的实验效果。实验设计是实验过程的依据和实验数据处理的前提,也是提高科研成果质量的重要保证。科学完善的实验设计,能够合理地安排各种实验因素,严格地控制实验误差,并且能够有效地分析实验数据,从而用较少的人力、物力和时间,最大限度地获得丰富而可靠的研究资料。反之,如果实验设计存在缺点,就必然造成不必要的浪费,减损研究结果的价值。

二 实验设计原则

费希尔提出了实验设计的三个原则,即随机化原则、重复原则和局部控制原则。根据理论研究和实践经验,对这三个原则进行了进一步地发展和完善,把局部控制原则分解为对照原则和区组原则,形成了实验设计的四个基本原则,即随机化原则(Randomization)、重复原则(Replication)、对照原则(Contrast)和区组原则(Block)。

1. 随机化原则

随机化是指被研究样本是从所研究总体中任意抽取的,也就是说从研究的总体中抽取样本时,要使每一个观察单位都有同等机会被分配到观察组或对照组。统计学中的很多方法都是建立在独立样本的基础上,用随机化原则设计和实施的实验可以保证实验数据的独立性。

2. 重复原则

重复是指各组观察例数要足够,例数越多(即样本量越大),抽样误差越小,实验结果的可信度就越高。通过一定数量的重复实验,该实验的真实效应就会比较确定地显现出来,可以从统计学上对实验的效应给予肯定或否定。

3. 对照原则

对照是比较的基础,对照原则主要用于比较实验。除了因素的不同外,实验组与对照组中的其他条件应尽量相同。只有高度的可比性,才能对实验观察的项目做出科学结论。设计对照实验可以排除无关变量对实验结果的干扰,从而使实验结果更科学。

4. 区组原则

区组是指人为划分的时间、空间、设备等实验条件。区组因素会影响实验指标,但并不是实验者所要考察的因素,也称为非处理因素。任何实验都是在一定的时间、空间范围内并使用特定的设备进行的,然而把这些实验条件都保持一致是很难办到的。常用的解决办法是把这些区组因素也纳入实验中,作为实验设计和数据分析的实验因素。

三 实验因素与水平

因素是实验设计者希望考察的实验条件,在实验中能够影响实验结果。实验因素的数目可以是一个、两个或多个,分别称为单因素实验、双因素实验和多因素实验。例如,研究弯道半径及限速标志对车辆速度的影响时,实验因素有两个,分别为弯道半径和限速标志,属于双因素实验。

因素在实验中所处的各种状态和条件称为因素的水平。在实验中往往要考虑某种因素的几种状态,那么就称该因素具有几个水平。例如,研究限速标志对车辆速度的影响时,现共有限速 120km/h、限速 100km/h、限速 80km/h 三种不同的标志,则该实验共有限速标志一个因素,共有限速 120km/h、限速 100km/h、限速 80km/h 三个水平。

四　典型实验设计方法

1. 完全随机设计

完全随机设计(Completely Randomized Design)亦称为单因素设计,是将被试随机地分配到各个处理组中进行实验观察,或者从不同总体中随机抽样进行对比观察的一种实验设计方法。在实验研究中,可先将被试编号,再用随机数字表或随机排列表将其随机地分成两组或多组,分别进行实验观察。

完全随机设计的优点是实验设计和统计分析简单易行,缺点是一次只能研究一个因素,且所需要的样本量比较大,混杂因素在各组均衡性往往较差,和其他实验设计相比效率不高。适用于两个或两个以上样本的比较。各组间样本量可相等,也可不相等,样本相等时统计分析效率较高。

2. 配对设计

配对设计(Paired Block Design)是指将被试按配比条件配成对子,再将各对中的个体按随机分配的原则给予不同处理。配对设计实验常以主要的非处理因素作为配比条件,其基本思想是使实验组和对照组间非实验因素的条件均衡,使得实验因素的效应更容易显示出来,以提高实验设计的效率,减少样本例数的需要量。

配对有自身配对和不同个体配对。配对设计实验能有效控制个体间的差异,使得抽样误差控制在最小程度,缺点是被试在实验过程中可能会发生某些条件的改变,导致实验前后的条件不一致,产生实验结果偏差。一般来说,在正确选择与控制配对条件时,配对设计的效率往往高于完全随机设计。

3. 随机区组设计

随机区组设计(Randomized Complete Block Design)亦称配伍组设计,是配对设计的扩展。可分为两种情况:第一是对同一被试在同一处理不同水平间的比较;第二是先把被试按某些特质分成不同的区组,使各区组内的被试接近同质,而区组间的被试更加不同,然后将各区组内的被试分别随机接受不同的处理,或按不同顺序接受所有的处理。每个配伍组的例数等于处理组的个数。用于配伍的因素应当是影响实验效应的主要非处理因素。

随机区组设计的优点是,可以尽量排除非处理因素对实验结果的干扰,保证了组间的可比性,减少抽样误差,提高统计效能,降低样本量。缺点是,由于配伍条件的限制,有时难以将被试配成区组,从而损失部分被试的信息;此外,区组内若有一个被试的数据发生缺失,对资料分析的影响较大。如果配伍因素也是希望研究的因素,或者配伍因素与研究因素间的交互作用不能忽略时,则不应采用配伍设计。

4. 交叉设计

交叉设计（Cross-over Design）是在自身配对设计基础上发展起来的一种特殊的自身对照设计。将同一批被试先后接受 A、B 两种处理，如随机地使半数被试先接受 A 后接受 B，而另一半被试先接受 B 再接受 A，两种处理在全部实验过程中交叉进行。交叉设计主要涉及一个处理因素和两个非处理因素（实验阶段、被试），能够很好地解决实验设计中被试数量有限，而且每个被试的状况无法保证完全相同，并会对响应结果产生不同影响的情况。

交叉设计具备自身配对的优点，如减少个体差异对处理因素的影响、节省样本量等，能控制时间因素对实验效应的影响，故优于自身配对设计。适用于处理因素只有 2 个水平，非处理因素与处理因素间无交互作用的情况。

5. 拉丁方设计

拉丁方设计（Latin Square Design）是指按拉丁字母组成的方阵安排三因素多水平对研究对象作用的一种设计方案，将三个因素按水平数 r 排列成一个 $r \times r$ 随机方阵，如 3×3 拉丁方、4×4 拉丁方，在同一行或同一列中，任何一个因素的水平均无重复。拉丁方设计同时考虑三个因素（一般是一个处理因素、两个区组因素）对实验结果的影响。

拉丁方设计可看成纵横两向皆为配伍组，且可以用较少的重复次数获得较多的信息，因而比配伍设计更优越。其是在随机区组设计的基础上，多安排一个对实验结果有影响的非处理因素，使观察单位更加区组化和均衡化，进一步减少抽样误差，提高效能，节约样本量，但它要求各因素的水平数相等且无交互作用，并要尽量避免数据缺失，在实际应用中有一定局限性。

6. 析因设计

析因设计（Factorial Design）是一种将两个或多个因素的各水平交叉分组进行实验的设计。它不仅可检验各因素内部不同水平间有无差异，还可检验两个或多个因素间是否存在交互作用，是对各因素各水平的所有组合都进行实验的设计方法。

析因设计时，若因素间存在交互作用，需逐一分析各因素的单独效应；若不存在交互作用，则两因素的作用相互独立，只需考虑各因素的主效应即可。分析时的因素数和水平数不宜过多，一般因素不超过 4 个，水平不超过 3 个。析因设计是一种高效的实验方法，对各种组合的交互作用具有独特的分析功能，同时又具有直观表达分析结果的优点，能够节约样本量。缺点在于统计分析计算较复杂，因素及水平数均不宜过多，否则实验量太大，而且对比分析比较烦琐。

7. 正交设计

正交设计（Orthogonal Design）是研究多因素多水平的一种实验设计方法。它是利用一系列规格化的正交表将各实验因素、各水平之间的组合均匀搭配，并对结果进行统计分析，以获得较多的信息。正交实验设计主要用于调查复杂事物的某些特性或多个因素对事物某些特性的影响，识别事物中更有影响的因素、因素影响的大小以及因素间可能存在的相互关系。

正交实验按正交表进行，有多个实验号，在分配被试时，同样应进行随机分配，以保证每次实验的可比性。每次实验应尽可能地平行进行,以保持每次实验的条件均衡。正交实验是析因实验的部分实施,只分析有意义的主效应和部分重要因素的一级交互作用,可成倍地减少多因素实验的次数。此外,正交实验除可以利用空白项估计误差外,还可以采取重复实验的方法进行误差估计,以增加信息量,提高准确性。

第三节　实验样本量估算

正确的统计推断需要以合适的样本量为基础。所谓的样本量(Sample Size)是指实验研究和调查研究中样本的观察单位数,又称样本大小。在实验研究与现场调查研究设计中必须确定被试的合理样本量。

一　样本量估算意义

样本量估算(Sample Size Estimate)是指应用一定的统计方法在保证研究结论具有一定可靠性(精度与检验效能)的前提下所确定的最小样本例数。实际研究中的样本量是根据样本量估算结果并考虑下列两个因素确定的:一是研究结论所推论的总体和应用范围越广,样本量应越大;二是若支撑研究的人力、物力和时间容许,样本量可大一些。确定样本量时,还应考虑研究过程中部分被试数据可能失效的影响。

样本量估算反映研究设计中的重复原则,其意义是估计研究中误差与减小研究中的抽样误差。同时,足够的样本量也是实验研究中保证组间均衡性的基础。样本量过小,观察指标值不稳定,抽样误差大,推论总体的精密性与准确性都比较差,统计检验的功效低,实际存在的差别不能显示出来,难以获得正确的研究结论;但样本量也不是越大越好,样本量过大,会增加实际工作的困难,浪费人力、物力和时间,虽然能减少抽样误差,增加实验的精度和样本的代表性,但因研究的组织工作难度增大、调查和研究人员的增加等原因,使得研究中非抽样误差增加。因此,研究中必须正确估计和确定合理样本量,用较少的人力、物力和时间获得丰富可靠的资料。

二　样本量估算影响因素

样本量估算的影响因素,又称样本量估算的已知条件或先决条件,在样本量估算前应首先确定。样本量估算的影响因素包含以下五个方面:

1. 第一类错误概率(α)

α越小,所需样本量越大,一般取 0.05,也可以根据研究问题的性质和研究目的决定更大或更小的第一类错误概率值。α的取值有单双侧之分,双侧检验比单侧检验所需要样本量更多。

2. 第二类错误概率(β)或检验的效能($1-\beta$)

β 越小,检验的效能($1-\beta$)越大,所需样本量也越大。一般要求检验效能在 0.80 以上。β 一般只取单侧,在参数估计的样本量估算中不涉及 β。

3. 容许误差(δ)

δ 是指研究者要求的或者客观实际存在的样本统计量与总体参数间的差值。容许误差既可以用绝对误差(如 $|\bar{X}-\mu|$、$|p-\pi|$ 等),也可用相对误差(如 $|\bar{X}-\mu|/\mu$、$|p-\pi|/\pi$ 等)表示。容许误差越小,所需样本越大。

4. 总体标准差(σ)

σ 反映了数据的变异度,其值越大,所需样本量也越大。

5. 单双侧检验与设计类型

在其他条件相同时,单侧与双侧检验所需的样本量不同。一般来说,双侧检验所需样本较大。同时,不同实验设计类型,所需样本量也不同。因此,不同实验设计类型其样本量估算方法也不相同。

由于样本量需要在研究开展之前确定,而样本量估算中又要已知总体标准差、总体犯错率和容许误差的估计值,因此需要根据前人的研究结果、预实验结果或者统计理论进行样本量估计。

三　最小样本量估算方法

1. 配对设计与单个总体均数假设检验

设已知总体均数为 μ_0,检验总体均数为 μ。当 $H_0:\mu=\mu_0$,$H_1:\mu>\mu_0$,样本量的估算公式为:

$$n = \frac{(t_\alpha + t_\beta)^2 \sigma^2}{\delta^2} \tag{3-1}$$

式(3-1)同样适用于 $H_0:\mu=\mu_0$,$H_1:\mu<\mu_0$ 的情况。当 $H_0:\mu=\mu_0$,$H_1:\mu\neq\mu_0$ 时,样本量估算公式(3-1)中的 t_α 调整为 $t_{\alpha/2}$(双侧)。

式(3-1)中 n 为样本量,在配对设计中为样本对子数;$\delta=\mu-\mu_0$ 为研究者提出的差别或由预实验的样本信息估算 $\delta=\bar{X}-\mu_0$,在配对设计中为差数的均数;σ 为总体标准差,在配对设计中为 σ_d,可用差值的标准差 S_d 估算;t_α 和 $t_{\alpha/2}$ 分别为在一定自由度下的单侧和双侧 t 界值;t_β 无论用单侧还是双侧检验均取单侧 t 界值。当样本量未知时,通常是以自由度 $v=\infty$ 时的 t 界值(即 u 界值)代入公式(3-1)中求 $n_{(1)}$,再以 $v=n_{(1)}-1$ 确定 t 界值,代入公式(3-1)求得 $n_{(2)}$,重复上述过程,直至前后两次求得的结果趋于稳定为止。

2. 完全随机设计的两总体均数假设检验

两个总体的均数、方差分别以 μ_1、σ_1^2 和 μ_2、σ_2^2 表示,并以 $\bar{X}_1$、S_1、n_1 和 $\bar{X}_2$、S_2、n_2 表示分别来自该两个总体的样本均数、标准差和样本量。

单侧检验时,$H_0:\mu_1=\mu_2$,$H_1:\mu_1>\mu_2$,或记为 $H_0:\mu_1-\mu_2=0$,$H_1:\mu_1-\mu_2>0$。根据 H_0 和

H_1 下的抽样分布,即能得出样本量的估算公式:

$$n = \frac{2\sigma^2 (t_\alpha + t_\beta)^2}{(\mu_1 - \mu_2)^2} \tag{3-2}$$

式(3-2)同样可用假设检验 $H_0 : \mu_1 = \mu_2 , H_1 : \mu_1 < \mu_2$ 的样本量估算。

在双侧检验时,$H_0 : \mu_1 = \mu_2 , H_1 : \mu_1 \neq \mu_2$,或记为 $H_0 : \mu_1 = \mu_2 , H_1 : \mu_1 - \mu_2 \neq 0$。样本量估算公式(3-2)中的 t_α 调整为 $t_{\alpha/2}$(双侧)。

在式(3-2)中,σ 为两总体标准差,通常用样本标准差估算,一般取合并方差的平方根,或两个样本标准差中较大者。$\mu_1 - \mu_2 = \delta$ 可用两样本均数差进行估算。

3. 完全随机设计多个总体均数假设检验

记 $\mu_1 , \mu_2 , \cdots , \mu_k$ 和 $\sigma_1^2 , \sigma_2^2 , \cdots , \sigma_k^2$ 为多个样本均数与方差。$\overline{X}_1 , \overline{X}_2 , \cdots , \overline{X}_k ; S_1 , S_2 , \cdots , S_k ; k$ 分别为各组样本均数、标准差和组数。完全随机设计多个均数比较时的样本量估算公式为:

$$n = \frac{\psi^2 (\sum S_i^2 / k)}{\sum (\overline{X}_i - \overline{X}) / (k - 1)} \tag{3-3}$$

式中,$\overline{X} = \sum \overline{X}_i / k$;$\psi$ 值见表 3-2。

ψ 值表($\alpha = 0.05 , \beta = 0.1$)　　　　　　　　　　表 3-2

v_2	v_1												
	1	2	3	4	5	6	7	8	9	10	15	20	∞
2	6.80	6.71	6.68	6.67	6.66	6.65	6.65	6.65	6.64	6.64	6.64	6.63	6.62
3	5.01	4.63	4.47	4.39	4.34	4.30	4.27	4.25	4.23	4.22	4.18	4.16	4.09
4	4.40	3.90	3.69	3.58	3.50	3.45	3.41	3.38	3.36	3.34	3.28	3.25	3.15
5	4.09	3.54	3.30	3.17	3.08	3.02	2.97	2.94	2.91	2.89	2.81	2.78	2.66
6	3.91	3.32	3.07	2.92	2.83	2.76	2.71	2.67	2.64	2.61	2.53	2.49	2.35
7	3.80	3.18	2.91	2.76	2.66	2.58	2.53	2.49	2.45	2.42	2.33	2.29	2.18
8	3.71	3.08	2.81	2.64	2.51	2.46	2.40	2.35	2.32	2.29	2.19	2.14	1.97
9	3.65	3.01	2.72	2.56	2.44	2.36	2.30	2.26	2.22	2.19	2.09	2.03	1.85
10	3.60	2.95	2.66	2.49	2.37	2.29	2.23	2.18	2.14	2.11	2.00	1.94	1.75
11	3.57	2.91	2.61	2.44	2.32	2.23	2.17	2.12	2.08	2.04	1.93	1.87	1.67
12	3.54	2.87	2.57	2.39	2.27	2.19	2.12	2.07	2.02	1.99	1.88	1.81	1.60
13	3.51	2.84	2.54	2.36	2.23	2.15	2.08	2.02	1.98	1.95	1.83	1.76	1.54
14	3.49	2.81	2.51	2.33	2.20	2.11	2.04	1.99	1.94	1.91	1.79	1.72	1.49
15	3.47	2.79	2.48	2.30	2.17	2.08	2.01	1.96	1.91	1.87	1.75	1.68	1.44
16	3.46	2.77	2.46	2.28	2.15	2.06	1.99	1.93	1.88	1.85	1.72	1.65	1.40
17	3.44	2.76	2.44	2.26	2.13	2.04	1.96	1.91	1.86	1.82	1.69	1.62	1.36
18	3.43	2.74	2.43	2.24	2.11	2.02	1.94	1.89	1.84	1.80	1.67	1.60	1.33
19	3.42	2.73	2.41	2.22	2.09	2.00	1.93	1.87	1.82	1.78	1.65	1.58	1.30
20	3.41	2.72	2.40	2.21	2.08	1.98	1.91	1.85	1.80	1.76	1.63	1.55	1.27
∞	3.24	2.52	2.17	1.96	1.81	1.70	1.62	1.54	1.48	1.43	1.25	1.14	0.00

注:表中 v_1、v_2 为自由度。

4.随机区组设计的多个总体均数假设检验

在计量资料的随机区组设计中,样本量估算的公式为:

$$n = \frac{2MS_e(Q+\mu_\beta)^2}{D^2} \tag{3-4}$$

式中,MS_e 为误差均方;D 为处理组间差值(取差值最小者);μ_β 为标准正态分布单侧统计值,在 $\alpha = 0.05$ 水平时,Q 值见表3-3。

随机区组设计样本量估算的 Q 值表($\alpha = 0.05$)　　　　表3-3

组数	3	4	5	6	7	8	9	10
Q 值	3.4	3.8	4.0	4.2	4.4	4.5	4.6	4.7

5.交叉实验设计

计量资料两组完全随机设计研究(双侧)的样本量估算公式(3-2)可以适用于 2×2 交叉实验设计样本量的估算。由于 2×2 交叉实验中每个对象接受了两种处理,故两倍地使用了每一个对象,因此公式(3-2)中的"2"可以省略。2×2 交叉实验设计样本量估算公式为:

$$n = \frac{\sigma^2(t_\alpha + t_\beta)^2}{(\mu_1 - \mu_2)^2} \tag{3-5}$$

式中,$\mu_1 - \mu_2 = \delta$ 为两处理均数的差值;σ^2 为总体方差,两者均可通过预实验结果估算。

第 四 节　实验测试流程

影响驾驶模拟实验的内外部因素众多,为保证实验真实有效,需要对实验流程进行科学设计与严格控制。驾驶模拟实验测试基本流程如图3-5所示。

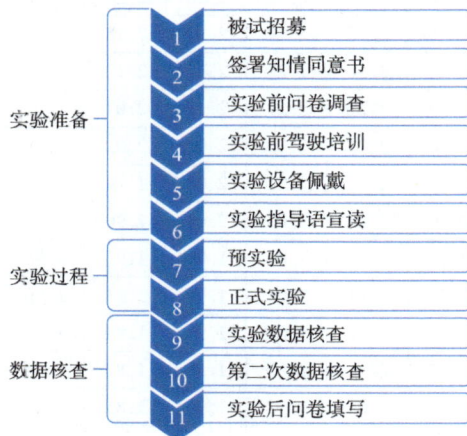

图3-5　驾驶模拟实验测试基本流程

一　实验准备阶段

在实验准备阶段,实验员需要招募被试、准备好实验所用表单、准备仪器设备并进行检查。例如,准备好眼动仪、心电仪、脑电仪等实验所需的实验设备,检查设备是否能正常使用;检查驾驶模拟器是否能正常运行,是否存在延迟、卡顿等现象。具体包括:

1. 被试招募

被试招募需要根据实验目的和实验要求在目标人群中取样,被试样本量要满足统计学要求,被试的选择要具有代表性、针对性和可控性。代表性指选取样本能代表目标人群,例如考虑被试的年龄、驾龄、性别等个体属性差异。针对性是指根据实验目的以及干预因素有针对性地选取样本,例如研究驾驶人年龄影响时选择老年驾驶人作为被试。可控性是指实验组和对照组之间除了所关注的组间差异外,尽量减少其他差异,控制组内个体差异间的平衡,避免混杂因素的干扰。

此外,对被试群体的基本要求包括:性别和年龄分布应满足研究区域机动车驾驶人的性别及年龄比例;持有合格的驾驶执照,驾龄不低于 2 年,总驾驶里程不低于 2 万 km(不针对新手驾驶人);身体健康(无临床确诊的精神疾病史、无精神类药物服用或注射经历、无酗酒以及其他药物成瘾症状);视力或矫正视力在 1.0 或以上,无色盲、色弱等症状。

2. 签署知情同意书

被试到达实验室后,首先要阅读并签署一份知情同意书,应至少包括明确的驾驶任务介绍、实验中可能出现的突发状况、实验持续时间以及完成实验的酬劳标准和发放方式等。

3. 实验前问卷调查

被试在实验前需要填写个人基本信息与生理状态表,并根据实验目的填写问卷和相关量表等。个人基本信息应至少包括被试编号、姓名、性别、年龄、驾龄、每周驾驶里程数、是否有高速公路驾驶经验、联系方式、实验时间等。生理状态表应至少包括实验日期、到达时间、姓名、被试编号、前一晚入睡时间、睡醒时间、驾前疲劳程度、有无服用药物、当日是否喝咖啡(若是,咖啡饮用量、咖啡饮用时间)、当日是否喝茶(若是,茶饮用量、茶饮用时间)、是否午休(下午或晚上实验者)(若是,午休时间)、离开时间等。问卷和相关量表即根据实验目的编制或采用的非规范化问卷、量表。非规范化问卷指根据实验目的自定义设计的问卷,能够获取跟实验目的紧密相关但不能形成规范量表的驾驶人主观信息。量表是指严格按照规范设计和修订的问卷,能够以一定的理论和逻辑获取驾驶人的主观信息。

4. 实验前驾驶培训

实验员向被试介绍驾驶模拟器的基本特性以及操作方法,调出与实验测试无关的场景供被试进行试驾。被试需要在虚拟道路场景中进行驾驶测试并自行体验车辆加速、减速、转弯以及其他基本车辆操作。试驾持续时间至少为 10min,以保证被试能够熟练操作驾驶模拟器。

5. 实验设备佩戴

根据实验测试数据采集需求,由专业实验员给被试佩戴相应实验设备,并对实验设备进行校准,保证设备正常运行。应告知被试请勿自行乱动实验设备,需由实验员佩戴和取摘。常用的佩戴实验设备包括眼动仪、心电仪和脑电仪等。

6. 实验指导语宣读

实验员打开并运行实验场景,向被试介绍实验要求,并告知被试在驾驶过程中需要遵守交通规则,按照日常驾驶习惯进行驾驶任务。此外,实验员还需宣读实验指导语,即给定驾驶情境,以提升驾驶沉浸感。

二 实验过程

完整的驾驶模拟实验过程包括预实验和正式实验两部分。

1. 预实验

预实验一般选取 2~3 名被试,目的是让实验员熟悉实验流程,做好分工,发现实验设计、测试流程中的问题并加以改正。预实验是整个实验的重要组成部分,可排查实验中存在的问题,是确保实验测试科学合理的关键环节,需要像对待正式实验一样认真执行。预实验结束后,需要全面核对实验数据,确保数据不漏项、取值范围正常。

2. 正式实验

实验员严格按照实验设计流程开展实验测试,实时监控实验过程,确保实验环境安静,被试不受实验室周边环境影响,并对实验中出现的特殊情况和关键信息做好记录。对于有多个场景测试需求的实验,为尽量消除场景次序对实验结果产生的影响,实验员应随机安排实验场景测试顺序。为缓解被试的眩晕感、避免疲劳驾驶,每个实验场景驾驶持续时间最好不超过 30min。同时,为了尽可能消除被试对驾驶场景的学习性和记忆性,在每个场景测试结束后,安排被试休息 10min 及以上,再开始下一个场景的测试任务。若测试场景数量较多,应考虑将实验分天进行,两次实验测试时间间隔 3 天以上。此外,在实验过程中,若被试有任何身体上的不适,应立即终止实验。

三 实验结束后的数据核查

实验结束后,实验员需要认真核对实验数据,导出相关实验设备生成的原始数据,核实实验数据的完整性,并做好数据文件命名、编号和保存工作。同时,要求被试再次填写生理状态表、驾驶模拟器有效性主观评测表,并登记劳务报酬信息。除此之外,实验数据均为原始数据,为防止实验数据丢失,可另外备份,方便后续使用。除实验设备导出的数据外,还应保存记录实验测试过程的视频和图片,以防后续发现数据出现问题时能够复查。

第 五 节　实验数据处理

一　数据预处理

(一)数据质量分析

数据质量分析是数据预处理的重要一环,也是确保数据分析结论有效性和准确性的基础。没有可靠的数据,数据分析的结论将是空中楼阁。数据质量分析的主要任务是检查是否存在"脏数据"。"脏数据"指不符合要求、不能直接进行相应分析的数据,包括缺失值、异常值、格式不一致的值、重复数据等。下文主要介绍缺失值和异常值检查。

1.缺失值检查

缺失值主要包括数据记录的整体缺失,以及记录中某些字段信息的缺失,两者都会造成计算中断或者分析结果不准确。

(1)缺失值产生原因。造成数据缺失的原因主要包括三个方面:一是部分数据信息无法获取,或者获取信息的代价太大;二是部分信息由于某些特定原因被遗漏,如因为疏忽、遗忘或对数据理解错误等一些人为因素而遗漏;三是数据采集设备、存储介质、传输媒介的故障等非人为原因而造成数据丢失。

(2)缺失值影响。缺失值本身可能丢失了大量的有用信息,从而使得数据分析结果的不确定性增加,其隐藏的规律更难把握。同时,包含空值的数据可能会使数据分析过程陷入混乱,导致输出存在误差或者输出没有数学意义的值。

2.异常值检查

异常值是指录入错误或者不合常理的数据,通常明显偏离大部分观测值的取值范围。直接对包含异常值的数据进行计算分析,可能会对后续的结果造成严重影响。此外,在数据分析中,如果重视异常值存在,分析其产生的原因,往往能发现潜在问题,进而找到改进策略的契机。

造成异常值有人为原因和自然原因。人为原因包括数据输入错误、测量误差、实验误差、抽样误差等因素,会对后续分析带来较大的影响。自然原因造成的异常值,也称为离群点,在一定程度上反映了数据集的分布特征。

异常值检查方法,主要包括如下三种:

(1)基础统计量分析。先对变量做一个描述性统计分析,得到一些基础统计量,从而查看哪些数据是不合理的。最常用的统计量是最大值和最小值,用以判断该变量的取值是否超过了合理的范围。

（2）3σ 原则。如果数据服从正态分布,在 3σ 原则下,异常值被定义为一组测定值中与平均值的偏差超过 3 倍标准差的值。此时,距离平均值3σ 之外的值出现概率为 $P(|x-\mu|>3\sigma)=0.003$,属于极小概率事件。如果数据不服从正态分布,可以使用数据点远离平均值的 n 倍标准差(n 的取值根据实际数据而定)进行描述。

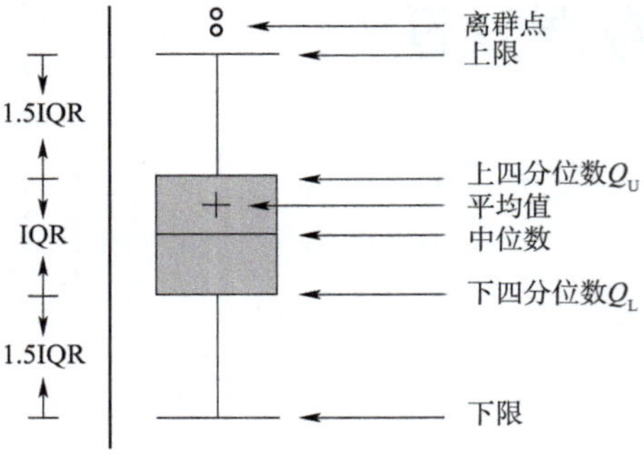

（3）箱形图分析。箱形图识别异常值的标准是:小于 $Q_L-1.5IQR$ 或大于 $Q_U+1.5IQR$ 的值。如图 3-6 所示,Q_L 是下四分位数,表示全部样本中有四分之一的数据取值比它小;Q_U 是上四分位数,表示全部样本中有四分之一的数据取值比它大;IQR = Q_U-Q_L 被称为四分位间距。

图 3-6　箱形图检验异常值

（二）缺失值处理

处理缺失值的方法包括删除记录和数据插补。要注意的是,对部分缺失的数据,如果缺失的部分不影响分析,那么即使对这些缺失数据不做处理也不会影响数据的分析结果。

1. 样本删除

假设某条样本记录的大部分有效数据都缺失了,且插补操作可能改变该条记录原本的含义,常常将之直接删除。

2. 缺失值插补

对于分析中必不可少的缺失值,需要进行插补填充,常用的缺失值插补方法如表3-4所示。

常用的缺失值插补方法　　　　　　　　　　　　　　　　　表3-4

插补方法	方法描述
均值/中位数/众数	根据属性值的类型,用该属性值的平均数/中位数/众数进行插补
固定值插补	将缺失的属性值用一个常量替换
最近邻插补	在记录中找到与缺失样本最接近的样本值进行该属性值插补
插值法	利用已知点建立合适的差值函数 $f(x)$,未知值由对应点 x_i 求出的函数值 $f(x_i)$ 近似替代

一般情况下,为了提高插补数据的可靠度,常采用插值法。插值法是指利用函数 $f(x)$ 在某区间中已知若干点的函数值,拟合出适当的函数,在区间的其他点上用该函数值作为缺失值的近似值。根据函数选取不同,插值方法有线性插值法、拉格朗日插值法、牛顿插值法、Hermite 插值法、分段插值法和样条插值法等。

（三）异常值处理

对异常值的处理方法,需视其产生原因及其对数据分析任务和模型产生的影响而定,也需结合实际情况考虑,没有固定统一的方法。常用的异常值处理方法见表3-5。

常用的异常值处理方法表 表3-5

异常值处理方法	方法描述
删除含有异常值的记录	直接将含有异常值的记录删除
视为缺失值	将异常值视为缺失值,利用缺失值处理的方法进行处理
不处理	直接在具有异常值的数据集上进行数据挖掘和分析

将含有异常值的记录直接删除这一方法简单易行,但缺点也很明显。在观测值很少的情况下,删除异常值的做法会造成样本量不足,而且可能会改变数据的原有分布,从而造成分析结果不准确。因此可以将异常值视为缺失值进行处理,这种处理方法的好处是可以利用现有变量的信息,对异常值(缺失值)进行插补。

(四)数据标准化处理

数据标准化(规范化或归一化)处理,是开展数据挖掘的一项重要基础工作。因为不同类型的数据往往具有不同的量纲,数值间的差别可能很大。为了消除不同类型数据间量纲和取值范围差异的影响,需要对其进行标准化处理,将数据按照一定比例进行缩放,使之落入一个特定的区域(如$[-1,1]$或者$[0,1]$内),便于进行综合分析。此外,数据标准化对于涉及神经网络的分类算法和聚类算法也十分有用。例如,训练神经网络模型时,数据标准化将有助于加快模型训练的速度。

对于交通数据,常用的数据标准化方法有三种:最小-最大标准化、零均值标准化和小数定标标准化。

1. 最小-最大标准化

最小-最大标准化也称为离差标准化,是对原始数据的线性变换,将数值映射到$[0,1]$之间。变换公式如下:

$$x^* = \frac{x - \min}{\max - \min} \tag{3-6}$$

式中,max 为样本数据的最大值;min 为样本数据的最小值;max − min 为极差。离差标准化保留了原来数据中存在的关系,是消除量纲和数据取值范围影响的最简单方法。这种处理方法的缺点是:如果数据集中某个数值很大,则标准化后各值会接近 0,并且标准化后的数据之间将会相差不大;同时,如果遇到超过目前属性取值范围$[\min, \max]$的时候,会引起系统出错,需要重新确定 min 和 max。

2. 零均值标准化

零均值标准化也称标准差标准化,是最常用的数据标准化方法。经过零均值标准化处理的数据均值为0,标准差为1。变换公式如下:

$$x^* = \frac{x - \bar{x}}{\sigma} \tag{3-7}$$

式中,$\bar{x}$ 为原始数据的均值;σ 为原始数据的标准差。

3. 小数定标标准化

通过移动属性值的小数位数,将属性值映射到$[-1,1]$之间。移动的小数位数取决于属性值绝对值的最大值。变换公式如下:

$$x^* = \frac{x}{10^{\lceil \log_{10}|x| \rceil}}$$

(3-8)

二　数据时空转化

驾驶模拟器初始记录数据为等时间记录模式,采集频率为30Hz。根据数据分析需求不同,可选择合适的数据采集频率。由于不同驾驶人驾驶风格不同,同一实验测试环境下的驾车速度差异明显,造成数据长度不一致。为了更方便地分析实验设计因素对驾驶行为的影响,对比同一空间位置的驾驶行为特征,常利用插值方法将时间范围内的指标数据转化为等距离间隔数据。具体转换过程如下:

步骤一:定位所需时间序列数据的索引:行程时间、行程距离、指标值;

步骤二:如图3-7所示,在等距离空间采样间隔$X_i(i=1,2,\cdots,m)$内匹配行程距离和指标值;

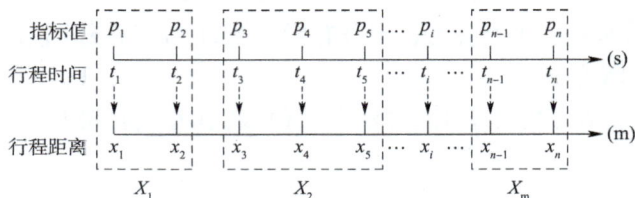

图3-7　等距离空间采样间隔数据转换示意图

步骤三:在等距离空间采样间隔$X_i(i=1,2,\cdots,m)$内计算指标的算术平均值;

步骤四:以此类推,分别计算行程距离内所有逐点指标数据。

三　典型数据特征值计算

1. 速度均值 v_{mean}

车辆运行时纵向速度的平均值(km/h),如公式(3-9)所示:

$$v_{mean} = \frac{1}{n} \sum_{i=1}^{n} v_i$$

(3-9)

式中,v_{mean}为速度均值;n为采样点数量;v_i为第i个采样点车辆的纵向速度值。

2. 速度标准差 v_{SD}

表征速度在特定空间内的离散程度(km/h),如公式(3-10)所示:

$$v_{SD} = \sqrt{\frac{1}{n-1} \sum_{i=1}^{n} (v_i - v_{mean})^2}$$

(3-10)

式中，v_{SD} 为速度标准差；v_{mean} 为速度均值；n 为采样点数量；v_i 为第 i 个采样点车辆的纵向速度值。

3. 加速度均值 a_{mean}

表征速度在特定空间内的变化快慢情况（m/s^2），如公式（3-11）所示：

$$a_{mean} = \frac{1}{n}\sum_{i=1}^{n} a_i \tag{3-11}$$

式中，a_{mean} 为车辆加速度均值；n 为采样点数量；a_i 为第 i 个采样点车辆的纵向加速度值。

4. 加速度标准差 a_{SD}

表征加速度在特定空间的离散程度（m/s^2），如公式（3-12）所示：

$$a_{SD} = \sqrt{\frac{1}{n-1}\sum_{i=1}^{n}(a_i - a_{mean})^2} \tag{3-12}$$

式中，a_{SD} 为加速度标准差；a_{mean} 为加速度均值；n 为采样点数量；a_i 为第 i 个采样点车辆的加速度值。

5. 转向盘转角均值 SW_{mean}

表征驾驶人转动转向盘的角度（°），如公式（3-13）所示：

$$SW_{mean} = \frac{1}{n}\sum_{i=1}^{n} SW_i \tag{3-13}$$

式中，SW_{mean} 为转向盘转角均值；n 为采样点数量；SW_i 为第 i 个采样点车辆的转向盘转角值。

6. 运行时间 RT

表征车辆通过特定空间的时间（s），如公式（3-14）所示：

$$RT = \sum_{i=1}^{n} t_i \tag{3-14}$$

式中，RT 为运行时间；n 为截取空间内的采样点数量；t_i 为采样间隔。

7. 加速踏板功效 $Power_{acce}$

加速踏板深度 A 表征驾驶过程中加速踏板的深度（%）。驾驶人踩踏加速踏板的深度与其持续时长的乘积定义为加速踏板功效（%·s），如公式（3-15）所示：

$$Power_{acce} = \sum_{i=1}^{n} A_i t_i \tag{3-15}$$

式中，$Power_{acce}$ 为加速踏板功效；n 为采样点数量；A_i 为第 i 个采样点加速踏板的深度值；t_i 为采样间隔。

8. 制动踏板功效 $Power_{brake}$

制动踏板深度 B 表征驾驶过程中制动踏板的深度（%）。驾驶人踩踏制动踏板的深度与其持续时长的乘积定义为制动踏板功效（%·s），如公式（3-16）所示：

$$Power_{brake} = \sum_{i=1}^{n} B_i t_i \tag{3-16}$$

式中，$Power_{brake}$ 为制动踏板功效；n 为采样点数量；B_i 为第 i 个采样点制动踏板深度值；t_i 为采样间隔。

9. 横向偏移 LP

表征车辆运行过程中车辆中心偏离车道中心线的程度（m）。横向偏移在车道中心线左侧为正，右侧为负，如公式(3-17)所示：

$$LP = \frac{1}{n} \sum_{i=1}^{n} LP_i \tag{3-17}$$

式中，LP 为横向偏移；n 为采样点数量；LP_i 为第 i 个采样点车辆的横向偏移值。

10. 换道次数 N_{LC}

车辆运行过程中的换车道次数，初始状态为 0，当驾驶人换道时为 1，驾驶人再次换道时为 0，以此类推。换道次数的表达式如公式(3-18)所示：

$$N_{LC} = \sum_{i=1}^{n} | LC_{i+1} - LC_i | \tag{3-18}$$

式中，N_{LC} 为换道次数；n 为采样点数量；LC_i 为第 i 个采样点车辆的换道状态量。

四　特征数据库构建

完成实验测试及数据处理后，形成特征数据库。特征数据库是实验数据的互联，同一驾驶人不同数据库的匹配，主要包括驾驶模拟数据、眼动数据、心电数据等。

1. 驾驶模拟数据

驾驶模拟实验完成后输出时间、位置坐标、速度、加速度、转向盘转角、变速器操纵杆位置（以下称挡位）、加速踏板深度、制动踏板深度、横向偏移等原始数据，如表 3-6 所示。经过时空转化和特征值提取，可形成速度均值、速度标准差、加速度均值、加速度标准差、转向盘转角、运行时间、加速踏板功效、制动踏板功效、横向偏移、换道次数共 10 个特征值表单。以速度均值为例，空间维度示例数值如表 3-7 所示。其中 $X_i(i=1,2,\cdots,m)$ 表示速度均值所在的等距离空间采样间隔点。

驾驶模拟实验时间维度数据样例　　　　　　　　　　　　　　表 3-6

时间（ms）	速度（km/h）	加速度 a（m/s²）	…	坐标 X（m）	坐标 Y（m）
0.050	29.386	0.635	…	25607.166	1252.654
0.100	29.523	0.636	…	25607.656	1252.658
0.150	29.656	0.637	…	25608.150	1252.663
0.200	29.725	0.638	…	25608.380	1252.665
0.250	29.867	0.639	…	25608.894	1252.670
0.300	29.955	0.639	…	25609.210	1252.673
0.350	30.093	0.640	…	25609.710	1252.678
…	…	…	…	…	…

续上表

时间(ms)	速度(km/h)	加速度 a(m/s²)	…	坐标 X(m)	坐标 Y(m)
585.300	36.151	0.846	…	24359.154	−533.436
585.350	36.334	0.843	…	24358.550	−533.431
585.400	36.450	0.840	…	24358.166	−533.428
585.450	36.643	0.836	…	24357.517	−533.424
585.500	36.788	0.834	…	24357.027	−533.422

驾驶模拟实验空间维度示例数据（速度，km/h） 表3-7

驾驶人编号	空间点（X_i）				
	X_1(m)	X_2(m)	X_i(m)	X_{m-1}(m)	X_m(m)
1	68.168	67.336	…	65.663	66.267
2	67.171	66.099	…	63.683	62.362
…	…	…	…	…	…
$k-1$	80.251	80.279	…	80.335	80.363
k	79.358	79.368	…	79.388	79.397

2. 眼动数据

眼动仪获取的视觉行为数据主要为注视（Fixation）、眼跳（Saccade）和眨眼（Blink）三种行为的相关信息。注视相关信息包括序号、注视点的位置、起始时间、结束时间、持续时间、平均瞳孔直径等；眼跳信息包含序号、起始时间、结束时间、持续时间、起始位置、结束位置、眼跳幅度、平均速度、平均加速度、加速度峰值等；眨眼信息包括序号、起始时间、持续时间、结束时间等。眼动数据样例如表3-8所示。

眼动数据样例 表3-8

类型	序号	起始时间 (ms)	结束时间 (ms)	持续时间 (ms)	起始位置 x (px)	起始位置 y (px)	结束位置 x (px)	结束位置 y (px)	…	峰值速度 (px/ms)
眨眼	1	205059	205313	254						
注视	1	205313	205512	200	783.14	429.82				
眨眼	2	205512	205878	366						
注视	2	205878	206078	200	722.57	446.23				
眼跳	1	206078	206144	66	721.9	447.5	714.31	446.45	…	10.74
注视	3	206144	206410	266	710.7	447.66				
眨眼	3	206410	206742	332						
注视	4	206742	206909	166	772.67	467.38				
眼跳	2	206909	206975	665	780.57	447.02	784.77	425.92	…	29.83
眨眼	4	206975	207341	366						
注视	5	207374	207574	200	861.65	426.23				
眼跳	3	207574	207640	665	856.82	422.67	797.45	395.64	…	90.4

注：位置单位为px，指像素。

3. 心电数据

心电仪能够获取驾驶人的心电生理参数指标。心电生理参数指标可以全面量化驾驶人在实验过程中的心电生理特性（心电、呼吸、体表温度等），可用波段图的形式直观呈现。在研究中，一般将心电生理参数数据与体位数据同步进行处理和转化，以便直接用于数据分析和研究。心电生理参数基础数据库如表3-9所示，构建的数据库中包含时间、运动体位参数（G_z、G_y）、活动强度、心率参数（最快、最慢、平均）、呼吸参数（最快、最慢、平均）以及体表温度。

心电生理参数基础数据   表 3-9

时间	G_z	G_y	活动强度（kJ/min）	心率（次/min）			呼吸率（次/min）			体表温度（℃）
				最快	最慢	平均	最快	最慢	平均	
08:11:00	0.9	0.0	2.10	85	75	81	18	12	15	35.6
08:12:00	0.9	0.0	1.70	82	74	78	13	11	13	35.6
08:13:00	0.8	−0.1	3.40	81	71	75	23	15	20	35.7
08:14:00	0.8	0.1	1.20	77	68	70	18	17	17	36.8
08:15:00	0.9	−0.1	1.10	74	64	70	19	13	16	37.2
…	…	…	…	…	…	…	…	…	…	…
10:56:00	0.8	0.0	0.70	70	66	68	21	20	20	36.2
10:57:00	0.9	0.1	0.50	72	68	70	24	15	20	36.5
10:58:00	0.8	−0.1	0.60	74	70	72	24	15	20	36.7

思考题

1. 常用的驾驶行为数据获取方法有哪些？
2. 常用的实验设计方法有哪些？各自有何特点？
3. 什么叫样本量和样本量估算？它们之间的关系是什么？
4. 试简述驾驶模拟实验测试流程。
5. 为什么要进行实验数据预处理？

本章参考文献

[1] 诺曼·布拉德伯恩,希摩·萨德曼,布莱恩·万辛克. 问卷设计手册[M]. 赵铎,译. 重庆:重庆大学出版社,2010.
[2] 谢平芳,黄远辉,赵红梅. 市场调查与预测[M]. 南京:南京大学出版社,2020.
[3] 陈魁. 试验设计与分析[M]. 2版. 北京:清华大学出版社,2005.
[4] 刘文卿. 实验设计[M]. 北京:清华大学出版社,2005.
[5] 茆诗松,周纪芗,陈颖. 试验设计[M]. 北京:中国统计出版社,2004.
[6] 李晓珍. 不同实验设计方差分析 Excel 程序的编制与应用[D]. 广州:暨南大学,2012.

[7] 刘子剑. 互通式立体交叉设计原理与应用[M]. 北京:人民交通出版社股份有限公司,2015.

[8] 肖音. 析因设计在含能材料中的应用[D]. 北京:北京理工大学,2016.

[9] 罗元仓. 公路设计中互通式立体交叉设计探究[J]. 交通世界,2019(18):6-7.

[10] 颜虹,徐勇勇,赵耐青. 医学统计学[M]. 北京:人民卫生出版社,2005.

[11] 王艳丽,杨烁,吴兵. 基于驾驶模拟的本科实验教学内容设计[J]. 实验室研究与探索,2020,39(11):171-174.

[12] 刘志远. 交通大数据:理论与方法[M]. 杭州:浙江大学出版社,2020.

第四章

驾驶人人因实验数据分析方法

驾驶人人因实验数据分析方法是完成驾驶人人因实验后对数据进行分析的重要理论基础。本章主要介绍驾驶人人因实验数据分析的数学方法及工具软件,包括指标体系、描述性分析、假设检验、评价方法、影响分析、常用统计分析软件六小节。其中,第一节介绍了驾驶人人因实验数据分析中常用的驾驶人生理心理和车辆指标;第二节介绍了统计学中描述数据分布特征的相应统计量;第三节介绍了统计学中进行统计检验的具体定义及方法;第四节介绍了驾驶人人因实验中对实验方案综合评价的理论方法;第五节介绍了驾驶人人因实验中数据特征或方案综合评价结果的影响机理分析方法;第六节介绍了进行驾驶人人因实验数据分析的软件平台。

第 一 节 指 标 体 系

驾驶人人因实验数据分析中常用指标包括驾驶人生理特性、车辆绩效及主观感受三类。可根据实验分析目的选择所需指标,图 4-1 所示为人因实验数据分析的指标体系,每一类指标的详细介绍在下文中给出。

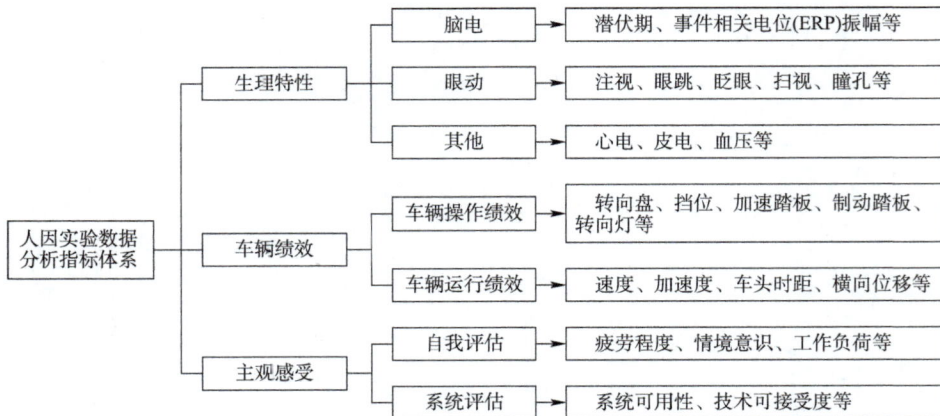

图4-1　人因实验指标体系

一 生理特性指标

1. 脑电指标

脑电是一种从头皮表面记录得到的能反映颅内神经元电活动的生理电信号。由某一刺激触发的或与某一特定事件相关联的特异性脑电信号被称为事件相关电位（Event-Related Potential，ERP）。事件相关电位波形上观察到的由特定神经活动引起的一致、明显的偏移称为成分。ERP中最重要的特征是所关注成分的振幅和潜伏期，ERP成分的振幅可以反映认知过程的强度，潜伏期反映了认知加工处理的时间进程。

振幅估计包括简单峰振幅估计、局部峰振幅估计、平均振幅估计和面积幅值估计。简单峰振幅估计指在成分对应的时间窗内选取波形的峰/谷点作为估计值；局部峰振幅估计将在时间窗内搜索到的比两侧（各3~5个数据点）平均幅值更大的局部峰所在点作为成分幅值的估计值；平均振幅估计是将一定时间范围内波形数据点的平均值作为振幅的估计量；面积幅值估计是将计算时间窗内波形与坐标围成的面积作为幅值的估计值，是一种非线性估计量。

潜伏期估计包括峰值中心潜伏期和起始潜伏期。峰值中心潜伏期将时间窗内峰值出现的时间当作对应成分的潜伏期；起始潜伏期指一个成分开始出现的时间点。起始潜伏期仍然可以使用部分面积估计法来估计，只不过所选择分割点的比例产生了变化。推荐使用50%部分峰值潜伏期法来估计起始潜伏期，具体做法如下：先确定时间窗内的局部最值点，然后从逆时间轴方向找到第一个小于局部最值点幅度50%的点，该点对应的时间便是50%部分峰值潜伏期估计值。

2. 眼动指标

驾驶人在驾驶车辆时，90%以上的信息依靠视觉获取，眼动指标经常用于驾驶安全性研究。眼动仪是驾驶人视觉行为的常用测量设备，具有便捷易用的优点，在实车测试和驾驶模拟中都有应用。国际标准化组织定义驾驶过程中三种基本的眼动行为分别是注视、眼跳与眨眼。除了以上三个基本的视觉行为，还有另一种常被用于视觉注意力分析的视觉行为，叫作扫视。扫视代表一系列连续定位于一个特定目标区域的基本视觉行为（包括注视与眼跳），直到眼睛注视到新的视野区域为止。

为了表征驾驶人的注意加工过程，常用的注视相关指标包括注视持续时间、注视频率等；眼跳相关指标包括眼跳持续时间、眼跳幅度、眼跳速度、眼跳峰值速度等；眨眼相关指标包括眨眼频率、眨眼持续时间等；扫视相关指标包括扫视频率、扫视持续时间、驻留时间、转移时长等。另外，瞳孔直径、瞳孔面积常用来表征驾驶人的紧张程度，眼睑闭合度用来表征驾驶人的疲劳程度。

3. 其他生理信号指标

其他生理信号指标如心电、心率、血压、皮电、呼吸等生理指标也可作为衡量驾驶人生理心理状态的辅助指标。

心电是心脏在每个心动周期中伴随产生的生物电的变化,数据分析时一般取两次 R 波波峰之间的时间间隔,即 RR 间期。一般心电 RR 间期越大,表明心理状态越平静。

心率是人心跳的频率,成人心率一般是 70 次/min 左右。在紧张、恐惧、兴奋、激动等情况下,心率会加快。

皮电是皮肤的导电性指标,外界刺激可引起较大的皮电反应,可通过皮肤电阻或皮肤的导电率进行测量。一般认为,皮电越大,心理越紧张。因而皮电指标可表征驾驶人的心理负荷状态。

二 车辆绩效指标

1. 车辆操作绩效指标

驾驶人在驾驶过程中的操作行为表现为对汽车操纵装置的控制,汽车操纵装置包括转向盘、变速器操纵杆、加速踏板、制动踏板、离合器踏板及各种开关、按钮等,操控的合理性直接决定车辆运行的安全性。

(1)转向盘信息。

转向盘直接反映驾驶人的横向操作行为,是驾驶操作行为的重要表征参数之一,常用指标包括转向盘高频转角、转向盘转角标准差、转向盘转动速率等。

(2)挡位信息。

驾驶人挡位控制能力是安全驾驶的前提,是表征驾驶人操作行为的一个重要参数。驾驶人挡位操作能力主要表现在对挡位的合理选择与流畅切换方面。

(3)加速踏板信息。

加速踏板操控是车辆纵向操作行为的重要构成,直接影响车辆的起动、正常行驶中的加、减速过程以及乘坐舒适性。常用指标有加速踏板深度、加速踏板功效等。

(4)制动踏板信息。

制动踏板深度反映驾驶人使用制动踏板的轻重程度,是表明驾驶人操作行为的重要参数。在正常的行驶过程中,降低速度、停车都是驾驶人不可避免的操作行为,有效利用制动,可以减少道路交通事故的发生。常用指标有制动踏板深度、制动反应时间等。

(5)转向灯状态。

转向灯的使用与车辆变道、转弯等横向运动行为密切相关。该指标在分析驾驶人横向操控行为合理性时使用,可以与驾驶人眼动变化规律协同分析,用于评估驾驶人横向操控行为的安全性。

2. 车辆运行绩效指标

车辆运行状态是驾驶操控行为的结果,主要体现为车辆运行速度、加速度、车头时距和横向偏移等信息的变化,包括车辆的横向和纵向运动特征。

（1）速度。

速度是车辆状态最直观的反映,速度标准差用以表征驾驶人纵向操作的不稳定性,标准差越大说明车辆运行越不稳定。常用指标有平均速度、速度标准差、最大速度、85%位速度等。

（2）加速度。

加速度一定程度上可以反映驾驶人心理紧张程度,加速度越大说明驾驶人心理紧张程度越大。同时,加速度标准差也可以反映驾驶人的操控频繁情况,标准差越大说明驾驶人操作越危险。常用指标有平均加速度、加速度标准差等。

（3）车头时距。

在同一车道上行驶的车辆队列中,两连续车辆车头端部通过某一断面的时间间隔。车头时距是评价驾驶安全性的重要指标,它与交通流组成、驾驶行为密切相关,是反映道路通行能力和服务水平的重要依据。

（4）横向偏移。

横向偏移表示驾驶车辆中心偏离车道中心线的相对距离,该距离说明了驾驶人横向操作的稳定性。常用指标有平均横向偏移、横向偏移标准差等。

三　主观感受指标

驾驶人在实验过程中的评价主要包括驾驶人的自我评估和系统评估两方面。前者包含驾驶人的疲劳程度、情境意识和任务负荷等,后者包含系统可用性、技术接受度等。

1. 自我评估指标

（1）疲劳程度。

卡罗琳斯卡嗜睡量表（Karolinska Sleepiness Scale, KSS）和斯坦福嗜睡量表（Stanford Sleepiness Scale, SSS）常用来评估被试的疲劳程度。

KSS经常被用来研究各种情况下的困倦程度。它有两个版本,一个是每间隔一个刻度提供标签的版本（A版）,另一个是每个刻度都有标签的版本（B版）,但两个版本均为9分制。SSS主要是评估特定时刻的嗜睡感受。该量表要求被试从7种描述中选择最能代表自己嗜睡感受的选项。

（2）情境意识。

全局情境意识评估工具（Situation Awareness Global Assessment Technique, SAGAT）是目前应用较为广泛的情境意识测量方法。这种记忆探测测量方法基于冻结技术并采用自我陈述报告的方式,但由于在实验过程中需要随时暂停任务而探查记忆,因此只能在模拟器上实施,其预测效度有一定的局限性。

此外,主观情境意识评定技术（Situation Awareness Rating Technique, SART）和十维度情境意识测评技术（10D SART）从注意需求、注意供应和信息获取等维度测量情境意识的状况,具有较高的敏感性、精确性和易操作性,也是应用广泛的测量方法。

（3）任务负荷。

美国国家航天航空局任务负荷指数量表（National Aeronautics and Space Administration

Task Load Index)，简称 NASA 任务负荷指数量表或 NASA-TLX。该量表是目前国外研究报道较多的心理负荷主观评价量表，多用于人因工效学领域的研究，如宇航员、飞行员、铁路司机、驾驶人等。汉化版 NASA-TLX 量表共 6 个条目：脑力要求（Mental Demand）、体力要求（Physical Demand）、时限要求（Temporal Demand）、自我表现（Performance）、努力程度（Effort）和受挫感（Frustration）。

2. 系统评价指标

完成一系列任务场景后，可对系统或产品的可用性和接受度进行测量。目前常用测量方法有系统可用性量表（System Usability Scale，SUS）和技术可接受度模型（Technology Acceptance Model，TAM）。

（1）SUS。

SUS 量表由 10 个题目组成，包括奇数项的正面陈述和偶数项的反面陈述，要求参与者在使用系统或产品后对每个题目进行 5 点评分，然后对每个题目的分值进行转换，奇数项计分采用"原始得分 – 1"，偶数项计分采用"5 – 原始得分"。由于是 5 点量表，每个题目的得分范围记为 0 ~ 4，总分最大值为 40，而 SUS 的范围在 0 ~ 100，故需要把所有项的转换分相加，最终再乘以 2.5，即可获得 SUS 分数。

除了获得 SUS 量表总分之外，还可以获得分量表得分。SUS 中，第 4 和第 10 项构成的子量表为易学性（Learnability）量表，其他 8 项构成的子量表为可用性（Usability）量表。为了使易学性和可用性量表分数能够与整体 SUS 分数兼容，范围也是 0 ~ 100，需要对原始分数进行转换：易学性量表转换分数的总和乘以 12.5，可用性量表乘以 3.125。除此之外，也可以将 SUS 分数换算成百分等级来解释，用于测量系统或产品相对于总数据库里其他系统或产品的可用性程度。

（2）TAM。

TAM 主要用于解释用户对新技术或新系统的使用意向。TAM 包含四个基础要素：感知易用性、感知有用性、态度和行为意向，其中，感知易用性和感知有用性是 TAM 的两个核心要素。感知易用性表征人们相信使用某一特定的系统或技术不费体力和脑力劳动的程度；感知有用性表征人们认为某一特定系统或技术可以提高整体工作表现的程度。感知有用性由感知易用性和外部变量共同决定，感知易用性由外部变量决定。外部变量包括系统设计特征、用户特征（包括感知形式和其他个性特征）、任务特征、开发或执行过程的本质、政策影响、组织结构等。TAM 模型结构如图 4-2 所示。

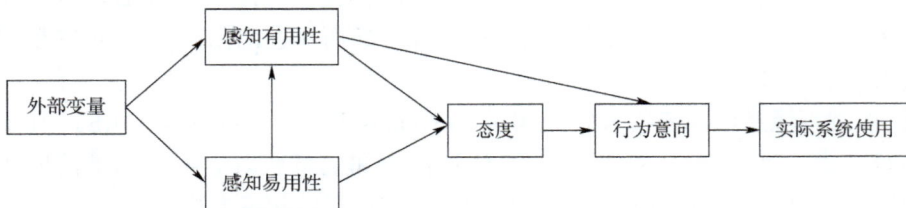

图 4-2　TAM 模型结构图

第 二 节　描述性分析

一　集中趋势

在统计学中描述集中趋势,或者说数据分布的中心位置的统计量就被称为位置统计量。针对不同的数据分布状况,统计学家提供了多种统计量来代表原始数据的中心趋势,如均数、中位数和众数等。

1. 均数

均数是最常用的描述数据分布的集中趋势的统计指标,总体样本均数常用希腊字母 μ 表示,样本均数常用 $\overline{X}$ 表示。对一组数据 $X_1,\cdots,X_n$ 而言,均数的算法为各数据直接相加,再除以样本数 n,即:

$$\overline{X} = \sum_{i=1}^{n} X/n \tag{4-1}$$

均数是最常用的集中趋势描述指标,但它不适用于对严重偏态分布的变量进行描述,只有单峰和基本对称的分布资料,使用均数作为集中趋势描述的统计量才是合理的。

2. 中位数

中位数 M 是将全体数据按大小顺序排列,在整个数列中处于中间位置的值。把全部数值分成两部分,比它小和比它大的数值个数正好相等,具体而言:

(1)当 n 为奇数时,$M = X_{(n+1)/2}$;当 n 为偶数时,$M = (X_{\frac{n}{2}} + X_{\frac{n}{2}+1})/2$。

(2)由于中位数是位置平均数,因此不受极端值的影响,在具有个别极大或极小值的分布数列中,中位数比均数更具有代表性。

(3)中位数适用于任意分布类型的资料,不过由于它只考虑居中位置,对信息的利用不充分,当样本量较小时数值会不太稳定。因此,对于对称分布的资料,分析者会优先考虑使用均数,仅仅是对均数不能使用的情况才用中位数加以描述。

3. 众数

众数指的是样本数据中出现频次最大的数字,众数容易理解,也不受极端值的影响,但不易确定。

二　离散趋势

描述数据离散趋势的统计量就被称为尺度统计量,常用的尺度统计量有如下几种。

1. 全距

全距又称为极差,是一组数据中最大值与最小值之差,是最简单的变异指标。

2. 方差和标准差

对于每个数据而言,其离散程度的大小就是和均数的差值,简称离均差,而总体方差 σ^2 就是将离均差的平方和除以观察样本数 n:

$$\sigma^2 = \sum (X - \mu)^2 / n \tag{4-2}$$

对于样本数据而言,方差(Variance)s^2 的计算公式有所不同:

$$s^2 = \sum (X - \overline{X})^2 / (n - 1) \tag{4-3}$$

式中,$n-1$ 被称为自由度。

但是,方差在使用上有一点小小的不便,就是量纲为原始指标量纲的平方,这不合常理,为此又将方差开平方,这就是所谓的标准差,总体和样本的标准差分别用 σ 和 s 来表示:

$$\sigma = \sqrt{\sum (X - \mu)^2 / n} \tag{4-4}$$

$$s = \sqrt{\sum (X - \overline{X})^2 / (n - 1)} \tag{4-5}$$

由于标准差和方差的计算涉及每一个变量值,所以它们反映的信息在离散指标中是最全的,是最理想、最可靠的变异描述指标。但也正是由于标准差和方差的计算涉及每一个变量值,所以它们也会受到极端值的影响,当数据中有较明显的极端值时不宜使用。

3. 百分位数、四分位数与四分位间距

百分位数是一种位置指标,用 P 表示。一个百分位数 P X 将一组观察值分为两部分,理论上有 $X\%$ 的观察值比它小,有 $(100 - X)\%$ 的观察值比它大。除中位数外,常用的百分位数还有四分位数,即 P25、P50 和 P75 分位数的总称。这 3 个分位数正好能够将全部数据按大小等分为 4 部分,且 P25 和 P75 这两个分位数间包括了中间 50% 的观察值,因此四分位间距既排除了两侧极端值的影响,又能够反映较多数据的离散程度,是当方差、标准差不适用时较好的离散程度描述指标。

三　分布特征

随着对数据特征了解的逐渐深入,数据所在的总体应当服从某种分布。那么,针对每一种分布类型,都可以由一系列指标来描述数据偏离分布的程度。而对于未知分布的数据,可以采用核密度的方法。

1. 概率密度与分布函数

设 X 是一个随机变量,使得对于任意实数 x,有

$$F(x) = P(X \leq x) = \int_{-\infty}^{x} f(t) \, \mathrm{d}t \tag{4-6}$$

则称 X 为连续型随机变量,其中 $F(x)$ 称为 X 的分布函数,$f(x)$ 称为 X 的概率密度函数,简称概率密度。概率密度函数应满足下述两个条件:

$$\begin{cases} f(x) \geq 0 \\ \int_{-\infty}^{+\infty} f(x)\,\mathrm{d}x = 1 \end{cases} \tag{4-7}$$

在连续分布的情况下,以 $f(x)$ 曲线下的面积表示概率,如随机变量 X 在 a 与 b 之间的概率可以写成

$$P(a < X < b) = \int_a^b f(x)\,\mathrm{d}x \tag{4-8}$$

从分布函数 $F(x)$ 的角度,也可以写成:

$$P(a < X < b) = F(b) - F(a) \tag{4-9}$$

显然,连续型随机变量的概率密度是其分布函数的导数,即

$$f(x) = F'(x) \tag{4-10}$$

连续型随机变量的期望值与方差分别定义为:

$$E(X) = \int_{-\infty}^{+\infty} x f(x)\,\mathrm{d}x = \mu \tag{4-11}$$

$$D(X) = \int_{-\infty}^{+\infty} [x - E(x)]^2 f(x)\,\mathrm{d}x = \sigma^2 \tag{4-12}$$

2. 偏度

偏度是用来描述变量取值分布形态的统计量,指分布不对称的方向和程度。样本的偏度系数记为 g_1:

$$g_1 = \frac{1}{n} \sum_{i=1}^{n} (X_i - \overline{X})^3 / s^3 \tag{4-13}$$

这是根据矩法测定分布偏度的计算公式。测定分布偏度的其他方法还有分位数法和 Pearson 规则等,这里不做介绍,读者可以参考有关专业书籍。偏度是与正态分布相比较而言的统计量。$g_1 > 0$ 时,分布为正偏或右偏,即长尾在右,峰尖偏左;$g_1 < 0$ 时,分布为负偏或左偏,即长尾在左,峰尖偏右;$g_1 = 0$ 时,分布为对称。需要特别提醒的是,偏态的方向指的应当是长尾方向,而不是高峰位置。

3. 峰度

峰度是用来描述变量取值分布形态陡缓程度的统计量,是指分布图形的尖峭程度或峰凸程度。样本的峰度系数记为 g_2:

$$g_2 = \frac{1}{n} \sum_{i=1}^{n} (X_i - \overline{X})^4 / s^4 - 3 \tag{4-14}$$

这也是根据矩法测定分布峰度的计算公式,测定分布峰度的方法还有分位数法。峰度也是与正态分布相比较而言的统计量,当 $g_2 > 0$ 时,分布形状比较尖,比正态分布峰要陡峭;当 $g_2 < 0$ 时,分布形状比正态分布要平坦;当 $g_2 = 0$ 时,则分布为正态峰。

4. 核密度

核密度估计是由 Rosenblatt 和 Emanuel Parzen 提出的一种非参数概率密度估计方法,适

用于解决观测数据分布未知的问题。这种估计方法无需有关数据分布的先验知识,是一种从数据样本本身出发研究数据分布特征的方法。核密度估计的计算公式如下:

假设 $Y_1, Y_2, \cdots, Y_n$ 是取自连续分布 $f(y), y \in R$ 的 n 个样本数据,设函数 $\widehat{f}(y)$ 为 $f(y)$ 的核密度估计,则 $\widehat{f}(y)$ 的表达式为:

$$\widehat{f}(y) = \frac{1}{nh} \sum_{i=1}^{n} K\left(\frac{y - Y_i}{h}\right) \quad (y \in R) \tag{4-15}$$

式中,n 是已知的独立同分布的随机变量的样本个数;$K(\cdot)$ 为核函数,决定随机变量 y 进行密度估计时各个样本数据点 $Y_i(i = 1, 2, \cdots, n)$ 所起的作用,方形核和高斯核是两种常见的核函数;h 为窗宽(或带宽),影响概率密度估计的光滑程度。

通过上式可以求得各样本数据对应的概率密度函数,然后对 n 个样本数据的概率密度函数求和取平均,即可得到连续分布 $f(y)$ 的核密度估计。

第三节 假设检验

统计假设检验可分为参数检验和非参数检验。参数假设检验是数理统计学中根据一定假设条件由样本推断总体的一种方法。用来判断样本与样本、样本与总体的差异是由抽样误差引起还是本质差别造成的统计推断方法。其基本原理是,先对总体的特征作出某种假设,然后通过抽样研究的统计推理,对此假设应该被拒绝还是接受作出推断。非参数检验与参数检验共同构成统计推断的基本内容。参数检验是在总体分布形式已知的情况下,对总体分布的参数如均值、方差等进行推断的方法。但是,在数据分析过程中,由于种种原因,人们往往无法对总体分布形态作出简单假定,此时参数检验的方法就不再适用了。非参数检验正是一类基于这种考虑,在总体方差未知或知之甚少的情况下,利用样本数据对总体分布形态等进行推断的方法。

一 正态分布检验

正态分布是统计分析中最为重要的分布,也是应用很多假设检验方法的前提条件。在正态检验中,有时候样本量较少,而有时候样本量较大,但有一些极端异常值。为了应对这些不同的情况,需要采用不同的正态性检验方法。正态性评估检验的方法大体可以分为两类。

1. 基于给定分布比较的检验

基于给定分布比较的检验通常根据它的累积分布函数(Cumulative Distribution Function,CDF)来确定。例如,Kolmogorov-Smimov 检验、Lilliefors 检验、Anderson-Darling 检验、Cramer-Vonmises 准则、Shapiro-Wilk 和 Shapiro-Francia 检验。

2. 基于样本描述性统计学的检验

基于样本的描述性统计学的检验。例如,偏度检验、峰度检验、D′Agostino-Pearsonomnibus 检验和 Jarque-Bera 检验。

二 参数检验

1. 单样本 T 检验

单样本 T 检验,用于检验单个变量的均值与给定的常数(指定的检验值)之间是否存在显著差异,样本均值与总体均值之间的差异显著性检验,也属于单样本 T 检验。单样本 T 检验要求样本来自正态分布总体,基本的理论计算步骤如下:

(1)假设提出。

零假设和备择假设分别记作 $H_0:\mu=\mu_0$ 和 $H_1:\mu\neq\mu_0$,其中 μ 为样本所在总体平均数的估计值,μ_0 为已知的总体平均数。

(2)统计量计算。

t 统计量计算公式如下:

$$t=\frac{\overline{X}-\mu_0}{S/\sqrt{n}} \tag{4-16}$$

式中,$\overline{X}$ 为给定样本均值;n 为样本量;S 为样本标准差。

自由度计算公式如下:

$$df=n-1 \tag{4-17}$$

式中,n 为样本量;df 为自由度。

(3)统计推断。

根据自由度确定临界值 $t_{0.05}$ 和 $t_{0.01}$,作出统计推断。若 $|t|<t_{0.05}$,接受零假设,表明样本平均值与总体平均值的差异不显著,可以认为样本取自该总体;若 $t_{0.05}\leqslant|t|<t_{0.01}$,则拒绝零假设,表明样本均值与总体均值的差异显著,以 95% 的概率认为样本不是取自该总体;若 $t_{0.01}\leqslant|t|$,拒绝零假设,表明样本均值与总体均值之间的差异极其显著,以 99% 的概率认为样本不是取自该总体。

2. 两独立样本 T 检验

两独立样本的 T 检验,用于检验两个样本是否来自具有相同均值的总体。两独立样本的样本量分别为 n_1 和 n_2,且均来自两个正态分布的总体:$X_1\sim N(\mu_1,\sigma_1^2)$,$X_2\sim N(\mu_2,\sigma_2^2)$,两独立样本 T 检验的基本步骤如下:

(1)假设提出。

零假设和备择假设分别记作 $H_0:\mu_1=\mu_2$ 和 $H_1:\mu_1\neq\mu_2$,其中 μ_1、μ_2 为两样本所在总体均数的估计值。

(2)统计量计算。

t 统计量计算公式如下:

$$t = \frac{\overline{X}_1 - \overline{X}_2}{\sqrt{S_1^2/n_1 + S_2^2/n_2}} \quad (4\text{-}18)$$

式中，$\overline{X}_1$、$\overline{X}_2$ 为两样本的均值；S_1、S_2 为两样本的标准差；n_1、n_2 分别为两样本的样本量。自由度计算公式如下：

$$df = (n_1 - 1) + (n_2 - 1) \quad (4\text{-}19)$$

式中，df 为自由度。

（3）统计推断。

根据自由度确定临界值 $t_{0.05}$ 和 $t_{0.01}$，作出统计推断。使用两独立样本 T 检验时，不仅要求两个样本相互独立，而且要求它们的总体分布都服从正态分布。如果分组样本彼此不独立，应该使用配对样本 T 检验的功能（Paired Sample T-Test）。如果分组样本不止两个，应该使用一元方差分析（One-Way ANOVA）进行单变量方差分析。如果试图比较的样本变量的取值不服从正态分布，应该考虑使用非参数检验（Nonparametric Test）进行分析。如果想要比较的变量是分类变量，则应该使用 χ^2 检验。

3. 配对样本 T 检验

配对样本 T 检验，用于检验两个相关样本是否来自具有相同均值的总体。配对数据来源的方式有两种：自身配对与同源配对。自身配对指同一个试验对象，在两个不同时间上分别接受前、后两次处理，用其前后两次的观测值进行对照和比较；或者，对同一试验对象，取其不同部分的观测值或不同方法处理后的观测值进行自身对照和比较。同源配对指将来源相同、性质相同的两个个体配成一对，然后对配对的两个个体随机地实施不同处理，再根据所得的试验数据检验两种处理方法的效果。配对样本 T 检验的基本步骤如下：

（1）假设提出。

零假设和备择假设分别记作 $H_0: \mu_d = 0$ 和 $H_1: \mu_d \neq 0$，其中 μ_d 为两配对样本取值之差的总体平均数，它等于两样本所属总体的平均数之差，即 $\mu_d = \mu_1 - \mu_2$。

（2）统计量计算。

t 统计量计算公式如下：

$$t = \frac{\overline{d}}{S_{\overline{d}}} \quad (4\text{-}20)$$

自由度计算公式如下：

$$df = n - 1 \quad (4\text{-}21)$$

式中，$S_{\overline{d}}$ 为两样本均值差的标准误差，$S_{\overline{d}} = \sqrt{\dfrac{(d - \overline{d})^2}{n(n-1)}}$；$\overline{d}$ 为两样本各对数据之差；n 为样本量。

（3）统计推断。

根据自由度确定临界值 $t_{0.05}(n-1)$ 和 $t_{0.01}(n-1)$，作出统计推断。

4. 单因素方差分析

单因素方差分析也称作一元方差分析，它可用于检验单个因素取不同水平时某因变量的均值是否有显著变化,还可进一步用于因变量均值的多重比较,即在指定因素的若干取值水平中,检验哪些水平的试验结果具有区别于其他水平的显著差异。单因素方差分析的具体步骤如下:

(1)假设提出。

零假设和备择假设分别记作 $H_0 : \mu_1 = \mu_2 = \cdots = \mu_k$ 和 $H_1 : k$ 个总体均数不同或者不完全相同。

(2)统计量计算。

$$F_{k-1, N-k} = \frac{\mathrm{MS_B}}{\mathrm{MS_W}} = \frac{\mathrm{SS_B}/(k-1)}{\mathrm{SS_W}/(N-k)} \tag{4-22}$$

$$\mathrm{SS_B} = \sum \sum \left(\overline{X}_i - \frac{\sum \sum X_{ij}}{n} \right)^2 = \sum n_j \left(\overline{X}_j - \frac{\sum \sum X_{ij}}{n} \right)^2 \tag{4-23}$$

$$\mathrm{SS_W} = \sum_j \left[\sum_i (\overline{X}_j - X_{ij})^2 \right] = \sum n_j \left(\overline{X}_j - \frac{\sum \sum X_{ij}}{n} \right)^2 \tag{4-24}$$

式中,$\mathrm{MS_B}$ 为组间均方,由组间平方和 $\mathrm{SS_B}$ 除以自由度后获得;$\mathrm{MS_W}$ 为组内均方,由组内平方和 $\mathrm{SS_W}$ 除以自由度获得。

(3)统计推断。

在零假设成立时,F 值应该服从自由度为 $k-1$、$N-k$ 的中心 F 分布,统计量落在相应检验水准所确定的拒绝域内,意味着在一次抽样研究中在假设总体内得到了小概率事件,则有理由拒绝 H_0。一般而言,要应用方差分析,数据应当满足以下几个条件:观察对象是来自所研究因素的各个水平之下的独立随机抽样;每个水平下的因变量应当服从正态分布;各水平下的总体具有相同的方差。

5. 多因素方差分析

当有两个或者两个以上的因素对因变量产生影响时,可以用多因素方差分析的方法来进行分析。原理与单因素方差分析基本一致,也是利用方差比较的方法,通过假设检验的过程来判断多个因素是否对因变量产生显著性影响。在多因素方差分析中,由于影响因变量的因素有多个,其中某些因素除了自身对因变量产生影响之外,它们之间也有可能会共同对因变量产生影响。多因素方差分析既可以分析单个因素的作用(主效应),也可以分析因素之间的交互作用(交互效应),还可以进行协方差分析,以及各因素变量与协变量之间的交互作用。在两因素方差分析中,假设试验要考察两个因素 A 和 B,A 因素有 a 个水平,B 因素有 b 个水平,两者交叉搭配形成 $a \times b$ 个水平组合。这两个因素在试验中处于平等地位,将试验单位分成 $a \times b$ 个组,每组随机接受一种处理,每种处理取一个观测值。与单因素方差分析类似,通过总平方和分解与自由度分解,获取两因素方差分析结果,通过 F 检验可以推断因素 A、B 的效应是否显著。两因素方差分析的具体步骤如下:

(1)假设提出。

零假设和备择假设分别记作 $H_0 : \mu_A = \mu_B$ 和 H_1 :自变量对因变量存在显著影响。

(2)统计量计算。

F 统计量计算公式如下:

$$F_T = s_T^2 / s_e^2 \qquad\qquad (4\text{-}25)$$

$$F_{A*B} = s_{A*B}^2 / s_e^2 \qquad\qquad (4\text{-}26)$$

$$F_A = s_A^2 / s_e^2 \qquad\qquad (4\text{-}27)$$

$$F_B = s_B^2 / s_e^2 \qquad\qquad (4\text{-}28)$$

自由度计算公式如下：

$$\mathrm{d}f_T = \mathrm{d}f_{A*B} = ab - 1 \qquad\qquad (4\text{-}29)$$

$$\mathrm{d}f_A = a - 1 \qquad\qquad (4\text{-}30)$$

$$\mathrm{d}f_B = b - 1 \qquad\qquad (4\text{-}31)$$

式中，s_T^2、s_{A*B}^2、s_A^2、s_B^2、s_e^2 分别为总离差、交互作用引起的均方离差、A 因素引起的均方离差、B 因素引起的均方离差、均方误差；$\mathrm{d}f_T$、$\mathrm{d}f_{A*B}$、$\mathrm{d}f_A$、$\mathrm{d}f_B$ 分别为总体自由度、交互作用自由度、A 因素组内自由度、B 因素组内自由度。

（3）统计推断。

通常首先由 F_T 确定各因素水平之间是否存在整体显著性，再根据 F_{A*B} 检验交互作用的显著性；如果交互作用不显著，就对因素 A、B 主效应的显著性进行检验；如果交互作用显著，那么主效应的检验结果就不太重要了。

6. 重复测量方差分析

重复测量设计，指对同批研究对象先后施加不同的实验处理后进行测量，或者在不同场合对其进行至少两次的测量。重复测量方差分析，可以是在相同条件下进行的重复测量，如此在研究不同处理之间是否存在显著差异的同时，也能研究被试之间的差异；或者是不同条件下进行的重复测量，如此在研究不同处理之间是否存在显著差异的同时，也能研究重复测量的条件之间的差异，以及这些条件与处理之间的交互效应。重复测量方差分析的具体步骤如下：

提出零假设 H_0：k 个样本分别来自具有相同均值、方差的相互独立的总体。将 k 次重复测量的样本看作 k 个因变量，做多元检验，如果 F 统计量的值大于临界值，就否定零假设，反之亦然。如果实验中还定义了组间因素变量，那么组间偏差平方和就反映了该分组变量各水平间的差异。此时的零假设 H_0：该分组变量各取值水平下的样本来自均值相同的总体。若组间均方和的取值远大于误差均方和，使 F 统计量的值大于临界值，就否定零假设，反之亦然。

一般而言，要应用重复测量方差分析，数据应当满足以下几个条件：每个水平下的因变量应当服从正态分布；各水平下的总体具有相同的方差；因变量的方差-协方差矩阵满足球形假设，即两个对象的协方差应该等于它们方差的均值减去一个常数。如果球形假设不能满足，则相关的 F 统计量是有偏的，会造成过多地拒绝本来为真的假设（即增加 I 型错误），此时在计算 F 统计量时需要对分子、分母做一定的调整。

三 非参数检验

非参数统计方法主要用于总体分布不能用有限实参来刻画，或者不考虑被研究对象为何种分布以及分布是否已知的情形,它对总体分布几乎没有假定要求,只是有时对分布的形状做一些诸如连续、对称等的简单假设。这种检验方法的着眼点不是总体有关参数的比较,而是聚焦分布位置、分布形状之间的比较,用于识别研究目标总体与理论总体分布是否相同,或者各样本所在总体的分布位置是否相同等,该方法因不受总体分布的限定、适用范围广,而被称为非参数检验。

非参数检验依然遵循于假设检验的基本思想和基本准则,在缺乏总体分布信息的支撑下,利用统计思想、数学方法和技巧构造相应的统计量进行检验。和参数方法相比,非参数检验方法的优势如下:

(1)稳健性。因为对总体分布的约束条件放宽,出现因统计假设过分理想化而无法切合实际的情形较少,对个别偏离较大数据的敏感性也较低。

(2)对数据的测量尺度无约束,对数据的要求也不严格,既适用于所有的数据类型。

(3)适用于小样本、无分布样本、数据污染样本和混杂样本等情形。

同时,非参数统计方法也存在着一些弊端,检验效能较低。这是非参数检验的最大缺点,以其中效能最高的秩和检验为例,其检验效能大约在所对应的参数 T 检验方法的90% ~ 95%,而中位数检验等其他非参数方法的效能则更低。因此,在数据允许的条件下,参数检验方法仍然为首选检验方法。

非参数检验的内容十分丰富,主要有:卡方检验、二项分布检验、游程检验、单样本 $K\text{-}S$ 检验、两独立样本检验、多独立样本检验、两相关样本检验、多相关样本检验。对于多数参数检验方法,一般都有一种或几种相对应的非参数检验方法,见表4-1。

参数检验与非参数检验方法对应表   表4-1

参数检验方法	非参数检验方法
单样本 T 检验	卡方检验、二项分布检验、单样本 $K\text{-}S$ 检验、Wilcoxon 符号检验、游程检验
两独立样本 T 检验	Mann-Whitney U 检验、$K\text{-}S$ 检验、Wald-Wolfowitz 检验
配对样本 T 检验	符号检验、McNemar 检验、Wilcoxon 符号秩检验、边际同质性检验
单因素方差分析	中位数检验、K-W 单因素 ANOVA 检验、有序备择检验
多因素方差分析	Friedman 秩和检验、Kendall 协同系数检验、Cochran Q 检验
相关系数	Spearman 秩相关系数

第四节 评价方法

一 因子分析

因子分析是把一些具有错综复杂关系的变量归结为少数几个无关的新的综合因子的一

种多变量统计分析方法。在多指标综合评价方法中,传统方法对于权重的设置往往带有一定的主观随意性,将因子分析引入综合评价方法,可以克服人为确定权数的缺陷,使得综合评价结果唯一,而且客观合理。因子分析的基本思想是根据相关性大小对变量进行分组,使得同组内的变量之间相关性较高,不同组的变量相关性较低。每组变量代表一个基本结构,因子分析中将之称为公共因子。

设有 N 个样本,n 个指标,$Z = (Z_1, Z_2, \cdots, Z_n)^T$ 为随机向量,要寻找公因子为 $F = (F_1, F_2, \cdots, F_m)^T$,则模型为:

$$\begin{cases} Z_1 = c_{11}F_1 + c_{12}F_2 + \cdots + c_{1m}F_m + \varepsilon_1 \\ Z_2 = c_{21}F_1 + c_{22}F_2 + \cdots + c_{2m}F_m + \varepsilon_2 \\ \vdots \\ Z_n = c_{n1}F_1 + c_{n2}F_2 + \cdots + c_{nm}F_m + \varepsilon_n \end{cases} \tag{4-32}$$

矩阵 $C = (c_{ij})$ 称为因子载荷矩阵,c_{ij} 为因子载荷,其含义为第 i 个变量在第 j 个因子上的载荷,其实质就是公因子 F_i 和变量 Z_j 的相关系数,表示变量 Z_i 依赖因子 F_j 的程度。ε 为特殊因子,代表公因子以外的影响因素所导致的(不能被公因子所解释的)变量变异,在实际分析时忽略不计。

二 层次分析法

层次分析法是一种定性和定量相结合的、系统化、层次化的分析方法,将问题简化为确定最低层次(决策规划、度量等)相对于最高层次(总体目标)的相对重要性权重,其最大的优点是提出了层次本身,使得数据分析人员能够认真地考虑和衡量指标的相对重要性。该方法常被应用在安全科学和环境科学领域。层次分析法的计算方法如下:

1.建立层次结构模型

将决策的目标、考虑的因素(决策准则)和决策对象按它们之间的相互关系分为最高层、中间层和最低层,绘出层次结构图。最高层是指决策的目的、要解决的问题。最低层是指决策时的备选方案。中间层是指考虑的因素、决策的准则。对于相邻的两层,称高层为目标层,低层为因素层。

2.构造判断(成对比较)矩阵

在确定各层次各因素之间的权重时,Saaty 等人提出一致矩阵法,即不把所有因素放在一起比较,而是两两相互比较,以尽可能减少性质不同的诸因素相互比较的困难,以提高准确度。如对某一准则,对其下的各方案进行两两对比,并按其重要性程度评定等级。按两两比较结果构成的矩阵称作判断矩阵,记作 $K = (k_{ij})$。判断矩阵具有如下性质:

$$k_{ij} = \frac{1}{k_{ji}} \tag{4-33}$$

3.层次单排序

求解判断矩阵最大特征值 λ_{max} 的特征向量,并对特征向量作归一化处理,即使向量中各元素之和为1。经归一化后的向量记作 d,d 中的元素为同一层次因素对上一层因素相对重要性的排序权重,这一过程称为层次单排序。

4. 一致性检验

最大特征值与矩阵维数相比,若最大特征值 = 矩阵维数,则为一致性矩阵,若不相等则利用下式进行检验。若 CR < 0.1,则证明矩阵一致性良好。

$$CI = \frac{\lambda_{max} - n}{n_1 - 1} \tag{4-34}$$

$$CR = \frac{CI}{RI} \tag{4-35}$$

式中,λ_{max} 为判断矩阵最大特征值;n_1 为判断矩阵维数;CI 为一致性指标;RI 为随机一致性指标;CR 为一致性比率。

三 模糊综合评价

模糊综合评价方法是基于模糊数学的一种综合评价方法,通过模糊集的隶属度理论将因素集 U 和评价集 V 之间建立定量映射关系 R,基于 R 对事物总体做出评价,是目前多指标综合评价实践中应用最广的方法之一,被应用于经济、管理和环境等众多领域。模糊综合评价法的计算步骤如下所示:

1. 建立综合评价的因素集

因素集是以影响评价对象的各种因素为元素所组成的一个普通集合,通常用 U 表示,$U = (u_1, u_2, \cdots, u_m)$,其中元素 u_i 代表影响评价对象的第 i 个因素。这些因素通常都具有不同程度的模糊性。

2. 建立综合评价的评价集

评价集是评价者对评价对象可能做出的各种结果所组成的集合,通常用 V 表示,$V = (v_1, v_2, \cdots, v_n)$,其中元素 v_j 代表第 j 种评价结果,可以根据实际情况的需要,用不同的等级、评语或数字来表示。

3. 进行单因素模糊评价,获得评价矩阵

若因素集 U 中第 i 个元素对评价集 V 中第 1 个元素的隶属度为 r_{i1},则对第 i 个元素单因素评价的结果用模糊集合表示为:$R_i = (r_{i1}, r_{i2}, \cdots, r_{in})$,以 m 个单因素评价集 $R_1, R_2, \cdots, R_m$ 为行组成矩阵 R_{m*n},称为模糊综合评价矩阵。

4. 确定影响因素权重系数

评价工作中,各因素的重要程度有所不同,为此,给各因素 u_i 一个权重 a_i,各因素的权重集合的模糊集,用 W 表示:$W = (w_1, w_2, \cdots, w_m)$。

5. 建立综合评价模型

确定单因素评价矩阵 R 和因素权向量 A 之后,通过模糊变化将 U 上的模糊向量 A 变为

V 上的模糊向量 B, 即 $B = A_{1*m} \cdot R_{m*n} = (b_1, b_2, \cdots, b_n)$。其中, $\cdot$ 称为综合评价合成算子, 这里取成一般的矩阵乘法即可。

6. 确定系统总得分

综合评价模型确定后, 确定系统得分, 即 $F = B_{1*n} * S_{1*n}^T$, 其中 F 为系统总得分, S 为 V 中相应因素的得分。

四 熵权-TOPSIS

TOPSIS 方法是通过检测评价对象与最优解、最劣解的距离来进行排序, 若评价对象最靠近最优解同时又最远离最劣解, 则为最好。传统 TOPSIS 主要依靠专家意见确定指标权重, 主观性较强, 而熵权法则是在综合考虑各因素提供信息量的基础上确定指标权重, 是一种客观定权方法。为了弥补传统 TOPSIS 的不足, 一些学者提出将熵权法与 TOPSIS 相结合的评价方法。熵权-TOPSIS 的具体计算过程如下:

1. 建立多目标决策矩阵

基于 m 种方案的 n 种指标, 建立多目标决策矩阵 D。为了排除不同指标量纲的影响, 根据式 (4-36) 将决策矩阵标准化, 形成标准化决策矩阵 D^*。

$$D_{ij}^* = d_{ij} / \sqrt{\sum_{i=1}^{m} d_{ij}^2} \quad (i = 1, \cdots, m \quad j = 1, \cdots, n) \tag{4-36}$$

2. 确定评价指标权重系数

针对标准化矩阵 D_{ij}^*, 采用熵权赋值法, 获取 n 种指标权重 W_j。

3. 计算欧氏距离

利用权重 W_j 与标准化矩阵 D_{ij}^*, 构造规范化加权矩阵 U_{ij}。基于加权矩阵, 获取正理想解: $U_j^+ = \max\{U_{ij}\}$; 负理想解: $U_j^- = \min\{U_{ij}\}$, $j = 1, 2, \cdots, m$。

最终, 计算各评价方案与正负理想解的距离: 正理想解: $D_i^+ = \sqrt{\sum_{j=1}^{n}(u_{ij} - U_j^+)^2}$; 负理想解: $D_i^- = \sqrt{\sum_{j=1}^{n}(u_{ij} - U_j^-)^2}$。获得评价方案与最优及最劣解的欧氏距离。

4. 确定综合评分

基于 D_i^+、D_i^-, 计算各评价方案与最优解的相对接近度: $C_i^* = \dfrac{D_i^-}{D_i^+ + D_i^-}$, $0 \leqslant C_i^* \leqslant 1$, C_i^* 越接近于 1, 表明方案综合评定越优, 反之则越差。

五 物元分析

物元分析是中国学者蔡文于 20 世纪 80 年代提出的用于解决矛盾问题的技术方法, 是研究物元及其变化规律,解决现实世界中不相容问题的有效方法,可应用于生态环境、水资源承载力、农用地分级和土地生态水平等综合评价研究中。利用物元方法进行分析的步骤如下:

1. 确定待评物元

设 P 为评价对象;M 为特征,即评价指标;N 关于 M 的量值 V 组成的有序三元组 $R = (P, M, V)$,是描述物(评价对象)的基本元,即一维物元。

2. 确定经典域及节域

经典域是指标准事件 P_0 关于某一特征 $M_i (i = 1, 2, \cdots, n)$ 所取的量值的限值区间,记为 $V_{0j} = <a_{0j}, b_{0j}> (j = 1, 2, \cdots, m)$;节域指标准事物 P_0 组成的全体 R_p 关于某一特征所规定的量值区间,即每项指标的最大及最小值,记为 $V_{ip} = <a_{ip}, b_{ip}>$。

3. 计算各指标关联函数及关联度

关联函数表示物元的量值取值为实轴上一点时,物元符合要求的范围程度。由于可拓集合的关联函数可用代数式来表达,就使得解决不相容问题能够定量化。关联函数定义如下:

$$K_j(v_i) = \begin{cases} \dfrac{-\rho(v_i, V_{ij})}{|V_{ij}|} & (v_i \in V_{ij}) \\ \dfrac{\rho(v_i, V_i)}{\rho(v_i, V_{ip}) - \rho(v_i, V_{ij})} & (v_i \notin V_{ij}, (v_i, V_{ip}) \neq 0) \end{cases} \tag{4-37}$$

式中,$K_j(v_i)$ 为关联函数值,当 $K_j(v_j) \geq 0$ 时,表示该指标属于 j 等级,$K_j(v_j) \leq 0$ 时表示该指标不属于 j 等级。

4. 确定评价指标权重系数

作为客观综合定权方法,熵权法主要根据各指标传递给决策者的信息量大小来确定权重,用 $W_i (i = 1, 2, \cdots, n)$ 表示。

5. 计算综合关联度

综合关联度计算公式如下:

$$K_j(p) = \sum_{i=1}^{n} W_i K_j(V_j) \tag{4-38}$$

式中,$K_j(p)$ 为综合关联度;p 为评价全体对象。

6. 判断综合关联度

如果综合关联度全部小于 0,需要返回步骤 2,重新调整经典域,并重新运行计算过程;如果不是全部小于 0,则按照公式(4-39)输出结果,并确定待评物元 P 属于等级 j_0。

$$K_{j0}(p) = \max_{j_0 \in (1, 2, \cdots, m)} K_j(p) \tag{4-39}$$

式中,$K_{j0}(p)$ 为评价等级综合关联度;j_0 为评价等级结果。

7. 确定最优度值

根据所有方案综合评估等级结果以及各等级赋值情况确定最优方案。

六　灰色近优

灰色近优是基于灰色关联分析理论的一种灰色综合评估法,具有原理简单易懂、样本量要求不高、评价结果相对客观等特点。灰色近优评价流程如下:

1.建立灰矩阵

设有 m 种设置方案,n 个评价指标,则得到灰矩阵 R_{nm}。

2.建立白化灰矩阵

将 m 种方案 n 个评价指标值代入上述矩阵 R_{nm},则获得白化灰矩阵 $\overline{R}_{nm}$。

3.建立近优白化灰矩阵

对 $\overline{R}_{nm}$ 中各白化灰元值进行无量纲化处理,即将各白化灰元值映射到 $[0,1]$ 区间。接着以各白化灰元的效果测度取代白化灰元值,得到近优白化灰矩阵 $\overline{R'}_{nm}$,即:

$$\overline{R'}_{nm} = \begin{bmatrix} C_1 \\ \vdots \\ C_n \end{bmatrix} \begin{bmatrix} \overline{R'}_{11} \cdots \overline{R'}_{1m} \\ \vdots \quad \ddots \quad \vdots \\ \overline{R'}_{n1} \cdots \overline{R'}_{nm} \end{bmatrix} \tag{4-40}$$

式中,$\overline{R'}_{ij}$ 为第 j 种设置方案的第 i 个评价指标的近优白化灰量值,实际上就是关联度,即效果测度。一般工程领域常用单点效果测度,包括上限效果测度(应用于越大越优型指标)、中限效果测度(应用于适中型指标)和下限效果测度(应用于越小越优型指标)。

越大越优型指标:

$$\overline{R'}_{ij} = \frac{\overline{R}_{ij}}{\max\{\overline{R}_{ij}, \mu_{\max}\}} \tag{4-41}$$

式中,$\max\{\overline{R}_{ij}, \mu_{\max}\} = \max\{\overline{R}_{i1}, \overline{R}_{i2}, \cdots, \overline{R}_{im}, \mu_{\max}\}$;$\mu_{\max}$ 为指定的最大值。

越小越优型指标:

$$\overline{R'}_{ij} = \frac{\min\{\overline{R}_{ij}, \mu_{\min}\}}{\overline{R}_{ij}} \tag{4-42}$$

式中,$\min\{\overline{R}_{ij}, \mu_{\min}\} = \min\{\overline{R}_{i1}, \overline{R}_{i2}, \cdots, \overline{R}_{im}, \mu_{\min}\}$;$\mu_{\min}$ 为指定的最小值。

适中型指标:

$$\overline{R'}_{ij} = \frac{\min\{\overline{R}_{ij}, \mu_0\}}{\max\{\overline{R}_{ij}, \mu_0\}} \tag{4-43}$$

式中,μ_0 为指定的适中值。

4.确定近优度

由上述公式,求解近优度并对其排序,即将式(4-42)中的近优白化灰量通过特定公式整合成一个综合值,即近优度,以此对需评价的各个方案进行整体比较。近优度白化灰元矩阵 $\overline{R'_s}$ 的计算公式见(4-43)。

$$\overline{R'_s} = S_j[S_1, S_2, \cdots, S_m] = S_j\left[\frac{1}{n}\sum_{i=1}^{n}\overline{R'}_{i1}, \frac{1}{n}\sum_{i=1}^{n}\overline{R'}_{i2}, \cdots, \frac{1}{n}\sum_{i=1}^{n}\overline{R'}_{im}\right] \tag{4-44}$$

根据式(4-44)计算出不同方案的近优度,并根据大小进行排序,近优度值越接近1,说明对应方案的综合评价越好。

第 五 节　影 响 分 析

一　线性回归模型

线性回归模型是一种确定变量之间相关关系的数学回归模型。根据自变量的个数,线性回归模型可分为一元线性模型和多元线性模型。线性回归模型形式简单、易于建模、容易理解,结果具有很好的可解释性。

一元线性回归用于解析单一因素的线性影响,在实际研究中,因变量的变化往往受多个因素的影响,此时就需要用两个或两个以上的影响因素作为自变量来解释因变量的变化,这就是多元回归。当多个自变量与因变量呈现线性关系时,所进行的多元回归分析是多元线性回归。

设 Y 为因变量,$X = (x_1, x_2, \cdots, x_k)$ 为自变量,则多元线性回归模型如下:

$$Y = \beta_0 + \beta_1 x_1 + \cdots + \beta_k x_k + e \tag{4-45}$$

式中,β_0 为常数项;β_k 为偏回归系数;e 为残差。

应用线性回归模型进行统计分析时,要求数据满足以下条件:

(1)自变量和因变量之间存在线性关系,可通过绘制散点图予以确认;

(2)各观测间相互独立,即任两个观测残差的协方差为0;

(3)残差 e 服从正态分布 $N(0, \sigma^2)$;

(4)e 的离散程度不随所有变量取值水平的改变而改变,即方差齐性。

二　Logistic 回归模型

上述线性回归模型要求因变量必须满足正态分布和残差的方差齐次。然而,在实际数据分析工作中,很多数据往往不能满足以上条件。这种情况就要求我们寻找一种没有以上假设要求的方法来替代存在假设的模型。广义线性模型,是为了克服线性回归模型的缺点而出现的,是线性回归模型的推广。Logistic 回归是一种广义线性模型,通常用来解决因变量为分类变量的回归问题,在心理学、社会学、经济学及交通领域得到了广泛的应用。根据因变量取值类别不同,Logistic 又可分为二元 Logistic 回归和多元 Logistic 回归,二元 Logistic 回归模型中因变量只能取两个值 1 和 0,而多元 Logistic 回归模型中因变量可以取多个值。下面以二元 Logistic 回归为例进行介绍。

假设因变量 Y 为二分类变量,1 表示事件发生,0 表示事件未发生,事件发生的概率为 p,未发生的概率为 $1-p$,自变量 $X = (x_1, x_2, \cdots, x_k)$,则二元 Logistic 回归模型为:

$$\ln \frac{p}{1-p} = \beta_0 + \beta_1 x_1 + \beta_2 x_2 + \cdots + \beta_k x_k \tag{4-46}$$

$$p = \frac{e^{(\beta_0 + \beta_1 x_1 + \beta_2 x_2 + \cdots + \beta_k x_k)}}{1 + e^{(\beta_0 + \beta_1 x_1 + \beta_2 x_2 + \cdots + \beta_k x_k)}} \tag{4-47}$$

式中,β_0 为常数项;$\beta_1, \beta_2, \cdots, \beta_k$ 为各解释变量对应的回归系数。

实际应用中,常把事件发生的概率与事件不发生的概率之比称为比值(Odds),即 $Odds = p/1-p$,实验组与对照组的比值之比称为比值比(Odds Ratio,OR),结合式(4-46)和式(4-47)可得比值比的计算公式为:

$$OR = \exp\left(\beta_0 + \sum_{i=1}^{k} \beta_i x_i\right) \tag{4-48}$$

当两个 OR 值进行比较时,其大小的比较结果与对应的概率 p 的比较结果一致。因此,可以通过 OR 值识别两种情形对应的发生概率大小。

三　广义线性混合效应模型

广义线性混合效应模型基于广义线性模型引入随机效应参数,可以处理多种研究设计和数据类型,拟合非正态分布且存在复杂相关结构的数据。广义线性混合效应模型的一般表达式为:

$$Y = X\beta + Zu + \varepsilon \tag{4-49}$$

式中,Y 为因变量;X 为已知固定效应变量构造矩阵;Z 为随机效应变量构造的设计矩阵,其构造方式与 X 相同;β 为未知回归系数构成的向量,称之为固定效应;u 为随机效应参数向量;ε 为随机误差向量。

广义线性混合模型族可通过指数族型概率密度函数定义,即 y_i 的密度函数为:

$$f(y|a) = \exp\left[\frac{ya - b(a)}{a(\phi)} + c(y, \phi)\right] \tag{4-50}$$

式中,ϕ 是散度参数。

假定给定随机效应 u 时,y_i 的分布规律由如下线性结构 η_i 决定,而 u_i 通过已经关联函数 $g(u_i)$ 与 η_i 关联,则有:

$$g(u_i) = \eta_i = x_i^{\mathrm{T}}\beta + z_i^{\mathrm{T}}u \tag{4-51}$$

因此,在给定随机效应 u 时,y_i 的密度函数被简化为:

$$f_i(y_i | \beta, u, \phi) = \exp\left[\frac{y_i \eta_i - b(\eta_i)}{a_i(\phi)} + c_i(y_i, \phi)\right] \tag{4-52}$$

四　结构方程模型

结构方程模型是一种通过变量间的协方差矩阵来分析变量间关系的多变量统计模型。它综合了多元回归分析、因子分析和路径分析等统计方法,是研究多元数据的有效工具。

结构方程模型包括两个部分:一是测量方程,二是结构方程。结构方程模型可以同时对模型的测量部分和结构部分(因果关系部分)进行分析和评估。

在结构方程模型中,无法直接测量潜在变量常用椭圆形表示,可直接测量的观察变量常用方形表示。将模型中只起解释变量作用的潜在变量称为外生变量,通常用 ξ 表示;受模型或系统中其他变量影响的变量称为内生变量,通常用 η 表示,模型中各参数关系如图 4-3 所示。

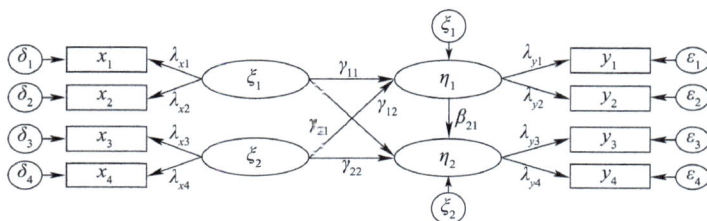

图 4-3　结构方程模型

1. 测量方程

测量方程也称为验证性因子分析模型,主要表示测量变量和潜变量之间的关系。度量模型一般由两类方程式组成,分别规定了内生潜变量 η 和内生显变量(即可测变量) Y_{en} 之间,以及外生潜变量 ξ 和外生显变量 X_{ex} 之间的联系,模型形式为:

$$Y_{en} = \Lambda_y \eta + \varepsilon \tag{4-53}$$

$$X_{ex} = \Lambda_x \xi + \delta \tag{4-54}$$

式中,$Y_{en}(p \times 1)$ 为内生潜变量 η 的显变量构成的向量;$X_{ex}(q \times 1)$ 为外生潜变量 ξ 的显变量构成的向量;$\Lambda_y(p \times m)$ 为 Y 在 η 上的因子载荷矩阵;$\Lambda_x(q \times n)$ 为 X 在 ξ 上的因子载荷矩阵;δ 为 $q \times 1$ 阶测量误差向量;ε 为 $p \times 1$ 阶测量误差向量;δ 和 ε 是不能由潜变量解释的部分。上述 p、m、n、1 分别表示矩阵的阶数。

2. 结构方程

结构方程又称为潜变量间的因果关系模型,主要表示潜变量之间的关系。结构方程规定了假设的潜在外生变量和潜在内生变量之间的因果关系,模型形式为:

$$\eta = B\eta + \Gamma\xi + \zeta \tag{4-55}$$

式中,$\eta(m \times 1)$ 为内生潜在变量构成的向量;$B(m \times m)$ 为内生潜变量向量 η 的系数参数,即内生潜变量间的通径系数矩阵;$\xi(n \times 1)$ 为外生潜变量构成的向量;$\Gamma(m \times n)$ 为外生潜变量向量的系数参数矩阵;$\zeta(m \times 1)$ 为残差向量,是模型内未能解释的部分。

五　生存分析

生存分析是指将终点事件和出现此事件所经历的时间结合起来分析的一种统计分析方法,它是研究生存现象的响应时间数据以及其规律的方法。与其他多因素研究法不同的是,它考虑了每个被观测对象出现某一结果的时间长短。该理论方法主要是通过构建生存模型(生存函数、概率密度函数等),计算出各个时间点上的危险率,即所研究对象的生存时间和它发生状态转变的可能性,分析各个不同因素对两者的影响程度,进行因素分析。生存模型已被应用到很多领域,例如生物科学、公共健康、社会科学和工程科学等。

在生存分析中,主要有三类生存模型:

1.参数法

参数要求观测的生存时间 t 符合某一特定的分布,采用估计分布中参数的方法获得生存率的估计值。生存时间的分布可能是指数分布、Weibull 分布等,这些分布曲线都有对应的生存率函数形式。只要求得相应参数的估计值,就可以获得生存率的估计值和相应生存曲线。

2.非参数法

在实际应用中,大多数生存时间的分布不符合上述情况所描述的分布,就不适合用上述方法进行分析,就应当用非参数法。这类方法的检验假设与以往所学的非参数一样,不论总体的分布形式和参数如何,假设两组或者多组的总体生存率曲线相同。

3.半参数法

半参数法没有对时间和风险函数的分布加以限定,只限定了影响因素和生存状况之间的关系。这种方法属于多因素分析法,主要用于分析影响生存率的因素,其典型的方法是COX 比例风险模型。

六　决策树

决策树是一种以归纳学习为基础的分类算法,该算法从一组无序的、无特殊领域知识的数据集中提取出决策树表现形式的分类规则,包含了分支节点、叶子节点和分支结构。它采用自顶向下的递归方式构造树状结构,在决策时分支节点进行基于属性值的分类选择,分支节点覆盖了可能的分类结果,最终分支节点连接了代表分类结果的叶子节点。分类过程中经过的连接节点代表了一条分类模式,而这些分类模式的集合就组成了决策树的框架。

与其他机器学习分类算法相比较,决策树分类算法相对简单,具有构造速度快、结构明显、分类精度高等优点,只要训练样本集合能够使用特征向量和类别表示,就可以考虑构造决策树分类算法。

决策树是一种监督学习方法。根据结构决策树可分为二叉决策树(每个内部节点正好分叉出两个分支)和多叉树(每个节点可能包含两个以上的分支)。决策树算法主要包括两个阶段:构造和剪枝。决策树的构建过程是一种自顶向下、递归分治的过程,从决策表创建决策树的关键步骤就是选择分支属性和划分样本集。决策树的剪枝:剪枝是决策树停止分支的方法之一,剪枝又分预先剪枝和后剪枝两种。先剪枝是在决策树生成的过程中同时完成剪枝操作,提前停止节点的分类。选择合适的测度值是先剪枝算法的关键。先剪枝算法避免了无谓的计算量浪费并且可以直接生成最终的分类数,因此被普遍采用。后剪枝算法是在决策树自由生长之后,通过指定相应测度值进行从分支到叶子范点的替换。后剪枝策略会加大决策树算法的计算量,但分类结果稍微准确。后剪枝的计算量代价比预剪枝方法大得多,特别是在大样本集中,不过对于小样本的情况,后剪枝方法还是优于预剪枝方法。

七　随机森林

　　随机森林(Random Forest,RF)是一种可用于预测和分类的有效分类方法。随机森林在处理分类的相关题目时具有许多优势:一方面,随机森林的分类精度较高,能够解决决策树存在的过拟合问题;另一方面,随机森林可以用于处理具有多维特征的数据,运行速度也快于其他分类方法。

　　随机森林由大量的决策树组成,并在决策树的基础上,在行向量和列向量中添加随机过程,从而避免了决策树存在的过拟合问题。对于每棵树,训练样本为有放回抽样,未被抽样到的数据,即袋外数据(Out Of Bag,OOB)大约占数据总量的37%。对于每个树的节点,根据一定比例采用无放回的方式抽样。依据经验,假设训练数据集有 p 个特征,则每个节点可选用 $\sqrt{p}$ 个特征, $\sqrt{p}$ 个特征均从所有特征中随机选择。对于每棵树而言,节点的划分依据为子结点不纯性的程度。而不纯性的度量通常采用 Gini 系数,如:父节点 T 的 Gini 系数如公式(4-56)所示。

$$G(T) = 1 - p^2(0|T) - p^2(1|T) \tag{4-56}$$

$p(0|T)$:节点 T 中属于不稳定类的样本所占的比例;

$p(1|T)$:稳定类的样本所占比例, $p(0|T) = 1 - p(1|T)$。

　　父结点 T 划分为两个子结点 T_1 和 T_r,Gini 系数分别为 $G(T_1)$ 和 $G(T_r)$,为确定将哪个特征作为测试条件,需要比较父结点和子结点的不纯程度,Δ 越大,所选测试条件的效果就越好。

$$\Delta = G(T) - \frac{N_1}{N}G(T_1) - \frac{N_r}{N}G(T_r) \tag{4-57}$$

　　式中,N、N_1 和 N_r 分别是 T、T_1 和 T_r 中的样本数量。决策树将实现最大化的增长,并不进行剪枝,当所有决策树生成完毕,形成随机森林,最终类别的确认将通过多数投票的方式来决定。

八　灰色关联

　　灰色关联分析方法是根据序列曲线几何形状的相似程度来判断其联系,曲线越接近,相

应序列之间的关联度就越大,反之就越小。灰色关联分析的具体计算步骤如下:

1.确定分析数列

确定反映系统行为特征的参考数列和影响系统行为的比较数列,设参考数列为 $Y_0 = \{Y_0(k) | k = 1,2,\cdots,n\}$;比较数列 $X_i = \{X_i(k) | k = 1,2,\cdots,n\}$ $(i = 1,2,\cdots,m)$。

2.变量的无量纲化

系统中各因素列中的数据可能因量纲不同,不便于比较或在比较时难以得到正确的结论。因此,在进行灰色关联度分析时,一般都要进行数据的无量纲化处理。

$$X_i(k) = X_i(k)/x_i(l) \quad (k = 1,2,\cdots,n \quad i = 0,1,2,\cdots m) \tag{4-58}$$

3.计算关联系数

$$\theta_i(r) = \frac{\min_i \min_r |y(r) - x_i(r)| + \rho \max_i \max_r |y(r) - x_i(r)|}{|y(r) - x_i(r)| + \rho \max_i \max_r |y(r) - x_i(r)|} \tag{4-59}$$

记 $\Delta_i(k) = |y(k) - x_i(k)|$,则

$$\theta_i(k) = \frac{\min_i \min_r \Delta_i(k) + \rho \max_i \max_r \Delta_i(k)}{\Delta_i(k) + \rho \max_i \max_r \Delta_i(k)} \tag{4-60}$$

$\rho \in (0,\infty)$ 为分辨系数,值越小,分辨力越大,一般它的取值区间为 $(0,1)$,具体取值可视情况而定。当 $\rho \leq 0.5463$ 时,分辨力最好,通常取 $\rho = 0.5$。

4.计算关联度

关联度公式如下:

$$\gamma_i = \frac{1}{n} \sum_{k=1}^{n} \theta_i(k) \quad (i = 1,\cdots,m) \tag{4-61}$$

在以往研究分析中,关联系数值在 $0 \sim 1$ 范围内,数值越大代表关系系数越强。关系值不同,则关联强度也不同,具体等级划分情况如下:$0 < \gamma \leq 0.35$ 为弱关联,$0.35 < \gamma \leq 0.65$ 为中关联,$0.65 < \gamma \leq 0.85$ 为强关联和 $0.85 < \gamma \leq 1$ 为极强关联。

第 六 节　常用统计分析软件

一　SPSS

SPSS 是"Statistical Package for the Social Sciences"的英文缩写,即"社会科学统计软件包"。随着 SPSS 产品服务领域的扩大和服务程度的加深,SPSS 公司于 2000 年正式将英文全称更改为"Statistical Product and Service Solutions",意为"统计产品与服务解决方案"。SPSS 是一款在调查统计行业、市场研究行业、医学统计、政府和企业的数据分析应用中享有

盛名的统计分析工具,是世界著名的统计分析软件。

SPSS 的基本功能有数据管理、统计分析、图表分析、输出管理等,具体内容包括描述统计、列联表分析,总体均值比较、相关分析、回归模型分析、聚类分析、主成分分析、时间序列分析、非参数检验等多个大类,每个类中还有专项的统计方法。其中常用的模块和功能用途见表4-2。

SPSS 常用统计学程序包　　表4-2

模块名称	主要功能用途
Statistics Base	提供最常用的数据管理和统计分析功能
Advanced Statistics	一般线性模型、混合线性模型、对数线性模型、生存分析等
Regression	Logistic 回归、非线性回归、Probit 回归等
Categories	对应分析、感知图、PROXSCAL 等
Missing Value	缺失数据的报告与填补等
Conjoint	正交设计、联合分析等,适用于市场研究
Forecasting	Arima 模型、指数平滑、自回归等
Tables	交互式创建各种表格(堆积表、嵌套表、分层表等)
Complex Samples	多阶段复杂抽样技术等
Bootstrap	提供计算统计学中的 Bootstrap 方法用于参数估计
Decision Trees	提供树结构模型分析方法
Neural Network	提供 BP 神经网络和 RBF 神经网络方法

二　R 语言

R 软件系统具有统计分析功能及强大的作图功能,是由 Ross Thaka 和 Robert Gentlemanl 共同发明的。R 语言可以看成是由 AT&T 贝尔实验室所创的 S 语言发展出的一种方言。因此,R 既是一种软件也可以说是一种语言。R 软件系统是在 GNU 通用公共许可协议下免费发行的,它的开发及维护现由 R Development Core Team 具体负责。他们将全球优秀的统计软件打包提供给用户,用户可以通过 R 软件网站(http://www. I-projeet. org)了解有关信息和使用说明,下载最新版本的 R 软件,还有各种语言的 R 手册。R 软件是完全免费的,可以在 Unix、Windows、Linux 及 Macintosh 操作系统上运行。

R 软件提供了有弹性的、互动的环境来分析和处理数据,是为数学研究工作者设计的一种数学编程语言,主要用于统计分析、绘图、数据挖掘。其中内置了描述统计、参数估计、参数检验、非参数检验、方差分析、回归分析、相关分析、多元统计分析以及贝叶斯统计分析等大量的统计学程序包,为实验数据分析提供了基础。用户只需根据统计模型指定相应的数据库和相应的参数,便可进行数据统计分析;此外,用户可以通过 R 软件的内嵌 R 函数,方便地编写自己的函数来扩展 R 语言。

三 Python

Python 是一个有条理和强大的面向对象程序设计语言,它被逐渐广泛地应用于系统管理任务的处理和 Web 编程。Python 注重的是如何解决问题而不是编程语言的语法和结构。Python 是一种简单易学、功能强大的编程语言,它有高效率的高层数据结构,可简单而有效地实现面向对象编程。Python 简洁的语法和对动态输入的支持,再加上解释性语言的本质,使得它在许多领域都是一个理想的脚本语言,特别适用于快速的应用程序开发。

Python 的核心发行版只包含了通用编程的基础特性,随着 Python 语言的不断发展壮大,广大开发者开发和完善了统计学相关的 Python 包。其中常用的统计学程序包见表 4-3。

Python 常用统计学程序包　　　　　　　　　　表 4-3

Python 包	主要功能用途
numpy	用于向量和数组
scipy	用于基础的科学算法,包括基础统计学
matplotlib	用于绘图和可视化
pandas	提供数据表格化、数据调整修改的方法
patsy	用于统计学相关公式
statsmodels	用于统计学建模和高级分析
seaborn	对统计数据进行可视化

四 MATLAB

MATLAB 是美国 Math Works 公司开发的大型数学计算软件,它具有强大的矩阵处理功能和绘图功能,已经广泛地应用于科学研究和工程技术的各个领域。它将数值分析、矩阵计算、科学数据可视化以及非线性动态系统的建模和仿真等诸多强大功能集成在一个易于使用的视窗环境中,为科学研究、工程设计以及必须进行有效数值计算的众多科学领域提供了一种全面的解决方案,并在很大程度上摆脱了传统非交互式程序设计语言(如 C、Fortran)的编辑模式。在此环境下所解问题的 MATLAB 语言表述形式和其数学表达形式相同,不需要按传统的方法编程。MATLAB 语言的这一特点大大降低了对使用者数学基础和计算机语言知识的要求,而且使编程效率和计算效率极高,还可在计算机上直接输出结果和精美的图形拷贝。综上所述,MATLAB 语言有如下特点:编程语言接近人的思维方式,编程效率高,易学易懂;程序调试方便灵活;源程序开放,库函数丰富,扩展能力强;程序语言简洁、准确、含义丰富;矩阵和数组运算高效方便等优点。

MATLAB 的 Statistics Toolbox 提供了一个强有力的统计分析工具,该统计工具箱基于 MATLAB 数值计算环境,支持范围广泛的统计计算任务,主要包括概率分布、参数估计、描述性统计、假设检验以及统计绘图等方面。Statistics Machine Learning Toolbox 提供了运用统计与机器学习来描述、分析数据和对数据建模的函数和应用程序,可用于探查数据分析的描述性统计和绘图,使用概率分布拟合数据,生成用于 Monte Carlo 仿真的随机数,以及执行假设检验。回归和分类算法用于依据数据执行推理并构建预测模型,提供了有监督和无监督机器学习算法,包括支持向量机(SVM)、促进式(Boosted)和袋装(Bagged)决策树、k 最近邻、k 均值、k 中心点、分层聚类、高斯混合模型和隐马尔可夫模型。

思考题

1. 驾驶人的眼动指标可以衡量驾驶人哪些方面的表现?

2. 如何使用常见的数据方法描述人因实验采集的指标?

3. 统计检验分为参数检验和非参数检验,使用参数检验需要满足哪些前提条件?

4. 非参数检验方法的优缺点有哪些?

5. 在模糊综合评价、熵权-TOPSIS、物元模型和灰色近优这四种评价方法中,哪些考虑了评价指标的权重系数?

6. 线性回归、Logistic 回归和广义线性混合效应三种模型的区别是什么?

本章参考文献

[1] 杨运兴,陈芳. 山区高速公路空间郁闭度对驾驶员视觉及生理指标的影响[J]. 安全与环境学报,2019,19(3):881-886.

[2] 陈昊. 探究车联网信息对驾驶员视觉注意与驾驶行为的影响[D]. 北京:清华大学,2016.

[3] DAVIS F D. Perceived Usefulness,Perceived Ease of Use,and User Acceptance of Information Technology[J]. Mis quarterly,1989,13(3):319-340.

[4] 张文彤,邝春伟. SPSS 统计分析基础教程[M]. 北京:高等教育出版社,2011.

[5] 盛骤. 概率论与数理统计[M]. 3 版. 北京:高等教育出版社,2001.

[6] 张卫贞. 基于核密度估计的系统实时剩余寿命预测研究[D]. 太原:太原科技大学,2021.

[7] 杜强,贾丽艳. SPSS 统计分析从入门到精通[M]. 北京:清华大学出版社,2013.

[8] 张文彤,邝春伟. SPSS 统计分析基础教程[M]. 北京:高等教育出版社,2011.

[9] UPTON E,HALFACREE G. An Introduction to Python[M]. New York:John Wiley & Sons,Ltd,2017.

[10] 任胜钢,彭建华. 基于因子分析法的中国区域创新能力的评价及比较[J]. 系统工程,2007,25(2):6.

[11] 姚起宏,黄亮昌,王鹏,等. 基于层次分析法的电动乘用车动力性和经济性分析[J]. 汽车实用技术,46(10):8.

[12] 钟春玲,张梦情,刘莫,等. 装配式建筑发展程度评价——基于 AHP 与模糊综合评价[J]. 吉林建筑大学学报,2020,37(6):57-63.

[13] 刘维跃,曹溥晶,孔震. 基于熵权的 TOPSIS 法的京津沪城市绿色交通发展对比研究

[J].经济研究导刊,2018(34):42-48+60.

[14] SHANNON C E. A Mathematical Theory of Communication[J]. Bell system technical journal, 1948,27.

[15] 陈俊.驾驶人对交通标志视认的短时记忆衰减研究[D].西安:长安大学,2009.

[16] 冷建飞,高旭,朱嘉平.多元线性回归统计预测模型的应用[J].统计与决策,2016(7):4.

[17] 谭宏卫.双目标 Logistic 回归模型的构造理论及其统计推断[D].贵阳:贵州民族大学,2013.

[18] 费宇,陈飞,喻达磊,等.线性和广义线性混合模型及其统计诊断[M].北京:科学出版社,2013.

[19] 吴明隆.结构方程模型:AMOS 的操作与应用[M].重庆:重庆大学出版社,2010.

[20] 蔡梦.生存分析理论及其应用研究综述[J].价值工程,2016,35(10):19-21.

[21] 韩雨昊,曹丽君,王友起,等.基于决策树 CART 算法的虫害预测模型分析[J].现代化农业,2022(1):45-47.

[22] BREIMAN L. Random Forests[J]. Machine learning,2001,45(1):5-32.

[23] 谭学瑞,邓聚龙.灰色关联分析:多因素统计分析新方法[J].统计研究,1995,3:46-48.

[24] 汤银才.R 语言与统计分析[M].北京:高等教育出版社,2008.

[25] HASLWANTERT. An introduction to statistics with python:with applications in the life sciences[M].Springer Publishing Company,Incorporated,2016.

[26] 谢中华.MATLAB 统计分析与应用:40 个案例分析[M].北京:北京航空航天大学出版社,2010.

第五章
驾驶模拟实验测试平台

驾驶模拟器是虚拟现实技术在交通领域的重要应用。驾驶模拟器由动力学仿真系统、视景仿真系统、声频仿真系统、运行操作系统和数据记录系统组成,利用虚拟现实技术营造虚拟驾驶环境,使用户通过驾驶模拟器执行机构与虚拟驾驶环境实现动态交互,开展驾驶模拟实验测试,以支撑交通系统各要素的评价及优化研究。

基于驾驶模拟技术搭建 Driving Simulator + 实验测试平台,以驾驶模拟器为主要载体,攻克场景搭建、事件控制、设备互联、软件互通和应用系统等关键技术,形成高度集成的综合实验测试平台,图 5-1 所示为实验测试平台总体架构。

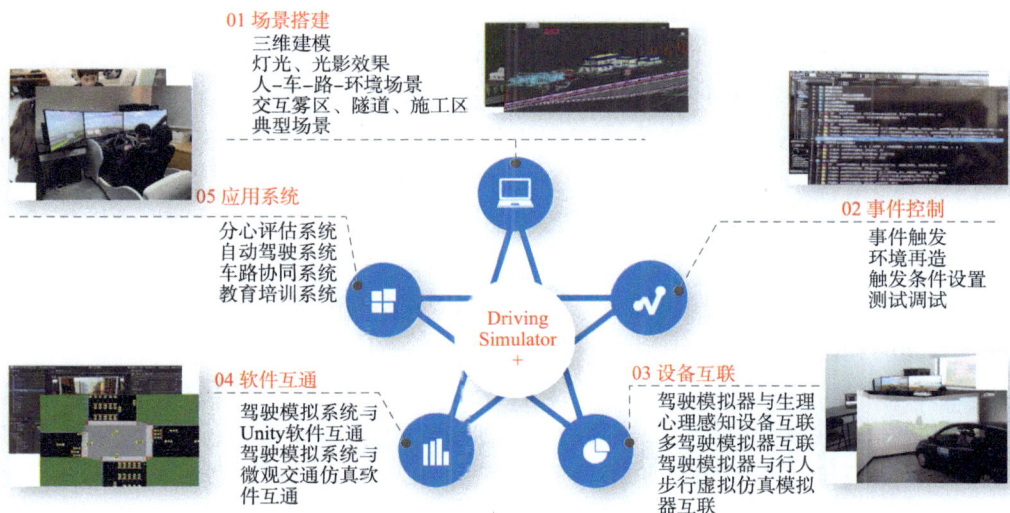

01 场景搭建
三维建模
灯光、光影效果
人-车-路-环境场景
交互雾区、隧道、施工区
典型场景

05 应用系统
分心评估系统
自动驾驶系统
车路协同系统
教育培训系统

04 软件互通
驾驶模拟系统与
Unity软件互通
驾驶模拟系统与
微观交通仿真软
件互通

Driving Simulator +

02 事件控制
事件触发
环境再造
触发条件设置
测试调试

03 设备互联
驾驶模拟器与生理
心理感知设备互联
多驾驶模拟器互联
驾驶模拟器与行人
步行虚拟仿真模拟
器互联

图 5-1 Driving Simulator + 实验测试平台总体架构

平台主要功能包括:①场景搭建,通过三维建模技术渲染涵盖人-车-路-环境等多要素的静态交通场景,支持开发高速公路、城市道路、山区道路、复杂立交、长弯陡坡等多种典型场景;②事件控制,通过驾驶模拟系统的脚本语言编程实现动态交通事件控制,支持开发跟驰、换道、超车、碰撞、与非机动车/行人交互等典型交通事件;③设备互联,驾驶模拟器可实现多模拟器互联,并与外围硬件设备集成连接,形成多源信息同步采集和综合监测,例如与心电仪、眼动仪和脑电仪等硬件设备互联,实现驾驶人生理心理状态及行为数据同步感知;④软件互通,模拟器细粒度微观驾驶行为数据与 Vissim/SUMO 等交通仿真系统互通,实现仿真软件微观行为特性标定,支撑驾驶行为及交通影响多维度评测;⑤应用系统,测试中驾驶模拟器采集的细粒度数据实时同步网络输出,可实现模拟器数据、其他感知设备数据、车载终端信息、仿真软件数据等实时互联共享,并以此作为数据源,构建综合监管平台,二次开发形成驾驶人分心行为监测系统、生态驾驶行为评估矫正系统、危险驾驶行为教育培训系统、车路协同预警预报系统、自动驾驶接管测试系统等应用系统。总之,Driving Simulator + 实验测试平台,在虚拟场景搭建和交通事件再造基础上,实现感知设备同步集成、软硬件互联互通,多源数据深度融合,综合提升驾驶模拟器的实验测试效能及研究支撑能力。

第一节 驾驶模拟器

本节主要介绍驾驶模拟器的发展历程、驾驶模拟器种类、驾驶模拟器软硬件组成结构及驾驶模拟器数据提取等内容。

一 发展历程

1. 国外驾驶模拟器

高仿真度的应用型和科研型驾驶模拟器是研究驾驶行为及其影响效用的有效工具。以德国、瑞典、日本、美国等为代表的发达国家较早开展了科研型驾驶模拟器的研发与应用。现结合国外相关研究和资料,梳理国外代表性的驾驶模拟器发展历程。

20 世纪 70 年代初,德国大众汽车公司开发出世界上第一套驾驶模拟器,该模拟器由具有三自由度的运动模拟系统驱动,包含横摆、侧倾、俯仰三个运动方向,由固定在平台驾驶位置前方的单一屏幕作为视觉成像系统,为驾驶人提供实验场景,但该驾驶模拟平台没有布置额外的汽车功能和内部结构。

随后,受大众公司的启发,瑞典国家道路与交通研究所积极参与驾驶模拟器开发,并于1984 年研发出第一代驾驶模拟器。该驾驶模拟器包含四自由度,可进行横向、横摆、侧倾和俯仰模拟运动。同年,德国联邦国防军大学设计了与第一代驾驶模拟器具有相同自由度并由液压装置驱动的驾驶模拟器。

1985 年,德国戴勒姆-奔驰公司基于 Stewart 博士提出的 Stewart 结构开发了世界首套具有六自由度运动模拟系统的驾驶模拟器,应用独创的液压六足装置,车身可实现横摆、侧倾、俯仰、垂直、纵向、横向等六个方向的运动。驾驶模拟器为穹顶结构,内部嵌入 6 个阴极射线管投影仪,可呈现 180°逼真视景,开启了高保真、多运动自由度高级驾驶模拟器的开发之路。该模拟器于 1993 年被升级为"先进驾驶模拟器",相较以往设计的最大不同在于,实现了运动系统在横向的延伸,运动执行机构液压足在横向实现了高达 5.6m 的偏移。之后,日本汽车研究所、日产公司也分别于 1996 年、1999 年开发了与 Stewart 结构类似的由液压装置驱动的六自由度驾驶模拟器。

进入 21 世纪后，为适应汽车新技术和智能交通的发展，各大科研机构和车企竞相研发更高自由度和保真度的高级驾驶模拟器。2003 年，爱荷华大学联合美国联邦高速公路管理局开发了当时最大规模、最先进的驾驶模拟器 NADS-Ⅰ——具有 12 个自由度运动系统。该模拟器具有较好的再开发潜力，可进行各种复杂的驾驶人-硬件在环实验，主要用于研究碰撞事故中的驾驶人因素以及交通风险应对机制。该模拟器的 Stewart 结构安装在横纵导轨上，可实现复杂的横、纵 2 个方向的车-路交互。该模拟器最主要的特点是显著地拓展了平台基座 X-Y 系统的水平工作区，可达 20m×20m。除了传统的专用液压装置，新增了转盘和振动实验台，基座 X-Y 系统由电动机驱动，六足机构、转盘和振动实验台均由液压装置驱动。在穹顶内部，全尺寸汽车结构放置在六足装置上方的转盘上，配备了 8 个液晶显示器，可提供 360°全视角交通场景。模拟舱内直接放置了整车原型，可以基于 CAN 总线进行数据采集，不需要被试安装额外的车用传感器，减少了采集工作量。

2006 年，英国利兹大学开发了 Uo LDS 驾驶模拟器，这是当时科研领域最先进的驾驶模拟器之一，主要用于研究车辆的自动控制系统对安全性的影响、驾驶人认知模式、道路安全设计等问题。该模拟器具有八自由度运动系统，250°高清投影呈现逼真视景，8 通道视觉信道以 60Hz 频率更新，内置 5 个眼球跟踪仪。

2008 年，日本丰田东富士技术中心研发了高 4.5m、内径 7m 的驾驶模拟器。它取代了 NADS-Ⅰ，成为当时规模最大的汽车驾驶模拟器。其结构与 NADS-Ⅰ 非常相似，率先使用 CarSim 和 TruckSim 软件代替汽车动力学计算模型，两者最主要的区别在于平台转盘的转动位置。丰田模拟器的汽车在穹顶结构内部做横摆运动，而 NADS-Ⅰ 则是转盘带动整个穹顶结构做横摆运动。丰田模拟器旨在还原普通驾驶信息，实现加速度幅值高达 $0.3g$（g 为重力加速度，$9.8m/s^2$）、频率响应至少 4Hz 的真实驾驶体验。360°球面屏幕呈现逼真的视景，要求视觉呈现延迟为 63ms，所以丰田模拟器具有更高的逼真度和沉浸感。该模拟器主要用于开展现实中太过危险的驾驶测试，分析包括驾驶人困倦、疲劳、醉酒、身体不适和注意力不集中等有关行车安全性的驾驶行为。

2010 年，戴姆勒-奔驰公司新研制的高约 4.5m、内径约 7.5m、具有七自由度的高级驾驶模拟器成功问世，用电力驱动系统取代了之前的液压装置。由于过高运动质量的物理限制，平台很难实现横、纵两个方向运动能力的加强，该模拟器平台仅安装在单一方向的运动导轨上，通过无摩擦的空气轴承实现线性滑移，可实现纵向加速度 $0.1g$。该模拟器可平行或垂直安装在导轨上，进行纵向或横向的动力学实验，水平工作长度为 12.5m，主要用于研究汽车悬架技术（如自适应阻尼系统）、车辆主动安全技术、辅助驾驶技术等。

2014 年，日本 FORUM8 公司研发了八自由度驾驶模拟器，该模拟器支持与 CarSim 和 TruckSim 软件配套使用，主要用于道路安全、驾驶人因素以及车辆开发等方面的研究。

2015 年，为解决 Stewart 结构模拟器（七自由度）在横、纵向运动交互不足，德国大众公司研发出轮式自走式六自由度驾驶模拟器。该模拟器的驱动车轮具有前进和转向功能，可实现车体的横向、纵向、横摆、俯仰、侧倾和垂直运动。

目前，各研发机构在积极探索实现科研型驾驶模拟器的二次开发，使其能够与程序开发软件、交通仿真软件、实验采集设备(如眼动仪、心电仪)等联合使用,同时实现多模拟器虚拟联动,以满足更逼真的测试体验和更高的实验要求。

2. 国内驾驶模拟器

相较于国外,我国应用型和科研型驾驶模拟器的开发起步较晚,但在高级驾驶模拟器上基本遵循了相似的发展规律。20 世纪 70 年代,我国开始自主研制点光源、转盘机电式简易驾驶模拟器。进入 20 世纪 80 年代,清华大学、吉林工业大学、装甲兵工程学院、空军第二航空学校等积极参与研发,并研发出一些初级产品。自 20 世纪 90 年代以来,伴随着计算机技术和图形图像处理技术的进步,以吉林大学、同济大学、昆明理工大学、武汉理工大学为代表,开始自主研发具有高自由度、高保真的高级驾驶模拟器。

1996 年,吉林大学汽车动态模拟国家重点实验室自主研发了我国首台六自由度驾驶模拟器,其建设规模和性能设计指标居世界前列,具有高度的可拓展性。该模拟器具有逼真的人机交互界面(Human-Machine Interface,HMI),可实施驾驶人-硬件在环测试。基于可重复的交通场景,在安全可控的极限模拟工况下完成对汽车整车及其关键子系统的匹配、控制、分析及评估,支撑道路安全评价、车用控制系统设计、驾驶人安全特性等领域的研究。2010年,该模拟器完成了动力学模型的更新,拓展了运动机构的自由度,增强了运动能力和精度。

1999 年,昆明理工大学自主研发了基于网络的 WM 驾驶模拟器,该模拟器不仅具有先进的车辆模型和逼真复杂的视景系统,还允许多台模拟器协同工作,可实现车辆的选择性监视。主要用于道路安全性能验证、驾驶行为特性研究等方面。

2004 年,武汉理工大学自主研发了新一代汽车综合驾驶模拟器,该模拟器的驾驶交互性和真实感强,具有高清晰和高逼真的视景,并且模块化设计能够满足不同用户需求。主要用于驾驶行为特性分析、道路交通安全评价、道路交通事故致因分析、汽车安全辅助驾驶设备评价、汽车自动驾驶仿真研究及交通诱导研究等。

2009 年,清华大学组建了基于 MATLAB 中 XPC 目标的六自由度驾驶模拟器,该模拟器由中央控制、听觉仿真、视觉仿真等系统组成,不但可以模拟不同车型,还能呈现高速公路、城市道路等不同路况,再现雨、雪、雾、白天、黑夜等驾驶环境,可带给驾驶人 6D 的驾驶体验,还可以辅以连接眼动仪、肌电、脑电设备等。主要用于先进汽车设计技术、汽车智能安全技术、行车安全与事故再现、驾驶行为机理等研究。

2011 年,同济大学开发了具有八自由度运动系统的电动高级驾驶模拟器,其驾驶模拟器为穹顶刚性封闭结构,后视镜由 3 块液晶显示器(LCD)屏幕组成。舱内的实车模型采用 Renault Megane Ⅲ 车型,除移除发动机外,其余与真车一致。5 个投影仪安装在驾驶舱,刷新频率为 60Hz,250°球面屏幕呈现逼真场景。法国 OKTAL 开发的 SCANER 软件为其提供软件控制。

2019 年,北京工业大学基于 2008 年组建使用的三自由度实车驾驶模拟器,自主设计研发车路协同技术综合测试平台,实现驾驶模拟器在智能交通领域的广泛支持和深度应用。平台由驾驶模拟系统、数据协同处理中心、智能人机交互终端组成。平台通过无线通信与用户数据协议接口实现驾驶模拟器与智能终端设备间的数据交换。2021 年,模拟平台系统再次升级,完成自动驾驶车辆的功能开发,并实现多台驾驶模拟器联动。

现今,诸多研究院所和高等院校正在自主或联合国外研究机构,结合眼动仪、心电仪、脑电仪等外部扩展设备开展研究,不断提高驾驶模拟器的综合效能,在更大范围内支撑交通系统的综合优化研究。

二　设备种类

驾驶模拟器可以分为简易汽车驾驶模拟器、紧凑型汽车驾驶模拟器、真实车辆驾驶模拟器、液压伺服体感模拟器四类。

(1)简易汽车驾驶模拟器(图5-2)。此类驾驶模拟器安装有转向盘、加速踏板、制动踏板等基础操控部件,但没有配置额外用于数据计算和图像渲染的专用计算机主机,用户可利用此类模拟器熟悉基本驾驶操作,属于最简单的汽车驾驶模拟器。

(2)紧凑型汽车驾驶模拟器(图5-3)。此类驾驶模拟器安装有转向盘、加速踏板、制动踏板、中控平台、仪表盘、变速器操纵杆、车辆起动机构等与正常车辆一致的车辆操控部件,配置一台或多台计算机用以支持数据计算、图像渲染等功能以实现逼真驾驶模拟场景。此类驾驶模拟器已开始安装驾驶行为传感器,用于采集驾驶人操控行为及运行状态数据,并保存至本地数据库。

图5-2　简易汽车驾驶模拟器　　图5-3　紧凑型汽车驾驶模拟器

(3)真实车辆驾驶模拟器(图5-4)。以真实车辆作为驾驶模拟器,采用多个屏幕或者环形屏幕提供视角,例如140°的水平视野和40°的垂直视野。模拟器通过音频设备模拟喇叭、发动机、车辆运行过程中的振动以及道路上其他声音,同时还能模拟车辆制动、鸣喇叭、转弯侧滑时发出的声音。通过振动发生器产生纵向振动。增强驾驶模拟器的真实有效模拟性能。目前,国外高校和科研机构大都采用此类模拟器进行交通安全方向的科学研究。

(4)液压伺服体感模拟器(图5-5)。也被称为多自由度模拟器,这种模拟器基于液压伺服装置,其运动系统(体感模拟系统)可以模拟六自由度姿态,动力学模型非常完善,视景仿真系统复杂逼真。在这种模拟器中,用户可以体验到与真车完全相同的驾车感受。六自由度模拟器主要用于支撑研制和开发车辆以及交通安全科学相关研究,价格比较昂贵、精度高、功能全。吉林大学研制的我国第一台驾驶模拟器ADSL,属于六自由度模拟器,采用圆形座舱,视景系统采用三个投影仪投影,模拟驾驶环境。座舱底部的三个大行程液压装置联动控制,可以实现汽车的平纵横运动感。日本汽车研究所于1995年研制成功了具有体感模拟系统的模拟器。美国通用公司研制成功的第二代驾驶模拟器,其各项性能指标居世界领先水平。美国爱荷华大学的液压伺服体感模拟系统被称作为美国国家高级驾驶模拟器。

图5-4 真实车辆驾驶模拟器

图5-5 液压伺服体感模拟器

三 软硬件组成结构

1. 硬件组成

驾驶模拟器硬件系统主要由三部分组成:控制系统、车辆系统和显示系统。硬件结构如图5-6所示。其中,控制系统是整个平台的核心,用于实现对实验系统的设计、控制、监控、记录等功能;车辆系统是为驾驶人提供驾驶操作的平台,具备转向盘、加速踏板、制动踏板、离合等各种驾驶操作部件,为驾驶人提供逼真的车辆驾驶感受。同时,驾驶模拟实验测试平台具有音效模拟效果,包括发动机、车辆制动、车辆振动、转弯侧滑等常见音效;显示系统是系统运行状态的体现,为驾驶人提供虚拟3D道路交通场景。

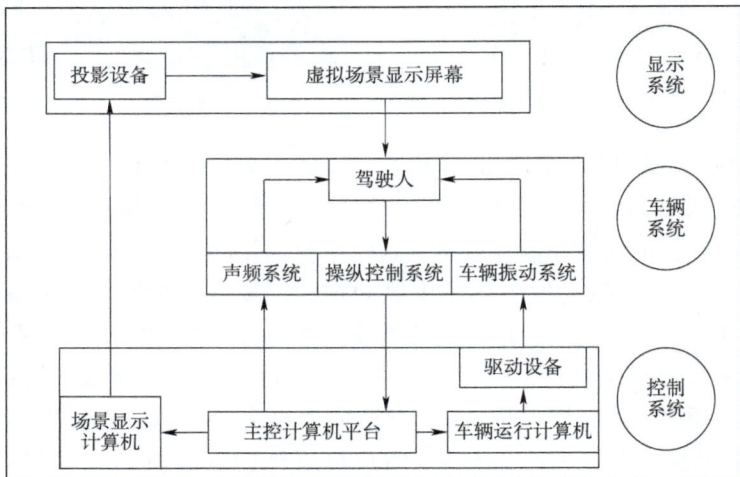

图5-6 驾驶模拟器硬件结构图

2. 软件组成

驾驶模拟器中最重要的软件系统是驾驶模拟软件系统,包含虚拟场景搭建系统和场景模拟车辆系统两部分。前者实现根据需求设计完成虚拟场景,后者实现模拟场景的计算和运行。其软件组成结构图如图5-7所示。

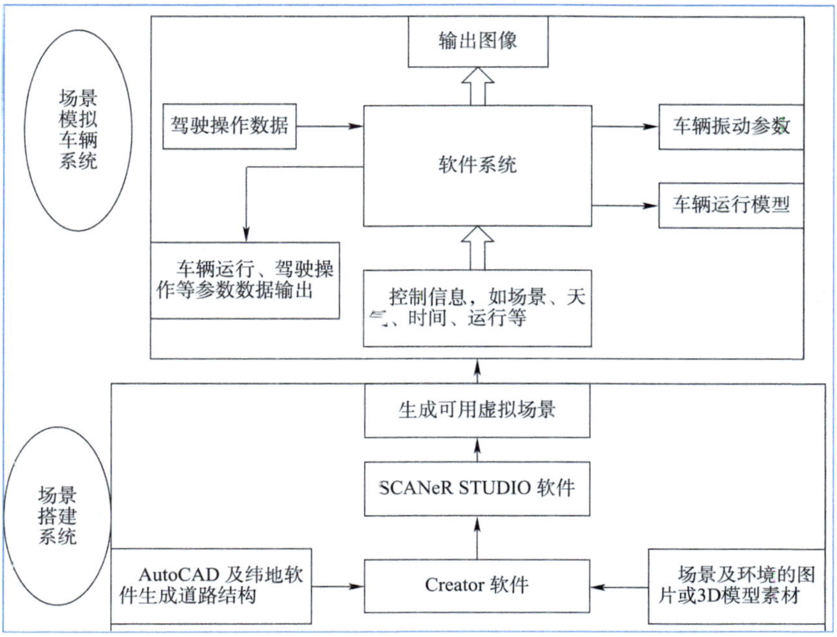

图5-7　驾驶行为模拟实验平台软件结构图

驾驶模拟软件系统主要实现车辆运行与虚拟场景交互的动态效果,以及对交通环境中其他车辆运行及道路设施的模拟。首先,通过计算呈现出虚拟驾驶场景,接受驾驶人控制操作信息,实现在驾驶人操作情况下虚拟场景的动态运行,同时包括车辆振动信息和音效信息的输出;其次,该软件实现对车辆运行状态的实时监控和记录,能够对车辆运行状态、驾驶人操作特征、车辆运行周边环境特征等,以1~100Hz的频率进行记录输出,包括速度、加速度、侧位移、加速踏板、制动踏板、转向盘转角、离合、车辆位置坐标等车辆参数,同时包括与车辆前后相近的其他车辆的运行参数。该软件系统也为用户提供动态可控的编程接口,可以根据实验需求,设计包括其他车辆运行状况、交通信号信息、天气、时间、突发事件等各种效果,进而模拟车辆运行过程中的多种事件的运行效果。

虚拟场景搭建系统是驾驶模拟器运行的基本条件,尤其是为满足研究需求,往往需要特定的驾驶虚拟环境。因此,虚拟场景搭建系统是模拟平台的重要组成部分。虚拟场景的开发是通过多款软件结合实现的,与驾驶模拟平台实现对接的是该平台系统配套的Roadtools软件,它是模拟系统识别场景的接口软件。开发过程中,为实现场景的逼真性,需要结合AutoCAD、HintCAD(纬地)、3D Max、Creator、Photoshop等软件,运行这些软件一方面建立符合规范的道路线形、路面路肩等道路特征,另一方面制作出场景需要的环境要素如建筑物、树木、护栏等各种道路元素。同时,场景设计中也包括诸如灯光设计、交通信号灯设计等细节内容。可以说,虚拟场景的开发是各种软件的结合,是一项细致的工作,良好逼真的虚拟场景必然需要花费大量时间和精力进行完善。

场景模拟车辆系统主要包括:驾驶模拟软件(SCANeR STUDIO v2021)、运动平台控制软件(4xMotion SW)、实时车辆组合仪表软件(MyCluster SW)、实时数据收集-通信软件(MDAQ SW)、监控软件(DataManager SW)、程序自动运行软件(AutoRun SW)、API 软件(Model API)。

四 数据提取

驾驶模拟器通过模拟不同交通场景、天气、交通流、车辆和行人状态变化,控制交通要素运行仿真,可获得多维度交通流、车辆运行、驾驶人操控及行人状态等交通参数,进而实现交通系统各要素的评估及优化。基于驾驶模拟器开展驾驶模拟实验,可获得丰富的驾驶模拟数据,数据具有细粒度、高精度、高完整度的特点。

驾驶模拟数据主要是指在驾驶模拟实验过程中,通过驾驶模拟器产生并导出的驾驶人操纵行为、车辆运行状态及实验所需标志位等特殊数据。驾驶人操纵行为数据主要包括转向盘转角、制动踏板深度、加速踏板深度等数据;车辆运行状态主要包括速度、加速度、行驶时长、横向偏移、换道次数、换道时间等数据;特殊数据一般指实验路段标志位、事件触发标志位、环境改变标志位等数据。

此外,驾驶模拟器还可与其他可兼容的硬件设备、软件系统连通,获得丰富的多维度的实验数据,以支持数据分析需求。

第二节 场景搭建

本节主要介绍模拟场景搭建的内容,包含场景设计和场景开发。场景设计一般基于道路条件、交通条件和特殊要素三部分内容展开,场景开发是在场景设计基础上结合 HintCAD(纬地)和 3D Max 等场景开发工具实现。

一 场景设计

道路条件设计是指道路设施、交通设施等交通系统基础要素设计;交通条件设计是根据场景特性设定动态交通流参数及交通事件,为实验测试提供动态交通运行环境;特殊场景设计是指特殊道路路段、特殊运行环境、特殊需求场景等设计,如高速公路服务区设计、施工区预警设施布设、雾区低能见度预警设计、路侧动态信息标识(Dynamic Message Sign,DMS)设计等。

1.道路条件

道路场景一般基于高速公路、城市道路、乡村道路等原型开发,虚拟场景道路条件设计要符合相应的道路设计规范,一些特殊场景设计要求可根据设计人员的经验完成。确定道路原型后,需标注道路类型、道路长度、道路宽度、车道划分、周围道路景观、交通设施等内容。在道路设施基础上,交通基础设施一般包含标志标线、隔离设施、限速标志、信号控制、路侧动态信息标识等。

2. 交通条件

交通环境由静态和动态交通要素组成。道路条件设计是静态交通要素设计,交通条件设计是动态交通流设计和交通事件设计。动态交通流设计一般会给出不同区域的道路限速值和交通流状态(如自由流、稳定流、强制流等)。呈现动态交通流状态需考虑两种因素:一种是动态交通流速度,二是路段交通密度[单位:辆/(km·车道)]。如描述自由流:在设计速度120km/h 的高速公路服务水平分级下,一般要求自由流速度≥109km/h、交通密度≤7辆/(km·车道)。同时,驾驶模拟实验中为避免交通流对被试驾驶行为产生影响,一般控制自由流车辆与被试车辆相距140m 以上。交通事件设计一般包含车辆行为、车辆交互、条件触发等,如超速、闯红灯、跟驰、换道、前车急停与突然换道等车辆行为及交互特性,路段预警、超速预警、语音提示等条件触发事件。

3. 特殊场景

特殊场景设计一般为道路特殊路段和场景特殊环境设计。特殊场景主要包括高速公路服务区、施工区、隧道、桥梁等道路特殊路段及区域,这些场景均具有特殊的道路线形、特定的交通设施、复杂的交通组织管控、多元的交通参与者以及特色的文化景观元素等。场景特殊环境设计主要是指在道路交通条件基础上,针对能见度、光照条件等参数实现特殊环境设计。如雨、雪、雾、冰等特殊天气条件,隧道"黑白洞"等特殊光照效果,不同光照亮度和反射度的反光设施等。

二　场景开发

场景开发用于完成静态交通场景搭建工作,在道路基本参数基础上,基于纬地、3D Max等软件完成虚拟交通场景开发,导入驾驶模拟系统后实现虚拟交通场景和驾驶模拟系统的联调。场景开发的一般流程介绍如下:

1. 参数确定

基于外场实地调研和查询标准、规范等相关资料,确定所开发场景中场景要素的相关参数(如圆曲线半径、超高、车道数、车道宽度、交通标志及所处位置、隔离设施等),整理全套数字化场景数据,完成符合设计规范的场景设计。

2. 场景构建

获取场景开发所需的场景参数后,复用纬地道路交通辅助设计软件(HintCAD)开发道路基础线形及道路特殊路段线形。HintCAD 是路线与互通式立交设计的大型专业 CAD 软件,可用于快速、规范构建高速公路、城市道路、国省干道、乡村道路等路线设计,如图 5-8所示。

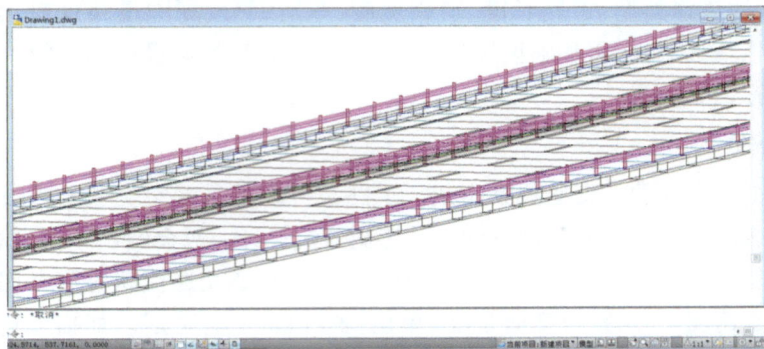

图 5-8　高速公路线形设计

3. 渲染场景

3D Max 软件是一种三维动画渲染和制作软件,具有三维建模、三维渲染、动力学效果导出等功能。将纬地软件生成的道路线形导入至 3D Max 软件,增添道路设施、交通设施等交通元素后,通过场景修正、建模、贴图、渲染一系列流程,得到完整的静态虚拟仿真场景,渲染后的场景如图 5-9 所示。

图 5-9　渲染后高速公路场景

图 5-10　驾驶模拟实验场景效果

4. 场景导入

将渲染完成的场景文件导入驾驶模拟系统软件后,还需在驾驶模拟系统软件中再次铺设与实验道路线形一致的道路路网,其目的是使驾驶模拟系统软件中的交通参与者(车辆、非机动车、行人等)能够识别道路位置、道路方向及道路渠化,避免出现原地转圈、突然转向、驶离原始路线等问题。最终,形成可供驾驶模拟实验的静态虚拟仿真场景(图 5-10)。

第三节　事件控制

本节主要介绍事件控制的常规内容和基本控制方法,事件控制一般指交通流状态、气象条件、交通事件等动态交通事件的设计与开发,驾驶模拟系统中通过脚本实现事件控制。

一　事件设计

围绕交通流状态、气象条件、交通事件等动态交通情景,需要重点考虑以下设计要点:

1.交通流状态

交通流状态设计分为根据实际交通量设计和根据实验需求(自由流、稳定流、饱和流)设计。其中,根据实验需求设计交通流状态时,可参考《公路通行能力手册》进行交通流密度划分。

2.气象条件

气象条件设计包括:晴天、雨天、雾天、大风等不同天气情况。同时,亦可对气象条件进行等级划分,例如:雨天可分为小雨、中雨、大雨等不同级别。

3.交通事件

交通事件是指对除"主车"(驾驶模拟器)以外的交通参与者进行设计,例如虚拟车辆的急加速、急减速、跟驰、换道、超车、碰撞等运行事件,行人与非机动车的驻停、步(骑)行、过街等与主车车辆的交互事件,还可设计动物(猫、狗、牛、羊等)穿行等特殊事件。

二　事件开发

1.交通流状态

设置交通流状态可参考以下两种方法。其一,若需要在驾驶模拟环境中呈现真实交通流状态,可在模拟系统功能模块控件内直接输入目标交通量即可模拟真实交通流状态;其二,若根据实验需求设计交通流状态,建议在"主车"周围摆放一定数量的虚拟车辆,并控制虚拟车辆的速度、间距等参数,从而模拟实验设计的交通流状态,该方法较为便捷且不易造成实验干扰。

2.气象条件

设置气象环境可参考以下两种办法。其一,模拟系统功能模块的控件可设置日照强度、雨雪程度、风力等级、雾浓度等参数,如 SCANeR-Simulation 功能模块的 Weather 控件;其二,通过模拟系统脚本控制模块,如 SCANeR-Script 模块,编写脚本语言(图 5-11),调用功能函数设置交通天气状况,如 SCANeR 系统中主要函数包括:set Rain( )、set Snow( )、set Fog( )、set Wind( )等。

图 5-11　事件控制代码编写界面

3.交通事件

设置交通事件主要通过脚本控制模块(SCANeR-Script)编写脚本语言实现。交通事件开发的本质是对虚拟交通参与者的行为进行控制。因此,脚本语言对虚拟车辆、行人、自行车、动物等虚拟交通参与者的逻辑控制功能相同。

下面以虚拟车辆超车事件为例简要介绍操作步骤:首先,摆放两辆虚拟车辆在同一车道按照设定速度和间距行驶;其次,当后车驶到某一位置,脚本函数控制使后车换至左侧车道,如"go to Leftlane( )"函数;再次,当后车驶入左侧车道,通过脚本函数设置后车超车速度,如"set Speed Obligatory( )"函数;又次,通过脚本函数检测后车与被超车辆的距离,如"get Curvilinear Distance( )"函数;最后,当后车与被超车辆间距满足换道距离,通过脚本函数使后车换回至右侧车道,如"go to Rightlane( )"函数。

第四节　设备互联

本节主要介绍驾驶模拟器与生理心理感知设备(心电、眼动、脑电等感知设备)、驾驶模拟器与行人虚拟仿真器以及多台驾驶模拟器间的互联。驾驶模拟器与外部设备互联主要解决数据同步问题,进而实现驾驶人生理心理信号感知、行人-车辆交互决策、多模拟车辆协同行驶等功能。

一　生理心理感知设备数据同步

本节以 SMI ETG 2w 眼动仪、KF2 型动态多参数生理检测仪为例,介绍驾驶模拟器数据与生理心理感知设备数据同步方法。

1. 驾驶模拟器数据与眼动数据同步

通过脚本控制,在驾驶模拟实验路段关键点位设置标记点,确保驾驶人所佩戴的眼动仪可以清晰观察到标记点。利用眼动仪自带功能,记录实验起止时间,精确到毫秒。将驾驶模拟器记录数据的时间起终点与眼动数据的起终点对齐,确保数据长度一致。若驾驶模拟器数据与眼动数据的记录频率不一致,可对高频率数据进行降采样处理或低频率数据进行插值处理,使数据长度一致。

2. 驾驶模拟器数据与心电数据同步

心电数据可导出标准北京时间,故通过记录驾驶模拟器数据和心电数据所对应实验起终点的标准北京时间,将驾驶模拟器数据和心电数据同步。若驾驶模拟器数据与心电数据的采集频率不一致,可对高频率数据进行降采样处理或低频率数据进行插值处理,使数据长度一致。

二　行人仿真设备(Pedestrian-VR)互联

驾驶模拟器与行人仿真设备(Pedestrian-VR)互联,是指行人与驾驶模拟车辆在同一虚拟交通环境中,被试可借助 Pedestrian-VR 自由行走并沿途观察周围虚拟交通环境,实现不同交通主体间的行为交互。驾驶模拟器与 Pedestrian-VR 互联技术流程如图 5-12 所示,借助驾驶模拟仿真软件 SCANeR 实现两者间的数据共享,SCANeR 中 Modelhandler 模块用于控制驾模车辆和 Pedestrian-VR 行人被试在软件中的运动状态,Acquisition 模块采集驾模车辆行为、操控等数据,Pedestrain Module 模块用于采集行人运动行为(身体姿态、步行状态)等数据,Visual 模块用于实现驾驶模拟器与 Pedestrian-VR 共存同一虚拟场景。其数据流为:Acquisition 模块采集驾驶模拟器的数据并上传至 Modelhandler 模块,Pedestrain Module 模块采集行人模拟器的数据并上传至 Modelhandler 模块,Modelhandler 模块解析数据并控制虚拟场景中的车辆和行人行为,最终在 Visual 模块呈现驾驶模拟器与 Pedestrian-VR 交互功能。此外,驾驶模拟器亦可与自行车模拟器互联,其架构与图 5-12 一致。

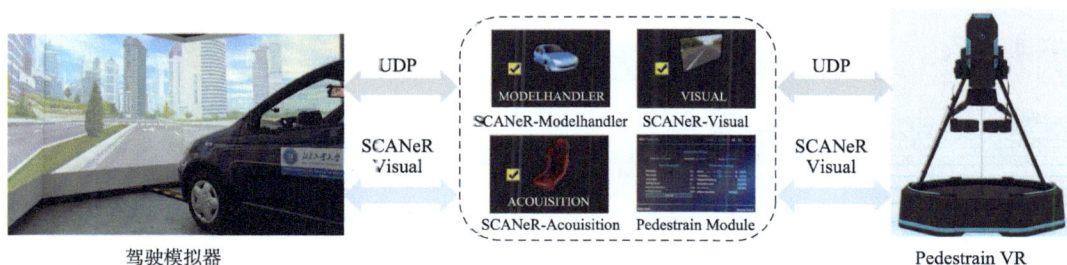

图 5-12　驾驶模拟器与行人仿真设备(Pedestrian-VR)技术流程图

三　多驾驶模拟器互联

多驾驶模拟器互联是指多台驾驶模拟器能够在同一虚拟交通场景行驶和交互。以三台驾驶模拟器联动为例,其架构如图 5-13 所示。借助驾驶模拟仿真软件 SCANeR 实现驾驶模拟器间的数据共享,SCANeR 中 Modelhandler 模块控制驾模车辆在系统中的运行状态,Acquisition 模块采集驾模车辆行为、操控等数据,Visual 模块实现三台驾驶模拟器在同一虚拟场景中行驶。其数据流为:Acquisition 模块采集每台驾驶模拟器的数据并上传至 Modelhandler 模块,Modelhandler 模块解析数据并控制车辆行驶,最终在 Visual 模块呈现多车联动行驶功能。

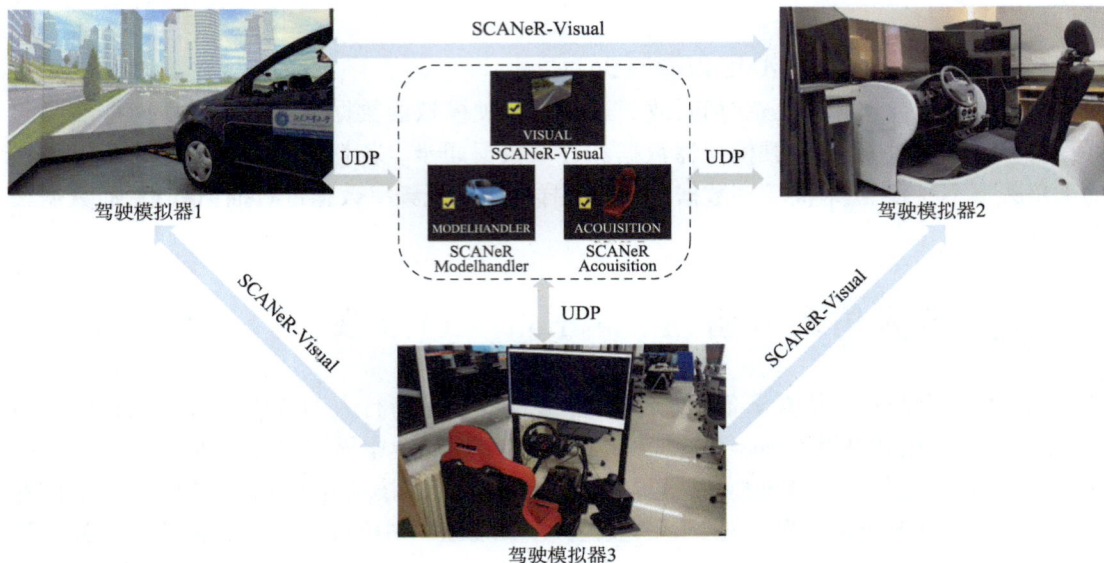

图 5-13　多驾驶模拟器互联系统架构图

第五节　软件互通

本节主要介绍驾驶模拟器与 Unity 虚拟环境引擎、微观交通仿真软件(Vissim/SUMO)间的联动互通。

一　Unity 软件互通

通过罗技小型模拟器的数据输入接口和 Unity 引擎中的车辆控制脚本可实现罗技模拟器与 Unity 引擎中模拟车辆的联动。一方面,基于 Unity 中强大的渲染引擎、物理引擎和地形编辑器等,快速搭建高精度的交通虚拟场景。另一方面,利用罗技模拟器操纵虚拟场景中的虚拟车辆,实现两者间的联动。控制逻辑主要包含输入和动力总成两部分,如图 5-14 所示。输入端首先利用输入源模块检查是否有连接设备,当设备连接无误后,输入提供模块将从硬件系统检索到的输入信息传递给车辆输入处理程序进行组合和处理,最终存储为车辆的输入状态。经过处理的用户输入将传入动力系统,动力系统中的发动机部件作为动力源,车轮部件作为动力源接收器并将数据输出至车轮控制系统以控制车轮转动,而两者之间的离合器、变速器和差速器部件决定了如何传输功率/转矩,从而高度还原真实驾驶车辆感受。

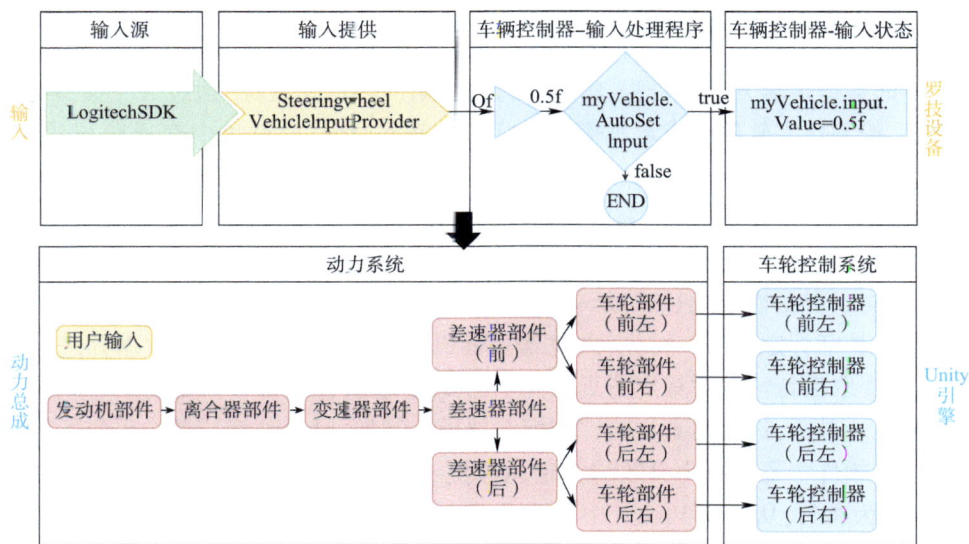

图 5-14　驾驶模拟系统与 Unity 互通流程图

二　微观交通仿真软件互通

　　驾驶模拟系统与微观交通仿真软件(Vissim/SUMO)间的互通,用以实现高密度高逼真交通仿真场景,亦可从驾驶行为层面评估其对交通流的影响。驾驶模拟系统与微观交通仿真软件互通平台架构如图 5-15 所示,其技术路线包含场景平行建模、交通数据映射两个主要环节。

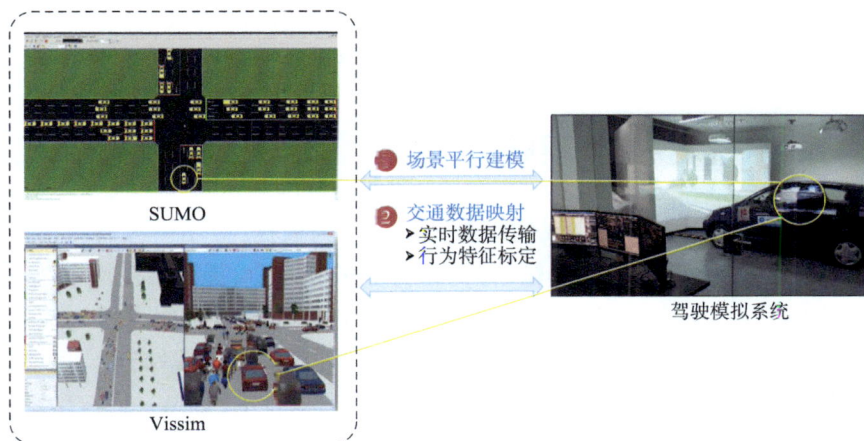

图 5-15　驾驶模拟系统与微观交通仿真软件互通平台

　　(1)场景平行建模,是指将在驾驶模拟软件中搭建的3D 交通场景按比例导入微观仿真软件中,从而使驾驶模拟系统与微观仿真软件具备相同的道路条件、基础设施和交通环境。例如,将在 3D Max 制作的静态交通场景分别导入 Vissim/SUMO 和驾驶模拟系统 SCANeR 软件中。

(2)交通数据映射,是指将驾驶模拟中被试驾驶行为数据映射至仿真软件中指定车辆,使该车辆在软件中复现被试驾驶行为特征。其技术手段分为两种:

一是实时数据传输方法。首先,将驾驶行为数据(位置、速度等)通过 API 接口实时传输至仿真软件,控制仿真软件中指定车辆行驶状态。其次,将仿真软件中交通参与者数据(周围车辆、行人、自行车等)传输至驾驶模拟器实验场景,从而使二者所模拟仿真的交通状态一致。例如,采用二次开发的方法,分别通过 Vissim-COM/SUMO-Traci 接口和 SCANeR-API 函数获取微观仿真环境和驾驶模拟环境中的车辆状态和交通信息,并实现实时交互映射。需说明,该方法对于设备性能、通信时延有较高要求,开发难度较大。

二是行为特征标定方法。首先,采集驾驶模拟实验中被试驾驶行为数据并进行特征提取。其次,将提取后特征参数标定仿真软件中的交通模型,使软件中指定仿真车辆具备被试驾驶行为特征。最后,进行仿真实验评测标定效果。例如,对驾驶模拟器中采集的驾驶行为数据实现仿真软件中驾驶行为参数的标定,映射至 Vissim/SUMO 中 Wiedemann99 模型中的 CC0 ~ CC9 行为参数,从而使 Vissim 中指定仿真车辆具备驾驶模拟器中被试的驾驶行为特征。该方法实现难度适中,且能够支持后续不同仿真方案的测试评价。

第六节 应 用 系 统

本节主要介绍基于驾驶模拟器的应用系统开发技术及应用系统典型案例。基于驾驶模拟数据,通过用户数据协议接口(User Data Protocol Interface,UDP)或无线通信(Wi-Fi)实现数据的动态实时传输,将驾驶模拟系统看作数据采集终端,实现多种传感设备的数据同步汇聚,形成数据协同处理中心。结合需求处理数据,开发不同功能需求的决策判定算法,设计人机交互界面,通过二次开发形成基于驾驶模拟系统的应用系统。

一 系统开发技术架构

基于驾驶模拟系统动态实时生成的细粒度驾驶行为数据,应用模拟器数据同步输出接口(UDP 协议),构建应用系统数据传输结构,如图 5-16 所示,可提供驾驶模拟数据实时传输服务。基于驾驶模拟系统应用程序接口(Application Program Interface,API),应用用户数据协议接口,实现驾驶模拟系统的计算主机与数据协同处理中心的数据交互。另外,当应用系统涉及车载终端服务,执行人机交互功能时,通过无线通信技术(如 Wi-Fi),实现数据协同处理中心与智能移动车载终端的信息传递与互联互通。

根据应用系统开发需求,对动态实时的驾驶模拟数据和其他设备集成数据在数据协同处理中心进行实时处理和加工,实现数据的可视化、开发应用系统用户界面及多种需求的软件系统,形成以驾驶模拟数据为基础的多种应用系统。其中,最典型应用是不同驾驶人特征提取和培训系统。如分心驾驶行为实时动态评估系统、驾驶人教育培训与干预系统、生态驾驶行为培训与矫正系统、车路协同施工区预警系统及自动驾驶人机交互系统等典型应用系统。这些基于驾驶模拟系统应用程序的开发和推广使用,扩大了驾驶模拟系统的实际应用范围,充分展示了驾驶模拟技术在交通领域的应用潜力。

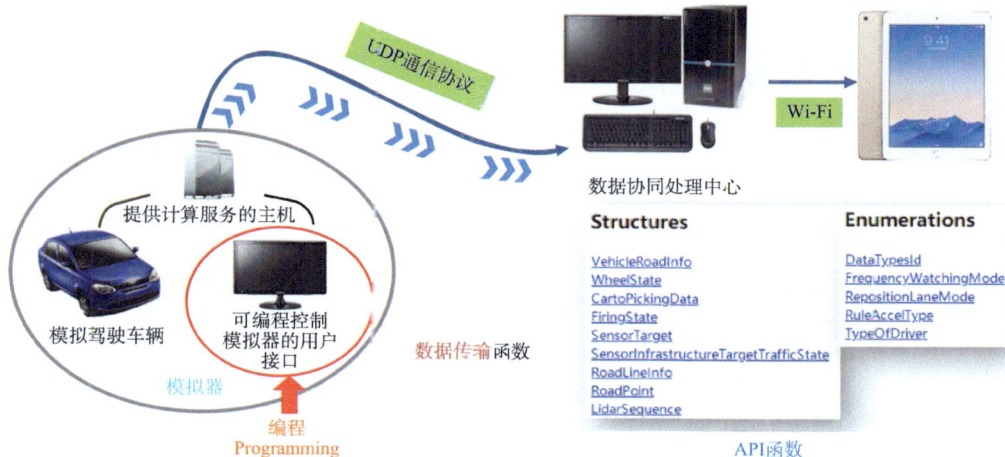

图 5-16　基于驾驶模拟系统的应用系统开发数据传输结构

二　应用典型案例

本节主要介绍基于驾驶模拟器开发的代表性应用系统:生态驾驶行为培训与矫正系统和自动驾驶人机交互系统。

1. 生态驾驶行为培训与矫正系统

(1)应用系统开发框架。

为实现驾驶人驾驶行为生态特性评估与反馈优化,结合驾驶模拟器可实操体验的优势及特点,基于驾驶模拟系统及数据协同处理中心,搭建基于驾驶模拟系统的生态驾驶行为培训与矫正应用系统,其框架及功能如图 5-17 所示。驾驶过程中实现驾驶人驾驶行为的生态性评估并给予矫正预警;驾驶任务结束后,给出驾驶人节油潜力、驾驶建议以及油耗等级等信息,实现驾驶行为生态性矫正及优化。

(2)应用系统功能。

基于驾驶模拟系统的生态驾驶行为培训与矫正系统软件界面如图 5-18 所示。驾驶过程中[图 5-18a)],一方面驾驶人可以看到界面左侧的实时 CO_2 排放数据曲线,另一方面当出现非生态驾驶行为时,系统可以给出及时语音提醒。行车结束后[图 5-18b)],系统给出驾驶行为生态特性的评估诊断报告,包括驾驶人节油潜力、目前油耗等级排名及驾驶行为改进建议。将生态驾驶培训和矫正系统与驾驶模拟系统相结合,形成生态驾驶行为培训平台,促进生态驾驶行为的养成,并为生态驾驶行为相关研究与推广提供支撑。

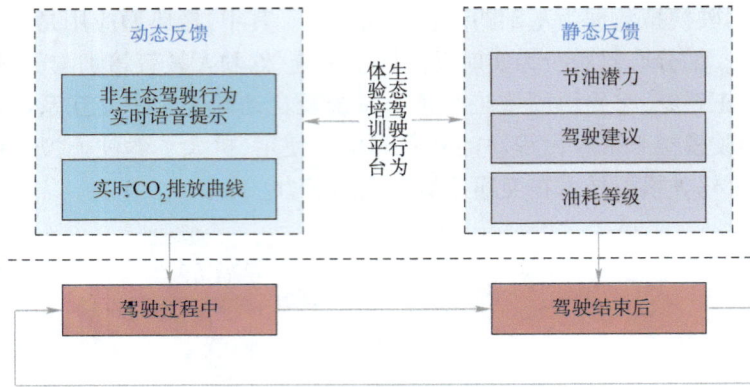

图 5-17　基于驾驶模拟技术的生态驾驶行为培训与矫正系统

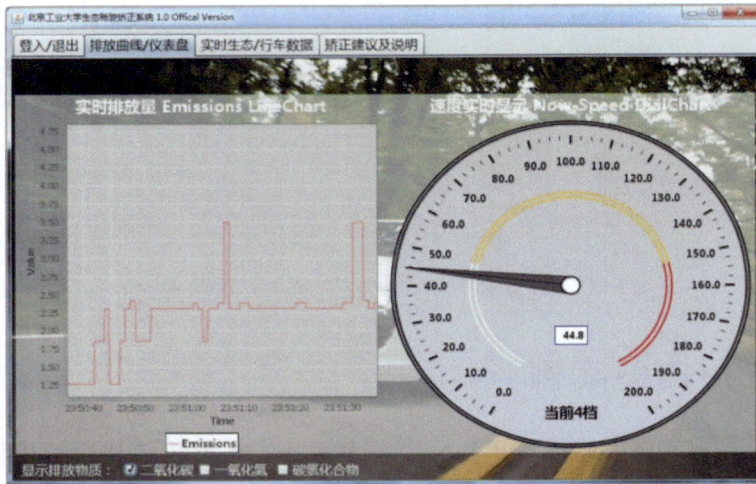

a) 驾驶过程中实时反馈界面

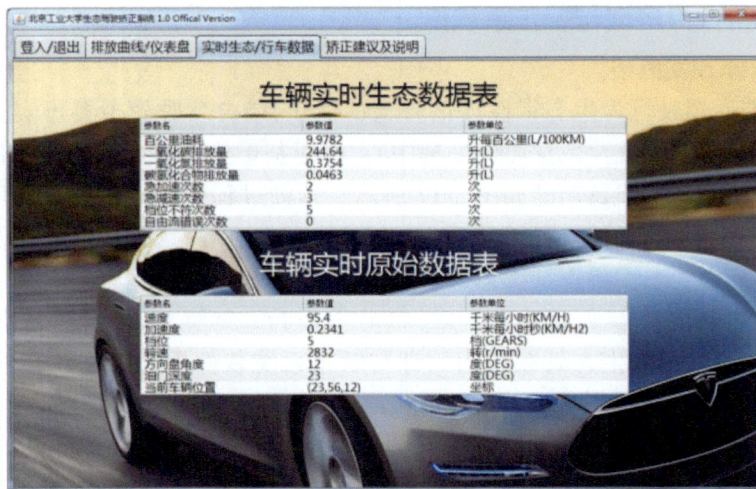

b) 行车结束后评估报告生成界面

图 5-18　基于驾驶模拟系统的生态驾驶行为培训与矫正应用系统界面

2. 自动驾驶人机交互系统

（1）应用系统开发架构。

该系统可实现驾驶模拟系统与智能移动终端的数据交互。以 SCANeR 系统为例，驾驶模拟器与人机交互设备 HMI 实现互联需要驾模软件系统 SCANeR 中 ComUDP 模块、数据协同处理中心、人机交互设备，如图 5-19 所示。其中，ComUDP 模块用于将 SCANeR 中交通、车辆、道路条件等信息传递给协同处理中心；协同处理中心用于解析所接收数据、判别车辆状态、交通运行状况等信息，并完成决策判断计算，并将相应控制信息发送给 HMI；HMI 为 Android 系统开发的手机 App，HMI 根据协同处理中心发送的指令，通过文字、图片、语音等形式为驾驶人提供信息指导。

图 5-19　自动驾驶人机交互系统数据传输架构

（2）应用系统功能。

①系统布局设计。

基于信息重要性原则、使用频率原则及使用次序原则，结合驾驶人最佳视角、视野特性，将自动驾驶人机交互界面划分为 4 个区域，区域划分和功能介绍见图 5-20 和表 5-1。

②系统功能开发。

基于华为平板 M3（操作系统 Android 6.0）开发人机交互界面提供视觉和听觉相结合的交互信息。驾驶模拟数据通过 UDP 接口传输至数据协同处理中心，经数据处理和计算后通过 Wi-Fi 传至华为平板，在华为平板中开发 App 显示自动驾驶人机交互界面，共设计 4 种类型的 HMI 界面（图 5-21）。自动驾驶人机交

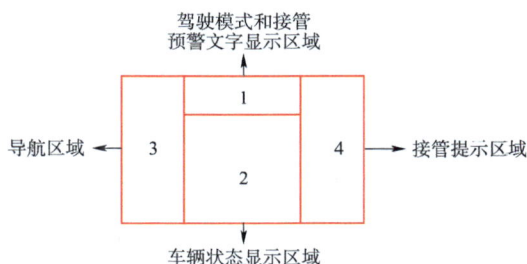

图 5-20　自动驾驶人机交互界面布局设计

互界面主要提供驾驶模式和接管预警提示、车辆当前运行状态及限速预警、导航信息，驾驶人可依据 HMI 信息提示进行自动驾驶/手动驾驶的车辆控制权切换。

自动驾驶监控平台功能设定　　　　　　　　　表 5-1

状态/区域	区域1	区域2	区域3	区域4
手动驾驶 L3 不可用	手动驾驶模式	无车辆	导航信息	接管图形灰色
手动驾驶 L3 可用	手动驾驶模式	车辆	导航信息	接管图形灰色
自动驾驶	自动驾驶模式	车辆＋绿光	导航信息	接管图形亮白
请求接管状态	请求接管文字	车辆＋绿光	导航信息	接管图形红色

当 HMI 发出接管请求后，驾驶人需在预先设定的接管请求时长倒计时结束前按下"接管"按钮，此后车辆控制权归属为驾驶人；当 HMI 发出接管请求后，驾驶人未在接管请求时

长倒计时结束前接管车辆,则在接管请求时间的倒计时期间内车辆控制权归属为自动驾驶系统,倒计时结束后车辆立刻启动紧急避险系统(属于自动驾驶系统模块)。在自动驾驶功能可用时按下"启动"按钮将恢复车辆的自动驾驶。

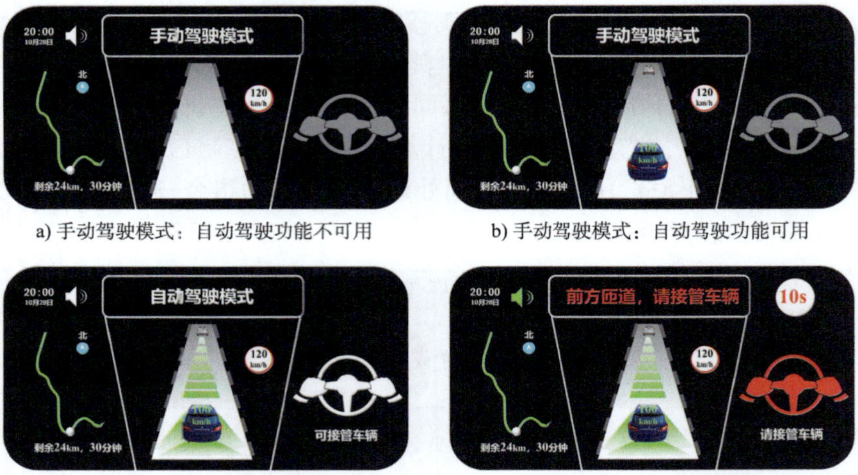

a) 手动驾驶模式:自动驾驶功能不可用　　　　　b) 手动驾驶模式:自动驾驶功能可用

c) 自动驾驶模式:自动驾驶功能已激活　　　　　d) 自动驾驶模式:请求接管预警

图 5-21　HMI 界面设计

第七节　有效性验证

本节介绍驾驶模拟系统采集数据的有效性问题,从主观感受、生理心理、驾驶行为、视觉特性等几个方面,对比分析实车测试和模拟实验条件下数据特征,以支持驾驶模拟系统的相对有效性验证。当然,实验测试范围和测试条件受限,不能得出一般性的有效性验证结果,但是测试数据结果可以一定程度反映驾驶模拟系统的相对有效性特点,也给出了一些需要注意的设计要素。

一　主观感受有效性

参考以往开展的驾驶模拟实验,已有超过 300 名被试完成了模拟器真实性的主观评价。评价指标主要包括速度真实感,转向盘、加速踏板、制动踏板等部件的真实感等。评价以打分制的形式体现,0 表示最不真实,10 表示最真实,分数越高真实性越好。评价结果(表 5-2)表明该实验平台模拟仿真程度较高,可以满足实验测试要求。

被试主观评价驾驶模拟实验测试平台有效性结果　　　　表 5-2

项目	转向盘	加速踏板	制动踏板	离合	挡位	速度感
均值	7.9	7.9	7.5	8.2	7.5	7.7
标准差	1.25	1.20	1.50	1.20	1.46	1.39

二　生理心理有效性

驾驶人的生理心理反应是表征驾驶模拟实验有效性的又一重要指标。本节采取内外场实验对比的方式，以北京市顺义区后沙峪镇某一实际道路为测试路段，道路条件涉及平直线、平曲线、直线上下坡、曲线上下坡、急弯等几种形式，同样开发模拟场景完成测试，通过对比内外场条件下驾驶人生理心理指标变化特征，确定真实与虚拟场景下驾驶人生理心理指标的一致性。

首先，研究提取β波用以表征驾驶人脑电反应特征，进而根据实验时间截取场景各位置点数据，并进行归一化处理，结果如图5-22所示。分析对比表明，β波的变化趋势在两种场景对应位置具有相关性，第6点除外，其余点相关系数均超过0.8。由此可知，相比模拟和真实场景，驾驶人的脑电反应相似，模拟实验条件下驾驶人的脑电信号β波具有相对有效性。另外，第6点差异性较大的原因可能与道路条件有关，该位置处于道路纵坡的坡顶，坡下连接急弯，模拟和真实条件对驾驶人心理冲击的程度可能不同，这也说明驾驶模拟实验对此类情景的模拟程度存在一定的偏差，实验测试过程控制、数据分析等环节，均需尽量提高场景的真实性。

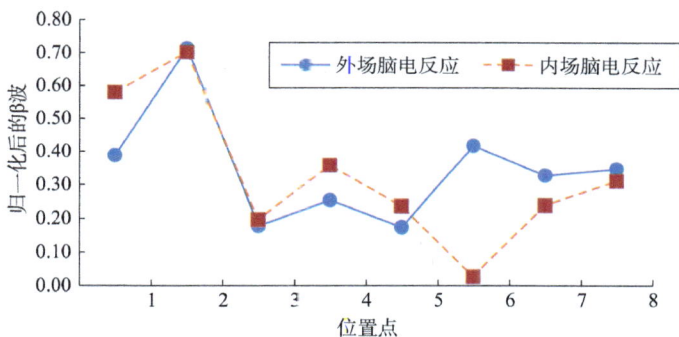

图5-22　模拟和真实场景中各位置点驾驶人β波对比

类似地，提取心电信号中的心率数据表征驾驶人紧张情况，根据实验时间截取场景各位置点数据，并进行归一化处理，结果如图5-23所示。对比分析表明，驾驶人心率在两种场景对应位置具有相关性，同样第6点除外，其余点相关系数均大于0.8。因此，驾驶人的心率在模拟和真实场景下的变化趋势相类似，模拟驾驶实验条件下的心电指标心率具有相对有效性。同理可以推测，第6点差异性较大的原因与道路条件相关，需要进一步提升场景在复杂道路条件下的真实性。

三　驾驶行为有效性

车辆运行速度是表征驾驶模拟系统驾驶行为有效性的重要指标。为测试驾驶模拟测试速度变化的有效性，本节选取北京市城市快速路四方桥及连接路段为测试点。一方面，内场搭建高仿真度模拟实验场景,并选取 30 名驾驶人开展驾驶模拟实验,获取车辆运行速度;另一方面,外场利用雷达枪实地调查测试路段不同关键点位的运行速度。其中,平直路段处车辆在不同关键点位的内外场平均速度如图 5-24 所示,图 5-25 为平纵线形组合路段各关键点处的内外场平均车速。

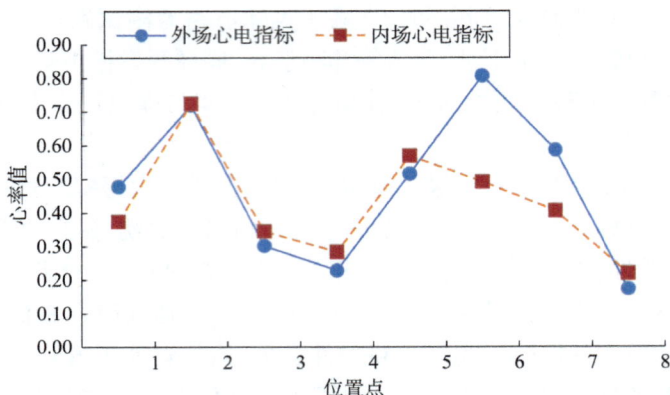

图 5-23　模拟和真实场景中各位置点驾驶人心率值对比

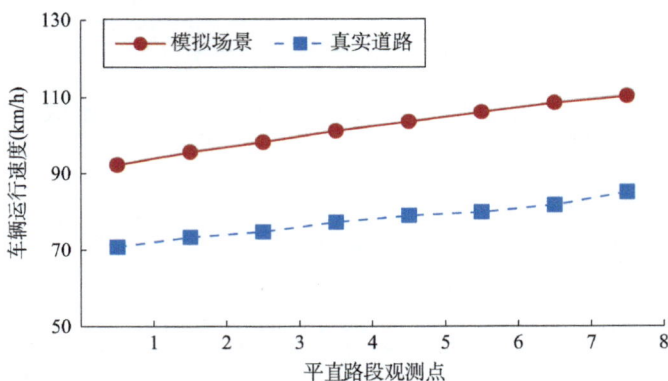

图 5-24　模拟和真实场景中平直路段各位置点速度值对比

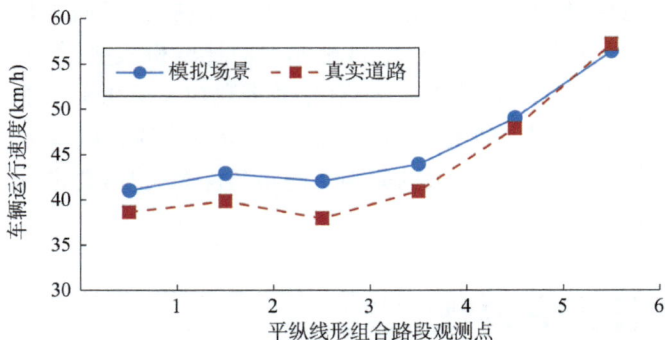

图 5-25　模拟和真实场景中平纵线形组合路段各位置点速度值对比

图 5-24 表明,在平直路段各关键点处,驾驶模拟获得平均速度总体高于真实道路条

件下的车速,但二者的变化趋势一致,具有良好的相对一致性。图 5-25 表明,在平纵线形组合路段的各关键点处,驾驶模拟获得平均速度总体略微高于真实道路条件下的车速,二者同样具有较高一致性。综上,驾驶人在实车实验和模拟实验条件下的车辆运行状态指标具有相对有效性。目前的结论也具有一定的局限性,后续针对不同道路类型、不同道路线形可以采用同样的方法开展有效性验证,以便为提高驾驶模拟相关研究的有效性奠定基础。

四 视觉特性有效性

交通标志是道路交通环境中的重要元素之一,是规范驾驶人驾驶行为的无声语言。由于存在光线和视距等方面的差异,在驾驶模拟场景中,需要将实际道路中的交通标志尺寸适当放大,才能达到逼真的仿真效果,放大原理如图 5-26 所示。

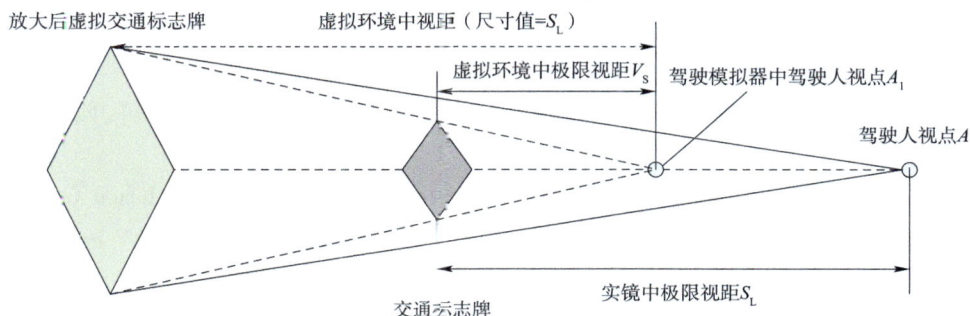

图 5-26　驾驶模拟系统交通标志视觉特性示意

根据图 5-26 所示视觉特性原理,经过多次反复测试发现:虚拟场景极限视距(V_S)/实境中极限视距(S_L)= 1.5。因此,适用于驾驶模拟器视觉有效性的标志放大倍数宜为 1.5 倍。

结合驾驶人主观感受、生理心理、驾驶行为、视觉特性四个方面的有效性测试可知,驾驶模拟系统在一定条件下支撑驾驶行为相关研究具有较高的相对有效性,能较好地反映和刻画驾驶人在不同道路交通及环境下的变化趋势。但需要说明的是,驾驶模拟实验结果与模拟场景的保真度、实验设计的科学性、驾驶事件设计的合理性等密切相关,需要综合优化各种影响因素才能获得较好的实验测试结果,支持研究结果更加可靠。

思考题

1. 搭建虚拟仿真场景的三要素是什么?它们之间有何关系?
2. 事件控制的设计与实现步骤,体现了系统设计的哪种思想?
3. 驾驶模拟系统可以与哪几种软硬件设备互联互通?具体实施方案如何?
4. 基于驾驶模拟系统开发车载人机交互终端系统,所采用的技术与方法有哪些?
5. 可以从哪些维度展开驾驶模拟器的有效性评估?

本章参考文献

［1］ 陈亮,熊坚,郭凤香,等.基于视觉及认知的驾驶模拟器图像标定方法[J].中国公路学报,30(1):129-135.

［2］ HUANG L,ZHAO X,LI Y,et al. Driving simulator-based study to quantify typical diagrammatic guide sign efficiency along urban expressway interchanges[J].Journal of Transportation Safety & Security,2019:1-24.

［3］ 赵晓华,关伟,黄利华,等.急弯处警告标志位置对驾驶行为的影响研究[J].公路交通科技,2014,31(9):101-107.

［4］ National Highway Traffic Safety Administration. Federal automated vehicles policy:accelerating the next revolution in roadway safety[R]. Washington DC:National Highway Traffic Safety Administration,2016.

［5］ ITO T,TAKATA A,OOSAWA K. Time Required for Take-over from Automated to Manual Driving[C].Sae World Congress & Exhibition. 2016.

［6］ 尹娟.自动驾驶中次任务参与模式对年轻驾驶人接管绩效的影响[D].西安:长安大学,2021.

［7］ MA F,YANG Y,WANG J,et al. Predictive energy-saving optimization based on nonlinear model predictive control for cooperative connected vehicles platoon with V2V communication [J].Energy,2019,189.

［8］ 赵晓华,陈雨菲,李海舰,等.面向人因的车路协同系统综合测试及影响评估[J].中国公路学报,2019,32(6):14.

［9］ RUAN T,ZHOU L,WANG H. Stability of heterogeneous traffic considering impacts of platoon management with multiple time delays[J].Physica A:Statistical Mechanics and its Applications,2021(1).

［10］ 田顺,谷亚蒙,魏朗,等.驾驶模拟器的发展历程及最新应用实例[J].汽车技术,2018(04):35-42.

［11］ 孙显营,熊坚.车辆驾驶模拟器的发展综述[J].交通科技,2001(6):48-50.

［12］ 王晶,刘小明,李德慧.驾驶模拟器现状及应用研究.汽车与船舶[J].2008(11):160-164.

［13］ 龚鸣.驾驶模拟器视认特性的有效性研究[D].北京:北京工业大学,2011.

［14］ 余迎,张庆全.利用3D MAX制作城市地表场景的方法研究[J].测绘与空间地理信息,2013,36(8):166-168.

［15］ 黄人峰,王琳.纬地道路CAD系统在公路工程中的应用[J].云南水力发电,2018,34(S2):35-37.

［16］ 黄晓翔,岳川,潘晓东.基于SCANeR的城市道路应激场景驾驶模拟实验[J].综合运输,2017,39(5):60-66+94.

［17］ 黄岩,闫学东,李晓梦,等.基于多用户驾驶模拟平台的雾天高速公路跟驰模型参数标

定及验证[J].中国公路学报,2022,35(8):320-330.

[18] HUANG Y,YAN X,LI X,et al. Using a multi-user driving simulator system to explore the patterns of vehicle fleet rear-end collisions occurrence under different foggy conditions and speed limits[J]. Transportation Research Part F Traffic Psychology and Behaviour,2020, 74:161-172.

[19] WANG Z,HAN K,TIWARI P. Digital Twin-Assisted Cooperative Driving at Non-Signalized Intersections[J]. IEEE Transactions on Intelligent Vehicles,2021.

[20] WANG Z,HAN K,TIWARI P,et al. Digital Twin Simulation of Connected and Automated Vehicles with the Unity Game Engine[C]//2021 IEEE 1st International Conference on Digital Twins and Parallel Intelligence(DTPI). Beijing,China,2021:1-4.

[21] CHEN C,ZHAO X,LIU H,et al. Assessing the Influence of Adverse Weather on Traffic Flow Characteristics Using a Driving Simulator and VISSIM[J]. Sustainability,2019,11(3).

[22] 孙剑,黄润涵,李霖,等.智能汽车环境感知与规划决策一体化仿真测试平台[J].系统仿真学报,2020,32(2):11.

[23] 王继成.产品设计中的人机工程学[M].北京:化学工业出版社,2004.

[24] ZHANG X,ZHAO X,DU H,et al. Effect of different breath alcohol concentrations on driving performance in horizontal curves [J]. Accident Analysis & Prevention,2014,72:401-410.

[25] GUANN W,ZHAO X,QIN Y,et al. An explanation of how the placement of traffic signs affects drivers' deceleration on curves [J]. Safety Science,2014,68:243-249.

[26] DING H,ZHAO X,RONG J,et al. Experimental research on the effectiveness of speed reduction markings based on driving simulation:A case study [J]. Accident Analysis & Prevention,2013, 60:211-218.

[27] DU H,ZHAO X,ZHANG X,et al. Effects of fatigue on driving performance under different roadway geometries:a simulator study [J]. Traffic injury prevention,2015,16(5):468-473.

[28] 赵晓华,房瑞雪,毛科俊,等.基于生理信号的驾驶疲劳声音对策有效性实验[J].西南交通大学学报,2010,45(3):457-462.

[29] WU Y,ZHAO X,CHEN C,et al. Modeling the influence of chevron alignment sign on young male driver performance:A driving simulator study [J]. Accident Analysis and Prevention, 2016,95:479-486.

[30] WU Y,ZHAO X,RONG J,MA J. Influence analysis of chevron alignment signs on drivers' speed choices at horizontal curves on highways [J]. Journal of Southeast University(Natural Science Edition),2015,31(3):412-417.

[31] WU Y,ZHAO X,RONG J,MA J. Effect of guide chevron alignment sign on driver performance. Journal of Beijing Institute of Technology,2012,21(Suppl. 2):201-204.

[32] 赵晓华,陈浩林,李振龙,等.不同情景下自动驾驶接管行为的影响特征[J].中国公路学报,2022,35(9):195-214.

[33] WANG Q,CHEN H,GONG J,et al. Studying Driver's Perception Arousal and Takeover Per-

formance in Autonomous Driving［J］. Sustainability,2023,15(1):445.

［34］常鑫,李海舰,荣建,等.基于驾驶模拟器的车联网环境搭建及对驾驶行为的影响［J］.
科学技术与工程,2019,19(15):330-335.

［35］ZHAO X,CHEN H,LI H,et al. Development and application of connected vehicle technology
test platform based on driving simulator:Case study［J］. Accident Analysis & Prevention,
2021,161.

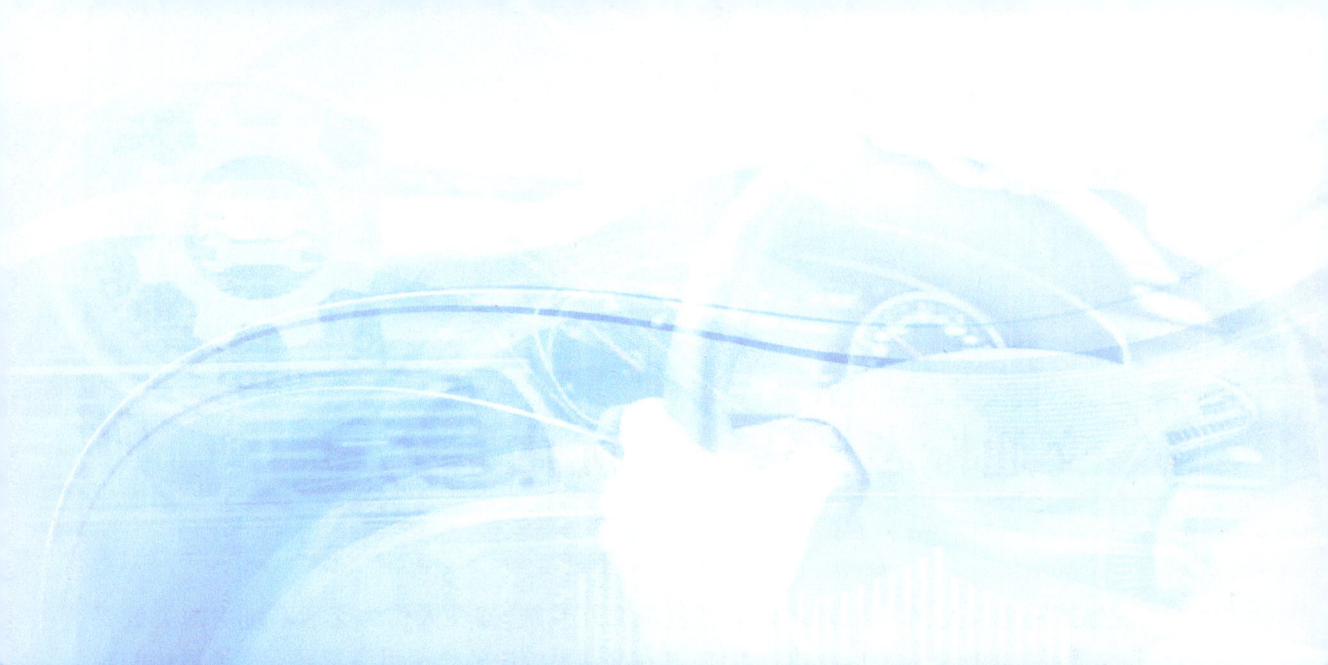

CHAPTER 2

第二篇

典型案例篇

第六章
交通标志标线设计优化

　　交通系统是由人、车、路、环境组成的复杂交互系统,驾驶人作为交通系统中的关键要素,是交通系统的服务对象以及执行本体,其在交通系统中的作用毋庸置疑。交通系统的实质是以交通参与者为核心,以车、路、环境与交通参与者的互动作用为驱动,以满足交通参与者的需求为优化机制,以交通系统安全、高效地运转为目标的有机结合体,是"以人为本"建设理念的直接体现。交通标志作为交通系统的"语言"体系,是道路环境的使用说明书,是保障道路交通系统安全、高效和绿色运行的重要元素,其信息传递的有效性和准确性直接影响着信息服务对象——交通参与者的判断、选择和行为过程,对发挥道路交通运输在社会经济发展中的作用具有重要影响。科学合理设置交通标志并确保驾驶人快速视认和理解,是发挥交通标志效用的关键。本章以各场景为导向,针对交通标志在设计研究及工程实践中存在的问题,聚焦当前交通标志标线的焦点问题,基于驾驶模拟技术,结合实际案例深入探究交通标志标线中人因适应性,实现交通标志标线设计优化。

第 一 节　研 究 范 式

　　本章以数据驱动为导向,从交通标志标线设计需求出发,通过驾驶模拟实验、实车测试等手段获取单个设施、组合设施、特殊区域等不同设计条件下的驾驶行为特征参数,探究驾驶人在不同交通标志标线作用下关于"视觉感知-操作行为-运行状态"的认知过程,实现基于人因要素的标志标线效用解析及评估优化,进而指导交通安全设施配套设置评估优化及相关标准规范的编制,形成一套涵盖"方案设计、特征表现、量化评价、优化甄选、配套设置、标准指南"的一般性研究范式和应用模式,如图 6-1 所示。关于交通标志、标线的设计优化问题,有驾驶模拟实验、集计驾驶行为、自然驾驶测试三种数据来源,其中驾驶模拟技术应用最为普遍。借助实验测试平台,获取典型交通场景下标志、标线对驾驶人作用的细粒度表现特征,实现标志、标线对驾驶人作用绩效的综合评价、影响机理解析以及形成致因诊断,进而实现典型场景下不同标志、标线设计方案的优化及甄选,最终指导标准规范的编制,进一步形成研究范式和推广应用模式,支撑标志、标线的评估优化及实际应用。

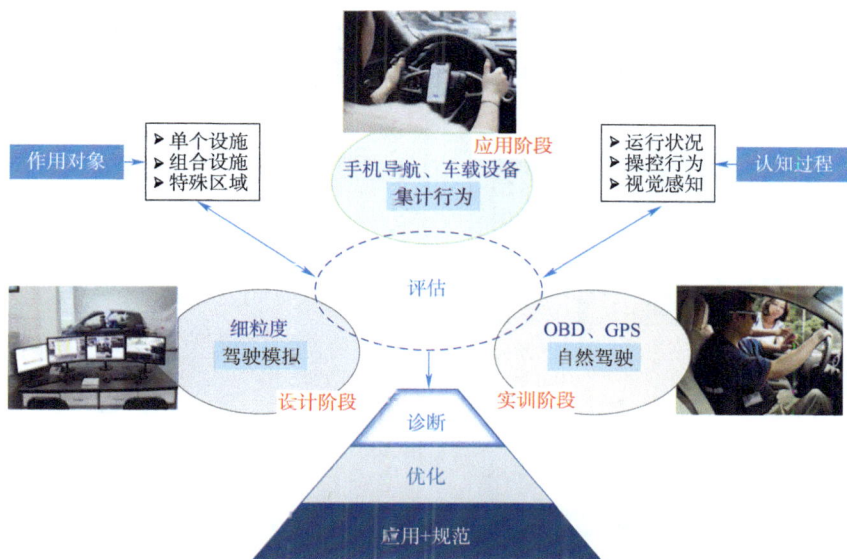

图6-1　交通标志标线优化设计研究范式

第（二）节　交叉口路径引导标志

一　问题提出

随着我国公路路网建设进程的加快,公路路网密度和通达性不断提升,同时路网结构日趋复杂,增加了出行者对空间和路线的认知难度。路径引导标志作为道路安全设施,其功能在于向驾驶人传达合理的引导信息,从而使驾驶人有足够的时间作出反应与决策,以有效解决出行者的寻路问题。因此,对路径引导标志进行合理的完善和更新是解决上述"城市病"投入最小、见效最快的方式。

然而,城市道路路径引导标志存在市中心与郊区设计规则不一致的问题,容易使出行者产生迷路现象。以某城市为例,其市中心路径引导标志的示意图如图6-2a)所示,只包含选定的道路信息,包括正前方街道(A街)、当前街道(C街),及与两者相交的前方街道(D、F和G街)。而郊区路径引导标志只包含地区信息,不包含道路信息,如图6-2b)所示。郊区路标包括近区(L、H和J区)和远区(M、I和K区)的信息,远区信息通常指距离引导标志位置约10km的地区,而近区信息通常指距离引导标志位置约1km的邻近地区。《道路交通标志和标线》(GB 5768—2009)规定,各区的布局遵循"右远左近,下远上近"的原则。例如,M区比L区远,I区比H区远。

为解决市中心和郊区标志设计的不一致性问题,本节基于四种交通路径引导标志方案,通过桌面主观实验和驾驶模拟实验,分别获得驾驶人对路径引导信息的需求和理解数据,以及细粒度的驾驶行为数据，进而从驾驶人需求、理解和行为三个方面提出路径引导标志的有效性评价及优选方法。

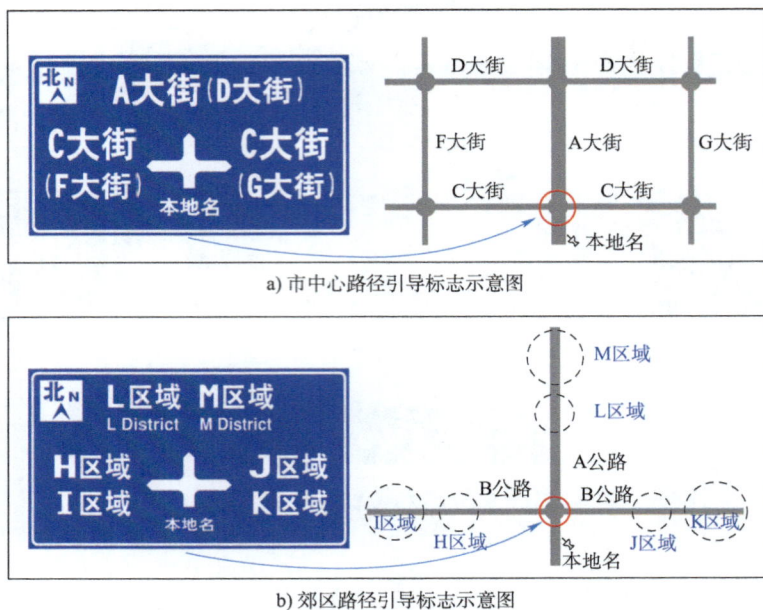

a) 市中心路径引导标志示意图

b) 郊区路径引导标志示意图

图 6-2　交通路径引导标志示意图

二　方案设计

（一）实验因素与水平

1.控制因素一：标志版面设计方案

标志版面类型包含四种方案（图 6-3）：

方案一，包含远、近端信息；

方案二，包含方向信息，远、近端信息及路名信息；

方案三，包含方向信息、远端信息及路名信息；

方案四，包含信息与方案二相同，包含方向信息，远、近端信息及路名信息，但是版面设计不同。

2.控制因素二：目的地信息

目的地信息包含直行远端、直行近端、左转远端、左转近端四种类型。

（二）实验场景设计

本次实验基于实际道路调研搭建虚拟道路场景。实验由 3 个路线、22 个路段、16 个场景组成，每个场景长度约 7km，总长 112km。实验路线如图 6-4 所示，路线 1 包含场景 1～4

和9~12,路线2包含场景13~16,路线3包含场景5~8。16个场景被随机分配目的地分别直行远端、直行近端、左转近端和左转远端4种不同位置,如表6-1所示。

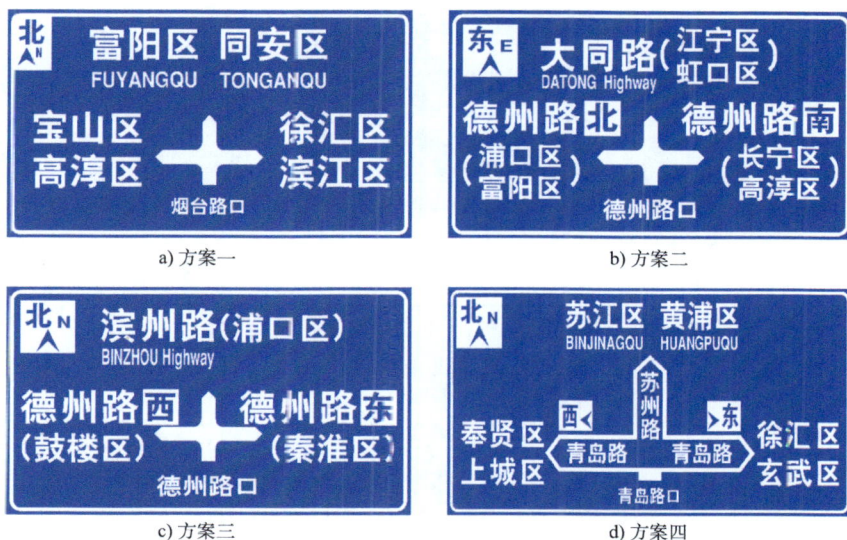

a) 方案一   b) 方案二

c) 方案三   d) 方案四

图 6-3　标志版面实验方案示意图

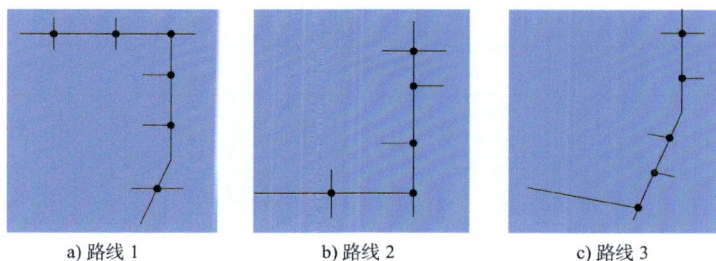

a) 路线 1   b) 路线 2   c) 路线 3

图 6-4　驾驶模拟场景实验路线

16 个场景分配表　　　　　　　　　　　　　　表 6-1

目的地	方案设计			
	方案一	方案二	方案三	方案四
直行远端	场景 1	场景 2	场景 3	场景 4
直行近端	场景 5	场景 6	场景 7	场景 8
左转近端	场景 9	场景 10	场景 11	场景 12
左转远端	场景 13	场景 14	场景 15	场景 16

(三)主观桌面实验设计

1. 路径引导标志信息需求实验设计

在给定道路网的条件下,先让被试观察两张普通城市道路标志[图 6-5a)、b)]和一张普通公路标志[图 6-5c)],使被试大致了解标志的版面布局和形式;实验共设计 5 张结构一致的空白路网[图 6-5d)、e)、f)、g)、h)],路网均由 6 条地名信息、9 条路名信息构成;在给定道路网条件下,要求被试在路网指定的位置,将其认为重要的路名信息或地名信息放在空白标志上,所选择的信息便表征被试在该位置的信息需求。

a) 标志 1

b) 标志 2

c) 标志 3

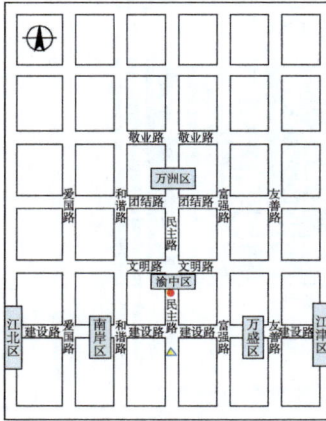

d) 路网图 1

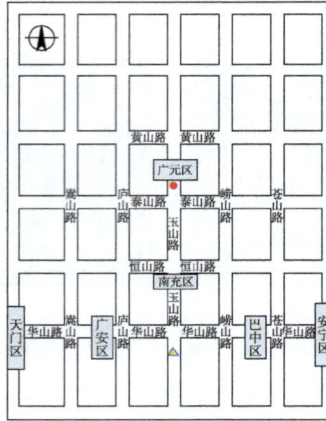

e) 路网图 2

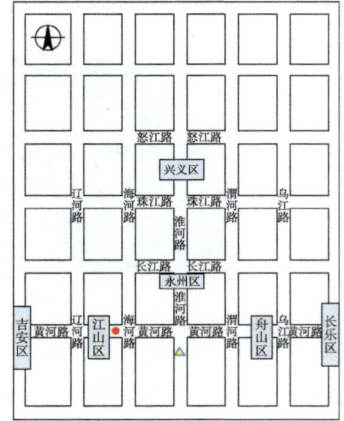

f) 路网图 3

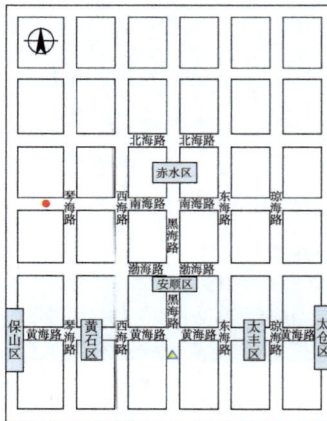

g) 路网图 4

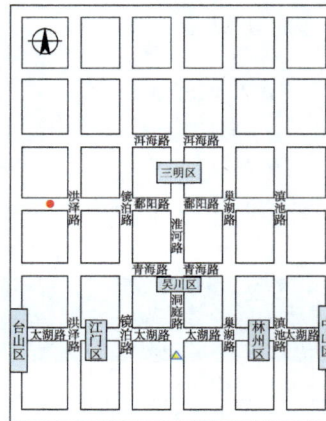

h) 路网图 5

空白标志

图 6-5　信息需求实验用图

2. 路径引导标志信息理解实验设计

在给定标志条件下，被试需要将信息放在空白路网上。如图 6-6 所示，实验共设计 8 块交通指引标志，上述 4 种标志方案每种有 2 种标志案例，指引标志以 PPT 形式在屏幕上随机放映。

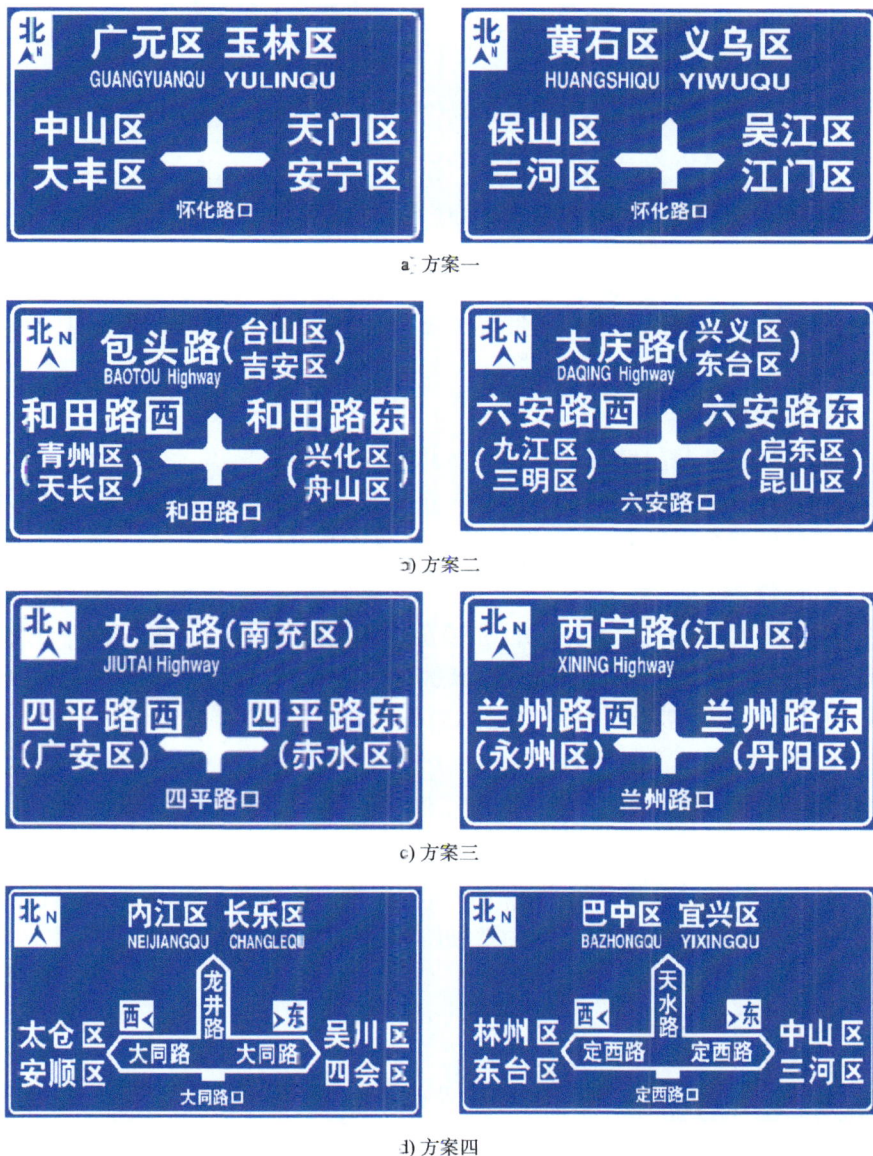

a) 方案一

c) 方案二

c) 方案三

d) 方案四

图 6-6　标志理解实验用图

另外，绘制空白道路网络图，并制作以上 4 种交通路径引导标志所对应的路名和地名信息牌供被试选放。如图 6-7 所示，黑色圆点是被试所处路网中的交叉口，右图为在该交叉口看到的路径引导标志。在给定路网环境和路径引导标志条件下，被试将标志上的路名信息和地名信息牌摆放到图 6-7 上，考量被试对于标志信息的理解程度。

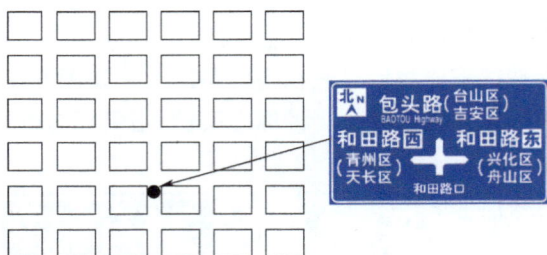

图 6-7　标志理解实验示意图

三　实验测试

采用桌面测试和驾驶模拟器完成实验测试。招募被试 32 名(男女比例 23∶9),年龄分布在 23~56 岁之间(平均值 34.19,标准差 10.61),驾龄分布在 1~31 年之间(平均值9.03,标准差 7.22)。

1. 信息需求测试

首先,请被试观察路径引导标志形式,实验员宣读实验指导语;之后,向被试依次发放 5 张完整的路网图(图 6-5)和空白标志、小纸条,请被试对照路网图,根据平时驾驶习惯及寻路需求,选取所需要的路名或地名信息(数量不限),放置在空白标志上。

2. 标志理解测试

首先,请被试坐在屏幕正前方 2m 处,实验员宣读实验指导语;之后,给定假设情景,告知被试其正在穿过道路网的指定交叉口位置;其次,采用 PPT 向被试展示图 6-6 所示 8 张实验标志设计版面;最后,要求被试根据对交通标志的理解,在空白道路网图中把标志上的路名和地名放至相应位置上。

3. 驾驶模拟实验测试

驾驶模拟实验分两次进行,每次测试 8 个场景。实验员随机安排被试的场景顺序,每个场景驾驶一次,4 个场景后安排被试休息 10min。实验中给定被试目的地信息,被试根据虚拟路网场景中路径指引标志,选择合适的驾驶路径,到达指定目的地。

四　数据处理

1. 主观桌面测试数据

量化被试主观需求、理解实验数据,获得驾驶人的信息需求度 D 和信息理解度 C。

在信息需求实验中,采集被试在空白标志中填写的路名、地名信息,当被试 i 选择信息 j 时,D_{ij} 值为 1,反之为 0;在标志理解实验中,采集被试在空白路网中填放的路名和地名,当被试 i 选择信息 j 时,C_{ij} 值为 1,反之为 0。

2. 客观驾驶行为数据

首先,对驾驶模拟器输出的驾驶行为数据进行切分,定义交叉口告知标志前 200m(视认起点)至通往目的地的匝道出口作为交叉口告知标志的作用范围,并将这部分数据从整体数据中切割出来;其次,将连续变化数据参量转化为空间上间隔5m的数据采样,并剔除数据中的异常值。

五　指标提取

基于驾驶人需求、理解测试和驾驶行为数据,实现路径引导标志的主客观效用评估,主观层面从驾驶人的信息需求和标志理解两个方面选取指标,客观层面则从运行安全、运行效率和操控稳定三个方面选取指标。

1.主观测试指标

(1)信息需求度。衡量驾驶人在道路交叉口处进行全局搜索时,对各路名信息或地名信息需求的程度,用 D 表示,量纲为1。

(2)标志理解度。衡量路径引导标志上提示的路名信息或地名信息易于理解的程度,用 C 表示,量纲为1。

(3)人机工程学指数。衡量交叉口路径引导标志版面工效性的优劣程度。基于信息需求度和标志理解度,建立交叉口路径引导标志的人机工程学评价模型(Demand,Comprehension,and Information,DCI,需求、理解和信息量的缩写),获取人机工程学指数。

2.运行安全类指标

驾驶模拟指标均从标志前200m开始计算,以下的运行效率类和操控稳定类指标同上,均在标志的作用范围内计算,称为量测路段。

(1)速度标准差(km/h)。表征被试通过交叉口量测路段时,速度的波动程度,反映被试通过交叉口时速度的平稳性和控制能力。

(2)加速度标准差(m/s^2)。被试通过交叉口量测路段时,加速度的波动程度,反映被试通过交叉口时加速度变化的稳定性。

3.运行效率类指标

(1)平均速度(km/h)。被试通过交叉口量测路段的平均速度。

(2)平均加速度(m/s^2)。被试通过交叉口量测路段的速度变化率。

(3)行程时间(min)。被试完成实验场景所需的总时长。

4.操控稳定类指标

(1)制动频率(次)。交叉口量测路段被试的制动总次数。

(2)加速踏板功效(%·s)。被试在交叉口量测路段,即标志影响区域的加速踏板操控总功效。在驾驶模拟器中,加速踏板深度从0到100定义,未踩下加速踏板时,加速踏板深度为0,完全踩下时加速踏板深度为100。加速踏板功效(ρ_{Gas})的物理含义如式6-1所示:

$$\rho_{Gas} = \int_0^T g(t)\,dt \tag{6-1}$$

式中,ρ_{Gas}为加速踏板功效;T 为驾驶人从驶入到驶出各实验数据检测路段的总时间;

$g(t)$ 为 t 时刻的加速踏板深度。

六 结果分析

（一）主观测试指标

1. 信息需求度

统计被试的路名或地名信息需求情况，以路网 1 为例，如表 6-2 所示。

路网图 6-5d) 中路名或地名信息被选择情况   表 6-2

路名信息或地名信息		被试 i										总计
		A1	A2	A3	A4	A5	…	Ai	…	A31	A32	
1	敬业路	0	0	0	0	0	…	…	…	0	0	2
2	团结路	0	0	0	0	0	…	…	…	0	0	4
3	文明路	0	0	1	1	0	…	…	…	0	1	11
4	建设路	0	1	1	1	1	…	…	…	1	0	29
5	爱国路	0	0	0	0	0	…	…	…	0	0	2
6	和谐路	1	0	1	1	0	…	…	…	0	1	10
7	民主路	1	1	1	1	1	…	…	…	1	1	27
8	富强路	1	0	1	1	0	…	…	…	0	1	10
9	友善路	0	0	0	0	0	…	…	…	0	0	3
10	万州区	0	0	0	0	1	…	…	…	0	0	13
11	渝中区	1	0	1	1	0	…	…	…	1	1	16
12	江北区	1	0	0	0	0	…	…	…	0	0	10
13	南岸区	1	1	1	0	1	…	…	…	1	0	18
14	万盛区	1	1	1	0	1	…	…	…	1	0	18
15	江津区	1	0	0	0	0	…	…	…	0	0	9
	j	D_{1j}	D_{2j}	D_{3j}	D_{4j}	D_{5j}	…	…	…	D_{31j}	D_{32j}	

经过对 5 张路网的信息需求统计，完成表 6-3，其中 D 值表征标志的需求程度。

路网路名或地名信息被选择情况   表 6-3

路名信息或地名信息 j		实验完整路网图 i					平均值
		路网图 1	路网图 2	路网图 3	路网图 4	路网图 5	
1	路名 1	2	2	0	0	2	1.2
2	路名 2	4	4	2	3	11	4.8
3	路名 3	11	7	8	8	5	7.8
4	路名 4	29	29	29	26	31	28.8

续上表

路名信息或地名信息 j		实验完整路网图 i					平均值
		路网图 1	路网图 2	路网图 3	路网图 4	路网图 5	
5	路名 5	2	5	5	6	7	5
6	路名 6	10	9	14	10	9	10.4
7	路名 7	27	27	25	26	26	26.2
8	路名 8	10	12	17	10	11	12
9	路名 9	3	3	3	4	5	3.6
10	地名 A	13	20	5	9	15	12.4
11	地名 B	16	19	19	21	17	18.4
12	地名 C	10	5	5	18	10	9.6
13	地名 D	18	16	23	16	15	17.6
14	地名 E	18	14	23	19	16	18
15	地名 F	9	5	5	13	9	8.2
		D_1	D_2	D_3	D_4	D_5	D

2. 标志理解度

统计被试对路径引导标志中路名或地名信息理解情况,以方案一为例制作表 6-4,C 表征标志的理解程度。

方案一标志中路名信息或地名信息被选择情况　　　　表 6-4

路名信息或地名信息 j		被试 i										总计
		A1	A2	A3	A4	A5	⋯	Ai	⋯	A31	A32	
方案 1	地名 A	0	1	1	0	1	⋯	⋯	⋯	1	1	21.5
	玉林区	1	1	1	1	1	⋯	⋯	⋯	1	1	29.5
	中山区	0	0	1	1	0	⋯	⋯	⋯	0	1	19.5
	大丰区	1	0	1	1	1	⋯	⋯	⋯	1	1	27
	天门区	1	1	1	1	1	⋯	⋯	⋯	0	1	28.5
	安宁区	0	1	1	1	0	⋯	⋯	⋯	0	1	21
	j	C_{1j}	C_{2j}	C_{3j}	C_{4j}	C_{5j}	⋯		⋯	C_{31j}	C_{32j}	C

3. DCI 工效学评价指数评价

计算路径引导标志上的路名或地名信息被选择的平均概率,衡量路径引导标志满足驾驶人信息需求程度,建立模型如公式(6-2)所示:

$$D_k = \frac{\sum\limits_{j=1}^{I_k} \dfrac{\sum\limits_{i=1}^{n} D_{ijk}}{n}}{I_k} \tag{6-2}$$

$$1 \leqslant i \leqslant n, \ 1 \leqslant j \leqslant m, \ 1 \leqslant k \leqslant p, \text{且 } i,j,k,n,m,p \in Z^*$$

式中,D_k 为交通路径引导标志 k 满足驾驶人信息需求的程度,量纲为 1;D_{ijk} 为驾驶人 i 从路网中选择交通路径引导标志 k 上的路名或地名信息 j 的频数;I_k 为交通路径引导标志 k 上的路名或地名信息的数量,量纲为 1;n 为被试的数量;m 为道路交叉口处衔接或相邻的主要路名或地名信息的数量;p 为待评价的路径引导标志的数量。

由于路径引导标志上不同路名或地名信息的被试理解水平存在显著差异,因此,评价模型引入理解度修正系数对模型进行修正,模型修正系数计算式如下:

$$\alpha_k = \frac{\sum_{j=1}^{I_k} \dfrac{\sum_{i=1}^{n} C_{ijk}}{n} \cdot \dfrac{\sum_{i=1}^{n} D_{ijk}}{n}}{\sum_{j=1}^{I_k} \dfrac{\sum_{i=1}^{n} D_{ijk}}{n}} \tag{6-3}$$

$$1 \leqslant i \leqslant n, \ 1 \leqslant j \leqslant m, \ 1 \leqslant k \leqslant p, \text{且 } i,j,k,n,m,p \in Z^*$$

式中,α_k 为模型修正系数,表征路径引导标志容易于理解的程度,量纲为 1;C_{ijk} 为驾驶人 i 正确理解路径引导标志 k 上的路名或地名信息 j 的频数。

由于路名和地名信息的频数显著影响驾驶人第 50% 位和第 95% 位视认时间,因此,评价模型引入信息量修正系数对模型进行修正,如式(6-4)所示:

$$\beta_k = \begin{cases} \dfrac{I_k}{I} & (I_k \leqslant I) \\[3mm] \dfrac{I}{I_k} & (I_k > I) \end{cases} \tag{6-4}$$

式中,β_k 为模型修正系数,路径引导标志信息量经济且不超负荷的优劣程度,量纲为 1;I 为最优信息量,取值为 5、6 或 7,量纲为 1。

以交叉口路径引导标志满足驾驶人信息需求为建模基础,同时兼顾标志版面容易理解、标志信息数量经济且不超负荷,建立交叉口路径引导标志版面工效性评价模型:

$$\mathrm{DCI}_k = D_k \alpha_k \beta_k = \begin{cases} \dfrac{\sum_{j=1}^{I_k} \sum_{i=1}^{n} C_{ijk} \sum_{i=1}^{n} D_{ijk}}{I \cdot n^2} & (I_k \leqslant I) \\[5mm] \dfrac{I \cdot \sum_{j=1}^{I_k} \sum_{i=1}^{n} C_{ijk} \sum_{i=1}^{n} D_{ijk}}{n^2 \cdot I_k^2} & (I_k > I) \end{cases} \tag{6-5}$$

$$I \in \{5,6,7\}, 1 \leqslant i \leqslant n, \ 1 \leqslant j \leqslant m, \ I \leqslant k \leqslant p, \text{且 } i,j,k,n,m,p \in Z^*$$

计算可得 $\mathrm{DCI}_1 = 0.301$,$\mathrm{DCI}_2 = 0.380$,$\mathrm{DCI}_3 = 0.509$,$\mathrm{DCI}_4 = 0.410$。由此看出,方案三得分最高,其次是方案四和方案二,方案一得分最低。表明在驾驶人主观层认知面,方案三具有最好的人体工程学特性,反映驾驶人的信息需求,也易被驾驶人理解。

(二)客观行为指标

采用重复测量方差分析(rANOVA)比较四种交叉口路径引导标志方案对驾驶行为的影响特征。图 6-8 中横轴表示方案类型,纵轴表示各项驾驶行为指标,其中 p 值为 rANOVA 分析结果,通常 $p < 0.1$ 被定义为方案间差异存在显著性。

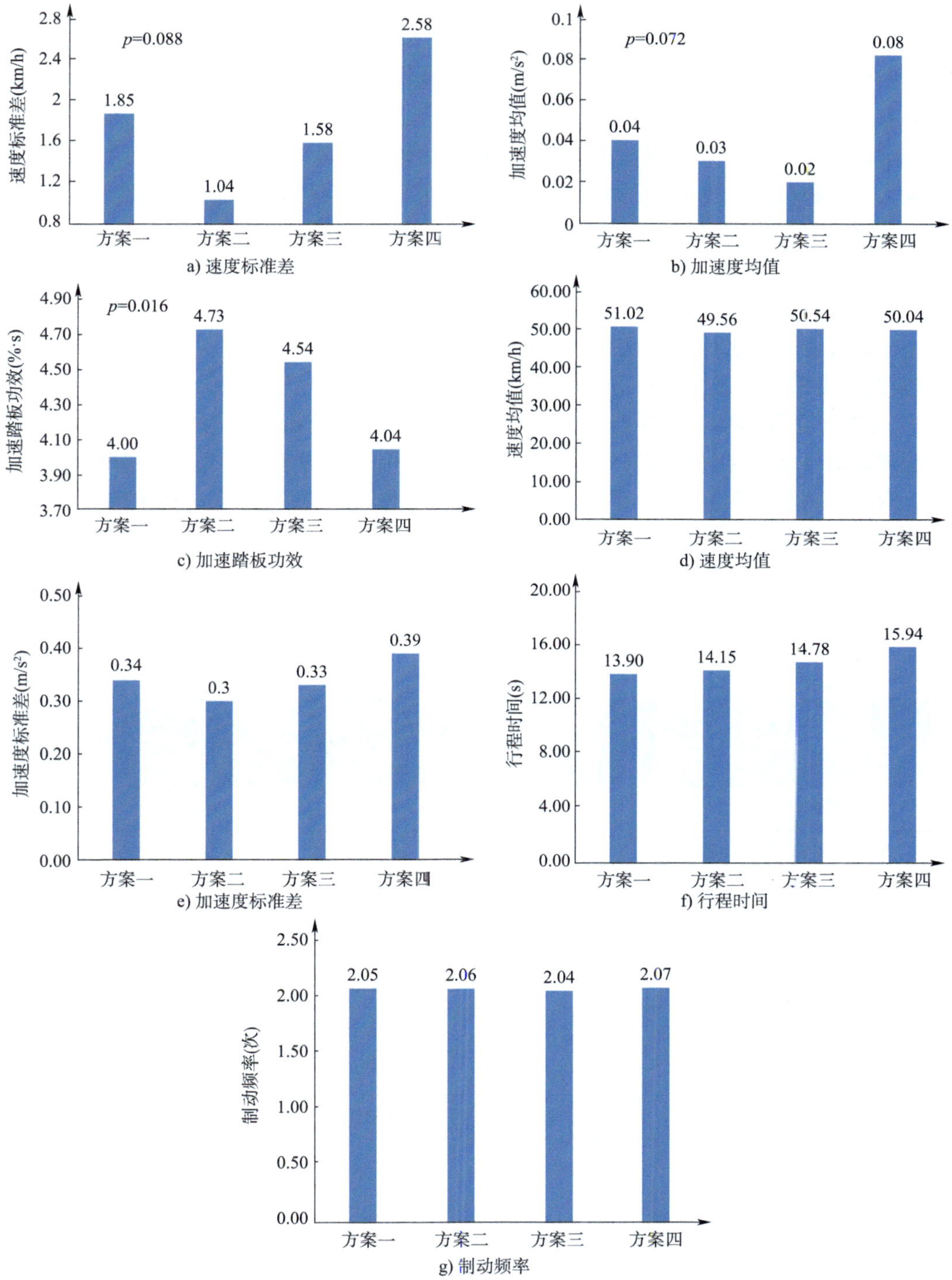

图 6-8 四种方案的指标

四种交通标志方案作用下,驾驶人的平均速度($p < 0.1$)、平均加速度($p < 0.1$)和加速

踏板功率($p < 0.05$)均存在显著差异,而平均速度、加速度标准差、行程时间和制动频率 4 个指标无显著性差异。如图 6-8 所示,横轴表示不同的方案,纵轴表示不同方案的 7 个指标。由图 6-8 可以看出,方案四的速度标准差显著大于其他方案,方案二的速度标准差最低,说明方案四作用下速度的波动性最大。速度标准差越低意味着效果越好,因此,方案二对速度标准差有更好的影响。方案四加速度均值明显大于其他方案,加速度均值越大,效果越好,方案四的效果最好。方案二和方案三的加速踏板功效显著高于方案一和方案四。加速踏板功效越大,效果越好,可见方案二的效果最好。总体而言,四种方案对驾驶行为的影响存在差异性,总体来看,方案二作用下驾驶人有更好的行为表现。

(三)基于灰色近优的交叉口路径引导标志综合效用评估及优选

由于表征告知标志优化方案效用的因素较多,因此,确定与其相关指标的关系较为困难,重复测量方差分析及主观评分过程中人为干预较大。灰色近优综合评价法具有计算工作量小,小样本适用,客观、科学且稳定,避免了对测试结果分析的人为干预。因此,选择灰色系统理论对告知标志优化方案的效用性进行综合评价,同时验证 LSD 检验分析结果的有效性。为探究驾驶人信息需求、标志理解和驾驶行为之间的联系,将主观 DCI 指数和客观驾驶行为指标进行灰色关联分析,以获取主客观指标的关联度并进行四种方案的效用评估。

1. 建立索引集

4 个方案索引的量化属性值如表 6-5 所示,形成指标属性矩阵。

指标数据示意 表 6-5

项目 C_i	方案			
	方案一	方案二	方案三	方案四
速度均值(C_1,km/h)	51.015	49.557	50.544	50.038
速度标准差(C_2,km/h)	1.845	1.041	1.582	2.580
加速度均值(C_3,m/s²)	0.043	0.032	0.017	0.072
加速度标准差(C_4,m/s²)	0.335	0.304	0.334	0.385
行驶时间(C_5,s)	13.902	14.151	14.775	15.935
制动次数(C_6,次)	2.047	2.055	2.039	2.070
加速踏板功效(C_7,%·s)	4.003	4.729	4.539	4.041
DCI 模型指数(C_8,无量纲)	0.301	0.380	0.509	0.410

2. 矩阵标准化

采用式(6-6)对上述矩阵进行归一化,标准化矩阵如表 6-6 所示。

$$Y_{ij} = \frac{x_{ij}}{\sqrt{\sum_{i=1}^{n} x_{ij}^2}} \tag{6-6}$$

标准化矩阵 Y　　　　　　　　表 6-6

项目 C_i	方案			
	方案一	方案二	方案三	方案四
C_1	0.5072	0.4927	0.5025	0.4975
C_2	0.4995	0.2817	0.4282	0.6985
C_3	0.4676	0.3503	0.1883	0.7894
C_4	0.4916	0.4461	0.4901	0.5649
C_5	0.4725	0.4809	0.5021	0.5416
C_6	0.4986	0.5005	0.4966	0.5042
C_7	0.4613	0.5449	0.5230	0.4657
C_8	0.3699	0.4670	0.6255	0.5038

3. 定义理想方案集

评价指标一般分为效益型和成本型两类,效益指数越大越好,成本指数越小越好,指标 C_1、C_3、C_7、C_8 为效益类型,C_2、C_4、C_5、C_6 为成本类型,因此,理想方案集被定义为 $Y_{0j} = (1, 0, 1, 0, 0, 0, 1, 1)$。

4. 关联分析

通过式(6-7)对标准化矩阵 Y_{ij} 和理想方案集 Y_{0j} 进行灰色关联分析,矩阵 Z_{ij} 如表 6-7 所示。

$$Z_{ij} = |Y_{0j} - Y_{ij}| \tag{6-7}$$

矩阵 Z_{ij}　　　　　　　　表 6-7

项目 C_i	方案			
	方案一	方案二	方案三	方案四
C_1	0.4928	0.5073	0.4975	0.5025
C_2	0.4995	0.2817	0.4282	0.6985
C_3	0.5324	0.6497	0.8117	0.2106
C_4	0.4916	0.4461	0.4901	0.5649
C_5	0.4725	0.4809	0.5021	0.5416
C_6	0.4985	0.5005	0.4966	0.5042
C_7	0.5387	0.4551	0.4770	0.5343
C_8	0.6301	0.5330	0.3745	0.4962

5. 计算关联系数

根据式(6-8)计算关联系数,关联系数结果如表 6-8 所示。

$$\gamma_{ij} = \frac{\min\min | Y_{0j} - Y_{ij} | + \rho\max\max | Y_{0j} - Y_{ij} |}{| Y_{0j} - Y_{ij} | + \rho\max\max | Y_{0j} - Y_{ij} |} \tag{6-8}$$

关联系数结果　　　　　　　　　　　　　　　　　　表6-8

项目 C_i	方案			
	方案一	方案二	方案三	方案四
C_1	0.6860	0.6751	0.6824	0.6786
C_2	0.6809	0.8966	0.7391	0.5582
C_3	0.6570	0.5840	0.5063	1.0000
C_4	0.6869	0.7236	0.6880	0.6350
C_5	0.7019	0.6952	0.6789	0.6507
C_6	0.6816	0.6801	0.6831	0.6774
C_7	0.6526	0.7160	0.6982	0.6557
C_8	0.5951	0.6566	0.7900	0.6834

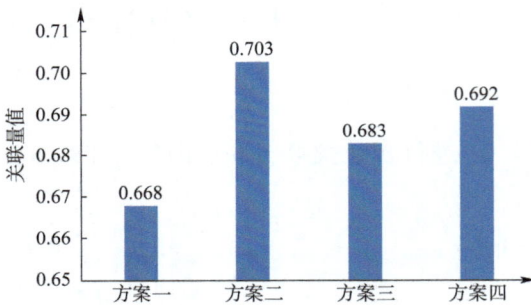

图6-9　四种方案的关联度

6. 计算关联度

根据式（6-9）对表6-8中四种方案的关联系数进行平均，获得关联度，如图6-9所示。可以看出，方案二的关联度值最大（0.703），最接近理想方案。其次是方案四（0.692）和方案三（0.683）。

$$u = \frac{1}{m}\sum_{j=1}^{m}\gamma_{ij} \tag{6-9}$$

七　小结

本节以典型区域交叉口路径引导标志为例，基于桌面实验和驾驶模拟实验，从主观需求理解和客观行为表现两个方面评估交叉口路径引导标志的有效性。

（1）提出了一种通用的路径引导标志评估方法（TGSEM），包括驾驶模拟测试、需求理解实验测试、综合评估优选。

（2）通过分析，得出如下结论：①桌面实验研究结果表明，方案三是四种方案中最受欢迎的；②驾驶模拟实验结果表明，方案二作用下驾驶人驾驶行为表现较好；③灰色关联分析结果表明，方案二为最佳解决方案，可推荐给相关交通管理部门。

（3）研究结果可以为高速公路交通标志的优化提供理论依据。更重要的是，研究结果可以将高速公路交通标志和城市道路交通标志很好地统一起来。这些研究结果为工程师和引导标志设计者提供一个良好的指导，有助于提高交通管理服务水平。

第三节 快速路桥形标志影响特征

一 问题提出

城市快速路是城市汽车专用道路,既有高速公路车速快、封闭管理的特点,又具有市政道路车流量大、周边路网复杂、连接的城市干道多、各出口相距较近等特点。这就要求设置与之配套的交通安全设施,确保道路使用得安全、顺畅、高效。城市快速路指路标志系统具备良好的服务性能,用于直观描述城市快速路立交桥区各匝道出口走向,其设置有效性在保障城市快速路交通安全方面发挥着重要作用。

目前,我国标准规范缺少针对城市快速路桥形标志的明确规定,尚未对快速路桥形标志的设计及复杂度划分做详细说明,特别是针对复杂立交枢纽桥形标志有待优化完善。因此,研究不同复杂度桥形标志对驾驶人的影响具有重要意义。

本节重点考虑驾驶人桥形标志认知过程的信息感知和行为表现的外在特征规律,采用驾驶模拟技术开展实验,并结合眼动仪设备获取驾驶人的动态视认及驾驶行为数据,探讨不同复杂度桥形标志对驾驶人外在显性特征的影响规律。

二 方案设计

1. 标志选取

前期调研汇总 37 种桥形标志,并开展桥形标志图形视认实验,获取每种图形视认数据,采用 K-means 算法将 37 种标志图形按照低等复杂度、中等复杂度、高等复杂度分为三种复杂度水平,如表 6-9 所示。

37 种桥形标志分类结果 表 6-9

编号	4	5	3	6	2	1	7	12	14	28	10
低等复杂度											

编号	11	24	8	31	33	34	15	22	30	19	13	18	9	16	27
中等复杂度															

编号	29	20	37	17	23	26	21	35	36	32	25
高等复杂度											

从三类复杂度桥形标志中各选 1 个作为研究对象。鉴于高等复杂度桥形标志的复杂性更高,多选取 1 个高等复杂度桥形标志开展研究。选择的 4 种桥形标志如图 6-10 所示。

2. 场景设计

选取北京市典型快速路作为实验场景,以 4 种桥形标志作为唯一实验控制因素,开展实验测试。实验路径如图 6-11 所示。4 个场景的具体路径如下：

（1）如图 6-11a）所示，目的地为海平路丽水桥，行驶路径 A→B→C→D→E；

（2）如图 6-11b）所示，目的地为丹阳路国康路，行驶路径 A→B→C→D→E；

（3）如图 6-11c）所示，目的地为安远路龙阳桥，行驶路径 A→B→C→D→E→G；

（4）如图 6-11d）所示，目的地为华康路兰溪桥，行驶路径 A→B→C→D→E→F→G。

a) 低等复杂度图形
（桥形标 A）

b) 中等复杂度图形
（桥形标 B）

c) 高等复杂度图形1
（桥形标 C1）

d) 高等复杂度图形2
（桥形标 C2）

图 6-10　选择的 4 种桥形标志图形

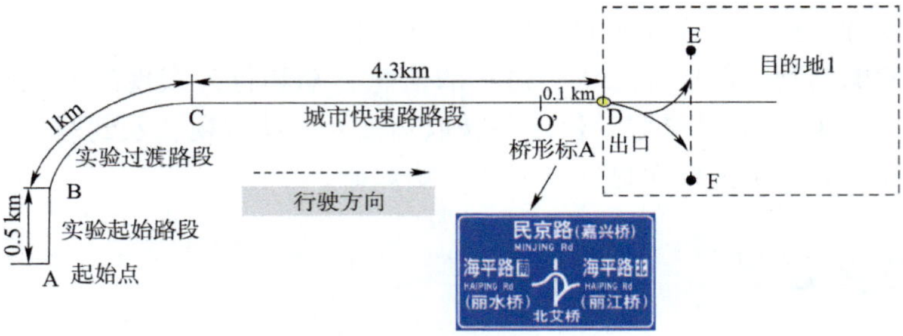

a) 桥形标 A 驾驶模拟实验路径图

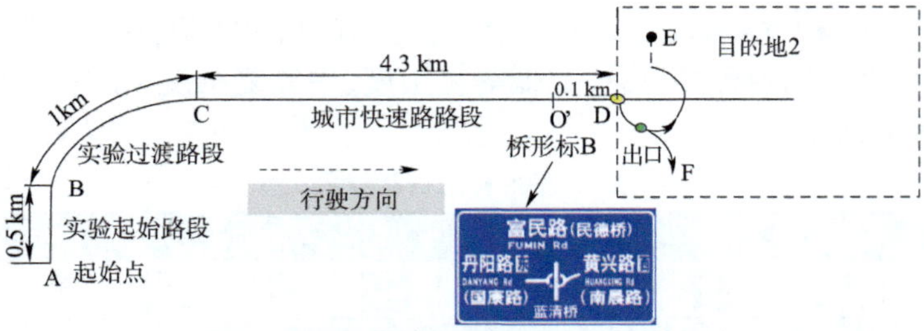

b) 桥形标B驾驶模拟实验路径图

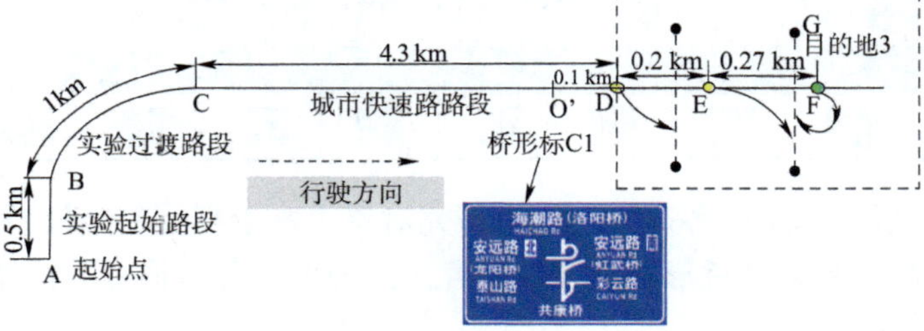

c) 桥形标C1驾驶模拟实验路径图

图　6-11

d) 桥形标C2驾驶模拟实验路径图

图 6-11　桥形标志实验路径图

实验道路为双向六车道城市快速路,4 个驾驶模拟场景如图 6-12 所示。

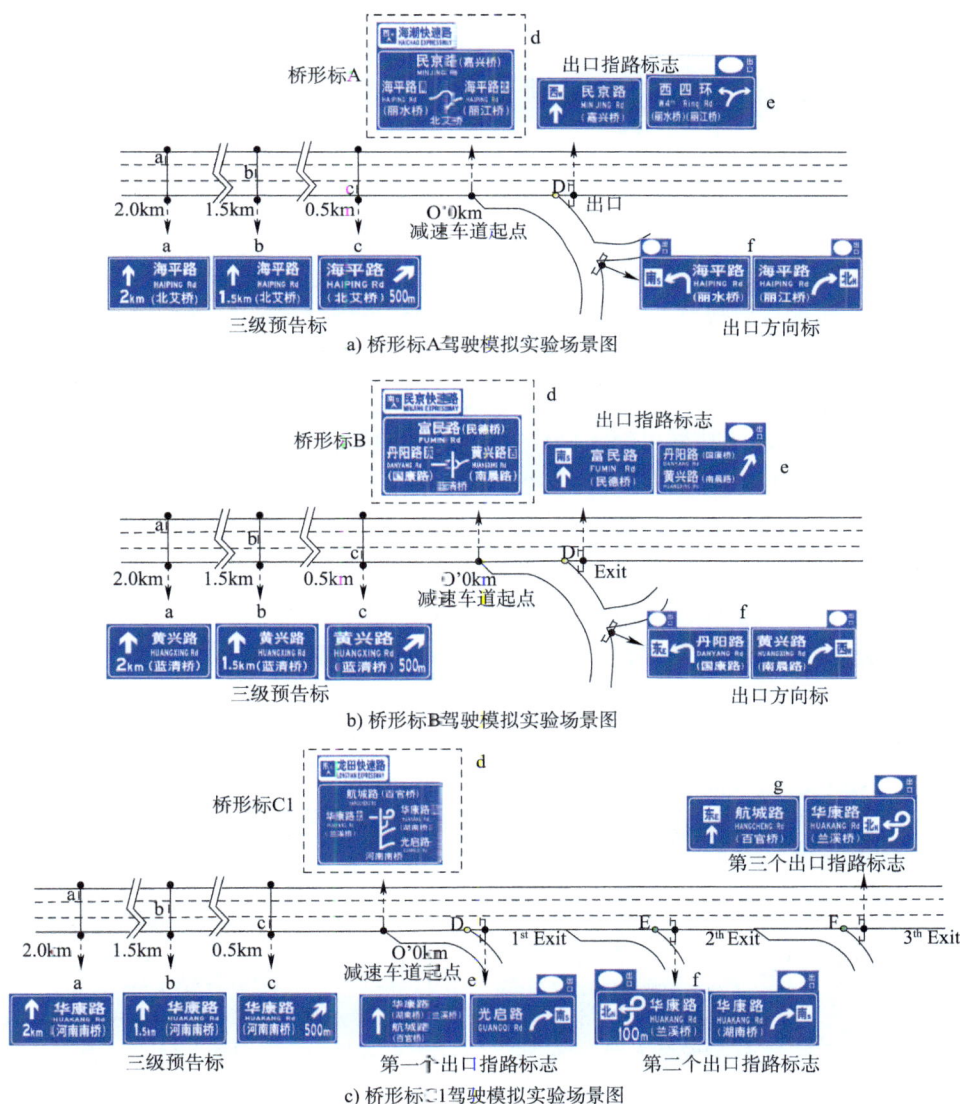

a) 桥形标A驾驶模拟实验场景图

b) 桥形标B驾驶模拟实验场景图

c) 桥形标C1驾驶模拟实验场景图

图　6-12

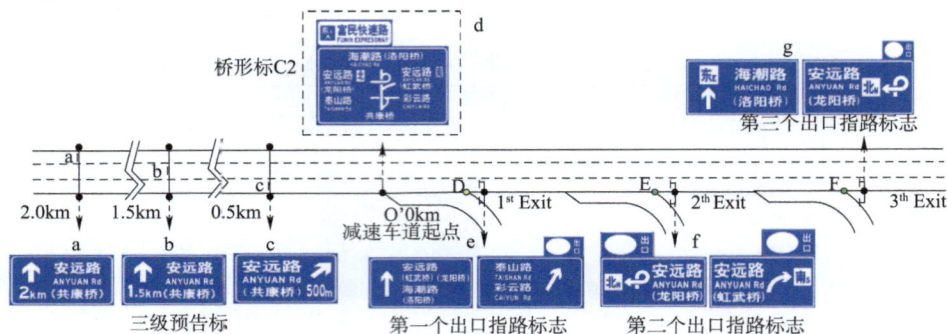

d) 桥形标C2驾驶模拟实验场景图

图6-12 桥形标驾驶模拟实验场景示意图

三　实验测试

采用模拟驾驶器和眼动仪开展实验测试。招募被试28人(男女比例3∶1)。被试年龄分布在20~55岁之间(平均值33.18,标准差8.78),驾龄分布在2~23年(平均值8.72,标准差5.84)之间。

被试按照随机顺序驾驶4个实验场景,各实验场景间隔5min,具体实验流程如下:

(1)实验前:被试填写基本信息表,包括年龄、驾龄等信息。随后,试驾5min以熟悉模拟实验环境及模拟器操作。试驾场景为非正式实验场景。

(2)仪器佩戴:在确认被试可熟练操作模拟器后,由实验员为被试佩戴眼动仪,并采用三点标定的方法标定注视点,以确保眼动数据的准确性。

(3)正式实验:实验员告知被试本次驾驶目的地,限速80km/h。被试口头重复目的地和限速无误后,开始实验。被试依据交通标志寻找目的地,最终行驶至出口,结束该场景实验。每次实验前重新标定眼动仪,以保证注视点捕捉的准确性。

(4)实验结束:实验员提问并记录被试在本场景中寻找目的地的难易程度。随后摘取设备,被试休息5min。重复步骤(3),直至完成4个实验场景。

(5)被试完成所有实验场景测试后,填写主观问卷,收集被试在实验过程中的生理心理感受。驾驶模拟实验过程展示如图6-13所示。

a) 实验场景　　　　　　　　　　　　b) 被试驾驶

图6-13　驾驶模拟实验过程

四　数据处理

通过对被试视认距离的反复测试,确认模拟场景中标志的视认距离为标志前 200m。因此,定义标志前 200m 到标志所在位置之间为研究范围,如图 6-14 所示。

图 6-14　乔形标志视认距离

五　指标提取

1. 眼动数据

提取 6 个视觉属性指标如下,以研究驾驶人对复杂桥形标志的视认规律。其中,前 3 个指标为注视分配指标,后 3 个指标为信息提取指标。

(1)总注视次数(次)。研究范围内被式所有注视点个数的总和,反映驾驶人搜索效率。

(2)标志内眼跳次数(次)。研究范围为驾驶人在标志上的眼跳次数。眼跳即一个注视点移动到另一个注视点的扫视过程,反映驾驶人搜索过程。

(3)标志内注视次数(次)。研究范围内驾驶人在标志上的注视点次数总和。

(4)总注视时间(s)。研究范围内注视点持续时间之和。

(5)平均注视时间(s)。研究范围内,驾驶人视线在标志内每个注视点的平均持续时间,反映驾驶人信息提取的难易程度。

(6)首个注视点时间(s)。视觉分析时间起点,为被试首次看到标志的第一个注视点的持续时间,反映驾驶人提取信息的难易程度。

2. 行为数据

提取 6 个行为指标反映驾驶人的运行稳定状态、心理状态及操控意识。

(1)平均速度(km/h)。在一段时间内车辆运行的快慢程度,表征驾驶人该路段行驶的安全程度。

(2)速度标准差(km/h)。驾驶人驾驶车辆行驶速度的离散程度,反映驾驶人对车速控制的平稳性。

(3)平均加速度(m/s²)。驾驶车辆的速度变化程度,反映驾驶人心理状态的变化。

(4)加速度标准差(m/s²)。车辆加速度的离散程度,反映驾驶人驾驶时的心理状态。

(5)加速踏板功效(%·s)。加速踏板所做的功,反映驾驶人对车速的控制意识。

(6)加速踏板变化间距(m)。驾驶人踩下加速踏板的位置与开始松开加速踏板的位置的距离差,公式如下所示:

$$DDAC = d_y - d_x \qquad (6\text{-}10)$$

式中，DDAC 为加速踏板变化间距（m）；d_x 为开始松加速踏板时的位置；d_y 为开始踩加速踏板时的位置。

加速踏板变化过程如图 6-15 所示。

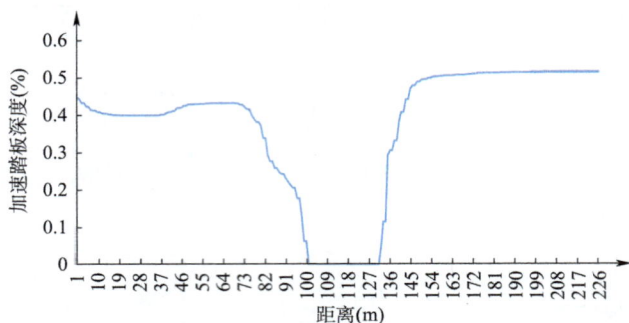

图6-15　加速踏板变化过程图

六　结果分析

（一）视认特性影响

重复测量方差分析结果表明，不同桥形标志的复杂度仅对标志内眼跳次数、标志内注视次数、平均注视时间及首个注视点时间（$p < 0.05$）有显著影响，结果见表 6-10。

不同复杂度桥形标的眼动指标分析结果　　表 6-10

组别	桥形标 A	桥形标 B	桥形标 C1	桥形标 C2	Sig.
总注视次数（次）	26.400	26.933	27.533	27.933	0.761
标志内眼跳次数（次）	18.267	19.667	20.133	22.467	0.003 **
标志内注视次数（次）	19.733	20.800	23.067	24.133	0.002 **
总注视时间（s）	7.250	7.468	6.585	7.015	0.408
平均注视时间（s）	0.276	0.278	0.239	0.252	0.080 *
首个注视点时间（s）	0.517	0.315	0.304	0.277	0.032 **

注："**"为方差分析结果呈现显著性差异，即 $p < 0.05$；"*"为方差分析结果呈现边缘性显著差异，即 $0.05 < p < 0.1$。

图 6-16 所示为标志内眼跳次数、标志内注视次数、总注视次数 3 种注视分配指标随桥形标志复杂度的变化情况。桥形标志复杂度增加，驾驶人总注视次数降低（$p = 0.408$），这表明，桥形标志复杂度影响驾驶人信息搜索效率。此外，桥形标志复杂度越高，标志内注视次数、眼跳次数显著增多（$p < 0.05$），当桥形标志十分复杂时，3 种注视分配指标有小幅下降。因此，桥形标志过于复杂时，驾驶人视认能力下降。

桥形标志复杂度对 3 种信息提取相关指标的影响如图 6-17 所示。桥形标志越复杂,驾驶人平均注视时间及首个注视点时间越少。随着复杂度增加,总注视时间降低,表明目标吸引力降低($p > 0.05$)。桥形标志复杂度对驾驶人首个注视点时间存在显著性影响($p = 0.032$),复杂度越高,首个注视点时间越短;同时,桥形标志复杂度越高,平均注视时间越短($p = 0.082$),即驾驶人信息提取难度越大。以上结果表明,在驾驶人认知决策阶段,桥形标志越复杂,目的地越不明确,被试越难理解标志,需多次注视以提取信息。

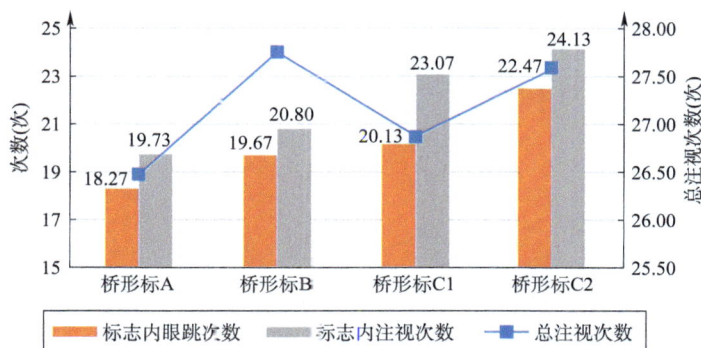

图 6-16　不同桥形标志复杂度对 3 种注视分配指标的影响

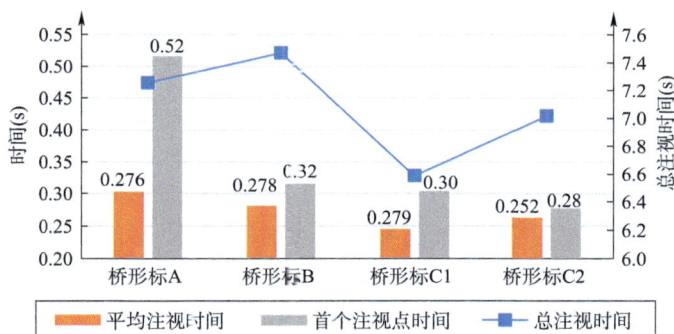

图 6-17　不同桥形标志复杂度对 3 种信息提取指标的影响

(二)行为特性影响

同样利用重复测量方差分析对 6 个行为指标进行分析,发现不同桥形标志复杂度对速度标准差、平均加速度及加速踏板变化间距存在显著影响($p < 0.05$),结果如表 6-11 所示。

不同复杂度桥形标对行为指标的影响分析结果　　　　　　　　表 6-11

组别	桥形标 A	桥形标 B	桥形标 C1	桥形标 C2	Sig.
平均速度(km/h)	66.743	67.365	66.604	68.285	0.855
速度标准差(km/h)	2.643	3.516	2.645	3.772	0.02**
平均加速度(m/s²)	−0.186	−0.240	−0.174	−0.255	0.042**
加速度标准差(m/s²)	0.297	0.307	0.313	0.320	0.954

加速踏板功效(%·s)	3.083	2.735	2.973	2.789	0.269
加速踏板变化间距(m)	96.906	115.311	155.392	113.590	0.028**

注：**为方差分析结果呈现显著性差异，即 $p < 0.05$。

随着桥形标志复杂度的增加，驾驶人速度和速度标准差都明显上升，如图 6-18 所示。桥形标 A 的速度标准差最低，桥形标 C2 的速度标准差最大。统计结果表明，不同桥形标志复杂度对速度标准差有显著性影响（$p = 0.02$），而对速度无明显影响。因此，复杂桥形标志导致速度波动较大，驾驶人对车速控制的平稳性降低。

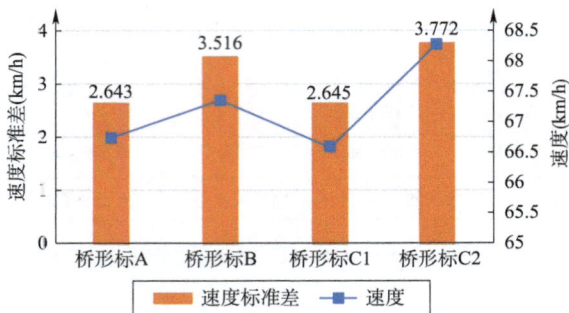

图 6-18 不同桥形标复杂度对速度、速度标准差的影响

从图 6-19 可以看出，驾驶人看到桥形标志都会采取减速措施。桥形标 A 方案中驾驶人加速度为 -0.186m/s^2，桥形标 C2 方案中驾驶人的加速度为 -0.255m/s^2，加速度标准差也随桥形标志复杂度的增加呈上升趋势。统计结果表明，不同复杂度桥形标志对加速度呈显著性影响（$p = 0.042$）。显然，当桥形标志复杂度增加时，驾驶人会更快地减速以获得更长的认读时间视认标志从而寻找目的地。

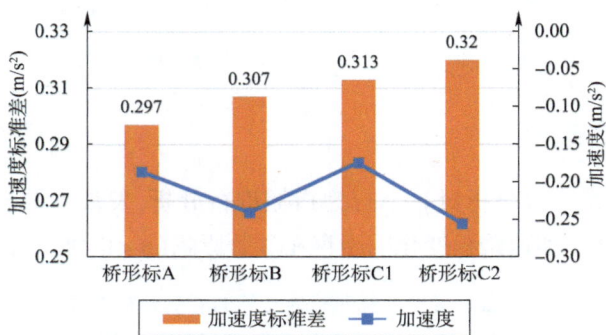

图 6-19 不同桥形标复杂度对加速度、加速度标准差的影响

加速踏板功效和加速踏板变化间距指标是对驾驶人车辆操控意识的反映。在分析范围内，驾驶人会调整加速踏板来控制车辆以视认标志。随着桥形标志复杂度的增加，加速踏板功效呈现下降趋势，桥形标 A 的加速踏板功效最大为 3.08%·s；加速踏板变化间距呈下降趋势，桥形标 A 的加速踏板变化间距最小为 96.906m，如图 6-20 所示。统计结果表明，桥形

标志复杂度对加速踏板变化间距有显著影响($p=0.028$)。驾驶人在面对复杂桥形标志时控制车速的意识增强,且需要更长的视认距离在复杂桥形标志上寻找目的地。

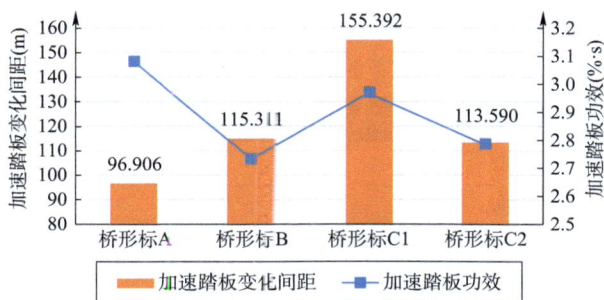

图6-20 不同桥形标复杂度对加速踏板变化间距、加速踏板功效的影响

综合来看,速度标准差、平均加速度及加速踏板变化间距均受桥形标志复杂度的影响。当驾驶人在视认复杂桥形标志时,心理更紧张,对车速控制意识更强,速度波动也相对较大。

(三)视认和行为特性的关联关系

为研究桥形标志复杂度影响下驾驶人视认和行为特性的关系,分别以行为特征的速度标准差、平均加速度及加速踏板变化间距为参考数列,以视认特征的标志内眼跳次数、标志内注视次数、平均注视时间及首个注视点时间为比较数列,采用灰色理论方法量化驾驶人视认和行为特性之间的关联关系。

1.灰色关联系数

分别对4种复杂桥形标志影响下驾驶人的视认与行为特性进行关联分析,获取不同复杂度的桥形标志影响下,驾驶人的速度标准差、平均加速度及加速踏板变化间距与标志内眼跳次数、标志内注视次数、平均注视时间及首个注视点时间的灰色关联系数。

桥形标 A 影响下驾驶人视认与行为特性的灰色关联系数如表6-12所示。与加速度相比,速度标准差、加速踏板变化间距与视认指标间关联强度更大,驾驶人对桥形标 A 的视认与行驶波动性、减速距离存在较大的关系。除平均注视时间与加速度的关联系数为中等关联关系(0.62)外,其他指标间的关联系数均大于0.65,为强关联关系。速度标准差与标志内眼跳次数、标志内注视次数间的关联关系最强,均为0.75。指标间未存在极强关联关系。

桥形标 A 条件下的视认与行为指标关联系数　表6-12

关联系数	标志内眼跳次数(次)	标志内注视次数(次)	平均注视时间(s)	首个注视点时间(s)
速度标准差(km/h)	0.75	0.75	0.68	0.74
加速度(m/s²)	0.69	0.69	0.62	0.67
加速踏板变化间距(m)	0.73	0.71	0.70	0.74

桥形标 B 影响下驾驶人视认与行为特性的灰色关联系数如表6-13所示。相比于加速度和加速踏板变化间距,速度标准差与视认指标间关联强度更高,这表明驾驶人对桥形标 B 的视认与行驶波动性存在较大的关系。与其他视认指标相比,首个注视点时间与行为指标间关联

关系更高,表明首次提取桥形标 B 的信息时行驶稳定性、车速变化程度与减速距离更易受影响。两类指标间关联系数均大于 0.65,为强关联关系,但关联关系系数未大于 0.85。相比低等复杂度桥形标 A,中等复杂度桥形标 B 影响下两类显性特征指标间关联关系明显较大。

桥形标 B 条件下的视认与行为指标关联系数　　表 6-13

关联系数	标志内眼跳次数(次)	标志内注视次数(次)	平均注视时间(s)	首个注视点时间(s)
速度标准差(km/h)	0.67	0.71	0.74	0.83
加速度(m/s²)	0.68	0.70	0.72	0.81
加速踏板变化间距(m)	0.65	0.66	0.72	0.79

桥形标 C1 影响下驾驶人视认与行为特性的灰色关联系数如表 6-14 所示。相比加速度,速度标准差、加速踏板变化间距与视认指标间关联强度更大,说明驾驶人对桥形标 C1 的视认会与行驶波动性、减速距离存在较大的关系。视认指标中,标志内眼跳次数与行为指标间关联系数更高,表明了驾驶人对桥形标志目标信息的搜寻过程影响了驾驶行为。4 个视认指标与加速度的关联系数均小于 0.65,平均注视时间与速度标准差关联系数为 0.64。除此之外,其他指标间的关联系数均大于 0.65,为强关联关系。速度标准差与标志内眼跳次数间的关联关系最强为 0.80。相比中等复杂度桥形标 B,高等复杂度桥形标 C1 影响下,部分指标间关联关系有所下降。

桥形标 C1 条件下的视认与行为指标关联系数　　表 6-14

关联系数	标志内眼跳次数(次)	标志内注视次数(次)	平均注视时间(s)	首个注视点时间(s)
速度标准差(km/h)	0.80	0.71	0.64	0.67
加速度(m/s²)	0.64	0.61	0.55	0.63
加速踏板变化间距(m)	0.72	0.69	0.70	0.72

桥形标 C2 影响下驾驶人视认与行为特性的灰色关联系数如表 6-15 所示。相比其他桥形标志,桥形标 C2 影响下两类指标间关联关系明显更低。反映出驾驶人在视认更复杂的桥形标志过程中,驾驶行为配合程度较差,存在一定紧张或无规律行为。相比于速度标准差、加速踏板变化间距,加速度与视认指标间关联强度更大,说明驾驶人对桥形标 C2 的视认与行驶波动性、减速距离关联程度更低。除加速度与标志内注视次数、首个注视点时间的关联系数分别为 0.66、0.65 外,其他指标间的关联关系均小于 0.65 且大于 0.35,为中关联关系。

桥形标 C2 条件下的视认与行为指标关联系数　　表 6-15

关联关系	标志内眼跳次数(次)	标志内注视次数(次)	平均注视时间(s)	首个注视点时间(s)
速度标准差(km/h)	0.61	0.63	0.47	0.62
加速度(m/s²)	0.64	0.66	0.50	0.65
加速踏板变化间距(m)	0.55	0.52	0.50	0.59

综上,驾驶人视认与行为指标间的关联关系随桥形标志复杂度的不同而变化。然而,仅

利用以上关联关系很难判断视认和行为特性间的关联关系随桥形标志复杂度不同而产生的具体量化差异。因此,基于上述关联关系进一步提出灰色关联质量,以量化不同复杂度桥形标志影响下驾驶人视认与行为的关联特性差异。

2.灰色关联质量

利用雷达图可视化视认及行为特性关联关系特征,并采用面积图形表征视认与行为指标的关联水平,得到不同复杂度桥形标志影响下两类显性特征指标关联质量。

1)雷达图表达

采用雷达图分别绘制每种桥形标志下驾驶人的速度标准差、平均加速度及加速踏板变化间距与4种视认指标的关联关系,结果如下:

(1)速度标准差。

4种桥形标志条件下,速度标准差与4种视认特性指标间的雷达图如图6-21所示。桥形标志B条件下面积最大,桥形标C2条件下面积最小。

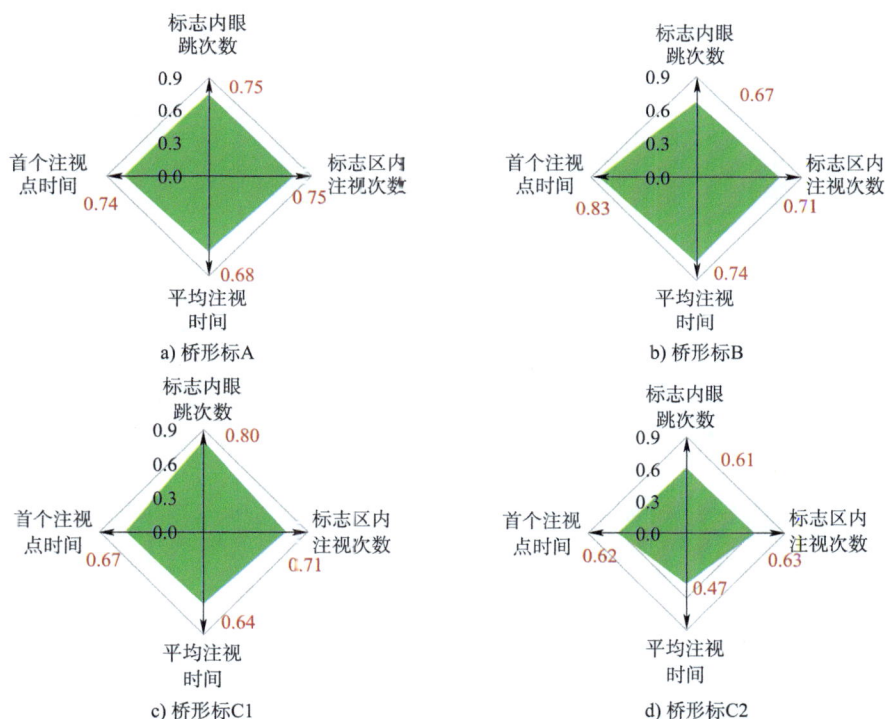

图 6-21　速度标准与视认特性指标间的差雷达图

(2)加速度。

4种桥形标志条件下,加速度与4种视认特性指标间的雷达图如图6-22所示。桥形标B条件下面积最大,桥形标C1、C2条件下面积均比较小。

(3)加速踏板变化间距。

4种桥形标志条件下,加速踏板变化距离与4种视认特性指标间的雷达图如图6-23所示。桥形标A条件下面积最大,桥形标C2条件下面积最小。

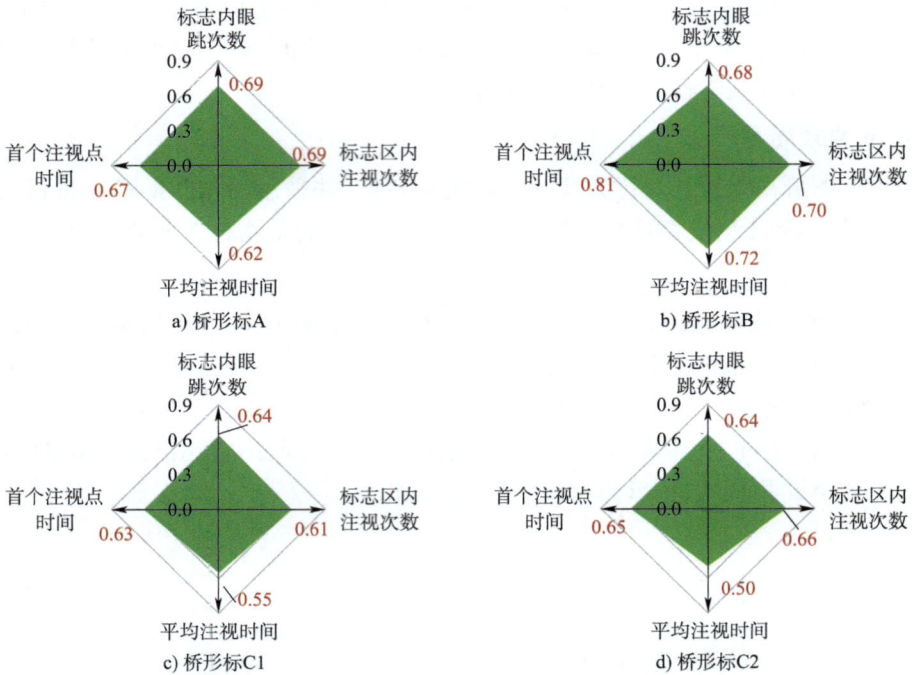

图 6-22　加速度标准差与视认特性指标间的雷达图

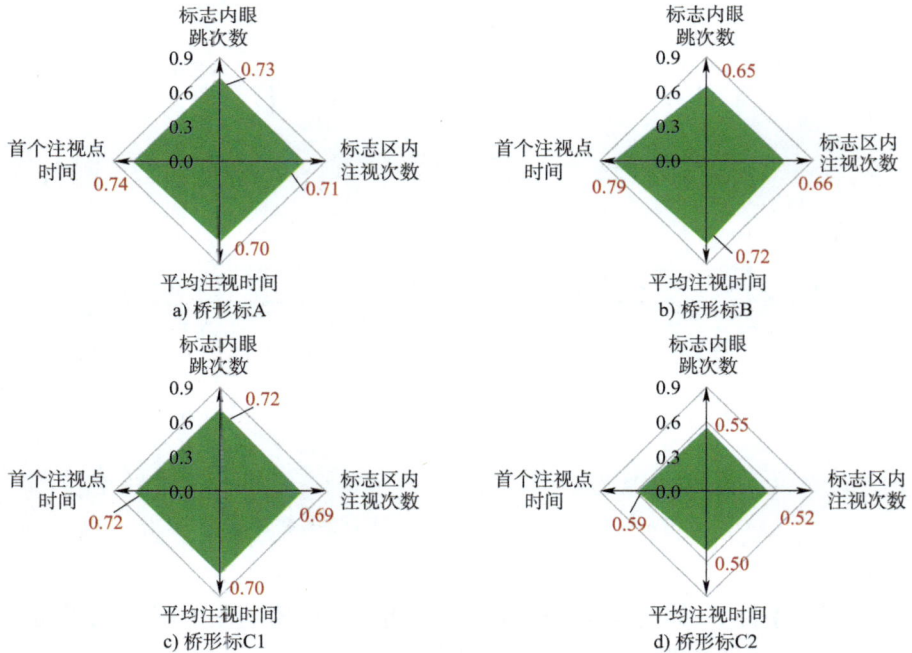

图 6-23　加速踏板变化距离与视认特性指标间的雷达图

2）面积特征提取

利用雷达图三角形面积求解方法,求解雷达图总面积。为量化视认和行为特性指标间关联水平,求解速度标准差、加速度、加速踏板变化距离与 4 类视认指标的关联质量,如表 6-16 所示。

视认特性指标与 3 种行为指标的关联质量　　表 6-16

关联质量	桥形标 A	桥形标 B	桥形标 C1	桥形标 C2
速度标准差(km/h)	1.06	1.09	0.99	0.68
加速度(m/s²)	0.89	1.05	0.73	0.74
加速踏板变化间距(m)	1.04	1.00	1.00	0.58

依照关联质量划分等级,计算相应各等级关联质量,如表 6-17 所示。

关联质量等级划分　　表 6-17

关联系数	关联质量等级	关联质量水平划分
$0.85 < r \leq 1$	极强关联质量	$1.445 < r_s \leq 2$
$0.65 < r \leq 0.85$	强关联质量	$0.845 < r_s \leq 1.445$
$0.35 < r \leq 0.65$	中关联质量	$0.245 < r_s \leq 0.845$
$0 < r \leq 0.35$	弱关联质量	$0 < r_s \leq 0.245$

不同桥形标志条件下,速度标准差、加速度、加速踏板变化距离与 4 类视认指标的关联质量如图 6-24 所示。可以看出,关联质量随着桥形标志复杂度增加而降低。整体上,速度标准差与视认指标关联质量最高,其次为加速踏板变化距离,加速度与视认指标关联质量最小。桥形标 A、B 影响下,两类显性指标间均为强关联质量。桥形标 C1 影响下,加速度与视认指标的关联质量在中等强度,速度标准差、加速踏板变化距离与视认指标关联质量呈现强关联程度。桥形标 C2 与桥形标 C1 差别较大,桥形标 C2 影响下驾驶人行为、视认指标关联质量均在中等强度。综上,当桥形标志复杂度超出驾驶人接受范围时,驾驶行为与视认特性间的关联质量下降。

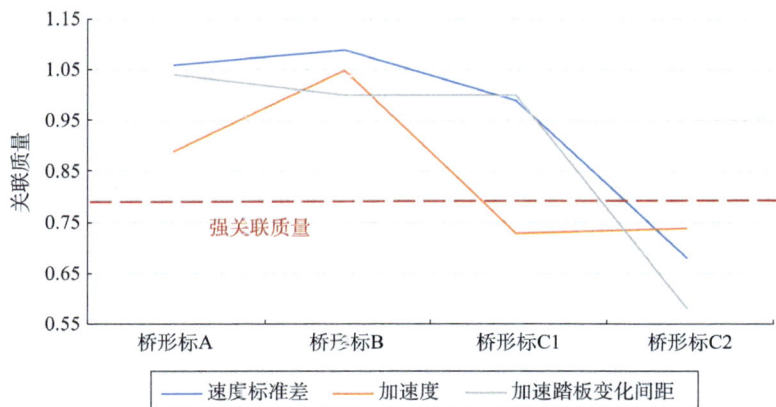

图 6-24　视认特性指标与 3 种行为指标的关联质量图

3）总灰色关联质量

依据上述方法,求解 3 类行为指标与视认指标关联质量之和,计算 4 种桥形标志条件下两类显性指标间总关联质量,结果如表 6-18 所示。

视认特性指标与行为指标的总关联质量   表 6-18

项目	桥形标 A	桥形标 B	桥形标 C1	桥形标 C2
总关联质量	2.99	3.14	2.73	2.01

依据关联系数划分等级,计算总关联质量等级划分线,如表 6-19 所示。

总关联质量等级划分   表 6-19

关联系数	总关联质量等级	总关联质量水平划分
$0.85 < r \leqslant 1$	极强	$4.335 < r_s \leqslant 6$
$0.65 < r \leqslant 0.85$	强	$2.535 < r_s \leqslant 4.335$
$0.35 < r \leqslant 0.65$	中	$0.735 < r_s \leqslant 2.535$
$0 < r \leqslant 0.35$	弱	$0 < r_s \leqslant 0.735$

不同桥形标志条件下行为、视认特性总关联质量如图 6-25 所示。表明桥形标 A、B、C1 条件下两类显性指标关联质量在强关联水平,尤其是桥形标 B 条件下关系最高。桥形标 C2 条件下总关联质量最小,为中等关联水平。

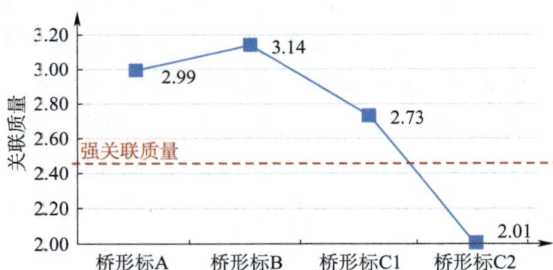

图 6-25　每种桥形标志下的关联质量

七　小结

在前期研究结果的基础上,选取典型的低等、中等及高等复杂度桥形标志为研究对象,基于驾驶模拟实验平台,开发城市快速路模拟场景,招募被试开展驾驶模拟实验,挖掘不同复杂度桥形标志影响下驾驶人的视认与行为两类显性特征,并量化驾驶人视认、行为指标间的关联关系。

（1）基于驾驶模拟测试形成驾驶人"主观感知-视认特性-操控行为-车辆运行"的细粒度数据感知体系,构建了结合多指标统计分析、大数据分析技术、灰色理论、多元图理论等结合的驾驶人视觉-行为特性分析方法。

（2）视觉特性方面，桥形标志复杂度同时影响驾驶人信息搜索效率和理解标志的难易程度，当桥形标志越复杂时，被试对标志的理解更困难。行为特性方面，复杂的桥形标志会导致速度波动较大，驾驶人对车速控制的平稳性降低，对车速控制意识更强，心理更紧张，速度波动也相对较大。视认特性指标和行为指标的关联关系随桥形标志复杂度不同而产生量化差异。当桥形标志复杂度超出驾驶人接受范围时，驾驶行为与视认特性间的配合程度下降。

（3）研究结果有助于明确不同复杂度桥形标志对驾驶人的影响作用，为快速路桥形标志的设计及复杂度划分提供理论参考，进一步服务于复杂立交枢纽桥形标志的优化完善。

第四节　快速路桥形标志作用机理

一　问题提出

受出行需求和用地条件的双重影响，部分高速公路或快速路立体交叉形式复杂、出口较多，导致与之相对应的桥形标志形式过于复杂、信息量大，且桥形标志设置位置往往距匝道出口距离较近，使得很多驾驶人不能及时找到目的地信息、确定行驶路径，进而导致错过出口，存在极大的交通安全隐患。

目前，有关桥形标志设计的规范指南内容不够完善，缺乏桥形标志复杂度的具体设计要求。相关研究主要停留在对驾驶人视认及行为等显性特性的分析上，缺乏对驾驶人感知决策方面的隐性特征解读。

本节借助事件相关电位（ERP）提取技术，针对不同复杂度桥形标志的脑电认知开展实验测试，探究不同复杂度桥形标志的认知机制，明确复杂桥形标志对驾驶人认知决策的影响规律及特征，为解析桥形标志对于驾驶人的内在作用规律奠定理论基础，也为进一步开展复杂桥形标志优化设计、提高其设置效能提供理论依据。

二　方案设计

脑神经研究领域常应用多种实验范式（Oddball 范式、Go/Nogo 范式和 N-back 范式）以刺激被试产生不同的脑电成分。其中，Oddball 范式应用广泛，重点研究大脑的注意和认知加工机制，是产生 P300、MMN 等认知成分的经典范式。Oddball 实验范式的要点是对同一感觉通道施加两种刺激，一种刺激出现概率很大，称为标准刺激；另一种刺激出现概率很小，称为靶刺激。采用 Oddball 实验范式获取驾驶人脑电认知成分，以研究驾驶人对不同复杂度桥形标志的认知加工过程。实验任务中，两种刺激以随机顺序出现，靶刺激为复杂桥形标志，当靶刺激出现时被试需尽快做出按键反应。

(一)标志选取

桥形标志图形复杂度分为低、中、高 3 个等级,如表 6-9 所示。实验以桥形标志复杂度为自变量,从 3 种不同复杂度的桥形标志中选取 4 个典型图形。其中,低等、中等复杂度桥形标志各选 1 个,如图 6-26a)、b)所示;因重点关注高等复杂度桥形标志对驾驶人认知特性的分析,因此,选取 2 个高等复杂度桥形标志,如图 6-26c)、d)所示。

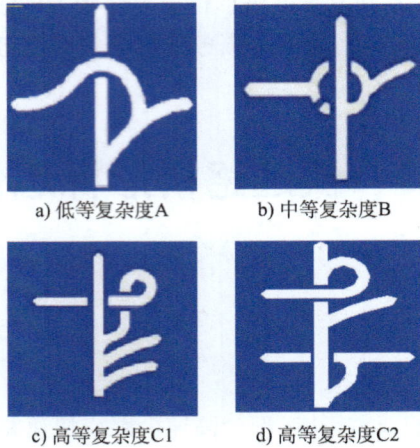

a) 低等复杂度A   b) 中等复杂度B

c) 高等复杂度C1   d) 高等复杂度C2

图 6-26 不同复杂图桥形标志图形选取

(二)刺激设计

将 3 种不同复杂度共 4 个桥形标志分别作为靶刺激,设置 4 组平行子实验:低等复杂度桥形标 A、中等复杂度桥形标 B、高等复杂度桥形标 C1 及高等复杂度桥形标 C2。为成功诱发靶刺激脑电认知成分,每组子实验标准刺激相同,均以低等复杂度且图形差异相对较小的 4 种桥形标作为标准刺激。实验中具体标志的设计方案如下:

1. 靶刺激桥形标志设计

实验路线的目的地路名仅设置在靶刺激桥形标志中,将选择的 4 种不同复杂度桥形标志分别作为每组子实验中的靶刺激,进行标志版面设计。为保证 4 组子实验的差异主要为图形部分,各靶刺激标志间的三个主方向的指示地名(红框标注)均相同。以丹阳路为目的地时,靶刺激桥形标志设计如图 6-27 所示。

4 组子实验中,每组实验随机呈现靶刺激与标准刺激标志图片,实验中要求被试找到目的地路名后立刻按确认键。为避免目的地路名总在标志的某一固定位置从而对视认效果造成影响,将目的地路名随机放在每种靶刺激标志的左、直、右三个主方向。以低等复杂度靶刺激桥形标 A 为例,丹阳路为目的地时,三种靶刺激桥形标志设计版面如图 6-28 所示。

2. 标准刺激桥形标志设计

通过多次预实验测试,在低、中等复杂度桥形标志中选取除桥形标 A 外的 4 种较为相似的桥形标志作为标准刺激。标准刺激桥形标志除目的地路名与靶刺激地名不同外,其他地名与标准刺激一致。每组子实验均采用以下 4 种桥形标志作为标准刺激。以丹阳路为目的地,标准刺激桥形标志设计如图 6-29 所示。

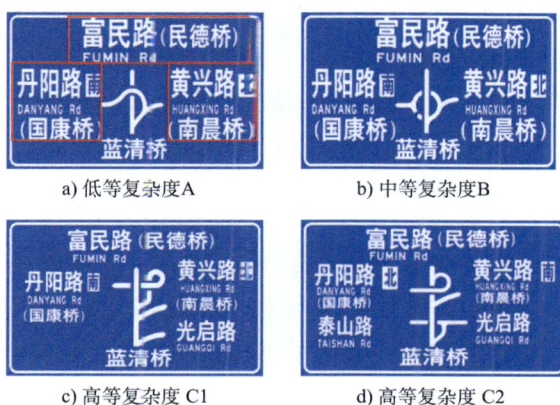

a) 低等复杂度A   b) 中等复杂度B

c) 高等复杂度 C1   d) 高等复杂度 C2

图 6-27 靶刺激桥形标志设计版面

图 5-28 靶刺激中目的地路名位置设计

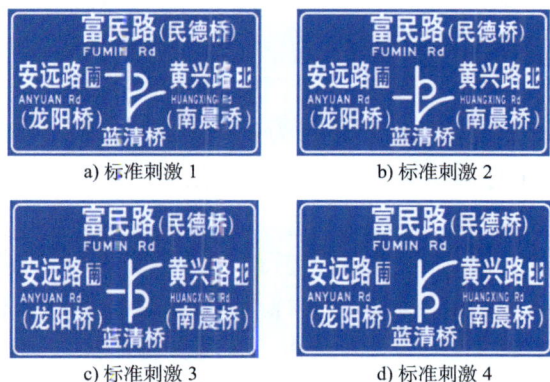

a) 标准刺激 1   b) 标准刺激 2

c) 标准刺激 3   d) 标准刺激 4

图 6-29 标准刺激桥形标志 4 种设计版面

3. 刺激程序实现

为保证靶刺激的产生及脑电成分叠加成像,每组子实验两种刺激共出现 195 张桥形标志。其中,靶刺激出现概率为 20% ,共 39 次;标准刺激出现概率为 80% ,共 156 次。实验过程中靶刺激、标准刺激图片随机出现,且靶刺激图片不连续出现。实验设计方案借助 Eprime 软件实现。

三 实验测试

采用脑电采集分析系统 Neuroscan 32 脑电仪开展实验,其组成部分如图 3-4 所示。被试头部佩戴脑电帽,头皮电位通过帽上的电极与导电膏传送至电脑,并以脑电图的形式记录、保存。借助先进的脑成像 Curry 分析软件,提取并分析脑活动的基本过程。

招募被试 43 名,年龄分布在 22 ~ 57 岁之间(平均值 27.7,标准差 9.29),驾龄分布在 2 ~ 31 年之间(平均值 5.01,标准差 7.04)。

被试以随机顺序参与 4 组子实验测试,每组子实验时间约为 15min,每两组实验间隔 5min。具体流程如下:

(1)前期准备:要求被试在实验前禁止饮用咖啡等刺激性食物,清洗头部以保持头皮干净,并在实验前填写基本信息表。

(2)仪器佩戴:实验员为被试佩戴脑电帽,注入脑电膏并将每个电极阻抗降到 5kΩ 以下,佩戴眼动仪并进行注视点的追踪与标定,确保两种仪器正常采集数据。

(3)实验练习:提供两组测试图片,选用桥形标志与非正式实验使用的不同。测试流程同正式实验流程相同,以便被试熟悉实验步骤和实验过程,确保测试数据顺利采集。

(4)正式实验:告知并确认被试记住目的地名。按任意键启动软件程序自动播放子实验桥形标志组图,每一标志呈现后,被试发现目的地路名则立即按下空格键,未找到则需按 N 键。每组 195 个刺激标志全部呈现后,测试环节结束,被试在记录纸上画出含有目的地名桥形标志的形状及目的地匝道走向。随后休息 5min,实验重复步骤(2) ~ (4),直至 4 组子实验全部完成。

(5)实验结束:实验员摘取被试眼动仪、脑电帽,随后被试填写主观调查问卷。

四 指标提取

实验测试中获得被试脑电、眼动、按键行为及主观评价数据,以驾驶人脑电及按键行为数据为基础,从驾驶人桥形标志认读行为及脑电特性两个维度挖掘桥形标志复杂度与驾驶人脑电认知特性间的关系。

在桥形标志认读行为方面,整理被试按键行为数据,提取每种靶刺激桥形标志的认读时间、目的地寻找正确比例,以反映驾驶人对 4 种不同复杂度桥形标志的认读时长及目的地路名寻找难易程度的差异。其中,认读时间是指从靶刺激桥形标志出现到驾驶人按键行为产生的时间间隔(单位:s);目的地寻找正确比例是指被试正确寻找路名次数与靶刺激出现总次数的比值。

针对驾驶人认知桥形标志的脑电特性,借助 Curry7 分析软件对脑电信号进行去除眼电伪迹、数字滤波、脑电分段、基线校正、叠加平均等处理,以获取精确的脑电波形。观测每组子实验靶刺激与标准刺激的总平均 ERP 波形图,发现实验主要产生了 2 种 ERP 成分,即分布于额区的 N100 和分布于顶区的 P300。

根据总平均 ERP 波形图特征,结合 N100、P300 成分的分布和含义,选取前额和前额中央联合区 6 个电极点(F3,FZ,F4,FC3,FCZ,FC4)作为 N100 成分分析电极,选取中央区至顶区 9 个电极点(C3,CZ,C4,CP3,CPZ,CP4,P3,PZ,P4)作为 P300 成分的分析电极,并结合成分出现时段确定两种成分的分析时间窗口(表 6-20)。最终提取时间窗口内 N100、P300 成分的平均振幅及潜伏期。平均振幅是指时间窗口内波形数据点的平均值。将时间窗内峰值出现的时间作为潜伏期。以低等复杂度桥形标 A 组为例，靶刺激与 4 个标准刺激位于 FZ 电极点的波形图，如图 6-30 所示。图中，蓝色曲线为靶刺激 FZ 电极处波形，波形峰值处标记数据点即为峰值点的振幅及潜伏期。其中，第 1 个灰框处为 N100 的出现时刻，潜伏期和峰值为（86.0ms，−2.84μV）；第 2 个灰框处为 N300 的出现时刻，潜伏期和峰值为（498.0ms，1.63μV）。

两种脑电成分代表电极及分析时间窗　　　　　　　　　表 6-20

序号	成分	电极	时间窗口（ms）
1	N100	F3、FZ、F4、FC3、FCZ、FC4	60 ~ 130
2	P300	C3、CZ、C4、CP3、CPZ、CP4、P3、PZ、P4	400 ~ 600

ERP 成分的振幅可以反映认知过程的强度，潜伏期反映了认知加工处理的时间进程。N100 为脑电早期成分，反映驾驶人直觉反应条件下的早期注意分配。注意分配越多，振幅越大。早期注意时间越早，潜伏期越短。P300 为认知相关的内源成分，代表了刺激判别、决策选择以及物体分类等思维活动的进行，反映驾驶人对选择注意事件的注意资源分配和认知负荷水平，其波幅与任务的难度有关。

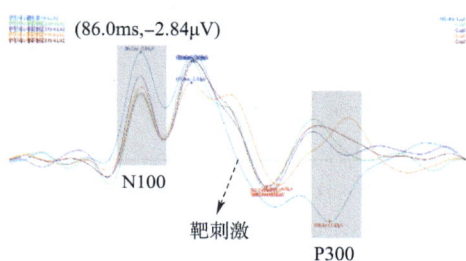

图 6-30　桥形标 A 组 FZ 电极处波形

潜伏期能够反映认知加工速度，表现为波幅越大，认知难度越大，潜伏期越短，认知加工速度越快。

五　结果分析

（一）认读行为

4 种靶刺激桥形标志影响下，对被试认读行为指标进行重复测量方差分析，结果发现认读时间（$F_{(3,68)} = 10.105$；$p < 0.001$）、目的地寻找正确比例（$F_{(3,68)} = 3.143$；$p = 0.033 < 0.05$）均受到显著影响。如图 6-31 所示，低等复杂度桥形标 A、中等复杂度桥形标 B 以及高等复杂度桥形标 C1 和 C2 的认读时间分别为 1.27s、1.30s、1.41s 及 1.57s，认读时间随复杂度增加呈现显著上升趋势；目的地路名寻找正确比例依次为 94.16%、92.11%、89.89% 及 89.46%，随复杂度的增加而显著降低。

另外，尽管桥形标 C1、C2 为同一复杂度等级，其认读时间及目的地寻找正确比例仍然表现出较大差异，表明桥形标志复杂度可在以往视认复杂度分类基础上，结合脑电认知特性做进一步细致划分。总体趋势表现为，随着桥形标志复杂度增加，认读时间增长，目的地寻找正确比例降低。结果论证了桥形标志复杂度越高，驾驶人解读信息的时间越长，寻找目的地路名的难度也越大。

图 6-31　认读行为数据

（二）脑电特性

对 N100、P300 成分的平均振幅及潜伏期分别进行重复测量方差分析,以查看不同复杂度靶刺激桥形标志影响下驾驶人早期注意及认知负荷的变化。

1. 早期注意电位 N100

N100 作为刺激呈现后出现的第一个负成分,反映驾驶人直觉反应条件下的早期注意分配。如图 6-32 所示,低等复杂度桥形标 A、中等复杂度桥形标 B 以及高等复杂度桥形标 C1 和 C2 的 N100 平均振幅分别为 $-1.27\mu V$、$-1.37\mu V$、$-1.58\mu V$ 及 $-1.70\mu V$,潜伏期分别为 $88.04ms$、$89.37ms$、$93.12ms$ 及 $94.66ms$。随着桥形标志复杂度增加,能够更多地诱发 N100 平均振幅及峰值的负向偏移,潜伏期时长增加。表明桥形标志越复杂将导致驾驶人早期注意分配越多、早期注意时间越滞后。

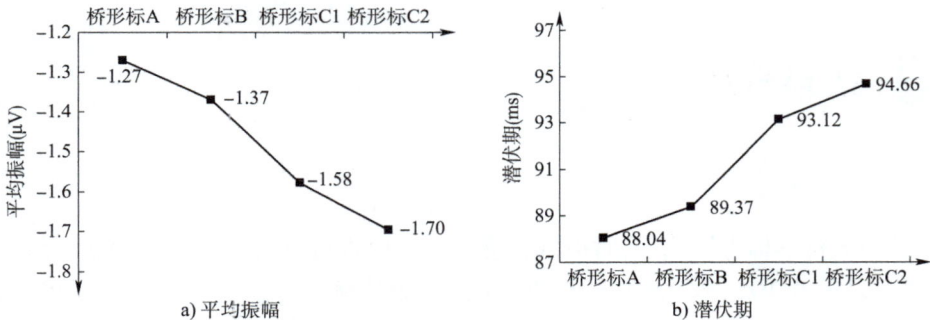

图 6-32　N100 分析结果

对 N100 成分的平均振幅及潜伏期进行 4(4 种桥形标志)×6(6 个电极)重复测量方差分析,重点关注桥形标志作为主效应时的差异性检验结果。结果显示桥形标志并未对 N100 成分平均振幅和潜伏期造成显著性影响($p > 0.05$)。

2. 认知电位 P300

如图 6-33a)所示,随着桥形标志复杂度增加,诱发 P300 的平均振幅更多正向偏移。表明桥形标志复杂度增大,驾驶人认知难度增加,尤其是高等复杂桥形标志认知负荷明显高于低、中等复杂桥形标志。

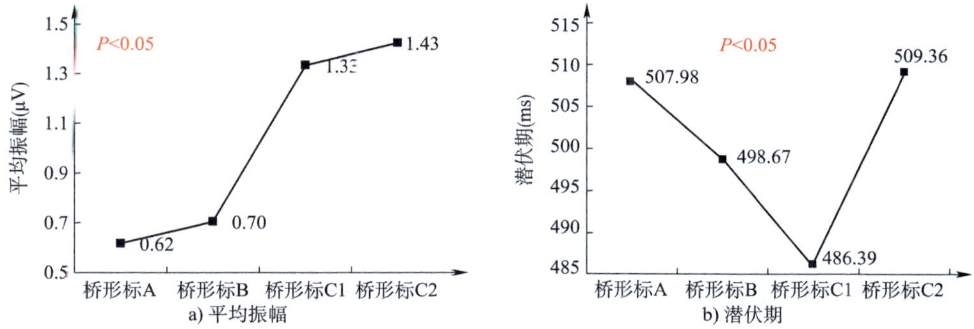

图 6-33　P300 分析结果

在图 6-33b)中,桥形标 A、B、C1 处的 P300 潜伏期,有明显的随着桥形标志复杂度增加而降低的趋势。从低等复杂度桥形标 A 到高等复杂度桥形标 C1,各组靶刺激桥形标志与标准刺激的低等复杂度桥形标志的差异性越来越大,P300 潜伏期逐渐降低,驾驶人越容易将靶刺激从标准刺激中辨别出来。另外,桥形标 C2 处的潜伏期突然增大至桥形标 A 附近的水平,很可能是因为该标志图形存在环形匝道,与标准刺激标志图形相似,驾驶人对该标志的认知速度变慢,认知辨别难度相继增加。未来可将图 6-27d)下方出口符号替换成图 6-27c)下方出口符号后,再次开展实验,以此验证潜伏期差距过大与环形匝道的关系。

对 P300 成分进行"4 种桥形标志 ×9 个电极"重复测量方差分析,重点关注桥形标志复杂度为主效应时的差异性检验结果。4 种桥形标志间的 P300 平均振幅呈现显著性差异($p < 0.05$),且两两比较结果表明桥形标 C1、C2 与桥形标 A、B 存在显著性差异($p < 0.05$)。4 种桥形标志间的 P300 潜伏期呈现边缘性显著性差异($p = 0.052$),两两比较结果表明,桥形标 C1 与桥形标 A、C2 存在显著性差异,桥形标 C1、C2 的认知难度明显高于桥形标 A、B,桥形标 C1 的加工速度明显优于桥形标 A 及桥形标 C2。

综合考虑驾驶人的认读行为及脑电特性可得,桥形标志复杂度对驾驶人认知过程及系列决策行为存在显著影响,总体表现为桥形标志越复杂,其视认加工越困难。在认读行为方面,随着桥形标志复杂度增加,驾驶人认读时间增长,目的地路名寻找出错率显著增加;在脑电特性方面,随着桥形标志复杂度增加,驾驶人的早期注意分配增多(N100 绝对振幅增大),早期注意时间滞后(N100 潜伏期增长),同时认知难度增加(P300 振幅增加)。另外,靶刺激与标准刺激间的差异性越大,P300 潜伏期越短,越容易从低等复杂度桥形标志中辨别,这一现象也证实了桥形标志的复杂度对于驾驶人的脑电认知加工存在显著性影响。

(三)脑电和视认、行为的关联关系

1. 灰色关联质量

以 N100、N200、P300 的峰值作为参考序列,以 6 种视认指标、6 种驾驶行为指标为比较序列,计算脑电成分与行为、视认间的关联关系,并求解最终总关联质量。依照表 6-21 中关联质量水平划分进行质量等级区分。

关联质量等级划分　　　　　　　　表 6-21

关联系数	关联质量等级	关联质量水平划分
$0.85 < r \leq 1$	极强关联质量	$0.94 < r_s \leq 1.3$
$0.65 < r \leq 0.85$	强关联质量	$0.55 < r_s \leq 0.94$
$0.35 < r \leq 0.65$	中关联质量	$0.16 < r_s \leq 0.55$
$0 < r \leq 0.35$	弱关联质量	$0 < r_s \leq 0.16$

表 6-22 分级结果可以看出，脑电指标与 6 种视认指标为强关联质量，关联关系紧密。然而，脑电指标与 2 种驾驶行为指标为中关联质量，与其余 4 种行为指标为强关联质量。结果表明，相比与视认指标的关联，脑电认知指标与驾驶行为指标尤其是与运行状态指标的关联更弱。

脑电特性指标与视认、行为指标的关联质量　　　　　　表 6-22

类别	指标	关联质量	关联质量等级
信息搜索	总注视次数(次)	0.76	强
	标志内眼跳次数(次)	0.80	强
	标志内注视次数(次)	0.84	强
信息提取	总注视时间(s)	0.73	强
	平均注视时间(s)	0.76	强
	首个注视点时间(s)	0.61	强
运行状态	速度(km/h)	0.83	强
	速度标准差(km/h)	0.50	中
	加速度(m/s^2)	0.54	中
	加速度标准差(m/s^2)	0.58	强
操控行为	加速踏板功效(% · s)	0.70	强
	加速踏板变化间距(m)	0.62	强

由以上分析可以看出，脑电认知与信息搜索、信息提取、运行状态及操控行为间的关联质量不同。因此，将每类指标的关联质量进行平均(图 6-34)，以获取脑电与 4 类指标间的具体关联水平。从图中可以看出，与脑电认知特性的关联质量由强到弱依次为信息搜索、信息提取、操控状态、运行状态。结果表明，驾驶人隐性脑电认知特性与视认特性关系最紧密，尤其是信息搜索类指标；隐性脑电认知特性与行为特性间的关联比视认特性弱，尤其是运行状态类指标。

2. 灰色关联熵

基于灰色关联熵原理，计算驾驶行为各指标与其他两类指标间的灰色关联熵，具体结果如表 6-23 所示。由表 6-23 可以看出，驾驶行为受驾驶人信息搜索、信息提取(除首个注视点时间)、早期注意的影响较大。认知负荷、认知辨别、首个注视点时间对驾驶行为影响较小。

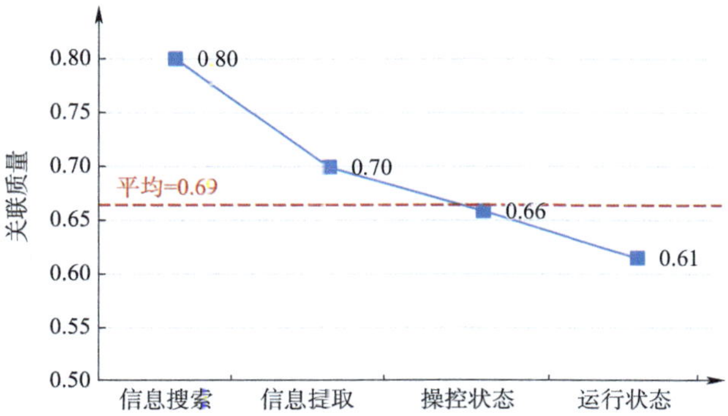

图 6-34　脑电特性指标与视认、行为指标的关联质量图

脑电与视认特性指标对行为指标的关联熵　　　表 6-23

类别	指标	速度（km/h）	速度标准差	加速度（m/s²）	加速度标准差	加速踏板功效（%·s）	加速踏板变化间距(m)	平均关联熵
信息搜索	总注视次数（次）	1.37	1.33	1.34	1.35	1.35	1.35	1.35
	标志内眼跳次数（次）	1.33	1.36	1.36	1.37	1.3	1.34	1.34
	标志内注视次数（次）	1.34	1.35	1.35	1.37	1.31	1.35	1.34
信息提取	总注视时间(s)	1.37	1.33	1.33	1.33	1.35	1.34	1.34
	平均注视时间(s)	1.38	1.32	1.33	1.33	1.35	1.34	1.34
	首个注视点时间(s)	1.29	1.28	1.3	1.3	1.36	1.31	1.31
早期注意	N100 峰值（μV）	1.35	1.34	1.33	1.35	1.32	1.35	1.34
认知辨别	N200 峰值（μV）	1.34	1.3	1.31	1.31	1.38	1.34	1.33
认知负荷	P300 峰值（μV）	1.3	1.35	1.35	1.34	1.29	1.37	1.33

　　将 6 种视认指标平均关联熵的结果转换为直观的图表形式，如图 6-35 所示。可以看出 6 种视认指标对驾驶行为的影响由大到小分别为：总注视次数＞标志内注视次数＞标志内眼跳次数＞平均注视时间＞总注视时间＞首个注视点时间。其中，首个注视点对驾驶行为的影响最小。

　　将 3 种脑电认知指标平均关联熵的结果转换为直观的图表形式，如图 6-36 所示。可以看出 3 种视认指标对驾驶行为的影响由大到小分别为：N100 峰值＞P300 峰值＞N200 峰值。其中，早期注意对驾驶行为影响最大。

　　以上分析获得了不同复杂度桥形标志影响下，驾驶人视认特征、行为特征及脑电特征的变化规律，三者间的关联关系以及视认与脑电特征对驾驶行为的影响关系。整体上可以看出，高等复杂桥形标志图形复杂、信息量大，使得驾驶人信息搜索、信息提取难度增大，同时早期注意、认知负荷增大，不利于驾驶行为表现，可能增加走错、错过出口的概率。为此，针对高等复杂桥形开展优化设计设置十分必要。

图 6-35　视认特性对驾驶行为特性对灰色关联熵

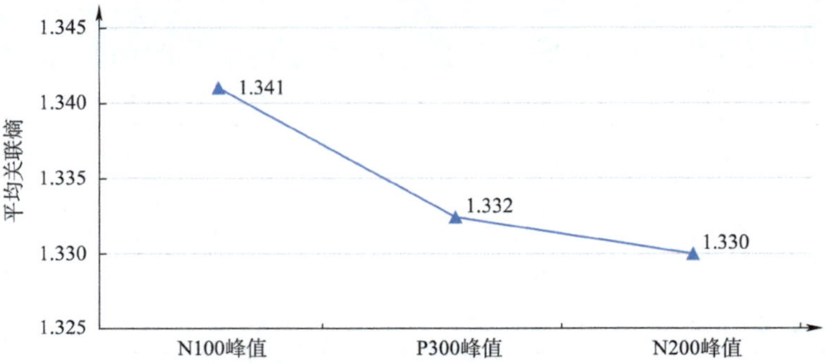

图 6-36　脑电特性对驾驶行为特性对灰色关联熵

六　小结

为明确桥形标志复杂度对驾驶人认知加工的影响规律,借助 Oddball 范式针对不同复杂度桥形标志开展脑电认知实验。采用重复测量方差分析量化桥形标志复杂度对驾驶人认知过程及脑电特性的影响。借助灰色理论、多元图理论挖掘驾驶人隐性特性与显性特性间的关联关系,解析不同复杂桥形标志影响下驾驶人认知过程与认知机理。

(1)形成了复杂桥形标认知特性的脑电认知实验测试、脑电认知特性表征、与认知过程显性隐性行为关联分析方法。

(2)结果表明,随着桥形标志复杂度增加,驾驶人认读时间增长,目的地寻找正确比例降低。驾驶人早期注意分配增加、早期注意时间滞后,认知难度增加。同时,不同复杂度桥形标志影响下,驾驶人视认特征、行为特征及脑电特征变化规律显示,高等复杂桥形标志图形复杂、信息量大,使得驾驶人信息搜索、信息提取难度增大,同时早期注意、认知负荷增大,不利于驾驶行为表现。

(3)成果揭示了复杂桥形标志对驾驶人视觉、行为、脑电特性的特性及关系的作用规律,证实了复杂桥形标志优化改善的必要性,为复杂桥形标志的优化与新型桥形标志的设计提供理论依据。

第五节　快速路复杂桥形标志优化

一　问题提出

随着交通出行需求增加以及道路网的不断完善,高速公路或快速路立体交叉建设形式趋于复杂化,由此导致的出口指向信息繁多、桥形标志形式多样等问题,将直接影响驾驶人寻路的有效性及行车安全。桥形标志作为城市快速路系统中的关键标志,其科学合理设置有助于实现交通流的正确和快速引导,对于保障快速路路网运行安全与效率具有重要意义。

研究表明,复杂多变的道路环境、信息过载的交通标志会增加驾驶人的认知负荷、转移精神注意,极易影响驾驶人行车安全。特别是复杂桥形标志的影响程度尤为明显。然而,我国已有研究针对高速公路、快速路预告标志较多,有关桥形标志设计与设置的相关规范或指南内容不够完善,缺乏桥形标复杂度的具体设计要求及桥形标设计有效性的综合评估。

本节借助模拟驾驶技术,提取不同桥形标志优化方案下驾驶人的特征表现,基于多维动态驾驶行为数据,综合评估不同优化方案设置效用,进而提出复杂桥形标志优化设计设置方法,为完善相关规范及指导工程应用提供技术支撑。

二　方案设计

1. 标志选取

研究表明,高等复杂度桥形标志对驾驶人驾驶行为、生理心理表现均存在消极影响,因此本节在第三节和第四节探究了复杂桥形标志等级划分、影响特征和作用机理的基础上,选取高等复杂度桥形标志中的 2 类典型标志作为研究对象,见表6-24,开展桥形标志优化设置方法研究。

2 类高等复杂度桥形标志　　　　　　　　　　　表6-24

编号	4	5	3	6	2	1	7	12	14	28	10
低等复杂度											
编号	11	24	8	31	33	34	15	22	30	19	18	9	16	27
中等复杂度														
编号	29	20	37	17	23	26	21	35	36	32	25
高等复杂度											

2. 场景设计

以北京市典型快速路作为场景开发原型,开发 2 条实验基础路径分别对应 2 类桥形标志的版面信息。

（1）基础路径设计。

实验设计 2 条基础路径，分别对应桥形标 C1、C2 指示的 2 类立交形式，如图 6-37 所示。2 条基础路径 D 点以前道路组成相同，包括以下 3 个路段：

①A—B：0.5km 的实验起始路段（双向四车道，限速 60km/h）；

②B—C：1.0km 实验过渡路段（双向两车道，限速 30km/h）；

③C—D：4.3km 城市快速路路段（双向六车道，限速 80km/h）。

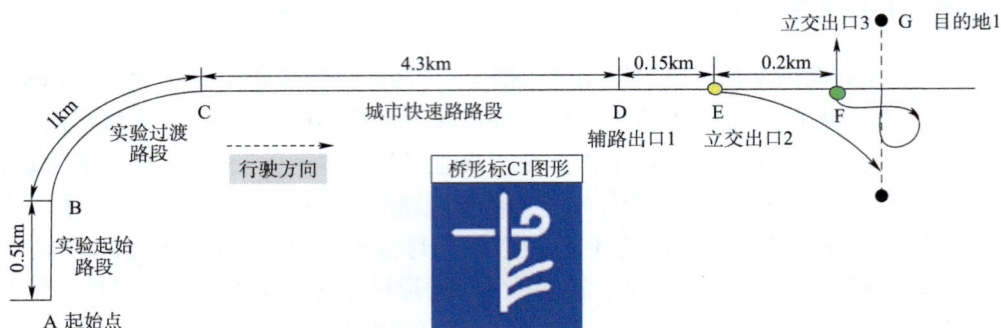

a）桥形标 C1 基础路径

b）桥形标 C2 基础路径

图 6-37　两种桥形标志实验路径图

2 条基础路径 D 点以后各包含 1 个辅路出口、2 个立交出口，但出口间距均不相同。立交匝道均为单向单车道（限速 30km/h）。在 2 条基础路径中，驾驶人需在桥形标志的引导下进行寻路，分别去往目的地 1 和 2（图 6-37）。2 条驾驶线路如下：

①桥形标 C1 基础路径中去往目的地 1 线路：A—B—C—D—E—F—G；

②桥形标 C2 基础路径中去往目的地 2 线路：A—B—C—D—E—F—G。

每条基础路径均为城市快速路环境，全程为 6～8km，驾驶人行驶时间在 10min 左右。

（2）5 种桥形标志设计。

2016 年北京市颁布的《北京城市快速路指路标志设置指南》指出，桥形标志应设置于立交出口减速车道的渐变段起点处。以此规定作为桥形标志设置现状，即实验对照组。此外，结合北京市交通管理部门、设计研究院所及国外交通领域相关专家的建议，选取桥形标志提前、重复、简化、配合地面文字（简称文字）共设置 4 种优化设置方法作为实验组。则每种桥形标志总计 5 种设置方法，每种设置方法详见表 6-25。基于 2 种实验路径，共形成 10 条不同的实验场景。

复杂桥形标志 5 种设置方法 表 6-25

设置方法	桥形标志设置情况
现状	设置于减速车道渐变段起点 0m 处
提前	设置于减速车道渐变段起点前 700m 处
重复	设置于减速车道渐变段起点 0m、前 300m 处
简化	将桥形标志(现状)拆分成多个单出口简化桥形标志
文字	桥形标志保持不变,设置于减速车道渐变段起点 0m 处出口附近配合地面文字设置

此外,在实际工程应用中,快速路立交出口前应设置指路标志系统:多级预告标志、桥形标志、出口标志。因此,每条实验场景除设置桥形标志外,还在城市快速路路段第 1 个出口(D 点)减速车道渐变段起点前 2km、1.5km、0.5km 处设置了相应预告标志,每个出口处设置了相应出口标志。同时,为避免路名熟悉对驾驶人造成的影响,对 10 条实验场景中的每条道路进行不重复命名,路名从全国各地区(除北京以外)路名中随机选取。

以桥形标 C2 的简化设置为例,由于该标志含有 3 个出口,依据简化原则,将桥形标 C2 拆分成多个单出口简化桥形标志,如图 6-38 所示。不同场景中道路命名不同,相应的桥形标志等指路标志中路名不同,以避免驾驶人因记住路名而不使用指路标志寻路的情况。

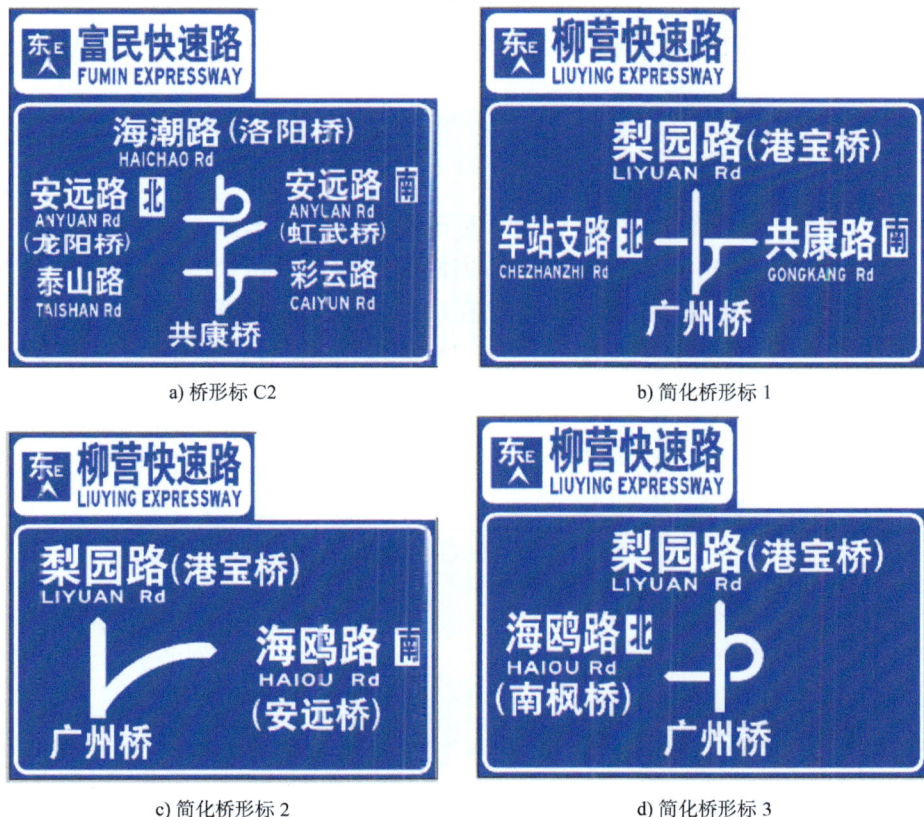

a) 桥形标 C2

b) 简化桥形标 1

c) 简化桥形标 2

d) 简化桥形标 3

图 6-38 桥形标 C2 简化设计示例

三　实验测试

采用模拟驾驶器开展实验测试。招募被试 28 名(男女比例 3 : 1),被试年龄分布在 20～55 岁之间(平均值 33.18,标准差 8.78),驾龄分布在 2～23 年之间(平均值 8.72,标准差 5.84)。被试的性别分布和年龄分布基本符合中国驾驶人的统计特征。

10 个实验场景中,每个场景包含 1 条驾驶线路。为避免驾驶人因熟悉驾驶线路而影响实验结果,实验分 2 次进行,间隔 3 天,每次随机驾驶 5 个场景。针对被试每次驾驶的实验步骤介绍如下:

(1)预驾驶:被试在非正式实验场景中驾驶 5min,以适应模拟车辆操作及驾车环境。

(2)宣读指导语:实验员告知被试实验过程相关注意事项,如车辆限速、仪器使用、事故处理等,并告知被试场景对应的目的地。

(3)佩戴设备:为被试佩戴眼动仪、皮电皮温仪器。

(4)正式驾驶:被试开始驾驶实验场景,模拟器主机采集车辆运行状态、操控行为数据。实验员记录整个实验过程。

(5)驾驶结束:实验员提问并记录被试在本场景中寻找目的地难易程度。随后摘取设备,休息 5min。重复步骤(2),直至完成 5 个实验场景。

(6)被试将 10 个场景全部完成之后,填写反映驾驶前后生理心理状态的主观问卷。

四　数据处理

经过对实验场景中桥形标志视认位置的反复测试,定义桥形标志前 200m 位置(视认起点)至通往目的地的匝道出口处为桥形标志的作用范围。特别的是,5 种优化设置方案中,桥形标志提前设置方案的第一块标志设置于第 1 出口减速车道渐变段起点前 700m,故以第 1 出口减速车道渐变段起点 D'前 900m 处 O 作为桥形标志影响范围起点,则桥形标 C1、C2 影响范围为 O—F,如图 6-39 所示。

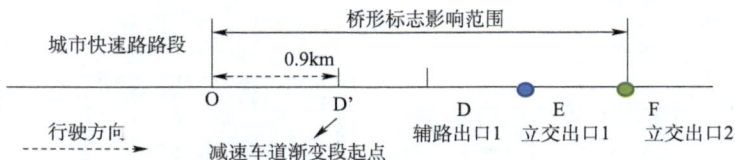

图 6-39　桥形标志影响范围

五　指标提取

为实现对桥形标志指路效用的全面评估,从驾驶人运行安全、操控行为、运行畅通、主观感受 4 个层面出发,提取桥形标志影响范围内 9 个特征指标,构建主客观相结合的综合评估指标体系。指标定义如下：

1. 运行安全

（1）平均速度（km/h）。平均速度用于反映车辆运动的快慢程度，一定程度表征驾驶人在该路段行驶的安全程度。

（2）速度标准差（km/h）。速度标准差用于反映在分析范围内，车辆运行速度的波动情况，体现驾驶人对车速控制的平稳性。

（3）平均加速度（m/s²）。平均加速度表示驾驶车辆的速度变化程度，可以反映驾驶人心理状态的变化。

（4）加速度标准差（m/s²）。加速度标准差表述车辆加速度的离散程度，反映驾驶人驾驶车辆的心理状态。

2. 操控行为

（1）制动次数（次）。驾驶人踩制动踏板和松加速踏板的次数和。

（2）加速踏板功效（%·s）。驾驶人踩加速踏板的深度和持续时间的乘积。

（3）制动踏板功效（%·s）。驾驶人踩制动踏板的深度和持续时间的乘积。

3. 运行畅通

行驶时间（s）：驾驶人前往目的地所花费的时长。

4. 主观感受

任务难易程度：驾驶人对寻找目的地难易程度的主观打分。0 代表非常难、10 代表非常容易，分值越高越好。

除此之外，每个场景下驾驶人出错次数（未寻找到正确目的地的总次数）表征桥形标志最终引导效果。为核实 9 种指标综合评估结果的有效性，可将出错次数与评估结果进行对比分析。

六 结果分析

采用灰色近优综合评估方法进行复杂桥形标志优化方案的评估优选。首先获取两类桥形标志不同优化设置方案影响下的 9 种评估指标，如表 6-26 所示。

9 种评估指标实验数据　　　　　　　　　　表 6-26

序号	项目	桥形标志 C1					桥形标志 C2				
		现状	提前	重复	简化	文字	现状	提前	重复	简化	文字
1	速度均值（km/h）	69.36	70.76	70.03	69.07	68.70	70.01	69.32	70.51	66.59	67.42
2	速度标准差（km/h）	11.05	10.02	8.96	10.65	12.14	11.21	9.57	8.86	14.21	11.45
3	平均加速度（m/s²）	−0.08	−0.09	−0.07	−0.07	−0.09	−0.07	−0.07	−0.06	−0.09	−0.06
4	加速度标准差（m/s²）	26.61	0.50	0.34	0.36	23.47	0.42	0.40	0.38	0.49	0.43
5	行驶时间（s）	141.06	136.58	138.32	138.46	143.21	140.52	143.35	141.39	146.71	147.39

序号	项目	桥形标志 C1					桥形标志 C2				
		现状	提前	重复	简化	文字	现状	提前	重复	简化	文字
6	制动次数（次）	12.21	6.00	10.39	6.00	11.50	7.54	15.36	19.86	4.93	16.36
7	加速踏板功效（%·s）	479.95	231.65	639.85	257.00	455.55	260.57	660.75	458.97	254.19	506.14
8	制动踏板功效（%·s）	115.89	79.29	89.61	59.89	76.18	118.82	51.58	30.38	108.06	36.07
9	任务难易程度	7.96	8.15	8.15	7.07	7.93	8.19	8.00	8.22	6.85	8.26

为实现桥形标志优化设置方案的效用综合评估，按照灰色近优综合评估原理，针对每类桥形标志不同设置方案的 9 种评估指标操作如下：

（1）针对 9 种评估指标数据，建立 1 个灰矩阵、白化灰矩阵。

（2）对白化灰矩阵进行标准化处理，即将矩阵中各白化灰元值映射到[0,1]区间，计算各白化灰元的效果测度并取代白化灰元值，得到近优白化灰矩阵。

（3）求解每种方案的近优度白化灰行矩阵；并对近优度进行排序，进行多种方案间的比较。

按照此求解步骤，逐步求解桥形标 C1、C2 的 5 种设置方法对应的近优度白化灰行矩阵 $\overline{R}'_{s1}$、$\overline{R}'_{s2}$。则对应 2 个近优度白化灰行矩阵具体如下：

$$\overline{R}'_{s1} = [0.23, 0.27, 0.36, 0.29, 0.23]$$

$$\overline{R}'_{s2} = [0.48, 0.54, 0.56, 0.47, 0.53]$$

根据灰色近优综合评估结果，结合表征桥形标志最终引导效果的驾驶人出错次数指标，针对两类复杂桥形标志的优化设置方案的综合效用总结如下：

1. 桥形标志 C1 优化设置方法

图 6-40 显示，桥形标志 C1 不同设置方案的近优度排序为重复、简化、提前、现状、文字；驾驶人出错次数由低到高排序为重复、简化、提前、文字、现状。两者排序基本一致。

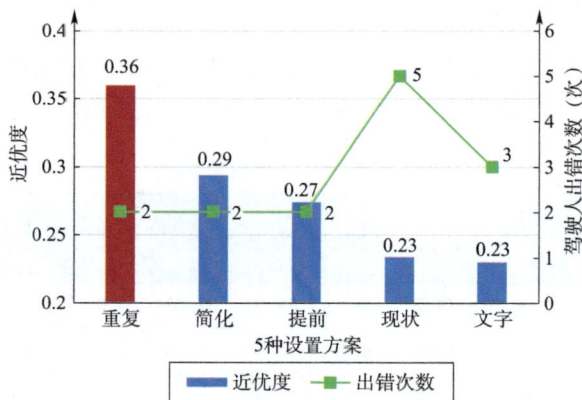

图 6-40　桥形标志 C1 的 5 种设置方案近优度及驾驶人出错次数影响范围

结果表明，桥形标志 C1 最优设置方法为重复，其次为简化、提前。桥形标志 C1 现状、文字设置效果相对不理想,驾驶人出错次数较多。

2. 桥形标志 C2 优化设置方法

桥形标志 C2 不同设置方案的近优度及驾驶人出错次数如图 6-41 所示。可以看出,近优度由高到低排序为重复、提前、文字、现状、简化;驾驶人出错次数由低到高排序为重复、文字、提前、现状、简化。两者排序基本吻合。

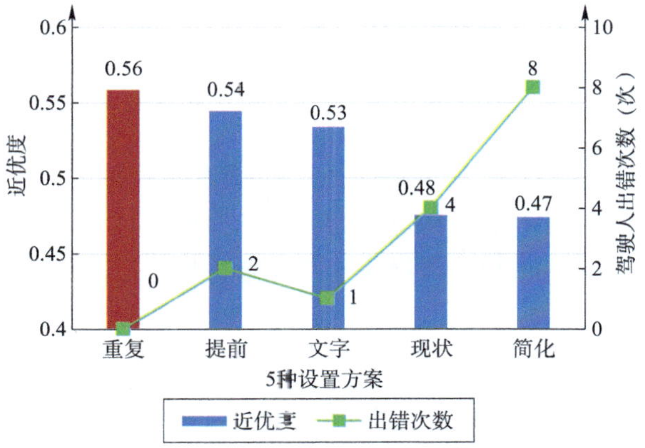

图 6-41 桥形标志 C2 的 5 种设置方案近优度及驾驶人出错次数影响范围

可见,桥形标志 C2 的最优设置方法为重复,其次为提前、文字。桥形标志 C2 现状、简化设置后对驾驶人综合影响效果不理想,且容易使驾驶人出错次数增加。

为进一步明确桥形标志优化设置方案的效用水平,将标志设置效用分成 5 个水平,即上等、中上等、一般、中下等、下等水平,汇总两种桥形标志不同设置方法的效用评估结果,如表 6-27 所示。

两种桥形标志不同方案设置效用水平排序 表 6-27

效用水平	1 （上等水平）	2 （中上等水平）	3 （一般水平）	4 （中下等水平）	5 （下等水平）
桥形标志 C1	重复	简化	提前	现状	文字
桥形标志 C2	重复	提前	文字	现状	简化

综合结果表明,桥形标志 C1、C2 现状设置效用并未达到最优水平,均处于中下等水平。重复设置为桥形标志 C1、C2 的上等水平优化方法。提前设置方案的效果较为稳定,其指路效果在一般、中上等水平;图形简化方案的效果不稳定,两种桥形标志条件下简化效果差别较大;配合地面文字设置后,桥形标志指路效果在一般水平及以下,与现状相比的提升效果不理想。

七 小结

为最大限度规避复杂桥形标志对驾驶人寻路造成的不利影响,选取高等复杂度桥形标志为对象,以驾驶人认知过程为理论基础,重点研究高等复杂桥形标志的优化设计设置方法。

（1）针对2种高等复杂度桥形标志进行优化设计设置研究,设计4种优化设置方法,通过驾驶模拟实验提取驾驶人在不同桥形标志优化方案引导下的动态驾驶行为数据,利用灰色近优综合评价模型评估不同优化方案的设置效用,最终提炼出高等复杂桥形标志的最优设计设置方法。

（2）现状桥形标志有较大的效用提升空间;两种复杂桥形标志的优化设置方案中,重复设置方法均表现出较好的效用水平;桥形标志重复设置后,能够提升车辆综合运行水平,降低驾驶出错次数。桥形标志提前设置方法效果一般,但较稳定,提前后的桥形标志指路效果在一般及中等水平;出口处配合地面文字设置后,与现状桥形标志设置效果相比,提升效果不理想。此外,灰色近优综合评估结果与驾驶人出错次数排序基本一致,桥形标志不同设置方案综合评估结果具有有效性。

（3）本节成果为指导快速路复杂桥形标志的优化设置提供了方法支撑。综合效用评价需进一步考虑其他维度的指标,从而构建更为完善的指标体系。同时,应进一步通过实际道路环境数据验证研究结论的有效性,指导快速路复杂桥形标志规范化设置。

第六节 城市快速路减速标线

一 问题提出

超速行驶是威胁交通安全的重要因素,也是交通事故主要致因。由于超速引发的严重交通事故对人民群众的生命和财产安全造成了严重损害,我国《刑法修正案（九）》已将超速行为列入危险驾驶罪,力图通过法律手段遏制超速驾驶行为。减速标线作为警示性控速设施,按照设置形式可分为横向减速标线和纵向减速标线,目前,减速标线在我国公路和城市道路中得到了广泛应用,是辅助管理部门实施车速管理与引导的常用手段。

尽管国家标准对减速标线的长度、宽度、间距以及设置位置等作出了原则性说明,但仍缺乏详细阐释和量化规定,给设计规划部门与运营管理单位带来了困扰。此外,对于按照标准规定设计和设置的减速标线是否能够在实际道路环境中有效地控制车速,目前仍缺乏充分的理论研究和实践经验论证。

因此,本节将基于驾驶模拟实验,选取不同减速标线的设计参数、道路线形以及坡度作为影响因素,探究减速标线作用下驾驶人的减速行为特性,量化新型减速标线的减速效用。结果可为减速标线的合理设置提供方法支撑,助力提升驾驶安全性、舒适性和顺畅性。

二 方案设计

1.因素水平设计

实验选取城市快速路下坡路段与立交匝道作为研究条件。控制因素与实验因素水平见

表6-28。在实验过程中,需要严格控制除上述因素以外的其他干扰因素,以获得理想实验数据。因素水平的组合设计见表6-29。

实验因素与水平　　　　　　　　　　　　　　　　表 6-28

因素		水平
道路线形	纵坡坡度(%)	1
		1.5
		2
		3
	匝道半径(m)	50
		80
		100
		200
		300
标线设计参数	横向减速标线间距(m)	标准×1
		标准×3/4
		标准×1/2
	纵向减速标线角度(°)	标准(45°)
		30
		135
		150

实验因素水平组合　　　　　　　　　　　　　　表 6-29

编号	组合	编号	组合
1	1%-空白	13	1%-横向减速标线(3/4)
2	1.5%-空白	14	1.5%-横向减速标线(3/4)
3	2%-空白	15	2%-横向减速标线(3/4)
4	3%-空白	16	3%-横向减速标线(3/4)
5	1%-横向减速标线(标准)	17	1%-纵向减速标线(30°)
6	1.5%-横向减速标线(标准)	18	1.5%-纵向减速标线(30°)
7	2%-横向减速标线(标准)	19	2%-纵向减速标线(30°)
8	3%-横向减速标线(标准)	20	3%-纵向减速标线(30°)
9	1%-纵向减速标线(标准)	21	1%-横向减速标线(1/2)
10	1.5%-纵向减速标线(标准)	22	1.5%-横向减速标线(1/2)
11	2%-纵向减速标线(标准)	23	2%-横向减速标线(1/2)
12	3%-纵向减速标线(标准)	24	3%-横向减速标线(1/2)

续上表

编号	组合	编号	组合
25	1%-纵向减速标线（135°）	42	300m-纵向减速标线（标准）
26	1.5%-纵向减速标线（135°）	43	50m-纵向减速标线（30°）
27	2%-纵向减速标线（135°）	44	80m-纵向减速标线（30°）
28	3%-纵向减速标线（135°）	45	100m-纵向减速标线（30°）
29	1%-纵向减速标线（150°）	46	200m-纵向减速标线（30°）
30	1.5%-纵向减速标线（150°）	47	300m-纵向减速标线（30°）
31	2%-纵向减速标线（150°）	48	50m-纵向减速标线（135°）
32	3%-纵向减速标线（150°）	49	80m-纵向减速标线（135°）
33	50m-空白	50	100m-纵向减速标线（135°）
34	80m-空白	51	200m-纵向减速标线（135°）
35	100m-空白	52	300m-纵向减速标线（135°）
36	200m-空白	53	50m-纵向减速标线（150°）
37	300m-空白	54	80m-纵向减速标线（150°）
38	50m-纵向减速标线（标准）	55	100m-纵向减速标线（150°）
39	80m-纵向减速标线（标准）	56	200m-纵向减速标线（150°）
40	100m-纵向减速标线（标准）	57	300m-纵向减速标线（150°）
41	200m-纵向减速标线（标准）		

2. 场景设计

为了研究不同道路条件下纵向与横向减速标线的减速机理及优化设计方案，实验搭建了9个虚拟道路场景，编号为J1～J9，每个场景包含4条直线纵坡路段与4条匝道路段。相邻实验路段间通过1km的直线路段衔接。将57种不同因素不同水平的组合分配进各场景，见表6-30。9个场景除与纵坡坡度、匝道半径及相关的线形指标外，其余道路交通元素、路侧景观等均一致。

实验路段组合分配情况　　　　表6-30

项目	纵坡1	匝道1	纵坡2	匝道2	纵坡3	匝道3	纵坡4	匝道4
J1	8	48	32	53	28	33	16	38
J2	12	—	24	—	4	43	20	—
J3	23	45	7	40	31	50	11	35
J4	19	55	15	—	3	—	27	—
J5	30	39	18	49	6	44	14	34
J6	2	—	10	54	26	—	22	—

项目	纵坡1	匝道1	纵坡2	匝道2	纵坡3	匝道3	纵坡4	匝道4
J7	13	47	25	41	17	56	21	37
J8	5	57	1	36	9	46	29	52
J9	—	42	—	51	—	—	—	—

　　虚拟实验场景中,标准组纵向与横向减速标线的设计参数与《道路交通标志和标线》(GB 5768.3—2009)的规定保持一致。实验用纵向与横向减速标线设计组见图 6-42 和图 6-43。

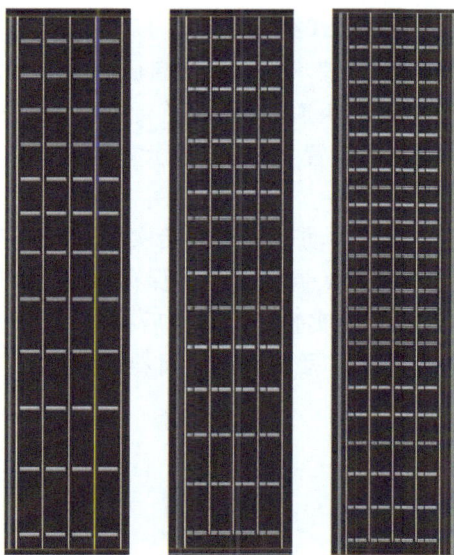

图 6-42　标准间距(左)、标准间距×3/4(中)与标准间距×1/2(右)的横向减速标线

图 6-43　纵向减速标线的不同设计角度(从左至右 30°、45°、135°、150°)

三 实验测试

基于驾驶模拟技术开展实验测试。招募被试 30 名(男女比例为 11∶4)。被试年龄分布在 20~69 岁之间(平均值 33.8,标准差 8.19),驾龄分布在 2~31 年之间(平均值 8,标准差 5.07)。有 2 名驾驶人因产生眩晕、恶心等不适情况,无法坚持实验,因此有效样本为 28 人。

每名被试需完成两次实验,每次实验包括一次试驾和 4 个(或 5 个)场景的驾驶任务。具体实验流程如下:

(1)实验前:被试填写基本信息表,包括年龄、驾龄等。随后,试驾 5min 以熟悉模拟实验环境及模拟器操作。试驾场景为非正式实验场景。

(2)宣读指导语:在驾驶过程中,要求被试按照自己的驾车习惯驾驶,必须一直保持在最外侧车道驾驶,不能变换车道。遇见匝道时,沿匝道行驶。如果发生碰撞或其他事故,请等待实验员将试验车移到场景的适当位置,并根据指示重新起动车辆。如果被试在驾驶过程中有任何不适,请及时告知实验员。

(3)正式实验:实验员告知被试起动车辆并开始实验,同时记录驾驶模拟器的数据。单个场景驾驶完成后,被试休息 3~5min,同时实验员保存驾驶模拟器的数据,然后调取下一个场景进行实验。4 个(或 5 个)场景的实验全部完成后,被试离开驾驶模拟舱。

(4)实验结束:实验员指导被试填写驾后调查问卷,对被试驾后身体状况和疲劳程度进行调查。

四 数据处理

实验共采集了 28 名驾驶人在 57 种实验因素水平组合路段的车辆运行数据与驾驶行为数据。首先,将从驾驶模拟器中得到的数据转化为规范的数据库数据,并整理归类,按照不同驾驶人、不同道路场景序号分类整理好数据并进行命名。其次,确定各场景中各减速标线实验路段铺设起点、终点的位置坐标,根据位置坐标截取数据,并通过 Microsoft Excel、MAT-LAB 以及 SPSS 等软件对数据进行统计分析。

五 指标提取

为了能够综合反映 57 种实验因素水平组合路段的车辆运行与驾驶行为特性,选取相对速度变化比、加速度标准差、横向偏移、加速踏板功效、制动踏板功效作为分析指标,从车辆运行状态与驾驶操控行为两个层面进行减速机理与优化设计研究:

(1)相对速度变化比:

$$\theta = \frac{v_n - v_0}{v_0} \tag{6-11}$$

式中，v_0 为恰好驶入纵向或横向减速标线的速度；v_n 为完全驶出纵向或横向减速标线的速度。该指标反映驾驶人驶入和离开减速标线时的速度相对变化情况。正值表明驾驶人在离开标线时速度增加，反之表明减速。

（2）加速度标准差：

$$a_{SD} = \sqrt{\frac{\sum_{i=1}^{n}(a_i - \bar{a})^2}{n-1}} \qquad (6\text{-}12)$$

式中，a_i 为减速标线区域内不同位置处的加速度；$\bar{a}$ 为平均加速度。该指标反映在纵向或横向减速标线区域内加速度的离散程度。

（3）横向偏移（m）：

$$L_p = l_i - \frac{w}{2} \qquad (6\text{-}13)$$

式中，L_p 为车辆中心线距离车道中心线的距离；l_i 为车辆在减速标线区域内 i 时刻距离车道右侧边缘线的距离；w 为车道宽度。该指标反映驾驶人在纵向或横向减速标线区域内的车辆位置。正值表明驾驶人在道路中心线左侧，负值表明驾驶人在道路中心线右侧。

（4）加速踏板功效（% · s）与制动踏板功效（% · s）：

$$\text{Pow}_{gas} = \int_0^T g(t)\,\mathrm{d}t \qquad (6\text{-}14)$$

$$\text{Pow}_{brake} = \int_0^T b(t)\,\mathrm{d}t \qquad (6\text{-}15)$$

式中，T 为驾驶人从驶入到驶出纵向减速标线的总时间；$g(t)$ 与 $b(t)$ 分别为 t 时刻的加速踏板深度与制动踏板深度。该指标反映在纵向减速标线区域内驾驶人的操控行为。

六　结果分析

以下坡路段横向减速标线为例，利用统计分析确定各种设计形式下车辆运行特征和驾驶行为特性，采用因子分析确定不同设计形式减速标线对驾驶人的综合影响，进而比较不同减速标线的效果，对减速标线进行优化设计。

1. 相对速度变化比

不同坡度下坡路段不同类型横向减速标线（标准间距、标准间距×3/4、标准间距×1/2）的驾驶人相对速度变化比见图6-44。可以看出，在道路纵坡为3%的场景中，相对速度变化比均为正值，说明被试在这三类减速标线路段行驶时速度普遍呈上升趋势，也就是说在道路纵坡为3%的路段中，横向减速标线的间距改变未能进一步控制车辆运行速度。在纵坡为2%的路段，横向减速标线间距压缩为标准间距的一半时，车辆运行速度有所降低；在1.5%和1%下坡路段，横向减速标线间距压缩为标准间距的3/4和1/2时，均能一定程度地控制驾驶人的速度增加趋势。此外，道路纵坡越小，因横向减速标线设计间距改变而带来的减速效果越明显。

图 6-44　不同场景中不同间距横向减速标线对应的平均相对速度变化比

利用重复测量方差分析检验横向减速标线间距与纵坡坡度对相对速度变化比是否存在显著性影响。结果表明,不同的道路纵坡对相对速度变化比有显著性影响($F_{(3,25)} = 6.957$, $p < 0.01$),但不同的间距对相对速度变化比没有统计意义上的显著性影响($F_{(2,54)} = 0.635$, $p = 0.534$)。由此可见,驾驶人的速度选择更主要受道路条件影响,而横向减速标线对其影响较小。

2. 加速度标准差

图 6-45 所示为不同类型横向减速标线在不同下坡路段的被试加速度标准差。可以看出,在 1% 和 1.5% 下坡段,当横向减速标线的间距缩减至标准间距的一半时,驾驶人会调整车辆运行状态,而在 2% 和 3% 下坡段,驾驶人主要在横向减速标线间距缩减至标准间距的 3/4 时调整车辆运行状态。在下坡路段纵坡较小时,道路条件对驾驶人行驶状态影响不大,密集的横向减速标线可能会让驾驶人感到紧张或分散注意力。但当下坡路段纵坡较大时,道路条件对驾驶人的影响会增加,并非横向减速标线铺设越密集其减速效果越显著。

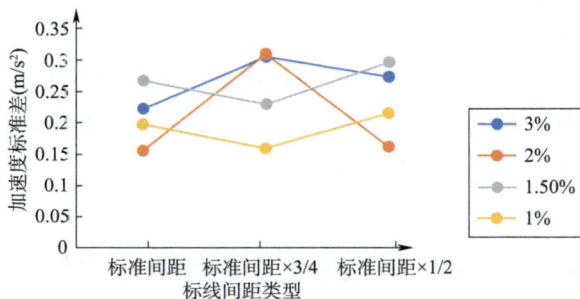

图 6-45　不同场景中不同减速标线对应的加速度标准差

与相对速度变化比相似,重复测量方差分析结果表明,不同的道路纵坡对被试的加速度标准差有显著性影响($F_{(3,81)} = 2.871$, $p < 0.05$),但不同的间距对被试的加速度标准差没有显著性影响($F_{(2,54)} = 1.686$, $p = 0.195$)。

3. 加速踏板功效

被试在不同坡度不同类型横向减速标线路段的加速踏板功效见图 6-46。可以看出,道路纵坡和横线减速标线密集程度对驾驶人的加速踏板操作行为影响不大。重复测量方差分析结果也表明,道路纵坡($F_{(3,25)}=0.934,p=0.446$)与横向减速标线间距($F_{(2,54)}=0.773$, $p=0.485$)对加速踏板功效均没有显著性影响。

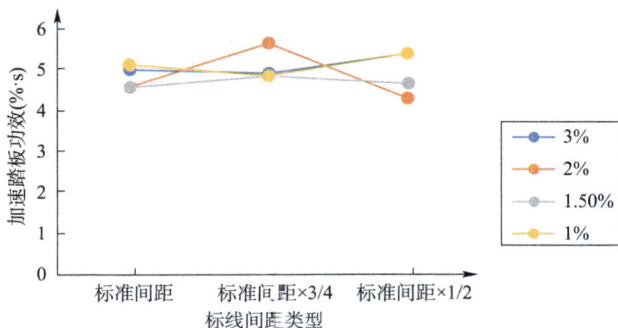

图6-46　不同场景中不同减速标线对应的加速踏板功效

4.制动踏板功效

被试在不同坡度不同类型横向减速标线路段的制动踏板功效见图6-47。可以看出,在道路纵坡为1%和3%的下坡段,横向减速标线间距缩短能够一定程度地增加驾驶人的制动踏板功效;在道路纵坡为1.5%和2%的下坡段,横向减速标线间距缩短至标准间距的3/4时可以增加驾驶人的制动踏板操作。但是,重复测量方差分析结果表明,道路纵坡($F_{(3,25)}=1.273,p=0.305$)与横向减速标线间距($F_{(2,26)}=1.305,p=0.288$)对制动踏板功效均没有显著性影响。

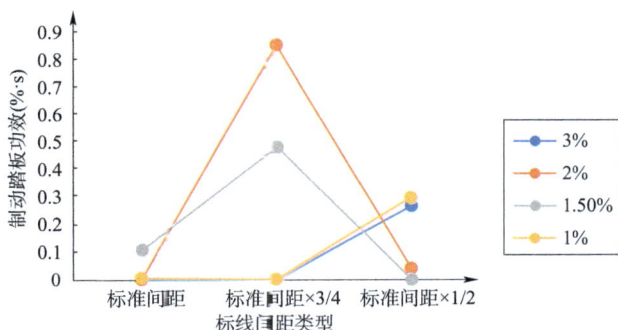

图6-47　不同场景中不同减速标线对应的制动踏板功效

5.优化设计效果评估

综合各项指标的统计检验结果,发现道路纵坡对相对速度变化比和加速度标准差这两个有显著性影响,横向减速标线间距对四个指标的影响均不具有统计学意义。从基本统计分析的情况考虑,在不同道路条件下,缩短横向减速标线间距仍然会对各项指标产生不同的影响。因此,以"纵坡坡度-横向减速标线间距"为研究条件,以相对速度变化比、加速度标准差、加速踏板功效、制动踏板功效为分类评价指标,采用因子分析方法,提取出两个公因子。经过四次方最大旋转后,得到了4个变量在2个因子上的因子负荷,见表6-31。其中,因子1支配的变量包括变量2(加速度标准差)、变量3(加速踏板功效)、变量4(制动踏板功效);因子 2 支配的变量包含变量 1(相对速度变化比)。

旋转后的因子负荷矩阵 表 6-31

变量	因子	
	1	2
变量 1	0.252	0.947
变量 2	0.741	0.136
变量 3	0.799	0.417
变量 4	0.908	−0.191

计算因子得分系数,得到 2 个因子与原始变量之间的关系:

$$F_1 = -0.090x_1 + 0.367x_2 + 0.331x_3 + 0.536x_4 \qquad (6-16)$$

$$F_2 = 0.881x_1 - 0.042x_2 + 0.224x_3 - 0.407x_4 \qquad (6-17)$$

因子得分与 2 个因子的关系为:

$$Y = 0.715 F_1 + 0.285 F_2 \qquad (6-18)$$

因子得分与各项指标的关系为:

$$Y = 0.186x_1 + 0.250x_2 + 0.301x_3 + 0.267x_4 \qquad (6-19)$$

由此计算得出不同道路条件及横向减速标线间距下的减速效用综合得分,见图 6-48。结果表明,在道路纵坡为 3% 的路段,各种设计间距的横向减速标线均表现出减速效果,其中间距缩短为国标规定的一半时减速效果相对较好。在 2% 和 1.5% 的路段铺设间距为标准间距 3/4 的横向减速标线,在道路纵坡为 1% 的路段铺设间距为标准间距 1/2 的横向减速标线,均具有较好的减速效用。

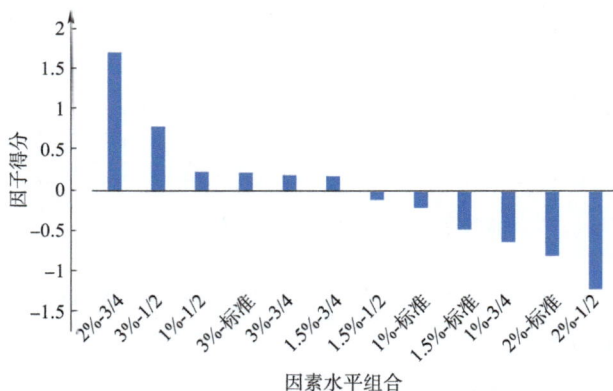

图 6-48 下坡路段横向减速标线效用评分

利用回归分析建立减速标线减速效用评分与道路纵坡、横向减速标线间距缩减比例及其交互作用之间的关系,得到如下关系:

$$Y = 37.04 z_1 + 23.44 z_2 - 42.59 z_1 \times z_2 \qquad (R^2 = 0.932) \qquad (6-20)$$

式中,Y 为驾驶人减速效果评分;z_1 为道路纵坡;z_2 为减速标线设计间距与国标规定数值的比例;$z_1 \times z_2$ 为道路纵坡与减速标线设计间距的交互效应。

由回归模型可知,如果不考虑道路纵坡与减速标线设计间距的交互效应,道路纵坡越大,驾驶人的减速效果越明显;而在纵坡为 0 的水平路段,单一缩短横向减速标线间距不但不能促使驾驶人减速,反而会降低驾驶人的减速效果评分。这可能是由于在纵坡为 0 的简单道路线形路段,过于密集的横向减速标线可能会导致驾驶人产生急于驶出减速标线路段的心理,造成车辆行驶速度增加。而不考虑道路纵坡与减速标线设计间距的主效应,两者的交互效应能够在道路纵坡较小且设计间距小于标准间距时,对驾驶人的减速效果产生更小的减益作用。总之,下坡路段横向减速标线对驾驶人产生的减速效果,需要综合考虑道路纵坡与减速标线设计间距两因素及其交互作用。

七 小结

通过驾驶模拟实验,以横向减速标线为例,获取了不同设计形式的纵向与横向减速标线作用下车辆运行与驾驶行为数据,以研究不同坡度下横向减速标线设置间距对车辆运行状态与驾驶行为特性的影响规律,并对不同设计形式的减速标线的减速效果进行了量化评价。

(1)形成了一般性评估方法,以针对不同坡度、道路线形下减速标线的驾驶模拟测试和优化设计。

(2)在2%、1.5%和1%下坡路段,横向减速标线间距的压缩能一定程度地控制驾驶人的速度增加趋势。此外,道路纵坡越小,横向减速标线设计间距改变的减速效果越明显。不同的道路纵坡对加速度标准差有显著性影响,但不同的间距对加速度标准差没有显著性影响。道路纵坡与横向减速标线间距对加速踏板功效和制动踏板功效均没有显著性影响。

(3)本节成果为减速标线的合理布设提供了方法支撑。未来研究中减速标线综合效用评价需进一步考虑例如驾驶人心理等维度指标,从而构建更为完善的指标体系。同时,应考虑减速标线与其他多种设施组合设置的应用效果。

第七节 学校地区交通标志

一 问题提出

学校地区作为道路交通安全的重点保护区域,如何保障学校地区的交通安全及交通秩序已经受到科研人员和管理部门的广泛关注。合理的交通管理措施以及完善的交通控制设施是提高学校地区道路交通安全的有效手段。因此,探究学校地区交通安全设施设置方法,促进交通安全设施的合理设置,对于提高学校地区的道路交通安全意义重大。

然而,我国学校地区交通安全设施设置的相关标准比较宏观,有关学校地区交通安全设施有效性的研究也较少,导致在工程实践方面缺乏理论指导。因此,不完备的交通管理和控制设施已经成为引发学校周边交通事故的主要原因之一。图 6-49 所示为《道路交通标志和标线　第 2 部分:道路交通标志》(GB 5768.2—2022)有关学校地区的标志、标线。国标中涉及学校地区的标志、标线,只是简单规定了标志、标线的内容、尺寸、作用等,并没有详细规定设置的位置及不同设施的组合设置等问题,这直接导致我国学校地区交通安全设施设置无可操控性原则可依。另外,部分学校出入口附近的人行横道标志不明显、标线不清晰,缺少行人过街信号灯等控制设施,过往车辆很少减速通过。以上因素共同导致了学校地区交通安全设施设置混乱,成为交通事故的潜在影响因素。

图 6-49　我国学校地区部分标志标线

针对学校地区交通安全设施设置混乱的现状问题,本节首先开展了涉及学校地区周边道路状况、学校学生规模及出行方式比例、学校门前交通运行状况和学校周边交通安全设施设置现状的调查,划分学校类型为 A ~ C 三个等级,并将安全隐患比较突出的 B 类和 C 类小学作为研究对象,然后通过主观问卷获取交通参与者在学校地区的出行需求,并根据需求结果设计 17 种交通设施组合设置方案,进一步依托驾驶模拟实验获取不同组合方案下的驾驶行为数据,最终实现学校地区交通安全设施设置的最优方案比选,为学校地区的交通安全设施设置提供参考依据。

二　方案设计

(一)调查内容

以北京市的 20 所小学为对象展开实地调查。调查主要涉及学校地区周边道路状况、学校学生规模及出行方式比例、学校门前交通运行状况和学校周边交通安全设施设置现状等,具体有以下四个方面的内容:

1.学校地区周边道路状况

实地调查学校周边道路的基本情况,初步判定道路等级,详细记录道路的横断面信息及周边环境状况,并绘制草图。具体内容包括道路横断面形式、学生过街方式、学校至交叉口的距离、路段所处区域用地性质等。

2.学校学生规模及出行方式比例

通过询问学校保卫人员及接送孩子上下学的家长,大致了解学校学生的总体情况,包括学校学生数、学生主要来源以及学生上下学出行方式比例等信息。

3.学校门前交通运行状况

实地调查学校门前道路的交通运行状况,大致判断道路上交通量的大小、车辆运行速度的快慢以及上、下学期间的车辆运行秩序(是否拥堵、有无专用停车区域、有无专业人员管理和疏导等)。

4. 学校周边交通安全设施设置状况

实地调查并记录小学门前已有的与学校相关的交通安全设施,并将其设置位置与道路信息一并绘制草图,具体包括标志标线等交通安全管理与控制设施以及学校自身所特有的管理措施等。

(二)类型划分及选择

考虑到小学门前学生的过街方式、学校所处路段的道路交通条件以及学校所处区域的用地性质,将小学划分为 A、B、C 三类进行研究。

A 类小学:主要位于快速路、主干道的辅路路侧,学生通过天桥或地下通道过街,过街行人与车辆不在同一平面,不发生冲突。

B 类小学:主要位于主干道辅路或次干道两侧,学生按行人过街信号灯过街,过街行人与车辆在同一平面,存在潜在冲突。

C 类小学:主要位于次干道及支路两侧,部分学校位于小区内部,学生按斑马线过街或直接穿行,无其他控制措施,过街行人与车辆在同一平面,存在冲突。

其中,C 类小学门前交通安全设施配置较低,不规范性较大,且过街行人与车辆之间存在冲突,部分学校上下学期间交通秩序相当混乱,安全隐患相对显著,因此,C 类小学是研究的重点。同时,由于 B 类小学位于主干道辅路及次干道两侧,途经车辆速度快,虽然学生过街采用信号灯控制,但过街行人与车辆之间仍可能存在一定的潜在冲突,危险性仍较大,因此 B 类小学同样应纳入研究范畴。

(三)学校地区交通安全设施设置现状及需求分析

通过主观问卷获取交通参与者(包括机动车驾驶人、非机动车驾驶人、学校周边行人、学生及家长等)在学校地区的出行需求(例如停车需求、安全过街需求等)。

1. 学校地区交通安全现状分析

调查结果见图 6-50,由图可知,其中只有 16% 的交通参与者认为当前学校周边的交通安全现状是安全的,而其余 84% 的交通参与者认为学校周边的交通安全现状不太安全,其安全水平令人担忧。

进一步调查结果见图 6-51,结果表明,乱停车现象十分突出,这一结果符合学校周边的现状,其次是行人过街时比较混乱,这种情况主要出现在学生上下学期间,行人聚众过街造成的。而车速过快、儿童过街不遵守交通规则等情况较少。

2. 学校地区交通安全设施视认性分析

道路上大部分标志、标线是针对在道路上行驶的驾驶人所设置的,驾驶人正确理解标志、标线所代表的含义,是标志、标线发挥预期作用的首要前提。针对学校地区常用的 7 种标志标线,调查统计出了驾驶人对于标志、标线的正确理解程度,结果如表 6-32 所示。

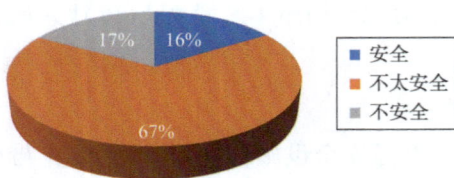

图 6-50 学校周边交通安全现状

图 6-51 学校周边不安全的原因

学校地区交通安全设施视认性统计结果 表 6-32

序号	标志、标线	含义	选择正确比例
1	前方学校	前方学校警告标志	96%
2		前方学校提示标志(学校地区宣传语)	95%
3		人行横道标志	91%
4		限速 30km/h	87%
5		注意行人标志	75%
6		禁止车辆临时或长时间停放标志	65%

序号	标志、标线	含义	选择正确比例
7		人行横道及人行横道预告标线	53%

由表 6-31 可知,对于每种标志、标线均有超过 50% 的人选择了正确的选项,其中正确比例比较低的是人行横道及人行横道预告标线,只有 53% 的人给出了正确的选择。

3.学校地区交通安全设施设置信息需求分析

在 B 类典型小学和 C 类典型小学周边开展交通信息需求调查,结果见表 6-33。

交通信息需求统计结果　　　　　　　　　　　　表 6-33

序号	标志、标线	含义	B 类小学	C 类小学
1		前方学校警告标志	84%	84%
2		限速 30km/h	69%	69%
3		慢行标志	63%	52%
4		前方学校提示标志 (学校地区宣传语)	58%	54%
5		前方学校标线(红路面)	56%	54%

序号	标志、标线	含义	B类小学	C类小学
6		人行横道标志	53%	58%
7		黄闪标志	50%	51%
8		禁止车辆临时或 长时间停放标志	45%	45%
9		禁止掉头标志	37%	42%
10		停车标志	32%	30%
11		禁止打手机	29%	27%
12		自行车道	20%	6%

序号	标志、标线	含义	B 类小学	C 类小学
13		靠右行驶	12%	10%

由统计结果可知,两类学校对于同种设施的需求比例基本相同。选择比例超过 50% 的设施有 7 种,其中包括人行横道标志,但该标志不属于学校区域所特有的标志,因此选择除人行横道标志以外的其余 6 种设施作为进一步研究对象,包括:①前方学校警告标志;②限速标志;③慢行标志;④前方学校提示标志;⑤前方学校红色路面标线(红路面);⑥黄闪标志。

(四)学校地区交通标志方案设计

对上述得到的 6 种高需求交通安全设施进行组合,得表 6-34 所示 17 种设施组合设置方案。

交通安全设施组合设置方案　　　　　表 6-34

方案	空白	现状(基础设施)		黄闪	限速	慢行	红路面
		提示前方学校	警告前方学校				
1	✓						
2		✓	✓				
3		✓		✓			
4		✓	✓		✓		
5		✓	✓			✓	
6		✓	✓				✓
7		✓		✓		✓	
8		✓		✓			✓
9		✓		✓		✓	✓
10		✓	✓		✓	✓	
11		✓	✓		✓		✓
12		✓	✓		✓		✓
13		✓	✓			✓	✓
14				✓	✓		
15		✓		✓		✓	
16		✓		✓	✓		✓
17		✓		✓	✓	✓	✓

其中,第 1 种方案为没有任何学校标志、标线的空白组,实验中作为对照组。另外,在实地调查过程中发现,70% 以上的学校周边设有前方学校提示标志,90% 以上的学校周边设有前方学校警告标志,所以在进行实验方案设计时,将前方学校提示标志和前方学校警告标志作为基础设施,将具有这两个基础设施的方案作为现状组。在现状组的基础上增加其他标志、标线,形成 16 种组合方案。最终得到所有的组合方案,即每个学校有 17 种方案。

以上几种标志、标线的设置空间位置顺序由远及近为:①前方学校提示标志;②前方学校警告标志(或黄闪标志);③限速标志;④慢行标志;⑤红路面,如图 6-52 所示。

图 6-52　学校地区标志、标线设置顺序示意图

(五) 驾驶模拟实验设计

根据 2 类小学所在地区的实地数据及实际道路线形、尺寸,采用纬地软件生成与实际道路结构相同的道路,利用 Creator 软件搭建房屋、树木等,使用 Photoshop 软件对实地采集的大量图片进行修正,然后用 Creator 软件将所有单独的部分合成一个整体模型,最后借助 Road Tools 软件将搭建好的整体模型导入到驾驶模拟舱中,完成实验场景的搭建。实验场景如图 6-53 所示。

图 6-53　驾驶模拟舱实验场景

2 类学校各 17 种交通安全设施组合方案共形成 34 种方案。为了尽量减小驾驶人对环境的熟悉程度,在实验场景制作过程中将 2 类学校的场景穿插排列。同时,为了避免驾驶时间过长导致的驾驶疲劳影响数据采集,实验将 34 种方案分为 5 个场景,前 4 个场景中每个场景有 8 种方案,第 5 个场景有 2 种方案,如表 6-35 所示。

驾驶模拟实验场景详情　　　　　　　　　　　表 6-35

序号	C类	B类	C类	B类	C类	B类	C类	B类
场景 1	红路面	黄闪 + 慢行	黄闪 + 限速	黄闪 + 限速 + 红路面	黄闪 + 限速 + 红路面	限速 + 慢行	黄闪 + 限速 + 慢行	黄闪 + 限速 + 慢行 + 红路面

续上表

序号	C类	B类	C类	B类	C类	B类	C类	B类
场景2	黄闪+红路面	黄闪+限速	现状	红路面	慢行+红路面	黄闪+限速+慢行	黄闪	黄闪+慢行+红路面
场景3	限速+红路面	限速	黄闪+慢行	黄闪+红路面	限速+慢行+红路面	慢行	限速+慢行	慢行+红路面
场景4	黄闪+限速+红路面	现状	限速	限速+红路面	黄闪+限速+慢行+红路面	黄闪	慢行	限速+慢行+红路面
场景5	空白							

驾驶模拟实验路线设计中,驾驶人驶入学校之前,设有800m左右的过渡路段,此路段的目的是减弱驾驶人对环境的熟悉程度。另外,研究所选的 B 类典型小学的区域长度约500m,C 类典型小学的区域长度约300m,所以前 4 个场景的长度约为12.8km,第 5 个场景的长度约为3.2km。图6-54 所示为实验过程中以场景 1 为例的驾驶人的行驶路线,B 类典型小学和 C 类典型小学在 A—G 段间隔排列。驾驶人从 A 段出发依次经过 B、C、D、E、F、G 最终到达 H 段完成驾驶任务(备注:示意图中用 S1 代表前方学校提示标志,S2 代表前方学校警告标志)。其他 4 组场景与场景 1 类似。需要说明的是,实验路线图只是描述标志、标线的排列顺序,并不能表达出明确的位置信息。但是对于同一所小学,同一种标志在不同场景中设置位置是相同的,这消除了实验过程中设施设置位置差异造成的影响。

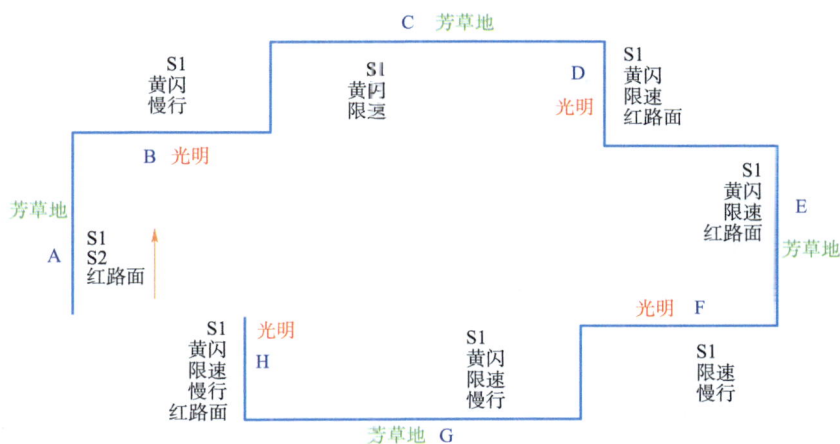

图 6-54　驾驶模拟实验路线(以场景 1 为例)

三　实验测试

采用驾驶模拟器开展实验测试。招募被试 32 名(男女比例 7∶1),被试年龄分布在 21～46 岁之间,驾龄分布在 2～24 年之间。

具体实验步骤如下：

（1）宣读实验指导语：在驾驶过程中保持安全舒适的坐姿，尽量保持头部不动；根据道路条件选择您认为合理的车速；当遇到单向三车道的道路时请在中间车道行驶，当遇到单向一车道的道路时请正常行驶；如果在驾驶过程中出现熄火、碰撞等事件时，请保持原地不动，听从实验员的指挥；如出现头晕等情况，请举手示意实验员，停止试驾。

（2）被试试驾：试驾阶段持续5min左右，目的是让被试熟悉驾驶模拟器的转向、加速及制动等功能，如果试驾阶段出现头晕等不良现象，终止试驾，该被试不能参加后续正式实验。

（3）正式实验：为了提高驾驶模拟实验场景的真实性，在驾驶过程中，除了被试所在的车道，其他车道将会出现其他车辆。整个驾驶过程分为两部分，驾驶人首先完成场景1、2、3、4中任意两个场景的驾驶任务，休息20min后，完成包括场景5在内的剩余场景的驾驶任务。在整个驾驶过程中，实验员将记录被试在驾驶过程中出现的主要事件，如熄火、碰撞等。

（4）驾后主观问卷：问卷内容主要是对驾驶模拟舱有效性的评价。

四　指标提取

此前相关分析表明，校门前第一制动点时驾驶人的行为已经受到了标志、标线的影响，因此选取了第一制动点与校门口之间的数据范围。提取平均速度、相对速度变化率及加速度标准差3项与速度有关的指标，以分析不同方案组合对驾驶人行车状态的影响。各指标定义如下：

（1）平均速度（km/h）。平均速度即在一段时间内运动的快慢程度，可以从宏观角度表明方案的整体有效性。

（2）相对速度变化率。相对速度变化率是速度相对变化值对时间的导数，可以反映在一定周期内速度变化的情况，评估方案对速度的影响效果。

（3）加速度标准差（m/s^2）。加速度标准差指驾驶人车辆加速度的离散程度，可反映方案中标志标线的连贯性，以及驾驶人减速过程中的行驶平稳性。

五　结果分析

1. 平均速度

两类学校各方案下车辆平均速度如图6-55所示。

2. 相对速度变化率

两类学校各方案下车辆相对速度变化率如图6-56所示。

3. 加速度标准差

两类学校各方案下车辆加速度标准差如图6-57所示。

图 6-55 两类学校各方案下车辆平均速度

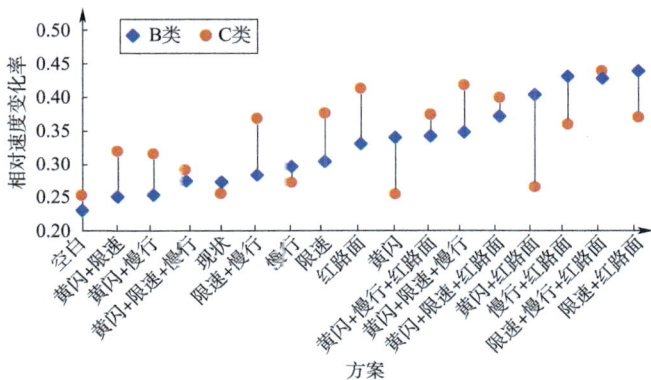

图 6-56 两类学校各方案下车辆相对速度变化率

图 6-57 两类学校各方案下车辆加速度标准差

4. 最优方案汇总

将 3 项指标的最终分析结果汇总于表 6-36,表中"＊"代表相应评价指标在各方案之间存在显著性差异,"√"表示相应指标下较优的方案。

最优方案汇总表　　　　　　　　　　　　　　表 6-36

方案	平均速度		相对速度变化率		加速度标准差	
	B 类典型小学	C 类典型小学	B 类典型小学	C 类典型小学	B 类典型小学	C 类典型小学
空白						✓
现状						✓
限速	✓			✓		✓
黄闪 + 限速	✓	✓				✓
限速 + 红路面	✓		✓	✓		✓
红路面	✓	✓				✓
黄闪 + 慢行	✓					
慢行	✓					✓
限速 + 慢行	✓			✓		✓
黄闪						✓
黄闪 + 限速 + 慢行 + 红路面	✓		✓	✓		
黄闪 + 限速 + 慢行	✓					
限速 + 慢行 + 红路面	✓		✓	✓		
慢行 + 红路面	✓		✓	✓		✓
黄闪 + 限速 + 红路面	✓		✓	✓		
黄闪 + 慢行 + 红路面			✓	✓		
黄闪 + 红路面	✓		✓			✓

　　对于 B 类典型小学，由平均速度和相对速度变化率 2 项指标共同确定了 7 种较优方案，分别为：限速 + 红路面、黄闪 + 限速 + 慢行 + 红路面、限速 + 慢行 + 红路面、慢行 + 红路面、黄闪 + 限速 + 红路面、黄闪 + 慢行 + 红路面、黄闪 + 红路面。对于 C 类典型小学，由 3 项指标的共同作用最终确定了一种最优方案，即为铺设红色路面标线。

　　进一步，对于 B 类型小学的 7 种较优方案，兼顾考虑设施的设置成本及驾驶人减速过程中的舒适性，引入 85% 位速度差、加速度标准差、设施成本 3 项指标进行综合评估。对 7 个方案的评价指标决策矩阵进行规范化处理，之后召集多位专家依据个人经验对 3 个评价指标的重要性进行打分，以此来确定评价指标的群偏好权重。该群偏好权重有效避免了专家个人的方案倾向性，使各方案具有平等的竞争基础。

　　最后，由评价结果可知，从控制速度、增强驾驶人行驶稳定性、节约成本三个角度考虑时，综合评价值最高的方案为：慢行 + 红路面，即 B 类小学最优设置方案为慢行 + 红路面。

　　各方案综合评价值见表 6-37。

各方案综合评价值　　　　　　　　　　　　　　　　　表 6-37

方案编号	方案	综合评价值
a1	限速 + 红路面	$d_1 = 0.019 \times 0.378 + 0.12 \times 0.242 + 0.18 \times 0.38 = 0.105$
a2	黄闪 + 限速 + 慢行 + 红路面	$d_2 = 0.172 \times 0.378 + 0.142 \times 0.242 + 0.108 \times 0.38 = 0.141$
a3	限速 + 慢行 + 红路面	$d_3 = 0.129 \times 0.378 + 0.136 \times 0.242 + 0.155 \times 0.38 = 0.140$
a4	**慢行 + 红路面**	$\mathbf{d_4 = 0.207 \times 0.378 + 0.115 \times 0.242 + 0.180 \times 0.38 = 0.175}$
a5	黄闪 + 限速 + 红路面	$d_5 = 0.145 \times 0.378 + 0.138 \times 0.242 + 0.120 \times 0.38 = 0.134$
a6	黄闪 + 慢行 + 红路面	$d_6 = 0.129 \times 0.378 + 0.221 \times 0.242 + 0.120 \times 0.38 = 0.148$
a7	黄闪 + 红路面	$d_7 = 0.199 \times 0.378 + 0.127 \times 0.242 + 0.135 \times 0.38 = 0.157$

六　小结

以行人(学生)过街安全性为关注点,结合学校地区道路交通条件将北京市的学校类型划分为 3 类,开展学校地区交通安全设施的需求分析,依托驾驶模拟实验对 17 种设施组合方案进行了最优方案比选。

(1)以上内容形成了针对不同类型学校地区交通安全设施组合设置的驾驶模拟测试和综合评估的一般性方法。

(2)分析结果表明,B 类小学较优方案有 7 种,分别为限速 + 红路面、黄闪 + 限速 + 慢行 + 红路面、限速 + 慢行 + 红路面、慢行 + 红路面、黄闪 + 限速 + 红路面、黄闪 + 慢行 + 红路面、黄闪 + 红路面。如果在考虑降速的同时考虑驾驶人的行驶平稳性和设施成本效益,则最优方案为同时设置慢行标志和红路面标线;C 类小学以降速为目的最优设置方案为铺设红路面标线。

(3)本节成果为学校地区交通安全设施的合理设置提供了方法支撑,为完善学校地区相关标准提供了一定的理论依据。实际应用中,不同学校路段的交通安全设施设置应因地制宜,综合考虑周边的事故状况和设施的设置成本。

第八节　高速公路互通立交指路预告标志

一　问题提出

目前,高速公路枢纽互通立交面临寻路难的现实问题。调研显示近 90% 的驾驶人有亘速公路上走错路、迷路经历,同时会引发焦虑、精神紧张等不良驾驶情绪。其中,高速公路枢纽互通立交是驾驶人最容易迷路的路段(48%),其次是高速公路与城市道路衔接路段(38%)和高速公路与一般公路衔接路段(36%)。此外,国内外交通事故统计也表明高速公路出入口往往是事故多发路段,超过50%的事故发生于出口及附近。枢纽互通立交具有辅助车道、多车道匝道出口、主线分流等超出驾驶预期的交通组织形式,因而更容易产生交通安全问题。

清晰的指路标志对正确、高效的导向和指引有重要意义。发达国家技术规范认为枢纽互通对指路标志的要求比一般互通更高,且对枢纽互通指路标志进行了单独规定。面向我国枢纽互通立交路径找寻和安全导引的问题,迫切需要基于我国互通立交的具体功能和形式,明确枢纽互通立交指路标志设计特殊要求,升级完善我国高速公路指路标志体系。

本节面向复杂路网环境下枢纽互通立交指路标志设计的现实需求,探索枢纽互通立交寻路行为的研究方法,分析不同指路预告标志设计要素对驾驶行为的影响特征和作用规律,为枢纽互通指路标志效用评价和设优化设计确定奠定基础。

二 方案设计

实验以枢纽互通立交指路标志设计要素为研究对象,实验控制因素包括500m、1km、2km预告标志的版面形式和增设预告标志方式。

1. 预告标志版面形式

面向匝道分流出口场景处的预告标志版面形式展开研究,预告标志数量保持不变,最远预告距离为2km,实验控制因素为500m、1km和2km预告标志的版面形式,含分版面文字式(基础方案)、箭头图形式和竖线图形式(图6-58)。

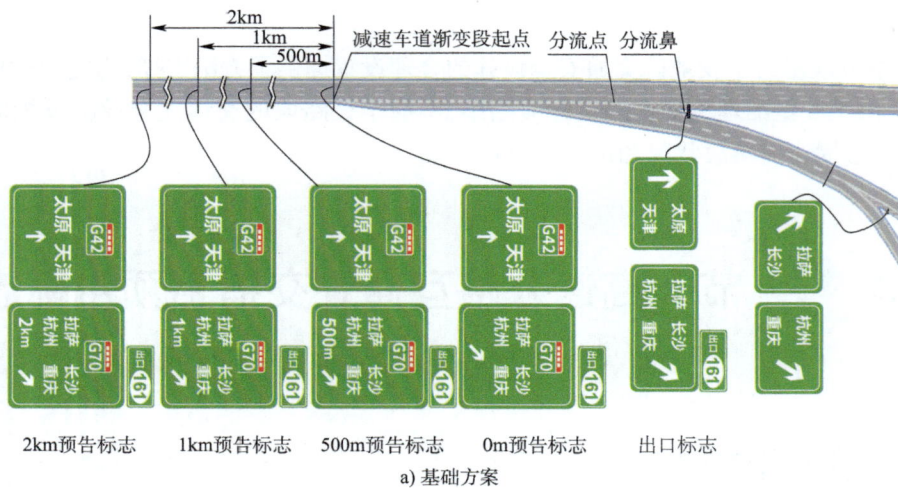

a) 基础方案

图 6-58

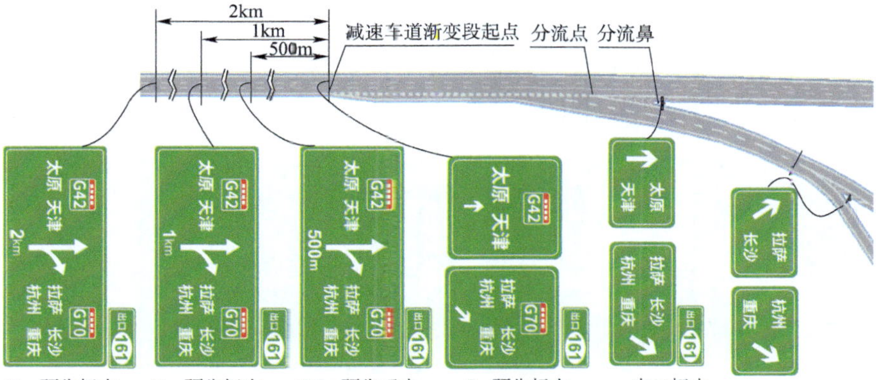

2km预告标志　1km预告标志　500m预告标志　0m预告标志　出口标志
b) 版面形式改进（箭头图形式）

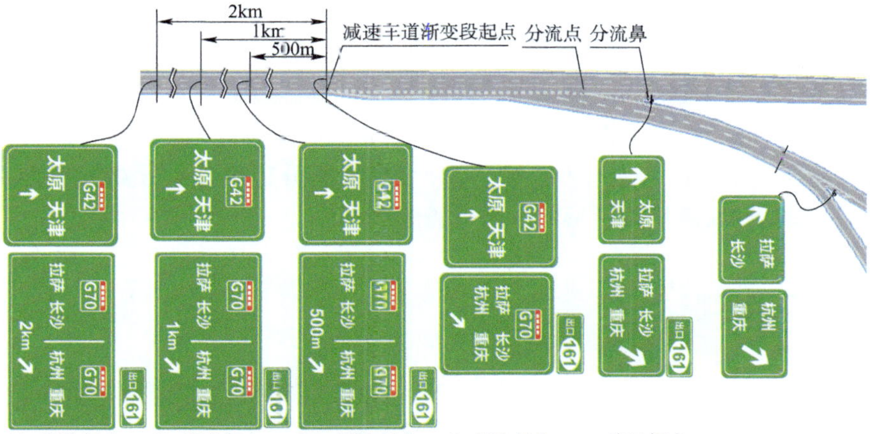

2km预告标志　1km预告标志　500m预告标志　0m预告标志　出口标志
c) 版面形式改进（竖线图形式）

图 6-58　匝道分流预告标志方案

2. 增设预告标志方式

增设预告标志方式研究中,500m、1km 和 2km 预告标志的版面形式保持不变,均采用分版面文字式,实验控制因素为增设预告标志的方式,分为增设 3km 标志和增设 1.5km 标志(图6-59)。

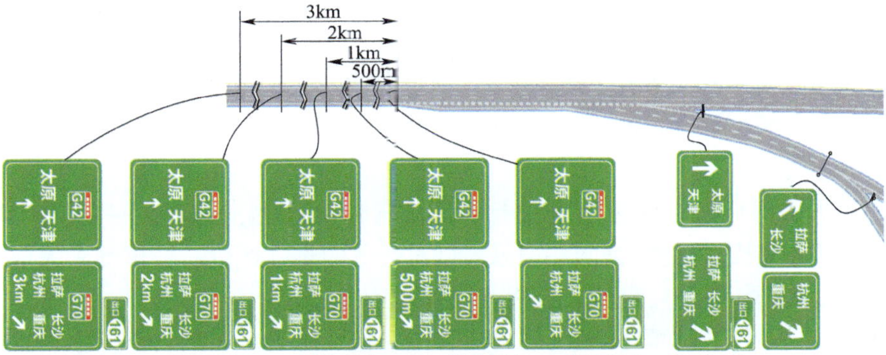

3km预告标志　2km预告标志　1km预告标志　500m预告标志　0m预告标志　出口标志
a) 增设 3km 标志

图　6-59

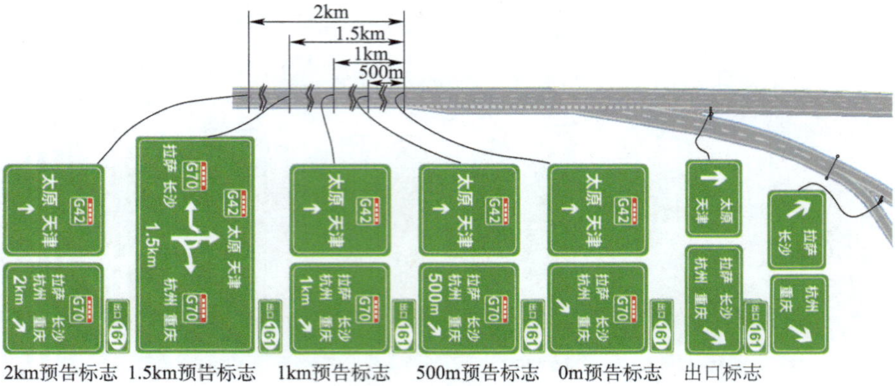

图 6-59　匝道分流增设预告标志改进方案

考虑到本次实验中预告标志的最远设置距离不一致,为了排除行驶时间不一致带来的影响,标志设置段均按最远预告标志设置距离 3km 至分流鼻搭建,基本段前也搭建 1.5km 的空白段。为防止单一出口熟悉性误差,每种设置方案分别设计了寻路任务在主线和出口(左行和右行)的场景,随机排列形成 5 个行驶路线。

三　实验测试

采用模拟驾驶器开展实验测试。招募 32 名被试,其中女性 7 名,男性 25 名,平均年龄为 32 岁(标准差 9.866),平均驾龄为 8.4 年(标准差 7.849)。

实验按照适应驾驶、正式实验和问卷调查三部分严格控制流程。首先进行适应驾驶,在非本次实验环境中试驾 5 ~ 10min,使其熟悉驾驶模拟环境和操作,试驾后被试填写驾前调查问卷,以了解被试是否具备实验条件,随后开始正式实验。

正式实验中驾驶人需要驾驶完成全部路线,路线顺序随机抽取,每个路线驾驶一次,具体步骤如下:

(1)实验员向驾驶人宣读实验指导语,要求被试听从实验员指令,按照自身驾驶习惯进行寻路实验,如有异常及时告知实验员。

(2)被试进入驾驶模拟系统,实验员下达寻路任务,任务形式包括前往的高速公路编号名称和地名方向,如"经 G15 高速公路往海口方向",被试确认明白目标信息,复述一遍无误后,起动车辆开始实验。

(3)驾驶人按照目标信息,根据指路标志完成驾驶,行驶过分流鼻后一定距离,实验员提示停车,记录任务完成正确性,询问并记录被试对任务的难度评价。被试驾驶完成一个路线后休息 10min,重复步骤(3),直至完成所有场景。

全部场景完成后,被试填写问卷,问卷内容主要包括对出口区域指路标志设置形式的主观理解、态度、实验环境有效性评价以及身体状况、精神状态等。

四　数据处理

实验场景经多次反复测试,确定每个指路标志的判读距离为标志前200m。因此,研究范围定义为从最远设置的预告标志前200m至分流鼻区域。

(1)预告标志版面形式影响的评价范围为2km预告标志前200m至分流鼻。

(2)增设预告标志方式影响的评价范围为3km预告标志前200m至分流鼻。

五　指标提取

高速公路枢纽互通立交出口指路标志设置效用体现在驾驶安全、舒适、效率、驾驶人满意度等多方面,选取平稳性、预知性、出口行动作用、运行效率和主观评价五个方面的驾驶行为及相关指标进行综合效用评价。

1.平稳性

驾驶行为的稳定性和一致性,与行车安全性和舒适性密切相关,选取速度标准差、加速度标准差和换道次数作为评价范围内平稳性的指标。

(1)速度标准差(km/h)。反映速度的波动情况,评价范围内以20m间距提取速度数据,计算被试的速度标准差表示车辆速度波动程度。

(2)加速度标准差(m/s^2)。加速度标准差表示驾驶人车辆加速度的离散程度,反映加速度的波动情况,评价范围内以20m间距提取加速度数据,计算被试的加速度标准差,一定程度上也反映驾驶人心理紧张程度。

(3)换道次数(次)。驾驶人必须通过变换车道实现路径选择,评价范围内,在驶入出口必须进行换道的变换车道之外,换道次数越多,驾驶平稳性越差,驾驶安全风险越高。

2.预知性

驾驶人越早判断、确认出口并采取相应行动,时间越充裕,越不容易产生仓促换道行为,而逐次变换车道、等待时机驶入减速车道是最直接的行动表现,因此,以评价范围内并线位置作为预知性的评价指标,以与分流鼻之间的距离计量。如图6-60所示,被试实验起始位置位于行车方向最左侧车道(3号车道),需要进行2次变换车道到行车方向最右侧车道(1号车道),换道点包括"3换2车道"和"2换1车道"两个值。

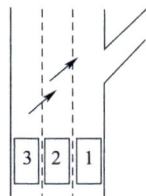

图6-60　换道位置示意

3.出口行动作用

出口作用范围内驾驶人进行认知、减速、制动、变换车道等行为,出口行动作用参数可作为综合表征行动作用的指标。对速度、速度标准差、加速度、加速度标准差、加速踏板功效、制动踏板功效、制动次数等指标,通过因子分析方法得到综合因子得分,将其定义为该点处的出口行动作用参数。本节以20m为间距,通过因子分析方法获得出口作用范围内各点的出口行动作用参数值作为评价指标。

4.行驶效率

以车辆驶入到驶出评价范围的时间作为行驶效率的评价指标。

5.主观评价

作为指路标志的使用用户,驾驶人的主观感受是重要的评判依据,采用主观偏好和难度评价两个主观评价指标。

(1)主观偏好。

要求被试选择认为适宜于不同互通立交布局形式的标志版面,统计相应的喜好选择比例,用于预告标志版面形式效用评价。

(2)难度评价。

被试对每个场景中寻路任务完成难易程度的主观评价,0 分代表完全没有难度,10 分代表难度最大,用于增设预告标志方式效用研究。

六 结果分析

(一)预告标志版面形式影响和评价

1.平稳性

匝道分流评价范围内被试的速度标准差和加速度标准差均值,见图 6-61。重复测量方差分析方法(rANOVA)结果表明,版面形式对速度标准差有显著性影响($p = 0.044$),组间均值的多重比较(LSD)结果见表 6-38,分版面文字式速度标准差显著大于竖线图形式,其他组之间无显著差异;不同版面形式对加速度标准差没有显著性影响($P > 0.1$)。

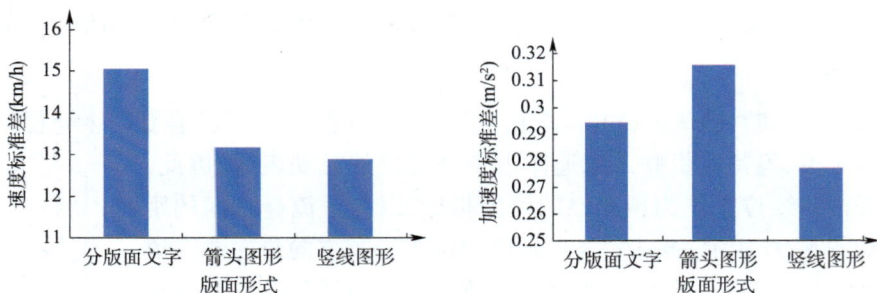

图 6-61 匝道分流不同版面形式速度标准差和加速度标准差

匝道分流速度标准差 LSD 结果 表 6-38

版面形式(I)	版面形式(J)	均值差值(I−J)	Sig. b
分版面文字	箭头图形	1.877	0.093
	竖线图形	2.168 *	0.032
箭头图形	分版面文字	−1.877	0.093
	竖线图形	0.291	0.656

版面形式（*I*）	版面形式（*J*）	均值差值（*I*−*J*）	Sig. b
竖线图形	分版面文字	−2.168*	0.032
	箭头图形	−0.291	0.656

注：表中 * 代表 $p < 0.05$。

出口匝道分流评价范围内被试的变换车道次数见图 6-62，三种版面形式下平均完成换道次数分别为 5.06、4.42 和 3.48 次。rANOVA 检验结果表明，不同预告标志版面形式对换道次数有显著性影响（$p < 0.001$），LSD 结果见表 6-39，表明竖线图形式换道次数显著小于分版面文字式和箭头图形式，分版面文字和箭头图形式之间没有显著差别。

图 6-62 匝道分流不同版面形式换道次数

匝道分流换道次数 LSD 结果 表 6-38

版面形式（*I*）	版面形式（*J*）	均值差值（*I*−*J*）	Sig. b
分版面文字	箭头图形	0.645	0.079
	竖线图形	−1.581*	<0.001
箭头图形	分版面文字	−0.645	0.079
	竖线图形	0.935*	0.007
竖线图形	分版面文字	−1.581*	0.001
	箭头图形	−0.935*	0.007

注：表中 * 代表 $p < 0.05$。

2. 预知性

匝道分流评价范围内被试的换道位置均值见图 6-63，"3 换 2 车道"和"2 换 1 车道"的换道位置，箭头图形式和竖线图形式均大于分版面文字式。rANOVA 检验结果表明，不同预告标志版面形式对"3 换 2 车道"和"2 换 1 车道"换道位置没有显著性影响（$p > 0.1$）。

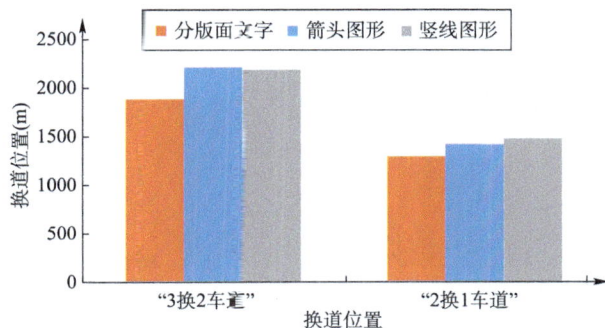

图 6-63 匝道分流不同版面形式换道位置

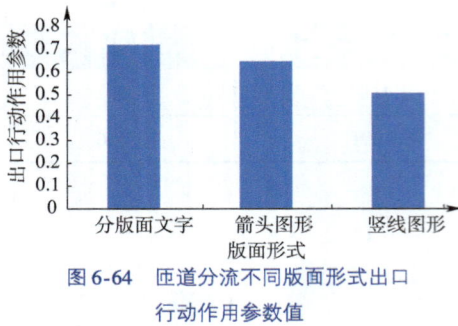

图 6-64　匝道分流不同版面形式出口
行动作用参数值

3. 出口行动作用

匝道分流出口影响范围内各点的出口行动作用参数值均值,见图 6-64。rANOVA 结果表明,不同预告标志版面形式对出口区域的行动作用参数有显著影响($p < 0.001$),LSD 结果见表 6-40,表明分版面文字式和箭头图形式出口行动作用值显著大于竖线图形式,分版面文字式和箭头图形式之间没有显著差别。

匝道分流出口行动作用参数值 LSD 结果　　　　　　表 6-40

行动作用(I)	行动作用(J)	均值差值($I - J$)	Sig. b
分版面文字	箭头图形	0.074	0.138
	竖线图形	0.212 *	<0.001
箭头图形	分版面文字	−0.074	0.138
	竖线图形	0.138 *	0.034
竖线图形	分版面文字	−0.212 *	<0.001
	箭头图形	−0.138 *	0.034

注:表中 * 代表 $p < 0.05$。

4. 行驶效率

被试在出口匝道分流评价范围内的行驶时间均值见图 6-65,行驶时间从大到小依次为竖线图形式、分版面文字式和箭头图形式,rANOVA 显示版面形式对行驶时间没有造成显著影响($p > 0.1$)。

5. 主观评价

被试在出口匝道分流下对预告标志形式的喜好选择比例见图 6-66,54.8% 和 41.9% 的被试选择了箭头图形式和竖线图形式,rANOVA 结果表明喜好箭头图形式和竖线图形式的比例显著高于分版面文字式($p < 0.001$),箭头图形式和竖线图形式之间无显著差异($p > 0.1$)。

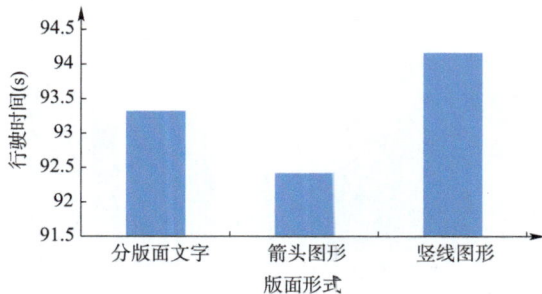

图 6-65　匝道分流不同版面形式行驶时间

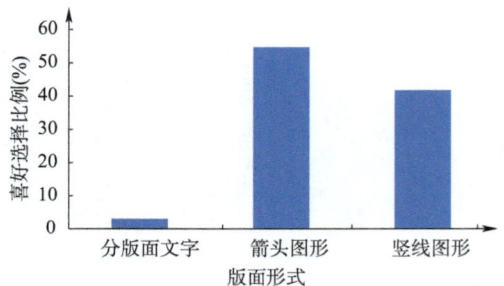

图 6-66　匝道分流不同版面形式的喜好选择比例

(二)增设预告标志影响和评价

1. 平稳性

匝道分流评价范围内不同增设预告标志方式下的速度标准差和加速度标准差见图6-67。rANOVA 结果表明,不同增设预告标志方式对速度标准差和加速度标准差均无显著影响($p > 0.1$)。

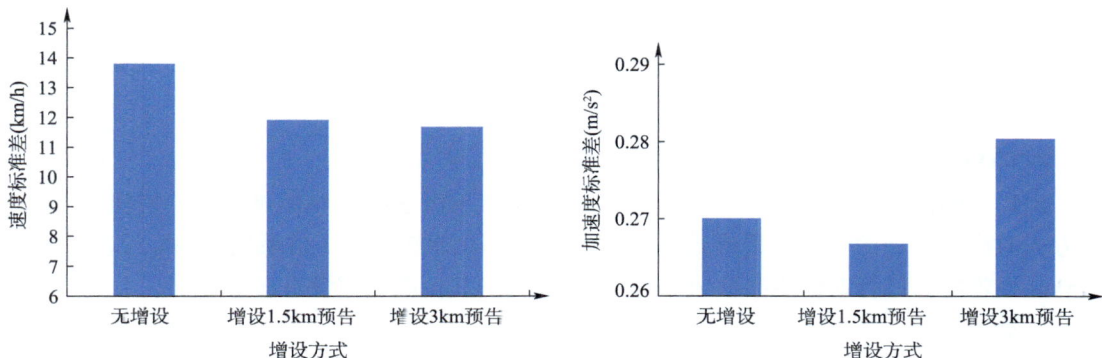

图 6-67　匝道分流不同增设方式速度标准差和加速度标准差

出口匝道分流评价范围内被试的变换车道次数见图6-68,三种增设方式下被试平均完成变道次数分别为 4.12、3.83 和 3.83 次。rANOVA 结果表明,不同增设预告标志方式对换道次数无显著性影响($p > 0.1$)。

2. 预知性

出口匝道分流评价范围内被试的换道位置见图6-69,"3换2车道"和"2换1车道"的换道位置,增设3km预告标志均大于无增设方式。rANOVA 结果表明,不同增设预告方式对"3换2车道"换道位置有显著性影响($p < 0.001$),LSD 结果见表6-41,增设3km预告显著高于其他两组,而无增设和增设1.5km预告之间无显著差异。不同增设预告方式对"2换1车道"换道位置无显著性影响($p > 0.1$)。

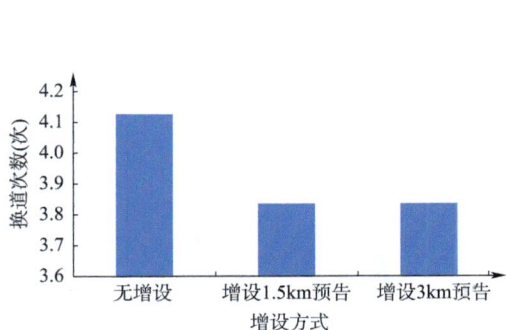

图 6-68　匝道分流不同增设方式换道次数

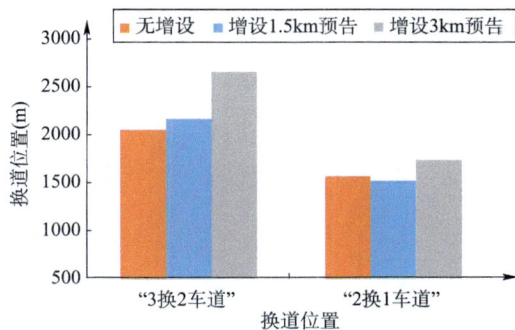

图 6-69　匝道分流不同增设方式换道位置

匝道分流"3 换 2 车道"换道位置 LSD 结果　　　　　表 6-41

增设方式(I)	增设方式(J)	均值差值（I-J）	Sig. b
无增设	增设 1.5km 预告	− 113.169	0.386
	增设 3km 预告	− 597.639 *	0.001
增设 1.5km 预告	无增设	113.169	0.386
	增设 3km 预告	− 484.470 *	0.003
增设 3km 预告	无增设	597.639 *	0.001
	增设 1.5km 预告	484.470 *	0.003

注:表中 * 代表 $p < 0.05$。

3. 出口行动作用

出口影响范围内各点的出口行动作用参数均值见图 6-70。rANOVA 结果表明,不同增设方式对出口区域的行动作用参数有显著影响($p = 0.003$),LSD 结果见表 6-42,表明增设 1.5km 预告的出口行动作用参数值显著小于无增设,其他组之间没有显著差别。

4. 行驶效率

被试在出口匝道分流评价范围内的行驶时间均值见图 6-71,三种增设方式下,行驶时间较为接近。rANOVA 结果表明,版面形式对行驶时间没有造成显著影响($p > 0.1$)。

匝道分流不同增设方式出口行动作用参数值 LSD 结果　　　　　表 6-42

增设方式(I)	增设方式(J)	均值差值（I-J）	Sig. b
无增设	增设 1.5km 预告	0.142 *	0.001
	增设 3km 预告	0.060	0.261
增设 1.5km 预告	无增设	− 0.142 *	0.001
	增设 3km 预告	− 0.082	0.247
增设 3km 预告	无增设	− 0.060	0.261
	增设 1.5km 预告	0.082	0.247

注:表中 * 代表 $p < 0.05$。

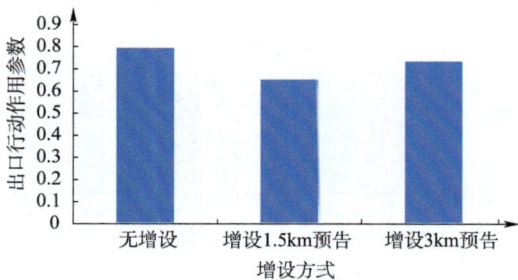

图 6-70　匝道分流不同增设方式下出口行动作用参数值

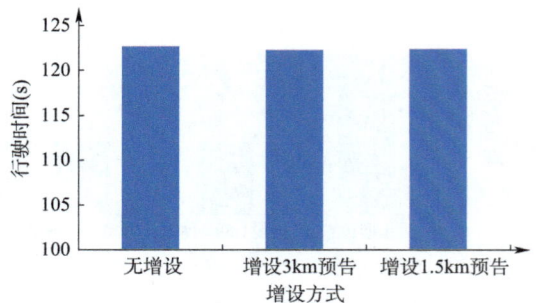

图 6-71　匝道分流不同增设方式行驶时间

5. 主观评价

被试在出口匝道分流下完成寻路任务的难度评价见图 6-72，增设 1.5km 预告方式难度评分值最大。rANOVA 结果表明，增设预告标志的方式对认知难度评分具有边缘性显著影响（$p = 0.075$），LSD 结果见表 6-43，增设 1.5km 的认知难度显著高于无增设，而其他预告方式之间无显著差异。

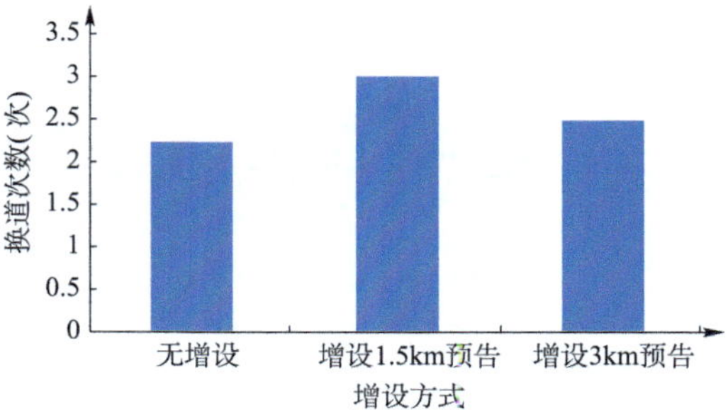

图 6-72　匝道分流不同增设方式难度评价

匝道分流不同增设方式难度评价 LSD 结果　　　　　　　　表 6-43

增设方式（I）	增设方式（J）	均值差值（I-J）	Sig. b
无增设	增设 1.5km 预告	−0.682 *	0.027
	增设 3km 预告	−0.321	0.104
增设 1.5km 预告	无增设	0.682 *	0.027
	增设 3km 预告	0.362	0.187
增设 3km 预告	无增设	0.321	0.104
	增设 1.5km 预告	−0.362	0.187

注：表中 * 代表 $p < 0.05$。

七　小结

本节以现行国标所规定的高速公路三通立交指路预告标志设置方式为基础方案，从预告标志版面形式和增设预告标志两个方面进行优化，形成改进方案。通过开展驾驶模拟实验，在枢纽互通立交匝道分流出口场景中，获取基础方案和改进方案条件下驾驶行为主客观多维数据。

（1）提出标志设计的一般性评价指标体系。从平稳性、预知性、出口行动作用、运行效率和主观评价等五个方面研究制定评价指标，构建多维度的评价指标体系。

（2）研究结果表明预告标志对平稳性、预知性、出口行动作用、行驶效率和主观评价等均有影响，增设一级预告标志可改善指标表现，其中增设 3km 预告标志对于促使驾驶人提前变道的效果最佳。

（3）研究为后续枢纽互通立交指路标志设置规则及优化完善提供了依据，对于推动复杂立交指路标志规范化设置具有重要意义。

第九节　立体复合高速公路指路标志

一　问题提出

随着经济的快速发展,高速公路里程不断增加,各地高速公路网的结构和形式愈加复杂。一方面,立交数量增加,间距变小,形式复杂;另一方面,连接城市的高速公路功能发生改变,出口数量不断增加。复杂的立交形式及出口设置导致高速公路交通事故频发。因此,保障高速公路立交出口匝道区域的交通安全是目前研究重点关注的问题。

立体复合高速公路互通立交往往连接不同方向、不同层级道路的匝道,呈现数量较多且间距较小的特点。上述情境下,驾驶人需在较短时间内完成指路标志识别、视认、反应、判断、减速和转换车道等操作,极易因漏看或反应不及时导致操作失误。然而,立体复合高速公路出口匝道处的指路标志设置方法,以及其对驾驶人行为的影响特性尚未得到清晰结论。

因此,本节针对立体复合高速公路出口匝道处的复杂情况,设计了不同信息给予方式的标志方案,并探究其对驾驶人决策反应、行为选择等方面的影响,为立体复合高速公路出口匝道处的指路标志设计及优化提供支撑。

二　方案设计

深圳机荷高速公路全线分布有 14 座互通立交,道路两侧已高度城市化,部分路段呈现常态化拥堵。为缓解交通压力,后期改扩建在原有道路两侧增建立体层形成了上下双层道路,其交通状况尤为复杂。其中,平湖互通处具有小间距、大流量、多分流的实际情况,且目前指引标志存在信息量过载、预告强度不足、版面设计复杂、不同方向目的地信息区分不明确等现状问题,因此选取平湖互通作为立体复合高速公路互通立交的典型研究案例。

实验选取平湖互通 6.5km 路段开展测试,测试路段中共有 4 个关键点位,分别为 3km 出口预告点、决策点 1(出口匝道处)、决策点 2(匝道内接入高架层)和决策点 3(匝道内接入互通高速两个不同方向),如图 6-73 所示。

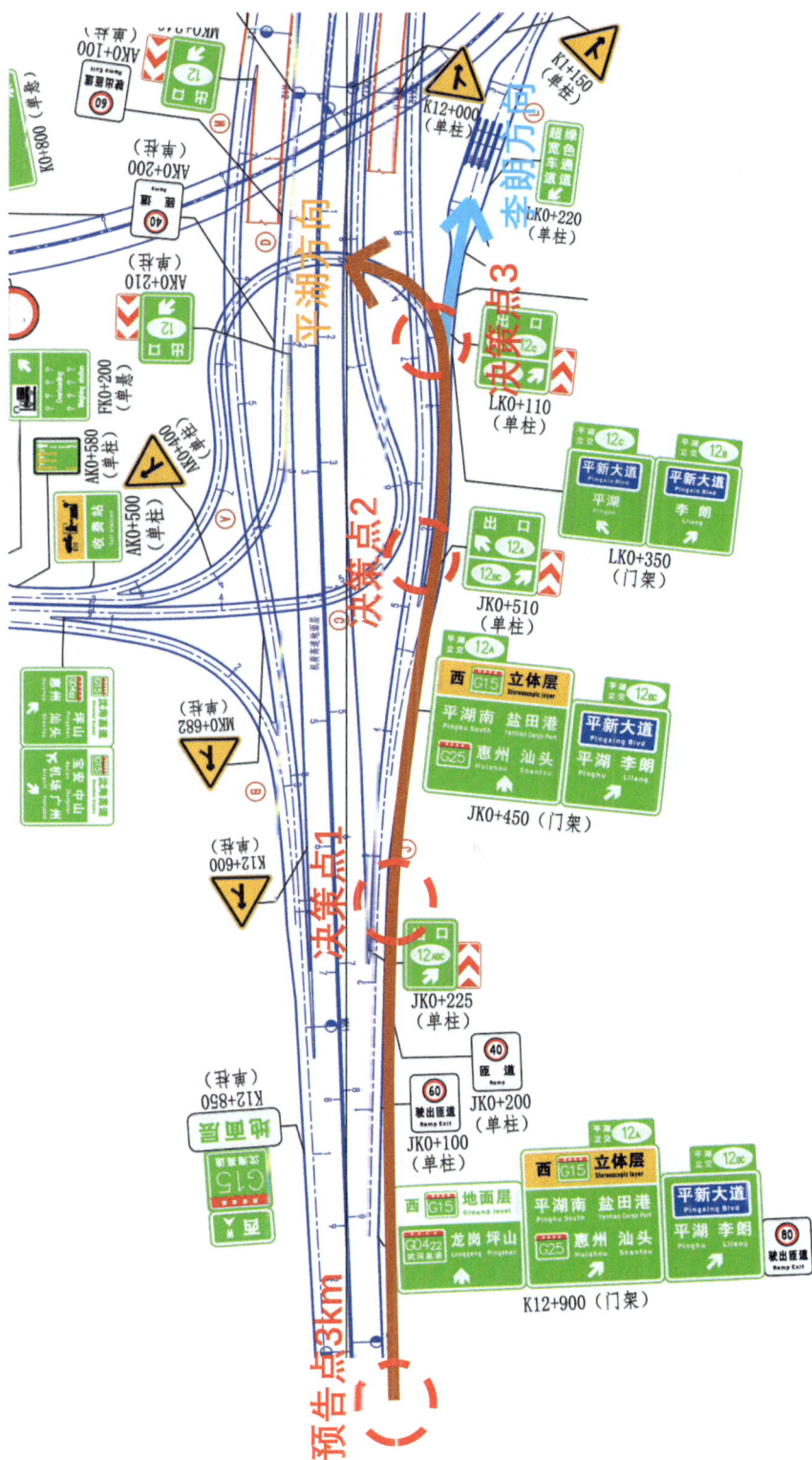

图6-73 实验测试路线

以《道路交通标志和标线　第2部分：道路交通标志》（GB 5768.2—2022）和《机荷高速公路交通标志设计建议书》的交通标志设计为基础，设计开发了5种不同的交通标志方案。其中，方案1是基于当前《道路交通标志和标线　第2部分：道路交通标志》（GB 5768.2—2022）规范设计的交通标志。方案2是依据《机荷高速公路交通标志设计建议书》设计的交通标志，此设计参照了《美国交通工程设施手册-城市道路与公路（2009 版）》（*Manual on Uniform Traffic Control Devices-for streets and highways*（*2009 Edition*，MUTCD））的设计原则及中国台湾中山高速公路五股—杨梅段拓宽工程的标志设计方法。采用"空间换取时间"的策略设计，在方案1的设计基础上，选取方案2中的关键要素（3km 预告标志、方向分隔、车道指引）形成方案3～方案5的三个拓展方案，如图6-74所示。

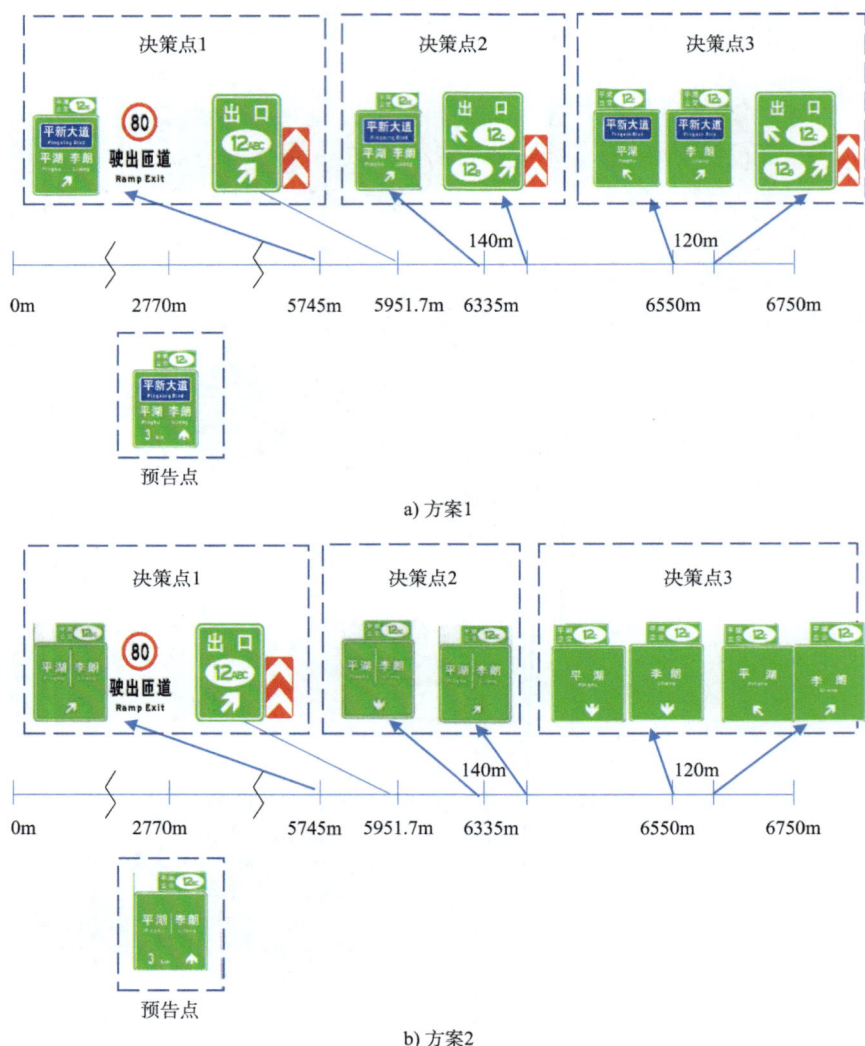

a) 方案1

b) 方案2

图　6-74

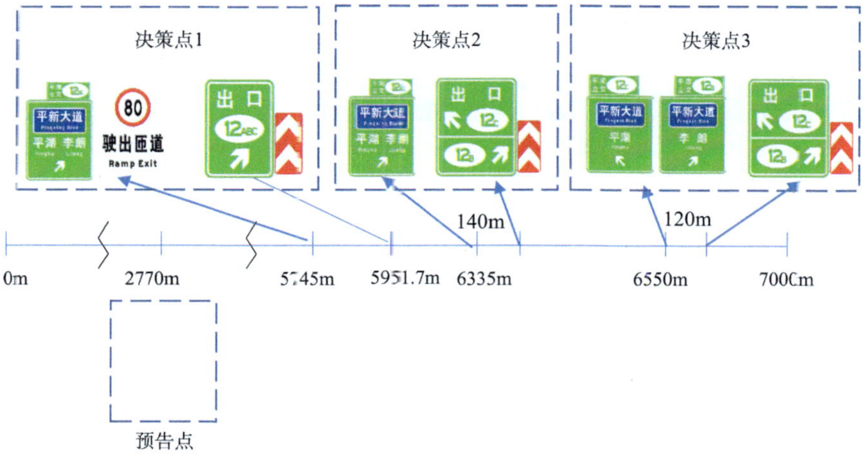

c) 方案3

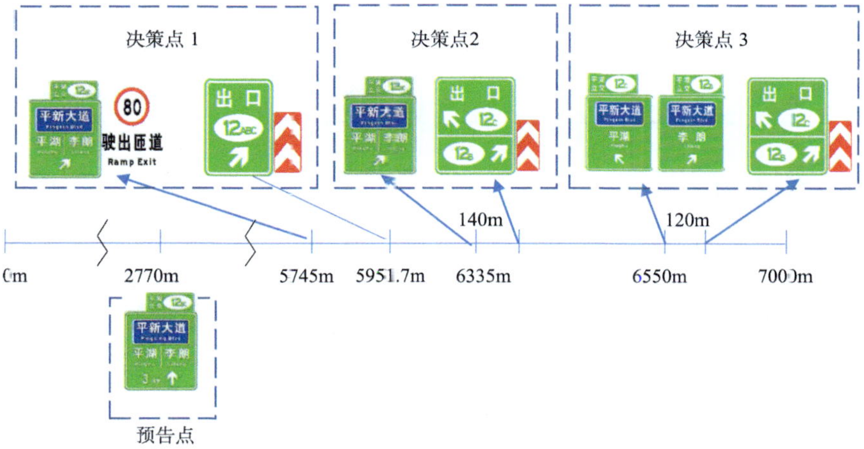

d) 方案4

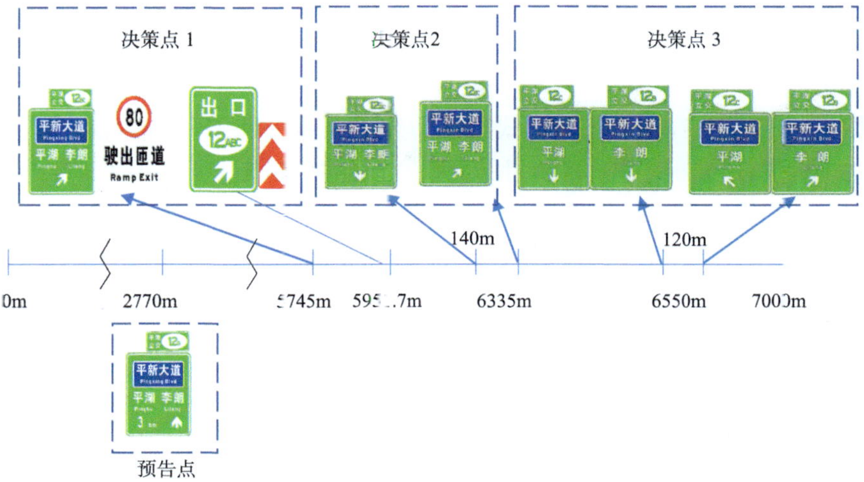

e) 方案5

图 6-74　方案设计

最终,实验测试场景组合见表6-44。

测试场景组合表　　　　　　　　　　　　　　　　　　表6-44

方案	预告点	决策点1	决策点2	决策点3	备注
方案1	3km—2km—1km—0.5km	基于 GB 5768.2—2022 设计	基于 GB 5768.2—2022 设计	基于 GB 5768.2—2022 设计	控制组
方案2	3km—2km—1km—0.5km	基于 MUTCD 设计	基于 MUTCD 设计	基于 MUTCD 设计	探究两种设计的整体作用效果
方案3	2km—1km—0.5km	基于 GB 5768.2—2022 设计	基于 GB 5768.2—2022 设计	基于 GB 5768.2—2022 设计	探究3km预告标志牌的必要性
方案4	3km—2km—1km—0.5km + 有目的地方向分隔信息	方案1+有目的地方向分隔信息	方案1+有目的地方向分隔信息	基于 GB 5768.2—2022 设计	目的地方向分隔信息
方案5	3km—2km—1km—0.5km	基于 GB 5768.2—2022 设计	基于 GB 5768.2—2022 设计 + 有车道指引	基于 GB 5768.2—2022 设计 + 有车道指引	车道指引信息

三　实验测试

利用模拟驾驶技术开展实验测试。招募32名被试(男女比例5∶3),年龄分布在18~55岁之间(平均值24.3,标准差9.3),驾龄均超过两年。实验按照试驾、正式实验和问卷调查三部分严格控制流程。

试驾时,在非本次实验环境中试驾5~10min,让被试熟悉驾驶模拟环境和操作,试驾后填写驾前调查问卷,以了解被试是否具备实验条件,随后开始正式实验。

正式实验时,实验步骤如下:

(1)实验员向驾驶人宣读实验指导语,要求被试按照自身驾驶习惯进行驾驶,如有异常及时告知实验员。

(2)实验员下达寻路任务,任务形式包括前往的高速公路编号名称和地名方向,如"您此次的目的地为平湖方向",被试确认目的地信息,复述一遍无误后,起动车辆开始实验。

(3)被试根据标志牌的指引前往目的地,行驶过决策点3后一定距离,实验员提示停车,记录任务完成正确性。被试驾驶完一个路线后休息10min,重复步骤(2),直至完成所有场景。

全部场景完成后,被试填写问卷,问卷内容主要包括实验环境有效性评价以及身体精神状态等。

四　数据处理

对实验场景中交通标志视认位置反复测试后,定义交通标志前200m位置为驾驶人的视认起点,标志牌前200m位置(视认起点)至下一标志牌前200m位置之间的区段为该指路标志的作用范围。本实验仅探究各关键点位所处区段的影响,以方案 1 为例,各个关键点位的影响范围如图 6-75 所示。

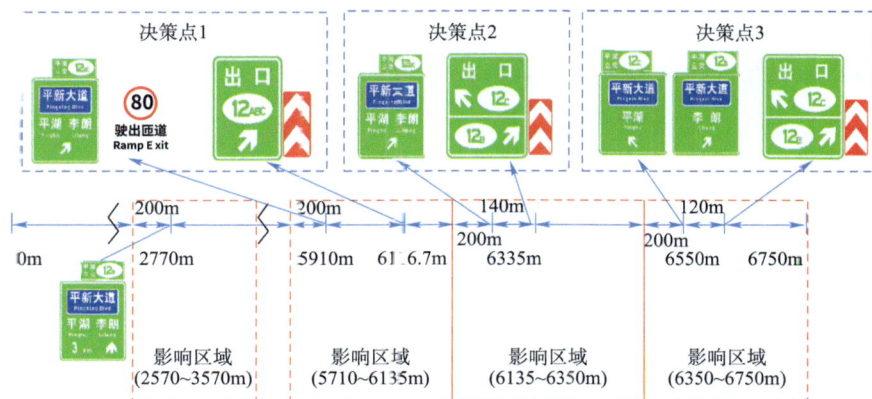

图 6-75　研究范围

五　指标提取

考虑不同设计原则下的交通标志对驾驶行为的影响,从速度控制意识、驾驶舒适性、驾驶风险感知三方面选取 5 个指标表征驾驶人判断或决策过程中的行为特性。平均速度、速度标准差反映速度控制意识;加速度和加速度标准差反映驾驶舒适性;转向盘转角反映驾驶风险感知。各指标定义如下:

(1)平均速度(km/h)。反映驾驶人在立体复合高速公路行车的速度波动。

(2)速度标准差(km/h)。直接反映速度的变化情况,速度标准差越大说明速度变化得越快,即驾驶人受外界的影响越大,速度标准差越小说明驾驶人调整行车速度较少,进一步表征不同信息给予方式对于控速意识的影响。

(3)加速度(m/s^2)。加速度受到外界干扰后驾驶人调整车速而产生的值,代表驾驶人的速度选择,表征物体运动速度变化的快慢。

(4)加速度标准差(m/s^2)。加速度标准差指驾驶人车辆加速度的离散程度,用于表明交通流的顺畅性并描述加速度波动的程度,一定程度上也反映驾驶人心理紧张程度。

(5)转向盘转角(°)。表示转向盘的操控幅度。立体复合高速公路行车过程中,驾驶人需要根据交通标志给予的信息反复调整转向盘,以保证车辆在车道中心行驶。

六　结果分析

采用配对样本 T 检验方法,探究不同原则下的 5 种交通标志设置对影响范围内驾驶人行为特征的影响。首先借助箱线图检验数据异常值的情况。进一步的 Shapiro-Wilk 检验表明,各组数据服从正态分布($P > 0.05$)。指标检验统计结果如表 6-45 所示,表中 $p < 0.05$ 表明结果间存在显著差异,$0.05 < P < 0.1$ 表明边缘显著差异。根据设计要素及原则的不同,

在每个区段进行不同方案的比较,结论如下:

1.3km 预告点

方案 1 和方案 2 以及方案 1 和方案 3 的对比中,各指标均没有统计学意义。说明在主线上距互通立交渐变段起点 3km 处设置预告标志,对驾驶人的行为影响不大。该结论和规范相一致。

2. 决策点 1

除速度标准差在方案 1 和方案 2 之间存在显著性差异外,其他指标均无差异。对于方案 1 和方案 4,各指标差异性均没有统计学意义。说明决策点 1 处,当交通信息量过多的时候,增加目的地方向分隔信息,对于驾驶人的驾驶行为影响不大。但若交通标志信息减少,即方案 2 中去掉"平新大道"信息,会对驾驶人的控速意识产生一定影响。

3. 决策点 2

方案 1 和方案 2 对速度标准差、加速度、加速度标准差的影响存在统计学差异。方案 1 下的各个指标数值更低,说明在决策点 2 处,驾驶人更倾向于接受传统交通标志的信息给予方式。方案 1 和方案 4 对速度标准差、加速度、加速度标准差的影响存在统计学差异,方案 1 下驾驶人速度标准差、加速度、加速度标准差显著低于方案 4 的值。此结果表明,是否设置不同方向目的地分隔信息对驾驶行为存在显著影响。在传统交通标志的信息给予基础之上,不同方向目的地分隔信息能够使得驾驶人保持较好的心理状态进行驾驶,加速度变化更平稳,驾驶体验更舒适。

方案 1 与方案 5 对速度标准差、加速度、加速度标准差、转向盘转角的影响存在统计学差异。未设置车道指引的场景速度标准差、加速度、加速度标准差均更低。因此,不设置车道指引更有利于驾驶人保持平稳车速行驶,过多的信息给予可能分散注意水平,影响驾驶人处理信息的效率。

4. 决策点 3

方案 1 与方案 5 对转向盘转角的影响存在统计学差异,设置有车道指引的场景转向盘转角大,设置车道指引更有利于驾驶人保持平稳车速行驶,给予驾驶人适当的引导,保持良好的速度调节水平与操作稳定水平。

统计结果　　　　表 6-45

方案	预告点			
	S1 ~ S2		S1 ~ S3	
	T	P	T	P
速度(km/h)	-0.378	0.708	-0.457	0.651
速度标准差(km/h)	-0.950	0.350	-0.544	0.590
加速度(m/s²)	-1.942	0.062*	-0.895	0.378
加速度标准差(m/s²)	-1.616	0.117	-0.145	0.886
转向盘转角(°)	0.038	0.970	-0.317	0.753

续上表

决策点1				
方案	S1～S2		S1～S4	
	T	P	T	P
速度(km/h)	−2.294	0.029*	0.005	0.996
速度标准差(km/h)	3.460	0.002**	0.437	0.665
加速度(m/s²)	0.026	0.979	−0.056	0.956
加速度标准差(m/s²)	0.907	0.372	0.681	0.501
转向盘转角(°)	0.213	0.833	0.555	0.583

决策点2						
方案	S1～S2		S1～S4		S1～S5	
	T	P	T	P	T	P
速度(km/h)	−0.958	0.346	−0.247	0.807	−0.701	0.489
速度标准差(km/h)	−4.749	<0.001***	−3.247	0.003**	−6.188	<0.001***
加速度(m/s²)	−4.387	<0.001***	−3.028	0.005**	−4.087	<0.001***
加速度标准差(m/s²)	−4.542	<0.001***	−2.557	0.016**	−3.685	0.001***
转向盘转角(°)	−2.071	0.047**	−0.822	0.418	−1.833	0.077*

决策点3				
方案	S1～S2		S1～S5	
	T	P	T	P
速度(km/h)	−0.632	0.532	−0.279	0.782
速度标准差(km/h)	0.202	0.841	−0.371	0.714
加速度(m/s²)	0.173	0.864	−0.948	0.351
加速度标准差(m/s²)	0.478	0.636	−0.598	0.554
转向盘转角(°)	−0.736	0.467	−2.397	0.023**

注：*、**、***分别代表90%、95%和99%的置信度。

七　小结

　　基于驾驶模拟实验获取了立体复合高速公路匝道出口处不同交通标志方案的驾驶行为数据,分析了立体复合高速公路匝道出口处,不同交通标志对驾驶行为的影响。

　　(1)从人因角度出发,构建了包含速度、速度标准差、加速度、加速度标准差、转向盘转角5项测量指标,形成复杂立交指路标志比选分析的一般性指标体系与研究方法。

（2）分析结果表明,美国MUTCD改良方案下的交通信息给予方式不太适用于国内立体复合高速公路。然而,其中关键设计,诸如车道指引、方向分隔等在不同的决策点均利于驾驶人保持平稳车速行驶。

（3）成果揭示了立体复合高速公路匝道出口不同交通标志下的信息给予对驾驶行为特征的影响,为复杂立交出口交通标志设计提供了理论依据,有助于提升复杂立交出口交通标志的合理性,保证标志的预期效用。

第十节　隧道路段典型交通标志

一　问题提出

隧道作为道路运输系统中重要的组成部分,可以改善公路线形、缩短运距、提高公路运营效益,从而更好发挥公路交通快捷与高效运输的优势。然而,作为一种特殊封闭环境,隧道具有光线不足、环境单一、缺少视觉参照物等特点,发生交通安全事故的概率相应增加。交通标志作为隧道基础交通工程设施之一,能够传递道路交通信息,引导驾驶人正确寻路,有助于提升隧道交通安全水平。

虽然已有关于隧道交通标志设置要求的相关标准规范,但在指导特定和特殊场景具体实践的精细化程度方面仍需提升,针对隧道环境下交通标志对微观驾驶行为的影响特征分析及作用机理挖掘也有待加强。因此,有必要从人因角度出发,量化隧道交通标志对驾驶行为的影响特性,探索隧道内交通标志影响驾驶行为相关因素的内在作用机理,优化提升隧道交通标志设置效用。

本节通过开展隧道交通标志现状调研与需求分析,选取隧道限速标志、隧道出口距离预告标志作为研究对象,运用驾驶模拟技术进行仿真评估及优化设计,针对特长隧道典型交通标志开展影响分析及效用评价,为隧道交通标志系统的优化设置提供理论支撑和参考依据。

二　方案设计

基于隧道内交通标志布设要求,本节共设计三种隧道交通标志设置方案。利用驾驶模拟实验获取表征驾驶人操作水平和车辆运行状态的微观驾驶行为数据,开展隧道交通标志对驾驶行为的综合影响效用评估,以及不同隧道区域内隧道出口距离预告标志对驾驶行为的影响机理分析。根据国内规范要求,隧道出口距离预告标志宜设置在长度大于3km的特长隧道,因此实验选取3.5km的特长隧道作为实验路段,相关参数如表6-46所示。

模拟实验隧道参数　　表 6-46

隧道特征	参数
限速	最高限速 80km/h,最低限速 60km/h
隧道类型	单洞、单向三车道
隧道长度	3.5km
建筑净界限高	净高 5m
隧道宽度	两个行车道每个宽 3.75m,一个应急车道宽 4.5m,检修道宽 1.25m
隧道等级	高速公路特长隧道
线形及高程	全程以直线为主,含曲线,模拟状态下全程高程为 0
半径	曲线段半径为 3000m

　　在基础隧道场景方案(记为方案 A)的基础上设计 2 种类型的改进方案,方案 A 作为控制组不设置隧道出口距离预告标志或限速标志,方案 B 设置限速标志,方案 C 设置隧道出口距离预告标志和限速标志,如表 6-47 所示。方案中隧道交通标志及其他基础设施严格按照《道路交通标志和标线　第 2 部分:道路交通标志》(GB 5768.2—2022)和《公路隧道设计规范　第二册　交通工程与附属设施》(JTG D70/2—2014)中要求的设计参数进行设计,模拟场景示意如图 6-76 所示。

交通标志设置方案　　表 6-47

方案编号	隧道出口距离预告标志	限速标志
A	—	—
B	—	隧道内距隧道入口 1.5 km 处设置限速标志
C	距离隧道出口 2 km、1.5 km、1 km、0.5 km 处分别设隧道出口距离预告标志	隧道内距隧道入口 1.5 km 处设置限速标志

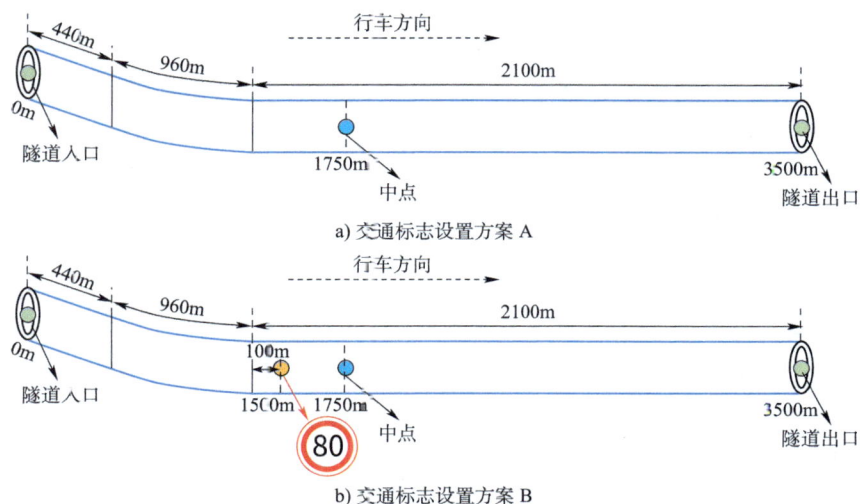

a) 交通标志设置方案 A

b) 交通标志设置方案 B

图　6-76

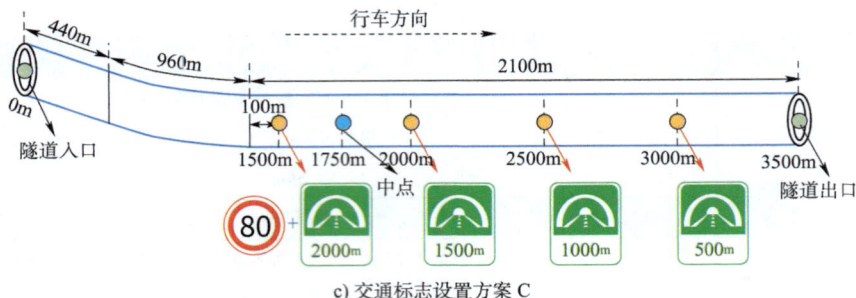

c) 交通标志设置方案 C

图 6-76 隧道交通标志设置示意图

三 实验测试

利用驾驶模拟器搭建高仿真度的驾驶模拟场景,同步使用便携式眼动仪开展驾驶模拟实验。共招募符合驾驶模拟实验要求的被试 31 人。其中,男性占 74.2%,女性占 25.8%,年龄在 18～60 岁之间(平均值 40.68,标准差 8.18),驾龄在 1～20 年之间(平均值 14.81,标准差 7.17),被试的性别分布和年龄分布基本符合中国驾驶人的统计特征。

实验共包括试驾、正式实验和问卷调查三部分,具体实验流程如下:

(1)试驾时,被试使用模拟器在非本次实验环境的隧道场景中驾驶 5min,使其熟悉模拟环境和驾驶操作,同时填写驾前调查问卷,了解被试的个人基本信息和身体状况。

(2)正式实验开始前实验员向被试宣读实验指导语,讲解实验任务、流程、要求和注意事项,要求被试听从实验员指令,按照自身驾驶习惯进行驾驶,如有异常及时告知实验员。实验指导语内容还包括:按照目的地信息寻找实验目的地;隧道路段车速限制为 80km/h,普通路段限速 120km/h;进入隧道前打开车灯。

(3)正式实验中,被试需要按照目的地信息,根据指路标志的指引完成全部驾驶任务。每名被试的实验路线顺序随机安排,每个路线驾驶一次。

(4)全部场景完成后,实验员保存实验数据,被试离开驾驶模拟环境填写驾后调查问卷,问卷内容主要包括对隧道模拟环境的主观感受、态度、意愿、实验环境有效性评价等。

四 数据处理

1.数据截取

本次实验的驾驶模拟数据采集频率为 30Hz。为精准刻画驾驶行为数据的空间变化趋势,按照 5m 的固定空间间隔进行数据切分。一方面,间隔过大可能会丢失部分数据细微的变化特征;另一方面,假如以 80km/h 的车速行驶,5m 能够刻画 0.225s 以内的行为变化特征,足以反映驾驶人在反应能力范围内的变化特点。按照固定空间间隔进行数据切分在空间位置上实现了所有被试行为数据的逐点统一截取。

2.隧道交通标志影响区域划分

已有研究表明,驾驶模拟环境下驾驶人的最大有效视认距离为150～200m。因此,实验数据截取开始于距离隧道入口1350m处(限速标志前150m),结束于隧道出口位置。另外,为了分析隧道交通标志在隧道不同区域的作用,将隧道交通标志影响区域划分为4部分,均为隧道出口距离预告标志设置前150m和后350m,并以5m为间隔对实验数据进行截取,包括:区段1,2km预告标志影响区段;区段2,1.5km预告标志影响区段;区段3,1km预告标志影响区段;区段4,0.5km预告标志影响区段(图6-77)。

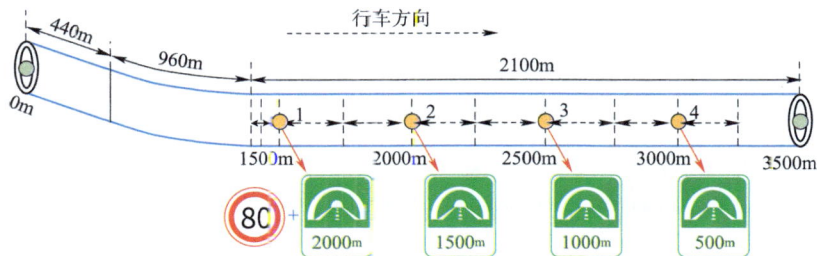

图6-77 数据分析区域划分

五 指标提取

通过驾驶模拟实验共采集了31名驾驶人的驾驶行为数据,选取表征驾驶人行为特征的指标用于构建评估指标体系。针对隧道典型交通标志,从驾驶安全性和舒适性两个层面选取6项评价指标进行影响分析和综合效用评估,各指标定义如下:

1.安全性指标

(1)平均速度(km/h)。驾驶人在隧道行驶时的整体速度大小情况。

(2)速度标准差(km/h)。驾驶人在隧道行驶的速度波动情况。

(3)横向偏移(m)。车辆中心相对于所在车道中心线的位置偏移量。

(4)加速踏板功效(%·s)。驾驶人踩加速踏板的深度和持续时间的乘积。

2.舒适性指标

(1)加速度(m/s^2)。驾驶人在隧道中行驶时速度变化的快慢。

(2)加速度标准差(m/s^2)。加速度标准差表征驾驶人车辆加速度的离散程度,即加速度波动的程度,并可用于表明交通流的顺畅性。

六 结果分析

(一)描述及统计性分析

针对2km、1.5km、1km和0.5km出口距离预告标志影响区段,采用单因素重复测量方差分析方法,探究 3 种交通标志设置方案(方案 A、B 和 C)下驾驶人行为特征的变化规律。经箱线图判断,数据无明显异常值。Shapiro-Wilk 检验表明,平均速度和横向偏移数据服从正态分布($p > 0.05$)。通过 Mauchly's 球形假设检验,因变量的方差协方差矩阵相等。因速度标准差和加速度指标不适用 Shapiro-Wilk 检验,则利用弗里德曼双向秩方差分析(Friedman Test)进行检验。指标统计结果如图 6-78、图 6-79 所示。对于统计分析结果,$p \leqslant 0.05$ 表明分析结果有显著差异;$0.05 \leqslant p \leqslant 0.1$ 表明分析结果有边缘显著(Marginally Significant)差异。

1. 安全性指标

通过速度、速度标准差、横向偏移及加速踏板功效反映标志的安全性功效。如图 6-78 可知,平均速度在出口预告标志影响区域均不具有统计学意义。速度标准差在 1km 出口预告标志影响区段呈边缘显著性差异($F_{(2,60)} = 3.354, p = 0.065$),方案 C 使得速度标准差相对减小,驾驶更平稳。横向偏移指标在 2km、1.5km 和 0.5km 出口预告标志影响区段呈显著性差异($F_{(2,60)} = 6.253, p = 0.003; F_{(2,60)} = 6.927, p = 0.002; F_{(2,60)} = 3.933, p = 0.025$),在 2km、0.5km 出口预告标志影响区段方案 C 效果最好,而在 1.5km 出口预告影响区段方案 B 效果最好,横向偏移显著减小,驾驶人对车辆横向位置的感知和操纵水平显著提升。加速踏板功效在 0.5km 出口预告标志影响区段呈显著性差异($F_{(2,60)} = 3.903, p = 0.048$),方案 C 使得加速踏板功效相对增加,说明驾驶人调控速度的能力降低,其安全性也相应降低。

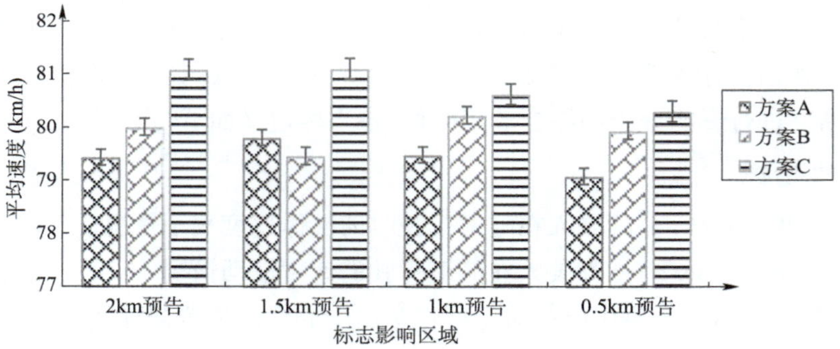

a) 平均速度

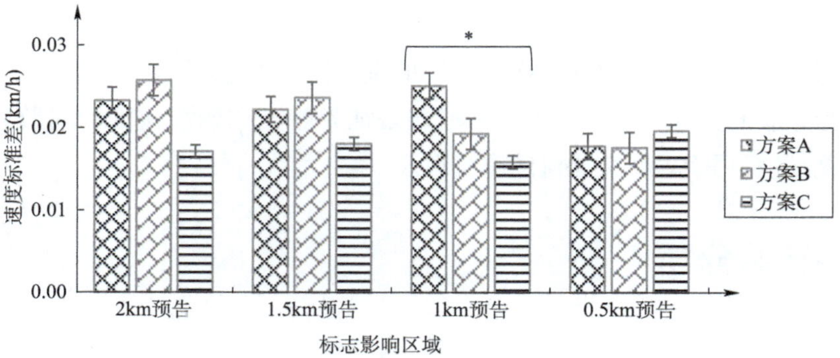

b) 速度标准差

图 6-78

c) 横向偏移

d) 加速踏板功效

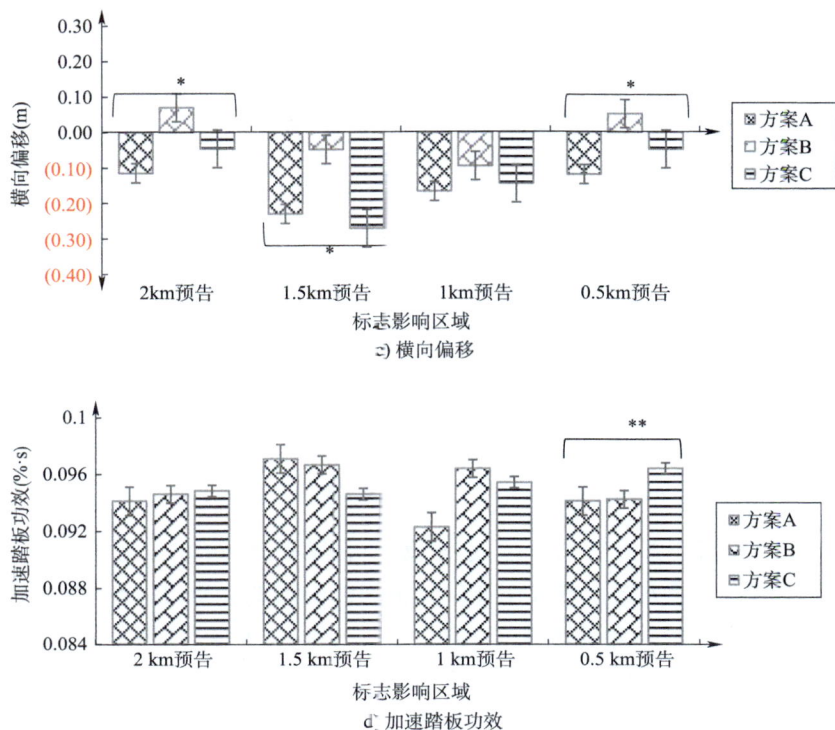

图 6-78　驾驶安全性指标分析结果

注：" ＊＊ "表示显著性水平为 5% ；" ＊ "表示显著性水平为 10% 。

2.舒适性指标

加速度大小一定程度上反映驾驶人行车过程中的主观舒适性。如图 6-79 可知,加速度在 1km、0.5km 出口预告标志影响区段具有边缘显著性差异($F_{(2,60)} = 3.274, p = 0.067$; $F_{(2,60)} = 3.566, p = 0.064$),方案 C 具有更小的正向加速度值,说明驾驶人的驾驶舒适性有一定程度的提高。加速度标准差在 1.5km 出口预告标志影响区段呈边缘显著性差异($F_{(2,60)} = 1.868, p = 0.074$),方案 C 使得加速度标准差相对减小,说明驾驶人的驾驶舒适性及顺畅性提高。

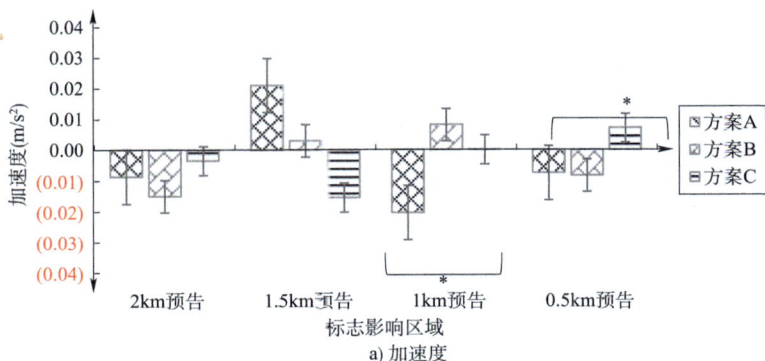

a) 加速度

图　6-79

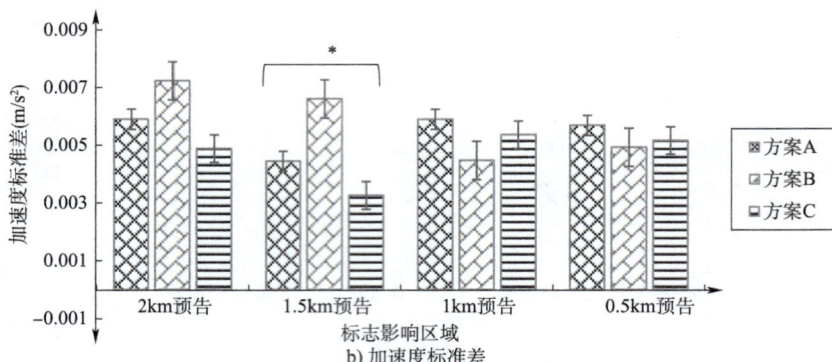

b) 加速度标准差

图 6-79　驾驶舒适性指标分析结果

注："＊＊"表示显著性水平为 5%；"＊"表示显著性水平为 10%。

（二）基于物元可拓模型的影响效用评估

根据交通标志设置方案及评估目标，选取物元可拓综合评估方法建立综合评估模型，开展隧道典型交通标志设置方案影响效用评价。根据驾驶模拟实验数据及各评估指标的属性将方案的综合评估结果划分为很好、好、一般、差、很差五个等级，分别记为 E、G、F、P 和 W。依靠各指标关联度及评价等级，进而确定各指标权重，最终得到各个区段在不同方案下的综合关联度及评价结果如表 6-48 所示。

综合关联度结果及评价等级　　　　　　　　　　　　　　表 6-48

影响区域	方案	综合关联度					评价等级
		很好	好	一般	差	很差	
整段	方案 A	−0.299	−0.183	0.059	0.046	−0.179	F
	方案 B	−0.241	−0.106	0.351	−0.102	−0.249	F
	方案 C	−0.118	0.254	−0.123	−0.271	−0.411	G
区段 1	方案 A	−0.354	−0.083	0.196	−0.223	−0.313	F
	方案 B	−0.345	−0.124	0.316	−0.168	−0.272	F
	方案 C	−0.361	−0.032	0.041	−0.246	−0.338	F
区段 2	方案 A	−0.383	−0.260	0.080	−0.012	−0.303	F
	方案 B	−0.241	0.188	−0.069	−0.405	−0.541	G
	方案 C	−0.346	−0.151	0.192	−0.167	−0.381	F
区段 3	方案 A	−0.430	−0.284	−0.241	−0.151	−0.039	W
	方案 B	−0.285	−0.027	0.189	−0.205	−0.411	F
	方案 C	−0.267	0.118	−0.020	−0.243	−0.439	G
区段 4	方案 A	−0.371	0.008	0.058	−0.146	−0.217	F
	方案 B	−0.370	−0.007	−0.064	−0.129	−0.200	G
	方案 C	−0.305	0.062	0.050	−0.194	−0.263	G

通过综合关联度和评价等级对综合效用评估结果进行排序,排序结果如图6-80所示。

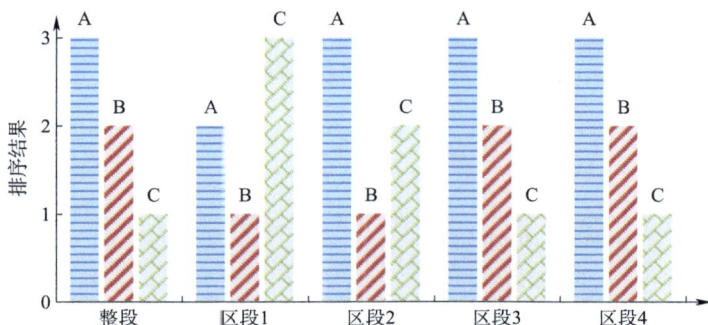

图6-80 不同设置方案综合效用评估结果排序

由图6-80可知,对于整段研究区域,3种设置方案综合效用评估结果排序如下:C < B < A。在区段1,设置方案对驾驶人行为表现的影响效用排序为:B < A < C;在区段2,影响效用排序为:B < C < A;在区段3,影响效用排序为:C < B < A;在区段4,影响效用排序为:C < B < A。综上所述,在距离隧道出口大约2km范围内设置隧道出口距离预告标志和限速标志(方案C)能对驾驶人行为表现产生较优的影响,尤其是在距离隧道出口大约1km范围内的综合效用水平较优;另外,由于在隧道内设置限速标志(方案B)能对标志位置大约1km范围内的驾驶人行为表现产生较优的影响,因此可以考虑在隧道内按照1km间距重复设置限速标志。

(三)基于线性混合效应模型的影响机理研究

为了进一步探究特长隧道不同影响区域内典型交通标志对驾驶行为的影响机理,选取平均速度、速度标准差、加速度和横向偏移为响应变量,构建四种线性混合效应模型,同时考虑驾驶人特征属性,研究隧道出口距离预告标志及限速标志对驾驶行为的影响。

变量选择过程采用后向选择法,首先将全部解释变量选入模型,然后对各个解释变量进行检验,剔除最不显著的变量,将余下的变量重新拟合模型,重复上述步骤,以一组对模型有重大影响的变量结束。此外,根据赤池信息量准则AIC与贝叶斯信息准则BIC值和R^2值选择最优模型。AIC与BIC值越小、R^2值越大,说明模型的拟合度越高,最终模型结果如表6-49所示。

混合效应模型结果   表6-49

响应变量		平均速度估计值(p值)	速度标准差估计值(p值)	加速度估计值(p值)	横向偏移估计值(p值)
截距		76.745 ** (<0.001)	−0.054 ** (<0.001)	−0.023 ** (0.011)	0.261 * (0.058)
方案	方案B(vs. 方案A)	1.410 ** (0.001)	−0.001(0.238)	−0.005 ** (0.002)	0.030(0.347)
	方案C(vs. 方案A)	0.485(0.256)	−0.003 ** (0.008)	−0.007 ** (0.030)	0.152 ** (<0.001)
区段	区段2(vs. 区段1)	—	−0.002(0.188)	−0.003(0.275)	−0.155 ** (<0.001)
	区段3(vs. 区段1)	—	−0.002(0.174)	−0.005 * (0.065)	−0.107 ** (0.004)
	区段4(vs. 区段1)	—	−0.002 * (0.061)	−0.006 * (0.017)	−0.009(0.798)
性别	男(vs. 女)	−0.153 ** (0.002)	−0.007 ** (0.025)	−0.015 ** (<0.001)	—

响应变量		平均速度估计值（p 值）	速度标准差估计值（p 值）	加速度估计值（p 值）	横向偏移估计值（p 值）
年龄	$25 \sim 34$（vs. $18 \sim 24$）	—	—	—	$-0.326（0.144）$
	$35 \sim 49$（vs. $18 \sim 24$）	—	—	—	$-0.442^{*}（0.084）$
	50 以上（vs. $18 \sim 24$）	—	—	—	$-0.364（0.189）$
驾龄	$6 \sim 10$（vs. 5 以下）	$8.836^{**}（0.038）$	—	—	—
	11 以上（vs. 5 以下）	$3.533（0.420）$	—	—	—
随机截距方差		9.728^{**} （<0.001）	$3.783\mathrm{e}-5^{**}$ （<0.001）	$1.026\mathrm{e}-4^{**}$ （<0.001）	0.018^{**} （<0.001）
残差方差		11.262	6.901×10^{-5}	2.870×10^{-4}	0.065
拟合优度		AIC = 2061.8 BIC = 2120.6 $R^2 = 0.589$	AIC = -2415.8 BIC = -2357.0 $R^2 = 0.469$	AIC = -1896.7 BIC = -1837.9 $R^2 = 0.389$	AIC = 110.2 BIC = 168.9 $R^2 = 0.425$

注："vs."表示"与 xx 方案组相比"；"$**$"显著性水平为 5%；"$*$"显著性水平为 10%。

由表 6-49 可知：

（1）四个模型中随机截距的方差均呈显著性。

（2）平均速度模型中，与方案 A 相比，在方案 B 下驾驶人具有更高的行驶速度（平均速度估计值 = 1.410，$p < 0.001$），可能会产生更高的驾驶风险。在隧道实验路段的所有区段中，驾驶人的平均速度均没有显著关联性。男性驾驶人（平均速度估计值 = -0.153，$p = 0.002$）与女性驾驶人相比具有更低的平均速度。与 $6 \sim 10$ 年驾龄的驾驶人相比，新手驾驶人具有更低的平均速度（平均速度估计值 = 8.836，$p = 0.038$）。同时，驾驶人年龄对平均速度未产生影响。

（3）速度标准差模型中，与方案 A 相比，在隧道内设置限速标志和隧道出口距离预告标志能够使驾驶人表现出更低的速度标准差（速度标准差估计值 = -0.003，$p = 0.008$），与仅设置限速标志相比其优势更加明显；在影响区段 2、3 和 4 内，驾驶人具有更低的速度标准差，但是速度标准差之间的显著性差异仅存在于区段 4 与区段 1 之间（速度标准差估计值 = -0.002，$p = 0.061$）；此外，男性驾驶人与女性驾驶人相比表现出更低的速度标准差（速度标准差估计值 = -0.007，$p = 0.025$）；驾驶人年龄和驾龄对不同方案下行车速度标准差不存在明显影响。

（4）加速度模型中，与方案 A 相比，在隧道内设置限速标志和隧道出口距离预告标志能够使驾驶人保持更低的加速度值（加速度估计值 = -0.007，$p = 0.002$）。与区段 1 相比，在其他三个区段行驶时加速度值更低，区段 3 与区段 1 内行驶时的加速度值呈边缘显著性差异（加速度估计值 = -0.005，$p = 0.065$），区段 4 与区段 1 内行驶时的加速度值呈显著性差异（加速度估计值 = -0.006，$p = 0.017$）。男性驾驶人与女性驾驶人相比表现出更低的加速度值（加速度估计值 = -0.015，$p < 0.001$）。驾驶人年龄和驾龄对不同方案下行车加速度不

存在明显影响。

(5)横向偏移模型中,与方案 A 相比,在方案 C 下行驶时车辆具有更大的横向偏移(横向偏移估计值 = 0.152, $p < 0.001$);与区段 1 相比,在其他区段内车辆的横向偏移减小,区段 2 和 3 内行驶时的横向偏移与区段 1 相比呈显著差异(区段 2 横向偏移估计值 = -0.155, $p < 0.001$;区段 3 横向偏移估计值 = -0.107, $p = 0.004$)。年轻的驾驶人(18~24 岁)与其他年龄段的驾驶人相比具有更大的横向偏移。同时,驾驶人驾龄和性别对不同方案下车辆横向偏移无明显影响。

七　小结

本节面向隧道路段典型交通标志实际设置中存在的问题,选取隧道限速标志、隧道出口距离预告标志作为研究对象,依托驾驶模拟实验探究隧道交通标志对驾驶行为的影响机理,评估隧道路段典型交通标志设计方案的综合效用。

(1)提出了针对隧道路段典型交通标志的影响机理解析及综合效用评估方法,主要包括:①运用重复测量方差分析方法开展不同隧道标志设计方案的效用差异性检验;②通过线性混合效应模型探究交通标志对驾驶行为的影响机理;③建立物元模型评估隧道路段典型交通标志设计方案的综合效用。

(2)隧道出口距离预告标志和限速标志的设置对提高驾驶安全水平有较好的效果。其中,在隧道内设置限速标志能对标志设置位置大约 1km 范围内的驾驶人行为表现产生较优的综合效用水平;在距离隧道出口大约 2km 范围内设置隧道出口距离预告标志和限速标志能对驾驶人行为表现产生较优的综合效用水平。

(3)成果为指导交通标志在隧道内的合理设置提供了方法支撑。未来研究中,应进一步通过实际道路环境数据验证研究结论的有效性,推动指导隧道路段典型交通标志规范化设置。

第十一节　机场陆侧指路标志

一　问题提出

近年来,国内航空客运流量持续快速增长,机场建设规模也相应增加,以航站楼和陆侧交通设施为核心的机场建筑综合体规模不断扩大、多元和复合功能趋势明显,对机场陆侧交通标志系统的设计也提出了更高要求。不同于普通城市道路,机场道路具有陆侧交通组织复杂、区域内目的地繁多及道路决策点分布密集的特殊性。因此,机场陆侧交通标志的指引信息必须指向清晰、层次分明,才能更好地满足驾驶人对交通标志信息的需求。

目前,我国机场陆侧交通标志的设计大多参照道路交通标志通用设计标准,专门针对机场陆侧交通标志的设计规范尚未形成。由于机场陆侧道路结构和交通运行特征具有特殊性,导致目前机场标志设计多是"各自为战",缺乏有效的设计依据,标志系统中出现如标志版面信息混乱、版面形式和内容设计随意、信息量过多、信息层级不突出、区域间缺乏引导标志等较多问题,严重影响了驾驶人的出行效率,无法有效保证机场运输系统的高效运行和服务品质。

因此,本节借鉴国外先进的机场道路交通标志研究成果,设计了一种新型的机场道路交通标志系统,结合机场陆侧交通特点和驾驶人需求,构建了机场道路交通标志系统评价方法(ARTSSEM)以评价机场道路交通标志系统的有效性。结果可为机场道路交通标志系统的效用和优化提供方法支撑。

二 方案设计

1. 因素水平

以北京大兴国际机场的机场陆侧指路标志为例开展研究。按照《道路交通标志和标线 第 2 部分:道路交通标志》(GB 5768.2—2009)设计了一套机场道路交通标志系统(方案1,见图6-81);通过对国内外机场陆侧交通标志的设计标准规范及相关研究的总结,在现有的机场陆侧交通标志系统方案下对标志的颜色编码、版面信息和预告层级等方面进行了优化设计,形成一套新的标志系统设计方案(方案2,见图6-82)。

2. 场景设计

同一机场陆侧的实验场景道路线形下的两套机场陆侧交通标志系统方案分别如图6-81、图6-82 所示。

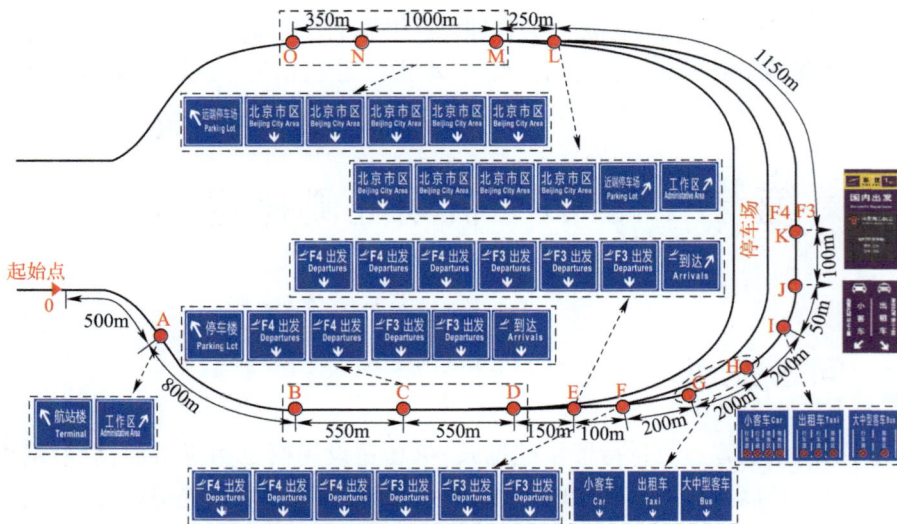

图6-81　标志系统方案1

本实验有三条驾驶流线,分别为:

流线一:从机场高速入口(起始点)去往 F4 出发层;

流线二:从机场高速入口(起始点)去往 F3 出发层;

流线三:从机场高速入口(起始点)去往停车场。

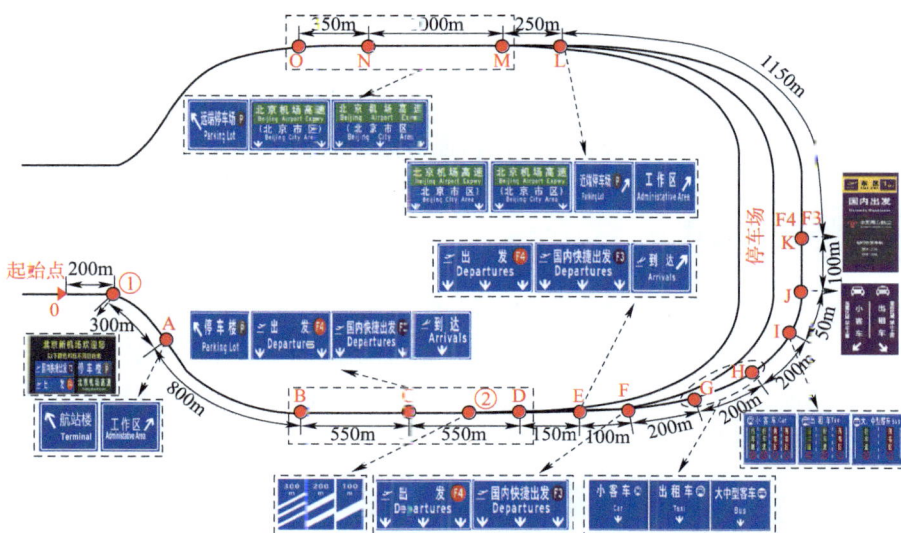

图 6-82　标志系统方案 2

A 点-航站楼和工作区的分离标志;B、C、D 点-进场路的三级预告标志;E 点-出发和到达的分离标志;F 点-F3 出发和 F4 出发的分离标志;G、H 点-分车道预告标志;I 点-行车道和落客区标志;J 点-小客车和出租汽车的分离标志;K 点-国内出发标志;L 点-北京市区和工作区的分离标志;M、N、O 点-出场路的三级预告标志;①点-提示进入机场的标志;②点-出口预告标志

三　实验测试

采用驾驶模拟器和笔记本电脑开展实验测试。招募被试 48 名,其中男性占 66.7%,女性占 33.3%,被试年龄在 22～55 岁之间(平均值 35.4,标准差 9.2)。

将被试平均分为方案 1 和方案 2 两组。具体流程如下:

(1)实验准备:①预先录制的一段没有任何交通标志的完整机场道路的视频片段;②两组标志系统中交通标志的纸质版;③实验员告知被试实验相关注意事项。

(2)适应性驾驶:驾驶人需要进行 3～5min 试驾,以确认驾驶人熟悉模拟驾驶车辆的操作,且没有眩晕等不适症状发生。

(3)试前问卷:经过适应性驾驶之后,实验员对被试进行试前问卷提问,了解驾驶人在实验前的生理心理状态。

(4)正式实验:实验人员阅读实验指导语,告知被试目的地、限速等信息。48 名驾驶人按照随机顺序完成三条驾驶流线的寻路任务,以消除驾驶人操作过程的偶然性。同时,每完成一条驾驶流线任务要求强制休息 5min 以上,以防止驾驶疲劳,导致数据不准确。

(5)试后问卷:主要记录驾驶人对于模拟驾驶的真实感反馈,并通过记录驾驶人的疲劳状况等级判定驾驶人在操作过程中的数据有效性。

(6)信息需求实验:实验人员为被试播放录制好的视频,要求被试在需要标志指引的位置暂停视频,然后被试从制作的标志图片中选取需要的标志。依次重复上述步骤,直到视频播放结束。

(7)信息理解实验:在信息需求实验中,当被试选出正确的交通标志时,要求被试正确排列选出标志的位置,并正确解读标志中的信息。如果被试能够正确排列所选标志位置并能够正确解读标志信息,则表明驾驶人能够正确理解标志信息。

四　数据处理

以往研究证实,城市快速路条件下,驾驶人在交通标志出现前200m能够视认到交通标志。截取驾驶人在每条路线上从驾驶起点到驾驶目的地的驾驶行为数据,从提示进入机场标志(图6-82中的①点)前200m开始,至到达航站楼(图6-82中的K点)为止,共计3400m范围作为本节分析的数据范围。其中,数据的空间采样间隔均为10m。

五　指标提取

1. 信息需求指标

基于信息需求实验采集数据,将标志在驾驶人寻路过程中的需求概率定义为信息需求度,见式(6-21)。

$$D_k = \frac{\sum_{j=1}^{I_k} \dfrac{\sum_{i=1}^{n} D_{ijk}}{n}}{I_k} \tag{6-21}$$

$$1 \leqslant i \leqslant n, 1 \leqslant j \leqslant m, 1 \leqslant k \leqslant p \qquad i,j,k,n,m,p \in Z^*$$

式中,n 为被试人数;m 表示标志系统中的标志编号;p 代表标志系统的数量;D_k 为标志系统 k 的信息需求程度;D_{ijk} 为标志系统 k 的被试 i 需要一个标志 j 的频率。当 j 被选择时,则定义该值为1,否则为0。I_k 表示标志系统 k 中的标志个数。在机场道路交通标志系统中,方案1有15个标志,方案2有17个标志,即 I_1 为15,I_2 为17。

2. 信息理解指标

在机场道路交通标志系统中,将标志被正确理解的概率定义为驾驶人对标志系统信息的理解程度,见式(6-22)。

$$\alpha_k = \frac{\sum_{j=1}^{I_k} \dfrac{\sum_{i=1}^{n} C_{ijk}}{n} \cdot \dfrac{\sum_{i=1}^{n} D_{ijk}}{n}}{\sum_{j=1}^{I_k} \dfrac{\sum_{i=1}^{n} D_{ijk}}{n}} \tag{6-22}$$

$$1 \leqslant i \leqslant n, 1 \leqslant j \leqslant m, 1 \leqslant k \leqslant p \qquad i,j,k,n,m,p \in Z^*$$

式中,α_k 表示被试对 k 标志系统信息理解程度的系数;C_{ijk} 表示驾驶人 i 正确理解交通标志系统 k 中的标志信息 j 的频率,如果正确理解 j,则定义为 1,否则为 0。

3.驾驶行为指标

选取的驾驶行为指标如下:

(1)平均速度(km/h)。表征驾驶人在场景中驾驶时的平均车速。

(2)平均加速度(m/s²)。属于行为数据,是被试在场景中驾驶时的速度变化率。

(3)加速踏板功效(%·s)。代表被试在场景中驾驶时的加速踏板操纵总功率。在驾驶模拟器中,加速踏板深度定义为 0~100。未踩下加速踏板时,加速踏板深度为 0,完全踩下时,加速踏板深度为 100。加速踏板功效(ρ_{Gas})的物理含义如下式所示。

$$\rho_{Gas} = \int_{0}^{T} g(t)\,\mathrm{d}t \tag{6-23}$$

式中,ρ_{Gas} 为加速踏板功效;T 为驾驶人从驶入到驶出各实验数据检测路段的总时间;$g(t)$ 为 t 时刻的加速踏板深度。

(4)横向偏移(m)。驾驶车辆中心偏离车道中心线的距离,表征驾驶人横向操作的稳定性。

(5)转向盘转角(°)。被试在驾驶过程中转动转向盘的角度,表征驾驶人潜在的变换车道、决策等行为。

4.寻路指标

(1)制动频率(次)。被试在驾驶实验中制动的频率,反映被试在寻路过程中的流畅性。

(2)寻路时间(s)。驾驶人完成驾驶任务所消耗的时间,表征驾驶人总体寻路过程的难易度。

5.评价指标体系

将机场道路交通标志系统评价方法(ARTSSEM)应用于驾驶人寻路行为过程。综合考虑主观和客观数据,对机场道路交通标志系统的有效性进行评价。该方法主要包括四层:第一层确定实验目标,第二层为实验方法,第三层为评价指标,第四层进行综合评价。该方法分为五个步骤(第 1 步—第 5 步)。图 6-83 显示了 ARTSSEM 的框架。

六 结果分析

(一)驾驶行为影响特征分析

为了分析交通标志系统对被试驾驶行为的影响,在研究范围的每个数据单元上,对两种方案下被试的驾驶行为数据进行显著性分析。在空间轴位置上有显著性差异的定义为 1,没有显著性差异的定义为 0。以流线二的平均速度为例,分析结果见图 6-84。图中的竖线为标志所在位置。在平均速度方面,被试在方案 2 的新交通标志系统下的平均速度较低且较稳定,且平均速度主要在三级预告标志影响范围内存在显著差异(B、C、D 同图 6-82 中的三级预告标志)。

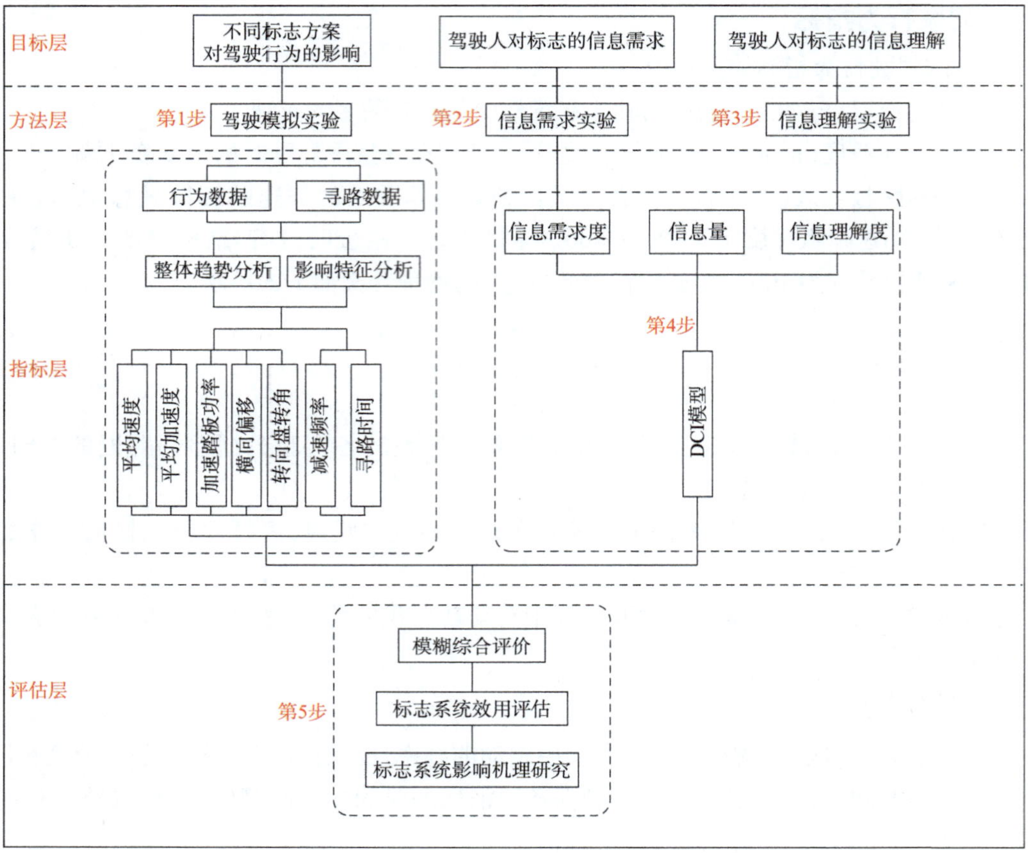

图 6-83　评价指标体系

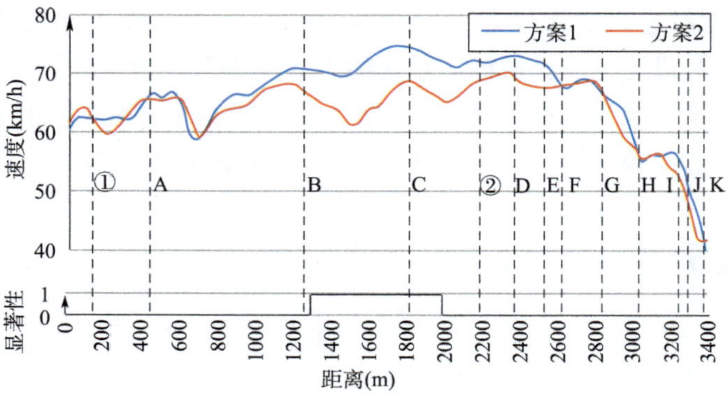

图 6-84　流线二平均速度

数据结果表明,两种方案的显著差异主要存在于三级预告标志的影响范围。因此,以下分析在三级预告标志的影响范围展开(标志前 200m 到标志后 200m)。应用独立样本 T 检验测量了两种交通标志系统对驾驶行为数据的影响。分析结果表明,两种方案在平均速度、横向偏移和寻路时间上存在显著差异,如图 6-85 所示。进一步比较显示,方案 2 的平均速度明显慢于方案 1,方案 2 的横向偏移明显小于方案 1,但方案 2 的寻路时间长于方案 1。总体来看,方案 2 在安全性(速度)和横向控制(横向偏移)方面优于方案 1。由于速度较低,方案 2 的寻路时间略长于方案 1。因而,方案 2 的整体性能更好。

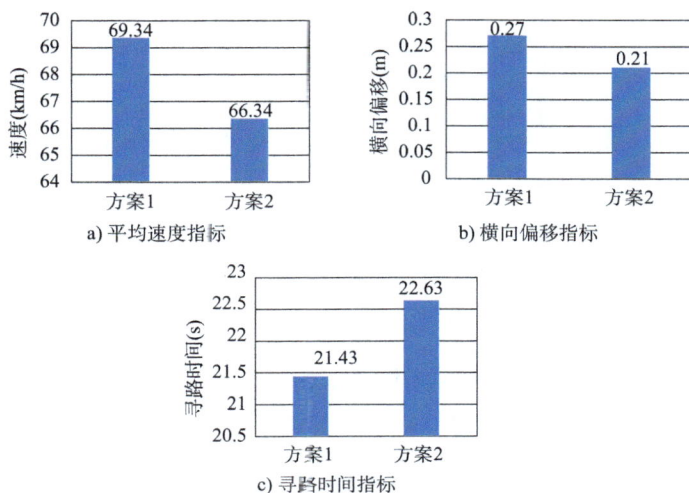

a) 平均速度指标

b) 横向偏移指标

c) 寻路时间指标

图 6-85 两种方案的显著性指标

(二)人因工效性分析

1. 信息需求实验结果

以方案 2 为例,信息需求实验结果如表 6-50 所示。表中的数值 1 代表被试有信息需求,0 代表无信息需求。

方案 2 标志系统信息需求   表 6-50

标志信息序号	被试者							总计
	A_1	A_2	A_3	…	A_i	…	A_{24}	
1	1	1	1	…	…	…	1	18
2	1	1	1	…	…	…	1	24
3	1	1	0	…	…	…	0	15
4	0	0	0	…	…	…	1	21
5	0	1	1	…	…	…	0	16
6	1	0	0	…	…	…	1	6
7	1	1	0	…	…	…	1	9
8	0	0	1	…	…	…	0	5
9	0	1	0	…	…	…	1	14
10	1	0	1	…	…	…	1	14

标志信息序号	被试者							总计
	A_1	A_2	A_3	…	A_i	…	A_{24}	
11	0	1	0	…	…	…	0	15
12	1	0	1	…	…	…	0	15
13	0	0	0	…	…	…	1	16
14	1	1	1	…	…	…	0	19
15	0	1	0	…	…	…	1	14
16	1	1	0	…	…	…	0	11
17	1	1	1	…	…	…	1	17

2. 信息理解实验结果

以方案 2 为例,信息理解实验结果如表 6-51 所示。表中的数值 1 代表被试正确理解标志信息,0 代表没有正确理解标志信息。以上数据为后续工效学模型构建提供数据支撑。

方案 2 标志信息理解 　　　　　　表 6-51

标志序号	被试者							总计
	A_1	A_2	A_3	…	A_i	…	A_{24}	
1	1	1	1	…	…	…	1	11
2	1	1	1	…	…	…	1	19
3	1	1	0	…	…	…	0	10
4	0	0	0	…	…	…	1	12
5	0	1	1	…	…	…	0	5
6	1	0	0	…	…	…	1	0
7	1	1	0	…	…	…	0	4
8	0	0	1	…	…	…	0	4
9	0	1	0	…	…	…	1	10
10	1	0	1	…	…	…	1	5
11	0	1	0	…	…	…	0	10
12	1	0	1	…	…	…	0	9
13	0	0	0	…	…	…	1	4
14	1	1	1	…	…	…	0	2
15	0	1	0	…	…	…	1	7
16	1	1	0	…	…	…	0	2
17	1	1	1	…	…	…	1	5

3. DCI 人机工效学模型

1）模型简介

以驾驶人对交通标志系统的信息需求 D 为导向，同时考虑标志系统的信息的易于理解度 C 和标志系统的信息量 I，建立机场陆侧交通标志系统工效性评价模型 DCI。标志系统信息量系数如下式：

$$\beta_k = \begin{cases} \dfrac{I_k}{I}, I_k \leqslant I \\[2ex] \dfrac{I}{I_k}, I_k > I \end{cases} \quad (1 \leqslant k \leqslant p, k, p \in Z^*) \tag{6-24}$$

式中，β_k 为标志系统信息量的系数；I 为标志系统中最优标志数量，定义 I 为方案 1 和方案 2 的平均标志数。方案 1 的标志系统有 15 个标志，方案 2 的标志系统有 17 个标志，因此 I 被定义为 16；k、p 同式(6-21)。

机场陆侧交通标志系统工效性评价模型 DCI 见下式：

$$\text{DCI}_k = D_k \cdot \alpha_k \cdot \beta_k = \begin{cases} \dfrac{\sum\limits_{j=1}^{I_k} \sum\limits_{i=1}^{n} \sum\limits_{i=1}^{n} D_{ijk}}{I \cdot n^2} & (I_k \leqslant I) \\[3ex] \dfrac{I \cdot \sum\limits_{j=1}^{I_k} \sum\limits_{i=1}^{n} C_{ijk} \sum\limits_{i=1}^{n} D_{ijk}}{n^2 \cdot I_k^2} & (I_k > I) \end{cases} \tag{6-25}$$

2）DCI 人机工效学模型计算

利用 DCI 人机工程学模型对机场道路交通标志系统进行了人机工效学分析。根据式(6-26)得到方案 1 的 DCI = 0.17，同样得到方案 2 的 DCI = 0.46。因此，方案 2 在驾驶人主观水平上的人机工效学更好。

（三）模糊综合评价

采用模糊综合评价法，综合考虑被试的驾驶行为、寻路表现、信息需求和对标志系统的信息理解，对标志系统的有效性进行综合评价。

1. 确定评价指标集

两种方案的评价指标集，见表 6-52。后续分析以方案 2 为例进行计算。

两种方案的评价指标集　　　　　　　　　　　　　　　表 6-52

方案	指标							
	平均速度 (U_1)	平均加速度 (U_2)	加速踏板功效 (U_3)	横向偏移 (U_4)	转向盘转角 (U_5)	制动频率 (U_6)	寻路时间 (U_7)	DCI (U_8)
方案 1	69.34	0.16	38.72	0.27	1.29	0.45	21.43	0.17
方案 2	66.34	0.15	38.28	0.21	1.31	0.44	22.63	0.46

2. 建立评语集

采用 K-means 聚类算法对各指标的取值范围进行分类,见表 6-53。

两种方案的指标等级分类　　　　　　　　　　　　　　　　表 6-53

指标	等级				
	1	2	3	4	5
U_1	[35.16,51.23]	[51.24,63.42]	[63.43,72.82]	[72.83,84.44]	[84.45,97.80]
U_2	[0.00,0.11]	[0.12,0.24]	[0.25,0.40]	[0.41,0.55]	[0.56,0.62]
U_3	[23.10,33.76]	[33.77,37.96]	[37.97,42.32]	[42.33,49.71]	[49.72,60.94]
U_4	[0.00,0.15]	[0.16,0.41]	[0.42,0.71]	[0.72,1.04]	[1.05,1.26]
U_5	[0.01,0.71]	[0.72,1.51]	[1.52,2.49]	[2.50,3.83]	[3.84,5.47]
U_6	[0.00,0.17]	[0.18,0.37]	[0.38,0.54]	[0.55,0.80]	[0.81,1.00]
U_7	[14.75,20.27]	[20.28,23.80]	[23.81,29.49]	[29.50,40.50]	[40.51,47.72]
U_8	[0.80,1.00]	[0.60,0.79]	[0.40,0.59]	[0.20,0.49]	[0.00,0.19]

3. 判断矩阵归一化处理

对判断矩阵进行归一化处理后,得到矩阵如下:

$$R = \begin{bmatrix} 0.29 & 0.18 & 0.00 & 0.22 & 0.31 \\ 0.15 & 0.00 & 0.22 & 0.30 & 0.33 \\ 0.26 & 0.08 & 0.00 & 0.24 & 0.42 \\ 0.14 & 0.00 & 0.23 & 0.30 & 0.33 \\ 0.22 & 0.00 & 0.15 & 0.28 & 0.35 \\ 0.29 & 0.19 & 0.00 & 0.21 & 0.31 \\ 0.20 & 0.00 & 0.16 & 0.28 & 0.36 \\ 0.00 & 0.15 & 0.57 & 0.23 & 0.05 \end{bmatrix}$$

4. 计算各评价指标的熵权

各评价指标的熵权见表 6-54。因此,定义熵权矩阵 $W = (0.103, 0.110, 0.150, 0.113, 0.112, 0.101, 0.112, 0.199)$。

各指标信息熵及熵权　　　　　　　　　　　　　　　　表 6-54

指标	U_1	U_2	U_3	U_4	U_5	U_6	U_7	U_8
熵权	0.103	0.110	0.150	0.113	0.112	0.101	0.112	0.199

5. 计算模糊综合评价结果向量

依据式(6-26)计算模糊综合评价结果:

$$T = W \cdot R \tag{6-26}$$

模糊综合评价的结果向量定义为 $T = (0.175, 0.081, 0.205, 0.255, 0.285)$。定义分数阶梯度矩阵 $S = [100, 90, 80, 70, 60]$,$T$ 与 S 的乘积即为方案的最终得分,得方案 2 的最终得分 $F_2 = 76.05$。

同样,得到方案 1 的模糊综合评价结果向量 $T = (0.177,0.059,0.099,0.277,0.388)$。因此,得出方案 1 的最终得分,$F_1 = 73.61$。

当分别考虑行为数据、行为 + 寻路数据、行为 + 寻路 + 主观数据对两个方案进行模糊综合评估时,评估结果见图 6-86。显然,方案 2 得分较高($F_2 > F_1$),因此方案 2 的机场道路交通标志系统具有较好的综合效果。

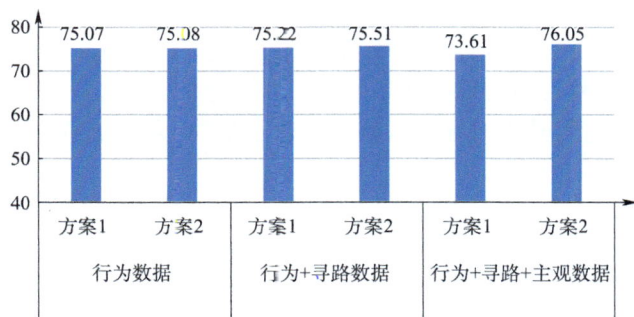

图 6-86　考虑不同数据的模糊综合评估结果

七　小结

本节在借鉴国外先进的机场道路交通标志设计研究的基础上,提出了一种新型的机场道路交通标志系统,基于桌面实验和驾驶模拟实验,从主观需求理解和客观行为表现两个方面评估机场道路交通标志系统的有效性。

(1)提出了一种通用的机场道路交通标志系统评价方法(ARTSSEM),包括驾驶模拟测试、需求理解实验测试、综合评估优选。

(2)通过分析,得到如下结论:①驾驶模拟实验结果表明,方案 2 在安全性(速度)和横向控制(横向偏移)方面优于方案 1,速度较低,行程时间略长,稳定性更高。②桌面实验研究结果表明,被试对方案 2 表现出较高的信息需求和理解,其 DCI 人机工效学评估结果更优。③模糊综合评估结果表明,方案 2 的评分较高。

(3)研究结果已部分应用于北京大兴国际机场的交通标志系统中。研究结果对于机场陆侧交通标志优化设计、效用评估具有重要的理论意义和应用价值。

第十二节　导航与交通标志

一　问题提出

与传统静态交通标志不同,导航为驾驶人提供实时动态道路交通信息,特别是导航语音播报对驾驶人在陌生路段行车起着重要的引导作用。目前,人们出行时在使用交通标志的基础上会同时依靠导航进行寻路,因此导航和交通标志共同起引导作用。

然而,导航和交通标志设置时均未充分考虑对方的作用,存在信息重复、不匹配等问题导致驾驶人对导航信息理解不当或工作负荷增加。因此,标志和导航协同性对驾驶安全及高效运行至关重要,有必要探究导航信息与交通标志匹配程度对驾驶人的影响模式。

基于此,本节依托驾驶模拟实验平台,搭建导航信息与标志不同匹配程度的交通模拟场景,开展导航信息与交通标志对驾驶行为影响的差异性分析,探究导航信息与交通标志不同点位和内容匹配度下驾驶行为表现特征和效用。以上分析有助于明确交通标志和导航信息作用效果的差异,为探讨驾驶人对导航依赖程度奠定基础,为以交通标志为基础的导航设计优化提供支撑。

二 方案设计

(一)因素水平

针对路径引导模式、导航与标志点位匹配度、导航与标志内容匹配度三个因素共设计11个水平,实验因素和水平如表6-55所示。

实验因素及水平 表6-55

因素	水平	导航	标志	定义
路径引导模式	1	无	有	T模式(有标志、无导航)
	2	有	无	N模式(无标志、有导航)
	3	有	有	T+N模式(有标志、有导航)
导航与标志点位匹配度	1	无	固定设置	点位匹配度0
	2	播报确认信息		点位匹配度1
	3	播报告知+确认信息		点位匹配度2
	4	播报预告+告知+确认信息		点位匹配度3
导航与标志内容匹配度	1	播报方向信息	固定设置	内容匹配度1
	2	播报方向+地点信息		内容匹配度2
	3	播报距离+方向+地点信息		内容匹配度3
	4	播报距离+方向+地点+车道信息		内容匹配度4

(二)场景设计

利用Auto CAD、3DMax及纬地等软件设计并开发了城市道路平面交叉口场景,设计实验场景中的道路交通条件、指路标志设置和导航语音信息如下。

1.道路交通条件

实验场景为城市双向八车道,机动车道宽度为3.5m,中央分隔带和机非分隔带宽度分别为 2.8m 和 2.5m,道路限速为 60km/h。共设计 6 个场景,每个场景包含 8 个左右交叉口(部分为干扰交叉口:不采集分析实验数据),相邻交叉口距离大约为 1000m,每个场景的实验路线总长为 10km 左右。为不干扰驾驶人的正常驾驶,所有场景交通流状态均设置为自由流。

2. 指路标志设置

实验场景的交通标志标线均按国家标准《道路交通标志和标线》(GB 5768—2009)设置。城市指路标志为 3 级,包括预告标志、告知标志和确认标志,如图 6-87 所示。预告标志包含地点、距离和方向信息,告知标志包含地点、距离、方向和车道信息,确认标志包含地点和方向信息。预告、告知和确认三级标志的设置位置详见图 6-89 中的 $S_1 \sim S_3$ 和 S。

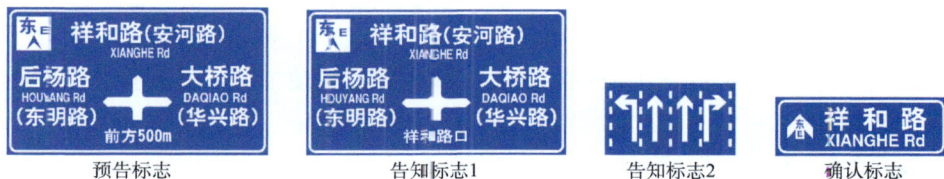

图 6-87　指路标志示例

3. 导航语音信息

依据省路标志进行导航语音信息设计。指路标志包括预告、告知和确认三级信息,与三组点位匹配的导航语言提示内容也涵盖这三类信息,如表 6-55 所示。导航预告信息内容:前方 500m 红绿灯路口××,进入××路;告知信息内容:前方 100m 红绿灯路口××,进入××路;确认信息内容:左/右转,进入××路。在内容匹配度方面,与预告、告知和确认三级标志相对应,导航系统也发布三次信息,每次发布信息的组成取决于语音信息与标志的匹配度。四组内容匹配度方案共包含四种信息,即距离、方向、地点、车道信息,依次是“前方××米”“红绿灯路口××”“进入××路”“请走××车道”。导航语音提示时机结束位置与对应标志的放置位置保持一致,语音提示触发位置由道路限速语音提示时间间隔确定。交通标志与导航播报点位如图 6-88 所示。每组实验方案的语音提示文件通过接口函数导入驾驶模拟平台,其触发由函数动态控制。

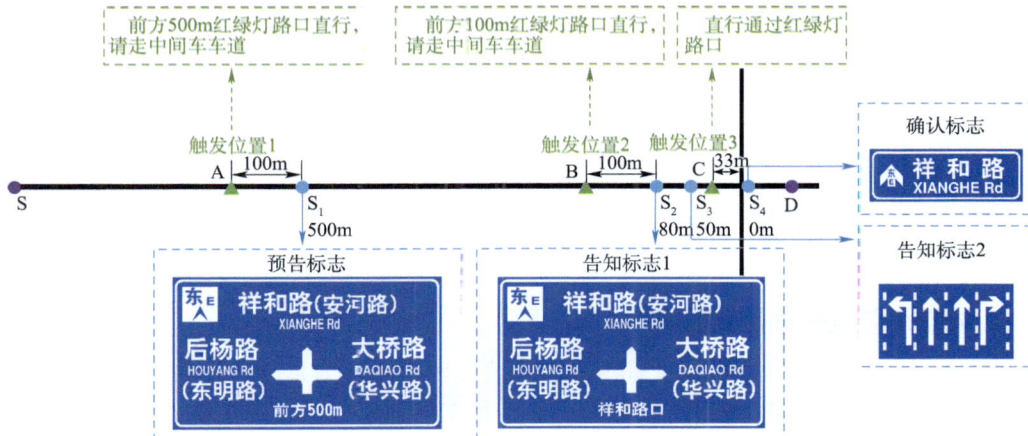

图 6-88　交通标志与导航播报点位

三　实验测试

实验招募 37 名视力及听力状态良好的被试开展实验,其中男性被试 25 名,女性被试 12 名。被试年龄在 21 ~ 57 岁之间(平均值 37.60,标准差 11.72)。被试驾龄在 2 ~ 30 年之间 (平均值 8.72,标准差 5.84)。

依托驾驶模拟实验平台获取被试在不同导航与标志匹配度方案下的驾驶行为数据,具体实验流程如下:

(1)实验准备:实验员告知被试本实验全程遵守限速 60km/h,按照交通标志和导航的指引行驶。

(2)适应性驾驶:被试进行 3 ~ 5min 试驾以熟悉模拟驾驶车辆的驾驶操作,确认被试无眩晕等不适症状。

(3)驾前问卷:经适应性驾驶后,实验员对被试进行正式实验前的问卷调查,了解被试在实验前的生理状态。

(4)正式实验:实验员向被试宣读实验指导语,告知道路类型、目的地、限速等信息,强调导航语音播报和平时使用保持一致。37 名驾驶人随机安排完成寻路任务,以消除驾驶人操作过程的偶然性。驾驶人每完成一个场景后强制休息 2min 以上,以防止驾驶时间过长对驾驶人产生不良影响从而导致数据不准确。

(5)驾后问卷:实验员询问被试对于模拟驾驶真实感的反馈,并通过询问被试疲劳状况等级判定驾驶人状态,以确保实验数据不受驾驶疲劳的影响。

四　数据处理

驾驶模拟器获取的驾驶行为数据包括车辆位置、时间、速度、加速度、加速踏板踩踏深度、制动踏板深度、换道位置等多个指标,指标由模拟器自行储存为 ∗.CSV 格式文件,数据采样频率为 30Hz。通过整理共获取 370 组实验数据(37 名驾驶人 ×6 个场景)文件。采用 MATLAB 软件对数据进行转化并验证其正态性,在此基础上基于拉依达准则法,再剔除数据中大于 $\mu + 3\sigma$ 或小于 $\mu - 3\sigma$ 的实验数据(μ 为数学期望,σ 为标准差),并通过插值法对该部分缺失数据进行补充,最终完成数据清洗并得到 37 名被试在 6 个场景下的有效实验数据。

五　指标提取

1.导航和交通标志影响指标

选取运行速度、运行时间、速度标准差和加速度标准差作为驾驶人行为表现指标。运行速度指车辆通过指定区段的平均速度,运行时间指车辆通过区段所需要的时间,这两个指标反映驾驶效率;速度标准差指车辆运行速度的离散状况,加速度指车辆速度的变化快慢程度,这两个指标反映驾驶安全。基于所选指标,采用重复测量方差分析方法(rANOVA)比较三种模式下驾驶人驾驶行为的差异。

数据分析范围如图 6-89 所示,整个区段 AD 是从远离交叉口 600m 到驶出交叉口 30m。此外,根据指路标志设置位置和导航语音信息提示位置,将整个区段进一步划分为区段 1、区段 2 和区段 3,依次代表导航第一次、第二次和第三次播报影响范围。为系统探究不同引导模式下的驾驶行为表现,从整个区段和子区段两个层面进行了差异性分析。

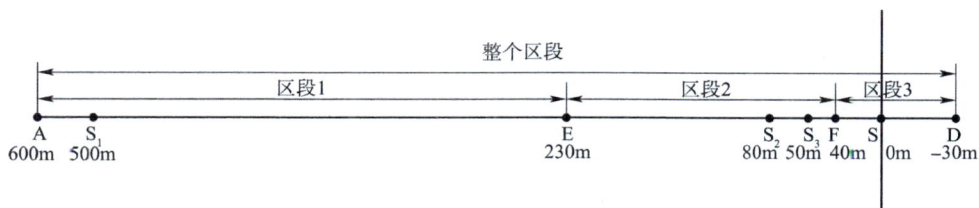

图 6-89　引导模式数据分析范围示意图

A-区段 1 起始点;E-区段 2 起始点;F-区段 3 起始点;S_1-预告标志点位;S_2-告知标志 1 点位;S_3-告知标志 2 点位;S-确认标志点位/交叉口 0 点;D-区段 3 结束点

2. 导航和交通标志点位匹配度影响指标

为了分析驾驶人在不同点位匹配度下的整体行为表现,提取驾驶人在交叉口停车线上游 600m 至下游 30m 区段内的运行速度、运行时间、速度标准差、加速度和加速度标准差,旨在从空间层面度量驾驶人的行为表现。

为了识别每次语音提示前后驾驶人行为表现的变化情况,以点位匹配度方案的 3 次语音提示结束位置为基准,将整个数据分析区段划分为 6 个区段和 3 个时段,如图 6-90 所示。提取每次语音提示的运行速度变化率、运行时间变化率、加速度变化率、速度标准差变化率和加速度标准差变化率,从时间层面度量驾驶人的行为表现。

图 6-90　点位匹配度数据分析范围示意图

600m-导航第 1 次播报起始点;500m-导航第 1 次播报结束点;180m-导航第 2 次播报起始点;100m-导航第 2 次播报结束点;30m-导航第 3 次播报起始点;0m-导航第 3 次播报结束点

3. 导航和交通标志内容匹配度影响指标

内容匹配度的分析指标与点位匹配度相同,同样包括前述的空间层面度量指标和时间层面度量指标。

六 结果分析

(一)导航和交通标志对驾驶行为影响分析

1.整个区段

(1)运行效率。

表6-56表明不同路径引导模式下的平均速度和运行时间存在显著差异($F_{(2,76)} = 10.564, p < 0.001; F_{(2,76)} = 13.283, p = 0.001$)。事后检验结果显示,N模式和T+N模式下的平均速度显著高于T模式下的平均速度;N模式和T+N模式下的运行时间均显著低于T模式下的运行时间。N模式和T+N模式下的平均速度、加速度没有显著差异。

(2)运行安全。

表6-56表明不同路径引导模式下的速度标准差和加速度存在显著差异($F_{(2,76)} = 6.745, p = 0.002 < 0.05, F_{(2,76)} = 3.014, p = 0.055 < 0.1$)。事后检验结果表明,交通标志模式和交通标志+导航模式下的速度标准差显著低于导航模式下的速度标准差;交通标志模式和交通标志+导航模式下的加速度显著低于导航模式下的加速度。交通标志和交通标志+导航模式下的速度标准差、加速度没有显著差异。

整个区段指标方差检验结果　　　　　　　　　　表6-56

因素		T模式		N模式		T+N模式		显著性
		均值	标准差	均值	标准差	均值	标准差	
效率	平均速度(km/h)	54.30	5.25	57.48	6.25	57.54	5.37	<0.001**
	运行时间(h)	0.30	0.05	0.27	0.04	0.27	0.03	<0.001**
安全	速度标准差(km/h)	0.09	0.06	0.12	0.50	0.10	0.50	0.002**
	加速度(m/s²)	0.21	0.12	0.26	0.12	0.25	0.15	0.055*

注:1. ** 为置信度大于95%,即 $p < 0.05$。

2. * 为置信度大于90%且小于95%,即 $0.05 < p < 0.1$。

2.子区段

(1)运行效率。

三种路径引导模式在各区段平均速度和运行时间检验结果如图6-91所示。从平均速度看,三种路径引导模式在区段1存在边缘显著差异($F_{(2,76)} = 2.499, p = 0.089 < 0.1$),在区段2和区段3存在显著差异($F_{(2,76)} = 5.942, p = 0.004 < 0.05; F_{(2,76)} = 20.932, p < 0.001$)。事后检验结果表明,无论在哪个区段,N和T+N两种模式下的平均速度均显著大于T模式下的平均速度,但N与T+N两种模式下的平均速度不存在显著差异。从运行时间来看,三种路径引导模式在区段1存在边缘显著差异($F_{(2,76)} = 0.472, p = 0.092 < 0.1$),在区段2和区段3存在显著差异($F_{(2,76)} = 6.980, p = 0.003 < 0.05, F_{(2,76)} = 7.847, p = 0.002 < 0.05$)。事后检验结果表明,在区段1,N模式下的运行时间显著低于

T 模式下的运行时间,这两种模式与 T+N 的运行时间无显著差异;在区段 2 和区段 3,N 和 T+N 两种模式下的运行时间显著低于 T 模式下的运行时间,N 与 T+N 两种模式下的运行时间无显著差异。

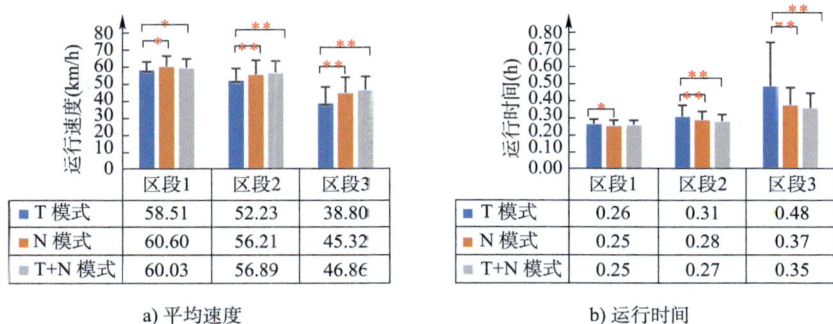

	区段1	区段2	区段3
■ T 模式	58.51	52.23	38.80
■ N 模式	60.60	56.21	45.32
■ T+N 模式	60.03	56.89	46.86

a) 平均速度

	区段1	区段2	区段3
■ T 模式	0.26	0.31	0.48
■ N 模式	0.25	0.28	0.37
■ T+N 模式	0.25	0.27	0.35

b) 运行时间

图 6-91　区段效率指标

（2）运行安全。

三种路径引导模式在各区段的速度标准差和加速度检验结果如图 6-92 所示。从速度标准差看,三种路径引导模式在区段 1 和区段 2 存在显著差异（$F_{(2,76)} = 3.875, p = 0.025 < 0.05$）,在区段 3 无显著差异（$F_{(2,76)} = 1.818, p = 0.170$）。事后检验结果表明,在区段 1,N 模式下的速度标准差显著低于 T 和 T+N 模式下的速度标准差,T 和 T+N 两种模式下的速度标准差没有显著差异;在区段 2,N 模式和 T+N 模式下的速度标准差显著低于 T 模式下的速度标准差,N 与 T+N 两种模式下的速度标准差无显著差异。从加速度来看,三种路径引导模式在区段 1 存在显著差异（$F_{(2,76)} = 4.067, p = 0.021 < 0.05$）,在区段 2 和区段 3 无显著差异（$F_{(2,76)} = 0.761, p = 0.471, F_{(2,76)} = 0.021, p = 0.979$）。事后检验结果表明,在区段 1,N 模式下的加速度显著低于 T 和 T+N 的加速度。

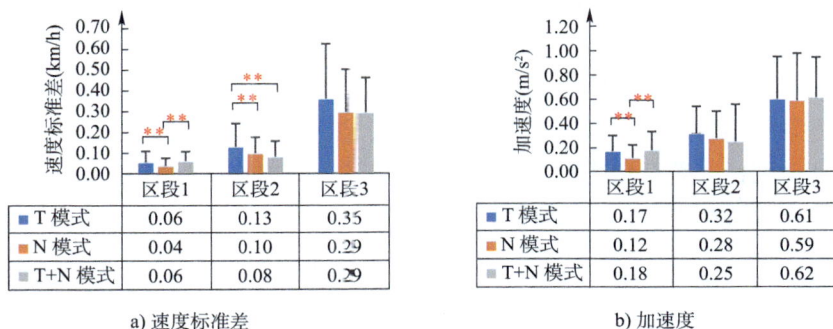

	区段1	区段2	区段3
■ T 模式	0.06	0.13	0.35
■ N 模式	0.04	0.10	0.29
■ T+N 模式	0.06	0.08	0.29

a) 速度标准差

	区段1	区段2	区段3
■ T 模式	0.17	0.32	0.61
■ N 模式	0.12	0.28	0.59
■ T+N 模式	0.18	0.25	0.62

b) 加速度

图 6-92　区段安全性指标

（二）导航和交通标志点位匹配度对驾驶人影响分析及效用评估

1. 影响分析

（1）空间层面。

运行速度、运行时间、速度标准差、加速度和加速度标准差五项指标的方差分析结果如表 6-57 所示。点位匹配度显著影响整个区段的运行速度、运行时间和加速度（$F_{(3,76)}=2.888$，$p=0.005$；$F_{(3,76)}=4.135$，$p=0.008$；$F_{(3,76)}=5.694$，$p=0.003$），但对速度标准差和加速度标准差的影响不显著（$F_{(3,76)}=1.148$，$p=0.333$；$F_{(3,76)}=1.700$，$p=0.171$）。事后检验结果表明，匹配度 3 下的运行速度显著高于匹配度 0、1、2 的运行速度；匹配度 3 下的运行时间显著小于其他三种匹配度；匹配度 0 下的加速度显著小于匹配度 1 下的加速度，匹配度 2 的加速度显著小于匹配度 1 的加速度。由此可知，点位匹配度 3 方案能有效提升驾驶效率。

不同点位匹配度下整体行为表现分析结果
表 6-57

指标	运行速度（km/h）		运行时间（min）		速度标准差（km/h）		加速度（m/s²）		加速度标准差（m/s²）	
	均值	标准差	均值	标准差	均值	标准差	均值	标准差	均值	标准差
匹配度 0	54.301	5.245	38.235	6.202	0.117	0.064	−0.131	0.059	0.049	0.032
匹配度 1	54.651	5.533	37.839	4.933	0.114	0.050	−0.165	0.061	0.052	0.026
匹配度 2	55.423	6.804	37.280	4.681	0.127	0.056	−0.150	0.072	0.048	0.021
匹配度 3	56.422	5.392	35.743	4.460	0.114	0.055	−0.145	0.052	0.044	0.027
Sig	0.005**		0.008**		0.333		0.033**		0.171	

注：1. ** 为置信度大于 95%，即 $p<0.05$。

  2. * 为置信度大于 90% 小于 95%，即 $0.05<p<0.1$。

（2）时间层面。

运行速度变化率、运行时间变化率、速度标准差变化率、加速度变化率和加速度标准差变化率五项指标的多组比较的非参数检验（KW 检验）结果如图 6-93 所示。结果表明，点位匹配度对速度变化率、时间变化率、速度标准差秩均值的影响不显著，但其对时段 1 加速度变化率秩均值的影响显著（$\chi^2=6.263$，$p=0.099$），对时段 3 的加速度标准差变化率秩均值（$\chi^2=6.324$，$p=0.069$）的影响显著。具体来看，在时段 1，点位匹配度 1 的加速度变化率大于其他三种方案的，表明第 1 次导航播报后匹配度 1 的加速度变化较大；在时段 3，点位匹配度 1 和 3 的加速度标准差变化率相对大，点位匹配度 2 的加速度标准差几乎没变，说明第 3 次导航播报后点位匹配度 1 和 3 的加速度变化较大。

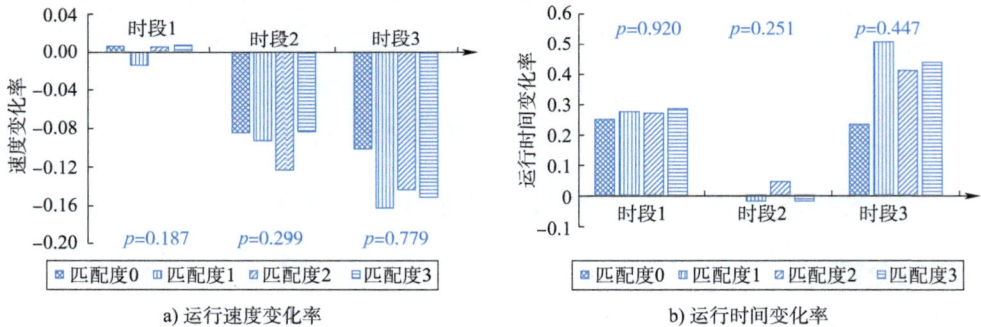

a) 运行速度变化率

b) 运行时间变化率

图　6-93

c) 速度标准差变化率

d) 加速度变化率

e) 加速度标准差变化率

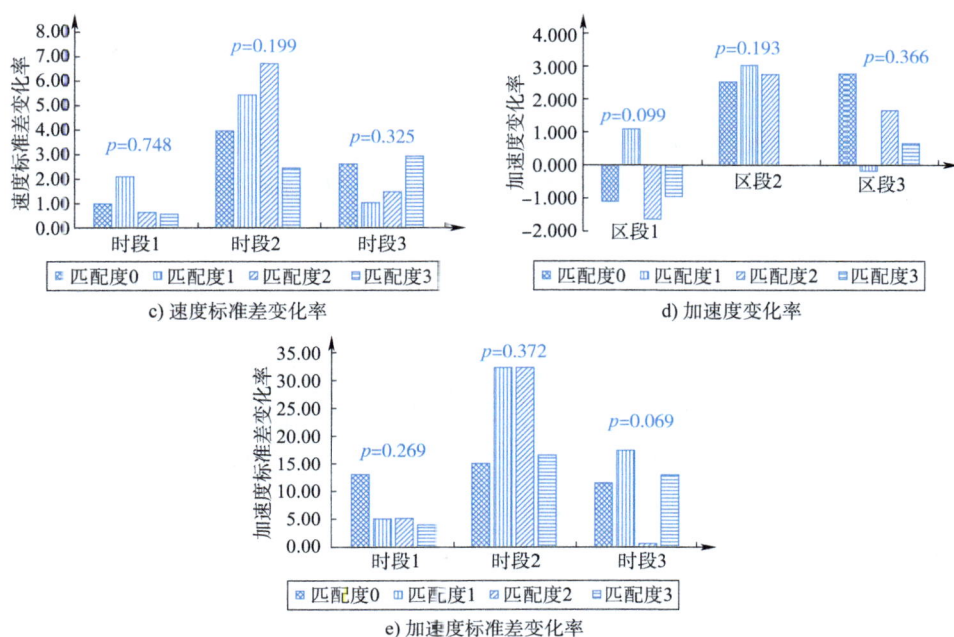

图 6-93　不同点位匹配度下行为表现变化率分析结果

2.效用评估

基于上述时空层面的 10 项指标,构建点位匹配度效用评价指标体系,进而运用灰色近优方法量化评定四组点位匹配度方案的效用。灰色近优评估结果如图 6-94 所示,四组点位匹配度方案的效用值由高到低排序为:点位匹配度 3 > 点位匹配度 0 > 点位匹配度 2 > 点位匹配度 1。由此可知,点位匹配度 3 对驾驶人驾驶行为的总和效果最佳,能有效提升驾驶安全性。

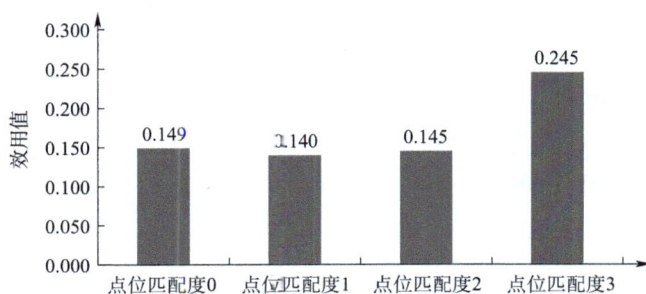

图 6-94　不同点位匹配度方案效用值

(三)导航和交通标志内容匹配度对驾驶人影响分析及效用评估

1.影响分析

(1)空间层面。

运行速度、运行时间、速度标准差、加速度和加速度标准差五项指标的方差分析结果如

表 6-58 所示。内容匹配度显著影响整个区段的以上五项指标（运行速度：$F_{(3,76)} = 4.197$，$p = 0.000$；运行时间：$F_{(3,75)} = 11.760$，$p = 0.000$；速度标准差：$F_{(3,76)} = 12.462$，$p = 0.000$；加速度：$F_{(3,76)} = 4.847$，$p = 0.006$；加速度标准差：$F_{(3,76)} = 6.674$，$p = 0.01$）。事后检验结果表明，匹配度 4 的运行速度显著高于匹配度 1、2、3；匹配度 2、4 的运行时间显著小于匹配度 1、3；匹配度 2、4 的速度标准差显著小于匹配度 1、3；匹配度 2 的加速度显著小于匹配度 1、3、4；匹配度 2、4 的加速度标准差显著小于匹配度 1、3。由此可知，内容匹配度 4 能有效提升驾驶效率。

不同内容匹配度下整体行为表现分析结果 表 6-58

指标	运行速度（km/h）		运行时间（min）		速度标准差（km/h）		加速度（m/s²）		加速度标准差（m/s²）	
	AVG	SD	AVG	SD	AVG	SD	AVG	SD	AVG	SD
匹配度 1	55.199	0.928	0.295	0.006	0.129	0.008	−0.155	0.068	0.050	0.005
匹配度 2	56.803	0.854	0.275	0.006	0.085	0.007	−0.103	0.059	0.028	0.003
匹配度 3	55.670	0.916	0.284	0.006	0.111	0.008	−0.126	0.066	0.042	0.005
匹配度 4	57.537	0.882	0.270	0.005	0.095	0.008	−0.120	0.056	0.033	0.004
Sig	0.012 **		<0.001 **		<0.001 **		0.006 **		0.01 **	

注：1. ** 为置信度大于 95%，即 $p < 0.05$。

2. * 为置信度大于 90% 且小于 95%，即 $0.05 < p < 0.1$。

（2）时间层面。

运行速度变化率、运行时间变化率、速度标准差变化率、加速度变化率和加速度标准差变化率五项指标的 KW 检验结果如图 6-95 所示。结果表明，内容匹配度对时段 2 运行速度变化率秩均值和运行时间变化率秩均值影响显著（$\chi^2 = 6.285$，$p = 0.099$；$\chi^2 = 7.216$，$p = 0.065$），对时段 1 速度标准差变化率秩均值影响显著（$\chi^2 = 7.036$，$p = 0.071$），对时段 3 加速度标准差变化率秩均值影响显著（$\chi^2 = 9.518$，$p = 0.023$）。具体来看，在时段 2，内容匹配度 1 和 3 的运行速度变化率和运行时间变化率大于匹配度 2 和 4；在时段 1，内容匹配度 2 和 3 的速度标准差变化率较大，匹配度 1 和 4 的变化率数值均在 1 以下；在时段 3，内容匹配度 3 的加速度标准差变化率相对较大。

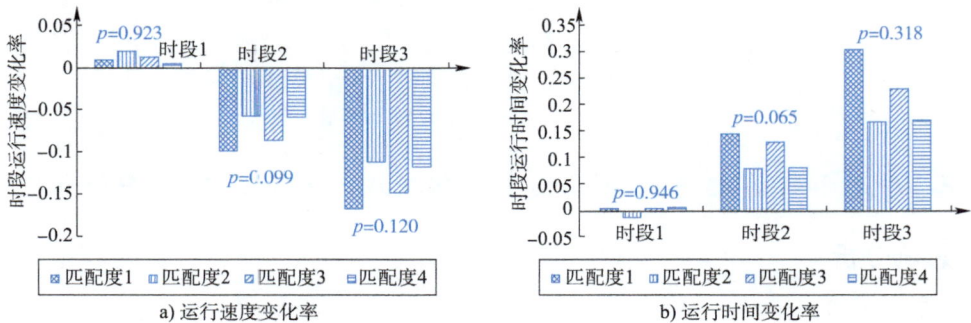

a) 运行速度变化率

b) 运行时间变化率

图 6-95

c) 速度标准差变化率

d) 加速度变化率

e) 加速度标准差变化率

图 6-95　不同内容匹配度下行为表现变化率分析结果

2. 效用评估

　　基于上述分析指标构建内容匹配度效用评价指标体系,并运用灰色近优方法量化评定四组内容匹配度方案的效用,结果如图 6-96 所示。四组内容匹配度方案的效用由高到低排序:内容匹配度 4 > 内容匹配度 2 > 内容匹配度 3 > 内容匹配度 1。由此可知,内容匹配度 4 对驾驶人驾驶行为的总体效果最佳,能有效提驾驶效率。

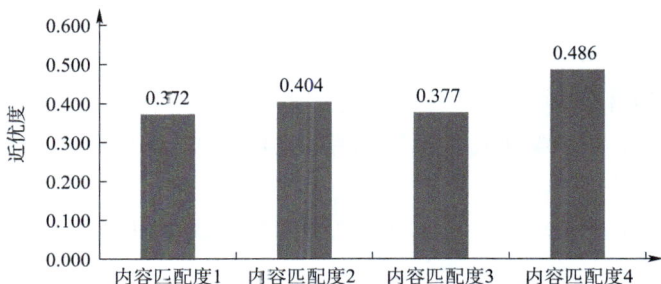

图 6-96　不同内容匹配度近优度排序

七　小结

　　本节基于驾驶模拟器构建交通标志和导航不同协同性和匹配度的实验测试场景,获取细粒度驾驶人驾驶行为数据,从不同层面和维度分析协同性和匹配度对驾驶行为的影响特征及作用规律,最后采用灰色近优方法对不同匹配度进行综合评估。

　　(1)提出了导航与标志协同性的驾驶行为影响分析方法,包括驾驶模拟测试、行为观律分析及综合量化。

（2）行为特性分析表明,相对于传统的交通标志模式,导航与交通标志共同作用对驾驶人行车有正面影响。①空间层面,点位匹配度3相对点位匹配度0对驾驶效率、安全和舒适性有更好的影响,内容匹配度4下驾驶效率性较高、内容匹配度2和4下驾驶安全性和舒适性较高。②时间层面,点位匹配度0和2、内容匹配度1和2对驾驶安全和舒适性的影响随时段变化较大。③灰色近优结果表明,点位匹配度对于驾驶人驾驶行为影响的大小顺序为:点位匹配度3>点位匹配度0>点位匹配度2>点位匹配度1;内容匹配度对于驾驶人驾驶行为影响的大小顺序为:内容匹配度4>内容匹配度2>内容匹配度3>内容匹配度1。因此,无论是点位还是内容,导航与交通标志完全匹配评分都是最高的,对驾驶行为影响最优。

（3）结果有助于明确不同导航和交通标志的协同性对驾驶人的影响规律,为导航信息的设计及优化提供理论基础。未来可以获取被试在不同导航和交通标志组合方案下的心电和脑电数据,进一步分析导航和交通标志的组合方案对被试的内在影响规律。

思考题

1. 试述研究中实验因素水平设计的有效性,并探究是否有更合理的设计方法。
2. 快速路桥形标志设计时需要考虑的因素是什么?
3. 快速路桥形标志的复杂度对驾驶人脑电认知的影响表现为哪些规律?
4. 还有哪些方法可以评价快速路桥形标志的优化效果?
5. 使用驾驶模拟器对减速标线的优化设计应该考虑哪些因素?
6. 对减速标线进行优化效果评价可以从哪些方面考虑?
7. 开展学校及周边地区交通综合治理时,为了兼顾通行效率与交通安全需要考虑哪些因素?还可以采取哪些措施?
8. 互通立交高速公路标志设计时应该考虑哪些因素?
9. 立体复合高速公路匝道标志测试过程中应该注意哪些要点?
10. 简述隧道交通标志对于提升隧道交通安全水平的作用。
11. 采用何种方法获取驾驶人对机场道路交通标志的信息需求和信息理解?步骤是什么?
12. 除了驾驶行为,导航信息与标志匹配程度对眼动表现可能存在哪些影响?运用何种方法可以探究眼动表现与驾驶行为之间的关系?

本章参考文献

[1] 中华人民共和国国家质量监督检验检疫总局,中国国家标准化管理委员会. 道路交通标志和标线　第2部分:道路交通标志:GB 5768. 2—2009 [S]. 北京:中国标准出版社,2009.

[2] YAO X,ZHAO X,LIU H,et al. An approach for evaluating the effectiveness of traffic guide signs at intersections[J]. Accident Analysis & Prevention,2019,129:7-20.

[3] LI Y,ZHAO X,HE Q,et al. Comprehensive evaluation and classification of interchange

diagrammatic guide signs' complexity［J］. Journal of Advanced Transportation,2018,2018.

［4］ ZWAHLEN H T,RUSS A,ROTH J,et al. Evaluation of the effectiveness of ground mounted diagrammatic advance guide signs for freeway entrance ramps［J］. Transportation Research Record：Journal of the Transportation Research Board,2003,1843：70-80.

［5］ 赵仑. ERPs 实验教程［M］. 南京：东南大学出版社,2010.

［6］ LIU B,WANG Z,SONG G,et al. Cognitive processing of traffic signs in immersive virtual reality environment：An ERP study［J］. Neuroscience Letters,2010,485(1)：43-48.

［7］ 张锴铎. 基于脑电的视觉信息加工机制研究［D］. 泉州：华侨大学,2017.

［8］ TSOLAKI A C,KOSMIDOU V,KOMPATSIARIS I Y,et al. Brain source localization of MMN and P300 ERPs in mild cognitive impairment and Alzheimer's disease：a high-density EEG approach［J］. Neurobiology of aging,2017,55：190-201.

［9］ HAYAKAWA H,FISCHBECK P S,FISCHHOFF B. Traffic accident statistics and risk perceptions in Japan and the United States［J］. Accident Analysis & Prevention,2000,32(6)：827-835.

［10］ MIYAJI M,DANNO M,OGURI K. Analysis of driver behavior based on traffic incidents for driver monitor systems［C］//Intelligent Vehicles Symposium,2008 IEEE. IEEE,2008：930-935.

［11］ LIANG J,CHENG X Y,CHEN X B. The research of car rear-end warning model based on mAS and behavior［C］//Power Electronics and Intelligent Transportation System,2008. PEITS'08. Workshop on. IEEE,2008：305-309.

［12］ 张慧. 超载、超速型危险驾驶罪的理论分析与实践运用［D］. 上海：华东政法大学,2016.

［13］ 丁罕.基于驾驶模拟技术的视错觉减速标线优化设计与设置方法研究［D］.北京：北京工业大学,2017.

［14］ 孙莹莹,丛银飞,柴干. 县级市中小学周边道路交通特征分析与对策研究［J］. 交通与运输,2010,26(H07)：68-71.

［15］ 程传伟,韩娟,沈晨卫. 中小学校周边交通安全影响因素分析及管理对策［J］. 交通信息与安全,2011,29(2)：100-103＋111.

［16］ 段蕾蕾,孙燕鸣,邓晓,等. 中国三城市儿童步行者道路交通安全状况回顾性研究［J］. 中国健康教育,2007,23(5)：330-332.

［17］ ROSENBLOOM T,BEN ELIYAHU A,NEMR ODO V D. Children's crossing behavior with an accompanying adult［J］. Safety Science,2008,46：1248-1254.

［18］ 北京交科公路勘察设计研究院.国家公路网指路系统构建与升级关键技术研究［R］. 国家科技支撑计划课题,2017.

［19］ 刘亚非,杨少伟,潘兵宏.基于交通心理学的高速公路出口匝道事故成因研究［J］.公路,2011(11)：104-108.

［20］ 丛浩哲,刘君,孙广林.高速公路指路标志安全设置问题分析及建议［J］.汽车与安全,

2016(03):86-89.

[21] 赵晓华,黄利华,荣建. 快速路复杂立交桥区立交桥形标志对行驶速度的影响[J]. 北京工业大学学报,2015,41(9):1405-1414.

[22] 黄利华,赵晓华,李洋,等.快速路立交桥区预告标志对驾驶人的影响研究[J].重庆交通大学学报(自然科学版),2019,38(2):86-93.

[23] Pritschet. Marginally significant effects as evidence for hypotheses:changing attitudes over four decades[J]. Psychological Science,2016.

[24] 张生瑞,马壮林,石强. 高速公路隧道群交通事故分布特点及预防对策[J]. 长安大学学报(自然科学版),2007(1):63-66.

[25] 杜志刚,潘晓东,杨轸,等. 高速公路隧道进出口视觉震荡与行车安全研究[J]. 中国公路学报,2007(5):101-105.

[26] DING H,ZHAO X,RONG J. Experimental research on the effectiveness and adaptability of speed reduction markings in downhill sections on urban roads:A driving simulation study [J]. Accident Analysis and Prevention,2015,75.

[27] DING H,ZHAO X,RONG J. Experimental research on the effectiveness of speed reduction markings based on driving simulation:A case study[J]. Accident Analysis and Prevention, 2013,60.

[28] PRITSCHET L,POWELL D,HORNE Z. Marginally Significant Effects as Evidence for Hypotheses:Changing Attitudes Over Four Decades[J]. Psychological Science,2016, 27(7).

[29] 王瑶瑶. 基于可拓评价方法的绿色建筑评价体系研究[D].大连:大连理工大学,2016.

[30] 杨莹,郑丽媛,诸云.高速公路交通安全的物元评判及事故预测[J].交通信息与安全,2016,34(02):62-67.

[31] 樊兆董. 特长隧道特殊交通安全设施评估及优化方法研究[D].北京:北京工业大学,2018.

[32] HUANG L,ZHAO X,LI Y,et al. Driving simulator-based study to quantify typical diagrammatic guide sign efficiency along urban expressway interchanges[J]. Journal of Transportation Safety & Security,2019:1-24.

[33] 刘小明,张伟,魏中华,等. 指路标志版面评价与优化[J].北京工业大学学报,2015,41(01):95-102.

[34] SRINIVASAN R,JOVANIS P P. Effects of selected in-vehicle route guidance systems on driver reaction times[J]. Human factors,1997,39(2):200-215.

[35] KNAPPER A,NES N V,CHRISTOPH M,et al. The use of navigation systems in naturalistic driving[J]. Journal of crash prevention and injury control,2016,17(3):264-270.

[36] ANTIN J F,STANLEY L M,CICORA K F. Conventional versus moving-map navigation methods:Efficiency and safety evaluation[J]. Transportation Research Record:Journal of the Transportation Research Board,2009,2138:34-41.

［37］俞洁. 导航信息与标志匹配程度对驾驶行为的影响特征及评估［D］. 北京：北京工业大学.

［38］朱明志. 关于货车旅行速度统计方法的探讨［J］. 铁道运输与经济，1998，(9)：35-37.

［39］吴义虎，武志平. 基于平均车速和车速标准差的路段安全分析方法［J］. 公路交通科技，2008，25(3)：139-142.

［40］ZHANG J，SUTO K，FUJIWARA. Effects of in-vehicle warning information on drivers' decelerating and accelerating behaviors near an arch-shaped intersection［J］. Accident analysis and prevention，2009，41(5)：948-958.

［41］李子奈，潘文卿. 计量经济学［M］. 3 版:北京：高等教育出版社,2010.

第七章
交通安全设施设计优化

科学合理设置交通安全设施对保障行车安全具有重要作用。除交通标志、标线、护栏、隔离、防眩、视线诱导等传统静态设施外，交通安全设施还包括可变情报板、动态限速标志等特殊智能动态交通设施。特别是，对于隧道、桥梁、交叉口等典型风险区域和特殊场景，往往需要多种交通安全设施配套协同设置，以更好地保障车辆行车安全。本章聚焦公路典型风险区域和特殊场景交通运行安全管控需求，以安全风险致因诊断为导向，以交通人因理论为指导，基于驾驶模拟技术开展特殊交通安全设施的设计、评估及优化，以期提升道路交通安全综合管理水平，确保公众出行品质。

第一节 研究范式

针对高速公路、隧道、桥梁、国省干道、城市道路、乡村公路等典型风险区域和特殊场景的交通运行安全管控需求，秉承"以人为本"理念，以解决重大交通安全隐患为导向，基于安全隐患排查和风险致因挖掘结果，开展风险防控方案设计、测试与效果评估，形成涵盖"安全隐患排查、风险致因挖掘、防控方案设计、驾驶模拟测试、作用效果评估、示范应用工程"的研究范式并泛化迁移。特殊交通安全设施设计优化研究范式如图 7-1 所示。

第一，针对典型风险区域和特殊场景，通过大量资料与现场调研排查交通安全管理中存在的风险隐患，明确交通运行安全管控需求。第二，依托微观行为数据、运行监测数据、运营管理数据，从驾驶人信息感知、认知决策、操纵行为及车辆运行状态等层面出发，进行风险机理挖掘及致因解析，提取关键风险因素。第三，基于传统静态交通安全设施与新型智能防控装备，以标准规范和人因理论为指导，从"被动管控与主动防控相结合""车端和路端融合"的角度设计风险防控方案。第四，依托驾驶模拟测试技术，实现交通安全设施作用下的多维细粒度人因因素全息动态感知和汇聚处理，构建面向交通安全设施优化效果评估的多源特征数据库。第五，构建表征驾驶人感知、决策、行为的指标体系，形成基于人因的多路径、分层级的评估架构体系与效用评价方法。第六，利用示范工程项目，在综合系统评价的基础上对设施设置参数进行优化，不断完善，反复论证，形成符合当地实情的交通安全设施优化设置方法，以支撑编制相关规范指南。

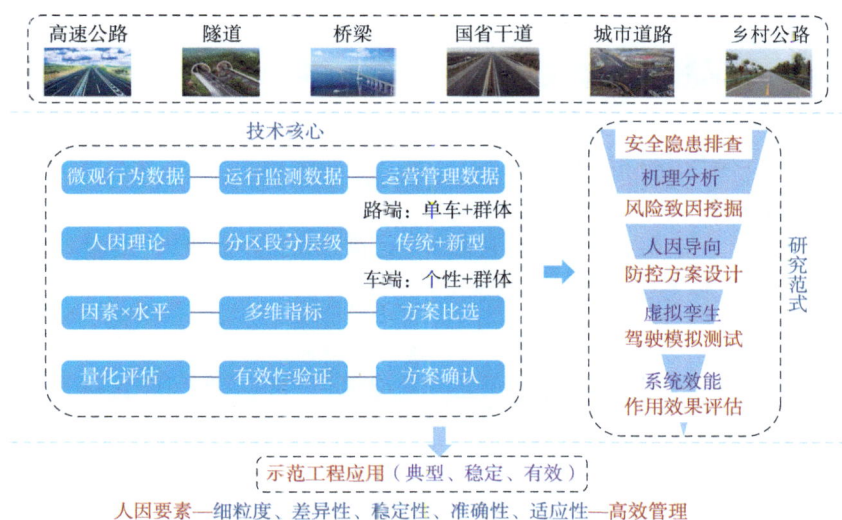

图7-1　交通安全设施设计优化研究范式

第二节　隧道典型交通安全设施

一　问题提出

随着我国基础设施建设的迅速发展,隧道成为道路运输系统中重要的组成部分。与其他开放路段相比,特长隧道具有封闭、视线差、空间小、救援困难等特性,一旦发生交通事故,整个隧道段的通行能力和安全性都将受到影响,对生命和财产安全造成威胁。交通安全设施作为道路环境中的重要元素,能够合理引导驾驶人安全驾驶,提醒驾驶人在行为、心理、意识层面控制车辆,有助于提升隧道交通安全水平。

从国内外研究与应用现状看,隧道交通安全设施的规范制定与技术研究主要从标志标线及一般安全保障设施入手,并已经在工程实践中大量地运用。但目前隧道典型安全设施的相关标准规范比较缺乏,针对隧道典型交通安全设施评估及优化尚缺乏科学合理的方法体系,制约和影响了典型交通安全设施效用的充分发挥。因此,需要在明确隧道内典型交通安全设施需求的基础上,进行合理的方案设计与效果评价,从而指导隧道内交通安全设施的合理设置。

因此,本节结合隧道路段交通安全设施的应用情况,选取反光环、道钉、轮廓标三种隧道典型交通安全设施,运用驾驶模拟技术进行可行性验证与评估优化,形成针对隧道交通安全设施的"需求分析—方案设计—可行性论证—综合评估优化"的一般性方法,为指导典型交通安全设施在隧道内的合理设置提供方法支撑,助力于提升隧道的安全性、顺畅性和舒适性。

二 方案设计

1. 交通安全设施可行性论证

（1）隧道参数选取。

选取国内已建成并投入使用的某特长隧道（长度3012m）为原型，根据其实际设计参数构建驾驶模拟场景，具体参数如表7-1所示。

驾驶模拟实验用隧道场景参数 表7-1

隧道特征	参数
类型	单洞、单向三车道隧道
等级	高速公路特长隧道
长度	3012m（属于特长隧道）
宽度	两个行车道每个宽3.75m，应急车道宽4.5m，检修道宽1.25m
建筑净界限高	净高5.0m
线形及高程	全程以直线为主，模拟状态下全程高程为0
限速	最高限速80km/h，最低限速60km/h

（2）隧道设施设计。

为测试反光环、轮廓标、道钉三种特殊设施在隧道环境中的影响效果，结合目前三种设施在隧道中的实际应用状况，共设置四种实验测试方案，以白色反光环、彩色反光环、道钉和轮廓标同时设置三种方案作为实验组，设置空白对照组以对比实验组方案的影响效果。四种驾驶模拟场景如图7-2所示，具体设置参数见表7-2。

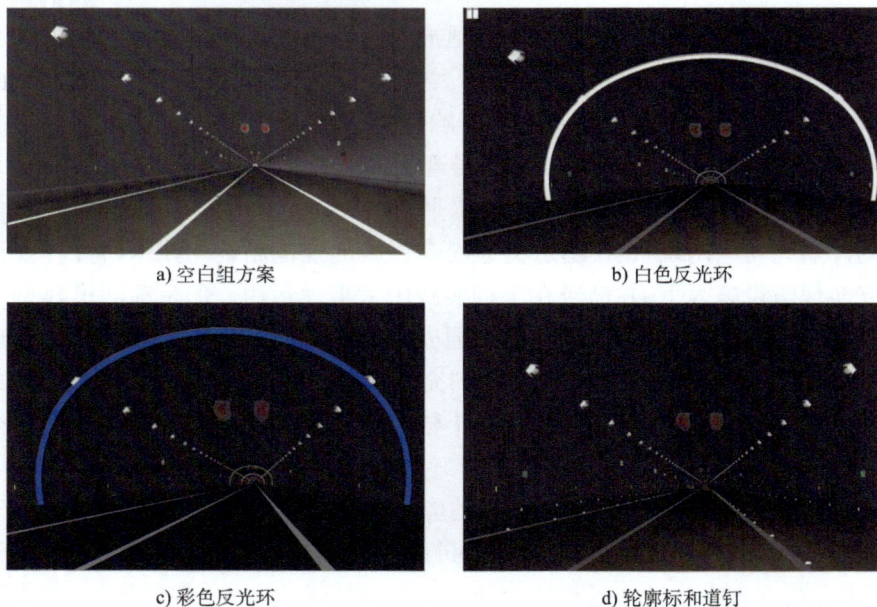

a) 空白组方案

b) 白色反光环

c) 彩色反光环

d) 轮廓标和道钉

图7-2 隧道模拟场景示例

隧道场景方案及设置参数　　　　　　　　　　　　　　　　表7-2

序号	测试方案	设置参数
1	空白组	无反光环、轮廓标、道钉
2	白色反光环	入洞口20m开始设置,间距400m
3	彩色反光环	入洞口20m开始设置,间距400m
4	轮廓标和道钉	隧道洞口开始设置,轮廓标间距12m,距离地面0.7m; 道钉设置于标线中间,间距6m

（3）实验路线设计。

4种实验方案分别对应4条模拟隧道,长度均为3012m,并且线形一致。为防止驾驶疲劳的影响,设计两条实验路线A和B,如图7-3所示。

2.交通安全设施优化设计

参照前期公路隧道设计参数以及《公路隧道设计规范　第二册　交通工程与附属设施》(JTG D70/2—2014),选取长度为3.6km的特长隧道作为场景开发原型,其余设计参数与表7-1一致。在实际应用中,隧道道钉与轮廓标常见于同一隧道中,因此在可行性论证实验中,将道钉和轮廓标同时设置,以验证隧道特殊交通安全设施是否能有效提升隧道的安全水平。在可行性论证实验的基础上,为了进一步优化三种交通安全设施的设置参数,设置不同类型与参数的反光环、道钉和轮廓标方案,以期评估优选出隧道交通安全设施的最优设置方案,具体方案如下:

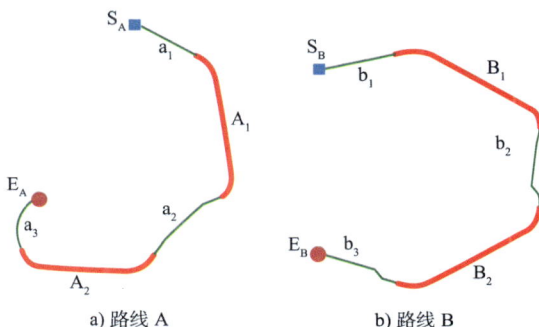

a)路线A　　　　　　b)路线B

图7-3　实验路线图1

S_A-A路线起点;E_A-A路线终点;S_E-B路线起点;E_B-B路线终点;A_1和A_2-设置空白组方案和白色反光环方案;a_1,a_2,a_3-连接段;B_1,B_2-设置彩色反光环方案和轮廓标及道钉方案;b_1,b_2,b_3-连接段

（1）反光环方案。

基于工程实际应用参数及相关标准与调研资料,以改善光环境、减轻侧壁效应、构造驾驶人视觉参照系、增强视觉诱导、缓解驾驶疲劳为目标,选择白色反光环为测试对象,在基本型方案的基础上设计了三种反光环设置方案,如表7-3所示。

反光环设置方案　　　　　　　　　　　　　　　　表7-3

方案名称	设置参数	反光环尺寸
反光环P1	隧道内距洞口20m开始设置,间距200m,置于隧道内轮廓	宽度20cm
反光环P2	隧道内距洞口20m开始设置,间距300m,置于隧道内轮廓	宽度20cm
反光环P3	隧道内距洞口20m开始设置,间距400m,置于隧道内轮廓	宽度20cm

（2）道钉方案。

依据相关标准规范,结合实地调查,以视觉诱导、增加驾驶人的视觉参照、提高驾驶人视认性为目标,在基本型方案的基础上设计了两种隧道道钉设置方案,如表7-4所示。

道钉设置方案 表7-4

方案名称	设置参数	道钉尺寸
道钉 P1	设置于检修道、车道边缘线，间距均为12m	高2cm，梯台形
道钉 P2	设置于检修道、边缘线、车道分界线，间距均为12m	高2cm，梯台形

（3）轮廓标方案。

基于隧道实际行车环境中面临的风险，以改善驾驶人视线诱导水平、提高视认距离、缓解驾驶人紧张感、减少侧墙效应的影响为目标，在基本型方案的基础上设计三种轮廓标设置方案，如表7-5所示。

轮廓标设置方案 表7-5

方案名称	设置参数	轮廓标尺寸
轮廓标 P1	长条轮廓标，间距12m，底边距地面0.5m	
轮廓标 P2	长条轮廓标，间距50m，底边距离检修道0.5m 普通轮廓标间距12m，中心距离检修道0.7m	长条轮廓标60cm×4cm，高3cm 普通轮廓标18cm×4cm，高3cm
轮廓标 P3	普通轮廓标，间距12m，中心距地面0.7m	

（4）实验路线。

实验场景主要包括隧道路段和连接段。为了减少其他因素的影响，实验所用隧道为同一线形。共设计4条实验路线，如图7-4所示。

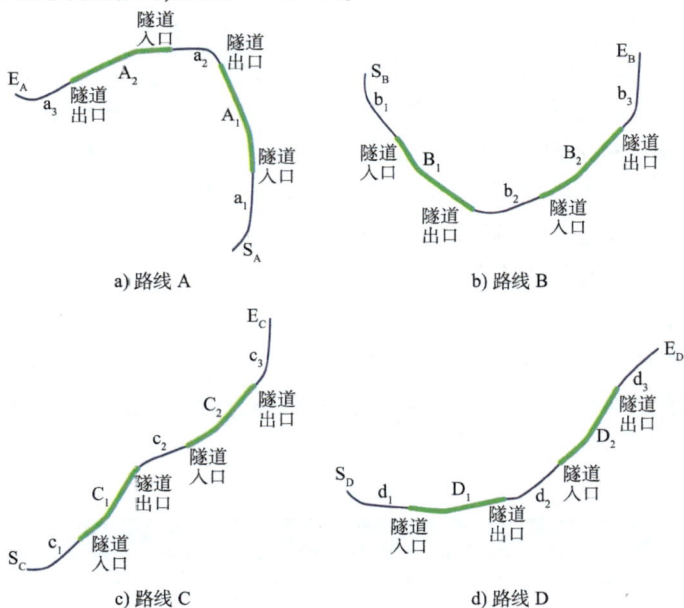

图7-4　实验路线图2

S_A-A路线起点；E_A-A路线终点；S_B-B路线起点；E_B-B路线终点；S_C-C路线起点；E_C-C路线终点；S_D-D路线起点；E_D-D路线终点；A_1，A_2段-设置反光环P1和道钉P1方案；a_1，a_2，a_3-两隧道间连接段；B_1，B_2段-设置轮廓标P2和反光环P3方案；b_1，b_2，b_3-两隧道间连接段；C_1，C_2段-设置轮廓标P1和道钉P2方案；c_1，c_2，c_3-两隧道间连接段；D_1，D_2段-设置反光环P2和轮廓标P3方案；d_1，d_2，d_3-两隧道间连接段

三　实验测试

1. 交通安全设施可行性论证实验

（1）被试招募。

共招募33名驾驶人，其中88%的被试具有高速公路驾驶经验，85%的被试具有隧道驾驶经历。被试的年龄分布在25～57岁之间（平均值31，标准差9.97）。参加实验的被试中男性占76%，女性占24%，被试均拥有超过2年的驾驶经验（平均值10.82，标准差6.39）。被试的性别比例和年龄分布基本符合当前中国驾驶人统计特征。

（2）测试流程。

实验测试分为实验前准备、正式实验和实验后问卷调查三个阶段。在正式实验前，要求被试练习驾驶模拟器与其他模拟道路场景，以熟悉转向盘、制动踏板等车辆控制系统，并且确认被试无不舒服的感觉。其次，向被试宣读实验指导语，包括：① 告知实验目的地；② 告知隧道路段车速限制为80km/h，普通路段限速120km/h；③ 要求进入隧道前打开车灯；④ 要求被试按照正常驾驶习惯完成驾驶模拟实验。正式实验时，随机给每名被试安排实验路线顺序。每条实验路线之间要求休息10～15min，以尽量消除长时间驾驶引起的驾驶疲劳。在完成全部实验场景后，所有被试均被要求完成一份主观问卷，以描述其对模拟场景的主观评价。

2. 交通安全设施优化设计实验

（1）被试招募。

共招募32名驾驶人作为被试，其中有88%的被试具有高速公路驾驶经验，87.5%的被试具有隧道驾驶经验。被试的年龄在22～54岁之间（平均值36.88，标准差9.69）。被试中男性占75%，女性占25%。被试均拥有超过2年的驾驶经验（平均值10.94，标准差7.50）。被试的性别比例和年龄分布基本符合当前中国驾驶人统计特征。

（2）测试流程。

在实验开始前随机分配给每名被试四条实验路线的驾驶顺序。基本实验流程和交通安全设施可行性论证实验一致。

四　数据处理

本次实验主要是对特长隧道的反光环、轮廓标、道钉三种设施的综合效果进行分析。考虑到隧道出入口光环境变化可能引起驾驶人不适，容易对实验数据造成不利影响，因此三种设施均设置于隧道中间路段。相应地，实验截取隧道中间路段实验数据进行分析，包括行为数据和眼动数据，如图7-5所示。在隧道中间段每间隔200m截取数据并取均值，作为数据分析的基本单元。截取数据完成后，删除无效数据（如行驶速度超过规定速度15%、行驶速度低于规定速度15%、中间数据不连续等）。

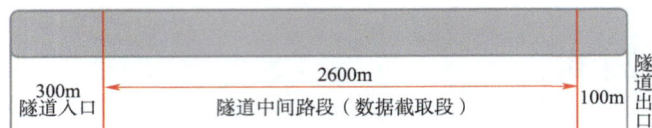

图 7-5　实验数据截取示意

注：交通安全设施可行性论证实验中，隧道中间路段为 2600m；交通安全设施优化设计实验中，隧道中间段为 3200m。

五　指标提取

为反映特长隧道反光环、轮廓标和道钉等设施对驾驶人的综合影响，基于驾驶模拟实验获取的驾驶人行为和视觉数据，选择平均速度、速度标准差、加速度、加速度标准差、加速踏板功效、瞳孔面积等 6 项评价指标。具体如下：

（1）平均速度（km/h）：驾驶人在隧道内行车时的速度控制水平。

（2）速度标准差（km/h）：驾驶人在隧道内行车时的速度波动情况。

（3）加速度（m/s²）：隧道交通安全设施对驾驶人心理感受和舒适性的影响。

（4）加速度标准差（m/s²）：驾驶人经过隧道时车辆速度变化的稳定性。

（5）加速踏板功效（% · s）：驾驶人踩踏加速踏板深度和持续时间的乘积。

（6）瞳孔面积（mm²）：表征驾驶人视觉适应性及驾驶视觉负荷程度。

六　结果分析

1. 交通安全设施可行性论证

（1）交通安全设施影响分析。

重复测量方差分析结果表明：平均速度在四种方案之间不存在显著性差异（$F_{(3,32)} = 2.359, p = 0.051$），速度标准差在四种方案之间存在显著性差异（$F_{(3,32)} = 5.74, p = 0.03$），说明在隧道内设置特殊交通安全设施后能够显著提高驾驶安全性；加速度（$F_{(3,32)} = 0.265, p = 0.085$）和加速度标准差（$F_{(3,32)} = 0.252, p = 0.859$）在四种方案之间均不存在显著性差异，但加速踏板功效存在显著性差异（$F_{(3,32)} = 10.18, p < 0.001$），表明隧道内特殊交通安全设施能够明显提高驾驶人的控速意识，有助于提升交通安全水平；瞳孔面积在四种方案之间存在显著性差异（$F_{(3,32)} = 263.2, p < 0.001$），隧道内设置特殊交通安全设施可以显著改善驾驶人的视觉环境，有助于提高行车安全及舒适水平。

（2）交通安全设施效果评估。

为了评估四种方案的综合效果，选取平均速度、速度标准差、加速度、加速度标准差、加速踏板功效、瞳孔面积 6 项评价指标构建多目标决策矩阵，运用 TOPSIS 方法对四种方案的综合效果进行评估，评估结果如表 7-6 所示。

由此可知，最优方案排序依次是白色反光环方案 > 彩色反光环方案 > 轮廓标和道钉方案 > 空白方案。即三种特殊设施方案均优于空白组，说明隧道白色反光环、彩色反光环、轮廓标和道钉等设施对提高驾驶人的安全性、舒适性等有较好的效果，并且白色反光环效果最好。后续将进一步优选白色反光环、道钉及轮廓标的设计参数。

各方案与理想解的相对接近度 表7-6

接近度	空白方案	白色反光环方案	彩色反光环方案	轮廓标和道钉方案
相对接近度	0.075	0.733	0.391	0.173

2. 交通安全设施优化方案综合影响分析

（1）白色反光环不同方案综合影响。

采用重复测量方差分析对三种反光环设置方案影响下的各个指标进行差异性检验。对于整个影响区段，速度标准差（$F_{(2,32)} = 4.703, p = 0.015$）、加速度（$F_{(2,32)} = 4.710, p = 0.017$）、加速度标准差（$F_{(2,32)} = 3.459, p = 0.042$）、瞳孔面积（$F_{(2,32)} = 24.135, p < 0.001$）存在显著性差异；平均速度（$F_{(2,32)} = 2.407, p = 0.099$）和加速踏板功效（$F_{(2,32)} = 0.931, p = 0.406$）不存在显著性差异。为进一步确定反光环不同设置参数对各指标的影响区间，进行逐段统计检验，即每200m分别进行重复测量方差分析。各指标逐段显著性分析结果分布如图7-6所示。

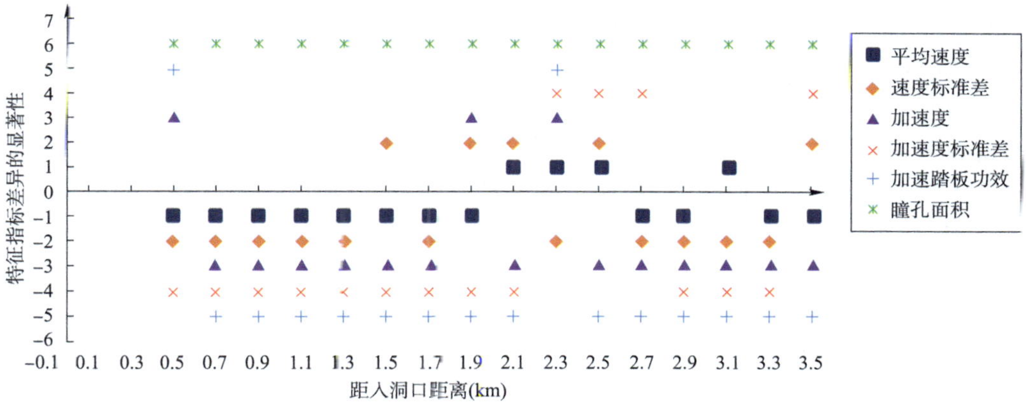

图7-6 不同反光环方案影响下各特征指标差异的显著性分布

正值-有显著性；负值-无显著性；1-平均速度；2-速度标准差；3-加速度；4-加速度标准差；5-加速踏板功效；6-瞳孔面积

由差异性检验结果可知，各指标均在隧道中间段存在显著性差异。由此可知，不同反光环设置方案对行车安全性、舒适性、稳定性等的影响主要集中在隧道中间段。

（2）道钉不同方案综合影响。

采用配对T检验对两种道钉设置方案影响下的各特征指标进行差异显著性检验。对于整个路段，瞳孔面积在两种道钉方案之间存在显著性差异（$T_{(2,32)} = 4.324, p < 0.001$）；平均速度（$T_{(2,32)} = 1.026, p = 0.314$）、速度标准差（$T_{(2,32)} = 1.264, p = 0.217$）、加速度（$T_{(2,32)} = 0.262, p = 0.795$）、加速度标准差（$T_{(2,32)} = 1.456, p = 0.157$）和加速踏板功效（$T_{(2,32)} = 0.607, p = 0.549$）在两种道钉方案之间不存在显著性差异。为进一步确定道钉不同设置参数对各指标的影响区间，进行逐段统计检验，即每200m分别进行配对T检验，结果如图7-7所示。由此可知，不同道钉设置方案对行车安全性、舒适性、稳定性等的影响主要集中在隧道中间段。

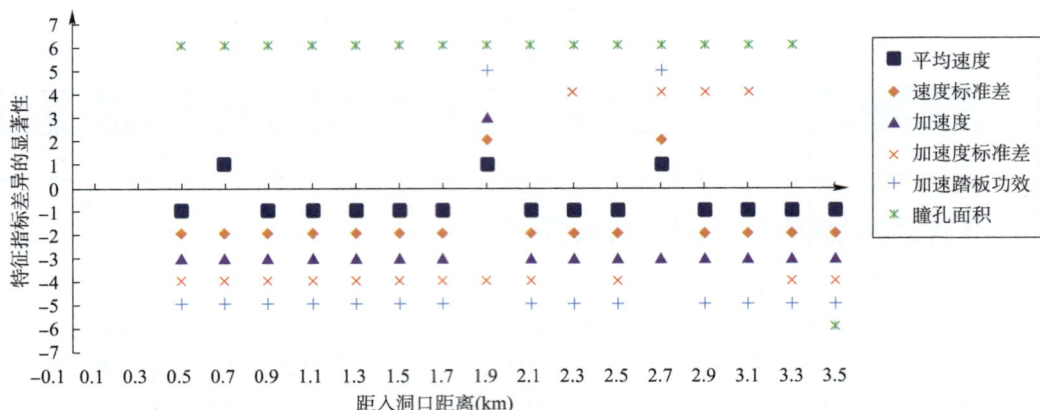

图 7-7　不同道钉方案影响下各特征指标差异的显著性分布
正值-有显著性;负值-无显著性;1-平均速度;2-速度标准差;3-加速度;4-加速度标准差;5-加速踏板功效;6-瞳孔面积

（3）轮廓标不同方案综合影响。

采用重复测量方差分析对三种轮廓标方案下各特征指标的差异进行显著性检验。对于整个路段,瞳孔面积在三种轮廓标方案之间存在显著性差异（$F_{(2,31)}=11.904,p<0.001$）;平均速度（$F_{(2,31)}=1.173,p=0.315$）、速度标准差（$F_{(2,31)}=0.040,p=0.843$）、加速度（$F_{(2,31)}=0.826,p=0.434$）、加速度标准差（$F_{(2,31)}=0.395,p=0.667$）和加速踏板功效（$F_{(2,31)}=0.342,p=0.712$）不存在显著性差异。按照每200m进行逐段统计检验以确定轮廓标不同设置参数对各指标的影响区间,结果如图7-8所示。同理,三种轮廓标设置方案对行车安全性、舒适性、稳定性等产生的影响主要集中在隧道中间段。

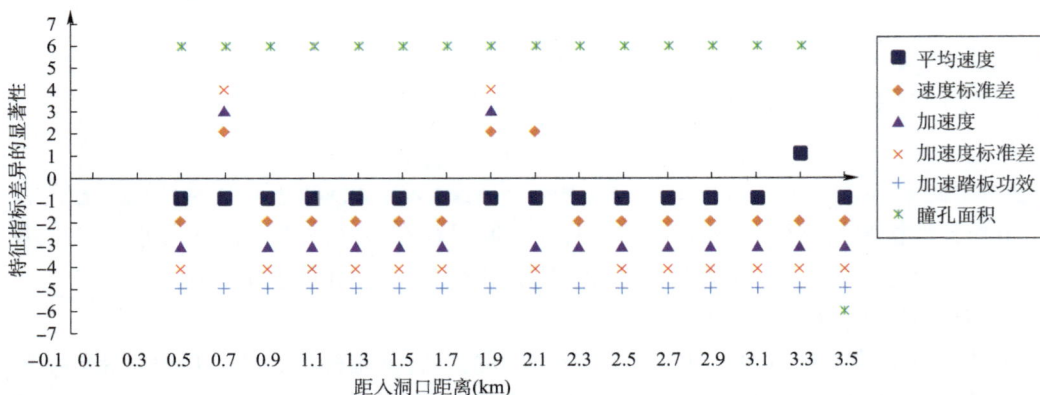

图 7-8　不同轮廓标方案影响下各特征指标差异的显著性分布
正值-有显著性;负值-无显著性;1-平均速度;2-速度标准差;3-加速度;4-加速度标准差;5-加速踏板功效;6-瞳孔面积

3. 交通安全设施优化方案综合效果评估

通过构建ETEW综合评估模型对三种设施的不同方案进行综合评估,以确定最优方案。将6项评价指标分为5个综合评估等级:很好、好、一般、不好、很不好。选取场景中间段3200m的长度并分为16段,每段200m取各指标均值。对反光环、道钉、轮廓标的综合等级结果赋值,定义很好为2、好为1、一般为0、不好为-1、很不好为-2,称为设施综合优度,其值越大表示设施的综合安全水平越高。三种不同方案设施综合优度如表7-7~表7-9所示。

反光环方案设施综合优度   表7-7

评估结果	反光环 P1 方案	反光环 P2 方案	反光环 P3 方案
设施综合优度	16	12	14

根据反光环三种方案的综合优度值可得,反光环 P1 方案(反光环的间距为 200m)的值最高,因此其综合安全水平高于其他两种方案,即在隧道内设置间距为 200m 反光环的效具最好。

道钉方案设施综合优度   表7-8

评估结果	道钉 P1 方案	道钉 P2 方案
设施综合优度	10	16

由表7-8可得,道钉 P2 方案(检修道、边缘线、车道分界线均设置)的值最高,因此其综合安全水平更高,即在隧道内路面的检修道、边缘线、车道分界线均设置道钉的效果最好。

轮廓标方案设施综合优度   表7-9

评估结果	轮廓标 P1 方案	轮廓标 P2 方案	轮廓标 P3 方案
设施综合优度	15	13	15

根据表7-9可得,轮廓标 P1 方案(设置长条轮廓标)与轮廓标 P3 方案(普通轮廓标)的综合优度值高于轮廓标 P2 方案(长条轮廓标和普通轮廓标间隔设置)。由于 P1 和 P3 方案属于同类型轮廓标,因此在隧道侧壁全程设置同类型轮廓标的效果最好。

七　小结

本节面向隧道交通运行管控需求,基于当前隧道路段典型交通安全设施应用情况,选取反光环、道钉、轮廓标三种隧道典型交通安全设施,开展方案设计与驾驶模拟实验测试,实现三种典型交通安全设施可行性论证和最优方案比选。

(1)形成了针对隧道典型交通安全设施影响效果可行性论证与综合评估优化的驾驶模拟实验测试方法。

(2)白色反光环、彩色反光环、轮廓标和道钉等设施能够较好地提高隧道驾车的安全性与舒适性,其中效果最好的方案分别是:在隧道内轮廓设置间距为 200m 反光环;在隧道内检修道、边缘线、车道分界线均设置道钉;在隧道侧壁全程设置同类型轮廓标。

(3)成果为指导典型交通安全设施在隧道内的合理设置提供了方法支撑,但综合效用评价需进一步考虑其他多维指标的综合影响,同时应考虑设施多种设置方案以及多种设施组合设置的应用效果,以期助力形成隧道典型交通安全设施设置规范。当然,隧道参数的差异对于交通安全设施设计及设置也存在差异化影响,这一点仍需进一步系统分析。

第三节　隧道新型交通安全设施

一　问题提出

如上节所述,交通安全设施对改善隧道行车环境和保障行车安全具有重要意义。由于隧道空间密闭,路侧环境较为单调,容易引发车辆侧向碰撞隧道的事故。其中,隧道侧壁装饰作为一种新型的交通安全设施,已开始应用于隧道内,以期进一步提升隧道行车环境。

由于当前缺乏专门针对隧道侧壁装饰的标准规范和技术要求,使得隧道侧壁装饰方案的灵活性较大,主要是以道路管理方的各自需求为主。现有相关研究主要探讨隧道侧壁装饰影响下的驾驶人视觉及心理感受,对侧壁装饰是否会引起驾驶人注意力分散的关注较少。而实际上,要求驾驶人注意力集中是保障隧道行车安全的必要前提,注意力分散是一个很大的行车安全隐患,并且隧道内发生事故所造成的后果也更为严重。因此,有必要系统分析隧道侧壁装饰对驾驶人注意力的影响,从而更好优化隧道侧壁装饰方案设计,提升其安全影响效用。

本节结合隧道侧壁装饰应用实际,选取北京冬奥会运动项目图标、国家速滑馆"冰丝带"、冰雪图案三种元素共五种图案节律开展隧道侧壁装饰方案设计,运用驾驶模拟技术进行仿真测试,基于驾驶行为数据开展隧道侧壁装饰方案对驾驶人注意力分散的影响特征分析、作用机理挖掘和效用评估优化,以期为利用隧道侧壁装饰改善隧道行车环境提供指导。

二　方案设计

1.隧道侧壁装饰方案设计

(1)隧道设计参数。

选取兴延高速公路(2022年北京冬奥主干道)作为场景开发原型,具体设计参数如表7-10所示。

(2)侧壁装饰方案。

兴延高速公路是北京冬奥会的重要通道,是展示北京文化和奥运文化的景观走廊,选取了彰显民族文化时代性、地域性、前瞻性的冬奥运动项目图标、国家速滑馆"冰丝带"、冰雪图案三种元素,融入隧道侧壁方案设计,旨在改善"侧壁效应"对驾驶人的负面影响,增强人们对冬奥文化的理解。此外,为了模拟实验环境,隧道侧壁装饰控制因素主要为图案节律

（4Hz-5.5m、2Hz-11.5m、1.26Hz-17.5m、0.94Hz-23.5m 以及 0.75Hz-29.5m），同时考虑色彩设计（天蓝色和白色）和图形元素设计（运动项目图标、"冰丝带"造型以及冰雪图案），形成包括隧道基础控制场景在内的 6 项设计方案。5 种融入冬奥元素的隧道侧壁装饰设计方案如图 7-9 所示。

实验测试用隧道设计参数 表 7-10

隧道特征	设计参数
名称	营城子隧道
限速	最低 60km/h，最高 80km/h
类型	单洞、单向三车道隧道
长度	3.5km
建筑净界限高	5.0m
宽度	两个行车道各宽 3.75m，一个紧急车道 4.5m，检修车道 1.25m
等级	特长隧道
线形及高程	全程以直线为主，含部分曲线段，模拟状态下全程高程为 0

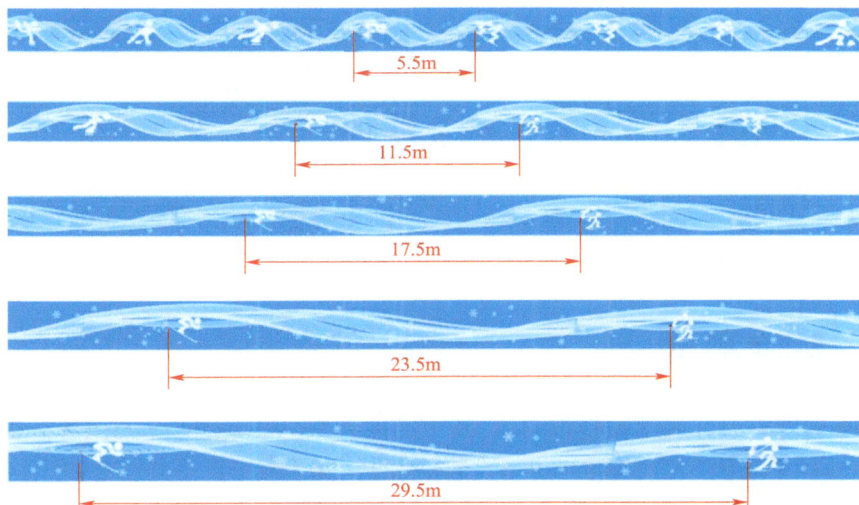

图 7-9　隧道侧壁装饰设计方案

2.驾驶次任务设计

在驾驶过程中使用额外的驾驶任务分散驾驶人注意力是一种常见的实验设计方法。本节基于谷歌 Android-studio 平台开发视觉-动作-认知次任务 App。驾驶任务由固定在车辆出风口位置的华为 M6 平板发布指令。实验过程中，当驾驶人到达某一指定位置时，平板程序触发语音提示，例如："请点击屏幕，选择↑/↓/←/→的箭头"。驾驶人需要根据语音提示，执行箭头任务，语音播报持续时间为 2s 左右。驾驶次任务触屏界面如图 7-10 所示。

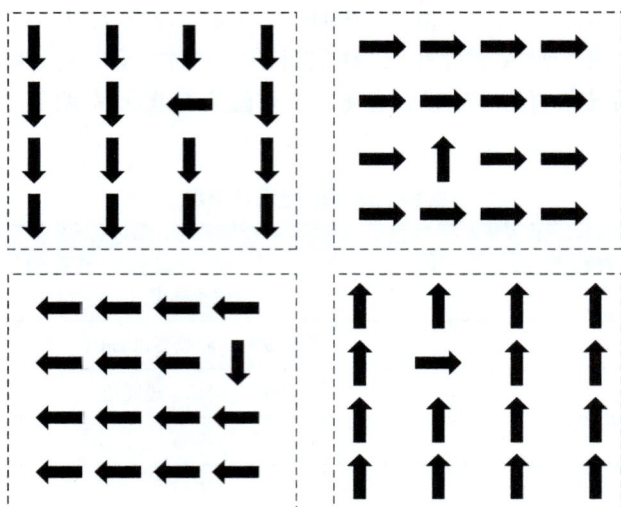

图 7-10　驾驶次任务触屏界面

另外,为了尽可能真实地再现高速公路基本路段和隧道交通运行场景,减少仿真结果与实际情况的差距,在实验车辆附近设置了一定的交通流以模拟真实环境,如图 7-11 所示。外围交通流不会对实验车运行产生干扰。

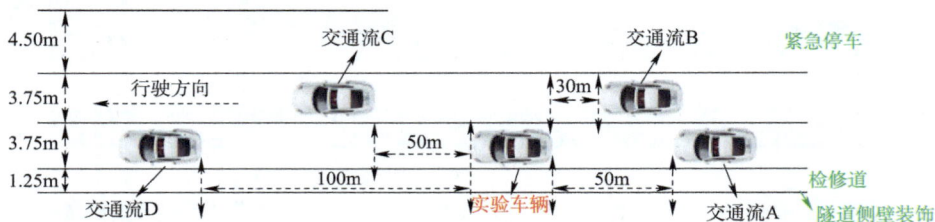

图 7-11　实验车辆外围附加车流示意

三　实验测试

招募 39 名驾驶人开展驾驶模拟实验,其中男性占 76.9%,女性占 23.1%。被试年龄在 18~60 岁之间(平均值 31.2,标准差 8.6),驾龄在 1~20 年之间(平均值 8.3,标准差 4.2)。被试的性别比例和年龄分布基本符合当前中国驾驶人统计特征。

实验由试驾、正式实验以及实验后的主观问卷调查组成。试驾阶段,实验员向被试介绍实验内容:①实验目的地;②80km/h 的限速要求;③进入隧道前打开车灯;④保持正常的驾驶习惯。选用非正式实验场景进行驾驶模拟器训练,使得被试可以适应驾驶模拟器环境。正式实验时,驾驶状态分为执行视觉-动作-认知次任务与正常驾驶两种状态,结合隧道侧壁装饰设计方案,每位被试需要完成 12 条隧道场景(6 类隧道侧壁装饰×2 类驾驶状态)的测试。为避免长期驾驶造成疲劳效应,被试被要求参加两次实验的时间间隔为两天以上。此外,为尽可能保证相邻隧道测试之间的独立性,在隧道间设置了一些基本过渡路段(大约 1.5km),用以缓解隧道环境造成的压抑和视觉疲劳,最大限度地减少前后隧道的交互影响。实验完成后,要求每名被试填写一份问卷,评价对隧道模拟场景真实性的主观感受。

四 数据处理

1.数据提取与预处理

在正式的驾驶模拟实验中,共采集了两方面驾驶行为数据:7项驾驶行为指标(包括车速均值及标准差、纵向加速度及标准差、加速踏板功效、横向偏移和转向盘转角)和驾驶人次任务反应操作时间。

为了精准描述行为数据空间变化趋势,以50m为固定的空间间隔对数据进行切分。此外,为了避免异常数据对数据分析结果产生影响,根据Pauta标准筛选出不完整和异常数据,确保数据质量和有效性。

2.隧道区域划分

为了便于数据分析,根据高速公路隧道行车特性,将隧道划分为入口段、中间段、出口段,如图7-12所示。

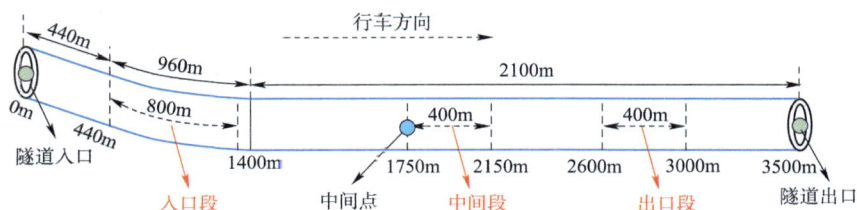

图7-12　隧道区域划分

五 指标提取

提取7项驾驶行为指标和驾驶次任务反应操作时间分析隧道侧壁装饰对驾驶人注意力分散的影响。具体指标如下:

(1)平均速度(km/h):反映驾驶人对车辆的速度控制水平。

(2)速度标准差(km/h):表征车速数据的离散程度,能够很好地反映车辆运行速度的波动情况。

(3)加速度(m/s^2):反映车辆纵向运动的稳定性。

(4)加速度标准差(m/s^2):反映加速度的波动情况。

(5)加速踏板功效(% · s):驾驶人踩踏加速踏板的深度与持续时长的乘积。

(6)横向偏移(m):车辆几何重心相对于隧道最左侧侧墙下端检修道的横向偏移量,反映驾驶人对车辆横向位置的感知及操控能力。

(7)转向盘转角(°):驾驶人改变车辆行驶方向时转动转向盘的角度,可以反映驾驶人方向操纵的稳定性。

(8)驾驶次任务反应操作时间(s):平板箭头任务出现在屏幕上到驾驶人完成判断决策并做出相应操作的时间。

六 结果分析

1.隧道侧壁装饰对驾驶人注意力分散的影响

基于驾驶模拟实验数据,考虑2类驾驶状态(正常驾驶状态、视觉-动作-认知次任务状态)、6类隧道侧壁装饰(控制组/4Hz/2Hz/1.26Hz/0.94Hz/0.75Hz)、3类隧道区域(隧道入口、中间以及出口区域),获得隧道中间区域考虑图案节律时不同驾驶状态下的数据分布特征(图7-13)。同理,利用重复测量方差分析方法,对不同隧道区域、驾驶状态以及隧道侧壁装饰下的驾驶行为进行统计分析,并探究其交互效应。

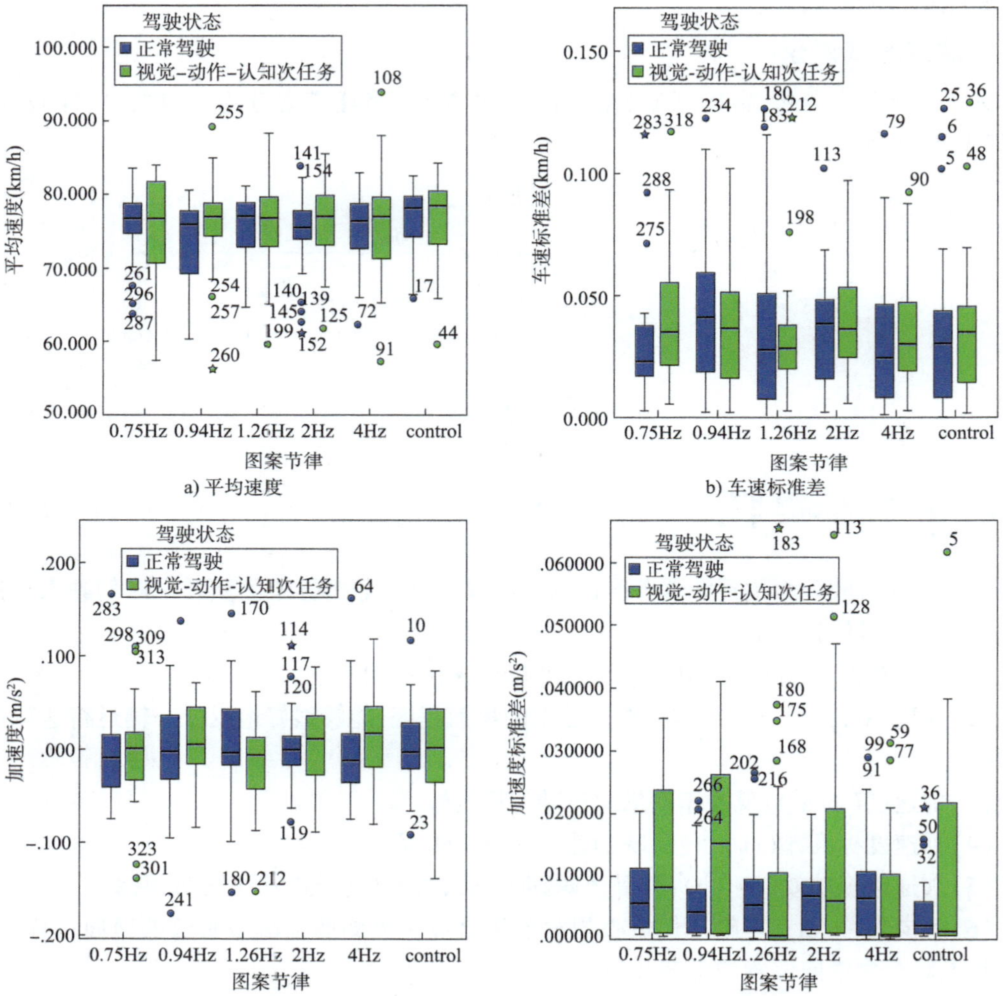

a) 平均速度　b) 车速标准差

c) 加速度　d) 加速度标准差

图 7-13

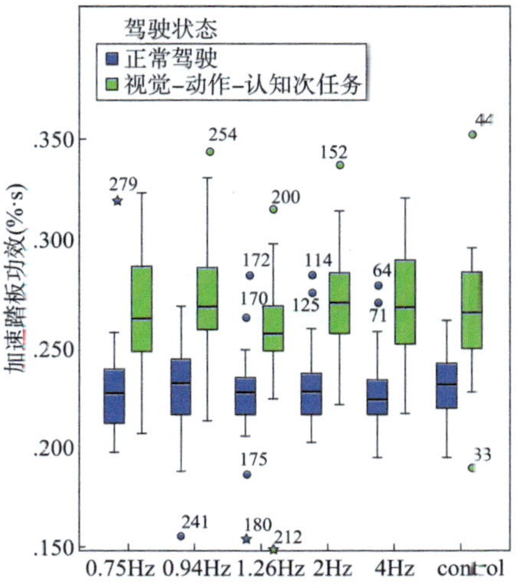

e) 加速踏板功效

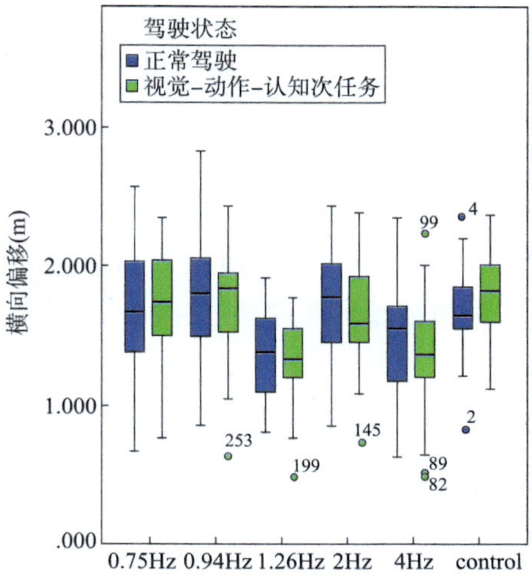

f) 横向偏移

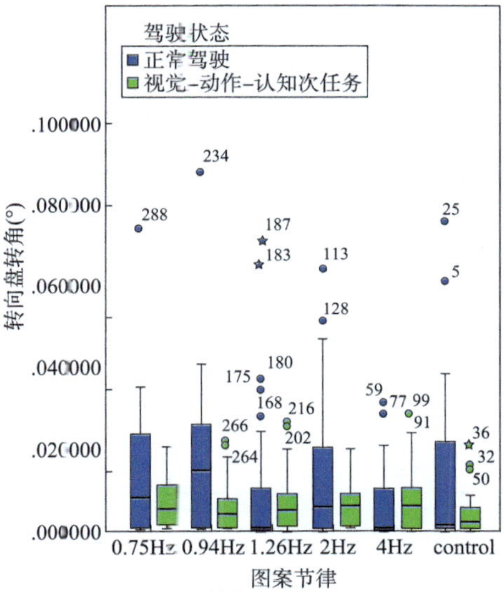

g) 转向盘转角

图 7-13　考虑图案节律时不同驾驶状态下数据分布特征

重复测量方差分析结果显示,驾驶状态、图案节律和隧道区域的交互作用对平均速度($F_{(4.889,127.127)} = 2.385, p = 0.035$)、速度标准差($F_{(10,260)} = 2.380, p = 0.089$)、加速度($F_{(10,260)} = 1.782, p = 0.064$)、加速踏板功效($F_{(6.433,167.257)} = 1.635, p = 0.097$)、横向偏移($F_{(10,260)} = 1.828, p = 0.062$)的影响有统计学意义,对加速度标准差($F_{(5.387,140.051)} = 0.796, p = 0.633$)和转向盘转角($F_{(5.770,150.008)} = 0.943, p = 0.464$)的影响不具有统计学意义。与正常驾驶状态相比,驾驶人在执行听觉-动作-认知次任务时,平均速度显著减小,车速标准差、加速度绝对值、加速踏板功效、横向偏移量显著增加。数据分析结果说明,驾驶人在进行听觉-动作-认知次任务操作时,注意力资源被分散,无法全部用于维持安全行驶的正常驾驶状态。为补偿车辆操控能力、保证驾驶安全,驾驶人会通过减慢车速,争取更多的反应操作时间。同时,驾驶人会有意识地远离隧道侧壁,以降低发生横向碰撞的概率。

隧道侧壁装饰图案节律1.26Hz能够促使驾驶人保持较低的车速行驶,车辆操控能力与抗干扰能力得到提升,驾驶感受更加舒适。因此,合理的隧道侧壁装饰设计并不会对驾驶人的注意力造成过多的分散从而危害驾驶安全。

此外,在隧道入口区域,不同驾驶状态和隧道侧壁装饰图案对驾驶行为特征的影响差异体现得更加明显。这是因为隧道入口区域面临复杂的环境切换,尤其是存在剧烈的明暗过渡,照明灯光和自然光在这里产生耦合,驾驶人受到多种外部因素的影响,特征差异产生放大效应。

2. 隧道侧壁装饰对驾驶人注意力分散的影响机理

在重复测量方差分析结果的基础上,以驾驶状态(正常驾驶/视觉-动作-认知次任务)、隧道侧壁装饰(控制组/5.5Hz/11.5Hz/17.5Hz/23.5Hz/29.5Hz)、驾驶人性别(男/女)、驾驶经验(初级熟练度/中级熟练度/高级熟练度)、驾驶人年龄(青少年/青年/中年/老年)以及驾驶人职业(职业/非职业)作为驾驶行为安全的影响因素集,构建一系列具有随机效应的线性混合模型以解析每名被试重复观测结果之间的相关性,分析以上影响因素对驾驶行为指标的影响,挖掘其影响机理。具体的混合效应模型分解内容如表7-11所示。

混合效应模型分解 表7-11

效应类型	影响因素	因素水平
固定效应	图案节律	控制组/4Hz/2Hz/1.26Hz/0.94Hz/0.75Hz
	驾驶状态	正常驾驶/执行驾驶次任务
	隧道区域	入口区域/中间区域/出口区域
随机效应	年龄	青少年/青年/中年/老年
	性别	男/女
	驾驶经验	初级/中级/高级
	职业	职业/非职业

以7项驾驶行为特征指标为因变量,共构建了7个线性混合效应模型。以平均速度为例,线性混合效应模型结果如表7-12所示。变量选择过程采用后向消去法。此外,利用AIC(Akaike信息准则)和调整后的决定系数(Rsquared)值选择最佳模型。更好的模型具有更小的AIC值和更高的R^2值。

同理,分别分析三类场景因素对平均速度及标准差、加速度及标准差、加速踏板功效、横向偏移以及转向盘转角的影响。所有模型的随机截距方差显著,表明随机效应模型具有令人满意的有效性。模型分析结果表明:

(1)驾驶状态因素。

线性混合效应模型结果显示,当处于注意力分散状态时,在所有隧道区域,驾驶人表现出更低的平均速度、加速度以及更高的车速标准差、加速度标准差、加速踏板功效、横向偏移、转向盘转角。这表明,当处于注意力分散状态时,注意资源无法被全部用于保持正常驾驶状态,驾驶人对车辆的操控能力被削弱。为保证驾驶安全,驾驶人倾向于降低车速以补偿受损的车辆操控能力,并一定程度上远离隧道侧壁,以避免车辆碰撞事故发生。

平均车速的线性混合效应模型　　　　　　　　　　　表7-12

区域		区域1-入口区域 估计值(p值)	区域2-中间区域 估计值(p值)	区域3-出口区域 估计值(p值)
截距		1.842***(<0.001)	4.308***(<0.001)	4.266***(<0.001)
驾驶状态	执行驾驶次任务 (vs.正常驾驶)	-0.019**(0.023)	—	-0.012**(0.051)
图案节律	4Hz(vs.控制组)	—	-1.037e-2(0.338)	-0.016**(0.015)
	2Hz(vs.控制组)	—	-1.101e-2(0.309)	-0.003(0.797)
	1.26Hz(vs.控制组)	—	-5.992e-2(0.579)	0.006(0.596)
	0.94Hz(vs.控制组)	—	-2.055e-2*(0.058)	-0.008(0.456)
	0.75Hz(vs.控制组)	—	-3.372e-3(0.755)	0.007(0.493)
年龄	25~34岁(vs.18~24岁)	-0.042**(0.039)	—	—
	35~49岁(vs.18~24岁)	0.032(0.324)	—	—
	50岁及以上(vs.18~24岁)	0.041(0.243)	—	—
职业	职业(vs.非职业)	0.042**(0.021)	6.464e-2**(0.024)	—
驾驶经验	6~10年(vs.5年及以下)	-0.026(0.431)	—	—
	11年及以上(vs.5年及以下)	-0.047**(0.048)	—	—
随机截距方差		0.014**(0.020)	0.002**(0.049)	0.014***(<0.001)
残差方差		0.007	0.031	0.032
拟合优度度量		AIC=-1318.9, BIC=-1258.4, $R^2=0.493$	AIC=-851.2, BIC=-790.7, $R^2=0.495$	AIC=-860.2, BIC=-799.7, $R^2=0.347$

注:"vs."表示"与××方案组相比";"***"显著性水平为1%;"**"显著性水平为5%;"*"显著性水平为10%。

(2)图案节律因素。

模型结果显示,与没有隧道侧壁装饰的控制组方案相比,隧道侧壁装饰图案能够使得驾驶人保持较低的车速行驶(中间区域,0.94Hz;出口区域,4Hz),车速标准差(出口区域,1.26Hz)、加速度标准差(中间区域,2Hz和0.75Hz;出口区域,4Hz和1.26Hz)以及转向盘转角(入口区域,4Hz、2Hz和1.26Hz;出口区域,4Hz和0.75Hz)显著减小,驾驶人对车辆的横纵向操控能力得到显著提升。但是,在隧道入口和中间区域,车速标准差显著增大,驾驶人的操作稳定性降低。

(3)人口统计学变量。

模型结果表明:在隧道入口区域,青年驾驶人(25~34岁)比青少年驾驶人(18~24

岁)表现出更低的车速和加速踏板功效。青年驾驶人(25～34 岁)和中年驾驶人(35～49 岁)的车速调控能力更强,纵向驾驶安全性水平提高。但是,青年驾驶人(25～34 岁)在隧道入口区域表现出更大的转向盘转角数值,横向操作稳定性下降。相较于女性驾驶人,男性驾驶人在隧道入口区域表现出更低的车速标准差和转向盘转角,驾驶操作稳定性更强,车辆运行更加平稳。实际上,驾驶行为还受到驾驶经验等因素的影响。与非职业驾驶员相比,职业驾驶员在隧道各区域表现出更高的车速和横向偏移,但速度标准差、加速度和加速踏板功效指标显著降低。与其他驾驶经验不足 5 年的驾驶人相比,具有更加丰富驾驶经验(6～10 年、11 年及以上)驾驶人的平均车速更低,车速标准差、加速踏板功效、加速度更高。

3.隧道侧壁装饰对驾驶人注意力分散影响的评价模型

驾驶人注意力分散直接表现为应激反应时间增加。因此,从驾驶人角度出发,提取反应时间指标,利用非参数模型对反应操作时间进行估计,构建影响评价模型,分析评价隧道侧壁装饰对驾驶人注意力分散的影响。此外,同样考虑驾驶人个体属性,分别建立相应的生存模型,分析各因素对反应操作时间生存概率的影响。采用的影响因素相关信息如表 7-13 所示。

影响因素信息汇总　　　　　　　　　　表 7-13

自变量	因素水平
图案节律	控制组/4Hz/2Hz/1.26Hz/0.94Hz/0.75Hz
驾驶人年龄	青少年/青年/中年/老年
驾驶人性别	男/女
驾驶经验	初级/中级/高级
驾驶人职业	职业/非职业

利用 K-M 法对隧道侧壁装饰影响下驾驶人反应操作时间的生存概率进行估算。图 7-14～图 7-17 展示了隧道中间区域不同隧道侧壁装饰图案下驾驶人反应操作时间生存概率曲线。

结果表明,隧道侧壁装饰并未引起驾驶人注意力的过度分散,从而影响驾驶安全。相反,侧壁装饰提供的信息使得驾驶人反应操作时间显著减少,这有利于驾驶人对突发交通事件的反应,有助于最大程度降低事故风险,减少事故伤害。

另外,考虑驾驶人的个体属性特征因素,利用 K-M 法对反应操作时间进行估算。结果显示:

(1)隧道入口区域,无隧道侧壁装饰影响,当反应操作时间为 5s 时:男性比女性驾驶人的反应操作时间更长,未完成任务的概率约为 20%;中年驾驶人和老年驾驶人的反应操作时间更长,未完成任务的概率为 15%～35% 左右;高级熟练度驾驶人比其他驾驶人的反应操作时间反而更长,任务未完成的概率为 20% 左右;职业驾驶员比非职业驾驶员的反应操作时间更长,任务未完成的概率为 20% 左右。

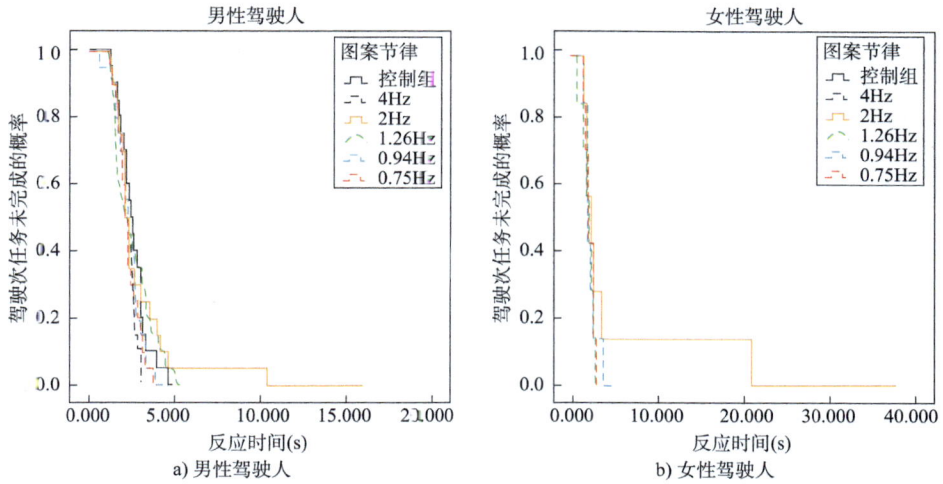

图7-14　不同性别驾驶人反应操作时间生存概率曲线

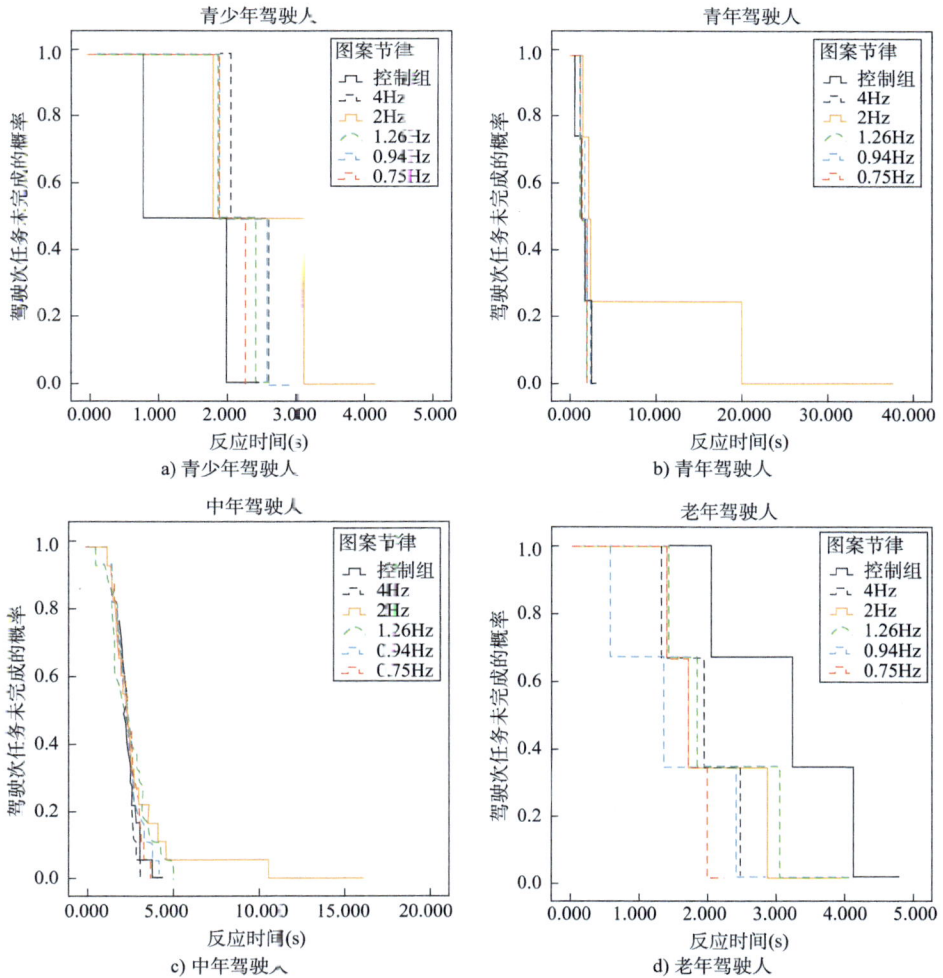

图7-15　不同年龄驾驶人反应操作时间生存概率曲线

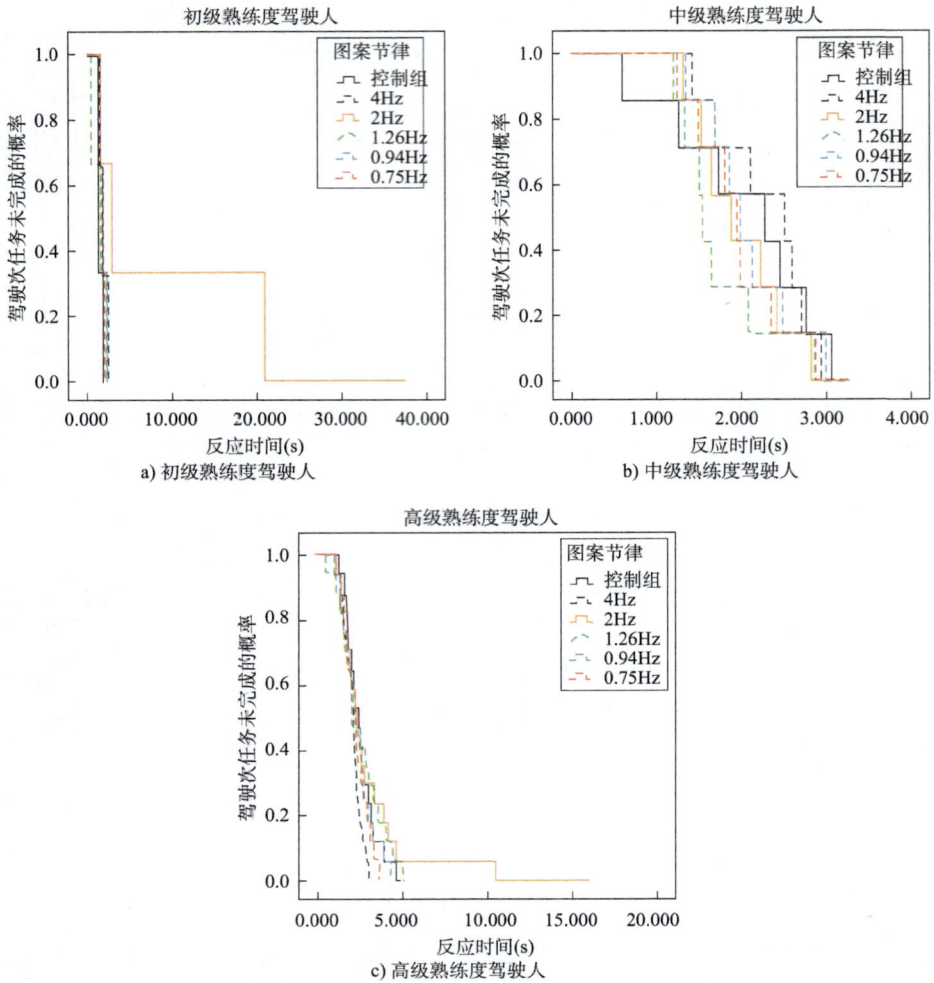

图 7-16 不同驾驶经验驾驶人反应操作时间生存概率曲线

图 7-17 职业与非职业驾驶员反应操作时间生存概率曲线

（2）隧道中间区域，无隧道侧壁装饰影响，反应操作时间为 5s 时，男性驾驶人比女性驾驶人的反应操作时间更短，任务未完成的概率为 5% ~10% 左右；老年驾驶人的反应操作时间更长，在无隧道侧壁装饰影响下，反应操作时间为 3s 时，老年驾驶人任务未完成的概率为 65% 左右；非职业驾驶员的反应操作时间更长，在无隧道侧壁装饰影响下，反应操作时间为 3s 时，职业驾驶员的任务未完成的概率为∠0% 左右。

（3）隧道出口区域，女性驾驶人的反应操作时间更长，在无隧道侧壁装饰影响下，反应操作时间为 4s 时，女性驾驶人任务未完成的概率为 30% 左右；老年驾驶人的反应操作时间更长，在无隧道侧壁装饰影响下，反应操作时间为 3s 时，青年驾驶人任务未完成的概率为 25% 左右。

七　小结

本节以探究隧道侧壁装饰对驾驶人注意分散影响为目标，通过驾驶模拟实验获取细粒度驾驶行为数据，提取表征驾驶人注意力状态的行为指标，运用统计学方法开展隧道侧壁装饰方案的影响分析、机理挖掘和综合评估。

（1）完成了隧道侧壁装饰方案设计，形成了基于驾驶模拟实验开展隧道侧壁装饰方案影响特征、影响机理与评估优化的测试与分析方法。

（2）隧道侧壁装饰并未引起驾驶人注意力的过度分散，适当的隧道侧壁装饰对改善驾驶水平有显著作用。隧道侧壁装饰图案节律 1.26Hz 能够促使驾驶人保持较低的车速行驶，车辆操控能力与抗干扰能力得到提升，驾驶感受更加舒适。

（3）成果对利用隧道侧壁装饰改善隧道行车环境具有指导价值。隧道侧壁装饰方案综合效用评价需进一步考虑评价指标的多维性。同时，当前开展实验测试的交通环境相对简单，未来可以考虑增加交通环境复杂度，提升测试结果的稳定性和适用性，为形成隧道侧壁装饰设置指南奠定基础。

第四节　桥梁主动安全防控设施

一　问题提出

桥梁是跨越山涧、不良地质或为满足其他交通需要而架设的使通行更加便捷的建筑物。高速公路跨江或跨河大桥，作为交通网络的关键基础设施及重要节点，其交通运行状态会影响周边路网甚至整个区域的交通安全水平及运行效率。与其他基本路段相比，桥梁路段一旦发生交通事故，往往后果更严重、救援难度更大、影响范围更广。因此，桥梁的运行安全风险主动预警防控尤为重要。

目前,桥梁运营阶段的安全风险防控主要集中在桥梁结构异常的诊断与预防,对保障桥梁安全稳定运行具有重要作用。事实上,不良天气同样会引发桥梁交通运行安全问题,雾天是跨江(河)桥面临的常发风险。跨江(河)桥的桥面上空极易产生团雾,会显著缩小驾驶人的行车视野并加剧其心理紧张感,对行车安全造成严重威胁。但是,针对不良天气引发的桥梁运行安全风险,主动和动态的有效预警防控策略和技术装备仍较为缺乏,并且已有智能交通设施对驾驶人及车辆运行的影响尚不十分清楚,制约桥梁运行风险的预警防控效果。

因此,针对雾天这一典型桥梁运行风险,本节提出传统交通安全设施与智能交通设备融合的桥梁运行风险主动预警防控策略,并基于驾驶模拟技术搭建典型跨江大桥虚拟仿真平台开展实验测试,分别从常态区域(正常行驶)、险态区域(遇前车突发事件)两个层面分析和验证预警防控策略的有效性。研究成果为保障雾天条件下桥梁运行安全提供了方法和技术支撑,并对雨、雪、横风、结冰等其他不良天气条件下桥梁运行风险的主动预警防控提供了借鉴。

二 方案设计

1. 桥梁主动安全预警防控策略设计

为降低桥梁路段由于雾天低能见度引发的交通运行风险,依据《高速公路交通气象条件等级》(QX/T 111—2010)对高速公路桥梁能见度水平进行等级划分,分别为 A、B、C、D 四个等级。参照欧盟基础设施数字化等级划分方法,提出以强制、改善、增强、旗舰等不同装备配置等级为导向的多层级、差异化桥梁主动安全预警防控策略,包括传统交通安全设施、风险预警、可变限速及视线诱导技术,见表7-14。

多层级差异化桥梁运行风险主动预警防控策略配置表　　　　　　表7-14

能见度(m)	风险等级	防控层级	传统交通安全设施	智能预警防控技术		
				风险预警	视线诱导	可变限速
$(500, +\infty)$	A	强制	√	×	×	×
$(200, 500]$	B	改善	√	√	√	×
$(100, 200]$	C	增强	√	√	√	√
$(50, 100]$	D	旗舰	√	√	√	√

注:表中改善型对应的视线诱导技术为视线诱导Ⅰ级;增强型对应的为视线诱导Ⅱ级;旗舰型对应的为视线诱导Ⅲ级。

传统交通安全设施主要为静态交通标志和标线等,包括注意桥头跳车标志、限制速度标志、注意不利气象条件标志、禁止超车标志与标线、车距确认标志与标线等。

风险预警技术可以根据检测到的恶劣天气、危险事件、交通状态等信息,通过路侧动态信息标识(Dynamic Message Sign, DMS)或车载终端发布预警信息,提前告知驾驶人前方风险。

可变限速技术通常又称之为动态限速,根据预先设定的阈值与规则,或实时预测出的道路行车环境,将不同于固定限速控制的限速值显示在可变限速标志上,或通过车载终端告知驾驶人,以改善交通运行条件和保障行车安全。

视线诱导技术通过安装在道路两侧的雾天诱导灯,利用其发出的红、黄光信号帮助驾驶人判断前方道路状况和前方车辆状况,警示诱导车辆安全行驶,从而有效避免危险路段车辆追尾事故及二次事故的发生。参照《雾天公路行车安全诱导装置》(JT/T 1032—2016),基于动态能见度信息分级触发防控策略。雾天诱导灯布设间距为20m,亮度为500~7000cd/m²,闪烁频率为0.5Hz、1Hz、2Hz。对于容易出现团雾的桥梁路段,可以防止因驾驶人无法看清道路轮廓而使车辆冲出桥面坠毁的严重事故。具体可根据风险等级分为视线诱导Ⅰ级、Ⅱ级、Ⅲ级三种不同强度的防控层级,分别对应道路轮廓强化、行车主动诱导及防止追尾警示三种功能模式。

2.驾驶模拟实验测试方案设计

选取某跨江大桥为驾驶模拟实验场景。场景全长约10km,分为桥前(5km)、桥中(2km)、桥后(3km)三部分,见图7-18。桥前与桥后均为高速公路基本路段,桥中为跨江桥路段。桥梁区域设置为双向六车道,路基宽33m。其中,行车道宽3.75m,中间带宽2.5m,路肩宽4m。无主动预警防控策略下的现状限速为100km/h。根据大桥所处地区近两年半的气象数据,将最低能见度设为100m。选取A级服务水平(即自由流)为交通流运行状态。另外,当驾驶人进入跨江桥行驶1.5km后,将触发前车急停这一紧急事件,以此分析主动防控策略能否满足危险状况下的行车安全需求。

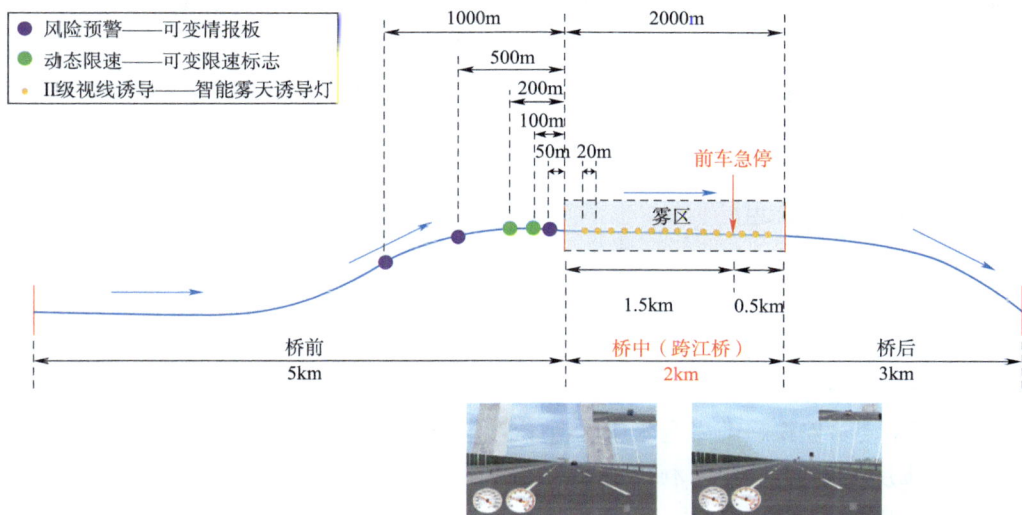

图7-18　场景设计

根据表7-14,实验测试桥梁场景所处风险等级为C级,对应采取的防控策略为"增强型"。增强型防控方案以Ⅱ级视线诱导技术为核心,配以传统交通安全设施、风险预警装备与可变限速标志。为了测试桥梁主动安全预警防控策略的效果,共设计三种实验方案,即对照组(无视线诱导)以及两个实验组(不同亮度的视线诱导,分别为实验组A与实验组B),见表7-15。

桥梁主动安全预警防控策略驾驶模拟实验设计方案　　　　　　　　　　　表 7-15

方案	II 级视线诱导			风险预警 （VMS 文字提示信息）			动态限速 （逐级）
	亮度(cd/m²)	频率(Hz)	间距(m)	1km	500m	50m	
对照组	—	—	—	—	—	—	—
实验组 A	500	0.5	20	前方1km 能见度低	前方500m 能见度低， 请减速慢行	前方能见度 100m， 请谨慎驾驶	100km/h 80km/h 60km/h
实验组 B	3500						

三　实验测试

共招募 31 名被试,其中,男性约占 66%,女性约占 34%。被试年龄在 18~60 岁之间(平均值 30.9,标准差 9.7),驾龄在 1~20 年之间(平均值 7.7,标准差 5.2)。被试构成基本符合 2020 年中国驾驶人统计特征。

具体测试流程主要包括以下五步:①测试前基本信息采集。被试填写基本信息表,记录被试的年龄、性别、驾龄等人口统计学信息。②实验说明。实验员对被试宣读指导语,介绍实验目的以及驾驶模拟器操作规程,并要求被试按照日常驾驶习惯操作模拟器。③试驾。选用非正式实验场景进行实验,使被试能够熟悉驾驶模拟器操作,并测试被试是否适应驾驶模拟环境。④正式实验。每位被试分别开展三次驾驶实验(对照组、实验组 A 和实验组 B),实验顺序随机,每次实验间隔 5min。⑤测试后问卷调查。被试填写问卷,记录被试对于场景和驾驶操作真实性的主观评价。

四　数据处理

在剔除未按照实验指导语正常进行实验的无效数据之后,筛选出 29 名被试的实验数据,得到 3 个场景共 87 个有效数据段。选取常态区域(车辆正常行驶的区域,约 825m)与险态区域(由于前车急停事件使得主车与前车存在交互作用的区域,约 100m)作为重点研究路段,分别分析主动防控策略的安全效用。由于常态区域相对较长,为了能够细粒度分析防控策略在空间维度的显著性差异,利用 Python 截取雾区桥梁路段的数据,每 5m 截取一个点,以充分反映驾驶行为的变化过程。

五　指标提取

针对常态区域和险态区域,分别选取能够反映行车安全性的评价指标。常态区域可分为纵向安全性与横向安全性,通过提取驾驶人在正常行驶过程中的行为表现验证防控策略的有效性。险态区域主要考虑到前方急停车辆对主车的影响,选取视觉变化刺激反映事件危急程度,测试防控策略效用。

1. 常态区域评价指标

(1)速度(km/h):车辆的平均速度,用以描述车辆纵向运行特征。

(2)加速踏板功效(%·s):驾驶人踩下加速踏板的深度与持续时间的乘积,反映驾驶人的纵向速度控制能力,见公式(7-1):

$$\text{Power} = \sum \alpha \Delta t \tag{7-1}$$

式中,Power 为加速踏板功效;α 为加速踏板深度;Δt 为数据采集时间间隔。

(3)横向偏移(m):车辆中心相对于所在车道中心线的横向位移量,反映驾驶人在行车过程中对车辆横向位置的感知能力以及对车辆的横向操纵水平。

(4)转向盘转角(°):驾驶人转动车辆转向盘的角度,反映驾驶人对车辆的横向操纵能力。

2. 险态区域评价指标

视觉变化刺激(rad/s):当前方车辆进入主车驾驶人能见度范围内,前车尾部在主车驾驶人视网膜上的成像会越来越大,这一现象称为视觉变化刺激。研究表明,物体在观察者视野中的视觉扩大率可以自动引起观察者的注意,这种现象本身可能表征着潜在的冲突。在行驶过程中,前车的突然减速导致前车在主车驾驶人视野内不断放大,这对驾驶人本身是一种强烈的暗示可能发生追尾事故的信号。故该指标可以从视觉上反映驾驶人所遇事件的紧急程度。具体见式(7-2)与式(7-3):

$$\theta = 2\arctan(W/2d) \tag{7-2}$$

$$\frac{\mathrm{d}\theta}{\mathrm{d}t} = \dot{\theta} = WV/(d^2 + W^2/4) \tag{7-3}$$

式中,θ 为物体在驾驶人视网膜上的成像角度;$\dot{\theta}$ 为视觉变化刺激;W 为前方急停车辆宽度;d 为驾驶人与急停车辆之间的距离;V 为主车速度。

六　结果分析

1. 常态区域安全性分析

针对常态区域,主要从横、纵向两个维度分析防控策略的安全效用。若数据服从正态分布及 Mauchly's 球形假设,采用重复测量方差分析方法对比实验与对照组的指标差异;否则,采用 Friedman M 检验。各指标统计检验结果见表 7-16。

由表 7-16 可知,对于速度,3 种方案间存在显著性差异。两实验组的均值及其标准差均明显低于对照组,说明防控策略有利于提高车辆纵向运行安全性。如图 7-19 所示,两实验组的车速分布更为集中,对照组的速度呈扁平状分布且存在两个峰值,表明防控策略可以减小车辆间的速度离散性,有助于提高车辆运行安全。在空间上,两实验组与对照组之间的速度全程具有显著性差异,但速度在两实验组之间不具有明显且规律的差异,见图 7-20。

指标统计检验结果 表 7-16

指标	均值(标准差)			p
	对照组	实验组 A	实验组 B	
速度(km/h)	75.772(12.672)	48.952(7.063)	47.906(6.924)	0.000**
加速踏板功效(%·s)	2.862(0.768)	3.308(0.419)	3.409(0.368)	0.002**
横向偏移(m)	-0.297(0.293)	-0.253(0.242)	-0.252(0.243)	0.191
转向盘转角(°)	0.432(0.096)	0.265(0.059)	0.251(0.068)	0.000**

注:**表示 $p < 0.05$。

a) 核密度曲线 b) 累积分布函数

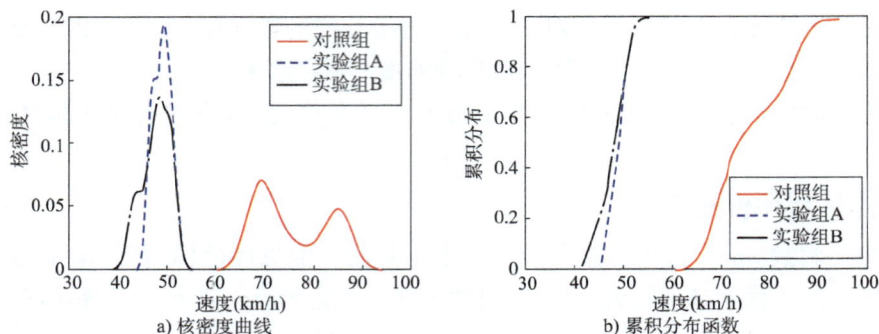

图 7-19　速度分布

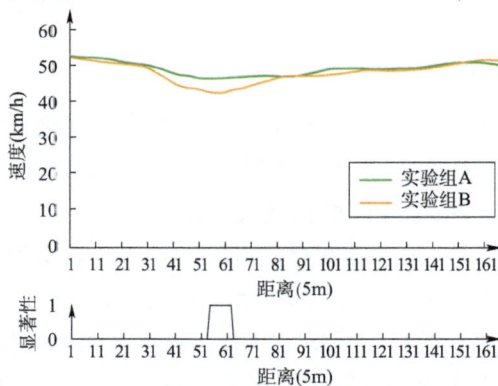

a) 对照组与实验组A b) 对照组与实验组B

c) 实验组A与实验组B

图 7-20　速度变化趋势

对于加速踏板功效,由表7-16可知,3种方案间存在显著性差异。两实验组的加速踏板功效均值明显高于对照组,但标准差则相反。数据结果表明,驾驶人在防控策略的干预下具有持久且平稳的加速踏板操纵能力,频繁操纵加速踏板的现象有所减少。特别是,实验组B的加速踏板功效均值最大且标准差最小,表明高亮度雾灯效果最佳。3种方案的加速踏板功效分布形状类似,但两实验组核密度峰值更大,见图7-21。在空间上,两实验组与对照组的显著性主要体现在上桥后255～555m的范围,随后均逐渐趋于平稳,见图7-22。因此,对于防控策略,驾驶人需适应一段远程,之后方可体现出更为突出的效果。

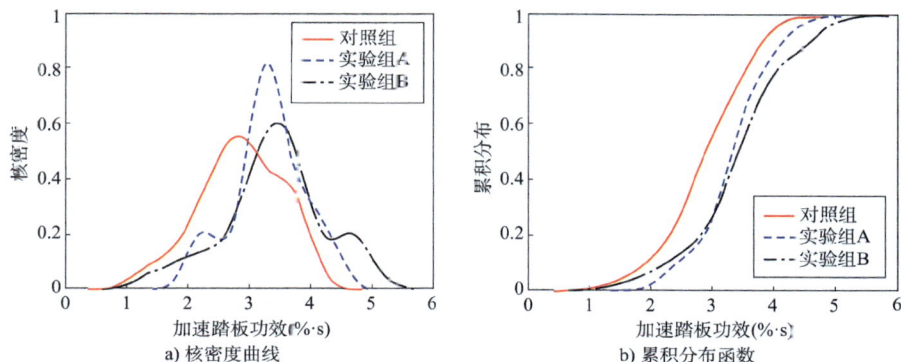

a) 核密度曲线　　　　b) 累积分布函数

图7-21　加速踏板功效分布

a) 对照组与实验组A　　　　b) 对照组与实验组B

c) 实验组A与实验组B

图7-22　加速踏板功效变化趋势

对于横向偏移,由表7-16可知,3种方案的横向偏移不存在显著性差异。两实验组的横向偏移均值及标准差略小于对照组,说明防控策略对于改善车辆横向运行稳定性的作用并不明显。

对于转向盘转角,根据表7-16可知,3种方案的转向盘转角存在显著性差异。两实验组均值及其标准差均明显低于对照组,说明防控策略有利于改善驾驶人对于车辆的横向控制能力。实验组和对照组的转向盘转角分布形状类似,但实验组分布峰值更接近于0°,特别是在实验组B中效果更为明显,见图7-23a);同时,实验组B在转向盘转角为0°时的累积百分比最高,见图7-23b)。在空间上,3种方案间的显著性差异并未呈现明显规律,见图7-24。另外,对于两实验组,实验组B的转向盘转角略小,表明高亮度条件对于提高驾驶人横向操纵能力的功效并不明显。

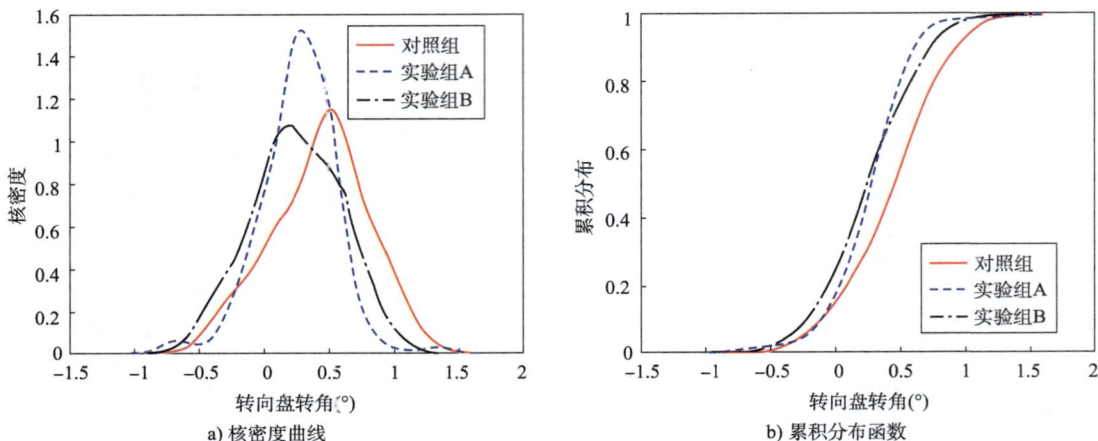

a) 核密度曲线　　　　　　　　b) 累积分布函数

图7-23　转向盘转角分布

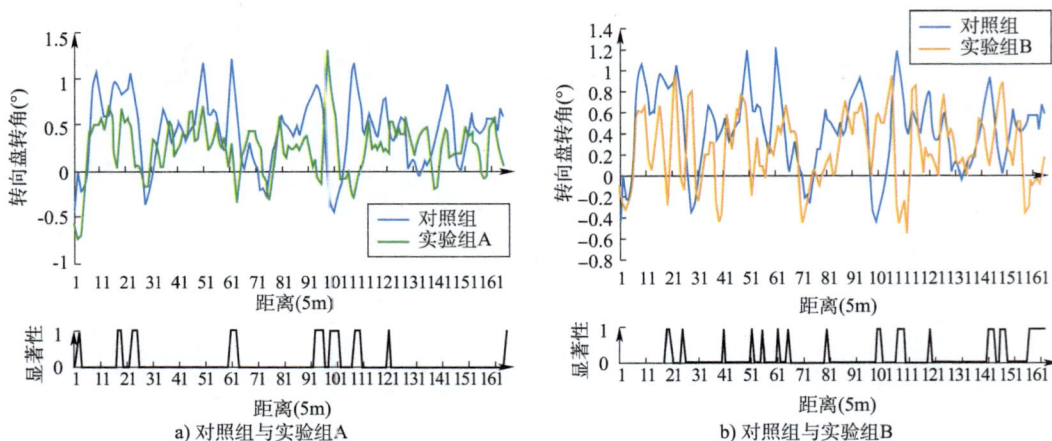

a) 对照组与实验组A　　　　　　b) 对照组与实验组B

图　7-24

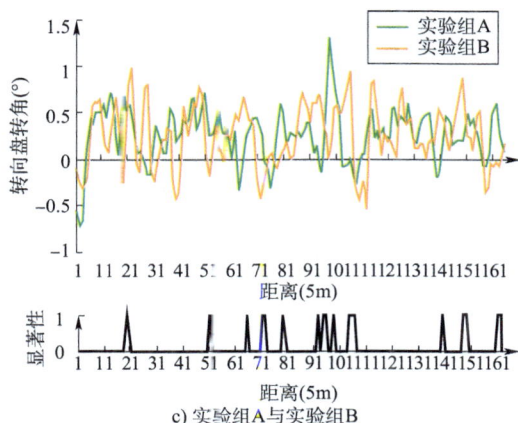

c) 实验组A与实验组B

图7-24　转向盘转角变化趋势

2.险态区域安全性分析

针对险态区域,通过视觉变化刺激表征驾驶人在面临突发事件时感受到的事件紧急程度。从驾驶人进入事件前的可见范围(100m)内起,至前方急停车辆开始起动为止,为视觉变化刺激考察范围。两实验组驾驶人的平均视觉变化刺激(0.0164rad/s)相同,相比于对照组(均值为0.0239rad/s)更小。数据结果表明,在驾驶人视认阶段,防控策略降低了突发事件的紧急程度,使得安全性有所提升,但雾灯亮度并未对该效果产生影响。相比于两实验组,对照组的视觉变化刺激增长更快,且最终达到0.0399rad/s,明显高于两实验组,见图7-25。这也说明,若没有防控策略的干预,驾驶人在单位时间内感受到的事件紧急程度更高。

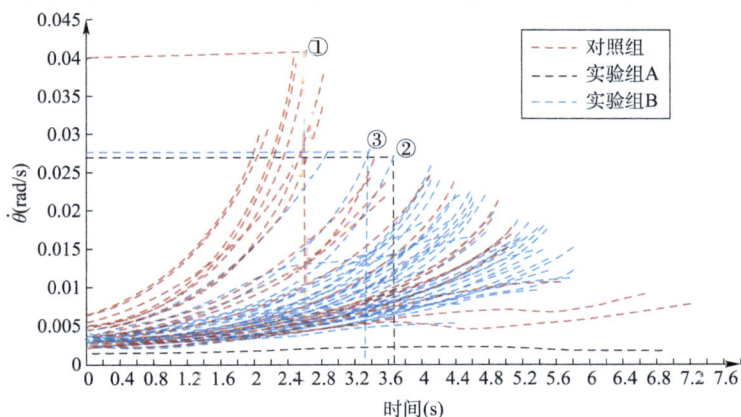

图7-25　视觉变化刺激趋势
①-0.0399rad/s;②-0.0272rad/s;③-0.0279rad/s

七　小结

本节针对雾天条件下桥梁运行风险,提出了低能见度主动安全预警防控策略,采用驾驶模拟实验测试了主动安全预警防控策略对于改善行车安全的效用。

（1）提出了基于桥梁运行风险等级，以强制、改善、增强、旗舰等不同装备配置等级为导向的多层级、差异化桥梁主动安全预警防控策略。

（2）驾驶模拟实验测试结果表明，主动安全预警防控策略可以改善驾驶人行为表现及车辆运行状态，当车辆遇到前车紧急停车突发事件时可以降低驾驶人感受到的事件紧急程度。并且，100m 能见度下，雾天诱导灯亮度为 3500cd/m² 时的防控效果最佳。

（3）未来应考虑不同类型桥梁及雨、雪、结冰、横风等更多风险因素，进一步分析不同因素水平耦合条件下主要预警防控策略的效果，助力桥梁运行风险预警防控标准规范的形成及其在实际道路中的应用。

第五节　国省干道交叉口交通安全配套设施

一　问题提出

平面交叉口是交通事故易发地，发生在交叉口的交通事故数约为全部道路交通事故数的 30%。由于公路平交路口车速相对较快而交通安全设施相对简陋，其交通事故比例和严重程度较城市道路交叉口更加严峻。

研究表明，平交路口交通安全设施与交通事故之间存在密切联系，合理的交通安全设施设置对减少交叉口及其附近的交通事故具有重要作用。一些发达国家对平交路口的交通安全设施设置进行了严格规定，并出台了一系列的规范标准和操作指南，对规范交叉口交通安全设施设置起到了重要作用。相比之下，我国公路平交路口交通安全设施缺失、设置不规范等现象时常发生，对交通运行安全造成了较大隐患。事实上，我国现有的研究已对交通安全设施进行了大量研究与实践，并形成了系列规范标准和使用指南。但是，以往成果多集中在探讨单项设施的影响效用，同一场景和区域中设施之间的相互关联效用涉及不多，尚未形成设施配套设置的理念，对实际应用指导作用仍有较大改善空间。

鉴于此，本节面向国省干道交叉口交通运行安全管控需求，针对不同交叉口类型特点，将不同交通安全设施进行组合设计，形成国省干道交叉口交通安全设施配套设置思路。在此基础上，利用驾驶模拟实验测试不同方案的综合效果，评估优选最优方案，对形成国省干道交叉口交通安全设施使用规范、提升设施效用具有支撑作用。

二　方案设计

1. 实验因素水平设计

（1）设施分类。

以道路交通标志和标线（GB 5768—2009）为基础，结合实际工程应用，将常用交通安全设施按照功能分为 10 类，见表 7-17。

交叉口交通安全设施分类表　　　　　　　　　　　　　表 7-17

设施类别	设施名称
指路类	地点预告标志、地点告知标志、地点确认标志、路名牌、地面文字
车道指示类	车道指示标、导向箭头、导向车道线、车道分隔线、中央分隔线、机非分隔线、停止线、路口导向线
路权指示类	停车(减速)让行标志标线、准许机动车/准许非机动车/准许行人通行标志、人行横道标志标线、靠右行驶标志、右侧通行标志、环岛指示标志
路口警示类	黄闪灯、路口标志、注意信号灯、道口标柱
行人警示类	注意行人标志、菱形标线
危险警示类	事故多发警告标志、弯道警告标志
速度警示类	减速标线、减速提示标志
防护类	水泥隔离墩、分隔护栏、安全岛、防撞桶、路侧护栏、隔离桩
畸形路口提示类	图形提示标志
其他类	线形诱导标、凸透镜

（2）设施配套方案。

选择 12 类典型交叉口，见表 7-18，将设施配套方案分为现状组、国标组、专项组三组。现状组设施为交叉口实际设置的设施组合。国标组设施为严格按照标准规范设置设施，对于标准规范中规定应设置的设施，必须设置；对于标准规范中规定可设置的设施，不设置。专项组设施为在现状组和国标组的基础上，结合实际存在的问题，从设施分类表中选取能解决此问题的一种或多种设施进行组合设计，专项组 2 比专项组 1 的设施更完善。其中，交叉口 1、2、5、6、9、12 没有设置专项组 2 方案。各类型交叉口不同设施配套组合方案如表 7-18 所示。

12 类交叉口交通安全设施配套设置方案　　　　　　　　表 7-18

交叉口编号	交叉口名称及类型	现状组	国标组	专项组 1	专项组 2
1	天北路-大型有信号十字形	I1 基础组合 A	I12 现状组增加:地点预告、确认标志、路名牌	I24 国标组增加:路口导向线、安全岛	—
2	东辛店中街-小型有信号十字形	I2 基础组合 A	I13 现状组增加:机动车行驶标志、非机动车行驶标志、路名牌、3 组导向箭头、防撞桶	I25 国标组更换:分隔护栏换成水泥墩	—
3	安乐路-大型无信号十字形	I3 基础组合 B、事故多发标志	I14 现状组增加:地点预告、告知、确认标志、路名牌、3 组导向箭头、停车让行标线、道口标柱;移除:事故多发标志	I26 国标组增加:黄闪灯	I40 国标组增加:黄闪灯、事故多发标志、减速标线
4	刘林池-小型无信号十字形	I4 基础组合 B、黄闪灯	I15 现状组增加:机动车行驶标志、非机动车行驶标志、道口标柱、路名牌、车道行驶方向标志、3 组导向箭头;移除:黄闪灯	I27 国标组增加:黄闪灯	I36 国标组增加:黄闪灯、事故多发标志、减速标线

交叉口编号	交叉口名称及类型	现状组	国标组	专项组1	专项组2
5	铁匠营-小型有信号T形	I5 基础组合A+事故多发标志	I16 现状组增加：车道行驶方向标志、3组导向箭头；移除：事故多发标志	I28 国标组增加：事故多发标志；更换：水泥墩换分隔护栏	—
6	空港A区-大型有信号T形	I6 基础组合A	I17 现状组增加：地点预告、确认标志、路名牌、车道行驶方向标志、3组导向箭头	I29 国标组增加：安全岛	—
7	原创-大型无信号T形	—	I19 基础组合B	I31 国标组增加：黄闪灯	I37 国标组增加：黄闪灯、事故多发标志、减速标线
8	泥河村-小型无信号T形	I7 基础组合B、黄闪灯、事故多发标志、减速标线	I18 现状组增加：道口标柱、地点告知标志、3组导向箭头；移除：黄闪灯、事故多发标志、减速标线	I30 国标组增加：黄闪灯	I38 国标组增加：黄闪灯、事故多发标志、减速标线
9	富密路-有信号X形	I8 基础组合A	I20 现状组增加：注意信号灯标志、地点预告、确认标志、路名牌、3组导向箭头	I32 国标组增加：减速提示标志、图形提示标志	—
10	穆家峪-无信号Y形	I9 基础组合B、黄闪灯、减速标线	I21 现状组增加：Y形路口标志、地点预告、确认标志；移除：黄闪灯、减速标线	I33 国标组增加：黄闪灯	I39 国标组增加：黄闪灯、事故多发标志、减速标线、线形诱导标、弯道警告标志
11	花梨坎-有信号错位形	I10 基础组合A、事故多发标志	I22 现状组增加：地点预告、确认标志、路名牌、车道行驶方向标志、3组导向箭头、注意信号灯标志；移除：事故多发标志	I34 国标组增加：错位形路口标志、图形提示标志	I41 国标组更换：设置成2个交叉口，增加十字形路口标志
12	长城环岛-环岛	I11 基础组合B	I23 现状组增加：环岛路口标志、路名牌、减速让行标志	I35 国标组增加：减速标线、减速提示标志、地面指示文字	—

注：基础组合A包括：车道分隔线、中央分隔线、机非分隔线、停止线、导向车道线、人行横道标线、靠右侧行驶标志、右侧通行标志、防撞桶。基础组合B包括：车道分隔线、中央分隔线、机非分隔线、停止线、导向车道线、停车让行标志、人行横道标志标线、靠右侧行驶标志、右侧通行标志、路口标志、注意行人标志、人行横道预告标线、防撞桶。I××代表交叉口编号。

2. 实验场景设计

如表7-18所示，基于12类典型交叉口，分别设计了现状组、国标组和专项组三组设施配套方案。实验场景中共设计 41 个交叉口,每个交叉口间距 1km,限速 70km/h。为了避免学习效应,在每个实验场景中分别插入了干扰交叉口,如图 7-26 所示。

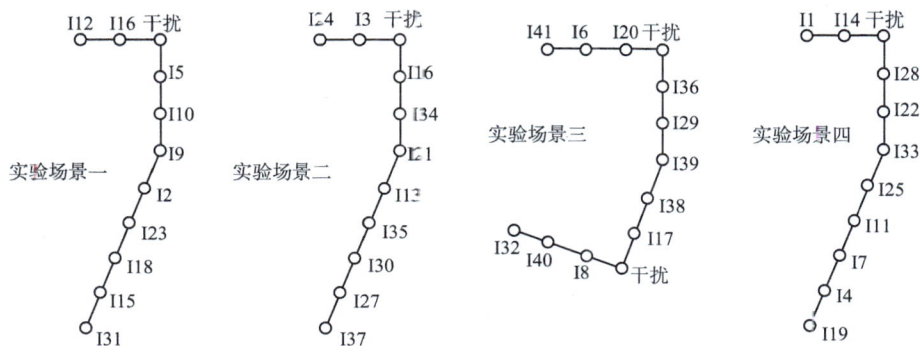

图 7-26   实验场景及路线

三   实验测试

驾驶模拟实验共招募 17 名被试。其中,男性约占 82%,女性约占 18%。平均年龄 34.24 岁,平均驾龄 11.47 年。所有被试均要求驾龄两年以上,有国省干道驾驶经验;身体状况良好,无色盲、色弱等影响驾驶安全的疾病;周平均驾车 4 次以上,并且在实验前 24h 之内不允许喝酒或者咖啡等刺激性的饮品,驾驶前无疲劳现象。

驾驶模拟实验流程如下:

(1)实验准备:实验员告知被试道路限速和目的地。

(2)适应性驾驶:被试进行 3~5min 试驾,以确认其熟悉驾驶模拟车辆的操作,并且没有眩晕等不适症状发生。

(3)试前问卷:经过适应性驾驶之后,实验员对被试进行试前问卷提问,了解被试在实验前的生理状态。

(4)正式实验:实验员阅读实验指导语,告知其目的地、场景限速等。17 名被试随机安排 4 个场景以尽量消除场景学习效应和操作过程的偶然性。被试每驾驶两个场景后强制休息 10min,以防止驾驶时间过长对被试产生影响,从而导致数据不准确。

(5)试后问卷:所有实验结束后,被试需要填写一份试后主观问卷。问卷内容包括驾驶后对场景和驾驶操作真实性的主观感受,以及关于公路平交路口交通安全设施的相关认知与评价。

四   数据处理

实验采集到被试的驾驶行为数据,从而获得速度及其标准差、速度变化率、加速度及其标准差、制动次数、制动功效、第一踩下制动踏板点位、第一松开加速踏板点位等。数据截取范围为交叉口前 550m 至通过交叉口后 50m 内,剔除了极端值和异常值。为充分反映驾驶行为的变化过程,每5m截取一段数据对整体数据进行切分。

五 指标提取

从驾驶安全性、路口预见性和驾驶舒适性3个层面评价公路平交路口交通安全设施的效用,指标体系如图7-27所示。

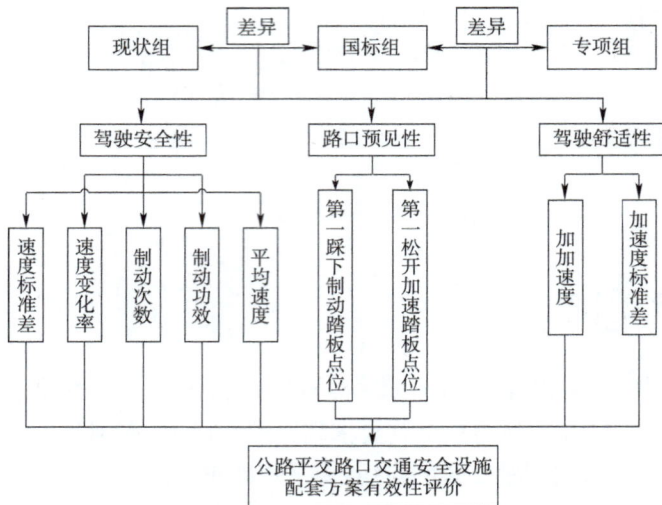

图7-27 评价指标体系

(1)速度标准差(km/h):交叉口前550m至交叉口后50m范围内,车辆速度波动情况。

(2)速度变化率:交叉口前550m至交叉口后50m范围内,车辆速度变化情况。

$$L = \frac{V_1 - V_2}{V_1} \tag{7-4}$$

式中,L 为速度变化率;V_1 为车辆距离交叉口停止线550m 的速度;V_2 为车辆在停止线的速度。

(3)制动次数(次):距离交叉口前550m至交叉口后50m范围内,驾驶人的制动次数。

(4)制动功效(%·s):距离交叉口前550m至交叉口后50m范围内,驾驶人踩下制动踏板和松开加速踏板的功效,见下式:

$$P = \sum B\Delta t + \sum A\Delta t \tag{7-5}$$

式中,P 为制动功效;B 为踩下制动踏板的深度值;A 为松开加速踏板的深度值;Δt 为采集数据的间隔时间, 0.05s。

(5)平均速度(km/h):交叉口前550m至交叉口后50m范围内的平均车速。

(6)第一踩下制动踏板点位(m):交叉口前550m至交叉口后50m范围内,驾驶人第一次踩下制动踏板的地点与交叉口停止线的距离。

(7)第一松开加速踏板点位(m):交叉口前550m至交叉口后50m范围内,驾驶人第一次松开加速踏板的地点与交叉口停止线的距离。

(8)加加速度(m/s³):加速度对时间的导数,其计算方法如式(7-6)所示:

$$\text{Jerk} = \frac{a_t - a_{t-1}}{\Delta t} \tag{7-6}$$

式中,Jerk 为加加速度;a_t 为 t 时刻的加速度;a_{t-1} 为 $t-1$ 时刻的加速度;Δt 为时间间隔,0.05s。

(9)加速度标准差(m/s²):加速度的波动情况。

六　结果分析

1. 效用分析

基于 9 项特征指标,利用重复测量方差分析方法对不同设施设置方案的效用进行差异性检验。以大型无信号十字形交叉口为例进行数据分析结果展示,具体如下:

(1)速度标准差。

由图 7-28 可知,相比其他设施设置方案,国标组的速度标准差最小,为 5.65km/h。重复测量方差分析结果表明,设施设置方案对速度标准差有显著影响($F_{(3,48)} = 4.325, p < 0.001$)。因此,国标组方案减小速度波动效果最好。

(2)速度变化率。

由图 7-29 可知,相比其他设施设置方案,专项组 2 的速度变化率最大,为 0.06。重复测量方差分析结果表明,设施设置方案对速度变化率有显著影响($F_{(3,48)} = 2.905, p < 0.05$)。因此,专项组 2 的减速效果最好。

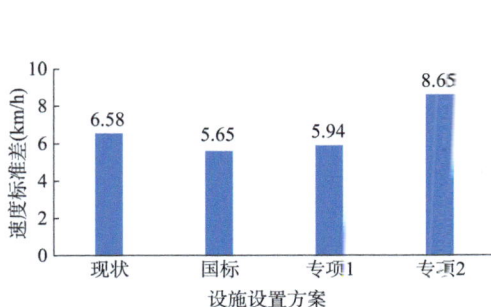

图 7-28　不同设施影响下大型无信号
十字形交叉口的速度标准差

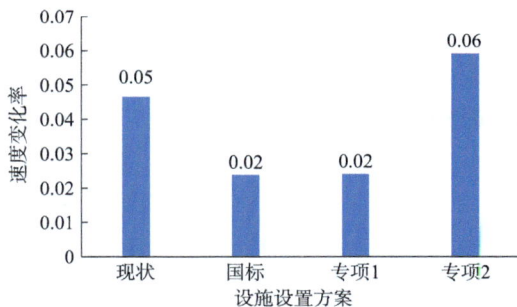

图 7-29　不同设施影响下大型无信号
十字形交叉口的速度变化率

(3)制动次数。

由图 7-30 可知,相比其他设施设置方案,专项组 2 的制动次数最多,为 26。重复测量方差分析结果表明,设施设置方案对制动次数有显著影响($F_{(3,48)} = 3.32, p < 0.05$)。因此,专项组 2 最能引起驾驶人减速的意愿。

(4)制动功效。

由图 7-31 可知,相比其他设施设置方案,专项组 2 的制动功效最大,为 647.55。重复测量方差分析结果表明,设施设置方案对制动功效有显著影响($F_{(3,48)} = 1.38, p < 0.1$)。因此,

专项组 2 的减速效果最好。

图 7-30　不同设施影响下大型无信号
十字形交叉口的制动次数

图 7-31　不同设施影响下大型无信号
十字形交叉口的制动功效

图 7-32　不同设施影响下大型无信号
十字形交叉口的平均速度

（5）平均速度。

如图 7-32 可知,相比其他设施设置方案,专项组 2 的平均速度最低,为 62.67。重复测量方差分析结果表明,设施设置方案对平均速度有显著影响($F_{(3,48)} = 3.23, p < 0.05$)。因此,专项组 2 的整体安全性最好。

（6）第一踩下制动踏板点位。

由图 7-33 可知,相比其他设施设置方案,专项组 2 的第一踩下制动踏板点位分布距离交叉口最远。重复测量方差分析结果表明,设

施设置方案对被试第一踩下制动踏板点位有显著影响($F_{(3,48)} = 3.48, p < 0.05$)。因此,专项组 2 能够使被试更早地预见交叉口。

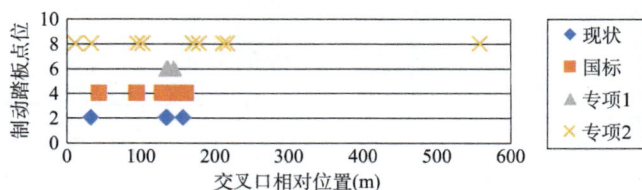

图 7-33　不同设施影响下大型无信号十字形交叉口的第一踩下制动踏板点位

（7）第一松开加速踏板点位。

由图 7-34 可知,相比其他设施设置方案,专项组 2 的第一松开加速踏板点位分布更加提前。重复测量方差分析结果表明,设施设置方案对被试第一松开加速踏板点位有显著影响($F_{(3,48)} = 4.103, p < 0.05$)。因此,与第一踩下制动踏板点位分析结果一致,专项组 2 能够使被试更早的预见交叉口。

（8）加加速度(m/s^3)。

由图 7-35 可知,相比其他设施设置方案,专项组 1 的加加速度分布最为平稳。重复测量

方差分析结果表明,设施设置方案对加加速度有显著影响($F_{(3,48)} = 3.87, p < 0.05$)。因此,专项组1的驾驶舒适度最好。

图7-34　不同设施影响下大型无信号十字形交叉口的第一松开加速踏板点位

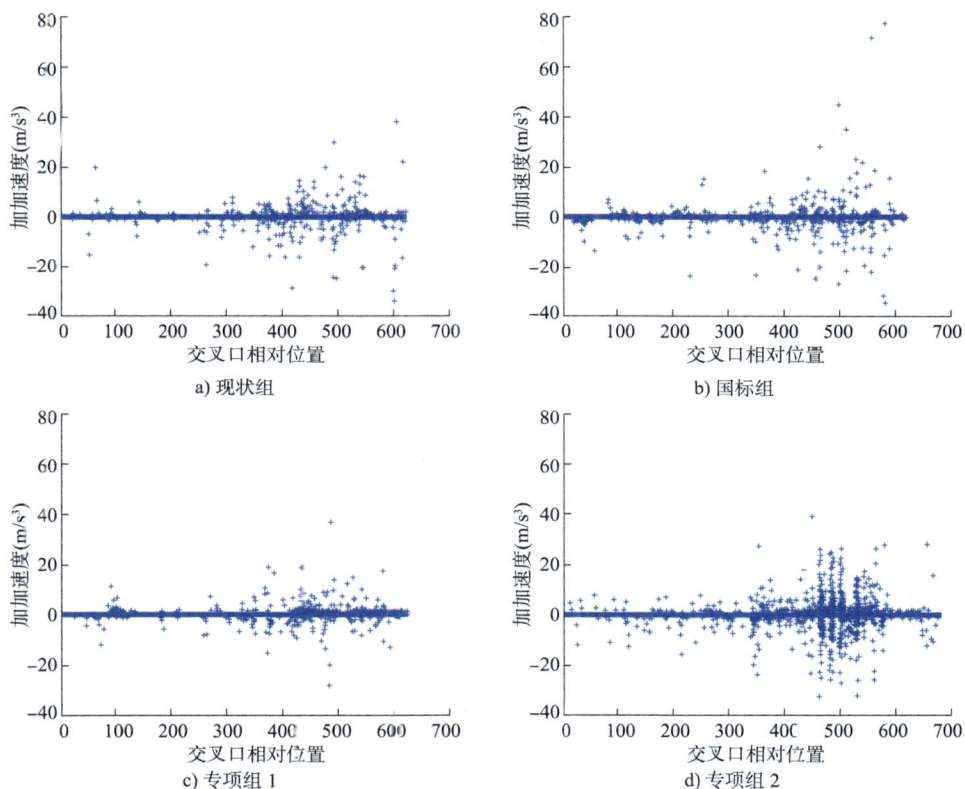

图7-35　不同设施影响下大型无信号十字形交叉口的加加速度

（9）加速度标准差。

如图7-36可知,相比其他设施设置方案,专项组1的加速度标准差最小,为0.33。重复测量方差分析结果表明,设施设置方案对加速度标准差有显著影响（$F_{(3,48)} = 4.017, p < 0.05$）。因此,专项组1的驾驶舒适度最好。

按照此方法,同理可以得到每个交叉口类型下单个指标表现最好的方案,如表7-19所示。

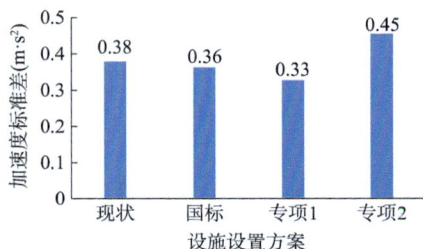

图7-36　不同设施影响下大型无信号十字形交叉口的加速度标准差

单个指标表现最好的交通安全与设施方案   表 7-19

交叉口编号	速度标准差	速度变化率	制动次数	制动功率	第一踩制动踏板点位	第一松加速踏板点位	Jerk	加速度标准差	平均速度
1	国标组	专项组	专项组	专项组	国标组和专项组	国标组	国标组	国标组	现状组
2	国标组	专项组	国标组和专项组	专项组	国标组	现状组	现状组	现状组	国标组
3	国标组	专项组 2	专项组 2	专项组 2 和国标组	专项组 2	专项组 2	专项组 1	专项组 1	专项组 2
4	现状组	专项组 1	专项组 1	专项组 2	专项组 1	国标组	现状组	国标组	专项组 2
5	现状组	国标组	国际组	国标组	国标组	国标组	现状组	现状组	国标组
6	国标组	国标组	国标组	专项组 1	专项组 1	国标组	国标组	国标组	现状组
7	专项组	国标组	国标组	国标组	国标组	现状组	现状组	现状组	国标组
8	专项组 2	专项组 1	现状组	专项组 1	现状组	国标组	国标组	专项组 2	专项组 1
9	国标组	现状组	现状组	国标组和现状组	现状组	现状组	国标组	国标组	现状组
10	国标组	现状组	专项组	专项组	专项组	现状组	国标组	国标组	现状组
11	国标组	现状组	专项组 1	专项组 1	现状组	国标组	国标组	专项组 2	专项组 1
12	专项组 1	现状组	专项组 2	现状组	国标组	现状组	专项组 1	专项组 1	专项组 2

2. 最优配置模型构建

（1）模型构建。

利用重复测量方差分析可以获得每项指标对应的最优交通安全设施配套设置方案。为综合考虑所有评价指标,获得综合条件下各类型交叉口的最优设施配套设置方案,构建公路平交路口交通安全设施最优配置模型,如图 7-37 所示。

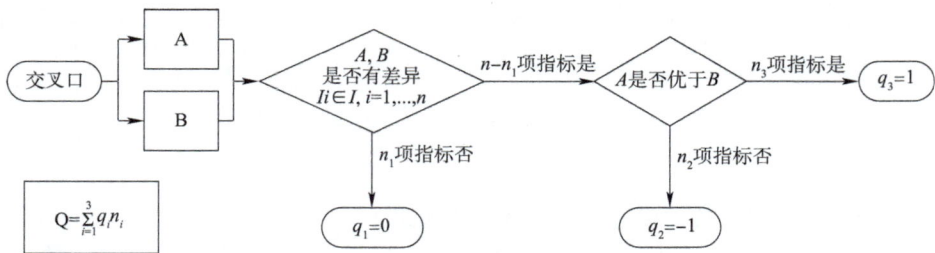

图 7-37   公路平交路口交通安全设施最优配置模型

假设 A 和 B 分别代表同一交叉口交通安全设施的集合 F,每个集合中包含多种设施 F_i, $F_i \in F, i = 1, 2, 3, \cdots$。$I$ 代表评价指标集合。

步骤 1：选取同一交叉口 2 组设施集进行两两比较。假设有 n 项评价指标,$I_1, I_2, \cdots, I_n$, $I_i \in I$,分别判断两者之间是否存在显著性差异。如果 n_1 项指标不存在显著性差异,则该方

案下此 n_1 项指标效用评分 $q_1 = 0, 0 \leq n_1 \leq n$。

步骤2：如果 $n - n_1$ 项指标存在显著性差异，则判断此差异是否使得设施集 A 的效果优于设施集 B。

如果 n_2 项指标不存在显著性差异，即设施集 A 效果劣于设施集 B，则该方案下此 n_2 项指标效用评分 $q_2 = -1, 0 \leq n_2 \leq n - n_1$；

如果 n_3 项指标存在显著性差异，即设施集 A 效果优于设施集 B，其中 $n_2 + n_3 = n - n_1$，则该方案下此 n_3 项指标效用评分 $q_3 = 1$。

步骤3：计算设施集 A 与设施集 B 相比下，设施集 A 的方案效用综合得分，如下式：

$$Q = \sum_{i=1}^{3} q_i n_i \tag{7-7}$$

Q 得分最高的方案为该类型交叉口的设施最优配置方案。

（2）模型结果。

由上述模型可得到不同类型交叉口的最优配套方案，如表 7-20 所示。

各类交叉口交通安全设施最优配套设置方案　　　　表 7-20

交叉口编号	交叉口类型	最优配套方案
1	大型有信号十字形	国标组或现状组
2	小型有信号十字形	国标组或专项组
3	大型无信号十字形	专项组 2
4	小型无信号十字形	专项组 1
5	大型有信号 T 形	国标组
6	小型有信号 T 形	专项组 2
7	大型无信号 T 形	国标组或专项组
8	小型无信号 T 形	国标组或专项组 1 或专项组 2
9	有信号 X 形	现状组
10	无信号 Y 形	现状组或专项组
11	有信号错立形	专项组 1
12	环岛	专项组 2

七　小结

本节根据功能将交叉口区域内常用交通安全设施分为 10 类，配套形成现状组、国标组、专项组设置方案。依托驾驶模拟实验对国省干道平交路口交通安全设施配套设置方案进行效用分析和最优方案比选。

（1）从驾驶安全性、路口预见性和驾驶舒适性选取特征指标建立了国省干道平交路口交通安全设施配套设置选择模型，确定各类型交叉口的最优设施配套方案。

（2）对于大型有信号的十字形或 T 形交叉口，安全岛无助于驾驶行为安全性提升；不同中央隔离形式(硬隔离、护栏、无隔离)对驾驶行为无明显影响。大型路口不应单独使用黄闪灯,应配合减速标线使用;小型路口可单独使用黄闪灯,但不应再增设减速标线。小角度畸形交叉口(X 或 Y 形),可设置提示标志(如图形标志),不宜设置过多的警示标志。环岛前不应设置减速标线。

(3)成果为指导公路平交路口交通安全设施配套设置方案的选用提供方法指导,下一步可以考虑采用综合评估方法对各类交叉口设施配套方案进行综合评价。研究结果可以为城市道路交叉口交通安全设施配套设置提供借鉴,从而助力形成平交路口交通安全设施设置规范。

第六节 乡村道路交通安全设施

一 问题提出

截至 2020 年底,我国低等级公路总里程超过 4.496 亿 km,占公路总里程的 86.5%。低等级公路的设计标准较低,其中很大一部分集中在乡村和地形不平坦的地区,涉及许多弯道和复杂路线。乡村道路是典型的低等级道路,在中国公路总里程中占比很大,但普遍存在路侧保护设施不健全和维护不及时等问题,道路安全问题相对突出。因此,科学合理设置道路交通安全设施对改善乡村道路交通安全具有强烈的现实意义。

统计发现,二级以下的低等级公路的路侧安全隐患较多,交通事故比例占到了 70%,路侧设计问题导致的交通事故比例高达 30%。因此,加强路侧防护对降低乡村公路交通事故具有重要作用。交通标志、标线和路侧护栏等是提升路侧安全运行水平的常用手段,示警桩作为一种路侧安全设施,因其成本造价低,施工养护方便,在我国西部地区的低等级公路上得到了广泛的应用(图 7-38)。但是,目前有关示警桩的研究相对滞后,只有少数学者对示警桩的设置条件、外观设计以及反光膜搭配等进行了探讨,相应规范中缺乏弯道处示警桩的设置要求,也没有相关研究对示警桩使用效果和设置方法进行分析与总结。

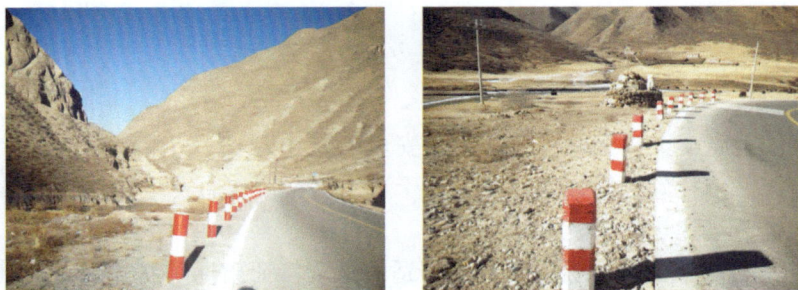

图 7-38 低等级公路弯道处示警桩设置实例

事实上,我国乡村低等级公路里程较大、所处地形复杂多变,受地形限制,不同弯道的线形参数差异较大,如果仅凭经验设置会造成示警桩应用混杂,可能导致示警桩颜色、尺寸、布设位置、布设间距等方面存在巨大差异,难以充分发挥示警桩作用,甚至存在许多道路交通安全隐患问题。因此,有必要开展低等级公路示警桩的应用研究,系统考察不同弯道线形下各示警桩设置方案对行车安全的影响,并对此进行综合评估和最优方案比选。

二 方案设计

1. 道路线形参数设计

通过实地调研和查阅《公路交通安全设施设计细则》(JTG/T D81—2017),设计低等级公路弯道场景。道路线形参数见表7-21。

道路线形参数 表 7-21

弯道区段	半径(m)	超高水平(%)
弯道1	65	0
弯道2	40	4
弯道3	30	8
弯道4	弯坡:竖曲线半径250m,平曲线半径400m	

四种不同线形的弯道连接成整条实验道路场景,如图7-39所示。每个弯道之间相距2km,以减少弯道间的相互干扰和影响。

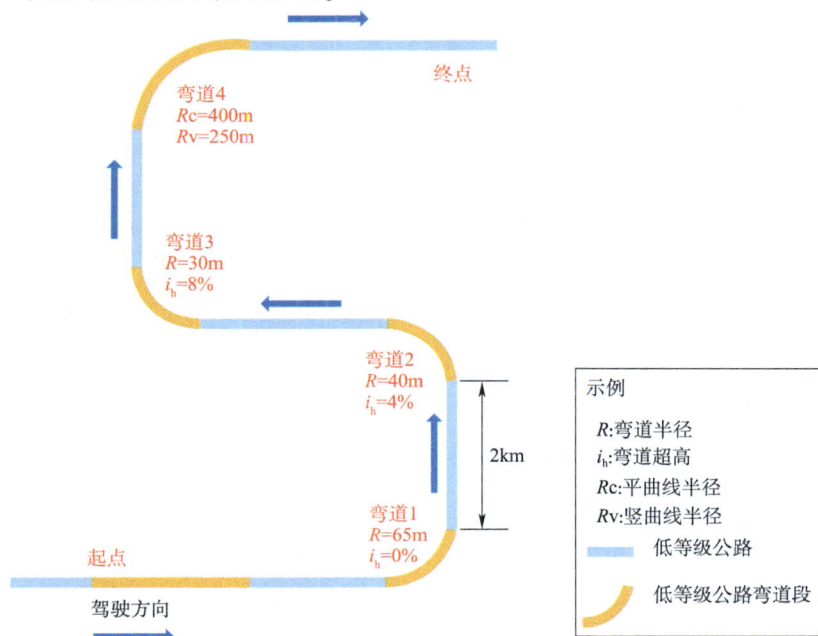

图7-39 道路线形连接示意图

2.示警桩因素水平设计

参照《公路交通安全设施设计细则》（JTG/T D81—2017）对直线段和道路交叉口处的示警桩设置要求，设计弯道处示警桩的颜色、高度、间距、单双侧设置参数如表7-22所示。

实验中示警桩设置参数   表 7-22

设置方案	颜色	安装方式	安装间隔（m）	高度（cm）
方案 A	红白相间	单侧	2	60
方案 B	红白相间	双侧	2	60
方案 C	黄黑相间	单侧	4	80
方案 D	黄黑相间	双侧	4	80

3.实验场景构建

基于上述设计的乡村低等级公路线形参数和示警桩方案，通过3D Max搭建高保真度仿真场景，并导入到驾驶模拟器，构成一条完整的乡村低等级道路示警桩实验测试场景。图7-40为四种低等级道路示警桩驾驶模拟实验场景示例。

a) 红白相间，单侧

b) 红白相间，双侧

c) 黄黑相间，单侧

d) 黄黑相间，双侧

图 7-40　驾驶模拟实验场景示例

三　实验测试

共招募32名实验被试，81%的被试具有乡村低等级公路驾驶经验。其中，男性占62.5%，女性占37.5%。性别比分布大致符合目前中国驾驶人的统计特征。所有被试都符合驾驶模拟实验的相关要求，见表7-23。

驾驶人特征描述性统计   表 7-23

变量	水平	描述	数量	占比(%)	累加频率	累加占比(%)
年龄	1	18~24 岁	9	28.1	9	28.1
	2	25~34 岁	8	25	17	53.1
	3	35~49 岁	12	37.5	29	90.6
	4	50 岁及以上	3	9.4	32	100
性别	1	男性	20	62.5	20	62.5
	2	女性	12	37.5	32	100
驾驶经验	1	5 年及以下	14	43.8	14	43.8
	2	6~10 年	6	18.7	20	62.5
	3	11 年及以上	12	37.5	32	100

驾驶模拟实验流程如下:

(1)试前问卷:实验员对被试进行试前问卷提问,了解被试在实验前的生理状态。

(2)适应性驾驶:被试在非实验场景中进行 3~5min 试驾,以确认其熟悉驾驶模拟车辆的操作,并且没有眩晕等不适症状发生。

(3)正式实验:实验员宣读实验指导语,告知其目的地、场景限速等。被试驾车测试过程中对场景中的示警桩设置方案进行主观评价,副驾驶座位上的实验员做好相关记录。

(4)试后问卷:所有实验结束后,被试需要填写一份试后主观问卷。问卷内容包括驾驶后对场景和驾驶操作真实性的主观感受。

四　数据处理

实验动态采集行车过程的驾驶行为数据,包括驾驶人操控行为和车辆运行状态。基于驾驶行为数据获取速度及其标准差、加速度及其标准差、加速踏板功效、制动踏板功效、横向偏移和转向盘转角。实验结束后获取的数据为整条道路上所有驾驶行为数据。为详细分析低等级公路弯道段不同示警桩设置方案的影响,截取示警桩起始位置前 400m 至示警桩结束位置后 200m 之间的数据,如图 7-41 所示。

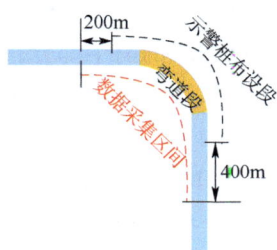

图 7-41　实验数据截取路段

五　指标提取

图 7-42 所示为低等级公路示警桩影响下的驾驶行为数据分析指标体系。

1.运行安全性指标

(1)平均速度(km/h):驾驶人所驾车辆的平均行驶速度,速度过高存在较大安全隐患。

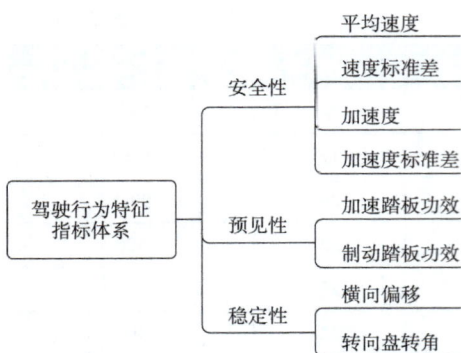

图 7-42　驾驶行为特征指标体系

（2）速度标准差（km/h）：驾驶人在低等级公路上行驶速度的波动情况。

（3）加速度（m/s²）：表征车辆运动速度变化的快慢，与驾驶感觉存在直接关系。

（4）加速度标准差（m/s²）：用于描述加速度波动程度。

2. 警示预见性指标

（1）加速踏板功效（%·s）：驾驶人松开加速踏板的程度和持续时间的乘积。

（2）制动踏板功效（%·s）：驾驶人踩下制动踏板的深度和持续时间的乘积。

3. 驾驶稳定性指标

（1）横向偏移（m）：车辆偏离所在车道中心线的情况。

（2）转向盘转角（°）：车辆转向盘转动情况，反映了驾驶人驾驶过程中的稳定性，同时也在一定范围内体现了横向操作的倾向性。

六　结果分析

1. 影响分析

在本节中，驾驶人可以在示警桩安装起始位置前200m（AW）处看到示警桩，并且开始受到示警桩的影响。因此，各项驾驶行为数据采集区间为示警桩安装起始处前200m（AW）至安装结束处（LC）。由于在弯道各路段示警桩对驾驶人的影响不同，将研究的弯道路段划分为几个关键区段，如图7-43所示，AW—AC：示警桩的接近段；AC—PC：弯道曲线的接近段；PC—MC：弯道曲线的前半部分；MC—EC：弯道曲线的后半部分；EC—LC：弯道曲线的驶离段。

典型指标分析如下：

（1）平均速度。

如图7-44所示，在大多数区段，红白相间示警桩引导下车辆速度低于黄黑相间示警桩。当半径为65m时，在EC—LC区段中，车辆速度呈现显著。半径为40m时，速度的差异在AC—PC、PC—MC、MC—EC和EC—LC关键区段比较明显。半径为30m时，AW—AC和PC—MC的区段差异显著。在这三种半径下，车辆进入弯道时速度降低，离开弯道时速度增加。

（2）加速度标准差。

如图7-45所示，在半径为65m的弯道处，各区段加速度标准差不呈现显著性。在半径为40m的弯道处，两种颜色类型的示警桩在AC—PC区段的加速度SD开始呈现显著性，红

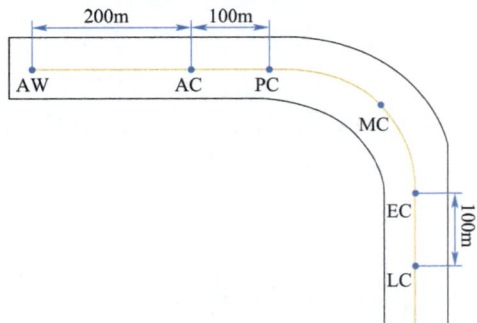

图 7-43　研究区段划分

白相间示警桩加速度 SD 低一些,车辆行驶相对稳定。此外,在半径为 30m 的弯道处,白天和夜间环境下 MC—EC 区段都呈现显著性,红白相间示警桩加速度 SD 低于黄黑相间示警桩,结果表明,路侧设置红白相间示警桩一定程度上可以降低驾驶人在低等级公路上驾驶时的心理紧张,提高驾驶人的舒适度。

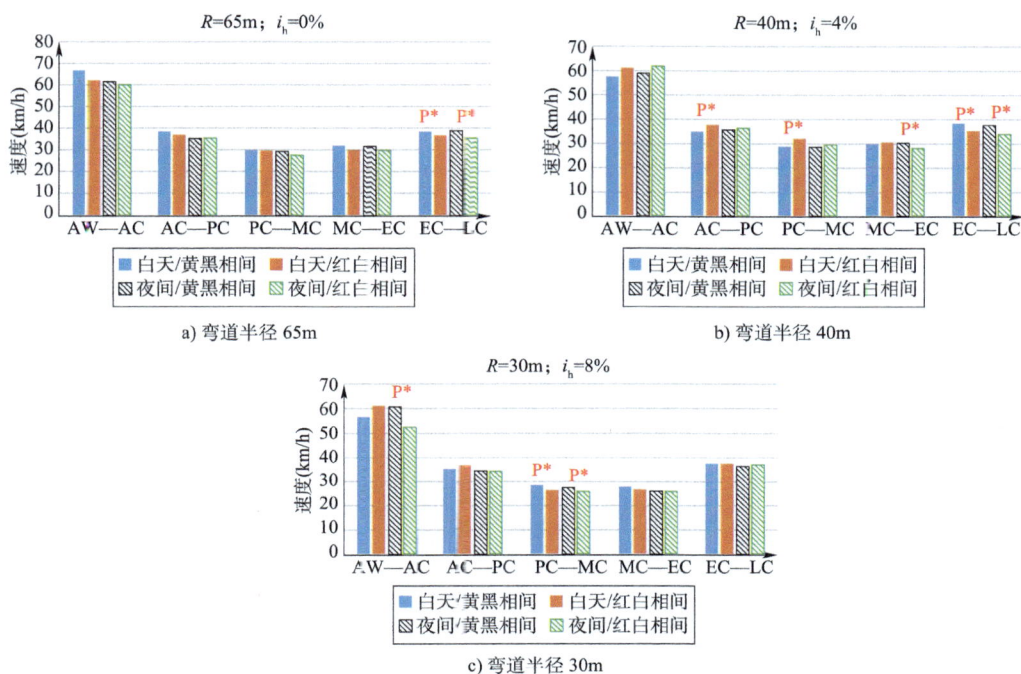

a) 弯道半径 65m

b) 弯道半径 40m

c) 弯道半径 30m

图 7-44　平均速度

（3）加速踏板功效。

如图 7-46 所示,在三个半径中,AW—AC 区段的加速踏板功效最低,当车辆进入示警桩区段时,加速踏板功效开始增加,这表明驾驶人在临近弯道前看到示警桩后会下意识地松开加速踏板来降低车辆行驶速度,可以得出安装示警桩会起到一定的警示作用,驾驶人能够预见前方的道路线形并提前采取应对措施。当驾驶人驶入 AC—PC 区段时更加了解前方的道路线形,驾驶人的驾驶自信度会极大提升,将继续踩加速踏板前进。在半径为 65m 的弯道处,各关键区段加速踏板功效不呈现显著性。在半径为 40m 的弯道处,弯道中 PC—MC 区间在白天和夜间都存在显著差异,红白相间示警桩设置下车辆的加速踏板功效相对来讲比较低,可以显著提高驾驶人的速度控制意识。

（4）横向偏移。

如图 7-47 所示,整体上来看,五个区段内的横向偏移都呈现显著差异,红白相间设置的示警桩横向偏移量在多数区段上都大于黄黑相间的示警桩。低等级公路路侧安装红白相间示警桩横向偏移更接近于 6.4m,在红白相间示警桩的引导下,车辆更容易保持在车道中心行驶。弯道半径为 40m 和 30m 时,车辆的横向偏移量会先增大后减小,在弯道的前半段会达到最大值。这可能是由于弯道设置超高带来的影响,车辆在弯道处行驶时,道路设置超高会抵消部分横向位置的偏移。

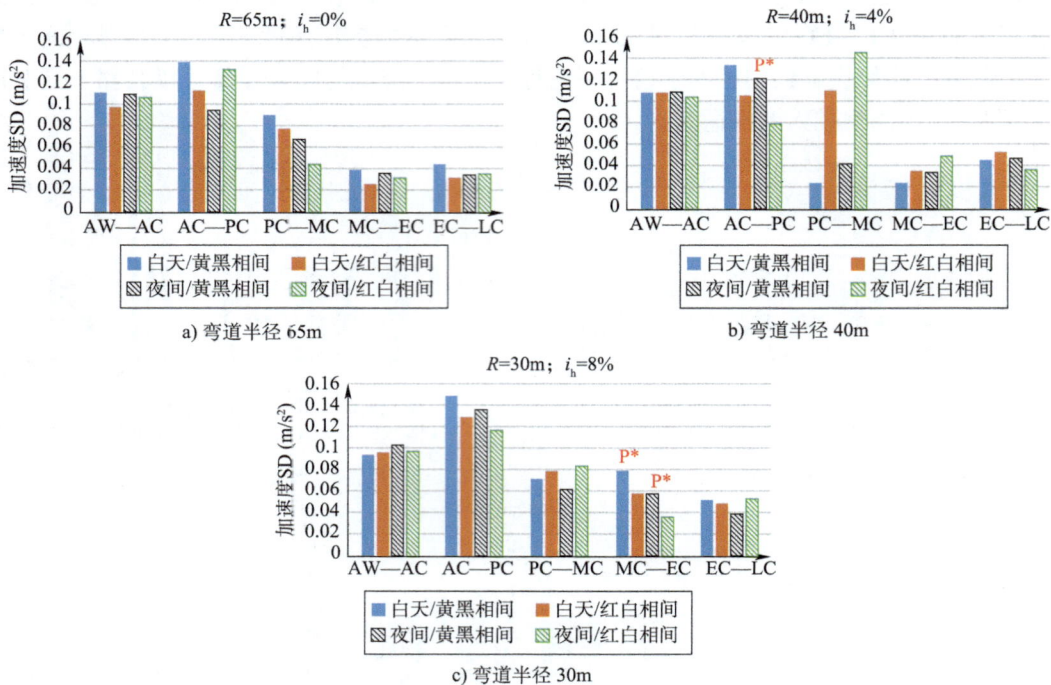

a) 弯道半径 65m

b) 弯道半径 40m

c) 弯道半径 30m

图 7-45　加速度标准差

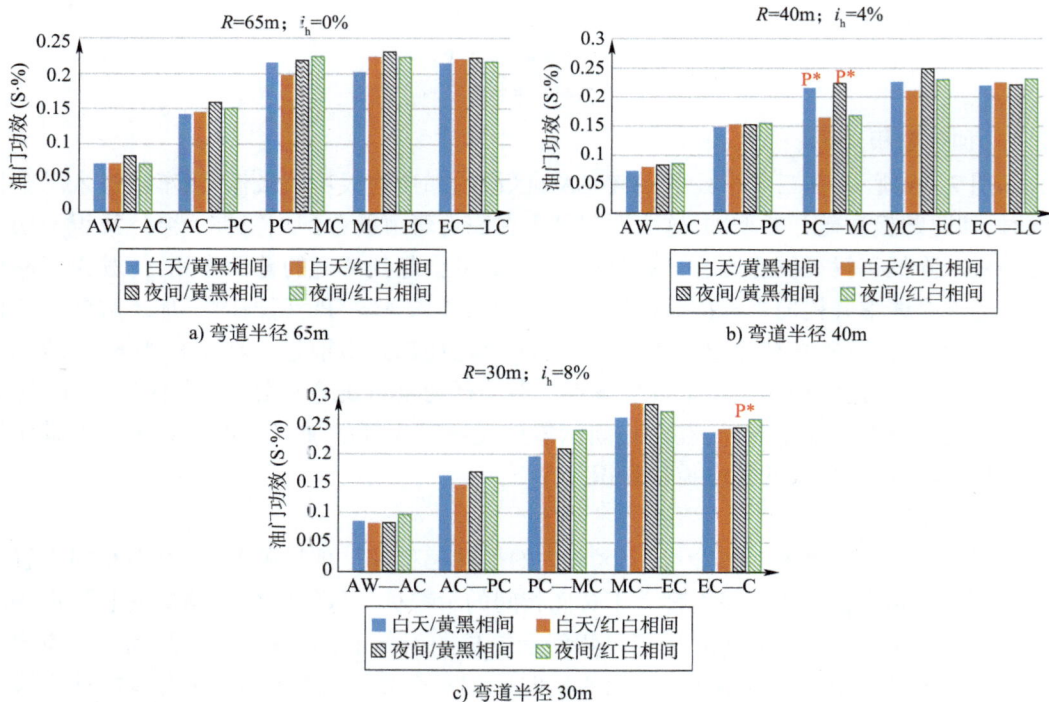

a) 弯道半径 65m

b) 弯道半径 40m

c) 弯道半径 30m

图 7-46　加速踏板功效

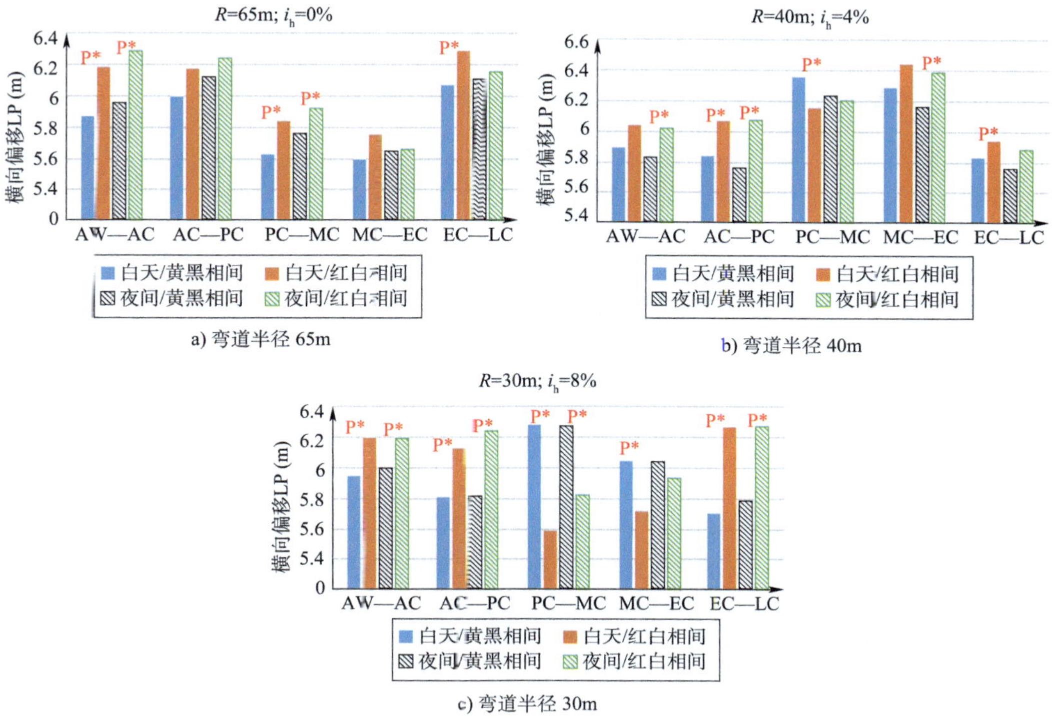

a) 弯道半径 65m

b) 弯道半径 40m

c) 弯道半径 30m

图 7-47 横向偏移

2. 综合评估

根据低等级道路示警桩设施方案的属性及评估目标,选取基于可拓学的物元综合评估方法建立综合评估模型。1983 年中国学者蔡文建立了名为"可拓学"的新学科,用以解决事物之间的不相容问题,同时促进事物转化,基于可拓学的综合评价方法均衡性较好。物元模型以探索事物的转变和解决不相容问题为核心,结合了质量与数量的关系和客观物质变化过程,不但可以定量反映评价对象所具有的某一性质的程度,同时还可以定量划分出该性质和另一性质间的分界点。根据低等级道路示警桩方案的因素水平、评估指标及评估目的,基于可拓学的物元模型可以很好地适用于路侧示警桩设施对驾驶行为的影响效用评估。能够克服传统评价方法的主观性强、评估指标单一的问题,综合反映低等级道路各弯道线形下示警桩方案的应用效果,结论科学性较强。影响效用分析框架如图 7-48 所示。

根据驾驶模拟实验数据及各评估指标的属性,将方案的综合评估结果划分为很好、好、一般、不好、很不好五个等级。运用 ETEW 综合评估模型确定红白相间双侧设置、红白相间单侧设置、黄黑相间单侧设置、黄黑相间双侧设置四种方案在不同半径和超高参数弯道的综合应用效果。

(1)无超高弯道。

根据 ETEW 综合评估模型分别计算半径为 65m 的无超高弯道路段四种示警桩方案的综合应用效果,如表 7-24 所示。

每种示警桩设置方案在五类等级上都有其对应的数值,数值最大处即为该设置方案的综合评定等级。综合评定等级相同的方案,依据数值大小进行排序。由上表可知,在无超高弯道路段,示警桩方案综合等级依次为红白相间单侧 > 红白相间双侧 > 黄黑相间单侧 > 黄黑相间双侧,无超高弯道路段最优设置方式为红白相间单侧。

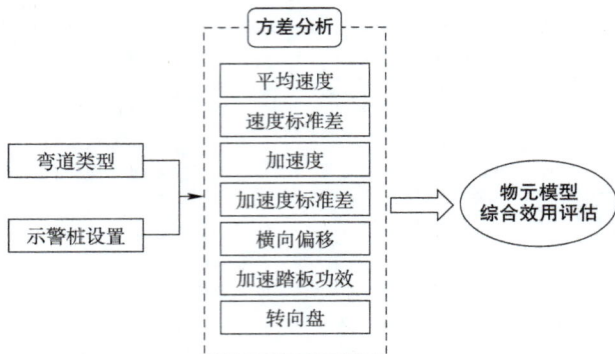

图7-48　物元模型分析框架

无超高弯道路段示警桩方案综合等级结果　　　　表7-24

示警桩设置方案	很好	好	一般	不好	很不好
红白相间单侧	−0.385	−0.077	**0.156**	−0.286	−0.480
红白相间双侧	−0.349	−0.107	**0.073**	−0.325	−0.507
黄黑相间单侧	−0.377	−0.022	**0.045**	−0.332	−0.525
黄黑相间双侧	−0.378	−0.056	**−0.017**	−0.270	−0.504

（2）4%超高弯道。

根据 ETEW 综合评估模型分别计算半径 40m 超高 4% 的弯道路段四种示警桩方案的综合应用效果,如表 7-25 所示。

4%超高弯道路段示警桩方案综合等级结果　　　　表7-25

示警桩设置方案	很好	好	一般	不好	很不好
红白相间单侧	−0.391	−0.141	**−0.110**	−0.124	−0.399
红白相间双侧	−0.413	−0.100	**−0.012**	−0.127	−0.384
黄黑相间单侧	−0.408	−0.110	**0.002**	−0.142	−0.380
黄黑相间双侧	−0.411	−0.121	**−0.005**	−0.169	−0.399

由上表可知,在4%超高弯道路段,示警桩方案综合等级依次为黄黑相间单侧 > 黄黑相间双侧 > 红白相间双侧 > 红白相间单侧,4%超高弯道路段最优设置方式为黄黑相间单侧。

（3）8%超高弯道。

半径 30m、超高 8% 的极限超高弯道路段四种示警桩方案的综合应用效果如表 7-26 所示。

由上表可知,8%极限超高弯道路段示警桩方案综合等级排序依次为黄黑相间双侧 > 红白相间单侧＞黄黑相间单侧＞红白相间双侧,8%极限超高弯道路段最优设置方式为黄黑相间双侧。

8%超高弯道路段示警桩方案综合等级结果   表7-26

示警桩设置方案	很好	好	一般	不好	很不好
红白相间单侧	－0.323	**0.036**	－0.063	－0.356	－0.537
红白相间双侧	－0.336	－0.020	**0.065**	－0.351	－0.529
黄黑相间单侧	－0.347	－0.097	**0.194**	－0.312	－0.503
黄黑相间双侧	－0.322	**0.059**	0.007	－0.399	－0.564

(4)弯坡路段。

竖曲线半径250m、平曲线半径400m的弯坡路段四种示警桩方案的综合应用效果如表7-27所示。

弯坡路段示警桩方案综合等级结果   表7-27

示警桩设置方案	很好	好	一般	不好	很不好
红白相间单侧	－0.348	－0.082	－0.010	－0.244	－0.490
红白相间双侧	－0.323	－0.163	－0.008	－0.221	－0.469
黄黑相间单侧	－0.297	－0.143	－0.003	－0.237	－0.480
黄黑相间双侧	－0.374	－0.139	0.092	－0.164	－0.434

由上表可知,上述弯坡路段路侧示警桩方案综合等级结果排序依次为黄黑相间双侧＞黄黑相间单侧＞红白相间双侧＞红白相间单侧,最优设置方式为黄黑相间双侧。

七　小结

本节针对乡村低等级道路路侧示警桩设置参数影响分析与效用评估问题,通过开展驾驶模拟实验,获取低等级道路不同弯道设置参数下四种示警桩设计方案的驾驶行为数据,采用物元可拓综合评估方法完成了综合评估和最优方案比选。

(1)形成了基于驾驶模拟测试技术开展低等级道路不同弯道路段示警桩设置效用分析与综合评估优选的一般性方法。

(2)不同示警桩设置参数在不同弯道线形处的效用表现存在差异。在弯道半径为65m且不设置超高的弯道路段,红白相间颜色单侧设置的示警桩综合效果更好;弯道半径为40m、超高为4%时,黄黑相间单侧设置示警桩综合效果更好;在弯道转弯极限半径为30m、超高为8%时,黄黑相间颜色双侧设置示警桩综合效果更好;在竖曲线半径为250m、平曲线半径为400m的弯坡路段,黄黑相间双侧设置的示警桩综合效果更好。

(3)成果为指导低等级公路示警桩的合理设置提供支撑。在实际工程应用中还需要兼顾交通安全防护和经济效益,在充分调研的基础上,结合本地低等级公路交通事故发生状况,科学灵活地布设示警桩。

思考题

1. 简述开展典型交通安全设施设计优化的研究思路。

2. 隧道侧壁效应对驾驶人有什么影响?

3. 如何通过驾驶模拟实验开展隧道交通安全设施评估优化?

4. 隧道侧壁装饰设计应重点考虑哪些因素?

5. 保障雾天条件下桥梁运行安全的措施有哪些?

6. 交叉口交通安全设施分为哪几类? 分别包含哪些设施?

7. 何为交叉口交通安全设施配套设置? 如何实现?

8. 弯道示警桩有何作用?

9. 为提升乡村道路交通安全水平,从交通安全设施的角度可以采取哪些措施?

本章参考文献

[1] 陈磊.高速公路隧道群路段安全设施设置研究[D].西安:长安大学,2012.

[2] 王婷,杜志刚,郑展骥,等.高速公路隧道出口视觉环境改善方法研究[J].公路,2016,61(08):145-150.

[3] DING H,ZHAO X H,MA J M,et al. Evaluation Research of the Effects of Longitudinal Speed Reduction Markings on Driving Behavior:A Driving Simulator Study[J]. International Journal of Environmental Research and Public Health,2016,13(11):1170-1181.

[4] DU Z G,HUANG F M,RAN B,et al. Safety Evaluation of Illuminance Transition at Highway Tunnel Portals on Basis of Visual Load[J]. Transportation Research Record,2014,2458(1):1-7.

[5] 赵晓华,鞠云杰,李佳,等.基于驾驶行为和视觉特性的长大隧道突起路标作用效果评估[J].中国公路学报,2020,33(6):29-41.

[6] 樊兆董.特长隧道特殊交通安全设施评估及优化方法研究[D].北京:北京工业大学,2018.

[7] 蔡文.可拓学概述[J].系统工程理论与实践,1998(01):77-85.

[8] 王瑶瑶.基于可拓评价方法的绿色建筑评价体系研究[D].大连:大连理工大学,2016.

[9] 王延锋,王勇,李欣.城市快速路长隧道交通安全设施设置研究[J].公路,2017,62(9):12-15.

[10] BASSAN S. Sight distance and horizontal curve aspects in the design of road tunnels vs. highways[J]. Tunnelling and Underground Space Technology incorporating Trenchless Technology Research,2015,45:214-226.

[11] 宋子璇,潘晓东,李少帅,等.基于侧墙效应的隧道行车安全评价基础研究[J].公路工程,2010,35(3):10-13+18.

[12] BRIA G,BENJAMIN M,SYLVIE M,et al. Validation of the attention-related driving errors scale

in novice adolescent drivers[J]. Accident;analysis and prevention,2021,159:106249-106249.

[13] 张敏,袁辉.拉依达(PauTa)准则与异常值剔除[J].郑州工业大学学报,1997(1):87-91.

[14] 鞠云杰.隧道侧壁装饰对驾驶人注意力分散的影响研究[D].北京:北京工业大学,2021.

[15] 孙一帆,吴超仲,张晖,等.个体差异对转向指标疲劳辨识能力的影响分析[J].中国公路学报,2020,33(6):157-167.

[16] HAQUE M M,WASHINGTON S. A parametric duration model of the reaction times of drivers distracted by mobile phone conversations[J]. Accident Analysis and Prevention,2014,62:42-53.

[17] ALIY,ZHENG Z D,HAQUE M M,et al. Understanding the discretionary lane-changing behaviour in the connected environment[J]. Accident Analysis and Prevention,2020,137:105463-105473.

[18] 孙子秋,潘存书,徐进.基于自然驾驶数据的跨江大桥小客车驾驶行为特征研究[J].交通信息与安全,2020,38(3):148-156.

[19] 阚有俊.基于BORA法的长大桥梁运营安全风险评估技术研究[J].安全与环境工程,2018,25(03):155-159+165.

[20] 郝景贤.大跨径斜拉桥全寿命周期风险评估及对策研究[D].西安:长安大学,2017.

[21] WU Y N,ABDEL-ATY M,PARK J,et al. Effects of real-time warning systems on driving under fog conditions using an empirically supported speed choice modeling framework[J]. Transportation Research Part C,2018,86:97-110.

[22] 赵晓华,陈雨菲,李海舰,等.面向人因的车路协同系统综合测试及影响评估[J].中国公路学报,2019,32(6):248-261.

[23] WAIL B,KHATTAK A J,KARNOWSKI T. Exploring microscopic driving volatility in naturalistic driving environment prior to involvement in safety critical events—Concept of eventbased driving volatility[J]. Accident Analysis and Prevention,2019,132:105277-105278.

[24] ZHAO X H,DING H,LIN Z Z,et al. Effects of longitudinal speed reduction markings on left-turn direct connectors[J]. Accident Analysis and Prevention,2018,115:41-52.

[25] 薛晴婉.基于驾驶仿真的驾驶员追尾避撞行为特性及不同预警方式功效研究[D].北京交通大学,2019.

[26] 中华人民共和国国家统计局.中国统计年鉴2021[M].北京:中国统计出版社,2021.

[27] Federal Highway Administration. Manual on Uniform Traffic Control Devices 2009[M]. Washington DC:National Committee on Uniform Traffic Control Devices,2009.

[28] 李荣,汪舟舟,毛驿洲.干线公路与农村道路交叉口安全隐患排查及对策分析[J].江西警察学院学报,2021(4):57-61.

[29] 交通运输部.2020年交通运输行业发展统计公报[J].交通财会,2021(6):92-97.

[30] 张玉强,杜文卫,郭奇蔚,等.山区公路平面线形对驾驶行为的影响研究[J].交通世界,

2020(35):31-32.

[31] 王飞. 农村公路事故多发路段交通安全技术研究[D]. 西安:长安大学,2018.

[32] CHARLTON S G,PONT J D. Curved Speed Management [R]. Land Transport New Zealand, 2007.

[33] 王宪彬,陈思远. 山区低等级公路弯坡组合路段安全性仿真[J]. 交通科技与经济, 2022,24(1):57-64.

[34] BUCCHI A,BIASUZZI K,SIMONE A. Evaluation of design consistency:a new operating speed model for rural roads on grades [J]. Transportation Research Record,2005,1701: 76-85.

[35] 于海,张兰芳,李迪. 山区低等级公路弯道行车速度对行车轨迹的影响[J]. 交通科学与 工程,2012,28(4):59-64.

[36] 中华人民共和国道路交通事故统计年报[Z]. 无锡:公安部交通管理局,2016.

[37] 中华人民共和国国家质量监督检验检疫总局,中国国家标准化管理委员会. 道路交通 标志和标线:GB 5768—2009[S]. 北京:中国标准出版社,2009.

[38] ZHAO X H,WU Y P,RONG J,et al. The effect of chevron alignment signs on driver performance on horizontal curves with different roadway geometries[J]. Accident Analysis and Prevention,2015,75:226-235.

[39] 中国人民共和国交通运输部. 公路交通安全设施设计细则:JTG/T D81—2017[S]. 北 京:人民交通出版社股份有限公司,2017.

[40] 吴京梅,陈瑜,米晓艺. 基于车辆速度与轨迹特征分析的示警桩应用效果评估[J]. 公 路,2017,62(1):226-230.

[41] 姜明,陈艳艳,冯移冬. 路侧示警桩设置关键指标研究[J]. 公路交通科技,2019,36(3): 130-136.

第八章
驾驶行为优化管理

交通安全是影响城市综合发展的重要因素。90% 以上的交通事故与驾驶人的不良与危险驾驶行为有关。因此,开展驾驶行为优化管理,是减少道路交通事故的重要手段。此外,机动车能耗排放问题一直是困扰城市交通系统健康可持续发展的难题。其中,驾驶人的驾驶行为是机动车能耗排放的重要影响因素,优化提升驾驶行为是实施车辆节能减排的必要手段。

本章从驾驶行为优化管理现状出发,瞄准当下驾驶行为研究的焦点问题,基于驾驶模拟等技术,针对新手驾驶人、老年驾驶人、职业驾驶员、弱势群体等不同群体,形成生态、分心和违法等不同驾驶行为的特征挖掘、评估甄别及矫正干预等技术应用范式。

第一节　研究范式

驾驶行为优化管理的基础是驾驶行为数据的全面感知,核心在于驾驶行为特征提取和评估甄别,最终作用于驾驶行为优化提升。基于"感知-评估-反馈"综合实验平台,以"特征提取-评估甄别-技术应用"为主线,针对不同群体的安全与生态驾驶行为实现特征提取和评估甄别,从而应用于行为反馈优化、监测预警、风险辨识和主动干预,形成从"基础理论-关键技术-实施应用"的一体化研究范式,如图 8-1 所示。

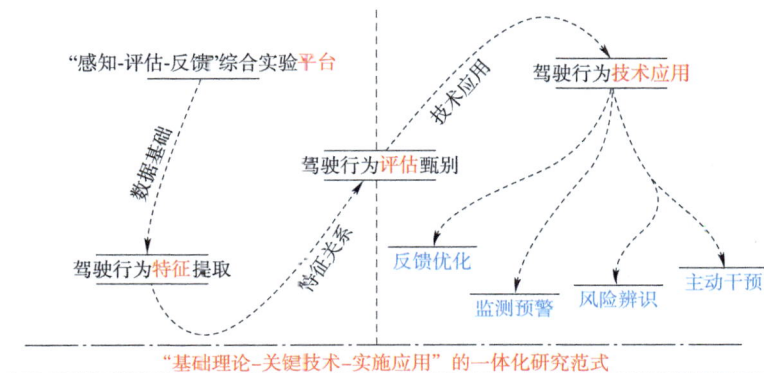

图 8-1　驾驶行为优化管理研究范式

第二节　生态驾驶行为

一　问题提出

机动车能耗排放问题一直是困扰城市交通系统健康可持续发展的难题。驾驶行为是机动车能耗排放的重要影响因素,优化驾驶行为是实施车辆节能减排的重要手段。生态驾驶作为机动车节能减排的有效途径之一,通过对驾驶行为优化改善,实现驾驶人以节油为目的的生态驾驶方式驾驶车辆。生态驾驶措施主要包括最大限度地避免急加急减速、保持平稳车速、减少怠速时间、提前规划行车路线等。

推广实施生态驾驶行为的前提是明确其节能减排效果,核心是解决"何为驾驶行为生态性""如何甄别驾驶行为生态性""如何优化矫正驾驶行为"等关键问题。然而,驾驶行为的多因素性、随机性、个性化等特征为此类问题的解决提出了挑战。单一依靠传统统计分析方法,不能很好地揭示驾驶行为复杂关联关系,制约了多因素影响下生态驾驶行为的准确描述和精确甄别,需要研究讨论生态驾驶行为特征描述、评估甄别及反馈优化的新方法。

本节面向生态驾驶行为优化涉及的关键问题,以驾驶模拟测试获取的微观驾驶行为数据为基础,在分析明确生态驾驶行为节能减排潜力的基础上,以数据驱动为导向,重点研究生态驾驶行为特征描述、评估甄别及反馈优化问题,以期为生态驾驶行为应用奠定基础。

二　方案设计

1. 实验设备

利用驾驶模拟实验平台开展生态驾驶行为研究测试工作。该平台由真实车辆驾驶模拟器和控制系统组成,能够虚拟再现道路条件、交通设施、路侧环境、运动车辆等实际行车过程的驾驶场景,以 30Hz 的频率采集和记录驾驶人操作和车辆运行参数。

2. 场景设计

实验基本场景设计为高速公路和城市道路,两种道路之间通过匝道相连。道路线形主要涉及平直线和平曲线等。实验场景及事件设计见图 8-2。为了产生更明显的生态驾驶行为事件,被试需在城市道路上完成"减速停车—泊车(对应不同的停车时间)—起步"3 次,在高速公路上完成"速度选择"3 次。除此,不增加其他实验事件,要求被试遵照交通法律法规正常驾驶。实验路段总长 30.7km,被试完成一次实验平均耗时约 30min。为尽可能消除干扰因素,位于不同地点的相同事件保持场景一致。另外,车辆行驶于高速公路时,控制其他车辆与实验车保持一定距离,以至于不影响被试实施行驶速度选择;当行驶于城市道路时,实验车相同行驶方向无其他车辆,对向车道增设其他车辆以提升行车环境的真实感。

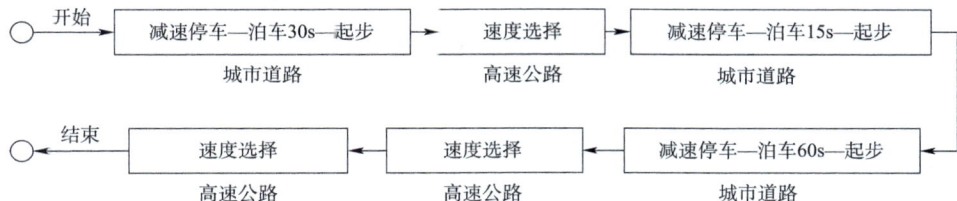

图 8-2　实验场景及事件设计

三　实验测试

1. 实验对象

共选取 22 名被试参与驾驶模拟实验,其中职业驾驶员 10 名、非职业驾驶员 12 名,其中非职业驾驶员有 3 名为女性。被试选取原则主要结合我国驾驶人群体特征:一方面,随着我国机动化进程的快速发展,非职业驾驶员急剧增加,已远超过职业驾驶员;另一方面,女性驾驶人数量较低,约占 18.96%,并且很少为职业驾驶员。被试年龄及驾龄信息汇总统计结果见表 8-1。

被试基本信息统计表　　　　　　　　　　　　　表 8-1

年龄信息(岁)			驾龄信息(年)		
分布范围	平均值	标准差	分布范围	平均值	标准差
22~50	30	9.5	3~20	7.6	6.1

2. 实验流程

依据已有生态驾驶行为操作指南,确定实验培训内容。按照与驾驶操作直接相关和易于量化的原则,共选取和定义 4 条生态驾驶行为准则:

(1)起步:轻踩加速踏板,用 5s 时间提升车速至 20km/h。

(2)停车:提前松开加速踏板,充分利用发动机制动平缓减速。

(3)速度选择:自由流条件高速行车时,尽量将车速维持在 97km/h 左右;

(4)泊车熄火:预计停车时间大于 10s 时,熄灭发动机。

生态驾驶行为培训内容包括静态宣教和模拟实操两种方式。其中,驾驶模拟实验包括三部分:培训前、静态培训后及动态培训后。由于目前我国驾培行业均采用先理论讲解后实操培训的固定顺序,本实验同样设计为先静态再动态的固定生态驾驶行为培训模式。设计实验测试流程如图 8-3 所示。

(1)基础测试(培训前):被试根据自身驾驶习惯完成驾驶任务,不提供生态驾驶行为相关信息。

(2)生态驾驶静态培训:生态驾驶行为宣传手册学习和课堂讲解。

(3)静态培训效果测试:生态驾驶行为静态培训后,被试按培训内容和要求完成驾驶。

（4）生态驾驶动态培训：聘请专业汽车驾驶教练员，利用驾驶模拟舱，对驾驶人进行现场实操演练。

（5）动态培训效果测试：生态驾驶行为动态培训后，被试按培训内容和要求完成驾驶。

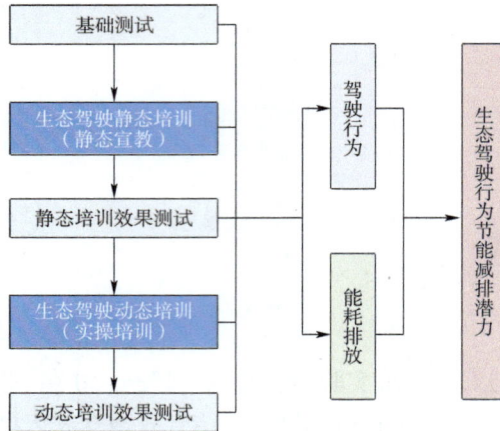

图8-3 实验测试流程

四　数据处理

为获取不同驾驶行为对应的车辆能耗排放特征，选取机动车比功率（Vehicle Specific Power，VSP）微观排放模型计算车辆能耗及排放数据。

1. 机动车排放计算

VSP 表征单位质量车辆瞬时功率，包括发动机克服车轮旋转阻力 F_r 和空气动力学阻力 F_a 做功、增加车辆动能 E_K 和势能 P_E 所需功率、内摩擦阻力 F_i 造成传动系机械损失的功率。VSP 数值与机动车自身（质量、挡风面积等）、运行环境（海拔、坡度等）和运行状态（速度、加速度）相关，计算方法见公式（8-1）。

$$\text{VSP} = \left[\frac{d(E_K + P_E)}{dt} + F_r v + F_a v + F_i v \right] / m = v \left[a(a + \varepsilon_i) + g\sin\theta + gC_R \right] +$$

$$0.5 p_a \frac{C_D A}{m} (v + v_m)^2 v + C_i gv \tag{8-1}$$

式中，v 为逐秒速度（m/s）；a 为逐秒加速度（m/s²）；ε_i 为车辆质量因子（无量纲）；θ 为道路纵坡坡度（无量纲）；g 为重力加速度，取 9.81m/s²；C_R 为路面滚动阻力系数（无量纲）；p_a 为空气密度（kg/m³）；C_D 为风阻系数（无量纲）；A 为车辆挡风面积（m²）；m 为车辆质量（kg）；v_m 为风速（m/s）；C_i 为车辆内摩擦阻力系数（无量纲）。

在计算 VSP 时，车辆因素参照小型车标准按常量处理，并暂不考虑海拔及纵坡等外界影响因素，得到基于车辆速度和加速度的 VSP 计算方法见公式（8-2）。

$$\text{VSP} = 0.105802v + 0.00135375\,v^2 + 0.00033311\,v^3 + va \tag{8-2}$$

由于计算获得的逐秒 VSP 值分布较为离散，而且在一定范围内，相邻 VSP 值所对应的排放率相差较小。因此,采用聚类方法实现 VSP 区间划分,进而获得不同 VSP 区间下的基准排放率。对应 VSP 计算值与 VSP 区间下的基准排放率,最终可获得逐秒排放值。测试标定后,不同 VSP 区间对应的基准排放率见表 8-2。根据以上处理,按行驶时间将排放率加和,可获得行驶时间内车辆的总体排放值。

VSP 区间下的基准排放率　　　　　　　表 8-2

VSP 区间	CO_2	CO	HC	NO_x
<0	1.632545455	0.00217615	0.000438919	0.000073716
0	0.568829787	0.00110017	0.000135847	0.000007291
(0,1]	1.255982829	0.003240577	0.000254022	0.00012592
(1,2]	1.849368682	0.003378486	0.000299352	0.000183509
(2,3]	2.306617803	0.003476258	0.000352772	0.000181848
(3,4]	2.384342143	0.003559317	0.000415724	0.000174986
(4,5]	2.416571296	0.003553089	0.00048991	0.000165734
(5,6]	3.501662832	0.003782998	0.000577334	0.000188866
(6,7]	3.491228867	0.00397447	0.000680359	0.000227813
(7,8]	4.543236125	0.00425293	0.000801769	0.000298345
(8,9]	4.678231939	0.004643802	0.000944845	0.000476234
(9,10]	5.053493392	0.005172511	0.001113453	0.000537252
(10,11]	4.339905443	0.005864483	0.001312148	0.00058717
(11,12]	4.78196911	0.006745142	0.001421257	0.000686759
(12,13]	5.8109181	0.007839914	0.001444166	0.000896791
(13,14]	5.2327381	0.010074223	0.001504755	0.001158038
(14,15]	5.4149725	0.010773495	0.001561731	0.00120127
(15,16]	6.2459078	0.013563155	0.001615094	0.001417259
(16,17]	6.0417608	0.014868627	0.001672916	0.001446777
(17,18]	6.3793126	0.017415336	0.00177098	0.001620595
(18,19]	6.2072115	0.020328708	0.001783503	0.001909484
(19,20]	6.8681762	0.023634167	0.002024126	0.001924216
(20,21]	7.3175052	0.027357139	0.001870938	0.002265563
(21,22]	7.6165789	0.031523048	0.00209393	0.002334295
(22,23]	7.8234731	0.03465732	0.002074634	0.002431184
(23,24]	8.0016609	0.03828538	0.002211921	0.002857002
>24	8.3430313	0.040932652	0.002232765	0.00271252

2. 机动车能耗计算

基于测算得到的汽车尾气排放量,依据碳平衡方法,反向推算汽车燃油消耗量。在此基础上,利用车辆行驶里程数据,将整个实验过程车辆总排放值转化为单位里程排放值(g/km),进而获得车辆百公里油耗(FC)的计算方法,见公式(8-3)。

$$FC = (0.866\,M_{HC} + 0.4286\,M_{CO} + 0.2727\,M_{CO_2}) \times 0.156 \tag{8-3}$$

式中,M_{HC}为 HC 排放量(g/km);M_{CO}为 CO 排放量(g/km);M_{CO_2}为 CO_2 排放量(g/km)。

五　指标提取

主要从驾驶人操作行为、车辆运行行为、能耗排放三个方面提取生态驾驶相关指标(图8-4)。

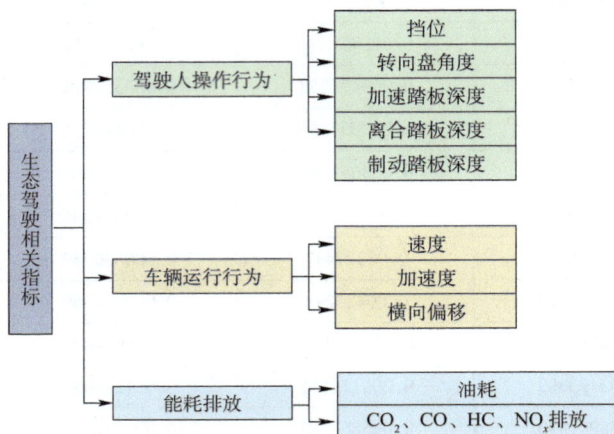

图 8-4　生态驾驶相关指标

(1)驾驶人操作行为。

驾驶人操作行为指标主要提取包括挡位、转向盘角度、加速踏板深度、离合踏板深度、制动踏板深度等驾驶人在驾驶车辆过程中的驾驶行为指标,用以刻画驾驶人行为操作。

(2)车辆运行行为。

车辆运行行为指标主要提取包括速度、加速度、横向偏移等车辆运行信息,用以表征车辆运行状态。

(3)能耗排放。

能耗排放指标主要提取车辆油耗,以及 CO_2、CO、HC、NO_x 等排放指标,用以表征驾驶行为生态性。

六　结果分析

(一)节能减排潜力分析

1.节能潜力

根据上文提供的车辆能耗排放计算方法,由逐秒速度和加速度计算基础测试、静态宣教、实操培训三次实验后的车辆油耗量,见图 8-5。结果表明,经生态驾驶行为培训,车辆百公里油耗有不同程度减少,实操培训效果更明显。采用改变量与原始值求商的方法推算生态驾驶行为节油潜力,可达 3.43% ~ 5.45%;并且培训强度越大,节油效果越明显。

通过方差分析对三次实验后的车辆耗油量进行差异性检验,结果表明三次实验的车辆耗油量存在显著差别($F_{(2,42)} = 12.089, p <$ 0.001)。由此可见,生态驾驶行为对于减少车辆燃油消耗具有积极作用。

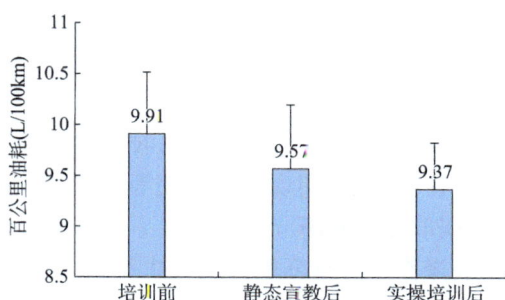

图 8-5 生态驾驶培训前后车辆百公里油耗

2. 减排潜力

分别计算得到基础测试、静态宣教和实操培训后的平均车辆尾气排放量,如表 8-3 所示。结果表明,经生态驾驶行为培训,车辆各种尾气排放量均有不同程度减少;并且随着培训程度加强,尾气排放改善效果越明显。

生态驾驶行为培训前后车辆尾气排放量 表 8-3

排放量(g/100km)	CO_2	CO	HC	NO_x
基础测试	23187.38	57.29387	5.675933	4.15567
静态宣教	22400.47	50.14583	5.309188	3.702665
实操培训	21941.63	42.31363	5.088228	3.302599

同样采用改变量与原始值的商推算生态驾驶行为减排潜力,如表 8-4 所示。结果表明,对应不同尾气排放物,生态驾驶行为的减排潜力可达 3.39% ~ 26.25%,减排效果与培训程度相关,实操培训减排效果约为静态宣教的 2 倍。

生态驾驶行为减排潜力测试结果 表 8-4

减排潜力	CO_2	CO	HC	NO_x
静态宣教后	3.39%	12.48%	6.46%	10.90%
实操培训后	5.37%	26.15%	10.35%	20.53%

利用方差分析对三次实验后的车辆排放量进行差异性检验,结果如表 8-5 所示。由此可知,三次实验后的车辆排放量存在显著差别。因此,生态驾驶行为能够明显减少车辆尾气排放量。

三次实验后的排放值重复测量方差分析检验结果 表 8-5

排放物	CO_2	CO	HC	NO_x
检验结果	$F_{(2,42)} = 11.909$ $p < 0.001$	$F_{(2,42)} = 11.033$ $p < 0.001$	$F_{(2,42)} = 6.450$ $p = 0.004$	$F_{(2,42)} = 7.972$ $p < 0.001$

（二）行为特征图谱表达

采用行为特征图谱描述生态驾驶行为对应的驾驶操作和车辆运行特征。以驾驶操作行为数据为例，以操作行为发生时间和实施力度为图谱编码要素，构建能耗约束下的驾驶操作行为特征图谱，实现不同能耗等级下驾驶操作行为特征的直观表达。并通过图谱相似性对比，获取相同和不同能耗等级下的驾驶操作行为一致性和差异性，明确生态驾驶行为对应的驾驶操作行为特征规律。构建驾驶操作行为图谱的步骤如下：

（1）步骤一：将数值型数据转化为图谱所具有的抽象化节点符号，即数据编码。定义编码产生条件为：驾驶操作行为在某一时刻发生显著改变。定义编码规则为：将驾驶操作行为数据范围划分为三等份，由节点大小代表驾驶操作的程度。以踩踏离合踏板深度为例，最小、中等、最大实心圆分别表征踩踏离合踏板行程位于 $0 \sim 1/3$、$1/3 \sim 2/3$、$2/3 \sim 1$。特别地，采用空心圆表征驾驶操作行为为 0。

（2）步骤二：以时间为 X 轴、驾驶操作行为为 Y 轴构建坐标系，并且 X 轴和 Y 轴的间隔等分设置。同时，对于 Y 轴，按照驾驶操作行为的首字母先后顺序由下至上依次放置：加速踏板（A）、离合踏板（C）、挡位（G）和转向盘（S）。

（3）步骤三：结合驾驶操作行为发生时间及节点编码产生规则，确定每一驾驶操作行为在上述坐标轴中的位置及相应的节点编码属性（大小、符号及虚实）。

（4）步骤四：从坐标轴原点开始，按照发生时间先后顺序利用直线连接每个驾驶操作行为节点编码，直线表示驾驶操作行为随时间延长一直持续。

基于以上图谱构建方法，以车辆起步过程为例，形成三名低油耗驾驶人起步过程操作行为特征图谱，如图 8-6 所示。可以看出，图谱具有较好的一致性。相互对比可以发现，三名驾驶人在起步过程中均将挡位已换升至 3 挡，并且在实施加速踏板操作时均采用轻踩加速踏板的方式。

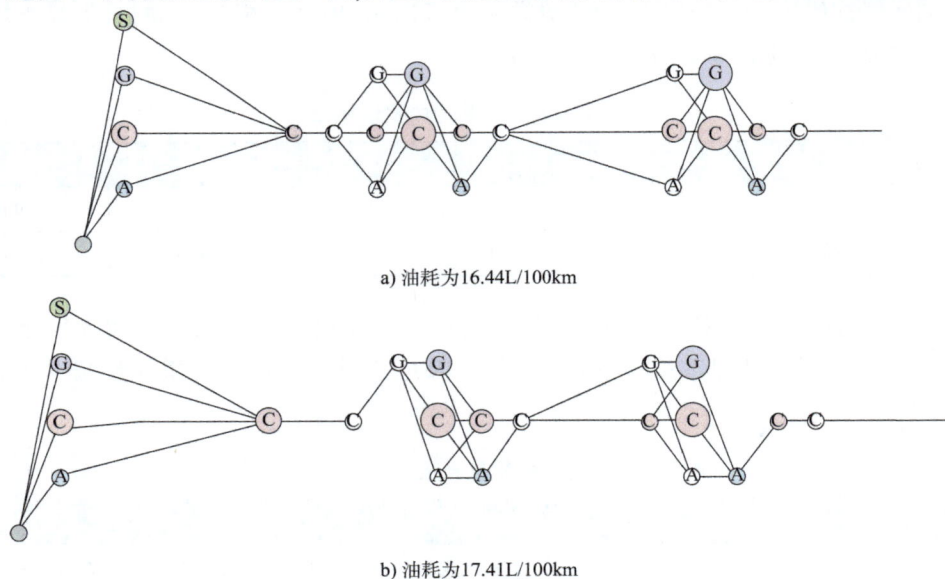

a) 油耗为16.44L/100km

b) 油耗为17.41L/100km

图 8-6

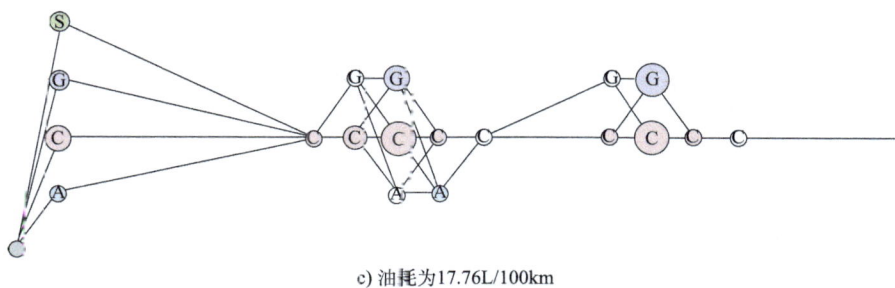

c) 油耗为17.76L/100km

图 8-6　低油耗驾驶人起步过程驾驶操作行为图谱

图 8-7 为三名中等油耗驾驶人起步过程操作行为特征图谱。通过对比可以发现,三张图谱各自的相似性并不高。特别地,图谱 8-7b) 与其余两张图谱存在明显差别。

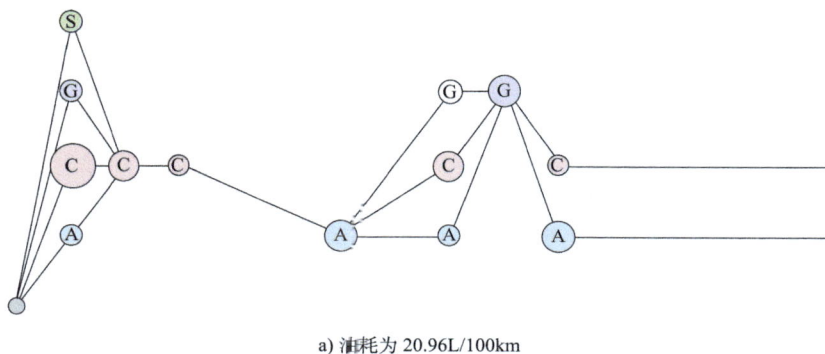

a) 油耗为 20.96L/100km

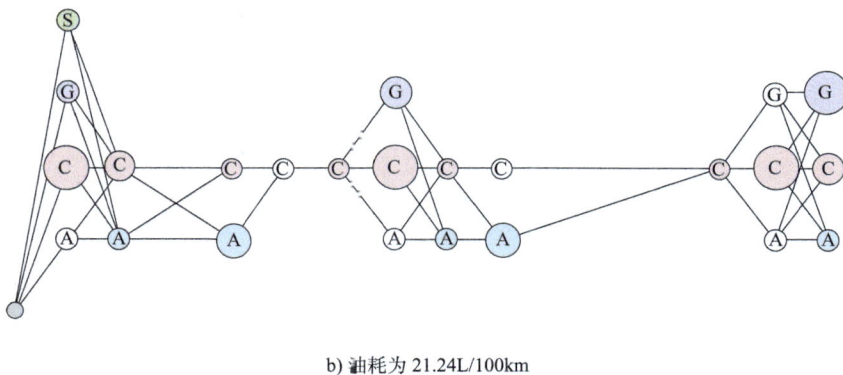

b) 油耗为 21.24L/100km

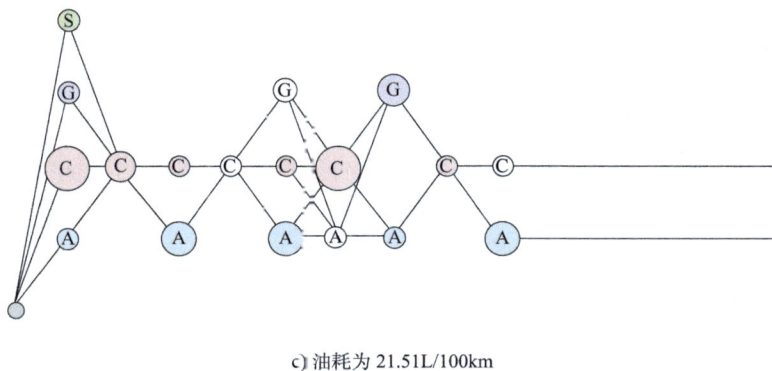

c) 油耗为 21.51L/100km

图 8-7　中等油耗驾驶人起步过程驾驶操作行为图谱

三名高油耗驾驶人起步过程操作行为特征图谱如图 8-8 所示,高油耗起步过程的驾驶操作行为特征图谱各自存在明显差异。对比图 8-8b) 和 c) 可以发现,两名高油耗驾驶人踩踏加速踏板时均存在急加速现象。

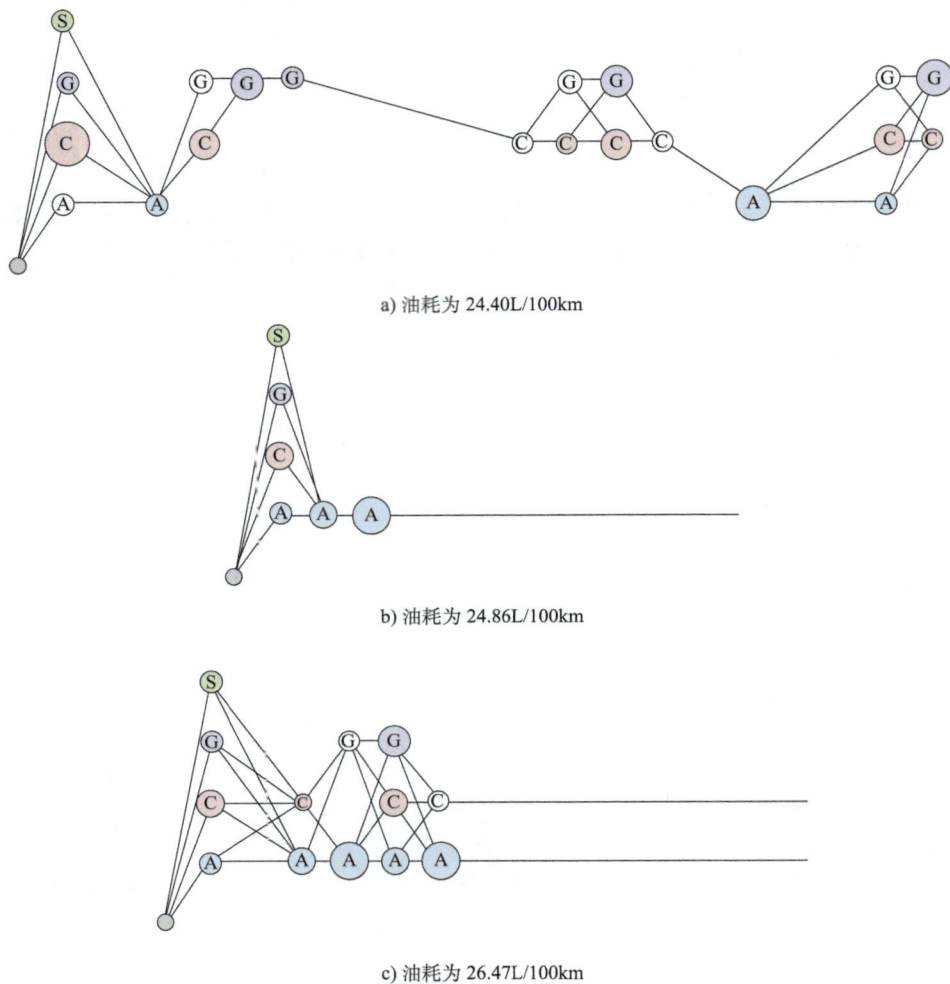

a) 油耗为 24.40L/100km

b) 油耗为 24.86L/100km

c) 油耗为 26.47L/100km

图 8-8   高油耗驾驶人起步过程驾驶操作行为图谱

依据构建的不同油耗等级下的驾驶操作行为特征图谱可以发现:车辆油耗低的驾驶操作行为特征图谱具有较高的相似性、车辆油耗高的驾驶操作行为特征图谱相似性极低、低油耗和高油耗对应的驾驶操作行为特征相差较大。由此可推知,一方面,起步时导致车辆高油耗的驾驶操作行为影响因素较多;另一方面,起步时形成低油耗的驾驶操作行为特征相对固定。起步时较低车辆燃油消耗的驾驶方式对驾驶人每种操作行为的实施时间和实施力度均有一定要求。

通过对比驾驶操作行为特征图谱可以总结得到,起步时形成低油耗的驾驶操作行为具有相对固定的特征,例如:及时换挡避免发动机以高转速运转;平缓加速尤其避免急加速;换挡时完全踩下离合踏板并完全松开加速踏板,并且换挡快速而准确。可以看出,以上所列驾驶操作行为正好与"生态驾驶"或"绿色驾驶"所规定的良好驾驶行为习惯相吻合。

(三)生态特性评估甄别

以车辆起步过程为例,基于驾驶模拟实验平台采集的驾驶人操作行为数据及计算获取的车辆能耗数据,构建基于 BP 神经网络的生态驾驶行为评估甄别模型并实施判别结果分析验证。

其中,面向驾驶操作行为特性评估的 BP 网络输出结果应为驾驶操作行为的生态特性。为直观反映驾驶员操作行为的生态特性,输出结果应设计为生态特性等级(如优、良、中、差等)或得分(如百分制)。本节采用评分制的形式评估驾驶操作行为的生态性,将车辆油耗转化为得分,进而将 BP 网络评估甄别转化为基于驾驶操作行为的生态特性得分预测问题。

利用生态驾驶试卷得分表征驾驶人对生态驾驶行为培训的理解程度。试卷内容为如何实施生态驾驶的相关问题,包括选择、填空及判断三种题型,满分 100 分。各题型的具体问题举例如下:

题型一(选择题):出于节能减排考虑,当停车时间超过_____,应关闭发动机。

□10s　□30s　□1min　□3min

题型二(填空题):在高速公路行车时,应将车速维持在_____ km/h 能节油。

题型三(判断题):减速时急刹车有助于降低车辆排放。□正确　□错误

按照最低 40 分满分 100 分的规则,可通过公式(8-4)将车辆油耗转化为驾驶操作行为生态特性得分:

$$\text{ECO} = 40 + \left(1 - \frac{\text{FC}_i - \text{FC}_{\min}}{\text{FC}_{\max} - \text{FC}_{\min}}\right) \times 60 \tag{8-4}$$

式中,ECO 为起步过程 i 的驾驶操作行为生态特性得分;FC_i 为起步过程 i 的平均百公里油耗(L/100km);$\text{FC}_{\max}$ 为有效数据样本内起步过程平均百公里油耗的最大值;$\text{FC}_{\min}$ 为有效数据样本内起步过程平均百公里油耗的最小值。

最终,面向驾驶操作行为生态特性得分预测的 BP 网络模型结构如图 8-9 所示。

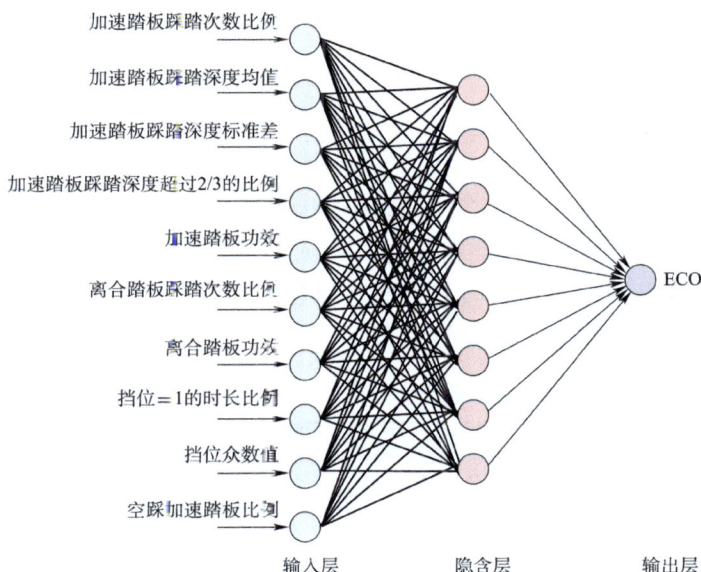

图 8-9　面向驾驶操作行为生态特性得分预测的 BP 网络模型结构

模型输入层为 10 个特征指标,由驾驶操作行为提取。输出层为驾驶操作行为生态特性得分(满分 100 分)。共有一个隐含层,其神经元节点数为 8。输入层到中间层选用传递函数 tansig,中间层至输出层采用传递函数 purelin,训练函数为 trainlm,网络学习率为 0.04。

基于 66 段起步过程数据,随机选取 50 段为模型学习训练数据,用剩下的 16 段作为模型精度验证数据,测算结果如图 8-10 和图 8-11 所示。由图可知,BP 网络模型的预测结果较好,绝对误差范围基本分布在 5 分以内,最大误差不超过 10 分。

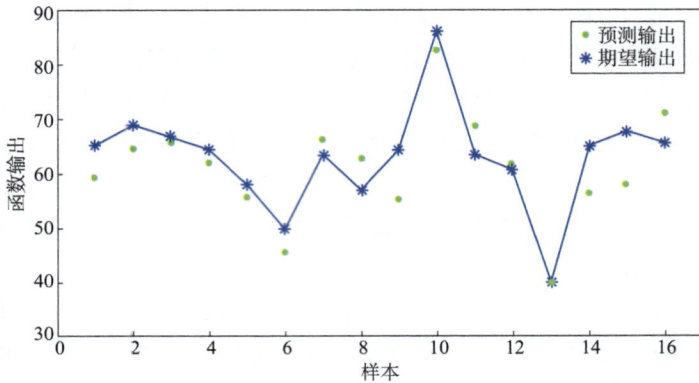

图 8-10 预测值与期望值(驾驶操作行为)

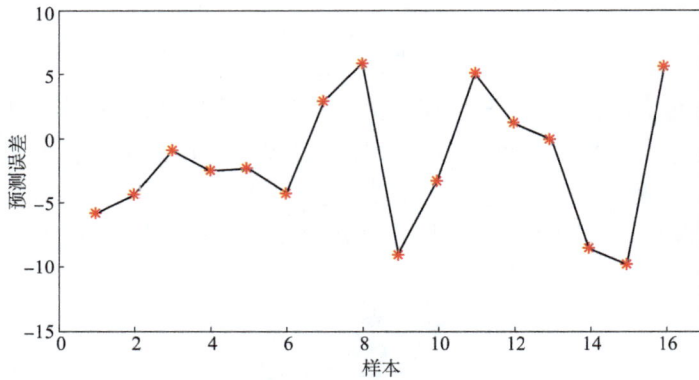

图 8-11 预测绝对误差值(驾驶操作行为)

进一步分析预测结果可知,研究建立的 BP 网络训练时间平均为 0.238s,模型具有较高的运算效率。同时,模型的平均预测精度为 92.89%。统计预测结果各项评价指标如表 8-6 所示。由此可知,BP 网络模型能够较好地预测驾驶人驾驶操作行为生态得分,可以较准确地实现驾驶操作行为生态特性评估及甄别。

基于 BP 网络的驾驶操作行为生态得分预测误差统计结果　　　　　　表 8-6

平均绝对误差(MAE)	平均百分比误差(ME)	平均绝对百分比误差(MAPE)	均方误差(MSE)	误差标准差(SDE)
4.61	−4.47%	7.02%	35.59	5.97

（四）反馈优化方法构建

不同驾驶人具有不同的个体特征和驾驶习惯，驾驶风格差异较大；同时，驾驶人具有不同的价值取向，相同驾驶行为优化方法对于不同驾驶人群体的行为提升效果也会存在明显不同。为提升驾驶人对生态驾驶行为培训的接受程度、增强生态驾驶行为培训效果，有必要根据驾驶人的价值和目标取向确定不同类型驾驶人的个体特征，进而形成考虑驾驶人特征的差别化培训方式和反馈内容，促使驾驶行为生态特性准确、快速和稳定提升。

1.驾驶人类型划分

由于存在个体特征差异，并非所有人都具有相同的价值观。研究表明，驾驶人改变驾驶行为的动机主要受两方面的影响：价值取向和目标取向。驾驶人不同价值和目标取向可以通过包含目标取向、价值取向和人口统计信息的调查问卷以及驾驶过程中的行为数据（例如：加速度绝对值、急减速比例、速度标准差等指标）进行区分。

（1）价值取向。不同个体可能存在不同的价值取向。价值取向理论表明，人们对待个人自身收益和他人收益的重视程度存在差异。因此，一个驾驶个体可能被分成两种属性：更加自我或更加公益。自我型驾驶人更在乎生态驾驶行为能否提升自身收益，如燃油费用的降低；公益型驾驶人更关注生态驾驶行为能否降低对环境的污染，如能否减少车辆尾气排放。

（2）目标取向。不同个体可能倾向于不同的学习方式。一些人注重自身能否成为对比群体中的第一，而另一些人可能更加关注自身的进步过程。因此，根据目标取向可能将驾驶个体划分为两种类型：竞技型和学习型。竞技型驾驶人乐于通过与其他驾驶人的对比学习提升生态驾驶行为；学习型驾驶人更希望得知自身生态驾驶行为随时间的进步过程。

据此，将价值和目标取向结合，驾驶人通常可以分为四种类型：自我-学习、自我-竞技、公益-学习、公益-竞技，如图8-12中的类型A-C、A-D、B-C和B-D所示。例如，对于A-C类驾驶人，其价值取向是自我型，目标取向是学习型，因此，他们学习实施某种行为时主要因为该行为对他们有明显的效益，并且他们想了解自身学习提升的过程。相反，B-D类驾驶人为公益-竞技型，促使他们学习实施某种行为的主要动力是因为该行为对大家均有益处，同时他们想得到比他人更好的学习成绩。

2.差别化培训方式设计

考虑到不同驾驶人油耗特征不同、不同培训方式节油效果和成本效益不同，高油耗驾驶人应该需要更加有效的生态驾驶行为培训方式，本节建立了驾驶人类型与生态驾驶行为培训方式间的关联关系，如表8-7所示。例如，对于自我-学习型（A-C）驾驶人，由于其相比其他类型驾驶人具有更高的油耗特征，而实操培训相对于其他两种培训方式具有更有效的节能效果，因此，最适合A-C型驾驶人的生态驾驶行为培训方式应为实操培训。而对于公益-竞技型（B-D）驾驶人，相对于另外三种类型的驾驶人具有低油耗的特征，与之相对应，静态宣教的节能减排效果相对较弱，因此向B-D型驾驶人提供静态宣教形式的生态驾驶行为培训方式即可。

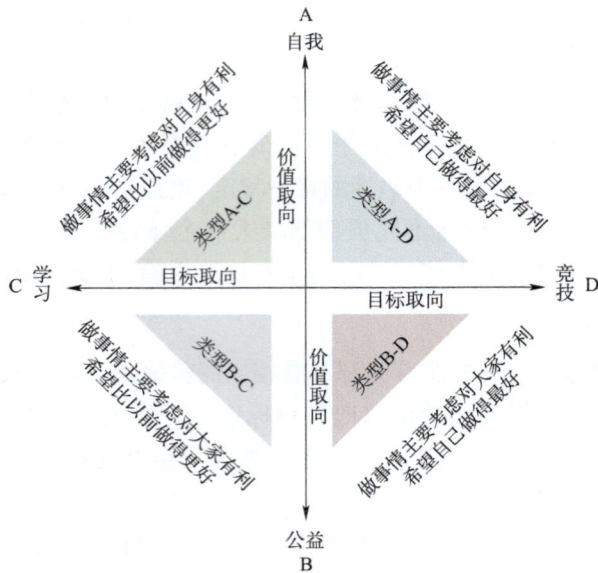

图 8-12　基于价值和目标取向的驾驶人类型描述

基于驾驶人类型的生态驾驶行为培训方式设计　　　　表 8-7

驾驶人类型	培训方式
A-C（自我-学习）	实操培训
A-D（自我-竞技）	基于手机 App 动态反馈
B-C（公益-学习）	基于手机 App 动态反馈
B-D（公益-竞技）	静态宣教

3. 反馈内容设计

并非所有驾驶人都具有相同的价值取向，不同驾驶人可能倾向于不同的学习方式。因此，设计对应不同驾驶人类型的生态驾驶行为反馈内容及形式，以提升驾驶人对生态驾驶行为的接受和服从程度。

（1）基于价值取向的反馈内容设计。

①自我型：由于自我型驾驶人主要关心生态驾驶行为对自身利益的影响，因此，针对自我型驾驶人的生态驾驶行为反馈内容应能体现驾驶人收益变化情况。一种较为有效的方式便是告知驾驶人采取生态驾驶行为时能够获得的燃油节约费用。

②公益型：由于公益型驾驶人更关心他们对社会的贡献程度，因此，生态驾驶行为的反馈内容应能体现他们在保护环境方面所做的贡献。如果直接告知采用生态驾驶行为时所降低的 CO_2 排放量，驾驶人可能并不好理解。一种更有效的方式便是将采用生态驾驶行为减少的碳排放量折算为种植树木的棵数，从而增强驾驶人的主观感受。

（2）基于目标取向的反馈内容设计。

①学习型：由于学习型驾驶人学习新事物时更加关注他们的学习进程，对自身技能的变

化过程更敏感。因此,针对学习型驾驶人的生态驾驶行为反馈内容应设计为驾驶行为生态特性随时间的变化情况,告知其自身生态驾驶行为的历史变化过程信息更为合适。

②竞技型:由于竞技型驾驶人喜欢通过与他人对比而促使自己加强学习,从而获得更好的排名。因此,反馈信息应为不同驾驶人的驾驶行为改善对比情况。为满足竞技型驾驶人的这一需求倾向,生态驾驶行为反馈内容宜为不同驾驶人针对同一驾驶事件(如起步、停车、跟驰等)及所有事件总体平均情况的生态驾驶行为排名。

综上,适合四种类型驾驶人的生态驾驶行为反馈内容汇总如表8-8所示。例如,如果驾驶人被识别为自我-竞技型,生态驾驶行为反馈内容应设计为采取生态驾驶后能获得的燃油费用节约情况以及生态驾驶行为对比排名。

基于驾驶人类型的生态驾驶行为反馈内容设计　　　　表8-8

驾驶人类型	反馈内容
A-C(自我-学习)	车辆燃油费用节约情况、驾驶行为提升过程比较
A-D(自我-竞技)	车辆燃油费用节约情况、生态驾驶行为对比排名
B-C(公益-学习)	减少碳排放的树木种植当量、驾驶行为提升过程比较
B-D(公益-竞技)	减少碳排放的树木种植当量、生态驾驶行为对比排名

4.优化方法构建

促进驾驶人采用生态驾驶行为的核心是提升驾驶人对生态驾驶行为的接受度和服从度从而增强生态驾驶行为的培训效果。因此,应主要解决两方面的问题:一是合理的生态驾驶行为培训方式;二是适合的生态驾驶行为反馈内容。基于驾驶人类型,建立培训方式、反馈内容和驾驶人类型间的关联关系,共包括三种培训方式和四类反馈内容,最终形成了面向驾驶人特征的差别化生态驾驶行为反馈优化方法,如图8-13所示。以A-C类型驾驶人为例,由于A-C驾驶人具有较高的油耗特征,而实操培训在降低车辆能耗方面效果更加明显,因此适合A-C类驾驶人的生态驾驶行为培训方式应为实操培训。同时,A-C驾驶人的价值取向为自我型,适合该类型驾驶人的反馈内容应为采取生态驾驶行为时的燃油费用节约情况;A-C驾驶人的目标取向为学习型,适合该类型驾驶人的反馈内容应为驾驶人生态驾驶行为提升过程的历史和当前进程信息。

图8-13　生态驾驶行为优化方法

5.效果评估测试

为测试验证生态驾驶行为反馈优化方法降低车辆能耗的效果,对比分析了相同生态驾驶行为反馈优化方法对改善 A-C 和 A-D 两类驾驶人车辆能耗的差异。对于 A-C 型驾驶人，生态驾驶行为反馈内容设计为车辆能耗信息及生态驾驶行为对比排名。对 A-D 型驾驶人，反馈内容为采取生态驾驶行为可获得的燃油费用节约情况及生态驾驶行为对比排名。A-D 型驾驶人的反馈优化满足其价值和目标取向(图 8-13)，并未考虑 A-C 类型驾驶人具有的个性化差异。因此，可以预期，培训后 A-D 型驾驶人驾驶车辆的百公里油耗降低比例应优于 A-C 类驾驶人。

选取 10 名 A-D 型和 3 名 A-C 型驾驶人参加实验测试。通过采集和对比优化前后各一周的车辆百公里油耗数据，分析对比生态驾驶行为反馈优化效果。分别计算 A-D 和 A-C 型驾驶人在接收生态驾驶行为反馈优化前和后的车辆平均百公里油耗，如图 8-14 所示。由图可知，生态驾驶行为反馈优化对两类驾驶人均有明显节能效果，但两类驾驶人所对应的油耗降低程度并不相同。通过培训前油耗值与培训后油耗值做差再除以培训前油耗值确定油耗降低比例，可知 A-C 型驾驶人油耗降低比例为 4.82%，A-D 型驾驶人油耗降低比例为 9.06%。

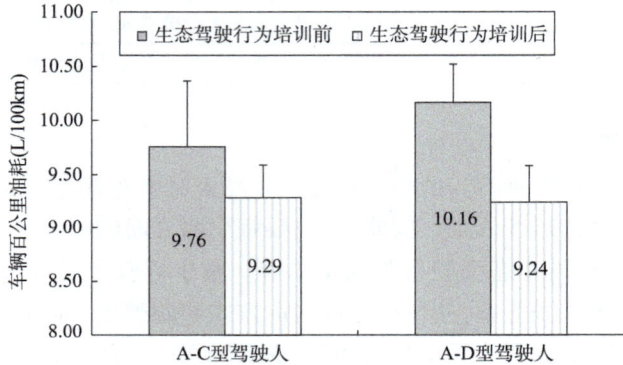

图 8-14　两类驾驶人生态驾驶行为培训效果

利用配对样本 T 检验，分别比较两类型驾驶人生态驾驶行为培训前后的车辆能耗差异。统计结果表明，在 95% 置信水平，相对于培训前，培训后 A-D 型驾驶人的车辆油耗显著降低($p = 0.026 < 0.05$)，A-C 型驾驶人的车辆油耗无统计意义上的显著差异($p = 0.124 > 0.05$)。利用配对样本 T 检验比较两类型驾驶人之间车辆油耗降低比例的差异性，其统计结果存在显著差别($p = 0.023$)。实验测试结果表明，考虑驾驶人特征的差别化生态驾驶行为反馈优化方法，其节能效果明显好于常规一般性的反馈优化方法。

七　小结

本节基于驾驶模拟技术开展生态驾驶行为测试实验，评估了生态驾驶行为节能减排潜力，形成了生态驾驶行为"特征描述-评估甄别-反馈优化"的研究方法。

(1)生态驾驶行为"特征描述-评估甄别-反馈优化"研究方法主要包括：①明确驾驶人生态驾驶行为节能减排潜力；②基于行为图谱实现生态驾驶行为特征图谱表达；③建立生态驾驶行为特征指标体系并结合 BP 神经网络算法实现驾驶行为生态性精确评估与甄别；④基于

驾驶人价值和目标取向,结合不同类型驾驶人的油耗特征和不同培训方式的节能效果,建立差别化生态驾驶行为反馈优化方法。

(2)实验结果表明:①生态驾驶行为节油潜力达 3.43% ~ 5.45%,并且培训强度越大,节油效果越明显;生态驾驶行为减排潜力达 3.39% ~ 26.25%,实操培训效果约为静态宣教的 2 倍。②车辆油耗低的驾驶操作行为特征图谱具有较高的相似性、车辆油耗高的驾驶操作行为特征图谱相似性极低、低油耗和高油耗对应的驾驶操作行为特征相差较大。③基于 3 层 BP 网络结构的驾驶操作行为生态特性评估甄别模型,平均预测精度达 92.89%。④面向驾驶人特性的差别化生态驾驶行为反馈优化方法,其节能效果明显好于一般性生态驾驶行为培训。

(3)研究成果可为生态驾驶行为应用推广奠定理论及方法支撑,并为解决大数据背景下面向安全、生态和顺畅三位一体的驾驶行为管理提供借鉴。在未来研究中,可借助智能网联和车路协同信息互感互馈优势,进一步提升车辆节能减排效益;同时可考虑车队及车群生态驾驶优化问题,通过车队/车群间的协同驾驶进一步提升车辆节能减排效益。

第三节　分心驾驶行为

一　问题提出

近年来,随着手机等智能终端的普及,分心驾驶行为导致的事故不断增加,成为影响交通安全的主要因素之一。根据美国国家公路交通安全管理局(NHTSA)的数据,2020 年美国共有 3142 人因分心驾驶死亡。在我国,研究发现,驾驶人承认驾驶过程中使用手机的比例约为 84%。国内交通事故案例中因驾驶时使用手机造成的约占 47%。由此可见,驾驶过程中使用手机越来越普遍,并且存在很大的安全隐患,因此对驾驶人的分心驾驶行为进行科学管理具有强烈的现实意义。

国内外学者从分心驾驶的定义、测量方法、视觉与行为特征研究、分心任务评级、分心检测与解决对策等方面开展研究。然而,综合目前研究来看,国内分心驾驶研究起步较晚。分心驾驶视觉特征分析多停留在注视频次、注视点等总体特征层面,未能反映视觉分心的动态变化过程,具有一定局限性。同时,缺乏针对分心任务的定量化评级方法,基于驾驶操作与车辆运行的分心驾驶行为检测方法精度有待提升。

本节面向分心驾驶行为特征与甄别涉及的关键问题,以驾驶模拟测试获取的微观驾驶行为数据为基础,重点分析驾驶人分心驾驶视觉特征、驾驶操作与车辆运行特征,提出基于视觉的分心任务评级方法,并以视觉分心水平为基础,提出基于驾驶操作与车辆运行特征的分心驾驶行为甄别方法,以期为分心驾驶体验和教育、车载设施可行性评估、车载分心预警系统开发提供支撑。

二 方案设计

1.实验设备

基于驾驶模拟平台开展实验并选取眼动仪作为视觉特征数据采集设备。眼动仪采用 SMI ETG 眼镜式眼动仪,可实现双眼追踪,以及动态兴趣区的深度分析(包括浏览时间、频次、兴趣区之间的回视、矩阵分析)。

2.场景设计

选取北京望和桥附近 3km 城市快速路路段作为实验路段,使用 3DMax 软件搭建模拟驾驶实验场景(图 8-15)。实验路段为双向八车道,车道宽 4.0m,路段最高限速为 80km/h,实验场景中交通标志标线设置符合国家标准《道路交通标志和标线 第 2 部分:道路交通标志》(GB 5768.2—2009)和《道路交通标志和标线 第 3 部分:道路交通标线》(GB 5768.3—2009)。

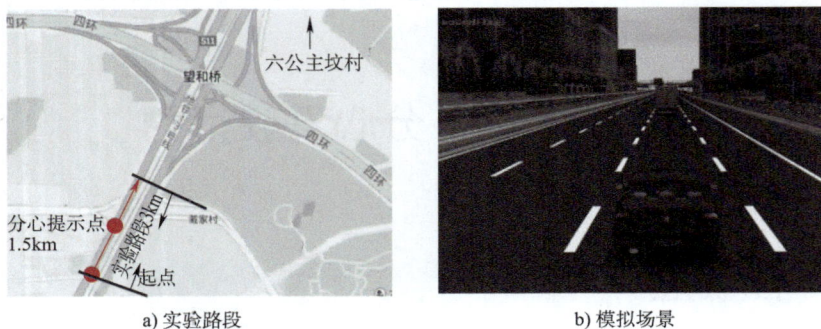

a) 实验路段   b) 模拟场景

图 8-15 实验路段模拟场景

实验过程中选取跟驰前车作为驾驶事件,考察驾驶人在低交通量(<100pcu/h)条件下的视觉特征。前车速度保持在 80km/h。在车辆行驶距起点 1.5km 处启动分心任务提示,驾驶人按照提示完成相应分心任务。场景的设置与分心提示位置如图 8-16 所示。

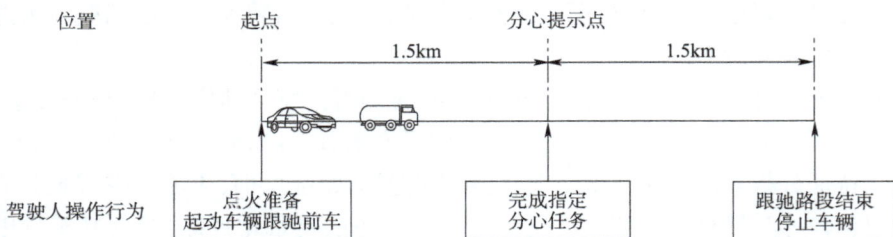

图 8-16 实验场景设置

3.实验任务设计

根据智能终端种类划分实验任务为使用导航、调谐收音机和操作手机三种类型。实验共设有 5 个分心任务,各分心任务的具体形式及内容如表 8-9 所示。

(1)使用导航任务:导航播放画面是在望和桥路段实车驾驶时提前录制的某导航软件视

频,驾驶时在普通安卓平板上播放,放置在仪表盘附近位置。当驾驶人到达分心提示点时,播放导航语音提示。导航任务仅用于分析驾驶人在使用导航时的视觉分心状态,不做路线选择研究。

分心任务及指令内容　　　　　　　　　　　　　　　表 8-9

任务	指令内容	指令形式
使用导航	前方有测速照相,限速 80,前方 400m 有违章拍照	语音提示
调谐收音机	请打开收音机,并将调频调至 87.9MHz 后关闭收音机	语音提示
微信语音	请语音回复以下内容:我正开车前往北工大/我马上就到北工大了	微信提示
微信短信	请用四位数字回复今天的日期/你的生日	微信提示
拨打电话	请拨打赵钱孙(孙钱赵/孙前兆/孙照前)的电话	语音提示

　　(2)调谐收音机任务:收音机为车载安键式收音机,初始位置为 87.5MHz,指定频率为 87.9MHz,驾驶人从初始位置调至指定频率需按键 8 次。

　　(3)操作手机。

　　①微信语音、微信短信任务:驾驶人在行车过程中通过手机接收到相应的微信指令,阅读微信内容并按照指令内容进行语音/文字回复。

　　②拨打电话任务:实验员提前在实验手机通讯录内录入虚拟联系人,联系人姓名拼音均为 11 位拼音字母,等同于直接拨打 11 位手机号码的操作难度。驾驶人在接收指令后拨打联系人电话。

　　为控制实验过程的一致性,所有被试均使用实验室指定的同一手机。

三　实验测试

1. 被试选取

　　被试招募主要考虑驾驶人年龄、性别、驾龄、职业类型和行驶里程等因素。本实验共招募 34 名驾驶人,平均年龄为 33 岁,平均驾龄为 7.5 年。其中,男性 23 人,女性 11 人;职业驾驶员 19 名,非职业驾驶员 15 名。

2. 实验流程

　　每次实验前确保眼动仪工作正常、手机操作软件正常、导航安置于合适位置。实验基本流程如下:

　　(1)练习场景试驾,一方面观察被试是否出现恶心、呕吐等不良反应,排除不适应模拟驾驶的被试,同时协助被试熟悉模拟驾驶操作。

　　(2)采集被试的基本信息,包括姓名、年龄、职业、驾龄、行驶里程、历史事故信息等。

　　(3)开始正式实验并完成实验内容,实验任务次序随机编排。

　　(4)填写驾驶后主观问卷,包括模拟器感受、眩晕程度评分等,任务结束后领取实验劳务费用。

3. 实验数据采集

为实现可视化的数据采集与展示，并记录分心提示点位，使用 C# 编写开发了驾驶行为数据采集应用软件，如图 8-17 所示。通过 UDP 数据通信协议从模拟舱实时获取驾驶行为数据，对获取的二进制字节流数据进行转换。其中，获取的驾驶行为数据有：驾驶时间、速度、加速度、加速踏板深度、制动踏板深度、转向盘角度、偏离道路中心线距离、车辆位置坐标、跟驰距离、分心提示点位等，采样频率为 20Hz。

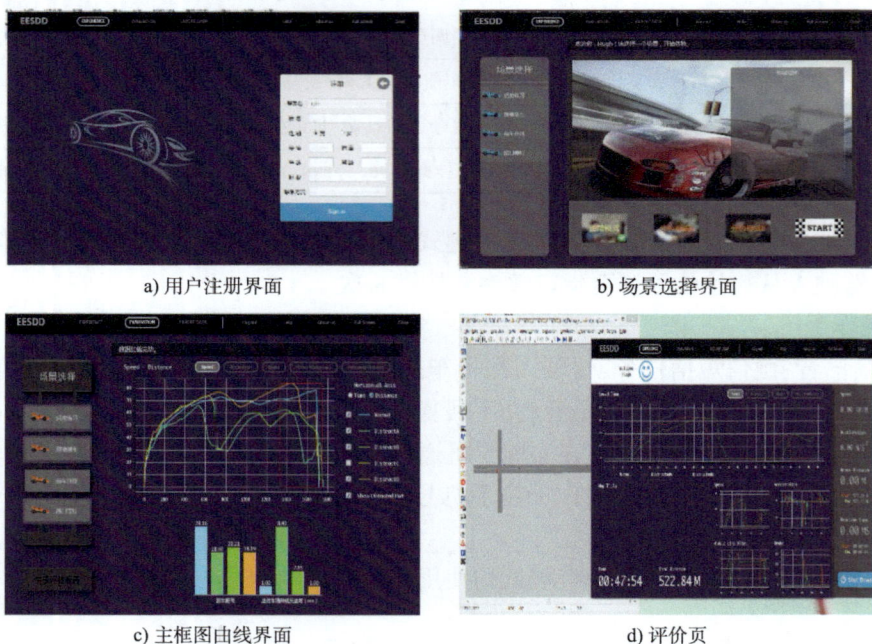

a) 用户注册界面

b) 场景选择界面

c) 主框图曲线界面

d) 评价页

图 8-17　数据采集应用软件

四　数据处理

1. AttenD 算法

为精确检测视觉分心，Kircher K 等人将离开路面注视时间与注视频次相结合，提出基于视觉的分心实时检测算法——AttenD 算法，算法描述如图 8-18 所示，判定条件主要包括以下几点：

（1）定义视觉缓冲区阈值 2s。

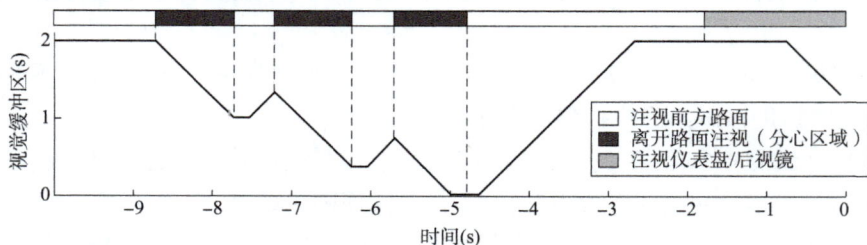

图 8-18　AttenD 算法描述

（2）离开路面注视则缓冲区下降。

（3）重新注视路面则缓冲区上升，有0.1s生理反应间隔。

（4）注视仪表盘及后视镜1s内缓冲区保持不变，超过1s后下降。

（5）缓冲区为0时判定为视觉分心。

视觉特征一般性描述（如注视时长、注视频次等）仅反映整体视觉分布，不能完整表达驾驶人分心过程，而AttenD算法可实现注视特征的实时表达，因此本节采用该算法反映不同分心任务下的注视特征，并基于该算法提出一种视觉分心评定方法。

2. 数据预处理

首先，运用眼动仪自带数据分析软件SMI工具输出有视点的视频以及对应文本数据。其次，根据视频记录分心提示起始点时间以及完成任务时间，从文本数据中提取分心数据段。通过绘制视觉分心时注视点坐标分布特征，完成路面区域、后视镜及仪表盘区域等关键区域划分。最后，提取注视时间、注视频次等指标，如图8-19所示。编写数据截取工具实现AttenD算法数据截取计算功能，实验员需设置定义注视路面、左侧后视镜、仪表盘与外侧区域的相关范围，实现AttenD算法的计算。

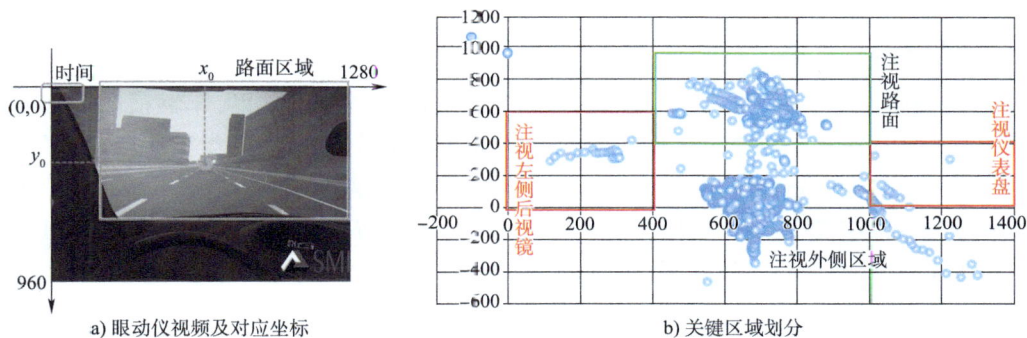

a) 眼动仪视频及对应坐标

b) 关键区域划分

c) AttenD结果输出

图8-19　分心视觉数据划分方法

五　指标提取

评价指标分为驾驶人视觉特征指标和驾驶操作与车辆运行特征指标两部分。

1. 驾驶人视觉特征指标

分心驾驶视觉特征指标包括驾驶人视觉分心时长、注视频次、分心任务完成时间和视觉分心的影响程度，用于描述不同职业类型驾驶人的分心驾驶视觉特征。

其中，由于驾驶人无视觉分心时的 AttenD 视觉缓冲区为 2s，因此定义不同分心任务下与无视觉分心下的 AttenD 缓冲区差值之和代表该分心任务对视觉分心的影响程度，见公式 (8-5)。

$$\mathrm{INC}_{\mathrm{dis}} = \frac{\sum_{i=1}^{N} (2 - \mathrm{buffer}_i)}{60} \tag{8-5}$$

式中，$\mathrm{INC}_{\mathrm{dis}}$ 为视觉分心的影响程度；i 表示分心任务的时刻（1/60s）；N 表示分心任务的结束时间；buffer_i 表示第 i 时刻的视觉缓冲区。

2. 驾驶操作与车辆运行特征指标

分心驾驶操作与车辆运行特征指标包括速度、加速度、转向盘角度、车辆横向偏移和跟驰距离，通过检验各项驾驶操作与车辆运行指标在不同分心任务、职业类型、分心水平下的显著性水平，提取用于分心驾驶甄别的相关指标。经验证，速度、加速度、转向盘转角、车辆横向偏移和跟驰距离在不同分心任务下均具有显著性差异（$p < 0.05$）。因此，可运用以下驾驶行为指标实现不同分心任务或不同分心等级的划分。

六　结果分析

（一）分心驾驶视觉特征描述与评级方法

1. 基于 AttenD 算法的分心驾驶视觉特征描述

以驾驶过程中最为常见的拨打电话为例，运用 AttenD 算法分析两名不同职业类型驾驶员的分心驾驶视觉特征，如图 8-20 所示。与非职业驾驶员相比，职业驾驶员视觉分心时长（AttenD 视觉缓冲区 =0s）相对较短，注视频次较高，完成分心任务时间更长，说明该职业驾驶员在分心过程中比非职业驾驶员更加关注周边驾驶环境，警觉性更强。结果表明，AttenD 算法能够精细化描述视觉分心过程，职业与非职业驾驶员视觉分心过程具有显著差异。

汇总所有驾驶员的 AttenD 算法结果，并按时间变化将所有驾驶员视觉缓冲区数值求均值，如图 8-21、图 8-22 所示。图中虚线位置为驾驶员视觉分心结束时间，即 5 种分心任务的完成时间；图中圈出部分为驾驶员分心程度最严重的时段，表现为凸曲线的驻点区域。由此可知，职业驾驶员在完成微信及电话等复杂分心任务时较慢，表现为 36～55s 的完成时间，而非职业驾驶员复杂分心任务的视觉分心影响时间较短,为 31~36s;非职业驾驶员视觉分心较严重的时间点更加集中,其中调谐收音机与拨打电话视觉分心程度最高的区域为 6~8s,微信语音集中在 8~10s 之间,而微信短信视觉分心普遍集中在 10~12s 之间;职业驾驶员的视觉分心时间则较为分散,影响区域分布较广,其中拨打电话普遍集中在 5~7s 之间,调谐收音机与发送微信语音较为集中在 10~12s 之间。

图 8-20　职业与非职业驾驶员 AttenD 算法结果示例

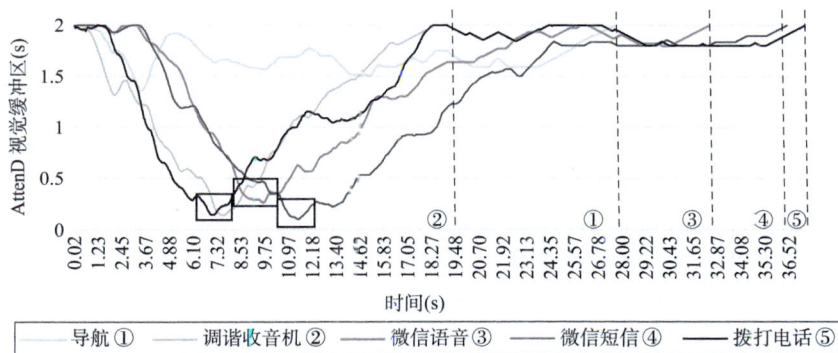

图 8-21　非职业驾驶员 AttenD 视觉特征

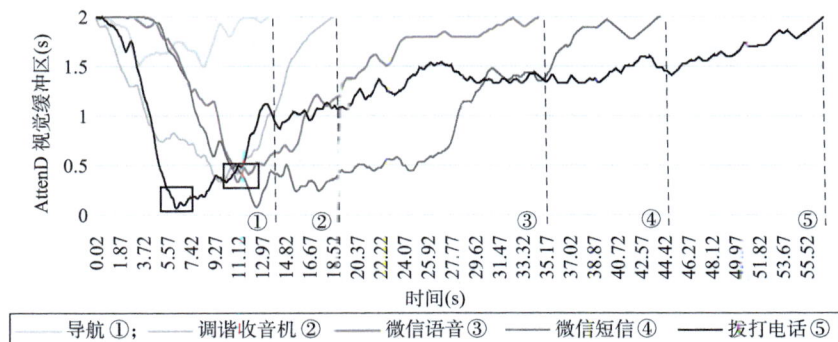

图 8-22　职业驾驶员 AttenD 视觉特征

图 8-21、图 8-22 结果表明,驾驶人完成拨打电话及微信任务的用时较长,属于较复杂的

分心任务。在较复杂的分心任务下,职业驾驶员完成分心任务的时间明显长于非职业驾驶员;非职业驾驶员在分心驾驶情况下的视觉特征较为集中且平稳,表现为明显的凸曲线趋势且波动较小,职业驾驶员没有明显的严重视觉分心点,而是范围较广且曲线波动较大,表现为视觉缓冲区的分散且振荡分布。

基于 AttenD 算法描述驾驶人的实时视觉特征,可得出以下结论:

(1)驾驶人在不同分心任务下视觉分心过程具有差异,表现为不同任务下视觉分心的集中时间段不同。

(2)由于职业类型的不同,视觉分心过程也具有明显差异,在分心任务评定过程中应区分职业类型。

2. 基于 AttenD 算法的分心任务视觉评定方法

图 8-23 表示所有驾驶人在不同任务下的视觉分心影响程度 INC_{dis} 分布情况。与调谐收音机的评分结果对比可知,发送微信语音比调谐收音机的视觉分心影响度略高,微信短信与拨打电话的视觉分心程度显著高于调谐收音机,而导航的视觉影响最小。

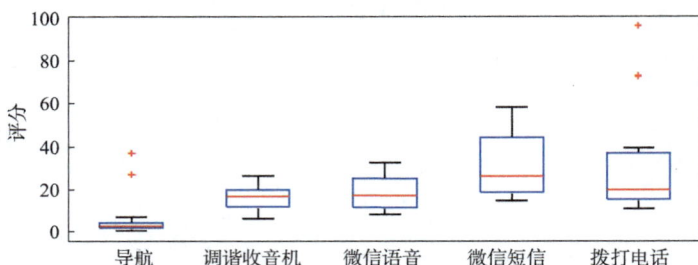

图 8-23   分心任务评分结果分布

将所有驾驶人的 INC_{dis} 求均值,得到 5 种分心任务下的视觉分心评定结果,如表 8-10 所示。职业驾驶员在处理微信及拨打电话等复杂任务时视觉分心影响程度明显高于非职业驾驶员;使用导航对驾驶员视觉影响程度最低,交通风险最小;微信短信对非职业驾驶员的视觉影响程度最高,拨打电话对职业驾驶员的视觉影响程度最高。

AttenD 算法分心任务评定结果(s)

表 8-10

驾驶人类型	导航	调谐收音机	微信语音	微信短信	拨打电话
非职业	8.24	15.28	17.22	24.27	18.92
职业	2.72	16.60	18.55	38.68	40.79

由以上结果可知:

(1)对于非职业驾驶员,分心任务危险程度:微信短信 > 拨打电话 > 微信语音 > 调谐收音机 > 导航。

(2)对于职业驾驶员,分心任务危险程度:拨打电话 > 微信短信 > 微信语音 > 调谐收音机 > 导航。

调谐收音机是最常见的分心行为,可将其认为是可接受的分心驾驶行为,美国高速公路安全管理局(NHTSA)曾运用调谐收音机的分心行为作为车载设施的设置标准。因此,INC_{cis}高于调谐收音机的分心任务如微信短信、拨打电话、微信语音可认为是风险较高的分心驾驶行为,在驾驶过程中应当杜绝。

(二)不同视觉分心水平的驾驶操作行为与车辆运行特征描述

基于 AttenD 算法截取计算所有驾驶人的 AttenD 分心驾驶视觉缓冲区的实时变化过程,划分视觉分心为三种等级:分心、不完全分心与不分心。划分标准如图 8-24a)所示,其中图中"分心"代表视觉缓冲区为 0 时的情况;"不完全分心"代表视觉缓冲区为 0 ~ 2s 之间的情况;"不分心"代表视觉缓冲区为 2s 时的情况。图 8-24a)表示基于 AttenD 算法的视觉分心水平划分方法,图 8-24b)表示某位驾驶人在发送微信语音任务时的分类结果示例。

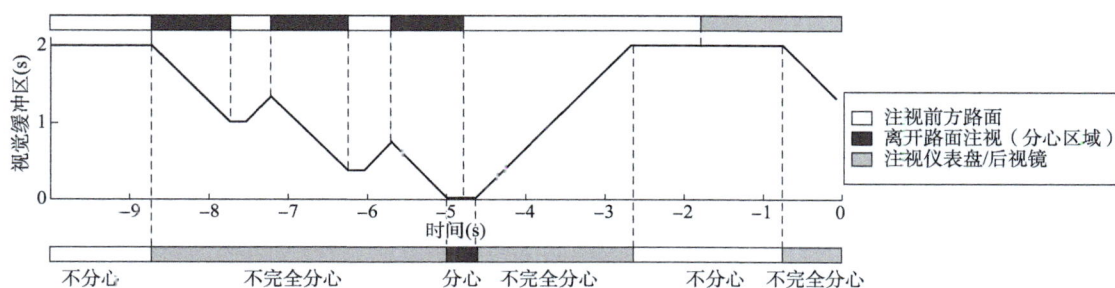

a) 三种分心水平划分标准

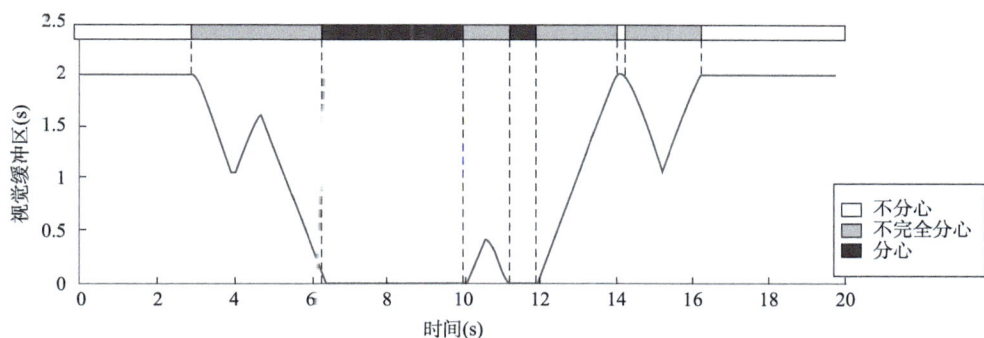

b) 某驾驶人微信语音任务视觉分心水平划分结果示例

图 8-24　分心驾驶水平划分

运用此划分标准,匹配三种视觉分心水平下对应的驾驶人操作及车辆运行数据,建立驾驶操作行为、车辆运行特征与视觉分心水平的关联关系,如图 8-25 所示。

图 8-25a)表示三种分心水平下的驾驶速度分布($F = 1640.523$,$p < 0.001$)。驾驶人在分心驾驶时倾向于降低行驶速度,在完全分心水平下速度降至最低。

驾驶人在三种分心水平下的加速度与减速度分布($F = 352.235$,$p < 0.001$)如图 8-25b)与图 8-25c)所示。在分心驾驶时,驾驶人倾向于减少加速行为,同时采取更多的制动行为。加速度标准差用于表征驾驶人的心理紧张程度,图中结果表明驾驶人在分心驾驶时加速度标准差更大,心理紧张程度增加。

驾驶人在三种分心水平下的转向盘转角分布($F = 8.068$,$p < 0.001$)如图 8-25d)所示。

随着驾驶人分心程度增加,转向盘转角更小且波动减少,表明随着分心程度增加,驾驶人采取的操作行为更少,而在正常驾驶时,驾驶人通常采取更多的驾驶操作行为控制车辆运行。

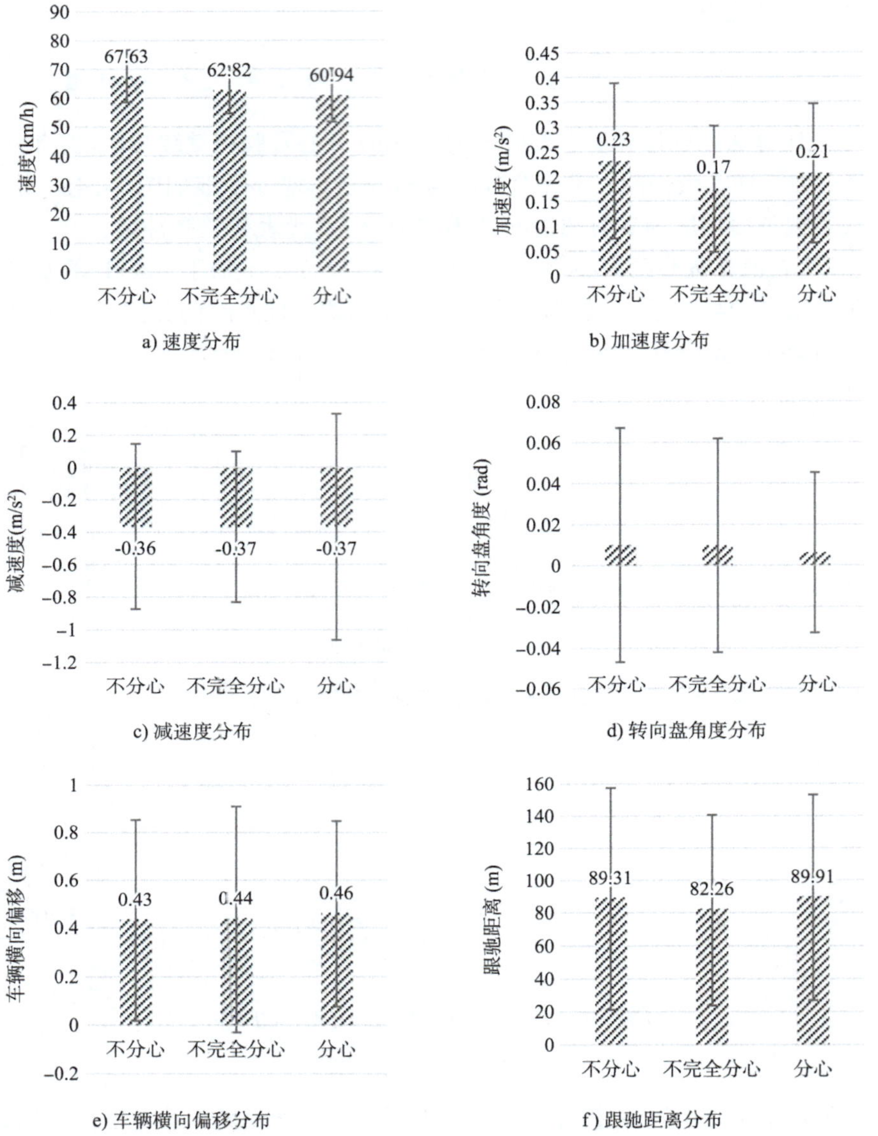

a) 速度分布

b) 加速度分布

c) 减速度分布

d) 转向盘角度分布

e) 车辆横向偏移分布

f) 跟驰距离分布

图 8-25 三种分心水平下驾驶行为分布

车辆横向偏移(L_p)是指车辆中心距道路中心线的距离。驾驶人在三种分心水平下的车辆横向偏移分布($F = 6.713, p < 0.001$)如图 8-25e)所示。由其均值可知,随着分心程度增加,车辆偏离道路中心线的侧位移更大。车辆横向偏移标准差是衡量驾驶人行为损失程度的指标,该值越大意味着驾驶操作行为越差,该指标是对分心驾驶较为敏感的指标。由图 8-25e)误差线可知,不完全分心的车辆横向偏移标准差相对较大,说明驾驶人在不完全分心时对车辆的操控水平有所降低,即驾驶人在视线偏离前方道路及返回的分心阶段,也就是分心扫视阶段的驾驶行为损失更大。

驾驶人在三种分心水平下的跟驰距离分布（$F = 65.437, p < 0.001$），如图 8-25f) 所示。结果表明驾驶人在完全分心时的跟驰距离更长,说明分心驾驶降低了道路通行效率,导致更多的交通延误。

以上分心驾驶行为指标显著性分析结果表明,在不同分心任务与不同视觉分心水平下,各项驾驶行为指标均具有显著性差异（$p < 0.05$）。因此,已提取的驾驶操作与车辆运行指标能够用于实现分心驾驶行为甄别。

从视觉评级方法研究可知,职业类型显著影响分心驾驶行为。因此,针对职业类型与分心水平开展多变量方差分析,确定分心水平与职业类型对分心驾驶行为的交互影响,如表 8-11 所示。结果表明,除跟驰距离外,分心水平与职业类型对其余驾驶操作与车辆运行指标均存在交互影响。因此,筛选速度、加速度、转向盘转角、车辆侧位移、跟驰距离指标用于分心驾驶行为的甄别。

分心驾驶行为多变量方差分析结果 表 8-11

项目	指标	F	显著性
分心水平×职业类型	速度	22.961	0.000**
	加速度	6.522	0.001**
	转向盘转角	5.080	0.006**
	车辆横向偏移	49.678	0.000**
	跟驰距离	1.301	0.272

注:**表示在 0.01 水平上具有显著性。

(三)基于驾驶操作行为与车辆运行特征的视觉分心水平甄别方法

随机森林(Random Forest, RF)是一种灵活稳定的机器学习算法,可以用来进行分类和回归任务,为了提高分心驾驶检测的准确性,提出一种基于随机森林(RF)的分心驾驶行为甄别方法。该算法基于驾驶操作行为与车辆运行数据进行分类与甄别,采用视觉特征作为分类标签。视觉分类的分心水平与驾驶操作行为、车辆运行特征数据结合,实现驾驶人在多种分心水平下的驾驶操作行为与车辆运行特征分类。

1.模型搭建

基于 AttenD 视觉特征分类结果,将驾驶操作行为与车辆运行特征以时间索引进行匹配,截取 5 种分心任务在三个分心水平下的驾驶操作行为与车辆运行特征数据。将速度、加速度、转向盘转角、车辆横向偏移和跟驰距离作为分心甄别模型指标,分心水平作为分类标签。随机选取一半数据集作为训练数据,建立随机森林分类模型,并选取另外一半数据集作为测试数据(不包括训练数据)用于预测分心水平,最后对比测试集基于驾驶操作与车辆运行的分心水平分类预测结果与原始的视觉分心水平划分结果,验证模型的准确性。图 8-26 表示基于分心驾驶操作行为与车辆运行特征的视觉分心水平分类模型搭建过程。

对于随机森林的每棵树,训练样本均为有放回抽样,袋外数据(OOB)大约为 37%。图 8-27 描述了随机森林模型随决策树数量增加袋外数据分类误差的变化。当随机森林中的决策树数量大约在 20 棵时,各分心任务的袋外数据误差均趋于收敛。结果表明,各分心任务的袋外数据误差相差不大,使用导航的袋外数据误差相对较小,不同类型的分心任务采用随机森林训练所需决策树数量相差不大。

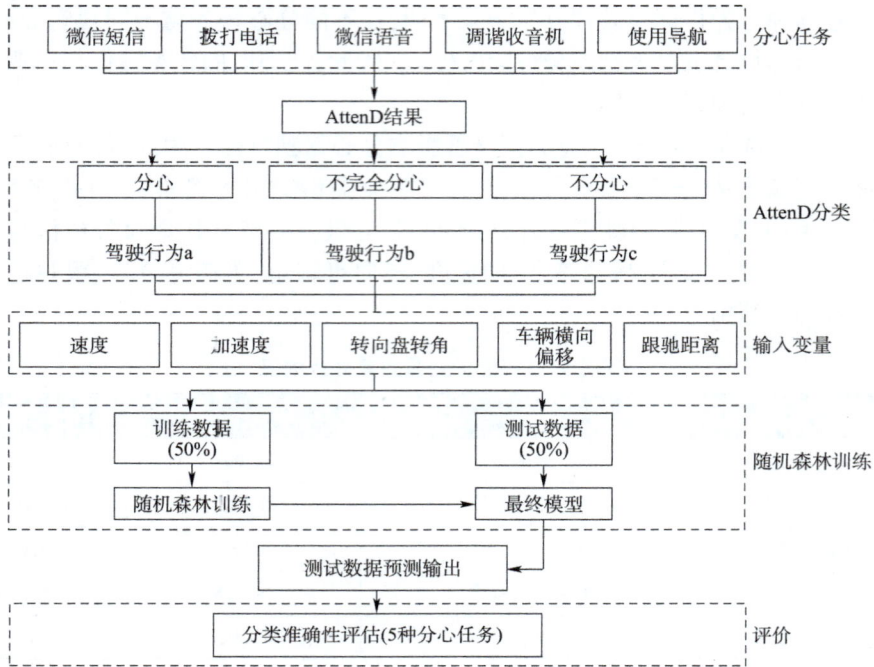

图 8-26 基于分心驾驶操作行为与车辆运行特征的视觉分心水平分类模型搭建过程

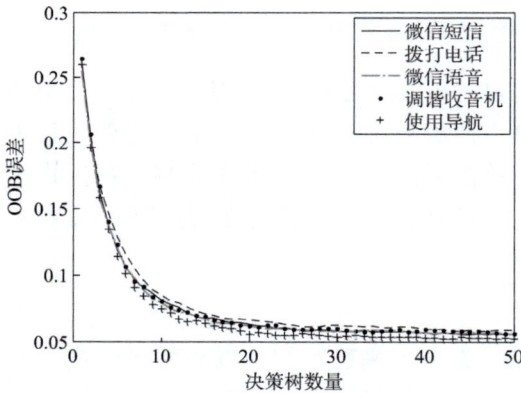

图 8-27 不同分心任务的袋外数据误差

2.分类效果评价指标和方法

模型评价采用三个常用的分类评估指标,分别为准确率、Kappa 统计值及 ROC 曲线下方面积。

混淆矩阵通常被用于评价分类模型准确性,它是通过矩阵的形式来呈现算法性能的可视化效果。图 8-28 描述了混淆矩阵的基本形式。TP 定义为真实正样本被正确分类为正样本的数目,FN 代表真实正样本被错误分类为负样本的数目,TN 表示真实负样本被正确分类为负样本的数目,而 FP 表示真实负样本被错误分类为正样本的数目。分类准确率就是正负样本分别被正确分类的概率,可表示为公式(8-6)形式:

$$accuracy = \frac{TP + TN}{TP + TN + FP + FN} \tag{8-6}$$

Kappa 统计指标可用于评判分类器的分类结果的差异度,是评价分类结果一致性和信度的一种重要指标。根据实践经验可知,Kappa 最大值为 1,在 Kappa 大于 0.75 时,表示一致性较好;而当 Kappa 小于 0.4 时,表示数据的一致性较差。Kappa 统计量的计算公式如下:

$$Kappa = \frac{P(A) + P(E)}{1 - P(E)} \qquad (8\text{-}7)$$

式中,$P(A)$为实际一致率;$P(E)$为理论一致率。

ROC 曲线下方面积(AUC)也是一个重要的评价指标。ROC 曲线的全称为 Receiver Operating Characteristic,其主要表现为二维平面的曲线。它的横坐标是假阳率(FPR),纵坐标是真阳率(TPR)。AUC 是评价二值分类器

	预测	
	1	0
实际 1	真阳 (TP)	假阴 (FN)
0	假阳 (FP)	真阴 (TN)

图 8-28　混淆矩阵

优劣的常用指标,该值介于 0.1 和 1 之间,表示 ROC 曲线下方面积的大小。AUC 表示分类算法分类正样本在负样本前的概率,该值越大,则表示正样本排在负样本前面的概率越高,也就是说,分类算法能够实现较好的分类,分类精度更高。因此,AUC 通常作为直观评价分类器优劣程度的相关指标,该值越大,表明分类器的分类效果越好。AUC 在统计上具有一致性,同时比准确率更加具有区分度。

为使用 AUC 进行评估,应用纠错输出编码(ECOC)方法将多类分类问题转化为二分类问题。将三个分心水平形成完整的码本,并建立转移矩阵。表 8-12 表示将三个分心水平转换为三个二元分类器 f0、f1 和 f2 的转换矩阵。

码本转换矩阵　表 8-12

项目	f0	f1	f2
不分心	1	1	1
不完全分心	0	1	0
分心	0	0	1

通过运用以上转换矩阵将五种分心任务三个分心水平转化为二分类结果,每种分心任务生成三个 ROC 曲线。最终求三个 ROC 曲线的 AUC 均值,可得分类器的评价结果。AUC 值越接近于 1,则模型越准确。

3.分类效果评价结果

不同分心任务下的 ROC 曲线结果如图 8-29 所示。结果表明,五种分心任务的 ROC 曲线的顶点均趋近于 1,说明搭建的分心驾驶甄别模型具有较高的识别精度。

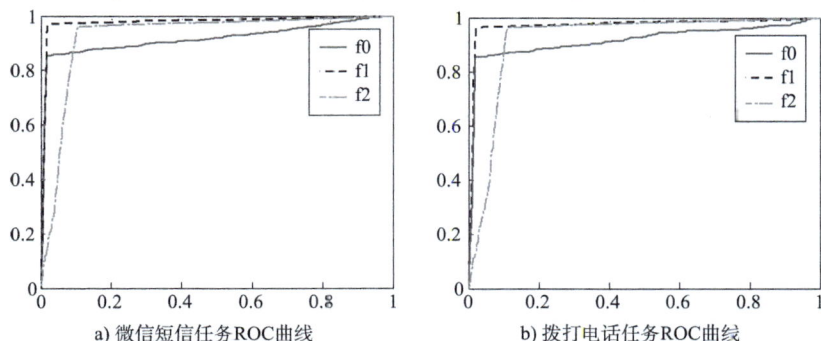

a) 微信短信任务ROC曲线　　　　b) 拨打电话任务ROC曲线

图　8-29

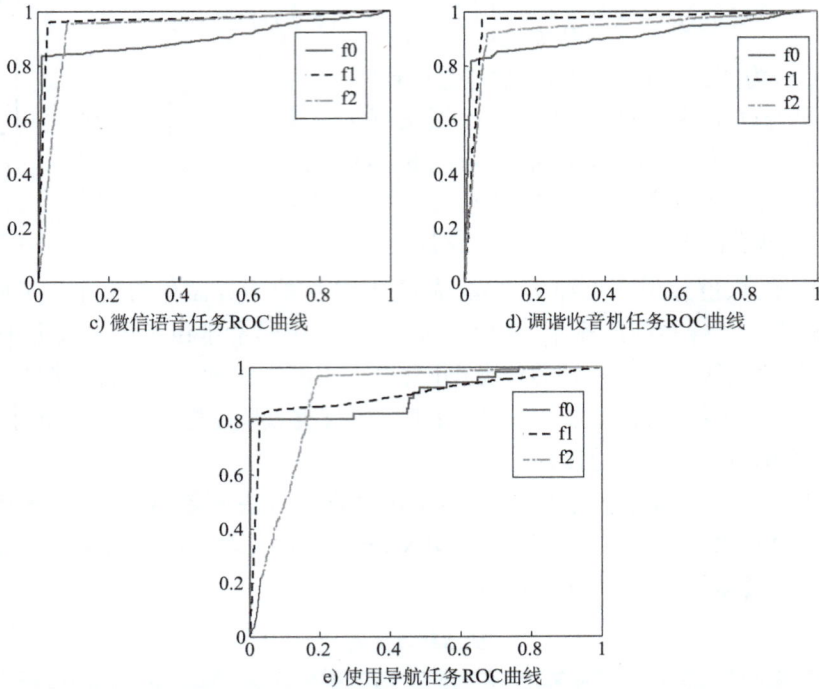

c) 微信语音任务ROC曲线

d) 调谐收音机任务ROC曲线

e) 使用导航任务ROC曲线

图 8-29　不同分心任务的 ROC 曲线

分类模型三种评价指标的结果如表 8-13 所示。AUC 值为三个二分类器的 AUC 均值。五种分心任务分类模型的准确率均大于 90%，Kappa 系数均高于 0.8，AUC 在 0.9 以上或接近 0.9，表明分类结果具有较高的一致性，模型具有良好的可靠性。在上小节中，分心任务视觉评定方法已给出五种分心任务复杂程度排序，其中拨打电话与微信短信的复杂程度最高，微信语音次之，接着是调谐收音机，最后是使用导航。由表 8-13 可看出，任务越复杂，则模型识别准确率越高，简单的分心任务会导致模型准确率降低。由此可知，模型在甄别复杂分心任务时，其分类准确率更高，此方法更加适用于分心程度高的驾驶状态甄别。

评估结果　　　　　　　　　　　　　　　　　　　　　　　　表 8-13

项目	准确率	Kappa 系数	AUC
微信短信	94.65%	0.896	0.942
拨打电话	94.41%	0.891	0.938
微信语音	94.15%	0.892	0.935
调谐收音机	92.21%	0.873	0.932
使用导航	93.04%	0.808	0.894

七　小结

本节基于模拟驾驶系统，设计了五种分心任务的实验内容，搭建了分心驾驶数据采集与展示平台,描述了多种分心任务的视觉特征、驾驶操作行为与车辆运行特征,同时基于视觉特征提出分心任务的评定方法,并通过建立视觉分心水平与驾驶操作、车辆运行间的关联机制,提出一种新的分心驾驶行为甄别方法。

(1)基于 AttenD 算法,分析驾驶人在不同分心任务下的描述性视觉特征,确定不同职业类型、分心任务下的视觉分心影响因素,实现驾驶人视觉特征的动态过程性表达。

(2)根据 AttenD 算法过程表达结果,提出一种基于 AttenD 算法的视觉分心任务评级方法,从而判断分心任务的潜在风险。此外,通过采用 AttenD 划分视觉分心水平,基于随机森林分类算法构建视觉分心水平与驾驶操作、车辆运行间的关联机制,以新视角形成分心驾驶甄别方法。五种不同复杂度的分心任务运用该模型其准确率均超过 90%,证明该方法能够准确实现分心水平的预测与分类,特别是针对复杂分心任务的识别精度更高。

(3)视觉分心任务评级方法为车载设施设置标准的制定提供了依据与理论基础。另一方面,分心驾驶行为甄别方法可用于实现低成本的实车分心驾驶状态动态监测与预警,也为开展分心驾驶模拟体验、增强驾驶人安全意识并减少分心行为奠定基础。未来可以考虑将更多类型分心任务融入研究,也可进一步与其他分类算法(如:深度学习等)进行比较,以实现更精准的分心驾驶甄别与检测。

第四节　违法驾驶行为

一　问题提出

以往研究发现,超过 90% 的交通事故与危险驾驶行为直接或间接相关,超速、疲劳、酒后、分心驾驶是导致致死交通事故的主要诱因。当前,我国驾驶人对机动化、快速化的现代交通方式尚未完全适应,其交通法治意识、安全意识和文明意识仍有较大提升空间。因此,驾驶人素质培训和安全教育对于保障道路交通安全至关重要,也是加强交通精细化管理和交通文化建设的重要方面。

危险预测教育是解决交通违法的重要途径,其核心是提高驾驶人对危险的预测能力。如果驾驶人能掌握交通突变信息的先兆,就可能有更多时间采取应急措施以防止事故发生,这是避免应激状态出现的关键。驾驶人危险预测能力可以使驾驶人尽早地感知潜在的危险,并采取必要措施化解潜在的交通危险。因此,通过危险预测教育方式来减少驾驶人交通违法行为,使驾驶人形成危险判别安全意识具有重要意义。

本节针对违法驾驶行为干预问题,以危险预测教育理论为基础,以驾驶行为"知-教-行"为主线,以构建基于驾驶模拟平台的危险预测教育体系为核心,重点研究违法驾驶行为的认知机理、形成过程、行为特征、干预手段及其适用性评估,提出"知-教-行"模式下危险行为动态教育方法,以期减少驾驶人交通违法行为,提升道路交通安全水平。

二 方案设计

1. 问卷设计

（1）人口统计学信息问卷，主要调查驾驶人年龄、性别、驾龄、职业等问题。

（2）驾驶人事故倾向问卷，主要调查驾驶人日常驾驶中闯红灯、超速行驶等行为的发生概率。

（3）驾驶人愤怒等级问卷，主要调查日常驾驶中驾驶人对他人行为的情绪反应。

2. 实验设备

基于驾驶模拟实验平台、心电仪、Android 操作系统手机（小米 3）和适应性测试仪器（反应力测试仪和动态视力计算仪）开展实验测试。

驾驶模拟实验之前，被试需要进行适应性测试。适应性测试主要包括反应力测试以及动态视力测试，反应力测试使用实验室中反应力测试仪进行，动态视力测试使用实验室中动态视力计算仪进行。

依托模拟驾驶综合实验平台，在模拟道路、交通、事件等设计完成后，进行模拟驾驶实验，采集被试的驾驶行为数据，同时使用心电仪采集被试的生理数据；此外，在驾驶模拟实验过程中，还需要驾驶人通过手持 Android 操作系统手机（小米 3）完成打电话等分心任务。

3. 场景设计

（1）道路设计。

以北京主要道路类型为参考依据，主要选取城市快速路和城市一般道路作为实验环境，设计及实现效果如图 8-30、图 8-31 所示。城市快速路实验场景的路网由双向八车道构成，车道宽为 4.0m，路段最高限速 80km/h，路网全长约 10km，包括一个立体交叉口（望和桥）。城市一般道路实验场景的路网由双向六车道构成，车道宽为 3.5m，路段最高限速 40km/h，路网全长约 5km，包括若干平面信号控制交叉口。实验场景中的交通标志标线按照国家标准规范设计。

图 8-30 城市快速路

图 8-31　城市一般道路

（2）事件设计。

根据典型违法驾驶行为进行实验事件设计,分别在驾驶人分心驾驶、交叉口等灯、换道和超车情况下进行数据采集,并开展违法驾驶行为教育,事件场景设计如图 8-32 所示。为了减少驾驶人由于熟悉实验场景而导致的学习记忆效应,将驾驶行为第一次检测部分和长效性检测部分设计在同一场景的不同点位,即两次检测的原理相同但语音触发坐标不同。

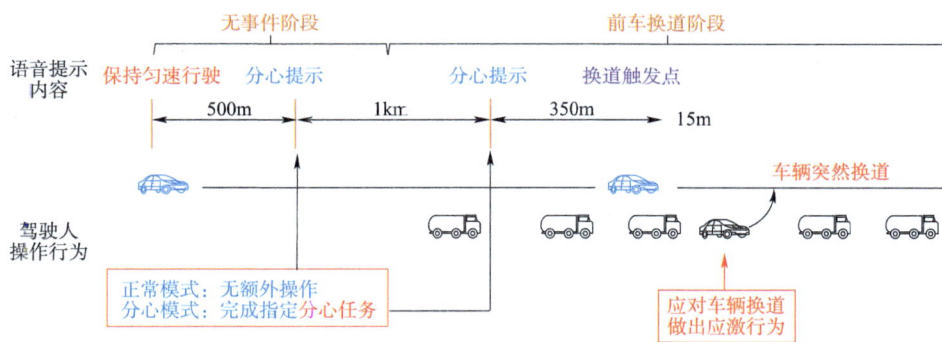

a) 分心驾驶事件（打电话+紧急换道）场景设计

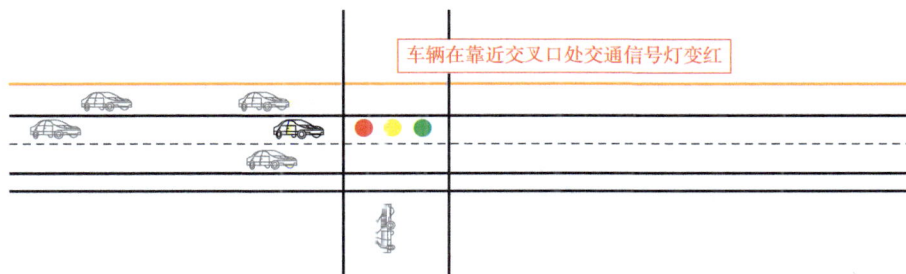

b) 交叉口等灯事件场景设计

图　8-32

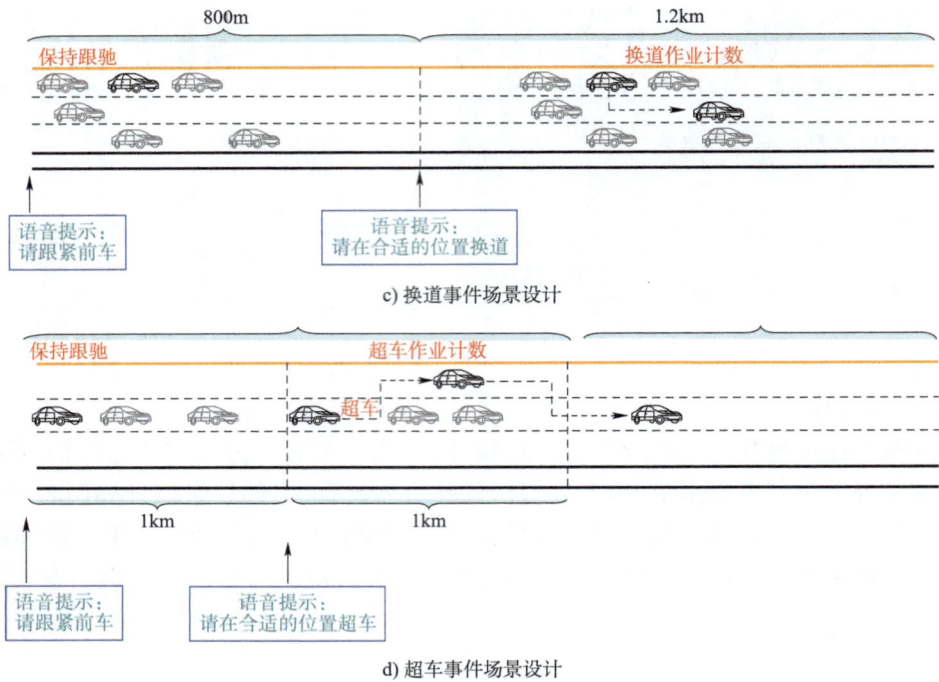

800m　　　　　　　　　　　　　　1.2km

保持跟驰　　　　　　　　　　　　换道作业计数

语音提示：
请跟紧前车

语音提示：
请在合适的位置换道

c) 换道事件场景设计

保持跟驰　　　　　超车作业计数

超车

1km　　　　　　1km

语音提示：
请跟紧前车

语音提示：
请在合适的位置超车

d) 超车事件场景设计

图 8-32　典型违法驾驶行为事件场景设计

4. "知-教-行"动态教育模式

通过对典型危险驾驶行为以及相关教育方法的研究,基于驾驶模拟器的典型危险驾驶行为检测及评估方法,结合教育心理学"关联主义"概念,设计形成针对危险驾驶行为的"知-教-行"动态教育模式,如图 8-33 所示。"知-教-行"动态教育模式即先通过模拟器让驾驶人体验交通事故的危险性(知),再通过典型危险驾驶行为教育视频学习(教),最后驾驶人根据模拟器语音提示完成正确驾驶操作(行)的动态教育方法。基于此,构建安全驾驶教育虚拟体验及动态评估系统,为开展驾驶安全的宣传教育提供了新方法和新平台。

知：
通过驾驶模拟技术还原典型事故场景,让驾驶人通过模拟器体验事故,加深驾驶人对违法行为导致的驾驶事故感知。

教：
经过事故场景感知后通过针对性视频制作以及教育,对驾驶人进行规范驾驶操作科普,让驾驶人有针对性地接受教育。

行：
通过驾驶模拟技术 API 编程控制驾驶人根据语音进行一次针对性并且规范的驾驶操作,让驾驶人通过行为认知学习加深学习印象。

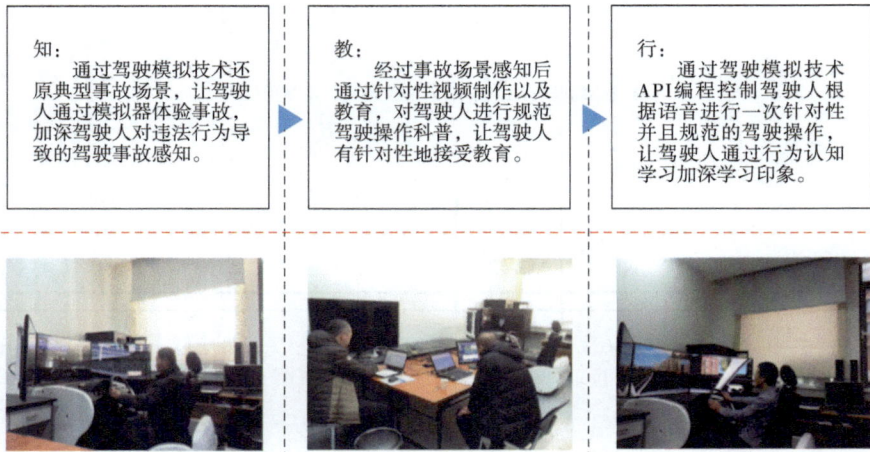

图 8-33　基于驾驶模拟系统的"知-教-行"动态教育模式

为了实现驾驶人从驾驶体验到驾驶行为测试到驾驶动态教育的目的,在驾驶模拟系统的基础上,开发了一套体验教育系统软件。主要界面及功能如下(图8-34):首先,打开登录注册界面,收集驾驶人基本信息,检测驾驶人基本特征,即通过典型问卷和游戏,测量驾驶人的驾驶行为倾向和主观愤怒度;然后,进入场景选择界面,场景选择分为测试场景选择以及教育场景选择,在测试界面中有驾驶人的动态数据显示,让驾驶人与系统具有良好沟通;其次,在动态教育阶段会有视频教育界面,每次动态体验之后会播放典型危险驾驶行为事故教育视频;最后,利用上文形成的危险驾驶行为风险分级模型实现基于驾驶行为指标的危险度分级,给出驾驶人危险程度得分及驾驶行为评价。

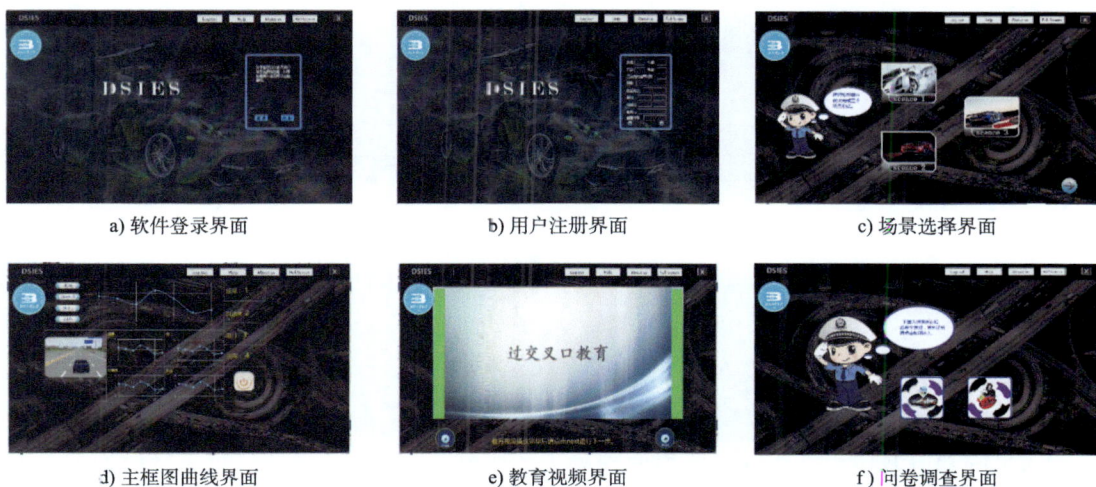

a) 软件登录界面

b) 用户注册界面

c) 场景选择界面

d) 主框图曲线界面

e) 教育视频界面

f) 问卷调查界面

图8-34 基于驾驶模拟系统的"知-教-行"动态教育系统

三 实验测试

1. 被试选取

根据被试最小样本量选取和组成要求,实验共招募43名被试,其中有1位对驾驶模拟仿真实验产生了不良反应,故有效被试为42人,平均年龄为35岁。表8-14为被试的具体情况。

被试的具体情况 表8-14

项目	女性	男性	合计
职业驾驶员(出租汽车驾驶员)	2人	29人	31人
非职业驾驶员(驾龄3年及以上)	2人	4人	6人
新手(驾龄1~2年)	2人	3人	5人
合计	6人	36人	42人

2. 实验流程

实验共包括四大部分：第一部分为原始数据采集，第二部分为驾驶教育，第三部分为教育后数据采集，第四部分为驾驶教育效果长效性检验。实验流程如图 8-35 所示。

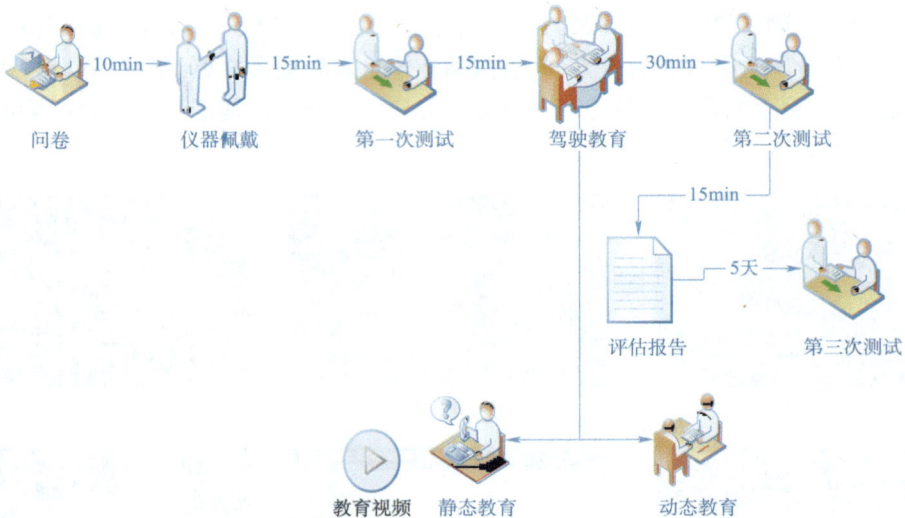

图 8-35　实验流程图

（1）原始数据采集。

通过问卷以及适应性测试仪器提取驾驶人主观特性以及感知特性，并通过模拟器采集驾驶人原始行为数据。实验场景涉及五种典型违法行为，包括违法换道、违法超车、超速、闯红灯以及分心驾驶。采集指标包括驾驶人在操作过程中的横向操作指标（转向盘角度等）以及纵向操作指标（速度、加速度等）。

（2）驾驶教育。

驾驶教育分为动态教育以及静态教育两种。其中，静态教育参考现阶段较多的违法事故视频教育方法，驾驶人在一个相对安静的空间里面接受驾驶视频教育，教导事故危害以及相关规范；动态教育针对驾驶人在生活中可能发生的违法行为进行教育，通过模拟器对交通事故进行重现，先让驾驶人身临其境地感受危险驾驶可能造成的危险后果，再通过视频教育告知危害并教育其要规范操作，最后通过模拟器对驾驶人行为进行实时纠正性的操作。本节研究内容主要采用驾驶模拟器对驾驶人开展动态教育。

（3）教育后数据采集。

教育后数据采集指标与原始数据采集指标一致。为了防止驾驶人对第一次数据采集的道路情况产生记忆，设计此次采集场景与第一次采集所用场景相同，但是事故触发点位有所区别。

（4）驾驶教育效果长效性检验。

根据遗忘曲线规律，驾驶人在 5 天后可能会对教育内容产生遗忘。因此，教育完成 5 天后，要求被试重新回到实验室进行模拟驾驶测试，对照原始行为数据指标进行数据采集。

3.实验数据采集

基于驾驶模拟器采集被试的驾驶操作行为及车辆运行状态等数据,数据采集频率为8Hz,即每125ms采集一条数据。

四　数据处理

上位机软件根据场景设计中驾驶任务提示点及事件发生触发点的坐标位置,截取该事件下驾驶任务进行时的驾驶行为数据,实现所需数据截取和预处理,计算得到包括平均速度、速度标准差、加速度标准差、转向盘角度均值及标准差、车辆侧位移均值及标准差等基础特征数据。

五　指标提取

1.违法驾驶行为判定及发生频次指标

通过分析违法行为发生频次可以较好地判断违法事故教育对驾驶人行为的改进作用,而如何在模拟驾驶条件下确定违法行为的判定法则是难点。参考现阶段国内外以及公安部发布的驾驶人操作手册进行汇总,得到适用于模拟器违法行为判别的流程图,具体的判定流程如图8-36～图8-38所示。

(1)违法换道。图8-36中 Y 代表模拟器输出 Y 坐标,图8-36中 $Y=3087$ 为模拟场景中的具体坐标,N 代表输出车道数,F 代表违法事故数,Z 代表是否开启转向灯。通过如图所示的判定流程,可以得知驾驶人在不允许换道路段是否换道,以及在换道过程中是否开启转向灯。通过以上两个判断机制,可以较好地检测驾驶人在驾驶过程中是否发生违法行为。

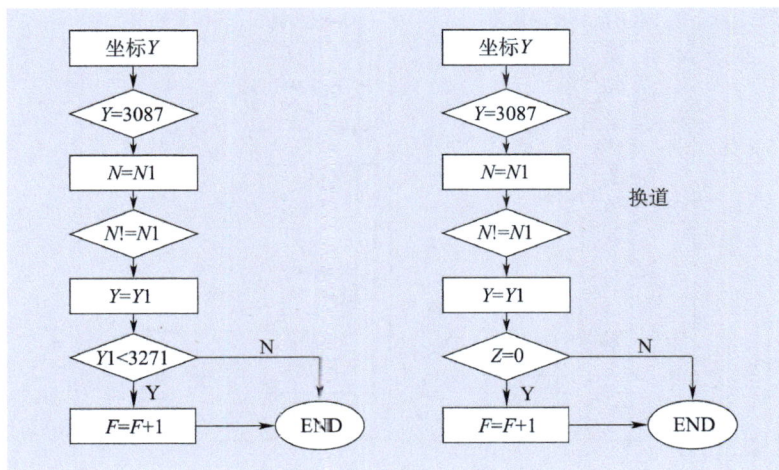

图 8-36　违法换道判定

（2）违法超车。图 8-37 中 Y 代表模拟器输出 Y 坐标，N 代表输出车道数，F 代表违法行为数，Z 代表是否开启转向灯，P 代表判断，ZY 代表右后方车距。通过判定流程，可得知驾驶人在超车后回到原车道的过程中是否与右后方车辆保持安全距离，以及超车过程中是否开启转向灯。通过以上两个判断机制，可以较好地检测驾驶人在驾驶过程中是否发生违法行为。

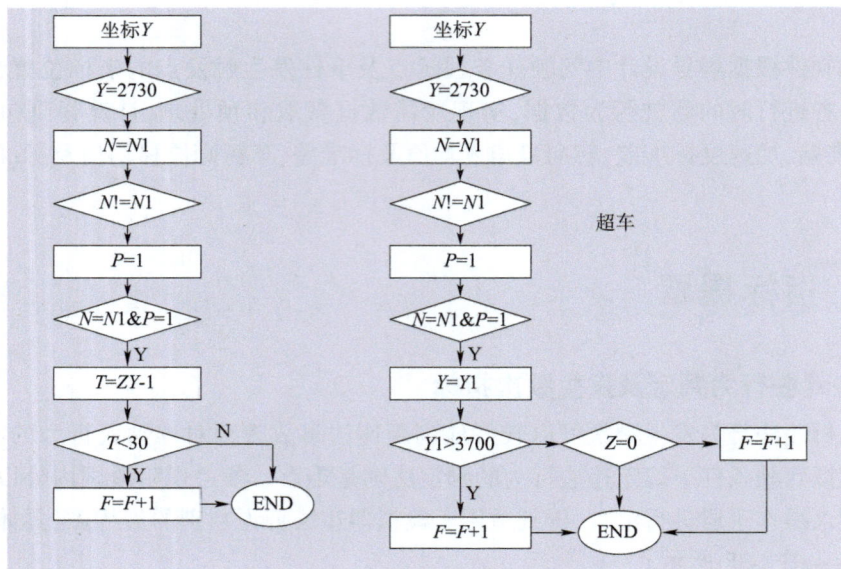

图 8-37　违法超车判定

（3）分心驾驶、闯红灯。图 8-38 中 Y 代表模拟器输出 Y 坐标，N 代表输出车道数，F 代表违法行为数，V 代表速度，X 代表模拟器输出 X 坐标。根据图 8-38 的方法可以检测驾驶人在道路驾驶中是否在分心过程中靠边停车以及是否闯红灯。

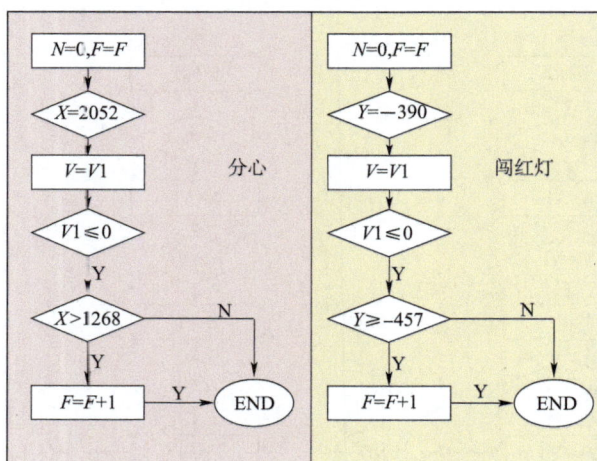

图 8-38　分心驾驶、闯红灯判定

基于上述判定原则，可以检测驾驶人在驾驶过程中发生换道不开启转向灯、违法换道

(在不允许换道处换道)、超车不开启转向灯、超车未留下安全距离、闯红灯和分心未靠边停车等违法驾驶行为的频次,对违法驾驶行为的发生频率进行分析,可以得到教育对违法驾驶行为的影响作用。

2. 违法驾驶行为教育影响特征指标

为了分析教育对典型违法驾驶行为教育的有效性,提取了闯红灯、分心驾驶、违法超车、违法换道四种典型驾驶任务下的驾驶人操作行为及车辆运行状态等指标,包括速度、加速度、转向灯、横向偏移、转向盘转角、加速踏板深度、制动踏板深度、前方车距和后方车距等,如图 8-39 所示。

图 8-39　违法驾驶行为受教育影响分析评价指标

六　结果分析

1. 教育对违法驾驶行为发生频率的影响

通过比较教育前、后违法驾驶行为的改变,得到教育对不同违法驾驶行为的影响,包括换道不开启转向灯、违法换道(在不允许换道处换道)、超车不开启转向灯、超车未留下安全距离、闯红灯、分心未靠边停车等。利用百分比分布图可以较好地比较同一种违法驾驶行为状态下教育前后以及长期教育后的违法驾驶行为发生频次。占比越大,证明在该阶段违法驾驶行为越是严重。42 名被试违法驾驶行为百分比分布如图 8-40 所示。

从图 8-40 可以发现,大多数违法驾驶行为在受教育后的改变较大,违法驾驶行为出现次数相较于教育前均有较大幅度的下降。值得注意的是,由于模拟器在检测违法换道行为时按照开启转向灯的瞬间作为判定法则,而驾驶人开启转向灯的时间越长代表其对后车警示作用越大,因此虽然教育后违法变道频次有所增加,但意味着驾驶人在教育后保持了更长的开启转向灯时间。

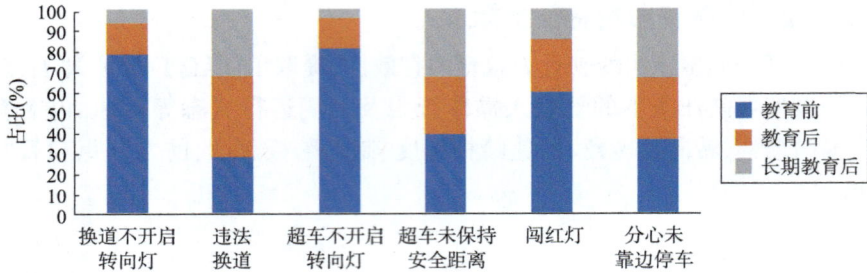

图 8-40　教育培训前后危险行为百分比分布图

2. 教育对违法驾驶行为特征的影响

为分析教育对典型违法驾驶行为干预的合理性和有效性,使用多变量方差分析方法研究分心驾驶、违法换道、违法超车和闯红灯动态教育对速度、加速度等驾驶行为指标的影响。由表 8-15 ~ 表 8-18 可知,教育对分心驾驶、违法换道、违法超车和闯红灯的驾驶行为多项指标均具有显著性影响。通过对比分析发现,相比于违法换道、违法超车和闯红灯,分心驾驶的大多数驾驶行为表现均有显著提高,说明教育对于改善分心驾驶行为具有更加显著的效果。

教育对分心驾驶行为特征指标的多变量方差分析结果　　　　　　表 8-15

特征指标	F 值	Sig 值
速度均值	13.4	< 0.001 **
速度方差	14	< 0.001 **
加速度均值	10.7	< 0.001 **
加速度方差	0.37	0.692
横向偏移均值	5.45	0.019 **
横向偏移方差	1.046	0.36
转向盘转角均值	3.5	0.007 **
转向盘转角方差	5.26	0.008 **
加速踏板深度均值	13.9	< 0.001 **
加速踏板深度方差	10.9	< 0.001 **
制动踏板深度均值	7.2	0.002
制动踏板深度方差	10.96	< 0.001 **
右转向灯均值	5.23	0.008 **

注:* * 表示 $p < 0.05$。

教育对违法换道驾驶行为特征指标的多变量方差分析结果 表 8-16

特征指标	F 值	Sig 值
速度均值	3.75	0.02 **
速度方差	1.043	0.359
加速度均值	0.218	0.805
加速度方差	0.272	0.763
横向偏移均值	1.77	0.179
横向偏移方差	11.8	<0.001 **
转向角加速度均值	0.272	0.76
转向角加速度方差	0.27	0.764
加速踏板深度均值	8.92	<0.001 **
加速踏板深度方差	0.274	0.761
后方车距均值	7.796	0.001 **
后方车距方差	1.996	0.14
左后方车距均值	2.63	0.08 *
左后方车距方差	1.34	0.27
左转向灯均值	17	<0.001 **

注：**表示 $p < 0.05$，*表示 $p < 0.1$。

教育对违法超车驾驶行为特征指标的多变量方差分析结果 表 8-17

特征指标	F 值	Sig 值
速度均值	1.42	0.258
速度方差	1.53	0.226
加速度均值	7.95	0.001 **
加速度方差	2.26	0.113
右后方车距均值	1.33	0.255
右后方车距方差	60.9	<0.001 **
左后方车距均值	3.52	0.036 **
左后方车距方差	1.128	0.331
前方车距均值	1.41	0.235
前方车距方差	1.245	0.295
左前方车距均值	1.4	0.253
左前方车距方差	1.24	0.295
后方车距均值	3.52	0.036 **
后方车距方差	1.128	0.331
左转向灯均值	5.43	0.007 **
右转向灯均值	14.6	<0.001 **

注：**表示 $p < 0.05$。

教育对闯红灯驾驶行为特征指标的多变量方差分析结果　　　　表 8-18

特征指标	F 值	Sig 值
速度均值	4.45	0.015 **
速度方差	0.459	0.612
加速度均值	3.678	0.031 **
加速度方差	0.686	0.963
转向角速度均值	8.3	0.001 **
转向角速度方差	37	<0.001 **
加速踏板深度均值	31.8	<0.001 **
加速踏板深度方差	6.9	0.002 **
制动踏板深度均值	2.54	0.083 *
制动踏板深度方差	2.3	0.1

注：＊＊表示 $p < 0.05$，＊表示 $p < 0.1$。

七　小结

本节针对违法驾驶行为干预问题，以危险预测教育理论为基础，以驾驶行为"产生-干预-优化"为主线，构建了"知-教-行"模式下违法行为动态教育模式，并通过开展教育前后以及教育后效性的影响研究，评价了该模式的教育效果。

（1）形成基于模拟器的"知-教-行"动态违法行为教育模式及教育系统。通过研究典型违法驾驶行为及相关教育方法，以驾驶模拟器为载体，形成针对典型违法驾驶行为的检测及评估方法，构建首先体验交通事故的危险性（知），其次开展典型违法行为视频教育（教），最后驾驶人根据模拟器语音提示完成正确驾驶操作（行）的动态教育模式。基于该模式，开发基于驾驶模拟技术的沉浸式体验教育系统，为开展驾驶安全的宣传教育提供了新方法和新平台。

（2）评价"知-教-行"模式对驾驶人违法驾驶行为改善的效果。基于描述性统计、方差分析等方法，发现大多数驾驶人在受教育后违法驾驶行为改变较大，违法驾驶行为发生频次相较于教育前均有较大幅度的下降；其次，"知-教-行"模式对分心驾驶、违法换道、违法超车和闯红灯的速度、加速度等驾驶行为表现均有显著影响。通过对比分析发现，分心驾驶的大多数驾驶行为表现均有显著提高，说明教育对于改善分心驾驶行为具有显著的效果。

（3）研究结果为开展违法驾驶行为的安全宣传教育提供了新方法和新平台。未来可以考虑针对更多违法驾驶行为（例如疲劳驾驶、饮酒驾驶等）开展干预研究；在"知-教-行"动态教育模式中，继续完善典型违法行为教育素材，也可考虑驾驶人的风格和社会属性差异，设计差异化的教育内容，以实现更好的教育效果。

第 ⑤ 节　新学员驾驶行为

一　问题提出

交通事故中,至少90%是由于驾驶人操作不当造成的。新学员机动车驾驶培训作为向社会输送驾驶人的基础,其培训质量对驾驶人行为的塑造和安全意识的养成具有重要影响。目前,驾驶人考试内容一般包括科目一到科目三三个科目。其中,科目一是道路交通安全法律、法规和相关知识考试;科目二为场地驾驶技能考试,包括侧方停车、坡道定点停车和起步、直角转弯、曲线行驶和倒车入库五个训练项目;科目三分为两部分,一部分是道路驾驶技能考试,包括实际驾驶过程中常用和必要的驾驶技能;另一部分是安全文明驾驶常识考试,只有通过上述所有考试后,才能获得驾驶证。但长期以来驾驶培训以考试为导向,应试教学现象严重,所教内容与实际道路驾驶所需的内容存在差异,驾校驾驶培训质量因学员驾驶水平参差不齐也饱受诟病。学员训练效果评判主要依靠教练员主观评价,缺乏基于数据驱动的科学量化评价方法。传统教学模式已较难满足道路交通安全和驾驶培训管理的精细化需求。考虑到我国驾驶培训受限于考试空间、时间及安全影响,基于虚拟现实技术(VR)的智能型汽车驾驶培训模拟器为学员培训质量提升提供了新思路。

由于智能型汽车驾驶培训模拟器目前只能够辅助第二部分基础和场地驾驶训练(科目二)中的教学任务,因此本节仅针对学员基础和场地驾驶培训过程中的训练效果进行研究,通过对学员的驾驶能力评估,提出个性化且高效的驾驶培训计划。一方面,为实现学员驾驶培训特征精准刻画和直观表达,建立学员个体特性和驾驶培训特征的图谱;另一方面,借助柯氏层次评估模型搭建学员驾驶技能培训效果评价指标体系。最终,基于关键训练效果评价指标,搭建学员考试通过预测模型,明确影响学员考试通过的特征重要性排序和影响机理。

二　方案设计

1.实验设备

实验采用智能型汽车驾驶培训模拟器(以下简称 VR 模拟器)和搭载机器人辅助教学装置的智能教练车(以下简称智能机器人教练车)。其中,VR 模拟器搭载了数字场景化的驾驶培训系统,采用专业级体感平台技术,高度还原真车驾驶操作感,该模拟器如图 8-41a) 所示。智能机器人教练车上安装传感器获取学车人驾驶行为数据(坐姿、转向灯是否打开等)、车辆状态数据(车速、转向盘角度等)、道路环境(道路拥堵情况、是否有行人等),如图 8-41b)所示。

a) 智能驾驶培训模拟器　　　　　　　b) 智能机器人教练车

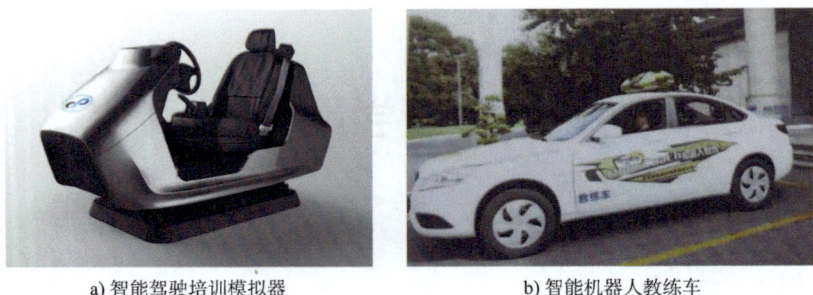

图 8-41　智能驾驶培训设备

2. 实验任务设计

实验针对基础和场地驾驶培训过程,采用 VR 模拟器培训(VR 培训)与智能机器人教练车培训(实车培训)两种培训方式,培训场景如图 8-42 所示,包含侧方停车、坡道定点停车和起步、直角转弯、曲线行驶和倒车入库五个培训项目,并根据实验目的设置实验组和对照组。实验组学员采取 VR 培训与实车培训相结合的混合培训,对照组学员只采取实车培训。实验组共包含 4 种培训模式:2 + 5 培训模式(即 2 天 VR 培训 + 5 天实车培训,其他同理)、3 + 4 培训模式、4 + 3 培训模式和 5 + 2 培训模式。

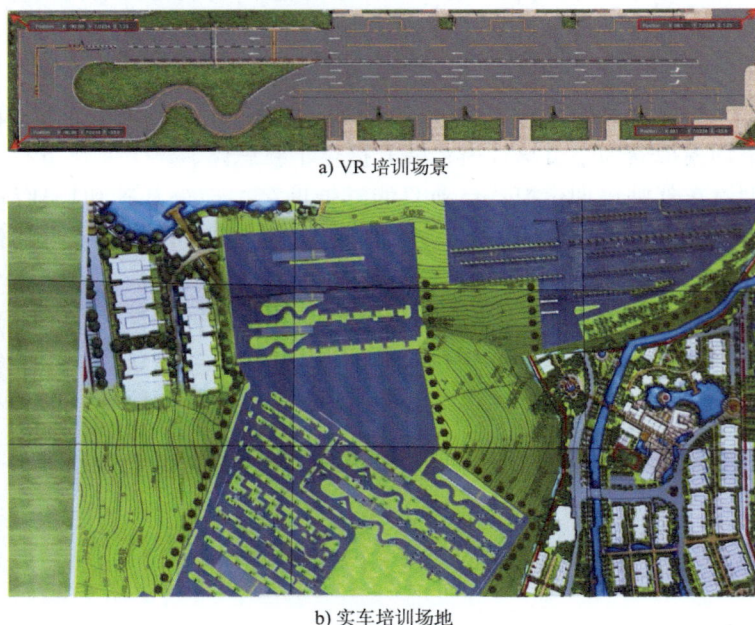

a) VR 培训场景

b) 实车培训场地

图 8-42　培训场景示意图

三　实验测试

1. 实验对象

被试均为初次申领机动车驾驶证的人员,随机分为实验组和对照组。每组学员为 50

人,涵盖不同性别和不同年龄。其中,按照学车群体性别比例,男性比例约占55%,女性比例约45%;按照学员年龄,包括18~30周岁、30~40周岁、40周岁以上三个群体。

2.实验流程

将通过科目一考试的学员分成实验组和对照组,实验流程见表8-19。对照组为纯实车培训(不涉及VR模拟器的使用),首先通过实验前问卷收集学员的个人属性等相关信息,然后进行为期7天的基础和场地驾驶实车培训,最后完成科目二考试;实验组为VR与实车的混合培训,首先通过实验前问卷收集学员的个人属性等相关信息,然后按照先VR培训后实车培训流程以及各组相应的时间要求,完成共7天的基础和场地驾驶培训,最后完成科目二考试,并填写实验后问卷收集学员对于VR模拟器的使用感受。

实验流程表   表8-19

分组	实验步骤
对照组	签订协议书并填写实验前问卷
	进行科目二基础和场地驾驶的实车训练和考试
实验组	签订协议书并填写实验前问卷
	进行科目二基础和场地驾驶的VR训练
	进行科目二基础和场地驾驶的实车训练和考试
	填写实验后问卷

3.实验数据采集

一方面采用实验前问卷收集学员情况统计数据,包括学员个人属性信息和主观问卷信息,采用实验后问卷收集学员对VR培训方式的主观评价。另一方面,基于VR模拟器与智能机器人教练车采集被试的过程数据和轨迹数据,其中过程数据主要为学员单次训练的犯错项,轨迹数据主要为学员单次训练的实时驾驶操作行为和车辆运行状态等数据,数据采集频率为5Hz,即每200ms采集一条数据。

四 数据处理

由于学员在培训过程中可以随时退出系统,导致部分数据不完整,同时存在部分数据重叠和覆盖的问题,因此需要对采集到的原始数据进行处理。数据处理过程包括利用行驶里程筛选不完整数据和根据训练时段清理重叠和覆盖数据。最终形成包含基本信息和评价数据两部分的目标数据库。

1.数据预处理

首先对训练轨迹数据进行筛选,筛选条件是直角转弯、曲线行驶、坡道定点停车和起步、侧方停车的行驶里程大于8m,到车入库的行驶里程大于20m。随后,删除每次训练中行驶或无任何操作的数据,仅保留关键轨迹数据。然后,将训练过程数据和轨迹数据进行匹配、整合。最后,将VR训练数据和实车训练数据进行匹配,形成学员训练全过程数据库。

2. 被试驾驶行为数据库搭建

目标数据库分为基本信息和评价数据两部分。基本信息包括学员学号、姓名、性别、年龄、训练项目、训练的开始时间和结束时间、行驶里程;评价数据包括用时、通过情况、扣分、犯错数、犯错项、驾驶操作行为图谱得分和不良驾驶操作行为。

五　指标提取

1. 训练过程指标

训练过程指标为训练过程中的犯错项,根据《机动车驾驶人考试内容和方法》(GA 1026—2022)标准中五个训练项目共 23 个犯错项定义。具体的犯错项如图 8-43 所示。

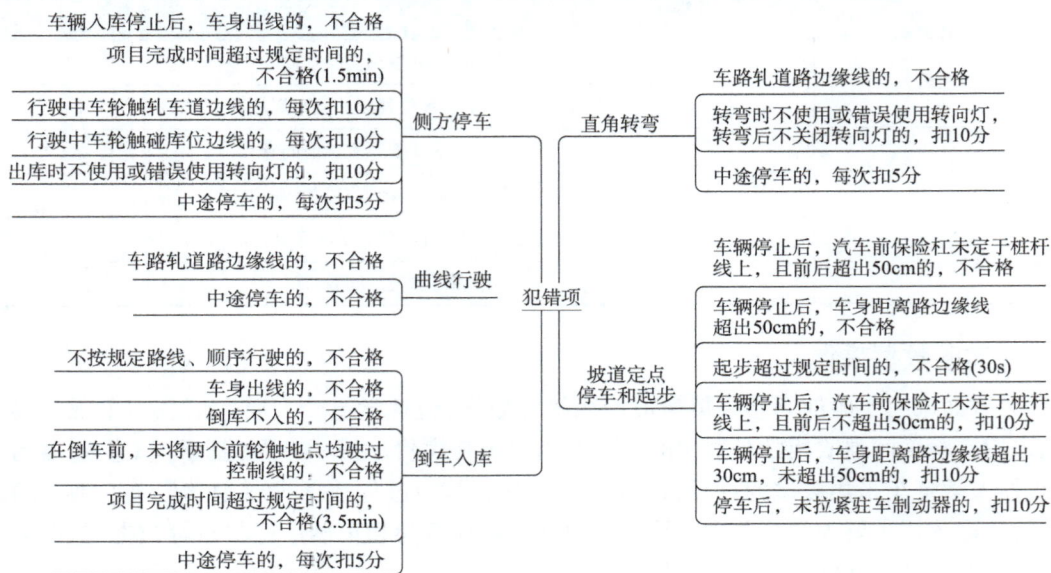

图 8-43　犯错项指标

2. 训练行为指标

对于驾驶操作行为的评价,选取横向控制和纵向控制指标,并基于图谱相似性将被试训练数据和最优训练数据进行比较,得出学员每次训练的驾驶操作行为得分。结合各训练项目的考核目标能力,选取转向盘速度和转向盘时机作为横向控制指标,制动踏板、离合踏板和加速踏板踩踏深度作为纵向控制指标。

六　结果分析

(一)基于图谱的学员培训特征刻画

基于学员训练过程的驾驶操作行为数据,以操作行为发生时间和实施力度为图谱编码要素,构建驾驶操作行为特征图谱,实现学员驾驶操作行为特征的直观表达。

1. 数据基础

用于驾驶操作行为图谱构建的基础数据来自训练过程中的轨迹数据,选取的数据项、表征符号、数据取值变化范围如表 8-20 所示。

驾驶操作行为数据项及变化范围

表 8-20

符号	驾驶操作行为	数据变化范围
B	制动踏板(Brake)	0 ~ 1
A	加速踏板(Accelerator)	0 ~ 1
S	转向盘转角(Steering)	−1 ~ 1
C	离合器踏板(Clutch)	0 ~ 1

2. 数据处理

由于训练过程中设备每秒记录 5 次驾驶操作数据,为将连续数据型的基础数据转化为抽象型的特征图谱,首先将原始数据转化为逐秒数据。由于数据采集频率为 5Hz,逐秒驾驶操作行为特征平均值可由公式(8-8)计算:

$$f(n) = \frac{1}{5}\sum_{i=5(n-1)+1}^{5n} f(x_i) \tag{8-8}$$

式中,$f(x_i)$ 表示驾驶模拟器在时刻 i 采集到的驾驶操作行为原始值;$f(n)$ 表示驾驶操作行为在该秒的平均值。如果本秒原始数据采集量不足 5 个,则 $f(n)$ 采用可用的数据求平均值。

3. 数据编码

定义编码的产生条件为驾驶操作行为在某一时刻发生显著改变。将驾驶操作行为数据范围划分为三部分,由节点大小代表驾驶操作的程度。如图 8-44 所示,带字母 C 的最小、中等、最大实心圆分别表征踩踏离合器踏板深度位于 0 ~ 1/3、1/3 ~ 2/3、2/3 ~ 1(不同驾驶操作的阈值定义不同)。特别地,采用空心圆表征驾驶操作行为为 0。

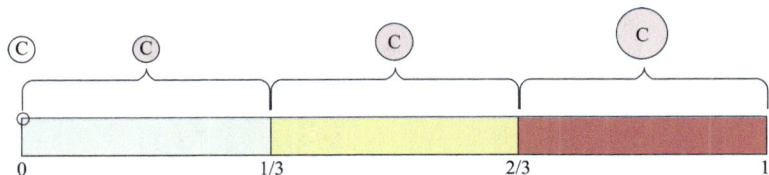

图 8-44　驾驶操作行为节点定义

除上述单点驾驶操作行为编码规则外,还应考虑时间序列上连续相邻节点间的差异特征以完成整个起步过程的操作行为编码。定义假设条件如下:

(1)驾驶操作行为编码从起步过程的第一秒开始。

(2)如果当前秒与上一节点的驾驶操作行为程度(如踩踏踏板深度)的变化大于 1/3,则生成新的驾驶操作行为编码。

（3）当驾驶操作行为值为 0 且相对于上一秒首次发生,则在该秒生成带有驾驶操作行为符号的空心圆作为编码。

基于以上编码生成规则及假设条件,可获得驾驶人在训练过程中的驾驶操作行为编码。

4. 图谱构建

首先,以时间为 X 轴、驾驶操作行为为 Y 轴构建坐标系;然后,结合驾驶操作行为发生时间及节点编码产生规则,确定每个驾驶操作行为在上述坐标轴中的位置及相应的节点编码属性(大小、符号);最后,从坐标轴原点开始,按照发生时间先后顺序利用直线连接每个驾驶操作行为节点编码,直线表示驾驶操作行为随时间延长一直持续。依据上述方法,可构建获得训练过程中的驾驶操作行为图谱,如图 8-45 所示,由此可以明显看出学员在直角转弯训练中每种驾驶操作行为的发生时间、操作程度及先后顺序等特征。

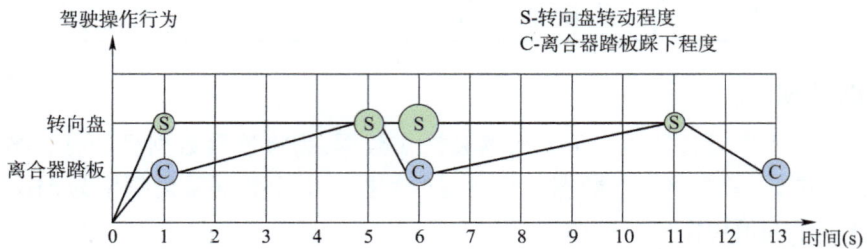

图 8-45　学员直角转弯操作行为图谱

为实现对学员驾驶操作行为的量化评价,还需要依据图谱理论构建驾驶行为最优图谱。研究选取 10 名金牌教练员 5 个训练项目(每个训练项目每名教练员训练 5 次)的驾驶操作行为数据,通过对原数据的修正和拟合,形成每个训练项目的最优驾驶操作行为曲线,图 8-46 以直角转弯中转向盘的操作行为为例,图中蓝线为每名教练员在直角转弯项目中 5 次训练的转向盘数据,红线为拟合的直角转弯项目转向盘最优操作曲线。通过实地调研东方时尚驾校金牌教练员的建议,综合考虑不同车辆内部零件设备的差异性,确定每个操作行为的阈值划分和程度分级。最终,根据最优操作曲线和阈值划分,构建不同训练项目的最优驾驶操作行为特征图谱,图 8-47 为直角转弯项目的最优驾驶操作行为特征图谱。

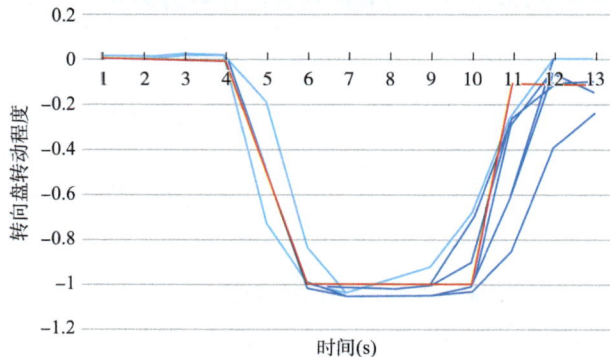

图 8-46　直角转弯转向盘最优操作行为

注:转向盘转动程度数值范围为 -1 到 1。因采集误差存在小于 -1 和大于 1 的异常值。

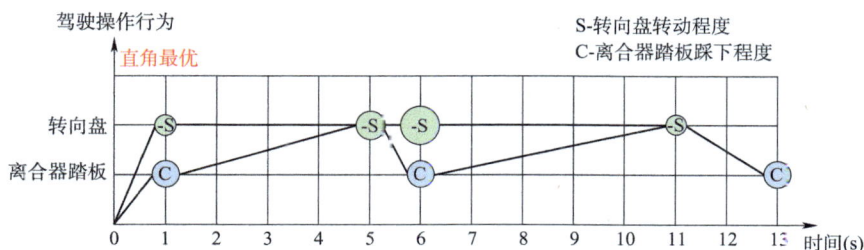

图 8-47　直角转弯最优驾驶操作行为特征图谱

5. 相似性判别

对于任意两个驾驶操作行为特征图谱,首先计算二者最长公共子序列(LCSS),以量化评价学员每次训练操作行为情况。计算公式见公式(8-9)。

$$\text{LCSS} = \begin{cases} 0 & \text{if } m = n = 0 \\ \text{LCSS}(\text{Rest}(I), \text{Rest}(J)) + 1 & \text{if } K(I_{1,y}) = K(J_{1,y}) \,\&\, |I_{1,x} - J_{1,x}| \leqslant u \\ & \&\, |I_{1,y} - J_{1,y}| \leqslant v \\ \max\{\text{LCSS}(\text{Rest}(J), I), & \text{otherwise} \\ \quad \text{LCSS}(I, \text{Rest}(J))\} \end{cases} \quad (8\text{-}9)$$

式中,LCSS(I, J) 为驾驶操作行为图谱 I 和 J 的最长公共子序列;K 为表征特定时间驾驶操作行为种类的函数;u 为 X 轴(时间)相似性阈值;v 为 Y 轴(驾驶操作行为)相似性阈值;m 为图谱 I 的数据记录个数(即是图谱 I 的时间长度);n 为图谱 J 的数据记录个数(即是图谱 J 的时间长度)。

依据公式(8-9),在某数据记录点处,驾驶操作行为种类相同,同时 X 轴的差异值不超过 u 且 Y 轴差异值不大于 v 时,LCSS 的值在该记录点增加 1。定义阈值 u 的值为 1,即是针对某一特定数据记录点,相同的驾驶操作行为在该点的前一秒或后一秒发生,认为驾驶操作行为在时间轴相似。定义阈值 v 的值为 0,即对于某一特定驾驶操作行为,认定位于相同编码的操作行为相似。获取 LCSS 后,最终利用 LCSS 距离(D_{LCSS})实施不同驾驶操作行为图谱相似性判别,D_{LCSS} 定义如下:

$$D_{\text{LCSS}}(I, J) = \frac{\text{LCSS}(I, J)}{\sup(m, n)} \times 100 \quad (8\text{-}10)$$

式中,$D_{\text{LCSS}}(I, J)$ 为驾驶操作行为图谱 I 和 J 之间的相似性距离;$\sup(m, n)$ 为最优图谱的数据记录点个数。

由公式(8-10)可知,D_{LCSS} 值越大,图谱相似性越高。

借助相似性判别方法,将学员训练驾驶操作行为特征图谱与相应训练项目的最优驾驶操作行为特征图谱进行比较,计算得出每个学员每次训练的得分。以某位学员直角转弯训练为例,训练前期和后期的驾驶行为特征图谱如图 8-48 所示,通过 VR 驾驶训练,该学员在直角转弯项目中,用时减少、得分增加。从中不难看出,学员的驾驶熟练度和驾驶技能在训练过程中不断提升。

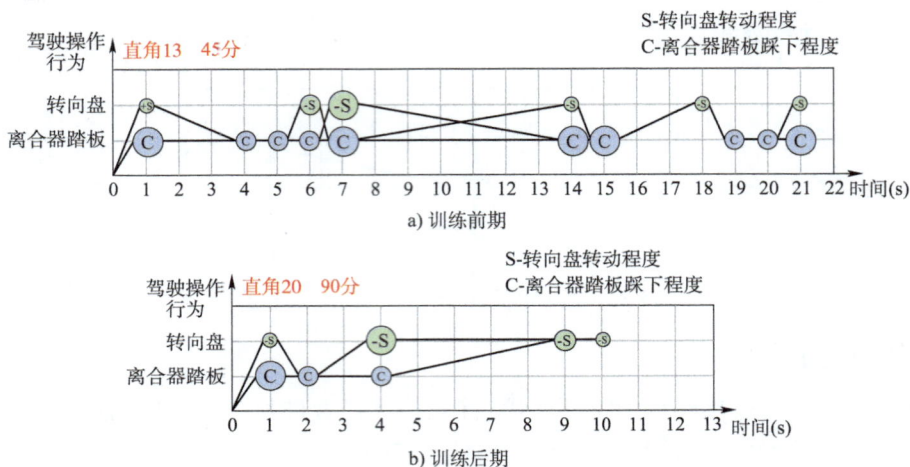

图 8-48　学员驾驶操作行为特征图谱及得分变化情况

注：直角 13 为该学员直角转弯项目的第 13 次训练，直角 20 为该学员直角转弯项目的第 20 次训练。

（二）科目二驾驶技能培训效果评价

1. 基础和场地驾驶培训效果评价指标体系搭建

培训效果的评估历经了从定性评估至定量评估的发展，其中影响最大、最广泛的是唐纳德·柯克帕特里克博士在 20 世纪 50 年代提出的柯氏层次评估模型。因此，本节利用柯氏层次评估模型构建基础和场地驾驶培训效果评价指标体系（图 8-49），将培训效果划分为四个层级：反映层、学习层、行为层和效果层。反映层关注学员对培训的主观认知感受；学习层关注学员对知识和技能等的理解和掌握程度；行为层关注学员培训后自身行为变化及知识和技巧运用的程度；效果层关注培训带来的成效。

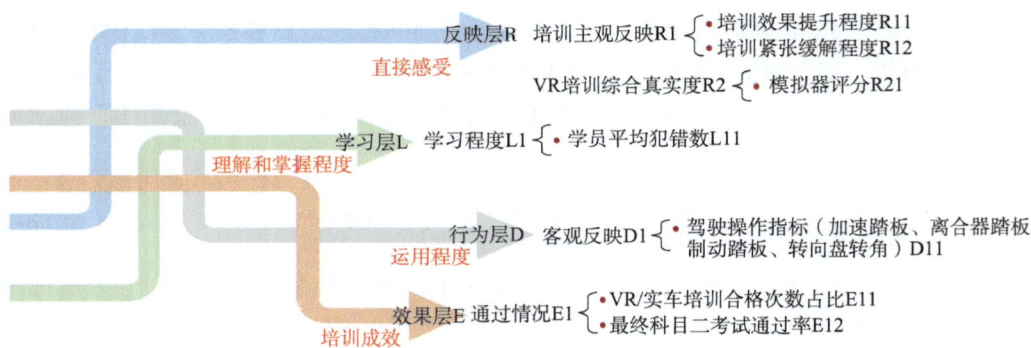

图 8-49　基于柯氏层次评估模型的基础和场地驾驶培训评价指标

2. 基础和场地驾驶培训效果评价结果分析

1）反映层

反映层是从心理层面评估驾驶人对培训的满意程度、积极程度的重要工具，用来描述驾驶人对培训的整体反应。反映层的指标体系主要分为两方面，一方面是学员对培训的主观反映(R1),包括学员使用模拟器进行训练后,对后续实车培训的提升程度(R11)和进行实车培训时紧张程度的改善情况(R12);另一方面是学员对 VR 培训过程感受和操作的真实度评价(R2),主要是针对模拟器的评分(R21),包括操纵真实度、场景真实度、视野、速度控制、车体位置感知、驾驶舱、环境声音等方面。如图 8-50 所示。

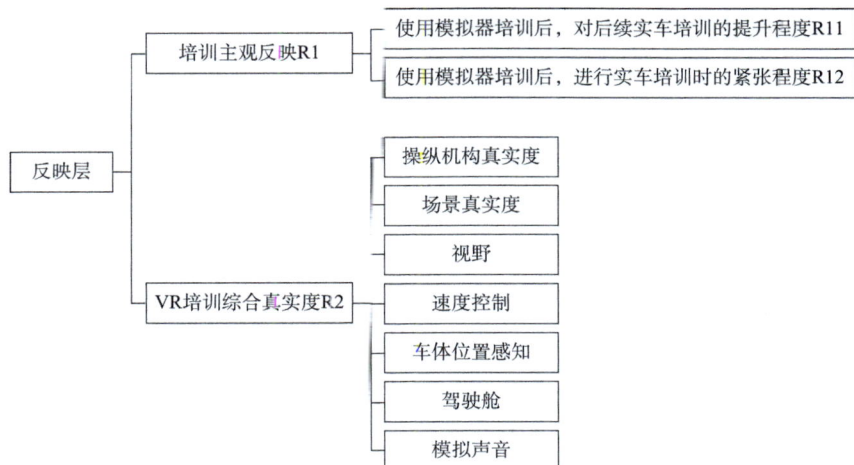

图 8-50 反映层评价指标

反映层总体分析结果如图 8-51 所示,学员认为模拟器可以较好地模拟实车驾驶体验,认同模拟训练有助于缓解实车训练时的紧张程度,且对实车培训效果的提升程度较大。

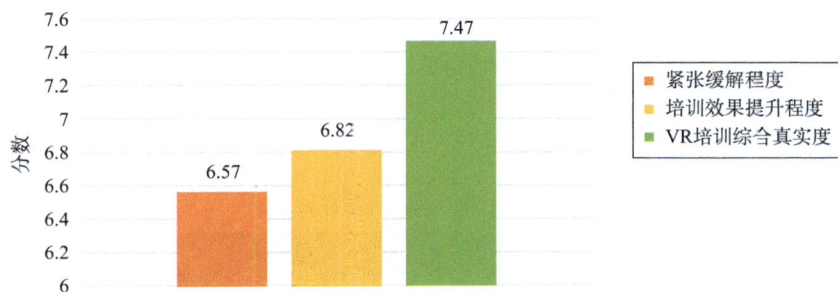

图 8-51 反映层评价得分

学员对不同培训模式下紧张缓解程度、培训效果提升程度和 VR 培训综合真实度的评价得分如表 8-21 所示,当三方面平均得分大于 0 且小于或等于 3 时,评分为 * ;大于 3 且小于或等于 7 时,评分为 * * ;大于 7 且小于或等于 10 时,评分为 * * * 。

不同培训模式学员反映层评价得分 表 8-21

培训模式	VR 培训综合真实度	紧张缓解程度	培训效果提升程度	均值	评价
2 + 5	7.65	7.20	6.62	7.16	* * *
3 + 4	7.20	6.48	6.57	6.75	* *
4 + 3	7.65	6.27	7.19	7.04	* * *
5 + 2	7.45	6.53	6.85	6.94	* *

2)学习层

学习层评价主要通过对比随着培训频次的增加,学员平均犯错数的变化情况(L11),以反映学员对知识的理解和掌握程度(L1)。不同培训模式的学员平均犯错数变化情况如图 8-52 所示,其中红框是 VR 培训部分学员平均犯错数的变化情况。在所有项目中,学员的平均犯错数整体呈下降趋势,其中 VR 训练的平均犯错数下降趋势较为明显。

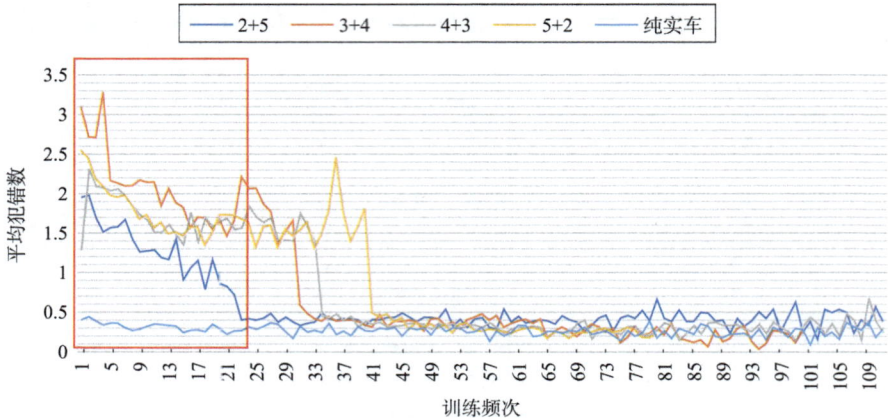

图 8-52   不同培训模式的学员平均犯错数变化情况

选取不同培训模式学员的训练前 10% 的数据均值作为训练前犯错数,训练后 10% 的数据均值为训练后犯错数,将训练前后平均犯错数作差除以训练前平均犯错数,计算出培训前后平均犯错数下降比例如表 8-22 所示,当平均犯错数下降比例大于 0 且小于或等于 33% 时,评分为 *;大于 33% 且小于或等于 66% 时,评分为 * *;大于 66% 且小于或等于 100% 时,评分为 * * *。由表可知,2 + 5 和 3 + 4 模式的评分相对较高,在学习层的表现相对较好。

不同培训模式学员学习层评价结果   表 8-22

培训模式	训练前平均犯错数(次)	训练后平均犯错数(次)	平均犯错数下降比例	评分
2 +5	2.0	0.7	65.0%	* *
3 +4	2.9	1.6	44.8%	* *
4 +3	1.8	1.5	16.7%	*
5 +2	2.5	1.7	32.0%	*

3)行为层

行为层基于驾驶操作行为指标(D11)考察学员在培训后对知识和技能的应用与转化程度(D1)。行为层指标分为横向控制指标和纵向控制指标,横向控制指标包括转向盘转速与转向时机,纵向控制指标包括制动踏板、离合器踏板和加速踏板。各训练项目指标如图 8-53 所示。基于图谱方法将教练员数据和学员训练数据均转化为图谱表达,然后计算两者之间的相似性距离,从而得到学员训练的图谱得分。

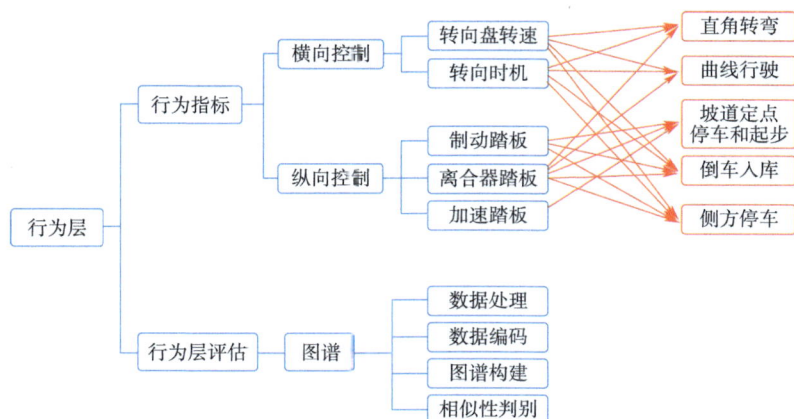

图 8-53　行为层评价指标体系

表 8-23 为不同培训模式下学员在 VR 训练部分的行为层评价结果,其中,将不同培训模式的所有学员前三次训练的图谱得分均值作为训练前得分,将不同培训模式的所有学员后三次训练的图谱得分均值作为训练后得分,将训练后得分提升数值占训练前得分的比例作为得分提升比例,当得分提升比例大于 0 且小于或等于 33% 时,评分为 *;大于 33% 且小于或等于 66% 时,评分为 * *;大于 66% 且小于或等于 100% 时,评分为 * * *,由表可知,4 + 3 模式的图谱得分提升程度最高。除 4 + 3 模式外,其余三种培训模式学员在侧方停车和倒车入库项目的图谱得分提升比例较低,说明这两个项目的训练难度相对较大,驾校更应注重这两项的针对性教学。相比之下,直角转弯和曲线行驶的图谱得分提升比例较高,说明这两个项目相对简单。

不同培训模式下学员 VR 训练部分的行为层评价结果　　　表 8-23

培训模式	训练项目	训练前得分	训练后得分	得分提升比例	评分
2 +5	直角转弯	43.0	59.3	38%	*
	曲线行驶	35.2	46.4	32%	
	坡道定点停车和起步	43.7	68.0	56%	
	侧方停车	42.0	58.1	38%	
	倒车入库	41.3	41.3	0%	
	综合	41.0	54.6	**33%**	
3 +4	直角转弯	61.9	86.0	39%	*
	曲线行驶	44.8	72.0	61%	
	坡道定点停车和起步	74.6	93.5	25%	
	侧方停车	51.8	44.8	−14%	
	倒车入库	34.3	34.3	0%	
	综合	53.5	66.1	**24%**	

培训模式	训练项目	训练前得分	训练后得分	得分提升比例	评分
4+3	直角转弯	43.0	84.3	96%	＊＊＊
	曲线行驶	25.6	80.0	213%	
	坡道定点停车和起步	69.3	93.9	36%	
	侧方停车	32.9	47.6	45%	
	倒车入库	21.0	46.2	120%	
	综合	38.4	70.4	**83%**	
5+2	直角转弯	49.0	98.9	102%	＊＊
	曲线行驶	54.4	94.4	74%	
	坡道定点停车和起步	68.6	91.1	33%	
	侧方停车	46.2	36.4	−21%	
	倒车入库	46.9	55.3	18%	
	综合	53.0	75.2	**42%**	

4）效果层

效果层通过对比随着 VR 和实车培训合格次数占比（E11）的增加，以及通过科目二考试的学员数占比（E12）的变化情况，反映学员 VR 培训成效（E1）。相关指标计算如下所示：

$$P_{QC} = \frac{T_{QC}}{T_C} \times 100\% \tag{8-11}$$

$$P_{PE} = \frac{N_{PE}}{N_{QC}} \times 100\% \tag{8-12}$$

式中，P_{QC} 为培训合格次数占比；T_{QC} 为培训合格（培训分数≥80分）次数；T_C 为培训次数；P_{PE} 为通过科目二考试的学员数占比；N_{PE} 为通过科目二考试且培训合格次数占比大于 0 的学员数；N_{QC} 为培训合格次数占比大于 0 的学员数。

图 8-54a）为当 VR 培训合格次数占比逐渐增大时，学员通过科目二考试的情况。当 VR 培训合格次数占比达到80%以上时，学员科目二考试通过率达到98%左右。图 8-54b）为当实车培训合格次数占比逐渐增大时，学员通过科目二考试的情况。当实车培训合格次数占比达到90%以上时，学员科目二考试通过率达到92%左右。

表 8-24 为 VR 培训、实车培训以及二者均值的综合评价得分，当 VR 或实车培训合格次数大于80%时，科目二考试通过率大于 0 且小于或等于 1/3 时，评分为＊；大于 1/3 且小于或等于 2/3 时，评分为＊＊；大于 2/3 时，评分为＊＊＊。由表可得，在效果层评价最好的培训模式是 3+4 模式。

通过分析反映层、学习层、行为层和效果层的评价结果，基于熵权法计算每层权重，最终得到各模式的综合评价结果，见表 8-25。由表可知，3+4 和 4+3 培训模式得分较高，说明 VR 训练和实车训练各占一半左右时，学员培训效果最好。

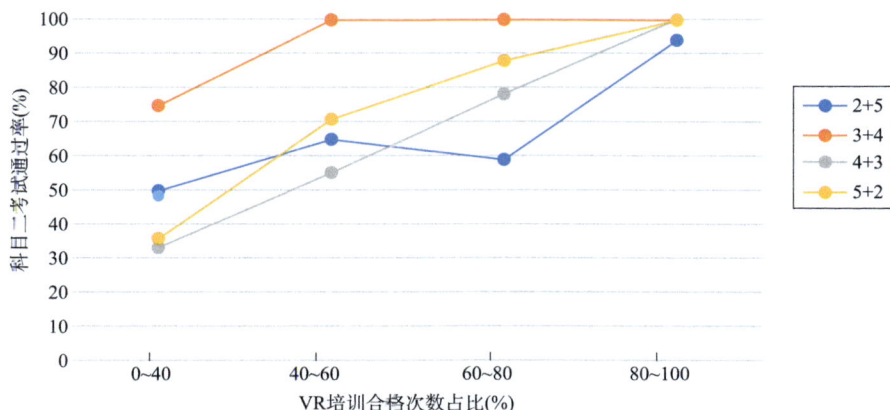

a) VR培训学员科目二考试通过情况

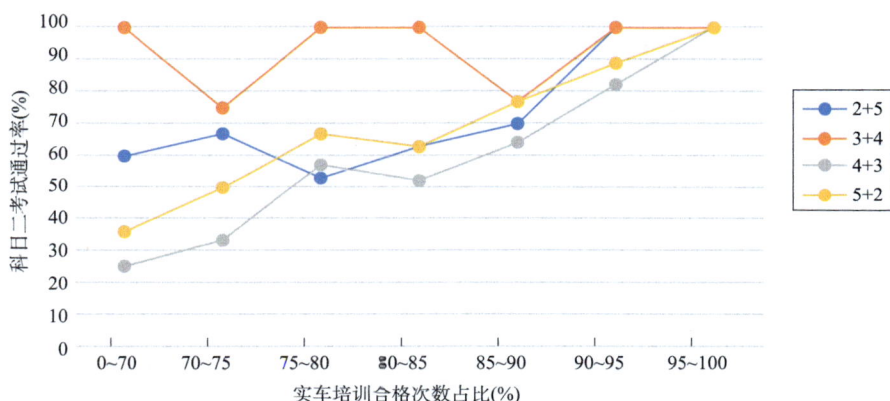

b) 实车培训学员科目二考试通过情况

图 8-54　科目二考试通过情况

不同培训模式下的学员效果层评价结果

表 8-24

培训 模式	VR 培训合格次数占比	实车培训合格次数占比	综合得分
2＋5	*	*	*
3＋4	* * *	* * *	* * *
4＋3	*	*	*
5＋2	* *	* *	* *

科目二驾驶技能培训效果评价汇总结果

表 8-25

培训模式(权重)	反映层(0.1)	学习层(0.2)	行为层(0.4)	效果层(0.3)	综合得分
2＋5	* * *	* *	*	*	1.4 *
3＋4	* *	* *	*	* * *	1.9 *
4＋3	* * *	*	* * *	*	2.0 *
5＋2	* *	*	* *	* *	1.8 *

注：表中 * 为最小评价单元，由于通过熵权法计算得出的 * 非整数，因此采用数字加 * 的形式表示综合评级。

（三）科目二考试通过预测模型构建

1. 模型构建思路

极限梯度提升（eXtreme Gradient boosting，XGBoost）算法是一种基于分类树集成机器学习算法，具有处理速度快、计算成本低，复杂度可控、泛化能力强等优势。XGBoost 是梯度增强决策树的有效实现，其基本原理是通过不断地进行特征分裂来生长一棵树，每一轮学习一棵树，其实就是去拟合上一轮模型的预测值与实际值之间的残差。当训练完成得到 k 棵树时，要预测一个样本的分数，其实就是根据这个样本的特征，在每棵树中会落到对应的一个叶子节点，每个叶子节点就对应一个分数，最后只需将每棵树对应的分数加起来就是该样本的预测值。XGBoost 不同于传统集成算法，在损失函数里加入正则项，控制模型复杂度并防止模型过拟合。XGBoost 所应用的算法就是梯度提升决策树（Gradient Boosting Decision Tree，GBDT）的改进，既可以用于分类也可以用于回归问题中。

因此，以科目二考试通过情况为因变量，选取学员个人属性（性别、年龄和培训模式）、VR 培训指标（平均犯错数、平均扣分值、训练合格占比和图谱得分）和实车培训指标（平均犯错数、平均扣分值和训练合格占比）为自变量，基于 XGBoost 构建科目二通过预测模型。其中，图谱得分是将学员在科目二五个训练项目 VR 培训中，每个训练项目的平均图谱得分求和。基于学员科目二训练综合数据库，预测模型中共包含 326 名学员的数据。

2. 模型结果分析

XGBoost 模型预测结果的精确率为 88.9%，召回率为 88.9%，平衡 F 分数 F_1 得分为 88.9%。由于希望尽可能准确地预测学员能否通过科目二考试，因此更关注预测模型的召回率，但同时也要保证模型的精确率。由评价指标结果可知，预测模型兼顾了召回率与精确率，模型总体预测效果较好。

通过 XGBoost 算法可评估特征的重要性程度，并得到特征重要性排名。特征在决策树中越关键，特征重要性得分越高。XGBoost 算法中默认采用"Weight"方式计算特征重要性评分。由图 8-55 可知，各特征变量的重要程度排序从大到小依次为图谱总得分、实车培训平均犯错数、实车培训平均扣分值、VR 培训平均扣分值、VR 培训平均犯错数等。其中，图谱总得分对模型预测的影响最大，是建立学员科目二考试通过预测模型的重要指标。

为进一步探究学员科目二考试通过情况影响机理，采用可解释机器学习 SHAP（SHapley Additive exPlanation）算法挖掘各类特征对模型预测值的影响，图 8-56 为 SHAP 特征的概要图。SHAP 值显示了添加到模型中的各个特征的贡献，红点代表特征值较高，蓝点代表特征值较低。当 SHAP 值为正时，表示该特征有助于提高学员科目二考试通过率。图 8-56 表明，图谱总得分指标对学员通过科目二考试有显著影响，图谱总得分越高，对应的学员通过率越高。在 VR 培训指标方面，VR 培训平均犯错数越少，VR 训练合格次数占比越高，学员考试通过率越高。在实车培训指标方面，实车培训平均犯错数越少，实车培训平均扣分值越低，实车训练合格次数占比越高，学员考试通过率越高。

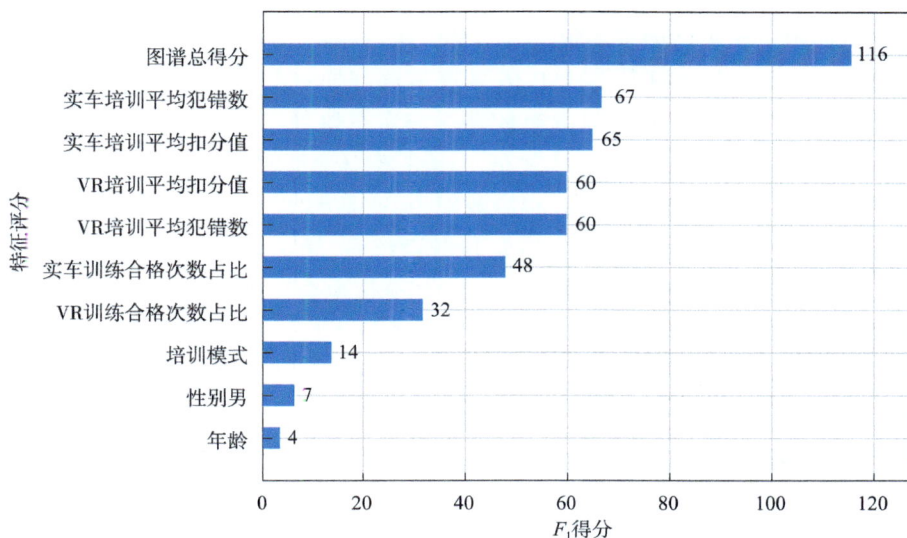

图 8-55　特征重要性图

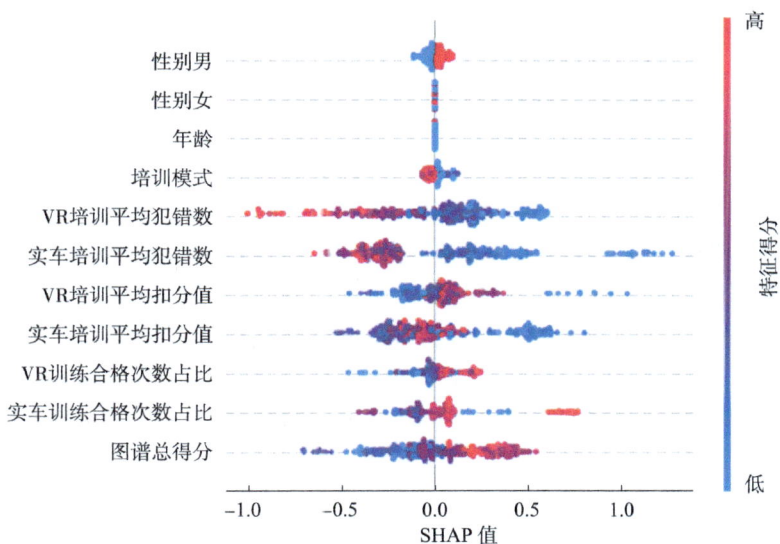

图 8-56　SHAP 特征概要图

SHAP 部分依赖图(PDP)揭示了模型输出随特征值的变化情况。以最重要的 5 个特征变量为列。在图 8-57 中,每个点的 x 位置代表数据集中一个特征(自变量)的 SHAP 值。SHAP-PDP 详细描述了每个特征与模型输出之间的关系,并提供了变量对每个模型输出值的边际效应。

图 8-57a)显示了 VR 培训平均犯错数与学员通过科目二考试的负相关关系。当 VR 培训平均犯错数在 0~4 之间时,SHAP 值显著下降。VR 培训平均犯错数小于 2 时,SHAP 值为正值,学员科目二考试通过率较高。当 VR 培训平均犯错数大于 2 时,SHAP 值为负值,对

应学员科目二考试通过率较低。

图 8-57b) 显示了实车培训平均犯错数与学员通过科目二考试的负相关关系。当实车培训平均犯错数在 0 ~ 0.6 之间时，SHAP 值显著下降。实车培训平均犯错数小于 0.3 时，SHAP 值为正值，学员科目二考试通过率较高。当实车培训平均犯错数大于 0.3 时，SHAP 值为负值，对应学员科目二考试通过率较低。由此看出学员实车犯错数明显低于 VR 犯错数，这并非代表学员在实车驾驶培训时犯错数很少，这是由实车采集数据的规则与 VR 数据采集规则不一致导致的。例如，在一次直角转弯训练中，学员在使用 VR 训练时，会记录学员在完成直角转弯项目所犯的所有错误，对应的扣分值也会很高，部分学员可能在一次训练中扣分值就会达到几百分；而学员在使用智能教练车训练时，一旦学员扣分值达到 100，就停止采集数据，也就是说实车培训所有学员每次训练的扣分值均不能超 100 分，对应的犯错数也会少很多。这就是 VR 训练与实车训练数据不一致之处，即实车数据并未完整采集学员一次训练的所有数据。

图 8-57c) 显示了 VR 培训平均扣分值与学员科目二考试通过的关系。学员在 VR 培训过程中平均扣分值规律不明显，有些学员存在 VR 扣分值越高，通过率越高的现象，这可能是因为学员先进行 VR 训练，刚开始犯错数较多，扣分值也相对较高，较多的犯错扣分致使驾驶技能的逐步提升。

图 8-57d) 显示了实车培训平均扣分值与学员通过科目二考试的关系，整体来看实车培训平均扣分值越低，学员通过考试的概率也越高。当学员在实车培训过程中平均扣分值低于 18 分左右时，科目二考试通过率较高；但当平均扣分值超过 35 分时，部分学员的通过率也较高，这可能是因为这批学员通过大量的训练试错不断提升驾驶技能，导致其训练平均扣分值较高。

事实上，学员是否能通过科目二考试是受多种因素作用下的综合影响，并非单一因素的作用。因此，有必要进一步探讨多种因素对学员通过科目二考试的影响规律。由于图谱得分是影响通过率最大的特征，因此分析图谱得分与学员培训模式对学员科目二考试通过率的交互影响作用。如图 8-57e) 所示，随着图谱得分的增加，学员考试通过率逐渐提高；其次 2 +5 培训模式学员的图谱得分明显低于其他几种培训模式的学员；当图谱得分约超过 80 分时，SHAP 值为正，学员科目二考试的通过率较高。

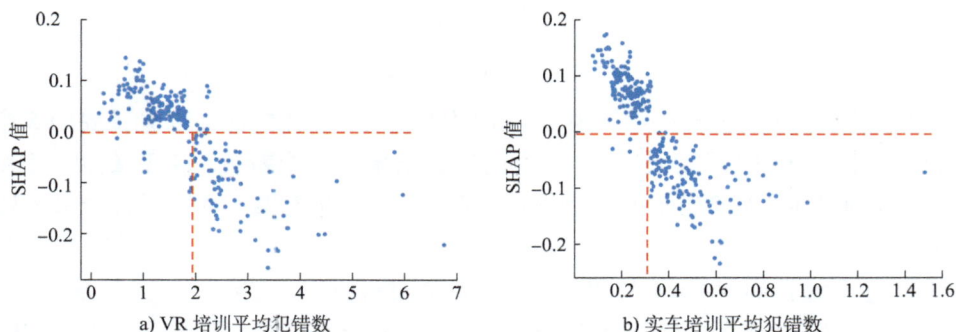

a) VR 培训平均犯错数

b) 实车培训平均犯错数

图　8-57

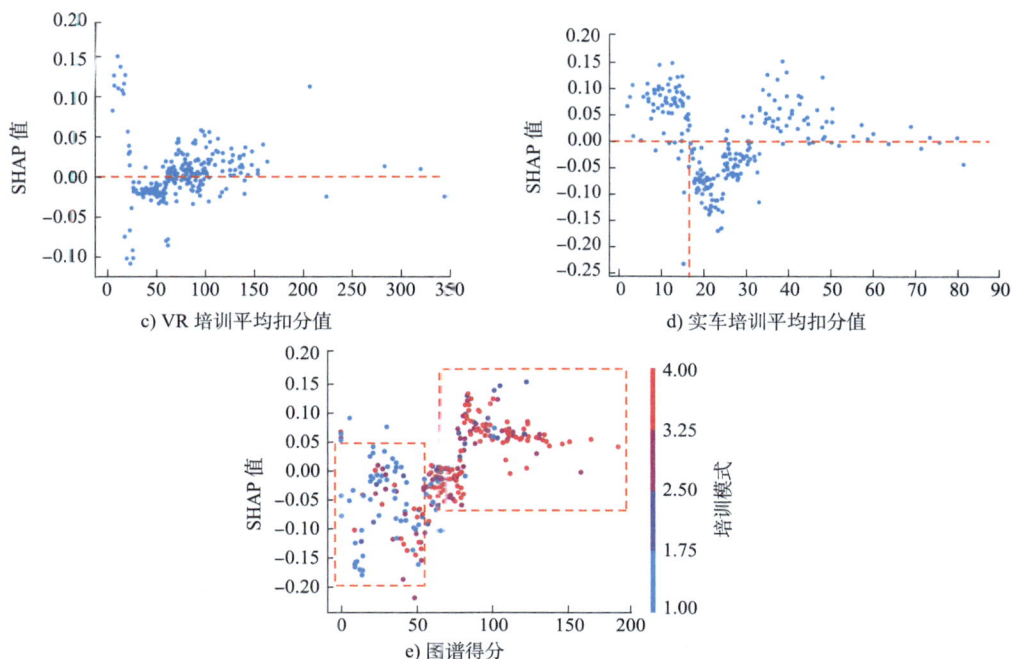

c) VR 培训平均扣分值

d) 实车培训平均扣分值

e) 图谱得分

图 8-57　特征变量的 SHAP-PDP

七　小结

本节面向驾培行业数字化转型升级关键技术与应用实践,重点从数据感知、特征挖掘、效果评价等方面开展新学员驾驶技能培训与行为养成。

(1)建立了面向学员训练过程的驾驶行为图谱,形成了学员训练过程驾驶操作行为特征直观表达和量化评价方法,靶向定位训练效果较差的学员群体、训练项目和高频不良驾驶操作。

(2)基于柯氏层次评价模型完成对学员基础和场地驾驶技能培训效果的量化评价,发现 4 + 3 培训模式对学员培训效果的综合评分最高,表明合理安排 VR 训练和实车训练学时有利于提升学员基础和场地驾驶技能培训效果;搭建了基于 XGBoost 的学员科目二考试通过情况预测模型,明确了影响学员科目二考试通过的特征重要性排序、影响机理和模型输出随特征值的变化情况。其中,图谱得分对模型预测的影响最大,图谱得分越高,学员通过概率越高,当图谱得分超过 80 分时,学员科目二考试的通过率较高;VR 培训平均犯错数与学员通过科目二考试呈负相关关系,VR 培训平均犯错数小于 2 时,学员科目二考试通过率较高。

(3)研究结果为满足学员差异化考训需求提供了更具针对性和个性化的培训措施和建议,帮助其提升驾驶技能,增强安全意识。未来可基于学员培训大数据进行动态数据采集、分析及评价,进一步实现学员培训过程的动态监管和量化评价。

第六节　老年人驾驶行为

一　问题提出

随着我国社会机动化水平的提高,新一代老年人对自己的生活和行动有一定的期望,我国驾驶人"老龄化进程"持续增长。驾驶能增加老年人的社会参与度,能在一定程度上保障老年人的身心健康。然而,随着年龄增长,驾驶人的生理机能和心理素质下降,驾驶所必需的认知能力逐渐退化。老年驾驶人的事故风险增加,其安全问题受到广泛关注。因此,研究老年人驾驶行为特征,平衡老年人健康状况下降带来的不安全因素与安全驾驶之间的关系具有重要的现实意义。

自我调节被认为是老年人调整自身行为以适应交通环境的重要补偿策略。而认知障碍被认为是与年龄相关的关键风险因素。国外关于老年驾驶人自我调节行为和认知行为规律的研究已有一定积累,但关于自我调节意向是如何转化为行为的内在机制和成因解析缺乏研究;关于不同的交通场景下认知功能如何影响驾驶人的反应,即认知功能对驾驶行为的作用机理有待深入挖掘。而国内步入人口老龄化较晚,相关研究处于起步阶段。因此,在我国的社会环境背景下,开展老年驾驶人相关研究能够加强对老年人驾驶行为的认知,为老年驾驶人交通安全管控和干预策略提供借鉴。

本节面向老年人生理心理功能逐渐衰退,驾驶事故率高发这一问题,以主观问卷和驾驶模拟行为数据为基础,量化老年人内部心理属性与外部交通环境对自我调节行为的相对贡献,探究老年人在典型情境下的驾驶行为差异性,以及与认知特性相关的风险驾驶行为特征,为相关管理部门评估和研判老年人驾驶行为提供新的技术手段,为交通政策研究提供新的思路和视角。

二　方案设计

实验通过主观问卷和驾驶模拟实验两部分开展。根据问卷调研驾驶人的人口统计学信息以及自我调节行为。驾驶模拟实验中,实验平台可实时采集车辆运行数据和驾驶操作数据。

1. 问卷设计

(1)人口统计学信息问卷。人口统计学信息问卷包含年龄、性别、驾龄、受教育水平等问题。

(2)自我调节行为测量问卷。自我调节行为测量问卷包括两部分。第一部分是质量控制题,共 3 个问题:年龄是否在 60 岁及以上、是否有驾照和过去一年是否驾驶出行;第二部分是计划行为理论(TPB)结构问卷。问卷以计划行为理论的基础变量为基础,并根据老年驾驶人群体特性,增加身体状况和可替代交通质量两个扩展变量;将夜间/恶劣天气/高速公路/出行高峰时间/不熟悉的驾驶环境下降低驾驶频率和减少驾驶里程的行为作为自我调节。问卷共包括 32 个问题,各题项均表达了对自我调节行为的支持,其响应均采用李克特五点量表。

2. 实验设备

依托模拟驾驶综合实验平台,在模拟道路、交通环境、事件等设计完成后,进行模拟驾驶实验,采集被试的驾驶行为数据,如图 8-58 所示。

图 8-58　驾驶模拟器设备

3. 场景设计

结合老年人驾驶特征,选取前车突然变道、公交车前突现行人、指定速度行驶、停车让行、晒粮侵占路面等典型风险交通情景开展实验研究。以前车突然变道为例,分析中青年人和老年人的驾驶行为差异性。前车突然变道事件设计为当实验车行驶到城市道路指定路段,且与前方右邻车道冲突车的碰撞车头时距为 2s 时,冲突车会突然向左变道至实验车所在车道的前方。此时,驾驶人必须紧急制动或转向,否则就会发生碰撞事故,如图 8-59 所示。

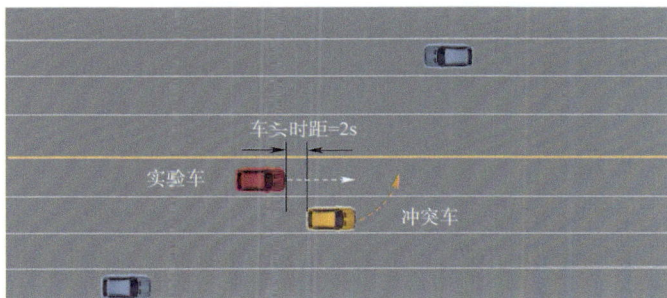

图 8-59　驾驶模拟实验中的前车突然变道事件

三　实验测试

1. 被试选取

共有 20 名中青年驾驶人和 18 名老年驾驶人参加实验测试。其中,中青年驾驶人的年龄范围为 20~54 岁,老年驾驶人的年龄范围为 60~74 岁。被试的人口属性信息见表 8-26。

驾驶人人口属性信息表　　　　　　　　　　　　表 8-26

类别		人数	比例(%)
性别	男	28	73.68
	女	10	26.32
年龄	18~35 岁	12	31.58
	36~55 岁	8	21.05
	60~64 岁	8	21.05

续上表

类别		人数	比例(%)
年龄	65~69 岁	7	18.42
	70~74 岁	3	7.89
驾龄	<3 年	4	10.53
	3~5 年	7	18.42
	6~10 年	3	7.89
	>10 年	24	63.16
受教育水平	初中及以下	6	15.79
	高中	16	42.11
	大学	7	18.42
	研究生及以上	9	23.68

2. 实验流程

首先对被试进行驾驶培训,以便判断其对驾驶模拟器的适应程度。当驾驶人可以熟练掌握驾驶模拟器后开始正式实验,被试分别填写基本信息表、自我调节行为问卷,最后进行驾驶测试。

四 数据处理

1. 自我调节行为问卷

自我调查行为问卷在问卷星平台上发布,共回收 333 份问卷,除去填写用时较短和填写不完整、不规范的问卷后,最终得到 317 份有效问卷。

2. 驾驶模拟实验数据

驾驶模拟实验包含 38 名被试的驾驶行为数据,使用 Python 编程对数据进行降噪处理后提取时间维度的数据进行后续分析。

五 指标提取

指标分为驾驶人主观自我调节行为问卷指标与客观驾驶模拟实验指标两部分。

1. 自我调节行为问卷指标提取

自我调节行为问卷在计划行为理论原有态度(Attitude,ATT)、主观规范(Subjective Norms,SN)、知觉行为控制(Perceived Behavior Control,PBC)、行为意向(Intention,BI)、自我调节行为(Behavior)五个变量的基础上,添加身体状况(Physical Condition,PC)和可替代交通质量(Alternative Traffic Quality,ATQ)两个扩展变量,提取各变量得分作为分析指标。

基于计划行为理论原有路径关系,并提出假设如图 8-60 所示。

H1. 老年人自我调节意向与行为显著相关。

H2. 态度显著影响老年人自我调节意向。

H3. 主观规范显著影响老年人自我调节意向。

H4. 知觉行为控制显著影响老年人自我调节意向。

H5. 可替代交通质量显著影响老年人自我调节意向。

H6. 身体状况显著影响老年人自我调节行为。

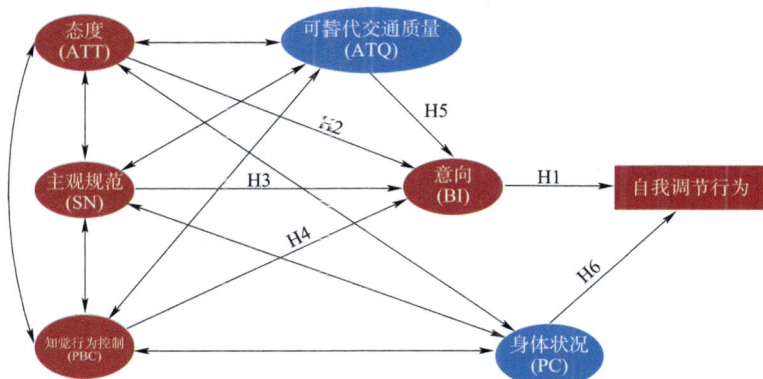

图 8-60　基于拓展 TPB 的自我调节假设模型

2. 驾驶模拟实验指标提取

驾驶人在感知到风险后一般会采取制动避撞措施,对于同一风险,由于驾驶人对风险做出的反应时间不同,采取制动行为的时间和制动深度也会存在差异。以前车突然变道事件为例,客观行为指标包括:

(1)提取风险发生前 5s 至风险发生后 10s 内的制动踏板深度和速度数据,用于比较驾驶人驾驶行为差异性。

(2)将风险发生前 5s 和风险发生后 10s 内的车辆运行指标(速度和加速度)和驾驶操作指标(制动踏板深度和转向盘转速)数据绘制驾驶行为轨迹图谱,计算轨迹距离表征驾驶行为相似性。

(3)基于风险开始后驾驶人的感知力(制动反应时间)、判断力(制动持续时间、速度)和操作力(加速度、转向盘转速)分析驾驶人避撞反应特征。

六　结果分析

(一)老年人驾驶自我调节行为结构方程模型分析

1. 信效度检验

为确保问卷数据能准确反映老年人的自我调节行为,采用 SPSS 26.0 和 AMOS 24.0 对假设进行检验,结果如表 8-27 所示,模型效度和拟合指数符合要求,验证了扩展的 TPB 模型在解释老年驾驶人自我调节意向和行为方面的有效性。标准 TPB 变量共解释了 30.67% 的方差。其中,态度(ATT)、主观规范(SN)、知觉行为控制(PBC)、行为意向(BI)分别解释了8.766%、6.382%、11.136%和4.382%的方差。身体状况(PC)和可替代交通质量(ATQ)分别解释了4.836%和38.171%。

老年人驾驶自我调节行为问卷的信效度检验结果　　　　　　表8-27

项目	平均分	特征值	克隆巴哈系数	因子载荷	方差解释率（%）	累计方差解释率（%）
因素1：ATT		2.887	0.869		8.766	8.766
ATT1	3.59			0.842		
ATT2	3.74			0.802		
ATT3	3.84			0.743		
ATT4	3.96			0.61		
因素2：SN		2.437	0.871		6.382	15.148
SN1	3.85			0.861		
SN2	3.76			0.814		
SN3	3.77			0.78		
因素3：PBC		3.431	0.895		11.136	26.284
PBC1	3.15			0.847		
PBC2	3.02			0.827		
PBC3	3.15			0.723		
PBC4	3.35			0.65		
PBC5	3.08			0.637		
因素4：BI		2.284	0.871		4.382	30.666
BI1	3.93			0.884		
BI2	2.93			0.882		
BI3	4.05			0.539		
因素5：ATQ		3.557	0.858		38.171	68.837
ATQ1	3.87			0.835		
ATQ2	3.85			0.817		
ATQ3	3.77			0.816		
ATQ4	3.57			0.687		
ATQ5	3.55			0.682		
因素6：PC		2.349	0.81		4.836	73.673
PC1	2.8			0.834		
PC2	2.85			0.816		
PC3	3.09			0.774		

2.结构方程模型构建

如图 8-61 所示,基于拓展 TPB 建立自我调节结构方程模型,结果表明六个假设均得到了验证。意向显著影响老年驾驶人的自我调节行为($\beta = 0.48, p < 0.001$)。在 TPB 三个初始变量中,态度($\beta = 0.88, p < 0.001$)对意向的影响最大。此外,主观规范($\beta = 0.19, p < 0.01$)和知觉行为控制($\beta = -0.21, p < 0.05$)对意向均有显著影响。可替代交通质量显著影响意向($\beta = 0.25, p < 0.001$)。身体状况显著影响自我调节行为($\beta = 0.15, p < 0.001$)。

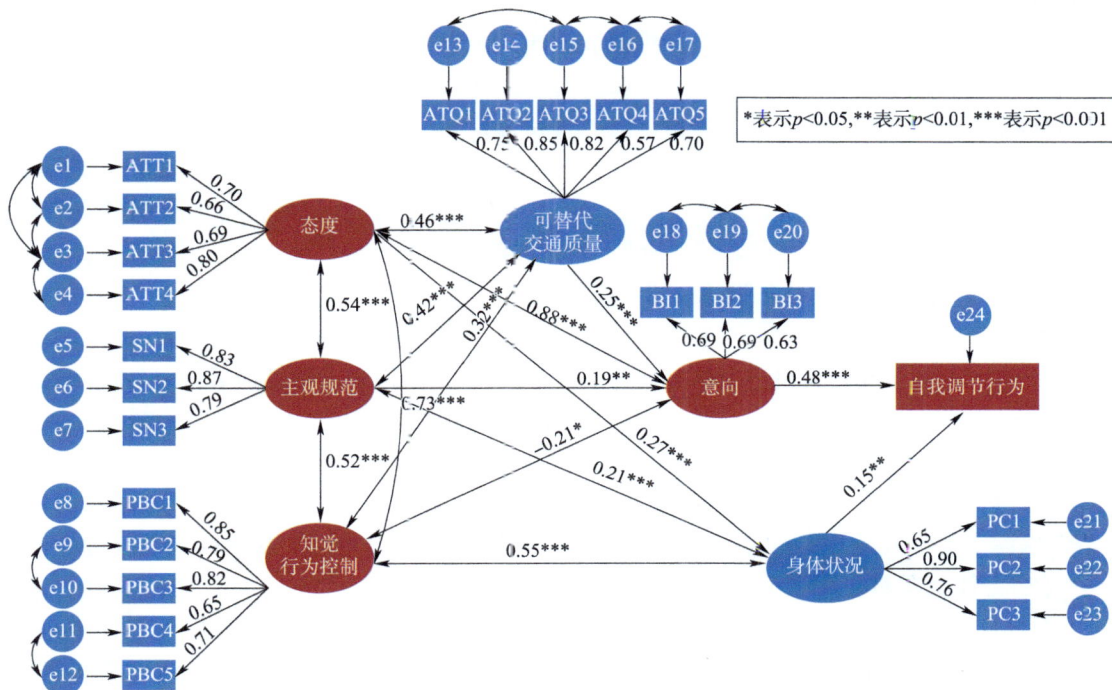

图 8-61　基于拓展 TPB 的老年人自我调节结构方程模型

3.老年人驾驶自我调节行为的影响机理

(1)态度对自我调节行为的影响机理。

在所有变量中,态度对老年驾驶人自我调节意愿的影响最大,影响系数为 0.88,表明积极的态度会促使老年驾驶人进行自我调节。态度包括工具性态度和情感性态度。工具性态度源于对行为利弊的评价。当人们认为"自我调节让我感到不方便"时,自我调节的可能性降低。而情感性态度来源于对行为偏好的评价。人们越是担心驾驶不安全,就越有可能避免驾驶。自我调节是驾驶人在风险评估后理性选择的结果。态度代表了人们在评估某些行为后的意愿。在挑战性的驾驶环境中,老年人对驾驶目的和风险的态度将影响决策并最终改变他们的驾驶行为。

(2)主观规范对自我调节行为的影响机理。

主观规范是指个人对于是否采取某项特定行为所感受到的社会压力。主观规范对老年驾驶人的自我调节意愿有很强的影响,系数为 0.19。根据问卷内容,警察、媒体和医生的客观意见对自我调节意愿有显著影响。在中国传统文化的背景下,人们普遍崇尚集体主义和群体行为。与其他年龄段相比,退休的老年驾驶人有更多的时间关注社会信息,更容易听从社会上的权威和主流意见。因此,在对老年驾驶人的交通安全管理中可考虑这一因素。警察和媒体可以对老年驾驶人进行交通法规教育和典型案例教育,以帮助老年驾驶人提高感知和应对危险驾驶情况。医生可以根据老年驾驶人的体检报告,告知老年驾驶人是否存在驾驶相关的障碍并帮助老年驾驶人制定驾驶计划。

(3)知觉行为控制对自我调节的影响机理。

知觉行为控制对老年驾驶人的自我调节意向有显著影响,系数为0.21。与客观驾驶能力相比,老年人自我调节行为与其感知到的驾驶能力的关系更为密切。出于安全原因,意识到驾驶能力下降的老年人更可能调整自己的驾驶行为和出行计划。低估或高估自身的驾驶技能都会导致更高的交通事故风险。国外大多数老年人对驾驶能力的自我评价高于实际表现。但由于国内缺乏类似研究成果,中国老年人对驾驶能力的认知是否与国外一致有待验证,未来有必要进一步评估中国老年驾驶人的驾驶能力。

(4)可替代交通质量对自我调节的影响机理。

可替代交通质量反映了老年驾驶人对其他交通方式服务水平的评价。尽管在所有变量中,可替代交通质量与自我调节意向之间的系数最低(0.25),但影响依然显著。可替代交通工具的服务水平越高,老年驾驶人就越愿意自我调节。多样化的交通方式有助于促进老年人自我调节。根据中国老年人驾驶出行行为调查结果,大多数老年人的驾驶目的为购物、接送孙辈和就医。因此,相关路途出行方式的改进将有利于老年人改变出行行为。如在住宅区与商场、学校、医院等老年人经常出行的场所,提升老年人的公共交通票价优惠力度和乘车服务水平。

(5)身体状况对自我调节的影响机理。

身体状况对自我调节行为有显著影响(0.15),身体状况较好的老年驾驶人有更多的自我调节行为。大多数有健康问题的老年人会减少日常驾驶行程和限制驾驶时间以提高驾驶安全。驾驶能力与认知能力、机动能力密切相关。因此,除年龄外,还应考虑将老年驾驶人的实际身体素质作为安全驾驶的判断依据。交通管理部门应加强对老年驾照考试的身体机能评估,尤其是视力、认知和神经肌肉能力。对于整体身体状况健康,但部分功能受损影响驾驶行为的老年人,交通管理部门可考虑在特定时间和区域限制其驾驶活动。

(二)驾驶行为差异性分析

公路交通系统的设计与规划在考虑人的因素时一般针对中青年驾驶人,而这些不能适应老年人生理心理机能的变化。老年人驾驶时连续接受并处理来自外界时空信息的运动感知能力下降。当紧急情况出现时,老年人驾驶操作(制动、转向、起步、并道、换道)的危险性更容易暴露出来。以前车突然变道事件为例,将变道的前车视为风险,将前车开始变道时刻视为风险发生时刻,探究中青年人和老年人在风险发生前后驾驶操作行为差异性。

1. 驾驶行为轨迹差异性及风险分析

通过绘制风险发生前后中青年驾驶人和老年驾驶人的制动踏板深度和速度以比较两组被试的驾驶行为,见图8-62和图8-63。两组驾驶人的制动踏板深度($F = 5.036, p < 0.050$)

和速度($F=839.976,p<0.010$)差异均具有统计学意义。在风险开始前几秒,老年驾驶人制动踏板深度先于中青年驾驶人增加。说明随着接近冲突车辆,老年驾驶人倾向于提前减速,保持更大的安全距离。风险在第5s发生,老年驾驶人的最大制动踏板深度在第8.5s左右,最低车速在第10s左右。中青年驾驶人在第7.5s左右达到最大制动踏板深度,在第9.5s左右时达到最低速度。整体上来看,老年驾驶人的速度始终小于中青年驾驶人,这表明老年人自我调节特征使得他们的驾驶行为更加谨慎。

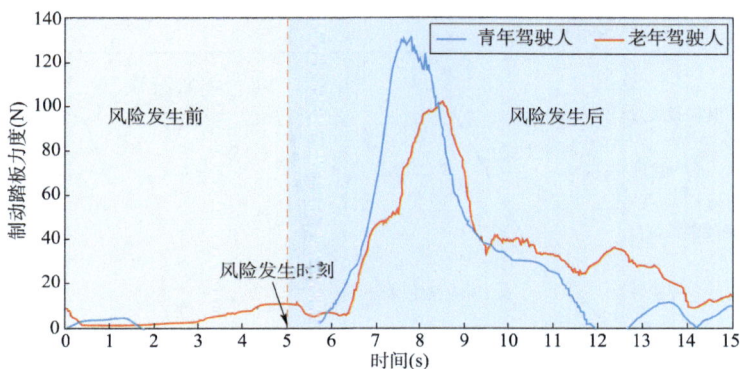

图 8-62　风险发生前后两组驾驶人的制动踏板深度

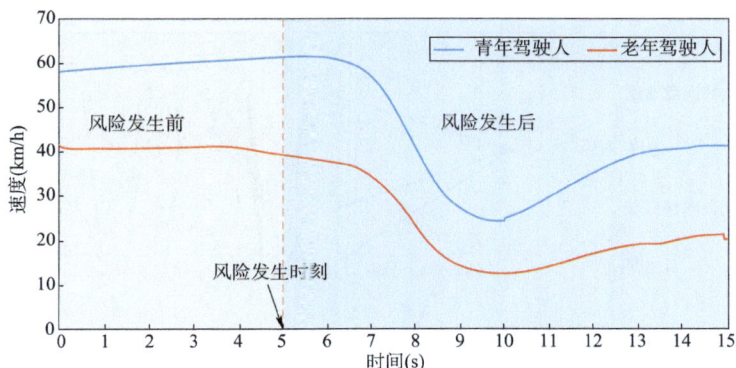

图 8-63　风险发生前后两组驾驶人的速度

2.驾驶行为轨迹图谱构建

初始速度会影响驾驶人的行为,这种影响与交通安全有关。因此,为了排除初始速度的影响,选取初始速度相近的一名中青年驾驶人和一名老年驾驶人的驾驶数据构建驾驶行为轨迹图(表8-28),比较中青年驾驶人和老年驾驶人在风险发生前后的差异性。

初始速度相似的一名中青年驾驶人和一名老年驾驶人信息　　　　　　表 8-28

编号	初始速度	性别	年龄	驾龄	受教育水平	驾驶频率
N10	46.48km/h	男	27	7 年	研究生及以上	经常
N37	46.24km/h	男	67	25 年	高中	有时

驾驶操作行为特征图谱可用于每种驾驶操作行为的发生时间、操作程度及先后顺序,是实现驾驶操作行为特征的直观表达。由于本节重点探究风险发生后,中青年人与老年人的

避撞反应在发生时间和先后顺序方面的差异性,故可忽略节点的大小变化。依据本章第五节介绍的驾驶操作行为特征图谱构建方法,在此基础上忽略节点大小变化,构建 N10 和 N37 的驾驶行为轨迹图谱如图 8-64 和图 8-65 所示。N37 老年驾驶人在风险开始前开始减速,即通过自我调节策略,更早地改变驾驶行为,以防止风险冲突。风险发生后,N37 老年驾驶人的四个驾驶指标出现多个节点变化,表明驾驶行为发生了多次调整。与此同时,中青年驾驶人的减速节点出现在风险发生后。由于其节点出现较晚,减速伴随着转向节点的出现,而制动和减速变化的节点出现较晚。

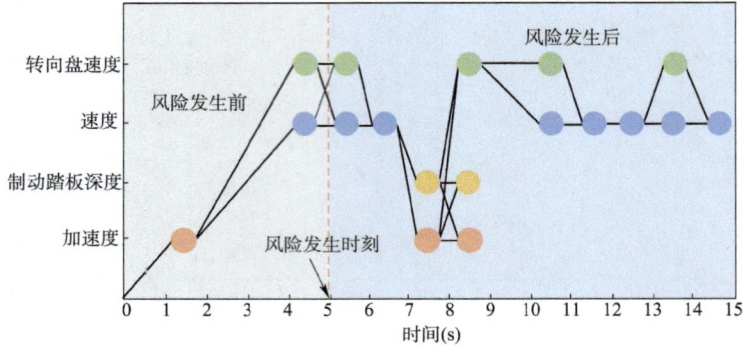

图 8-64 N10 被试的驾驶行为轨迹图谱

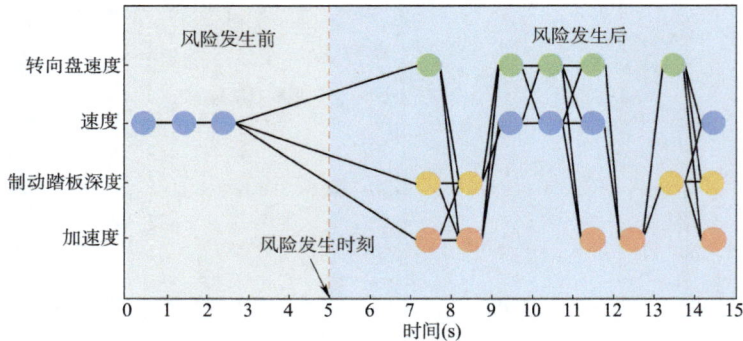

图 8-65 N37 被试的驾驶行为轨迹图谱

3. 轨迹相似性距离计算

依据公式(8-10)计算 N10 和 N37 的行为轨迹相似性距离计算,结果如表 8-29 所示。除制动踏板深度为 0 外,N10 和 N37 驾驶人的行为轨迹值相对较大,尤其是在速度和转向盘转速的值较为接近 1。这表明,中青年驾驶人和老年驾驶人的行为轨迹相似性很小。

N10 和 N37 驾驶人的轨迹相似性距离   表 8-29

编号	速度	加速度	制动踏板深度	转向盘转速
N10 和 N37	1	0.67	0	0.8

4. 与认知相关的避撞反应特征及干预建议

由上文针对典型中青年人和老年人个体构建的驾驶行为轨迹图谱可知,中青年驾驶人和老年驾驶人的操作行为特征显著不同。而风险感知不及时、判断不足、操作不当是导致车辆运行异常,出现交通事故的主要原因。下文从群体特性出发,基于"感知-判断-操作-运行"的链路,分析前车突然变道风险发生后,两组驾驶人避撞反应行为的过程,挖掘老年人的驾驶行为反应机制,以期为老年人驾驶安全提升奠定基础。中青年和老年两组驾驶人的平均驾驶行为数据的独立样本 T 检验结果见表 8-30。

中青年人和老年人认知驾驶行为指标统计检验结果 表 8-30

类别	变量	描述性分析		t	p
感知能力	制动反应时间	平均值	中青年人:1.97s	2.542	0.002**
			老年人:3.30s		
判断能力	制动持续时间	平均值	中青年人:7.16s	−1.652	0.115
			老年人:3.50s		
操作能力	转向盘转速	平均值（左转）	中青年人:65.46°/s	−2.135	0.040*
			老年人:17.48°/s		
		最小值（左转）	中青年人:7.23°/s	1.652	0.324
			老年人:2.93°/s		
		最大值（左转）	中青年人:273.78°/s	−2.117	<0.001**
			老年人:32.21°/s		
		平均值（右转）	中青年人:49.82°/s	1.525	0.136
			老年人:17.02°/s		
		最小值（右转）	中青年人:0.27°/s	−1.729	0.715
			老年人:0.75°/s		
		最大值（右转）	中青年人:5.12°/s	−2.542	0.697
			老年人:10.845°/s		
运行表现	速度	平均值	中青年:48.40km/h	4.602	<0.001**
			老年人:24.22km/h		
		最小值	中青年人:32.35km/h	3.002	0.005**
			老年人:12.69km/h		
		最大值	中青年人:63.94km/h	4.688	<0.001**
			老年人:40.27km/h		
	加速度	平均值	中青年人:4.99m/s²	1.532	0.139
			老年人:3.54m/s²		
		最小值	中青年人:0.74m/s²	−2.491	0.019*
			老年人:2.52m/s²		
		最大值	中青年人:8.25m/s²	−2.05	0.840
			老年人:8.71m/s²		

注:* 表示在 0.05 水平上具有显著性;** 表示在 0.01 水平上具有显著性。

（1）感知能力。

老年人的平均制动反应时间比中青年人显著长 1.33s。这几乎是中青年人反应时间的两倍。制动前老年驾驶人的速度约为 40km/h，1.33s 内车辆将行驶 14.78m。因此，在更紧急的突发事件发生时，老年人更可能因不能快速做出应急反应而导致危险。考虑到反应时间受疲劳和分心驾驶的影响，在开发车辆安全辅助设备时，可设计专门面向老年人的疲劳和分心警告系统，以使老年人专心驾驶。另外，交通设施是传递道路信息尤其是潜在危险信息的重要载体。在设计交通设施时，可考虑通过优化标志布局、增加标志清晰度和亮度以及改善照明等方式，为老年驾驶人提供足够的认知时间接收信息并做出反应。

（2）判断能力。

老年人的平均制动持续时间比中青年人长 1.34s。尽管这种差异不具有统计学意义，但此差值是中青年人平均制动持续时间的 0.62 倍。这可能与老年人的制动反应时间较长有关。由于不能及时感知到风险，采取制动措施时距离风险较近，存在较高碰撞危险，所以老年人的制动持续时间较长。另一方面，活动能力的衰退会降低老年人的腿部操控能力。制动操作速度较慢也可能是老年人制动持续时间较长的原因。因此，在开发老年人专供车时，可考虑在车辆头部安装感应制动装置。根据检测汽车速度、路面状况以及自车与前车距离、相对速度等参数，及时提醒老年人做出制动或者减速的紧急措施，有效保障老年人的行车安全。

（3）操作能力。

风险发生后，两组驾驶人左转的转向盘转速平均值和最大值存在显著差异。这可能是因为中青年人的速度较快，导致反应距离更短。因此，风险发生后迅速使用转向盘以避免碰撞。与中青年人相比，老年人的速度较低，在整个反应过程中更加缓慢。肢体行动能力的下降使得老年人采取较少的操作避免风险，风险发生后更倾向于采取制动而非转向的方式避免碰撞。当前的车辆避碰系统大多根据驾驶人的平均避撞行为参数开发，较少考虑不同年龄驾驶人在不同紧急追尾情况下的制动和转向行为参数。未来设计和优化驾驶人辅助系统时，应考虑老年人的驾驶行为特征，以为其驾驶安全提供更准确的服务。

（4）运行表现。

风险发生前，老年人驾驶速度较低。风险发生后，老年人的平均制动速度、最大制动速度和最小制动速度都显著低于中青年人。老年人的最小加速度值也显著低于中青年人。这是因为较慢的判断速度可能会导致非意识的慢速驾驶。降低驾驶速度是降低驾驶任务难度的直接途径。老年人这种降低到更低速度驾驶的补偿性行为使其有更多的时间处理风险。然而，低速驾驶可能会影响交通流运行的顺畅性，并刺激其他驾驶人产生超车行为，追尾事故风险也相应增加。随着年龄增长，一些老年人对车辆速度的感知偏差较大。因此，老年人驾驶时应注意观看车速表，及时了解当前的驾驶速度。驾校可以将速度感知纳入培训计划，为老年人建立速度判断测试。智能汽车可考虑配备测试周围冲突车辆速度的安全功能，以帮助驾驶人判断自车与冲突车辆的速度差和风险程度，从而及时做出反应。

七 小结

本节基于老年驾驶人生理心理功能逐渐降低、驾驶风险增加这一问题,结合自我调节问卷和模拟驾驶实验,从主观问卷量测和客观驾驶行为两个方面,解析老年人驾驶行为,并从认知功能出发,对中青年人与老年人驾驶行为特征及差异性进行了比较。

(1)基于拓展计划行为理论建立了老年驾驶人自我调节的结构方程模型;基于中青年人与老年人的模拟驾驶实验数据构建了驾驶行为轨迹图谱,分析了认知行为反应特征。

(2)态度对自我调节意向的影响最大,主观规范、知觉行为控制和可替代交通质量显著影响自我调节意向,意向和身体状况对自我调节行为也有显著影响;老年驾驶人与认知能力相关的避撞反应特征与中青年驾驶人存在显著差异,制动反应时间更长、制动速度更慢、制动加速度最小值更大,转向盘转速平均值和最大值更小。

(3)研究成果为了解老年驾驶人心理机制和驾驶特征,制定科学的老年驾驶人安全管理和培训方法奠定了基础。未来可进一步细化问卷设计的驾驶环境,提升老年人自我调节行为影响分析的全面性。为加深对老年驾驶人风险行为的了解,还应考虑在不同事件、天气和道路等多种类型风险场景下老年人认知功能对驾驶行为的影响。

思考题

1.什么是生态驾驶?生态驾驶行为有哪些特点?

2.试述驾驶人目标取向与价值取向对生态驾驶行为培训效果的影响。

3.描述分心驾驶视觉特征的指标有哪些?如何基于视觉特征对分心驾驶行为分类?

4.解释基于驾驶操作行为与车辆运行特征的视觉分心水平甄别方法。

5.违法驾驶行为主要包括哪些?

6.什么是"知-教-行"动态教育模式?

7.什么是驾驶操作行为图谱?基于图谱的评价方法有什么优势?

8.试述基于柯氏层次评估模型的科目二驾驶技能培训效果评价过程。

9.解释科目二考试通过率预测的方法,并说明影响预测准确性的因素有哪些?

10.老年人与中青年人的驾驶行为有什么差异?

11.试从驾驶人认知过程解释老年人在前车突然变道这一风险事件的避撞反应过程。

本章参考文献

[1] 付锐,张雅丽,袁伟.生态驾驶研究现状及展望[J].中国公路学报,2019,32(03):1-12.

[2] SANGUINETTI A, QUEEN E, YEE C, et al. Average impact and important features of onboard eco-driving feedback: A meta-analysis[J]. Transportation Research Part F: Traffic Psychology and Behaviour, 2020, 70:1-14.

[3] 徐龙.面向排放测算的车辆跟驰模型对比分析与优化[D].北京:北京交通大学,2012.

[4] 郭栋,王云鹏,邹广德,等.基于车载测试的机动车比功率与排放关系的研究[J].汽车工

程,2012,34(01):18-21+66.

[5] 伍毅平,赵晓华,荣建,等. 基于驾驶模拟实验的生态驾驶行为节能减排潜力[J]. 北京工业大学学报,2015,41(08):1212-1218.

[6] 中华人民共和国国家统计局. 中国统计年鉴[EB/OL]. [2015]. http://www.stats.gov.cn/tjsj/ndsj/2015/indexch.htm.

[7] WANG J. Development of a Society on Wheels:Understanding the Rise of Automobile-dependency in China [M]. Springer, 2018.

[8] CARSTEN O,BROOKHUIS K. Issues arising from the HASTE experiments[J]. Transportation Research Part F:Traffic Psychology and Behaviour,2005,8(2):191-196.

[9] FAWCETT T. An introduction to ROC analysis[J]. Pattern Recognition Letters,2006,27(8):861-874.

[10] CARLETTA J. Assessing Agreement on Classification Tasks:The Kappa Statistic[J]. Computational Linguistics,1999,cmp-lg/9602004(2):pages. 249-254.

[11] 秦锋,罗慧,程泽凯,等. 基于 AUC 方法评估多类别贝叶斯分类器的性能[J]. 计算机工程与设计,2007(24):5919-5920+5972.

[12] 李振福. 基于交通文化的交通安全策略[J]. 中国安全科学学报,2004,14(9):64-67.

[13] 都萌,傅华娟,马红. 驾驶人危险预测能力分析[J]. 现代商贸工业,2009,21(22):144-145.

[14] 严新平,张晖,吴超仲,等. 道路交通驾驶行为研究进展及其展望[J]. 交通信息与安全,2013,31(01):45-51.

[15] DORN L,BARKER D. The effects of driver training on simulated driving performance[J]. Accident Analysis & Prevention,2005,37(1):63-69.

[16] ELLIOTT M A,ARMITAGE C J. Promoting drivers' compliance with speed limits:Testing an intervention based on the theory of planned behaviour[J]. British journal of psychology,2009,100(1):111-132.

[17] YOUNG K,REGAN M,HAMMER M. Driver distraction:A review of the literature[J]. Distracted driving,2007:379-405.

[18] DOISY G,MEYER J,EDAN Y. The impact of human-robot interface design on the use of a learning robot system[J]. IEEE Transactions on Human-Machine Systems,2014,44(6):788-795.

[19] ROWE R,ANDREWS E,HARRIS P R,et al. Identifying beliefs underlying pre-drivers' intentions to take risks:An application of the Theory of Planned Behaviour[J]. Accident Analysis & Prevention,2016,89:49-56.

[20] 谷新平. 基于虚拟现实技术的车辆驾驶培训系统研究[D]. 济南:山东大学,2020. DOI:10.27272/d.cnki.gshdu.2020.003285.

[21] 王亚兵. 基于驾驶模拟器的驾驶能力评估及其应用研究[D]. 北京:北方工业大学,2021. DOI:10.26926/d.cnki.gbfgu.2021.000001.

[22] 吴晓瑞,吴志周.汽车驾驶模拟器在交通安全中的应用综述[J].交通信息与安全, 2015,33(02):10-19.

[23] 王力军,荆旭,滕贻健,等.汽车驾驶模拟系统的研究与进展[J].农业装备与车辆工程, 2009(05):34-37.

[24] 夏颖.论我国机动车驾驶许可制度的完善[D].武汉:华中科技大学,2016.

[25] CHEN S W,FANG C Y,TIEN C T. Diver behavior modeling system based on graph construction[J]. Transportation Research Part C:Emerging Technologies, 2013(26), 314-330.

[26] KIRKPATRICK D L. Evaluating training programs:evidence vs proof[J]. Training and Development Journal,1977,31(11):9-12.

[27] KIRKPATRICK D L. Evaluating in-house training programs[J]. Training and Development Journal,1978,32(9):6-9.

[28] AJZEN I. The theory of planned behavior[J]. Organizational Behavior and Human Decision Processes, 1991, 50(2):179-211.

[29] 曾秀芹,何梦,柳莹.微博评论语境下的女性主义广告效果研究[J].新闻与传播评论,2022,75(03):64-83.

[30] ISABELLE M P, SIMON M. Comparison between elderly and young drivers' performances on a driving simulator and self-assessment of their driving attitudes and mastery[J]. Accident Analysis and Prevention, 2020, 135(November 2018):105317.

[31] 王园园.住区建成环境对老年人步行出行影响及优化策略研究[D].哈尔滨:哈尔滨工业大学,2019.

[32] ANG B H, OXLEY J A, CHEN, W S, et al. To reduce or to cease:A systematic review and meta-analysis of quantitative studies on self-regulation of driving[J]. Journal of Safety Research, 2019, 70:243-251.

[33] BAZARGAN-HEJAZI S, TERUYA S, PAN D, et al. The theory of planned behavior(TPB) and texting while driving behavior in college students[J]. Traffic Injury Prevention, 2017, 18(1):56-62.

[34] 郭凤香.基于风险感知的老年驾驶人行为特性研究[D].昆明:昆明理工大学,2019.

[35] 伍毅平.生态驾驶行为特征甄别及反馈优化方法研究[D].北京:北京工业大学,2017.

[36] FUERMAIER A B M, PIERSMA D, HUNTJENS R J C, et al. Simulated car driving and its association with cognitive abilities in patients with schizophrenia[J]. Schizophrenia Research, 2019, 204:171-177.

[37] 韩嘉懿,朱冰,赵健,等.基于握力分布的驾驶人人机共驾状态识别研究[J].中国公路学报,2022,35(03):166-176.

第九章

车路协同与自动驾驶

车路协同系统(Connected Vehicle Infrastructure System,CVIS)通过专用短程通信技术、5G 等通信方式使车辆与车辆、车辆与路侧设备、车辆与行人之间在交通运行中实现信息交互与共享。自动驾驶汽车是指搭载先进传感部件、计算单元以及控制执行装置的新一代汽车类型,旨在通过车载智能系统对驾驶人的感知、决策和操作等各级职能进行辅助或取代。车路协同与自动驾驶是解决交通安全与拥堵等问题的新兴技术。其中,解决人因问题是应用车路协同与自动驾驶技术的关键,提升驾驶人接受度、服从度、舒适性等是车路协同与自动驾驶的服务目标,也是评价其技术成熟度的重要标准。本章从车路协同和自动驾驶研究现状出发,瞄准当下车路协同和自动驾驶研究的焦点问题,基于驾驶模拟技术,结合实际案例探究车路系统和自动驾驶中驾驶人的技术适应性,以及考虑人因的车路协同和自动驾驶运行表现。

第 一 节 研 究 范 式

基于驾驶模拟技术实现车路协同和自动驾驶系统虚拟再现,是车路协同和自动驾驶技术大规模应用前开展测试的有效手段。结合人因因素开展车路协同和自动驾驶技术综合评估的框架分别见图 9-1 和图 9-2。

车路协同技术综合评估范式如下:

第一,基于单台或多台联动驾驶模拟器,进行"Part I 车路协同平台构建"。基于此平台可实现车路协同技术的技术性能、驾驶人因、车辆运行表现等内容的一般性测试。第二,面向高速公路、城市道路、国省干道等真实道路搭建虚拟仿真场景,结合测试平台和 3D Max 等软件实现多种道路与环境的数字孪生,构成"Part II 场景设计"。第三,通过"Part III 驾驶模拟实验"进行实验设计与实验测试,按照实验目的高度还原驾驶操作及车辆运行过程。第四,在"Part IV 数据采集"中获取驾驶行为、眼动和心电等数据,并对数据进行初步处理和检验。第五,根据研究问题,结合适用的分析方法,从个体和群体维度进行"Part V 车路协同技术影响和机理分析"。第六,在"Part VI 综合评估"中,从人因适应性和宏观交通流两方面选用不同的指标,采用综合评估量化方法评估车路协同系统整体有效性。

图 9-1　车路协同技术综合评估框架

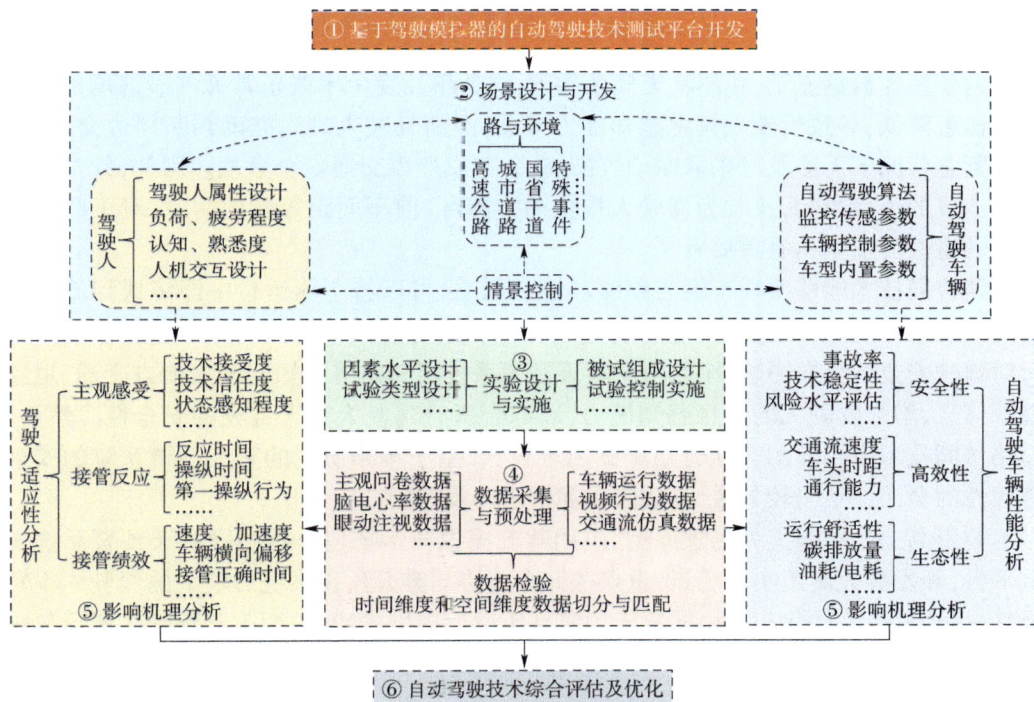

图 9-2　自动驾驶技术综合评估框架

自动驾驶技术综合评估范式如下：

①基于驾驶模拟器的自动驾驶技术测试平台开发是自动驾驶技术实验测试的基础,可实现面向驾驶人和自动驾驶车辆的一般性测试。②场景设计与开发。包括基于测试平台和3D Max等软件实现高速公路、城市道路等多种道路与环境的数字再现,仿真实现不同场景与事件;从驾驶人层面考虑不同人群属性、工作负荷、疲劳程度、非驾驶相关任务,基于车载

智能终端的不同特点设计人机交互功能;从自动驾驶车辆层面考虑调整自动驾驶算法和其他参数,仿真不同种类的自动驾驶车辆,通过情景控制实现道路交通场景、驾驶人层面和自动驾驶车辆间的动态联动控制。③实验设计与实施。通过合理设计实验,探究多因素的作用特性并挖掘其作用机理。④数据采集与处理。面向人因和车辆,在驾驶模拟实验开展前、中、后采集数据,获得高精度、细粒度的主客观数据,进而完成数据检验与预处理。⑤影响机理分析。探究驾驶人对自动驾驶车辆的接管特性,测试评估自动驾驶车辆性能,深度挖掘自动驾驶车辆运行特性的影响机理。⑥自动驾驶技术综合评估及优化。分别从驾驶人特性和车辆运行层面,实现自动驾驶技术的综合评估及优化。

第二节　不良天气车路协同预警系统

一　问题提出

国内外统计数据显示,在不良天气条件下,交通事故发生率较正常天气显著增加。雾天能见度显著降低,导致驾驶人视觉感知能力减弱,因而驾驶人难以准确判断周边交通条件,尤其是紧急状况下无法及时采取制动等措施,易造成严重交通安全事故。因此,针对雾天对驾驶人造成的不良影响,及时为驾驶人提供前方雾区、前车间距等辅助信息,对于减少雾天道路交通事故的发生具有重要意义。

车路协同技术能够实现车辆与路侧环境的联通,可以将车辆运行中即将遇到的风险因素及时反馈给驾驶人,在保障交通的安全性、高效性、生态性等方面发挥着重要作用。针对雾天对驾驶安全的负向影响,车路协同雾天预警系统能够提前告知驾驶人前方交通、道路及环境等信息,增强驾驶人的信息感知能力,以综合提升驾驶人雾天驾驶的安全性。然而,目前车路协同技术应用前的实际道路测试困难较大,基于车路协同的雾天预警系统的安全性及有效性的全面评估仍较欠缺,其成因仍需要进一步挖掘。

本节以高速公路雾天为场景原型,应用驾驶模拟技术搭建车路协同雾天预警系统实验测试平台,开发雾天高速实验场景,重点探究车路协同雾天预警系统影响下的驾驶人视觉特性及其变化特征,为优化车路协同雾天预警系统设计提供支持,进而改善驾驶人雾天驾驶的安全性。

二　方案设计

(一)实验控制因素

1.因素水平设计

在自由流交通状况下,针对3种能见度水平的雾(无雾、轻雾及浓雾)及3种车路协同系

统技术水平(无提示、可变信息板提示及车载提示)共设计9种实验场景,如表9-1所示。在
驾驶人遍历9种实验场景后,通过实验平台提取驾驶人的视觉特征指标。

实验场景及因素水平设计   表9-1

实验场景	交通流	车路协同系统技术水平	雾天
1	自由流	无提示	无雾
2	自由流	无提示	轻雾
3	自由流	无提示	浓雾
4	自由流	可变信息板提示	无雾
5	自由流	可变信息板提示	轻雾
6	自由流	可变信息板提示	浓雾
7	自由流	车载提示	无雾
8	自由流	车载提示	轻雾
9	自由流	车载提示	浓雾

如表9-2所示,实验能见度设计主要参考《雾的预报等级》(GB/T 27964—2011)。一般
当道路能见度小于10000m时,道路及环境信息将被传递至气象管理中心,管理中心将能见
度与雾等级相关分类标准的阈值进行比较,以确定雾的等级。

中国雾等级划分   表9-2

能见度(m)	雾等级
1000 ~ 10000	轻雾
500 ~ 1000	浓雾
200 ~ 500	重雾
50 ~ 200	强浓雾
<50	超强浓雾

基于此,该实验雾区包含三种能见度水平,分别为无雾、轻雾(能见度为725m)及浓雾
(能见度为175m),其能见度情况如图9-3所示。为了匹配现实及驾驶模拟的相对有效性,
实验招募了30名被试,要求其观察三种能见度水平的雾下驾驶模拟场景状况,并据此对不
同能见度与其在实际情况中的匹配度进行打分。经过实验可知,其中25名被试认为模拟场
景的能见度与实际情况中的能见度完全符合,其他5名被试认为模拟的能见度与实际情况
中的能见度基本符合。

a) 无雾    b) 轻雾    c) 浓雾

图9-3 驾驶模拟场景中的三种能见度水平

2.可变信息板设计

高速公路不良天气(雾区)车路协同系统在向驾驶人发送预警信息时,可通过可变信息板和车载设备等载体发布预警信息,其中,对于可变信息板的设计主要包括以下3个部分。

(1)颜色。

可变信息板信息的颜色对驾驶人具有警示作用,不同颜色的标志和文本信息具有不同的含义。其中,红色表示禁止,黄色表示警告,绿色表示允许。因此,设计中选择黄色作为可变信息板文本颜色。

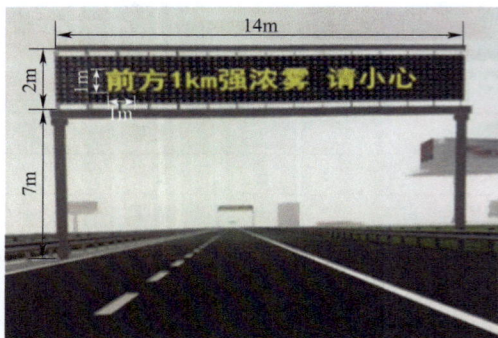

图9-4 可变信息板的尺寸及设置形式示意

(2)设置方式。

交通标志设置类型多为悬臂式(单和双)及门架式。由于门架式标志设置类型比悬臂式标志更引人注目,因此高速公路上多采用门架作为可变信息板支架。可变信息板的尺寸及设置形式如图9-4所示。

(3)预告距离及间距。

为了提高预警效果,一般在预警位置前设置多个可变信息板。公式(9-1)为可变信息板最佳视认距离设计公式。根据公式,理论上可变信息板的视认距离为386m。综合考虑多级预警的需要和驾驶人信息处理时间,根据经验,通常选取雾区前2000m作为预警范围,且各可变信息板间距为500m。

$$D \geqslant (N-1)\frac{v_1}{3.6} \times t_2 + \frac{v_1^2 - v_2^2}{254(f+i+\varphi)} + \frac{v_1}{3.6} \times t_1 - (b+4.3)/a \qquad (9-1)$$

式中,D为可变信息板的消失点;N为双向车道的数量,取4(场景为双向四车道);v_1为驾驶人发现可变信息板时的速度(km/h),可以采用运行速度或85%的限速,根据预实验测试的运行速度为102km/h,作为v_1的参数值;v_2为驾驶人视认结束时的速度,该速度可取最低速度,即60km/h;f为滚动阻力系数,沥青混凝土路面为0.015;i是道路的总坡度,通常取3%;φ为路面附着系数,沥青混凝土路面取0.6;a为标志的倾斜角,通常需取15°;b为可变信息板的高度,设为10m;t_1是感知和制动反应的总时间,通常需要2.5s;t_2是车辆一次换车道所需的时间,通常需要6.5s。

3.车载预警系统设计

基于预警信息设计要求,参考国内外车载终端应用系统,设计包含多种预警功能的终端显示界面。人机交互界面(Human Machine Interface,HMI)以华为平板为设计载体,屏幕分辨率为1920×1080,尺寸为215.5mm×124.2mm×7.3mm,操作系统是Android 6.0。HMI的设计主要考虑两种因素,即雾区提示信息给予的完整性及适用性。HMI显示内容总共分为四个模块:前车车距提示模块、可变限速控制模块、紧急情况及雾区提示模块及周边车辆情况警示模块(图9-5a)。

(1)前车车距提示模块。该模块实时提示驾驶人前车距本车的距离,当距离大于200m时,车载终端显示">200m";当距离为200m以内时,则显示两车实时距离。

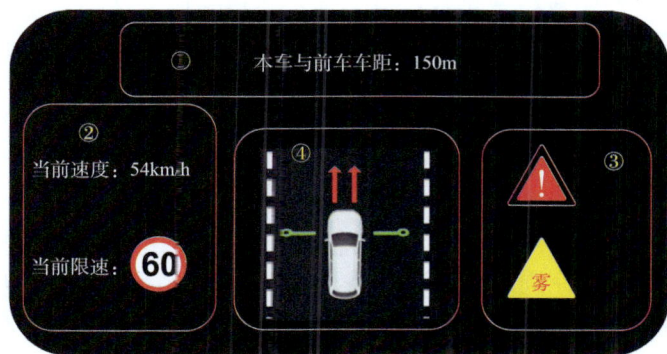

①-前车车距提示模块；②-可变限速控制模块；③-紧急情况及雾区提示模块；④-周边车辆情况警示模块
a）车载信息设计

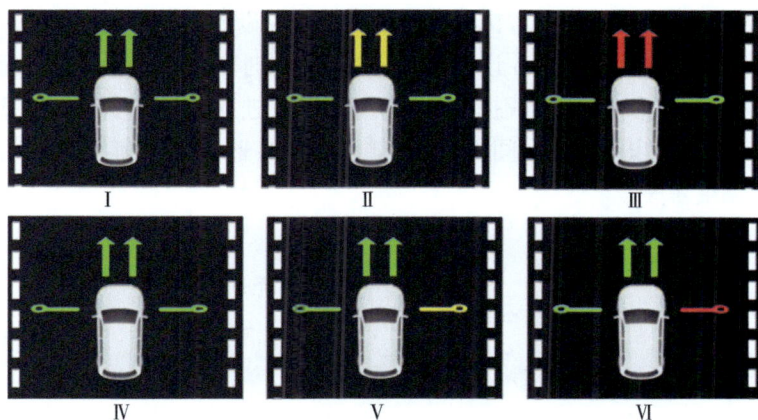

b）警示模块箭头变化示意图

图9-5 人机交互界面设计

（2）可变限速控制模块。该模块通过语音及图像实时提醒驾驶人当前限速及当前车速，当平台检测到驾驶人超速时，触发语音"您已超速，减速慢行"。本节对象包括雾区及常态两种状态下高速公路场景，我国道路交通安全法规定，高速公路非雾区及轻雾条件下限速120km/h，浓雾雾区条件下限速60km/h。因此，根据车辆所处环境的不同，车载HMI会提示不同的限速信息。

（3）紧急情况及雾区提示模块。当平台检测到与前车碰撞时间（Time To Collision，TTC）小于2s时，红色三角形惊叹号警示标志会常亮并伴随"嘀嘀"声；当平台检测到车辆处于雾区渐变区或雾区时，黄色三角的雾区警告标志常亮。

（4）周边车辆情况警示模块。根据周边交通状况，该模块可显示如图9-5b）中的各种箭头样式：当周边车辆与本车距离超过200m时，显示为绿色箭头；当距离小于200m时显示黄色箭头；当TTC小于2s时将会显示红色箭头。如图9-5b）所示，Ⅰ、Ⅱ、Ⅲ表示本车与前车不同车距时，该模块各箭头显示情况；Ⅳ、Ⅴ、Ⅵ表示本车与右侧（右前方、右后方）车辆不同车距时，各箭头显示情况。未区分右前方车辆及右后方车辆与本车的距离信息，一方面过多的显示设置容易造成驾驶人分心；另一方面主要研究对象为雾天车路协同系统对驾驶人速度的影响，而对于邻近车道车辆的提示主要是针对驾驶换道的预警，为避免信息过载，因而未对邻近车道的车辆前后距离位置进行区分。该车载提示的雾区信息参照可变信息板的设置,其预警范围为雾区前2000m,且间距为500m,同时当车辆进入雾区时,车辆将给予驾驶人相关提示。

(二)实验场景设计

1. 道路条件设计

实验道路模型选自北京周边某高速公路,路段总长为5.5km,宽度为18.8m(单车道宽度为3.75m,绿化带宽度为0.8m,路肩宽度为1.50m),全路段限速120km/h,浓雾时路段限速60km/h。实验路段分为3个区域,无雾区(3500m)、雾区渐变区(500m)及雾区(1500m),各区域划分如图9-6所示。无雾区前1500m为驾驶准备区,该区域为被试进入正常驾驶状态提供空间;无雾区后2000m为雾区警示区,该区域内设置可变信息板以及车载提示,从预警1至预警4所处位置每隔500m设置可变信息板,同时车载终端会在该位置对驾驶人进行预警,预警5所处位置仅放置车载提示以提示驾驶人进入雾区。其中,车载终端循环播报"前方雾区,减速慢行"语音提示,间隔为1s,循环播报3遍。雾区渐变区能见度逐渐降低,直至达到雾区能见度水平。

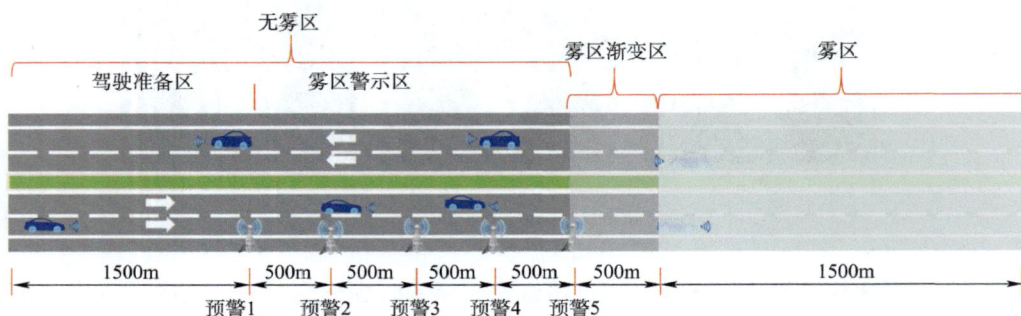

图9-6 实验道路设计及要点

注:其中预警1至预警4所处位置处放置了可变信息板,同时车载终端会在该位置对驾驶人进行预警,预警5所处位置未放置可变信息板,但车载终端会提示驾驶人进入雾区。

2. 交通流设计

实验中交通流设计为自由流(平均车头时距为36s)。周边车辆的平均速度在无雾区设置为100km/h,在雾区设置为55km/h。

三　实验测试

依托驾驶模拟实验平台开展驾驶模拟实验,基于驾驶模拟技术开发车路协同雾天预警系统,采用智能车载终端向驾驶人发送雾天预警信息,通过SMI ETG 2w眼动仪采集驾驶人的视觉特征。

1.被试选取

高速公路不良天气(雾区)车路协同场景实验招募被试40人,人口统计学数据如表9-3所示。

高速公路不良天气(雾区)车路协同场景实验被试人口统计学数据　　　　表9-3

统计项目	均值(标准差)	
	男性被试	女性被试
年龄(岁)	37.5(13.1)	25(12.97)
驾龄(年)	16(10.2)	13(9.3)
年平均驾驶里程(km/年)	18524(3548.22)	9584(5514.21)

2.实验流程

(1)预约被试。在实验准备阶段记录被试基本信息,包括年龄、职业和驾驶经验等人口统计学信息。然后,完成测试前问卷调查,收集驾驶人生理心理情况以及性格属性。

(2)实验前准备。实验前向被试讲解实验指导语,介绍车载显示的各个信息所表示的含义。同时,告知驾驶人实验相关路段限速情况,要求驾驶人按照个人习惯驾驶。

(3)适应驾驶。为了让被试熟悉驾驶模拟器的操作,在正式实验开始之前要求被试在准备路段(与实验路段相似的一条高速公路)进行适应操作。操作时间约为5min,在适应操作过程中,实验员在旁指导各操作部分的使用方法,并伴随被试驾驶过程,让其熟悉车载显示各部分含义。

(4)正式实验。被试按照场景随机排列的顺序依次进行驾驶模拟实验。被试总共驾驶9个场景,每个场景平均驾驶7~9min。为防止被试疲劳驾驶,每驾驶3个场景要求下车休息5min。每名被试参与驾驶任务共约1.5h。

(5)填写测试后问卷。被试完成实验后,需要对高速公路雾天车路协同系统的有用性及易用性等进行打分评价。

四　数据处理

在实验中采集了每个驾驶人的眼动追踪数据,包括注视(Fixation)、眼跳(Saccade)、闭眼(Eye Closure)和扫视(Glance)数据。为了提取驾驶人的视觉行为相关指标,对数据处理如下:

步骤①:观看眼动仪的输出视频,依据事件起始点触发的红色圆圈标记记录每位被试的事件起终点时间。

步骤②:基于时间区间截取Event文件,获取每位被试在两个事件下的眼动数据文件。

步骤③:通过Event文件中的Fixation和Saccade的起始点坐标,结合输出视频中的注视点轨迹及编号,划分不同的兴趣区域。兴趣区域共分为4个,分别为A前方路面、B车载界面、C车内后视镜、D左右后视镜及环境。

步骤④:确定注视点和眼跳起终点所在区域,判定驾驶人的连续扫视行为,以便后续的指标提取。

五 指标提取

为探究车路协同雾天预警系统在不同技术水平条件下驾驶人的视觉特性及其变化机理,提取注视和眼跳等视觉相关指标,以及视觉分心等衍生指标。其中,注视是指眼睛在某个时间段内(100ms~2s)停留在一个特定的区域,这个区域被称为注视点;而眼跳一般指一个注视点移动到另一个注视点的移动过程。通常研究需要将多个目标区域定义为兴趣区域(Area of Interest,AOI)以分析不同区域的注视分布及区域间的视觉变化及转移。指标的定义及介绍如下。

1. 注视眼跳指标

(1)前方路面区域外眼跳频次(f_S)。

眼跳反映了驾驶人的搜索过程,该指标用于揭示驾驶人在与前方道路无关的地方搜索信息的频次,频次越高意味着驾驶人更容易分散注意力。按式(9-2)计算:

$$f_S = \left[\frac{\text{Num}(Sa) - \text{Num}(Sa_{RA})}{N_{data}}\right] \times 30 \tag{9-2}$$

式中,$\text{Num}(Sa)$为眼跳数量;$\text{Num}(Sa_{RA})$为前方路面区域内眼跳数量;N_{data}为眼动仪输出的数据样本量。

(2)前方路面区域外注视频次(f_F)。

用于揭示驾驶人注视与前方道路无关的位置的频次,频次越高,意味着驾驶人更容易分散注意力。按式(9-3)计算:

$$f_F = \frac{\left[\text{Num}(F) - \text{Num}(F_{RA})\right] \times 30}{N_{data}} \tag{9-3}$$

式中,$\text{Num}(F)$为注视点数量;$\text{Num}(F_{RA})$为前方路面区域内注视点数量;N_{data}为眼动仪输出的数据样本量。

(3)前方路面内注视占比(p_F)。

用于揭示驾驶人对前方道路的注意力比例。比例越大,意味着驾驶人对前方道路的关注度越高,因此分散注意力的程度越低。按式(9-4)计算:

$$p_F = \frac{\text{Num}(F_{RA})}{\text{Num}(F)} \tag{9-4}$$

式中,$\text{Num}(F)$为注视点数量;$\text{Num}(F_{RA})$为前方路面区域内注视点数量。

(4)前方路面内注视持续时间占比(p_{FD})。

用于揭示驾驶人对前方道路的注视持续时间占比。比例越大,意味着驾驶人对前方道路的关注度越高,因此视觉分心的程度越低。按式(9-5)计算:

$$p_{FD} = \frac{\text{Num}\sum_{i=1}^{(F_{RA})} T(F_{RA_i}) \times 30}{N_{data}} \tag{9-5}$$

式中，$\mathrm{Num}(F_{\mathrm{RA}})$ 为前方路面区域内注视点数量；$T(F_{\mathrm{RA}_i})$ 为前方路面区域内所有注视点时间的和；N_{data} 为眼动仪输出的数据样本量。

2. AttenD 相关指标

车路协同预警系统可能会引起驾驶人的视觉分心，AttenD 算法用于提取驾驶人的视觉分心指标，图 9-7 所示为 AttenD 算法和 AtenD 面积的定义。Kircher 等人在其研究中将 AttenD 算法的最大注意力缓冲时间设定为 2s。视觉缓冲区是指在 AttedD 算法中驾驶人的注视持续时间，最大注意力缓冲时间的具体判定条件如下：

（1）若视线离开前方路面，则视觉缓冲区数值下降。

（2）若重新注视前方路面，则缓冲区数值上升，但由于驾驶人在生理上存在反应过程，数值会延迟 0.1s 再上升。

（3）若注视仪表盘或后视镜，则 1s 内缓冲区数值保持不变，超过 1s 后数值开始下降。

（4）缓冲区数值为 0 时判定为视觉分心。

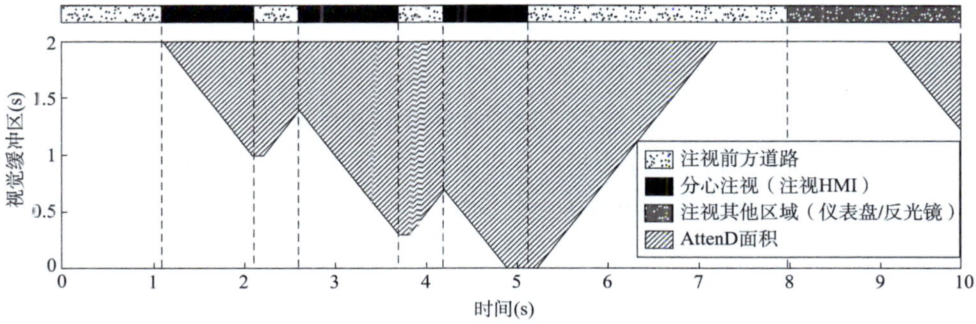

图 9-7　AttenD 算法和 AttenD 面积的定义

如图 9-7 所示，注视 HMI 是主要的分心事件。在图的顶部，白色、黑色和灰色矩形分别表示驾驶人注视前方道路、HMI 和其他区域（仪表盘或后视镜）的时间。注意力缓冲时间设置为 2s。在开始的时候，驾驶人看前方道路，因此注意力缓冲区维持在 2s。当驾驶人开始观察 HMI 时，视觉缓冲值立即开始下降；当驾驶人的眼睛回到前方道路时，由于存在反应时间，视觉缓冲值延缓 0.1s 后再开始上升。视觉缓冲值最低为 0，意味着驾驶人在视觉上已经分心。图 9-7 中横坐标时间为 8s 左右时，驾驶人开始观察后视镜或仪表盘，当驾驶人盯着后视镜或仪表盘超过 1s 时，注意力缓冲开始减少。图中，阴影部分即为 AttenD 面积。

（1）AttenD 面积（A）。

注意力缓冲区差值的总和，代表了驾驶人视觉分心程度。较大的值意味着驾驶人的注意力分散时间的视觉负荷较大，交通风险水平较高。按公式（9-6）计算：

$$A = \frac{\sum_{i=1}^{N} 2 - \mathrm{buffer}_i}{30} \tag{9-6}$$

式中，buffer_i 为以 $i/30(\mathrm{s})$ 为单位的 AttenD 缓冲值。

(2)单位时间 AttenD 面积(A_p)。

AttenD 面积除以驾驶时间。按公式(9-7)计算：

$$A_p = \frac{A}{T} = \frac{\sum_{i=1}^{N_{data}} 2 - \text{buffer}_i}{30} \times \frac{30}{N_{data}} = \frac{\sum_{i=1}^{N_{data}} 2 - \text{buffer}_i}{N_{data}} \tag{9-7}$$

式中，buffer_i 为以 $i/30(\text{s})$ 为单位的 AttenD 缓冲值；N_{data} 为眼动仪输出的数据样本量。

(3)缓冲值降至 0 的占比(p_{AB_0})。

用于反映驾驶人视觉分心时间占总驾驶时间的比例。按公式(9-8)计算：

$$p_{AB_0} = \frac{\text{num}(\text{buffer}_i = 0)}{N_{data}} \tag{9-8}$$

式中，$\text{num}(\text{buffer}_i = 0)$ 为 $\text{buffer}_i = 0$ 的数量，N_{data} 为眼动仪输出的数据样本量。

六 结果分析

1. 注视点和眼跳指标分析

在实验中，有、无 HMI 的情况下，前方路面外注视频次和前方路面外注视占比服从正态分布。对这两个指标的数据采用 ANOVA 分析方法，其显著性水平为 99%。前方路面外眼跳频次和前方路面内注视持续时间占比不服从正态分布，因此对这两个指标采用相关样本的非参数检验方法分析，其显著性水平为 99%。指标的平均值、标准差和显著性见表 9-4。

注视点和眼跳指标的均值、标准差和显著性   表 9-4

道路条件		前方路面区域外眼跳频次 f_S(个/s)		前方路面区域外注视频次 f_F(个/s)		前方路面内注视占比 p_F(%)		前方路面内注视持续时间占比 p_{FD}(%)	
		均值	标准差	均值	标准差	均值	标准差	均值	标准差
浓雾	无 HMI	0.486	0.255	1.209	0.705	93.9%	3.2%	61.6%	7.7%
	有 HMI	1.346	0.565	3.351	1.891	81.9%	9.4%	50.9%	10.6%
p		<0.001**		<0.001**		<0.001**		<0.001**	

注：**表示显著性在 99% 置信水平。

图 9-8 所示为浓雾天气条件下驾驶人的注视点和眼跳指标的统计结果，其中图 9-8a)、b)表明，在有 HMI 的情况下，前方路面外眼跳频次和前方路面外注视频次均明显高于没有 HMI 的情况。因此，雾天情况下 HMI 的使用减少了驾驶人对前方道路的观察，增加了驾驶人对前方路面以外地方的观察。

图 9-8c)、d)表明，与没有 HMI 的情况相比，有 HMI 时前方路面内的注视占比和注视持续时间占比明显减少，表明 HMI 会使驾驶人的视线更频繁地离开前方道路，并且有 HMI 条件的数据箱线图的面积更大，这可能是因为每名驾驶人有不同的注视习惯，所以浏览 HMI 的频率差异较大。

注视点的具体分布如图 9-8e)所示，其中其他区域是指除四个确定区域以外的其他区域。从图中可知,当有 HMI 时,驾驶人对仪表板的注视占比提高,这可能是因为当限速改变或行驶速度超过限速时,HMI 会提醒驾驶人加强对速度的控制,导致驾驶人增加对仪表盘注视的占比,这在一定程度上强化了驾驶人在雾天中对速度的控制。另外,驾驶人对 HMI 的注视占比约为 7.36%,HMI 可能会在一定程度上增加驾驶人视觉分心的风险。此外,尽管被试已熟悉 HMI 的功能,并被告知 HMI 可显示速度,但实验结果表明,驾驶人注视仪表盘的比例增加,可见,驾驶人更习惯通过传统仪表盘查看车速。

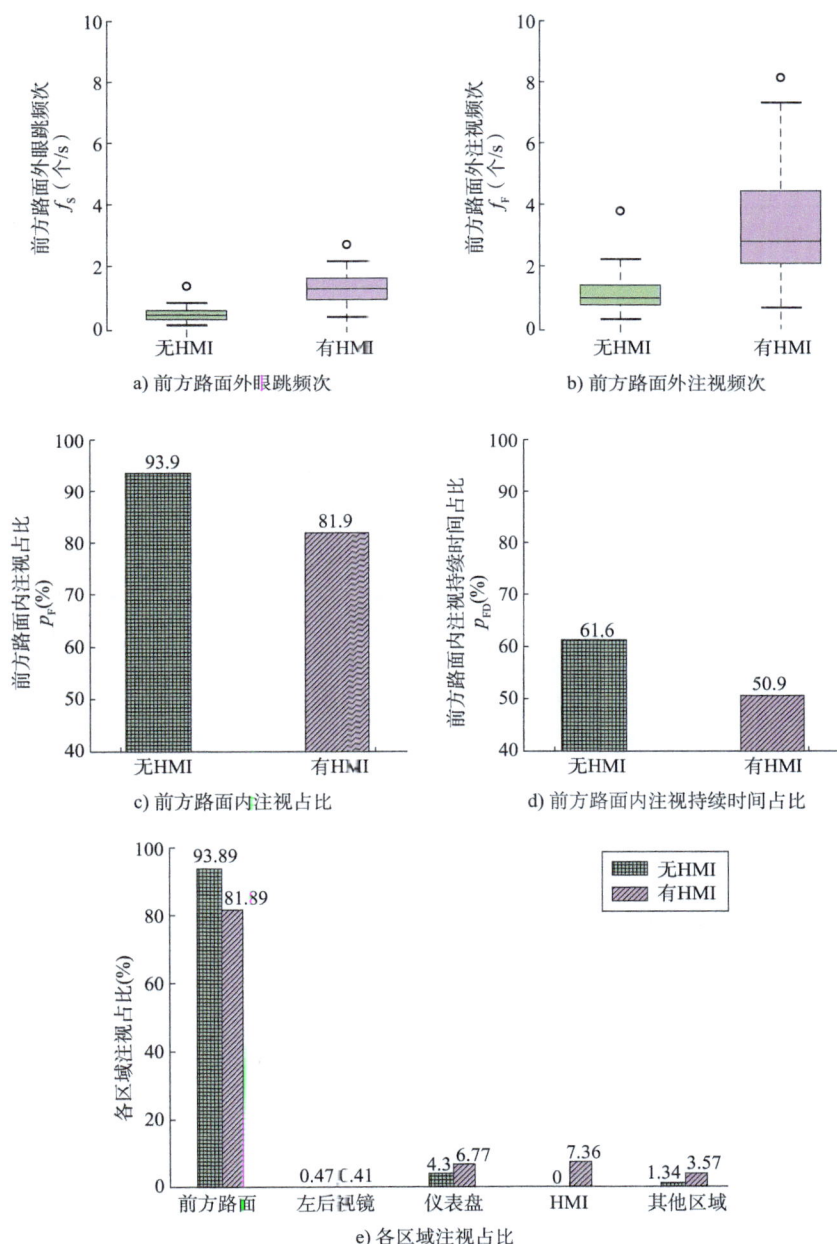

a) 前方路面外眼跳频次

b) 前方路面外注视频次

c) 前方路面内注视占比

d) 前方路面内注视持续时间占比

e) 各区域注视占比

图 9-8　浓雾天气条件下驾驶人的注视点和眼跳相关指标

2. AttenD 指标分析

由于 AttenD 面积、单位时间 AttenD 面积、AttenD 缓冲区数值降至 0 的比例三项指标均不服从正态分布,因此,均采用相关样本的非参数检验法分析不同技术水平下的指标差异,结果表明显著性均处于 99% 的置信水平,如表 9-5 所示。

AttenD 指标的均值、标准差和显著性 表 9-5

道路条件		AttenD 面积 $A(s^2)$		单位时间 AttenD 面积 $A_p(s)$		缓冲值降至 0 的占比 $p_{AB_0}(\%)$	
		均值	标准差	均值	标准差	均值	标准差
浓雾	无 HMI	21.403	22.655	0.065	0.068	0.3%	1.6%
	有 HMI	85.116	59.525	0.325	0.226	2.4%	4.1%
p		<0.001**		<0.001**		0.002*	

注:1. * 表示显著性在 95% 置信水平。

2. ** 表示显著性在 99% 置信水平。

图 9-9 所示为浓雾天气条件下驾驶人 AttenD 指标的统计结果,图 9-9a) 表明,在道路状况相同的浓雾天气场景中,在没有 HMI 情况下驾驶人 AttenD 面积更小,这表明导致这种差异的主要因素是是否使用 HMI,HMI 对驾驶人视觉分心有显著影响。

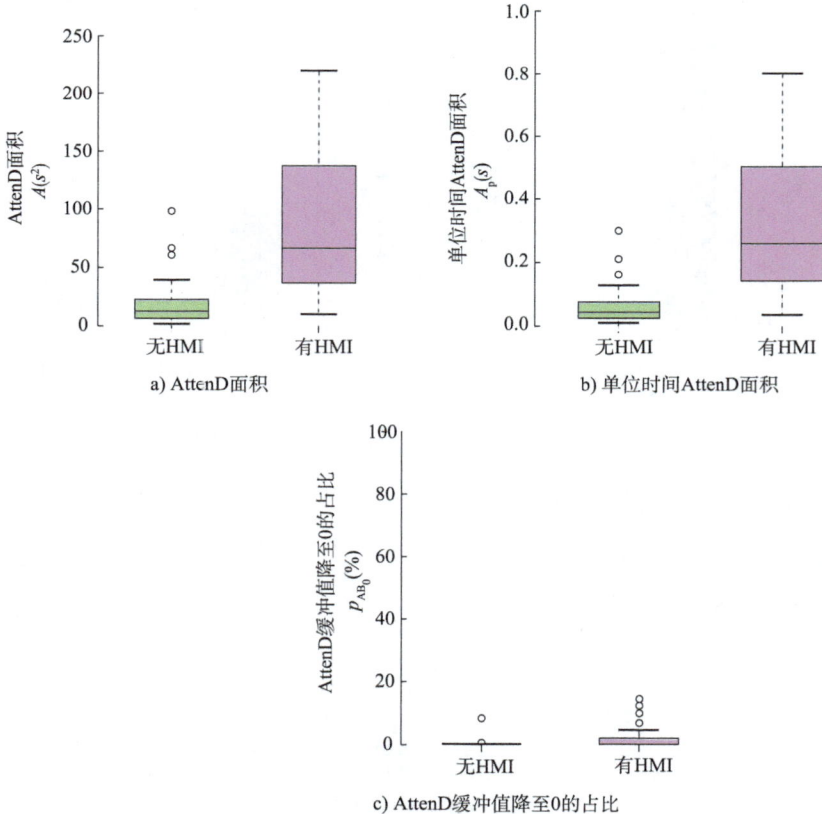

a) AttenD面积

b) 单位时间AttenD面积

c) AttenD缓冲值降至0的占比

图 9-9 浓雾天气条件下驾驶人的 AttenD 指标

图9-9b)表明,在没有 HMI 情况下单位时间 AttenD 面积更小。不同的驾驶速度会导致每位被试的驾驶时间存在差异,但单位时间 AttenD 面积与 AttenD 面积的分布规律具有一致性。这表明不同的驾驶时间不会使驾驶人视觉分心程度具有明显差异。因此,在雾天场景中 HMI 可能会在一定程度上对驾驶人造成视觉干扰。

图9-9c)表明,有 HMI 的情况下 AttenD 缓冲值减少到 0 的占比高于没有 HMI 的情况。AttenD 缓冲值降至 0 意味着驾驶人正处于视觉分心状态,这表明 HMI 对驾驶安全有负面影响。在有 HMI 的情况下,AttenD 缓冲值降至 0 的比例平均增加2%,说明 HMI 会导致驾驶人视觉分心,需要进一步优化车路协同雾天预警系统。

七 小结

本节针对车路协同雾天预警系统安全性和有效性的评估问题,以高速公路车路协同典型场景实验中的雾天场景为研究案例,应用驾驶模拟技术开发车路协同雾天预警系统实验测试平台,开展驾驶模拟实验获得驾驶人的视觉特征数据,探究预警系统对驾驶人的视觉特性和视觉变化特征的影响。

(1)基于驾驶模拟技术构建车路协同雾天预警系统测试平台,研究其对驾驶人视觉行为影响的测试和分析方法,形成了基于视觉特性的车路协同雾天预警系统有效性评价的一般性指标体系及方法。

(2)车路协同雾天预警系统增强了驾驶人在雾天场景中的速度控制能力;在车路协同雾天预警系统影响下,驾驶人注视和扫视前方道路的频率显著增加,注视前方道路的比例显著降低;AttenD 指标表明 HMI 增加了驾驶人的分心行为,这可能会增加驾驶人在雾区行驶的危险性。

(3)研究结果可为深入分析雾天条件下车路协同预警信息对驾驶人视觉特征的影响机理提供参考,为优化车路协同雾区预警系统的设计提供支持,进一步拓展了基于驾驶人视觉特征的车路协同系统人机交互界面效能评价方法。

第 ③ 节 高速公路施工区车路协同预警系统

一 问题提出

截至 2022 年底,我国高速公路总里程突破 17 万 km,对现有道路进行维护、保养能够提高高速公路的使用年限和通行能力。然而,高速公路施工区会干扰道路交通的正常运行,使车辆的换道与合流行为显著增多,增加了车辆在施工区的运行风险。据统计,相比于正常道路,施工区的通行能力降低 10% ~ 20%,车辆的平均行驶时间增加 20% ~ 50%,极易引发交通事故,形成道路通行能力瓶颈。因此,改善驾驶人在高速公路施工区的驾驶行为,对于减少道路交通事故、提高道路通行能力具有重要意义。

车路协同技术可将丰富、准确的预警信息通过 HMI 传递给驾驶人,包括前方道路状况、周围车辆运行状态、导航、预警等,这些信息可以帮助驾驶人在进入施工区前预知前方危险,提前采取速度控制、换道等行为确保车辆安全、顺畅地通过施工区。然而,基于车路协同技术的施工区预警系统对驾驶人速度控制行为和换道行为的影响效用尚不明确,导致车路协同预警技术在施工区的应用及优化设计缺乏理论支撑,影响了车路协同技术对施工区安全性和通行能力的改善效果。

因此,本节基于驾驶模拟技术搭建车路协同系统测试平台,通过人机交互界面向驾驶人提供导航、路况等施工区预警信息,分析车路协同施工区预警信息对驾驶人速度控制行为和换道行为的影响,探究车路协同技术改善施工区驾驶行为的潜能,为提高施工区的安全性和通行能力提供支持。

二 方案设计

(一)实验控制因素

在实验中,车路协同预警基于有、无车载 HMI 划分为两个技术水平:车路协同状态(有 HMI)和常规驾驶状态(无 HMI)。

图 9-10 为 HMI 设计方案及车辆周边预警方式。图 9-10a)中,①为预警文字提示区,针对不同道路/交通状况提示相应文字信息,同步播报语音信息;②为预警图形提示区,用于辅助驾驶人理解不同道路/交通状况;③为本车与周围状况提示区,包括路段限速、超速、车距和盲区等提示;④为道路导航信息,提供路线、时间和剩余里程信息。图 9-10b)为行车过程中版块③的不同状态,其中,绿色渐变梯形表示前车与本车距离大于 200m,本车安全;当出现渐变红色闪动时,表示与前车间距小于 200m,需注意前方车辆;当出现渐变红色闪动并伴随"嘀嘀嘀"声音时,表示有车辆进入本车安全间距内,驾驶人需采取制动措施;蓝色车辆上的数字表示本车速度,绿色代表正常状态,红色代表超速状态,伴随语音提示驾驶人超速并提醒当前道路限速值;蓝色车辆周边绿色闪动分别代表本车左盲区、右盲区、后盲区,当系统检测到盲区内存在车辆时,则相应区域变为红色闪动以警示驾驶人。

a) 车载信息设计

图 9-10

b) 本车与周边状况变化示意

图 9-10　HMI 界面设计

HMI 预警信息的内容和触发位置如表 9-6 所示,以首次预警信息播报为例,对应图 9-11 中坐标系 100m 处(施工区前 1100m 处为坐标系原点),布设位置见图 9-11 中施工区场景设计,以语音播报和视觉显示的方式传递给驾驶人。

HMI 预警信息

表 9-6

符号	位置	HMI 预警信息
a	100m	距前方施工区 1km
b	600m	距前方施工区 500m
c	1100m	进入施工区
d	1350m	离开施工区
	全路段	提供导航、速度等信息

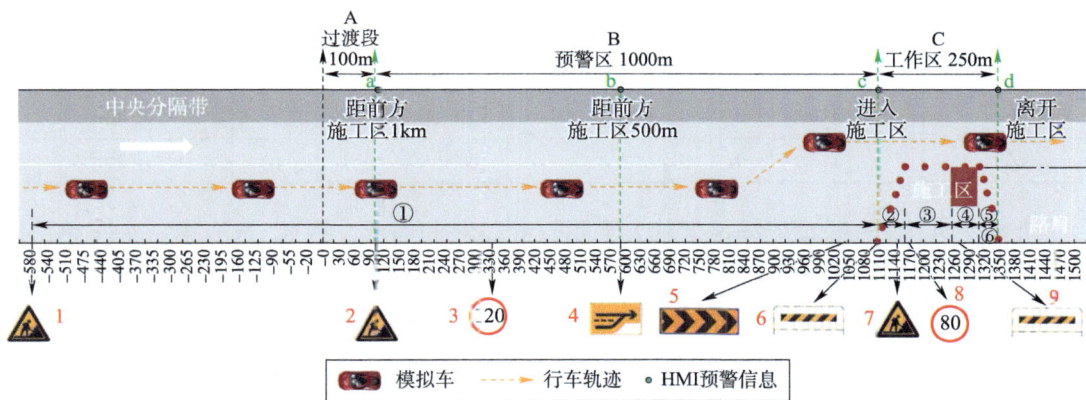

图 9-11　施工区场景设计(单向道路)

(二)实验场景设计

1. 道路条件设计

图 9-11 为施工区场景设计方案,图中 -580 ~ 1100m 段为双向四车道的正常路段,横载面宽度总计 26m,包括车道宽度(3.75m)、中央分隔带宽度(2m)和路肩宽度(4.5m)。1160 ~ 1300m 段为右侧车道封闭的施工区路段,仅保留 3.75m 宽的单向单车道。1100 ~ 1160m 段为双车道向单车道过渡路段。1300 ~ 1350m 段为单车道向两车道过渡路段。此外,交通控制设施内容和位置如表 9-7 所示,其设置符合《公路养护安全作业规程》(JTG H30—2015)。

交通控制设施 表9-7

符号	位置(m)	交通控制设施
1	−580	前方施工区
2	100	距前方施工区1km
3	350	限速:120km/h
4	600	向左合流
5	1050	施工区指引标志
6	1100	施工区警告标志
7	1145	前方施工区
8	1175	限速:80km/h
9	1260	施工区警告标志

按照《公路养护安全作业规程》(JTG H30—2015)将施工区划分为6个区域。在场景中,其区域划分位置和划分信息见表9-8。

施工区划分信息 表9-8

符号	位置(m)	区域名称	长度(m)
①	−580~1100	警告区	1630
②	1100~1160	上游过渡区	50
③	1160~1260	缓冲区	160
④	1260~1300	工作区	50
⑤	1300~1330	下游过渡区	40
⑥	1330~1350	终止区	30

研究表明,100m长度能满足驾驶人平稳驾驶过渡的需求。因此,选取第一个车路协同预警点(位置:100m)前100m作为研究起点(位置:0m),选取施工区终点(位置:1350m)作为研究终点。根据车路协同预警点的位置,将研究区域划分为过渡段(A)、预警区(B)、工作区(C)三个路段,数据分析区段划分信息见表9-9。

施工区数据分析区段划分信息 表9-9

符号	位置(m)	区段名称	长度(m)
A	0~100	过渡段	100
B	100~1100	预警区	1000
C	1100~1350	工作区	250

2. 交通流设计

交通流均设置为自由流;正常道路(1100m前)限速120km/h,进入施工区(1100m后),限速80km/h。

三　实验测试

依托驾驶模拟实验平台开展驾驶模拟实验,基于驾驶模拟技术开发车路协同施工区预警系统,采用智能车载终端向驾驶人传递施工区预警信息。

1. 被试选取

实验招募被试40人,人口统计学数据如表9-10所示。

高速公路车路协同典型场景实验被试人口统计学数据　　　　　表9-10

变量	描述	数量	百分比(%)
性别	男	22	59.5
	女	15	40.5
年龄	18～24 岁	10	27.0
	25～34 岁	8	21.6
	35～49 岁	12	32.4
	50 岁及以上	5	13.5
驾龄	5 年及以下	14	37.8
	6～10 年	5	13.5
	11 年及以上	16	43.2

2. 实验流程

(1)预约被试。在实验准备阶段记录被试基本信息包括年龄、职业和驾驶经验等人口统计学信息。

(2)实验前准备。实验前向被试讲解指导语,并告知驾驶人车载显示的各个信息所表示的含义以及实验相关路段限速情况,要求驾驶人按照个人习惯进行驾驶。

(3)适应驾驶。为了让被试熟悉驾驶模拟器的操作,在正式实验开始之前要求被试在准备路段(与实验路段相似的一条高速公路)进行适应驾驶,时间约为5min,在适应操作过程中实验员在旁指导各操作部分的使用方法,并伴随被试驾驶过程,让其熟悉车载显示各部分含义。

(4)正式实验。被试按照场景随机非列的顺序依次进行驾驶模拟实验,为防止被试疲劳驾驶,每驾驶 2 个场景之间被试将休息 5～10min。

(5)填写测试后问卷。被试参加实验后,需要对车路协同系统的有用性及易用性等进行打分。

四　数据处理

在实验中,整个区域的数据收集范围是从第一个车路协同预警点前100m到施工区结束。使用 Matlab 软件将原始数据进行分段截取,每 5m 截取一次数据,计算数据中各指标在

5m 内的平均值。本实验共收集了 2 个场景中 40 位驾驶人的 80 条有效数据,分析车路协同预警系统对驾驶人在施工区的速度控制行为和换道行为的影响。

五 指标提取

在高速公路施工区场景中,车路协同施工区预警系统向驾驶人提供预警信息和辅助驾驶信息,驾驶人将实时调控车速,并选择合适的时机执行换道操作,安全和高效地通过施工区。因此,驾驶人的速度控制和换道控制是研究重点关注的内容。速度控制指标包括速度(v)、速度标准差(v_{SD})、速度跟随比(v_P)、速度响应开始时间(T_{RS})、速度响应时间长度(T_R)。换道控制指标包括换道点(P_{LC})、换道距离(D_{LC})、累积换道影响面积(S_{LC})。各指标的含义及计算方法如下。

1.速度控制指标

(1)速度 v(km/h)。

速度是反映驾驶人在道路上行驶状态最直观的指标,速度越小,驾驶人发生碰撞事故的可能性越小。

(2)速度标准差 v_{SD}(km/h)。

表征在一定范围内速度的波动程度,速度标准差越小,车辆纵向运行越平稳。

(3)速度跟随比 v_p。

由于 HMI 可提示驾驶人行驶速度和当前道路限速值,因此,选择速度跟随比表示驾驶人在施工区域对于 HMI 提供的限速值的跟随程度,计算方法见式(9-9):

$$v_P = \frac{v - v_{limit}}{v_{limit}} \tag{9-9}$$

式中,v_{limit} 为 HMI 提供的当前道路限速值;v 为本车的行驶速度。

(4)速度响应开始时间 T_{RS}(s)。

驾驶人进入施工区后获得预警信息减速或加速到限制速度所用的时间。

(5)速度响应时间长度 T_R(s)。

驾驶人遵守施工区预警系统提供的限速的总时间。施工作业区限速 80km/h,取限速以下 10% 至限速值,即车速从 72km/h 至 80km/h 时的时长作为速度响应时间范围。

2.换道控制指标

(1)换道点 P_{LC}(m)。

换道点是指车辆换道过程的起点,表征驾驶人在某一位置开始控制车辆换道。如图 9-12 所示,基于驾驶模拟器获取驾驶行为数据,可绘制车辆在施工区的行车轨迹,结合转向盘转角和行车轨迹确定换道起点和终点。

在图 9-12 中,横坐标为车辆的纵向行驶距离,主纵坐标为车辆的转向盘转角,次纵坐标轴为横向偏移距离;当行车轨迹偏离原车道有换道趋势,且在该过程中对应的转向盘转角正负状态不变时,选取该点为换道起点;当车辆过渡到目标车道且对应的转向盘转角开始将车头调正时,则该点定为换道终点。

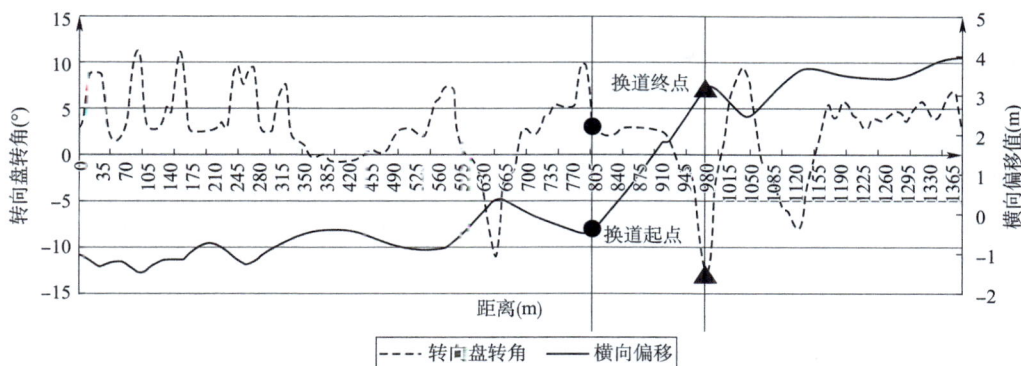

图 9-12　换道点判别

（2）换道距离 $D_{LC}(m)$。

换道距离是衡量车辆换道影响的重要指标，指车辆由原车道换道至相邻车道整个过程中所行驶的距离，换道距离＝换道终点－换道起点。

（3）累积换道影响面积 $S_{LC}(m^2)$。

车辆进入施工作业区前的换道行为累积影响面积，表征车辆换道行为对周围交通的影响大小。在二维坐标轴上画出所有的行驶轨迹，横坐标为驾驶人的行驶距离，纵坐标为驾驶人偏离右车道中心线的距离。使用 Matlab 对每 5m 横坐标数据进行截取，然后将每个横坐标对应的每组纵坐标值从小到大排序，取每个横坐标点的纵坐标值累积频率为 15% 和 85% 的点。本节将累计频率为 15% 的点连接成一条线，将累计频率为 85% 的点连接成另一条线。两条曲线所围合的区域为累积换道影响面积。累积换道影响面积的左端点为所有驾驶人换道点最小值，右端点为累积换道影响区最大值，公式（9-10）如下：

$$S_{LC} = \int_{P_{LC-min}}^{P_{LC-max}} \{ h(x)_{15\%} - h(x)_{85\%} \} \, \mathrm{d}x \tag{9-10}$$

式中，P_{LC-min} 是指换道起点的最小值；P_{LC-max} 是指换道终点的最大值；$h(x)_{15\%}$ 是指累积频率为 15% 的横向偏移值连成的曲线；$h(x)_{85\%}$ 是指累积频率为 85% 的横向偏移值连成的曲线。

六　结果分析

1. 速度控制行为分析

以常规驾驶状态（无 HMI）为对照组，探究车路协同预警信息对施工区车速的影响特征。如图 9-13～图 9-17 所示，分别为驾驶人的速度、速度标准差和速度跟随比的变化趋势图，以及速度响应开始时间和速度响应时间长度的统计特征图。

（1）车路协同预警信息对施工区速度的影响。

从图 9-13 可知，车路协同车辆与常规驾驶车辆开始时速度相差不大，两种速度都有逐渐增加的趋势。在 100m 位置，使用 HMI 的驾驶人得到预警信息，速度增长趋势明显慢于常规驾驶状态,这说明车路协同技术对施工区预警段的车速提高有一定抑制作用。在 600m 位置设置了向左合流标志,获得车路协同预警信息的驾驶人相比于无预警信息的驾驶人明显提前减速,可见处于车路协同状态的驾驶人对车速控制更加谨慎。600m 后,车路协同状态下的加速趋势大于常规驾驶状态下的加速度趋势,说明驾驶人的驾驶信心有所提高,但车速仍低于常规驾驶状态下的车速,安全性较高。车辆进入工作区域(1100m)时,前方有限速标志(位置:1175m),常规驾驶条件下驾驶人存在超速行为,车路协同状态下车速较平缓。综上所述,车路协同状态下的车速要比常规驾驶状态下的车速低。车路协同预警信息使驾驶人能够预知前方道路信息,提前采取制动措施应对道路环境变化,驾驶人的速度控制表现更好。车路协同预警信息提高了驾驶人的安全意识,提高了施工区域的行车安全性。

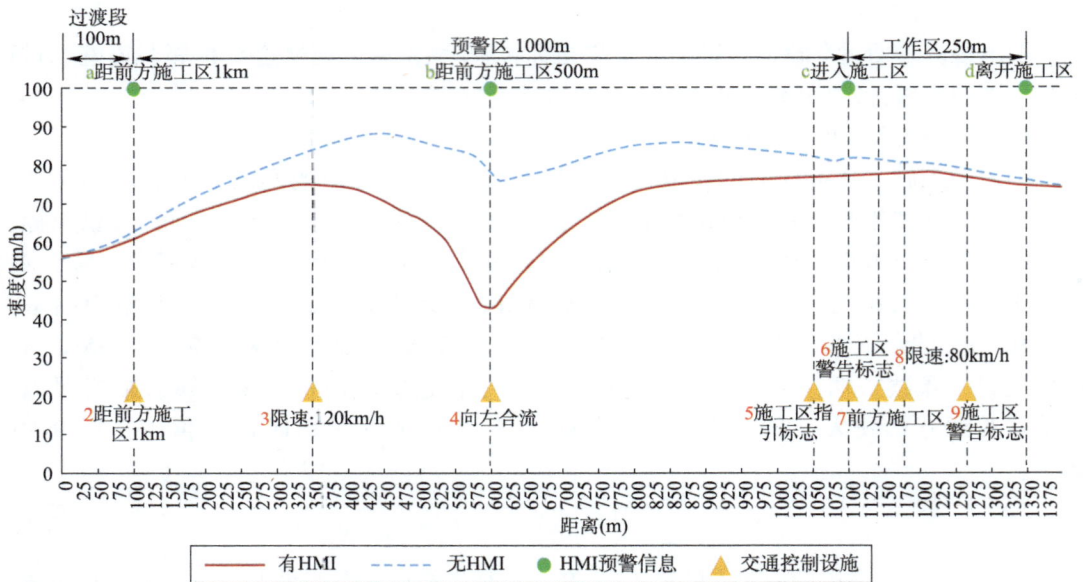

图 9-13　速度变化趋势

(2)车路协同预警信息对施工区速度标准差的影响。

从图 9-14 可知,在 0～350m 路段,两种状态下的速度标准差相差不大,常规驾驶状态略大于车路协同状态。在 350m 位置后,车路协同状态速度标准差逐渐增大,在 600m 位置车路协同预警点前达到峰值。可以看出,车路协同状态的速度标准差峰值比常规行驶状态大,在位置上也提前约 50m。说明在车路协同状态下,驾驶人可以提前采取措施,对交通状态的变化具有较好的应对能力。同时,车路协同预警信息使得速度标准差峰值增大,驾驶舒适性降低。值得注意的是,在进入施工区(位置:1100m)之前,常规驾驶状态下的速度标准差有一个小峰值,而车路协同状态下的车辆运行比较平稳。并且,随着驾驶距离的增加,驾驶人对车路协同技术的适应性不断增强,可以认为车路协同技术有助于改善驾驶人在施工区的驾驶行为。综上所述,车路协同预警信息提高了驾驶人控制速度的能力,改善了驾驶人在施工区的驾驶行为,提高了驾驶安全性。

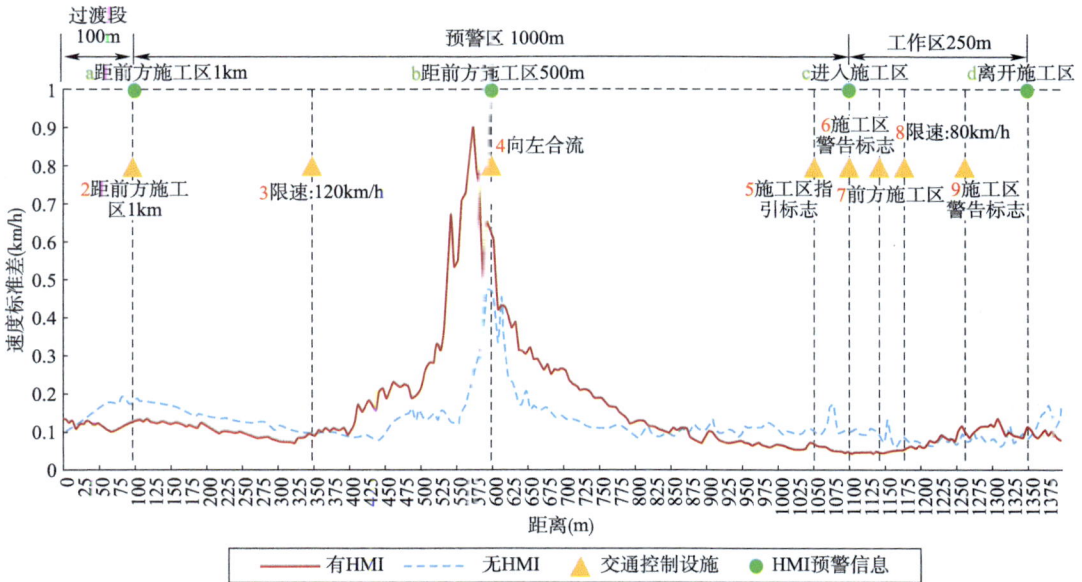

图 9-14　速度标准差变化趋势

（3）车路协同预警信息对施工区速度跟随比的影响。

从图 9-15 可知,预警区域（1050m 之前）限速"120km/h",车路协同状态和常规驾驶状态车辆均无超速行为,但车路协同状态下的驾驶人驾驶速度较低,速度跟随比较小,安全性更高。进入施工区（1050～1100m 为过渡段）时,驾驶人很难适应道路限速的突然变化,因此,两种驾驶条件下驾驶人均呈现超速状态,但车路协同驾驶状态下的速度跟随比较小,表明驾驶人在车路协同驾驶状态下的速度跟随程度较好,能更快地适应道路条件的变化。在工作区中,车辆的速度达到稳定后,两种状态下的速度跟随比相差不大。可见,车路协同预警信息使得驾驶人保持谨慎驾驶状态,对预警信息的响应十分迅速,虽然速度跟随比较低,但从侧面反映出驾驶人对车路协同预警信息的减速响应程度很高。以上分析表明,车路协同预警信息对增加驾驶人的控速能力具有积极作用。

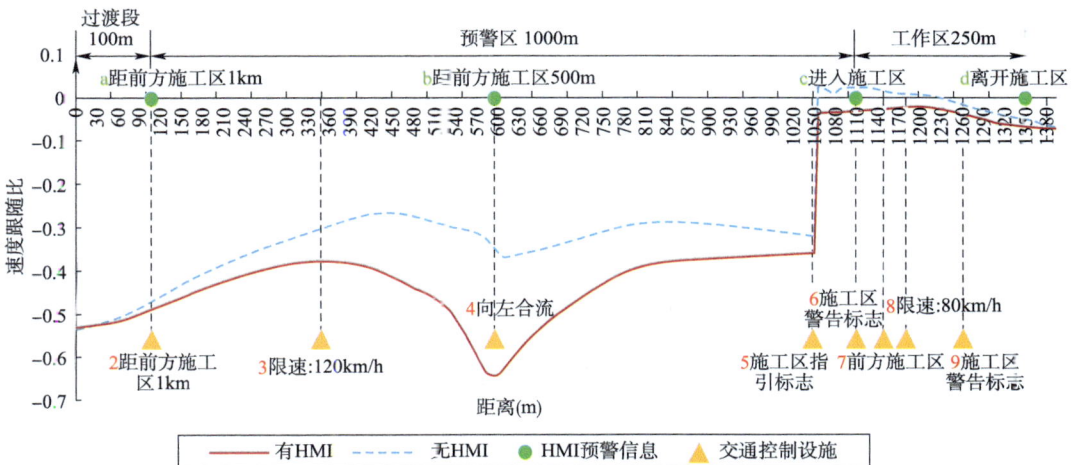

图 9-15　速度跟随比变化趋势

（4）车路协同预警信息对施工区速度响应开始时间的影响。

从图 9-16 可知,车路协同状态下速度响应开始时间波动范围更小,且其均值远小于常规驾驶状态,表明车路协同预警信息可明显降低驾驶人的响应开始时间,提高驾驶人对预警信息响应程度,进而提高施工区安全性。此外,速度响应开始时间在两种状态下都出现异常值,但车路协同状态的异常值属于正常范围,这可能是由于驾驶人之间对车路协同预警信息的接受度存在差异,若能加强驾驶人应用车路协同预警系统的能力,将有助于更好地发挥车路协同技术的优势。

（5）车路协同预警信息对施工区速度响应时间长度的影响。

从图 9-17 可知,车路协同预警信息降低了驾驶人的速度响应时间长度,且其均值小于常规驾驶状态。驾驶人收到车路协同预警信息后,以远低于限速值的速度行驶,可见,车路协同预警信息使驾驶人采取更加谨慎的驾驶行为,提高了车辆在施工区运行的安全性。

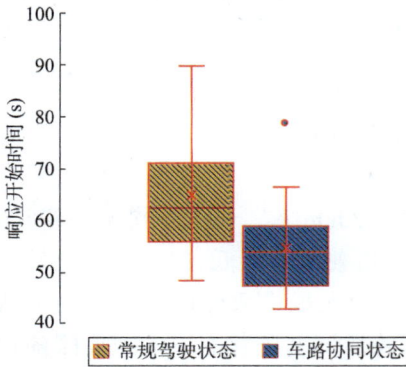

图 9-16　速度响应开始时间

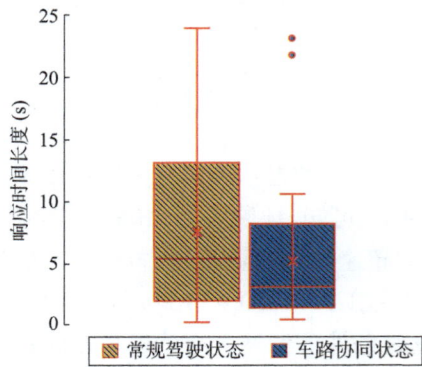

图 9-17　速度响应时间长度

2. 换道行为分析

以常规驾驶状态（无 HMI）为对照组,探究车路协同预警信息对施工区换道行为的影响特征。如图 9-18 ～ 图 9-20 所示,分别为驾驶人的换道起点、换道距离、累积换道影响面积的分布趋势。

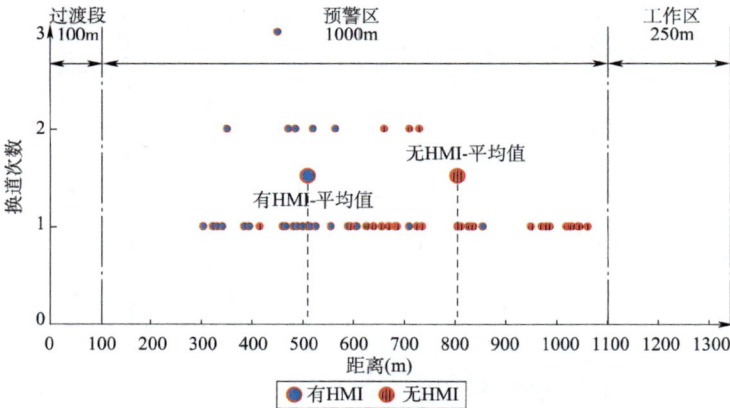

图 9-18　换道起点分布图

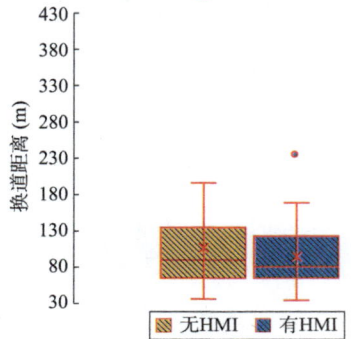

图 9-19　换道距离分布图

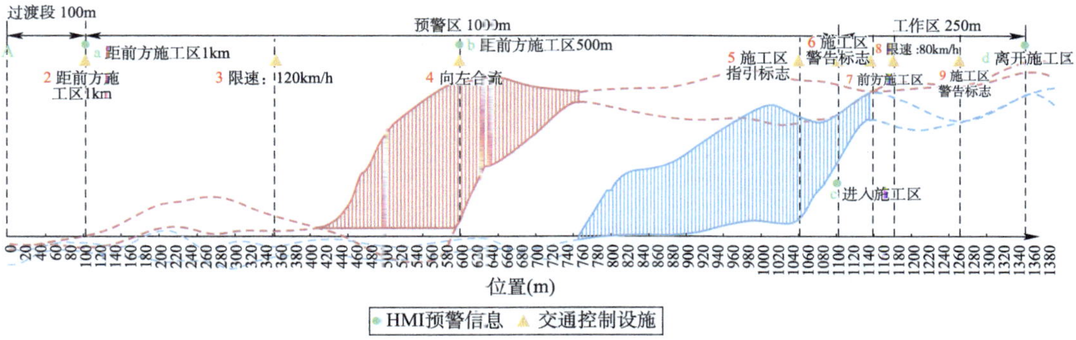

图 9-20　累积换道影响面积分布图

（1）车路协同预警信息对施工区换道起点的影响。

从图 9-18 可知，车路协同状态下绝大部分驾驶人都能在获得"前方 500m 施工区"预警信息时采取换道行为，而常规驾驶状态下的驾驶人由于未能获得路况信息，导致大部分驾驶人在看到施工区合流点后才采取换道行为，换道点远超过车路协同状态下的车辆，极易引发道路交通堵塞，影响其他车辆运行。常规驾驶状态下的换道点集中分布在即将进入施工区的位置，车辆之间互相影响改变了道路交通运行状态，导致施工区通行能力降低，形成道路瓶颈。

（2）车路协同预警信息对施工区换道距离的影响。

从图 9-19 可知，车路协同状态下的换道距离整体小于常规状态，驾驶人能够在更短的行驶距离内完成换道操作。此外，车路协同状态下的换道距离波动更小，表明车路协同预警信息使得驾驶人的换道行为趋向规范统一。

（3）车路协同预警信息对施工区累积换道影响面积的影响。

从图 9-20 可知，常规驾驶状态下的累积换道影响面积为 799.39m^2，车路协同状态下的累积换道影响面积为 671.79m^2，比常规驾驶状态减少约 19%。较低的累积换道影响面积对周围交通的影响更小，行驶安全性更高。从影响区域的形状上看，车路协同状态比常规驾驶状态下的累积换道影响面积形状更紧凑，影响的范围更小。由上可知，车路协同预警信息使得车辆在换道过程中对其他交通参与者的影响减少。

七　小结

本节旨在揭示车路协同技术对高速公路施工区安全和效率的影响作用，依托驾驶模拟实验平台开发车路协同施工区预警系统，从时间和空间维度提取速度控制行为和换道行为两类代表性指标，全面量化评估其对驾驶人速度控制行为和换道行为的影响。

（1）研究基于车路协同技术测试平台，开发了车路协同施工区预警系统，提出了面向车路协同预警系统的实验测试和效能评估的一般性方法。

（2）车路协同施工区预警信息使驾驶人能够预知前方道路信息，提前采取制动措施应对路况变化，降低了驾驶人在施工区的运行速度，提前了驾驶人的换道点位置，减小了累积换道影响面积,改善了施工区交通运行的安全性。

(3)研究成果可为车路协同技术在施工区的设置应用提供参考,为优化车路协同施工区预警系统设计提供支持。在未来研究中,将结合驾驶人的视觉特征,更全面地评估车路协同技术对施工区安全性和通行能力的改善效用。

第四节 高速公路隧道路段车路协同预警系统

一 问题提出

隧道路段作为高速公路的重要组成部分,由于其半封闭式的空间结构,一旦发生事故,将造成更为严重的伤亡和财产损失。其中,隧道洞口由于空间环境急剧变化,驾驶人通常会因为心理紧张和环境突变改变驾驶行为,导致事故率显著高于隧道其他路段。因此,改善驾驶人在隧道入口段的驾驶行为安全水平是避免交通事故发生的关键手段。

车路协同系统可通过信息交换帮助解决与安全、效率和环境影响相关的大规模交通问题。这些信息以驾驶辅助设备为载体,实现车路协同环境与驾驶人的信息交换,帮助驾驶人预知前方隧道入口区域的情况,干预引导驾驶人的驾驶行为,进一步提升隧道入口处的行车平稳性,从而对隧道的安全性、通行效率等方面产生积极作用,最终达到保障隧道区域安全高效运行的整体目的。

本节以高速公路车路协同典型场景实验中的隧道区域为研究案例,应用驾驶模拟实验测试平台,探究车路协同预警系统在隧道入口区域对驾驶人行为的作用效果,为提升高速公路隧道入口区域的行车安全性提供有效支持。

二 方案设计

1. 实验控制因素

为了探究车路协同系统对隧道入口区域的影响,从车路协同状态(HMI-ON)和常规驾驶状态(HMI-OFF)两个技术水平进行对比分析。其中,车路协同环境通过车车通信和车路通信生成提示信息,并通过 HMI 实现预警信息的显示。

HMI 通过语音提示和用户界面为驾驶人提供道路状况、交通条件和周边车辆的行驶信息。驾驶人到达预警点时会给出预警消息,每次持续 3~4s,包括语音提示信息和文字信息。HMI 用户界面如图 9-21 所示,包括导航区(A)、预警文字区(B)、预警标志区(C)、实时预警区(D),各区域功能和特征如下。

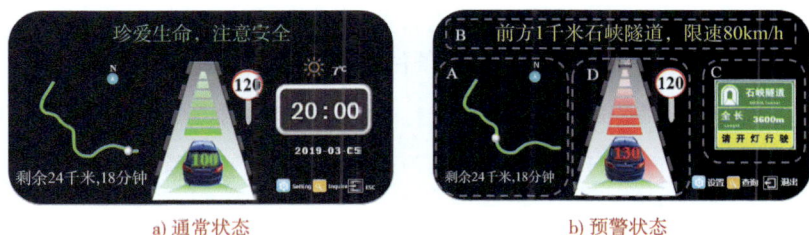

a) 通常状态　　　　　　　　　　b) 预警状态

图 9-21　HMI 用户界面

（1）导航区（A）。提示驾驶人道路线形、剩余里程数和所需时间等信息。

（2）预警文字区（B）。提供不同道路危险情况下的文字信息，显示时间为 3s。例如，当驾驶人距离石峡隧道入口上游 1000m 位置处，预警文字区显示"前方 1000m 石峡隧道，限速 80km/h"；当驾驶人的速度超过限速值时，预警文字区显示"限速 80km/h，您已超速"。

（3）预警标志区（C）。提供不同道路危险情况下的道路标志信息，帮助驾驶人快速了解警示信息。

（4）实时预警区（D）。提供间距预警、速度预警和盲区预警信息，其详细设计见图 9-22。间距预警用渐变梯形表示。梯形为绿色时，表示前车与本车之间的距离大于 250m，因此车辆是安全的。梯形为红色时，表示前车与本车之间的距离小于 250m，提醒驾驶人注意安全。当梯形为红色闪烁并发出"嘀嘀嘀"提示时，表示前车与本车之间的距离小于安全间距阈值，驾驶人需要小心驾驶。速度预警用绿色表示正常状态，红色表示超速状态，并用语音提示当前道路限速值。盲区预警包括左侧、右侧、后部盲区。当系统检测到车辆存在盲区时，相应区域变为红色闪烁，提醒驾驶人。

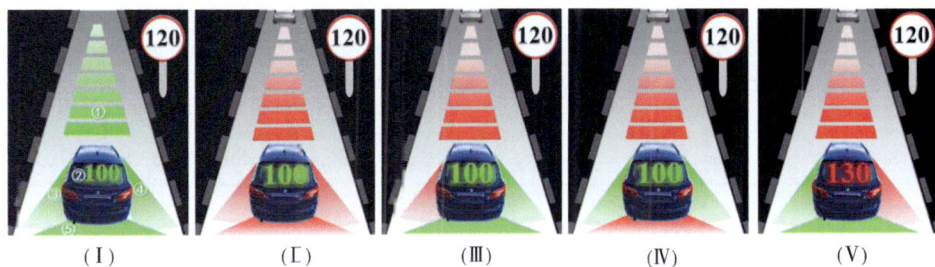

（Ⅰ）　　　　　（Ⅱ）　　　　　（Ⅲ）　　　　　（Ⅳ）　　　　　（Ⅴ）

图 9-22　实时预警区设计

2. 场景设计

实验以北京某双向四车道高速公路为设计原型，横断面宽度为 26m（单车道宽度为 3.75m，中央分隔带宽度为 2m，路肩宽为 4.5m）。实验路段总长度为 6400m，其中隧道为双洞单向双车道特长隧道，全长 3600m，隧道内的限速为 80km/h，普通高速公路路段的限速为 120km/h。此外，隧道路段的交通标志和标线符合国家标准要求，隧道场景设计（单向）见图 9-23。

将隧道场景划分为提速区域、预警区域、隧道区域和隧道入口区域。提速区域长度为 1500m，设置的目的是使驾驶人速度达到稳定，且消除前一个场景对驾驶行为的干扰。预警区域和隧道区域长度分别为 1000m 和 3600m。隧道入口区域长度为 400m，包括隧道入口前

100m 和隧道入口后 300m。为了控制交通流参数的影响,将交通密度设为自由流状态,驾驶人可根据自身的驾驶习惯、车辆状况和道路条件等自由控制车速。

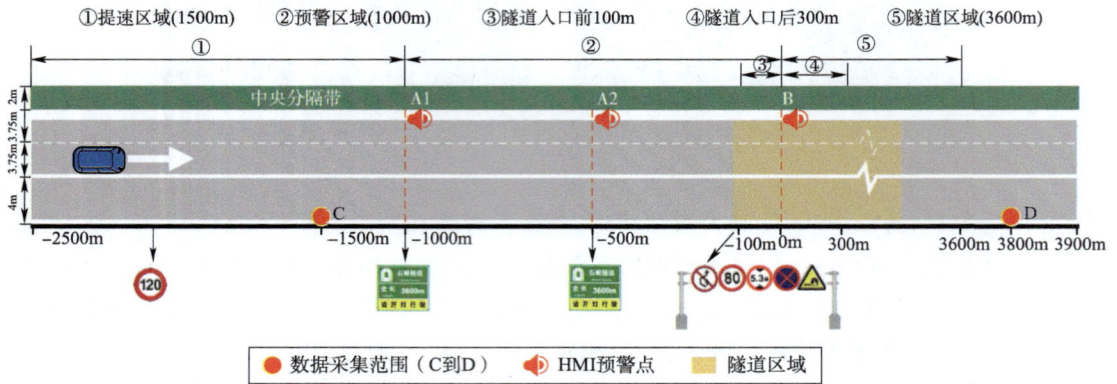

图 9-23　单向隧道场景设计

隧道场景实验路段共设置了 3 个 HMI 固定预警点。参考《车载卫星导航设备通用规范》(GB/T 19392—2013)中关于导航信息提示的设置要求,将预警间隔设置为 500m。其中,预警区域设置了 2 个 HMI 警告点"A1"和"A2",隧道入口处设置了 1 个 HMI 预警点"B"。预警信息的内容和设置位置见表 9-11。

预警信息设置　　　　　　　　　　　　　　　　　　　　　　表 9-11

标记符	设置位置(m)	预警信息
—	所有	限速预警、盲区预警和间距预警
A1	−1000m	前方 1000m 为隧道区,限速 80km/h
A2	−500m	前方 500m 为隧道区,限速 80km/h
B	0m	进入隧道,长度 3600m,请打开车灯

三　实验测试

基于驾驶模拟技术开发车路协同隧道区预警系统,开展驾驶模拟实验,采用智能车载终端向驾驶人传递隧道预警信息,通过驾驶模拟器采集驾驶人的行为特征。

1. 被试选取

本次实验要求参与者听力和视力良好,持有驾驶证且有高速公路驾驶经历。共招募了 38 名被试,其中 3 名被试参与预实验测试,最终共获得 35 名被试正式实验的数据。被试的个体属性信息见表 9-12。

2. 实验流程

实验分为车路协同状态和常规驾驶状态两种驾驶场景,每位被试分 2 次完成实验,驾驶人每次随机完成 1 种道路场景,每个道路场景的行驶时间少于 25min。为了避免驾驶人因熟悉驾驶路线而影响实验结果,两次实验间隔至少 2 天。具体实验过程如下:

(1)预实验。安排 3 名被试进行预测试,发现并解决一些实验中存在的问题。

(2)实验前准备。首先,被试报告自身状态,填写基本信息和知情同意书;其次,为被试讲解车路协同系统下 HMI 的功能和使用方法;最后,用考试的方式检查被试对 HMI 的使用情况,确保被试熟悉 HMI 的各项功能。

(3)试驾。被试需要进行大约 3～5min 的试驾,以适应驾驶模拟环境、熟悉 HMI。

(4)正式实验。被试按照场景随机排列的顺序依次进行驾驶模拟实验,为防止被试疲劳驾驶,被试随机完成 1 种道路场景。

(5)测试后问卷填写。被试须完成一项主观问卷调查,以获取驾驶模拟器的仿真程度,HMI 预警信息的有效性和驾驶后的疲劳状态。

被试人口统计特征　　　　　　　　　　表 9-12

变量	水平	描述	数量	百分比(%)
性别	1	男	22	62.9
	2	女	13	37.1
年龄	1	18～24 岁	10	28.6
	2	25～34 岁	8	22.9
	3	35～49 岁	12	34.3
	4	50 岁及以上	5	14.3
驾龄	1	5 年及以下	14	40
	2	6～10 年	5	14.3
	3	11 年及以上	16	45.7

四　数据处理

为了探究车路协同系统对隧道入口区域驾驶行为的影响,数据收集范围从第一个预警点 A1 的前 200m 开始,到隧道入口后 500m 结束(图 9-24 中的 C 点至 D 点),总长 1700m。数据研究区域是预警区域(-1000～0m)和隧道入口区域(-100～300m),其中,隧道入口区域又分为隧道入口前 100m(-100～0m)和隧道入口后 300m(0～300m)。数据预处理采用 Matlab 进行数据截取,每 5m 区间计算数据均值,以反映驾驶行为的变化。共收集了路段两种状态(HMI-ON 和 HMI-OFF)下驾驶人的有效数据。

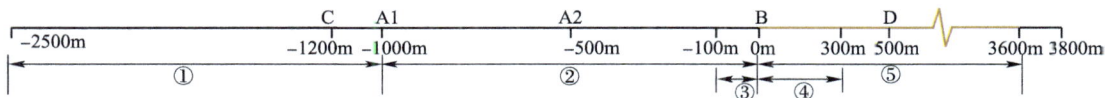

图 9-24　隧道场景设计

五 指标提取

隧道车路协同系统的作用是通过 HMI 的提示信息让驾驶人预知道路环境,提前进行驾驶决策。在隧道入口前 1000m 处,车路协同状态下驾驶人会通过 HMI 预警和隧道预告标志预知隧道路段的相关信息,而常规驾驶状态下(对照组),驾驶人仅通过预告标志获得相关信息。隧道车路协同系统的效用主要由驾驶人对信息的响应程度决定,包括减速反应时间和响应开始时间,定义如下:

(1)减速反应时间。

减速反应时间是从驾驶人首次获得预告/预警信息到驾驶人开始减速的时间。

(2)响应开始时间。

响应开始时间是指驾驶人首次获得预告/预警信息到驾驶人减速至限速值的时间。

六 结果分析

车路协同系统能够辅助驾驶人提前感知前方道路状况和交通环境,驾驶人能够提前针对前方隧道入口作出反应,从而有更充足的时间完成速度调整,以更加平稳的速度进入隧道。生存分析模型对于持续时间类的数据具有较强的拟合能力,因此,本节采用该模型,基于驾驶人的减速反应时间和响应开始时间评估隧道车路协同系统的安全效用。由于性别对驾驶人的反应过程和操作特性存在一定影响,因此重点分析性别和技术水平对减速反应时间和响应开始时间的影响。

1.减速反应时间

在两个技术水平(HMI-ON 和 HMI-OFF)下,对不同性别驾驶人的减速反应时间分别作 Kaplan-Meier(K-M)生存曲线。由表 9-13 可知,在男性驾驶人减速反应时间的生存分析中,两组生存曲线 Log Rank 检验结果为 $p < 0.001$,Breslow 检验结果为 $p < 0.001$。按照 Log Rank 检验的结果,可以认为两种技术水平下,高速公路隧道入口区域男性驾驶人减速反应时间的生存概率存在差异,HMI-ON 条件下男性驾驶人的减速反应时间更短。其次,在高速公路隧道入口区域,男性驾驶人在车路协同状态下的减速反应时间的平均值、25% 分位数、50% 分位数和 75% 分位数及其标准差均小于常规驾驶状态下各指标的值。从女性驾驶人的减速反应时间生存分析结果来看,Log Rank 检验结果为 $p = 0.023$,Breslow 检验结果为 $p = 0.051$,可以认为在高速公路隧道入口区域女性驾驶人减速反应时间的生存概率存在差异,HMI-ON 条件下女性驾驶人的减速反应时间更短。此外,女性驾驶人在车路协同状态下的减速反应时间的平均值、25% 分位数、50% 分位数和 75% 分位数及其标准差均小于常规驾驶状态下各指标的值。

图 9-25 所示为高速公路隧道入口区域不同性别、不同技术水平下驾驶人的减速反应时间生存曲线。就男性驾驶人而言,随着时间的增加,反应时间的生存概率呈现下降趋势。其中,车路协同状态下,当接收隧道预警信息 20s 后,大部分男性驾驶人开始对前方隧道作出

反应,而常规驾驶状态下,仅有 60% 左右的男性驾驶人开始作出反应。就女性驾驶人而言,随着时间的增加,反应时间生存概率也呈现下降趋势。当接收隧道预警信息 30s 后,车路协同状态下,仅有 5% 的女性驾驶人未对隧道预警作出反应,而常规驾驶状态下,有 30% 左右的女性驾驶人未开始作出速度调整。由此可见,在高速公路隧道入口区域车路协同状态下 HMI 提供的预警信息对驾驶人减速起到了促进作用,能够有效改善驾驶人的反应时间,同时男性驾驶人的减速反应时间短于女性驾驶人的减速反应时间。

驾驶人减速反应时间的 K-M 生存曲线分析结果　　　表 9-13

性别	技术水平	平均值（标准差）	25%分位数（标准差）	50%分位数（标准差）	75%分位数（标准差）	Log Rank	Breslow
男性	HMI-ON	7.388 (1.544)	15.199 (3.381)	3.449 (1.642)	10.550 (1.810)	16.693 (<0.001)	14.120 (<0.001)
	HMI-OFF	18.703 (2.205)	26.700 (3.669)	18.000 (3.805)	1.000 (0.348)		
女性	HMI-ON	10.295 (2.597)	13.200 (5.848)	8.340 (3.954)	2.650 (1.206)	5.167 (0.023)	3.793 (0.051)
	HMI-OFF	22.926 (5.163)	32.000 (8.856)	19.799 (9.437)	7.551 (2.164)		

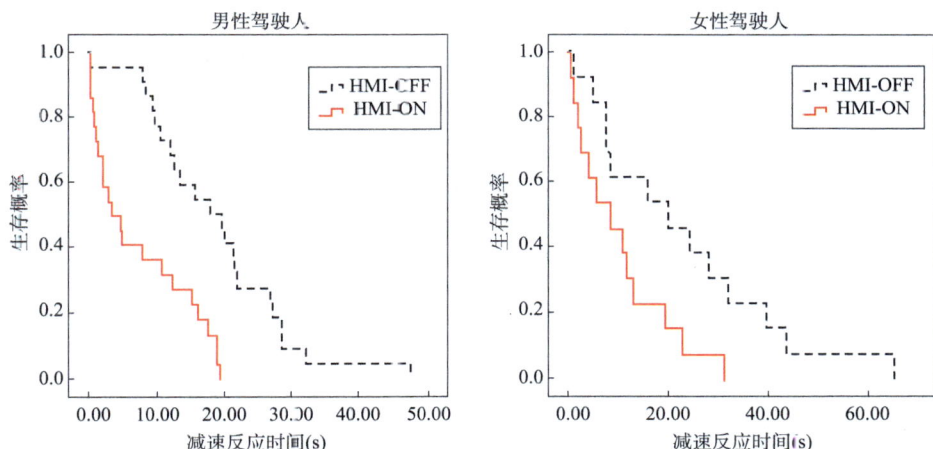

图 9-25　驾驶人减速反应时间生存曲线

2. 响应开始时间

在两个技术水平(HMI-ON 和 HMI-OFF)下,对不同性别驾驶人的响应开始时间分别作 K-M 生存曲线。由表 9-14 可知,在男性驾驶人响应开始时间的生存分析中,两组生存曲线的 Log Rank 检验结果为 $p = 0.003$,Breslow 检验结果为 $p = 0.006$。按照 Log Rank 检验的结果,可以认为两种技术水平下,高速公路隧道入口区域男性驾驶人响应开始时间的生存概率存在差异,HMI-ON 条件下男性驾驶人的响应开始时间更短。其次,在高速公路隧道入口区域,男性驾驶人在车路协同状态下响应开始时间平均值、25% 分位数、50% 分位数和 75% 分位数及其标准差均小于常规驾驶状态下各指标的值。从女性驾驶人的响应开始时间生存分析结果来看,Log Rank 检验结果为 $p = 0.001$,Breslow 检验结果为 $p = 0.001$,可以认为高速公路隧道入口区域女性驾驶人响应开始时间的生存概率存在差异,HMI-ON 条件下女性驾驶人的响应开始时间更短。此外,女性驾驶人在车路协同状态下的响应开始时间平均值、25%分位数、50%分位数和75%分位数均小于常规驾驶状态下各指标参数。

驾驶人响应开始时间的 K-M 生存曲线分析结果　　　　表 9-14

性别	技术水平	平均值(标准差)	25%分位数(标准差)	50%分位数(标准差)	75%分位数(标准差)	Log Rank	Breslow
男性	HMI-ON	29.602 (3.691)	42.600 (3.735)	31.601 (3.752)	10.600 (7.764)	8.654 (0.003)	7.420 (0.006)
	HMI-OFF	50.007 (4.496)	70.050 (7.530)	40.950 (8.384)	32.000 (1.462)		
女性	HMI-ON	28.438 (2.376)	33.450 (2.658)	28.649 (1.588)	23.450 (4.867)	11.446 (0.001)	10.254 (0.001)
	HMI-OFF	53.911 (7.591)	75.950 (22.217)	40.000 (5.213)	34.850 (4.826)		

注:驾驶响应开始时的平均值、25%分位数、50%分位数、75%分位数及其标准差单位均为 s。

图 9-26 所示为高速公路隧道入口区域不同性别、不同技术水平下驾驶人的响应开始时间生存曲线。就男性驾驶人而言,随着时间的增加,响应开始时间的生存概率呈现下降趋势。其中,车路协同状态下,当接收隧道预警信息 60s 后,大部分男性驾驶人已经减速至隧道限速值,而常规驾驶状态下,仅有 70% 左右的男性驾驶人完成速度调整过程。就女性驾驶人而言,随着时间的增加,响应开始时间的生存概率也呈现下降趋势。车路协同状态下,当接收隧道预警信息 42s 后,大部分女性驾驶人能够完成速度调整过程,而常规驾驶状态下仅52% 的女性驾驶人可以完成速度调整过程。由此可见,在高速公路隧道入口区域车路协同状态下 HMI 提供的预警信息对驾驶人速度调整过程起到了促进作用,使驾驶人提前减速至限速值,提升了驾驶人在隧道入口前的安全性,同时相较于女性驾驶人,男性驾驶人的响应开始时间更长。

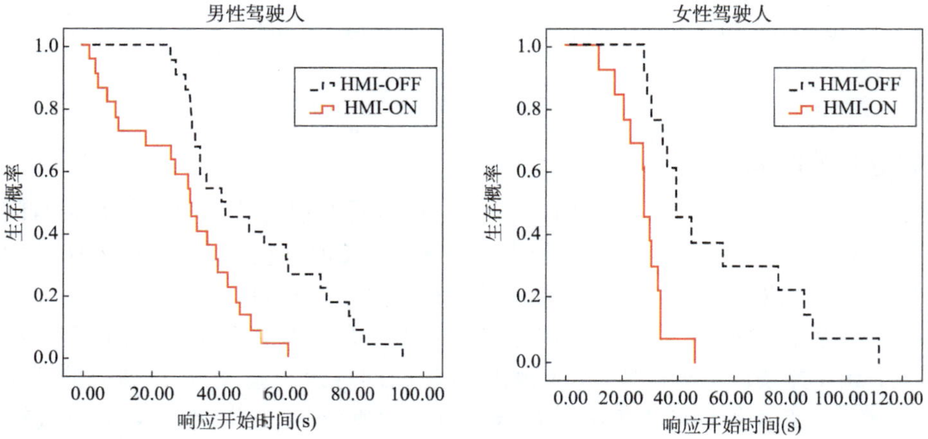

图 9-26　不同性别驾驶人响应开始时间生存曲线

七　小结

本节从系统效用方面分析车路协同系统对隧道区域驾驶行为的影响。考虑技术水平和性别两个影响因素,选取反映驾驶人响应特征的指标,使用生存分析方法对隧道车路协同系统的效用进行评估。

(1)基于驾驶模拟系统构建的隧道车路协同系统测试平台,形成了隧道车路协同系统对驾驶人反应过程的测试和分析方法。基于生存分析方法,选取反映驾驶人响应特征的减速反应时间和响应开始时间等指标,实现对隧道车路协同系统综合效用评估。

(2)从隧道车路协同系统评估结果可知,男性驾驶人的减速反应时间比女性驾驶人短。并且,与常规驾驶状态相比,在车路协同状态下驾驶人的减速反应时间和响应开始时间更短。HIM 提供的预警信息对驾驶人的响应程度起到了促进作用,使驾驶人提前进行速度调整,提升了隧道入口前的驾驶安全性。

(3)研究结果可为隧道车路协同系统的效用评估提供方法指导,可推广至道路交叉口、桥梁、长大下坡等其他风险路段车路协同系统的效用评估,有助于形成涵盖全路段的车路协同系统评估体系。

第五节　生态驾驶车路协同辅助系统

一　问题提出

随着机动车数量的急剧增加,由燃油消耗导致的尾气排放已成为环境污染的重要源头之一。《中国移动源环境管理年报(2021)》显示,2020 年全国机动车污染物(HC、CO、NO_x、PM)排放总量高达 1593.0 万 t,解决机动车的节能减排问题是交通领域缓解环境污染的关键。

作为机动车节能减排的途径之一,生态驾驶行为(如保持平稳车速、最大限度地避免急加速、急减速等)可有效降低机动车能耗排放,达到节能减排的目的。传统生态驾驶多针对单车行为优化,较少考虑周围车辆的影响,制约了生态驾驶节能减排效能的提升。而车路协同技术凭借智能感知通信设备能够更好地获取周围车辆信息,辅助驾驶人进行行为决策,为提升多车条件下生态驾驶的节能减排效果提供技术支撑。然而,目前尚不清楚车路协同辅助系统对生态驾驶行为的影响规律、作用机理以及节能减排效益。因此,有必要探究车路协同辅助技术对驾驶行为生态性的影响。

本节基于驾驶模拟技术,分别以生态车道(Ecolane)和车路协同生态驾驶人机交互系统为路端和车端的设施装备,设计开发车路协同生态驾驶预警系统(Ecolane-HMI-CVIS)。通过驾驶模拟实验探究 Ecolane-HMI-CVIS 对驾驶人驾驶行为生态性的影响,以期揭示 Ecolane-HMI-CVIS 的作用机理并量化其节能减排效益。

二 方案设计

1. 实验设备

依托驾驶模拟实验平台开展驾驶模拟实验,基于驾驶模拟技术开发车路协同生态驾驶预警系统,采用生态车道作为路端道路交通设施,网联生态驾驶 HMI 作为车载终端向驾驶人传递生态驾驶预警信息。基于驾驶模拟的车路协同预警技术实现流程如图 9-27 所示,具体为:驾驶人在仿真环境中驾驶车辆;驾驶模拟管理中心通过仿真软件提供的 API 函数实时采集仿真环境中道路条件、车辆运行状态、驾驶行为等数据,采用 UDP 协议及有线通信方式将数据传输给协同处理中心;协同处理中心融合数据,并通过 Wi-Fi 将数据传递给 HMI;HMI 解析数据并根据交通状态为驾驶人提供预警信息;驾驶人根据 HMI 反馈信息完成下一步驾驶任务。

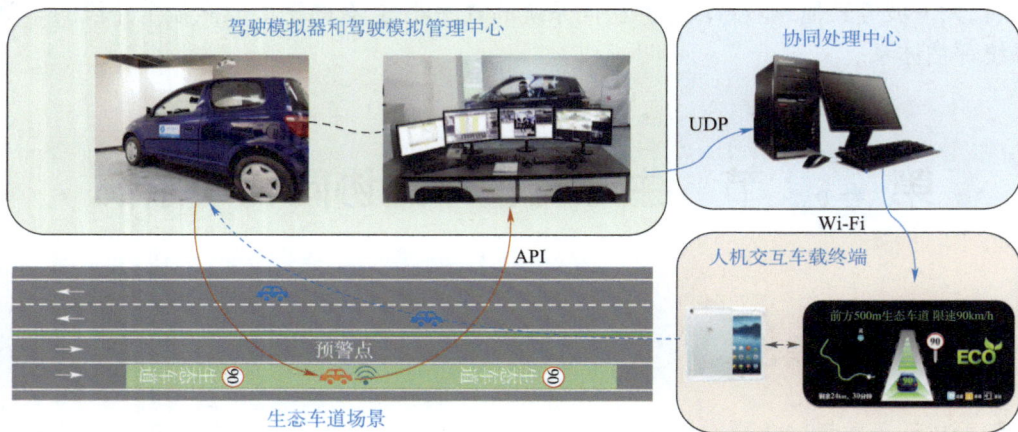

图 9-27　基于驾驶模拟的车路协同预警技术流程图

2. 场景设计

本实验为单因素双水平实验设计,即探究有/无 Ecolane-HMI-CVIS 对驾驶行为生态性的影响。

实验道路条件为双向四车道高速公路,全长 46km,横断面宽度为 26m,限速为 120km/h。实验中设计的生态车道为专用车道,长度为 3.5km,限速为 90km/h,路面为绿色并绘制有"生态车道"标识。

如图 9-28 所示,将实验路段划分为 7 个关键区域以探究 Ecolane-HMI-CVIS 的影响,包括:控制区域(区域 1 和区域 7,各 200m)、预警前区域(区域 2,500m)、生态车道区域(区域 3 ~ 区域 6,共 3500m)。设置区域 1 的目的是验证受 Ecolane-HMI-CVIS 影响前,实验组和控制组的车辆运行状态是否一致;区域 2 为正常驾驶到生态车道预警的渐变段;区域 3 为驶入生态车道后的 500m 区域,用于驾驶人调整驾驶状态;区域 4 设置有跟驰慢速车辆事件(慢速车辆速度为70km/h),当跟驰事件结束后,慢速车辆加速驶离,以免影响剩余实验;区域5为正常生态车道路段,用于观察驾驶人在生态车道路段的驾驶行为;区域6为驶离生态车道前500m,未设置交通事件。此外,实验段的交通流条件设定为自由流,车辆不允许随意变道超车。

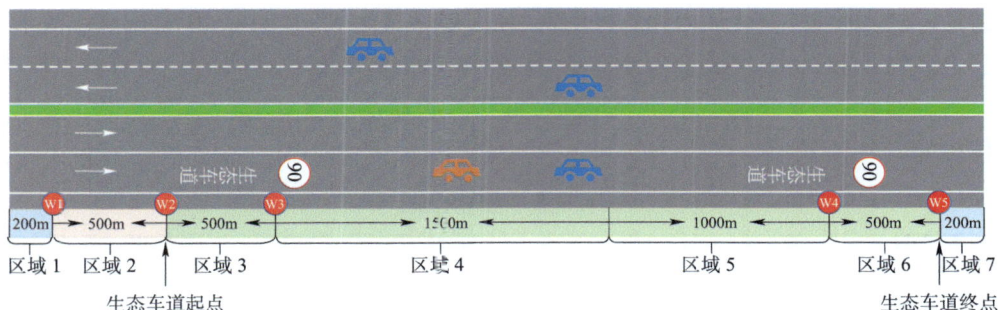

图9-28 实验路段划分

3. 车路协同生态驾驶 HMI 设计

依据上述实验场景,本节设计开发基于生态驾驶理念的车路协同生态驾驶HMI。如图9-29所示,车路协同生态驾驶HMI界面分为四个功能区。功能区Part 1是预警信息提示区,显示生态驾驶相关预警信息,并进行语音提示。功能区Part 2是路线导航提示区,显示车辆的实时位置、剩余里程和剩余行驶时间信息。功能区Part 3是交通状态预警区(一般显示为绿色),显示当前速度、限速和周围交通状况,当车辆实际速度大于限速时,该功能区中的速度图标变为红色并闪烁;当检测到距离前车的碰撞时间<2s时,距离图标变为红色并闪烁,并发出蜂鸣声。功能区Part 4是带有"ECO"字样的生态驾驶图形显示区,以提示驾驶人采用生态驾驶行为。预警信息触发点根据工程经验设置在实验路段的关键位置(图9-28中的红圈W1~W5),各预警点的预警信息见表9-15。当车辆到达预警点时,预警信息通过HMI传递给驾驶人。

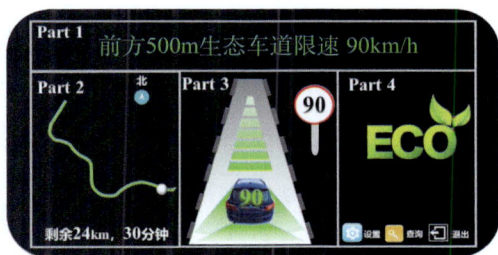

图9-29 车路协同生态驾驶 HMI 界面布局

生态驾驶预警信息内容 表9-15

预警点	预警信息
预警点1	前方500m为生态车道,限速90km/h,请生态驾驶
预警点2	您已进入生态车道,限速90km/h,请生态驾驶
预警点3	前方500m有慢速车辆,限速70km/h,请避免急减速
预警点4	前方500m生态车道结束,请避免急加速
预警点5	您已驶离生态车道
—	限速90km/h,您已超速(仅在车辆超速时触发)

三 实验测试

1.被试选取

通过发放实验宣传单、加入代驾微信群、社区走访等形式,共招募40名被试。为测试实验场景合理性,选取3名被试参与预实验,共有37名被试参与正式实验。所有被试拥有C2及以上等级驾驶证,无严重生理、心理疾病,且所有被试均签署实验知情同意书。被试基本属性信息如表9-16所示。

被试基本属性信息 表9-16

性别	数量	年龄(岁)		驾驶经验(年)		驾驶里程(km)	
		均值	标准差	均值	标准差	<30000	≥30000
全部	37	36.11	11.26	12.27	8.78	22	15
男性	22	37.18	11.13	13.03	8.76	10	12
女性	15	35.32	11.22	11.50	8.59	12	3

2.实验流程

驾驶模拟实验基本流程共分为三个步骤(图9-30)。

(1)实验前准备:实验背景介绍、驾驶模拟器适应性练习、生态驾驶实验前培训、基本信息采集。

(2)正式实验:调取实验场景、实验指导语宣读、正式实验测试、实验后数据核查。

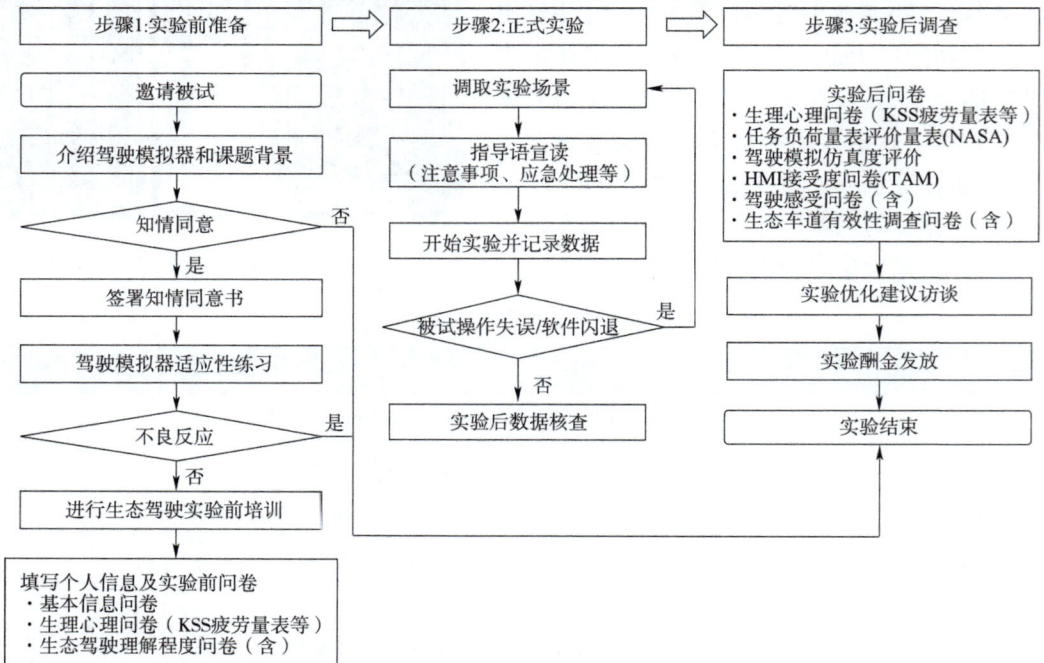

图9-30 驾驶模拟实验基本实验流程图

（3）实验后调查：实验后问卷调查、实验优化建议访谈、实验酬金发放。

本实验旨在研究 Ecolane-HMI-CVIS 对驾驶行为生态性的影响，实验中除 Ecolane-HMI-CVIS 影响外，两组实验的道路线形、交通流、交通事件等实验条件完全相同。为避免驾驶人产生记忆效应影响实验结果，被试被随机分配至两个实验组，即部分被试先进行空白组（Control）实验，其余被试先进行对照组（Ecolane-HMI-CVIS）实验。此外，为降低被试对实验场景的熟悉度，两组实验之间的间隔设置为 3 天。

四　数据处理

实验共采集 74 条（37 名参与者 ×2 个场景）数据，包含速度、加速度、行驶位置等基础数据指标，数据采样频率为 20Hz。由于每名被试的实验时长不同，不便于比较每名被试在同一空间点位的驾驶行为特征，故使用 Matlab 编程将时间维度数据转换为以 5m 为单元的空间维度数据。

五　指标选取

图 9-31 所示为车路协同预警实验数据分析内容，研究分别从实验路段整体生态性差异和空间变化过程维度探究 Ecolane-HMI-CVIS 对驾驶行为生态性的影响。

图 9-32 所示为车路协同预警实验数据分析指标，其中，驾驶行为层面选取的指标为速度、加速度、速度变化系数、加速度变化系数；能耗排放层面选取的指标为 FC（油耗）、CO_2（二氧化碳）、CO（一氧化碳）、HC（碳氢化合物）、NO_x（氮氧化合物）。各指标的定义及计算方法如下。

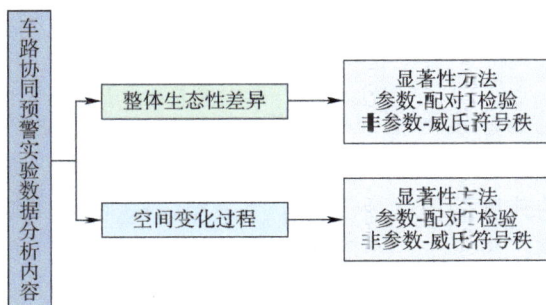

图 9-31　车路协同预警实验数据分析内容　　　　图 9-32　车路协同预警实验数据分析指标

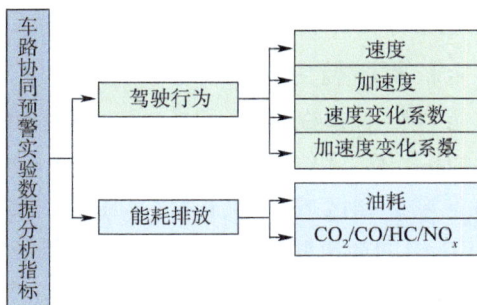

1. 基础指标

将速度和加速度作为基础指标，从整个实验路段、各关键区域（Zone）、空间变化过程（每5m）三个维度进行分析。同时，分析速度和加速度的核密度分布和累积密度分布，观察速度和加速度在各关键区域的集散程度。

2. 生态特性指标

（1）速度变化系数。

由于车辆运行生态性与速度及其波动情况有关，选取同时反映速度大小和速度波动的速度变化系数以探讨 Ecolane-HMI-CVIS 对生态驾驶行为的影响。速度变化系数为单位空间内速度标准差和速度均值的比值，计算方法见式（9-11）。速度变化系数越小，表明车辆运行越稳定，驾驶生态性越好。

$$C_{v_i} = \frac{S_{v_i}}{\overline{v_i}} \qquad (9\text{-}11)$$

式中，i 为第 i 个数据点；C_{v_i} 为速度变化系数；S_{v_i} 为速度标准差；$\overline{v_i}$ 为逐点速度均值。

（2）加速度变化系数。

与速度变化系数相似，加速度变化系数为单位空间内的加速度标准差与加速度均值的比值，计算方法见式（9-12）。加速度变化系数越小，表明车辆运行越稳定，驾驶生态性越好。

$$C_{a_i} = \frac{S_{a_i}}{\overline{a_i}} \qquad (9\text{-}12)$$

式中，C_{a_i} 为加速度变化系数；S_{a_i} 为加速度标准差；$\overline{a_i}$ 为逐点加速度均值。

（3）能耗排放。

选取车辆油耗（FC）以及 CO_2、CO、HC、NO_x 等指标反映 Ecolane-HMI-CVIS 对能耗排放的影响。能耗排放数据计算方法参见第八章第二节。

六　结果分析

本节采用统计性检验方法分别分析驾驶行为与能耗排放在有/无 Ecolane-HMI-CVIS 条件下的显著性。其中，当数据服从正态分布时，选择的方法为配对样本 T 检验；当数据不服从正态分布时，选择的方法为威氏符号秩检验，分析结果如下。

1. 驾驶行为

在整个实验路段中，Ecolane-HMI-CVIS 组的速度均值显著低于空白组（$p = 0.009$）。Ecolane-HMI-CVIS 组的加速度均值低于空白组，但不呈现显著性（表 9-17）。在各关键区域，除区域 2 和区域 5 外，Ecolane-HMI-CVIS 组的速度均值均显著低于空白组。Ecolane-HMI-CVIS 组的加速度均值在区域 2 显著低于空白组，其余各关键区域无显著差异。在跟驰事件中，Ecolane-HMI-CVIS 组的速度均值也显著低于空白组，两组的加速度均值无显著差异。

实验路段及各关键区域速度及加速度统计结果　　表 9-17

实验路段	速度均值（标准差）（km/h）		显著性	加速度均值（标准差）（m/s²）		显著性
	空白组	Ecolane-HMI-CVIS 组		空白组	Ecolane-HMI-CVIS 组	
区域 1	103.22（14.55）	99.12（14.93）	0.062*	0.03（0.31）	0.14（0.17）	0.136
区域 2	101.78（15.10）	97.43（16.82）	0.169	−0.13（0.14）	−0.20（0.18）	0.039**

续上表

实验路段	速度均值(标准差)(km/h)		显著性	加速度均值(标准差)(m/s²)		显著性
	空白组	Ecolane-HMI-CVIS 组		空白组	Ecolane-HMI-CVIS 组	
区域3	88.11(11.96)	80.15(7.04)	0.001**	−0.20(0.21)	−0.19(0.20)	0.712
区域4	69.64(13.7)	64.83(5.53)	0.040**	−0.02(0.08)	−0.01(0.05)	0.661
区域5	80.28(9.67)	77.84(8.36)	0.136	0.10(0.11)	0.03(0.35)	0.320
区域6	88.87(10.12)	84.57(5.21)	0.021**	0.03(0.10)	0.004(0.07)	0.184
区域7	90.32(11.08)	86.62(5.96)	0.085*	0.11(0.21)	0.15(0.16)	0.394
整体	82.46(8.77)	78.03(4.55)	0.009**	−0.01(0.04)	−0.03(0.08)	0.313

注:**表示 $p < 0.05$;*表示 $p < 0.1$。

图 9-33 所示为速度、加速度核密度估计与累积密度分布,在整个实验路段中,空白组和 Ecolane-HMI-CVIS 组的核密度估计和累积密度分布趋势大致相同。在各关键区域,Ecolane-HMI-CVIS 组速度的核密度估计在区域1和区域7中呈现平缓分布,表明 Ecolane-HMI-CVIS 组的速度值在这两个区域内波动较大。在区域2至区域6,Ecolane-HMI-CVIS 组速度的核密度估计比空白组更集中,表明在 Ecolane-HMI-CVIS 的影响下驾驶人的速度管理更好。此外,Ecolane-HMI-CVIS 组的加速度核密度估计在区域6较为集中,区域7较为扁平,与空白组表现出相反的趋势。

图 9-34 所示为速度空间变化过程,可见 Ecolane-HMI-CVIS 组的速度低于空白组(Control 组),并且 Ecolane-HMI-CVIS 组被试在进入生态车道前已降至限速,而空白组被试在进入生态车道后大约 150m 才将速度降至限速,这可能与 Ecolane-HMI-CVIS 提前告知驾驶人前方路况从而促使驾驶人提前将车速降至限速有关。此外,Ecolane-HMI-CVIS 组的被试在离开生态车道后有加速现象,这可能与 Ecolane-HMI-CVIS 预警信息有较大关系。Ecolane-HMI-CVIS 促使驾驶人在生态车道保持生态驾驶行为,但离开生态车道后,驾驶人便立即恢复日常驾驶状态,并且急于将车辆加速到 120km/h。因此,如何使驾驶人从生态驾驶车道平稳过渡到正常车道同样值得深入研究。

图 9-35 展示了车辆加速度空间变化过程,在区域1和区域2中可以发现,Ecolane-HMI-CVIS 组的减速行为比空白组滞后,但被试在预警信息的作用下已有提前减速行为。可见,Ecolane-HMI-CVIS 使驾驶人能够更好地预测前方路况,从而提前采取相关操作。此外,在区域4跟驰事件中,Ecolane-HMI-CVIS 组更早地进入平稳跟驰状态。

图 9-36 所示为速度变化系数空间变化过程,可见在进入生态车道和开始跟驰事件前,Ecolane-HMI-CVIS 组速度变化系数的波动比空白组更早。这可能是因为当交通条件发生变化时,预警信息的播报使驾驶人能够提前将速度调整到可控的状态。

图 9-37 所示为加速度变化系数空间变化过程,可见 Ecolane-HMI-CVIS 组的加速度变化系数稳定在 0 值附近;而空白组的加速度变化系数比 Ecolane-HMI-CVIS 组波动更为剧烈。这表明,Ecolane-HMI-CVIS 显著减少了驾驶人加速行为的次数。值得注意的是,当预警信息第一次播报时,Ecolane-HMI-CVIS 组的波动十分强烈。通过回看实验视频发现,预警信息的语音播报比较突然,一些被试受到预警信息影响变得稍有慌乱。因此,何时以及如何触发预警信息从而满足驾驶人认知需求同样值得深入研究。

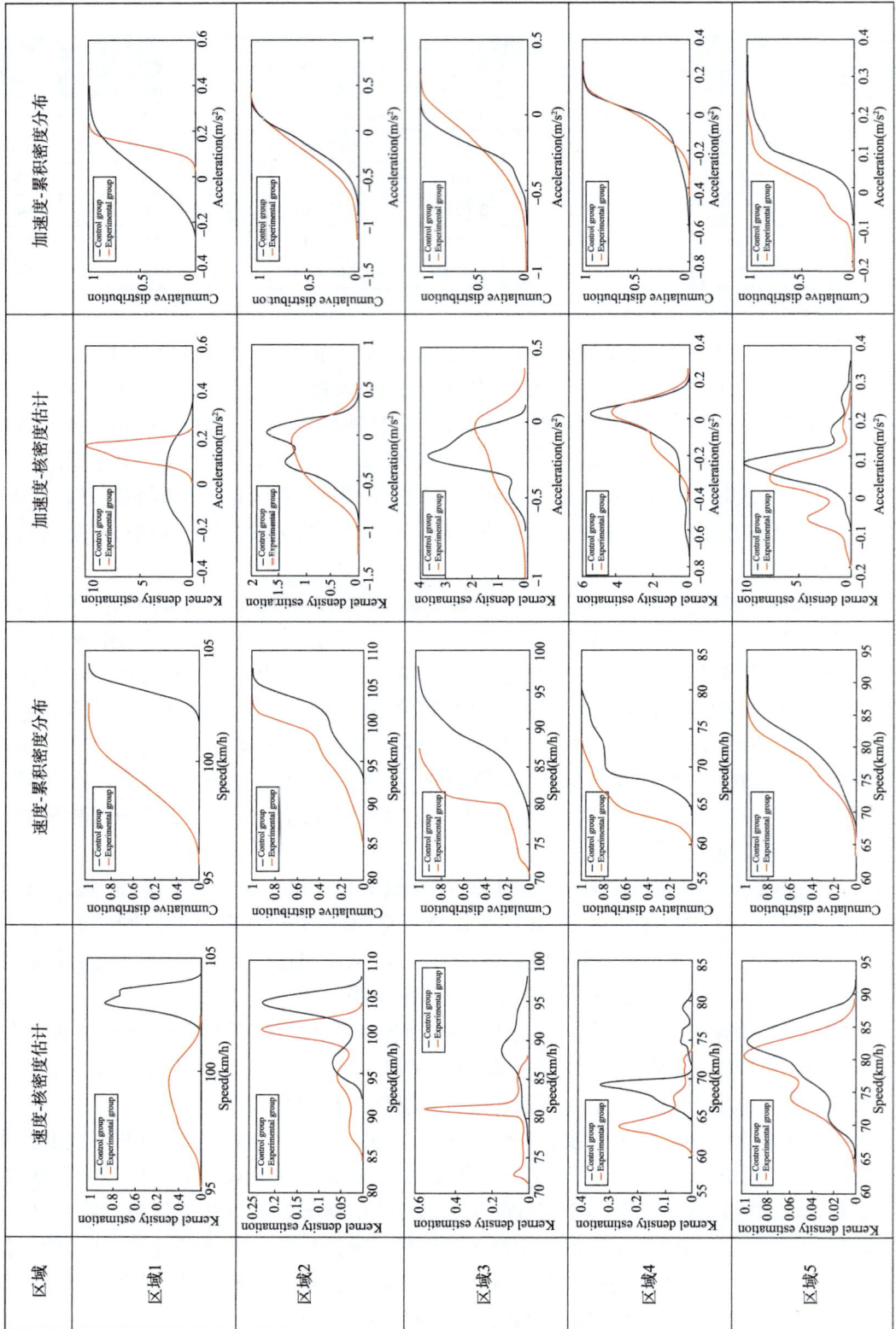

图 9-33

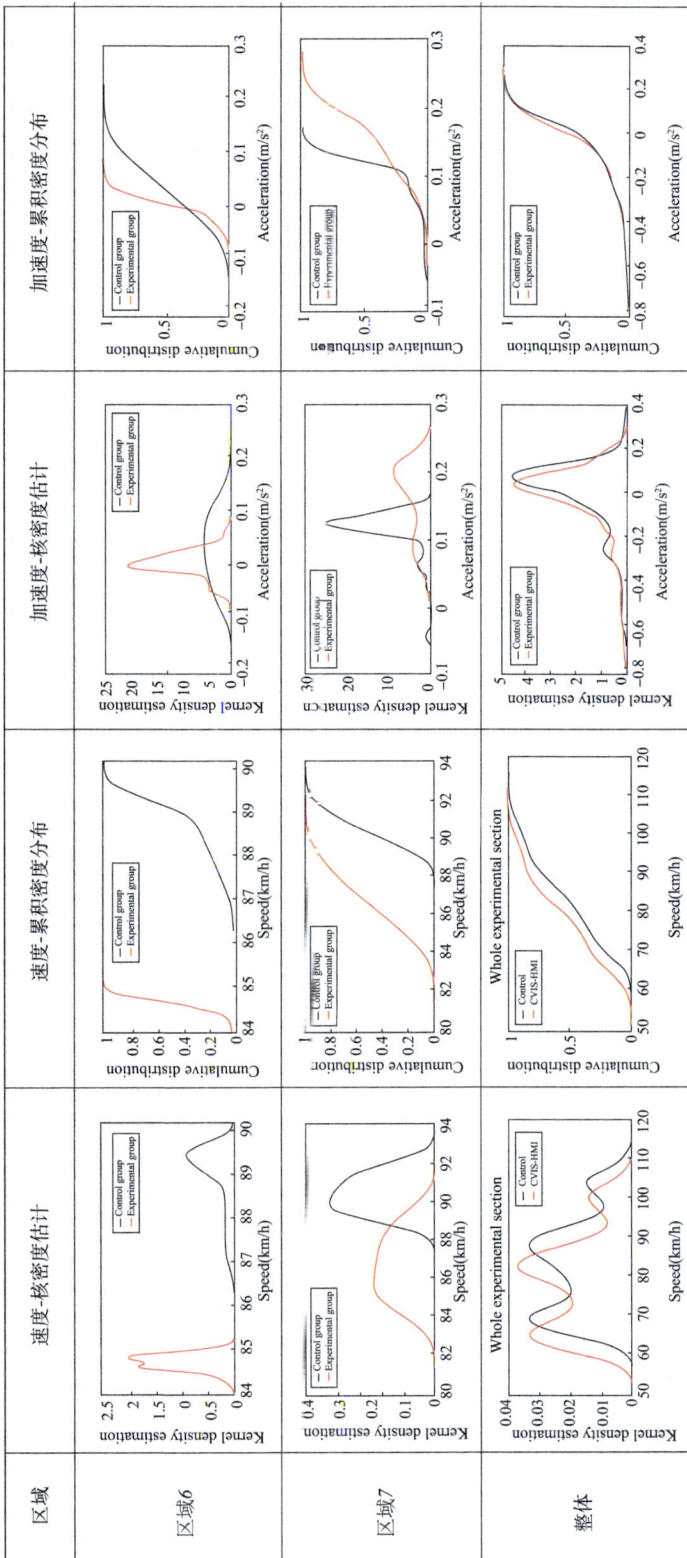

图9-33　速度、加速度核密度估计与累积密度分布

速度-Speed;加速度-Acceleration;核密度估计-Kernel density estimation;累积密度分布-Cumulative distribution

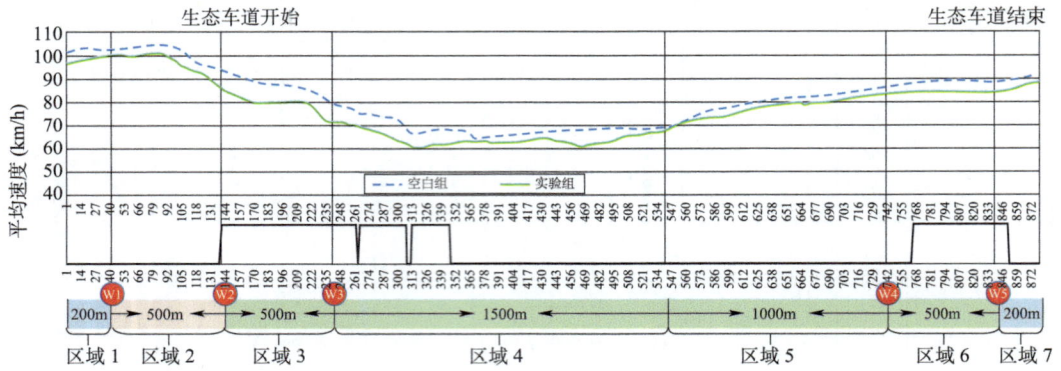

图 9-34　速度空间变化过程

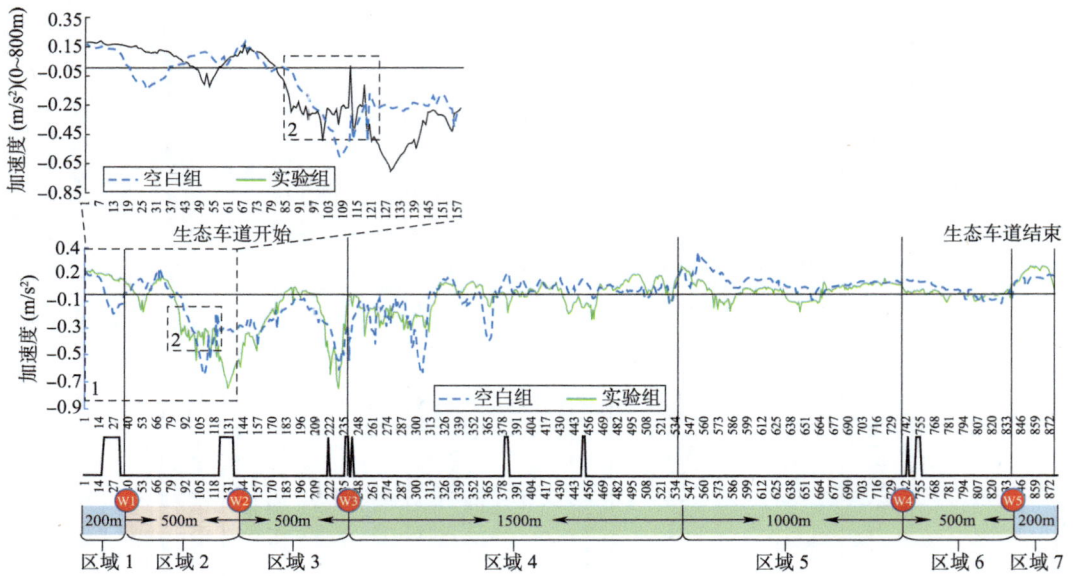

图 9-35　加速度空间变化过程

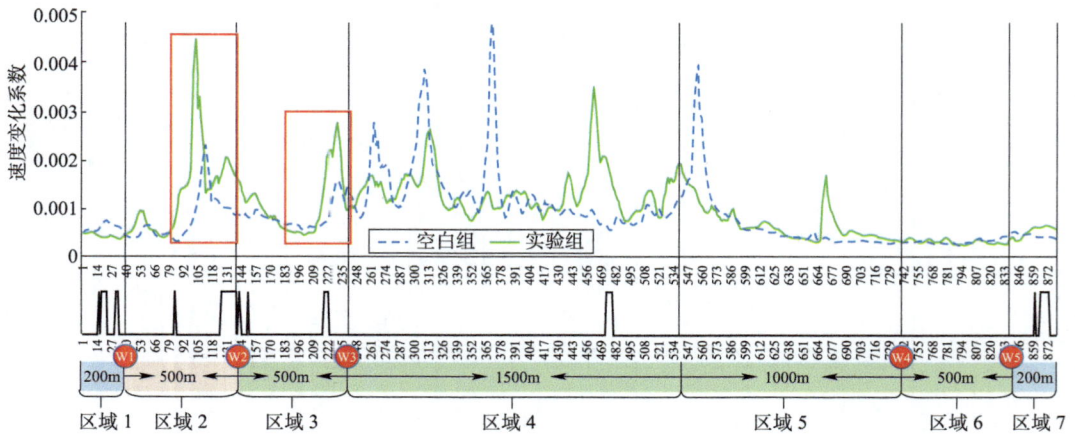

图 9-36　速度变化系数空间变化过程

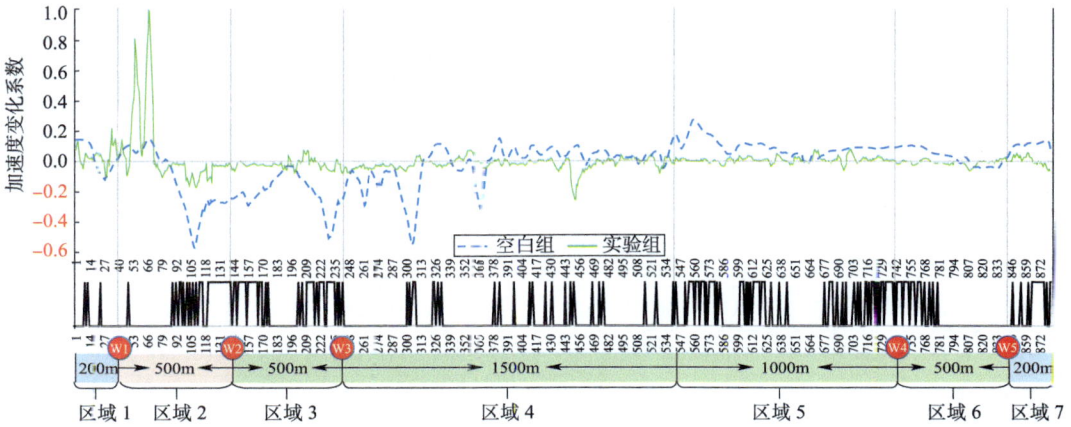

图 9-37　加速度变化系数空间变化过程

2. 能耗排放

由表 9-18 和表 9-19 可知,在整个实验路段,Ecolane-HMI-CVIS 组的能耗排放量低于空白组。Ecolane-HMI-CVIS 组的总能耗比空白组约低 1.03%。Ecolane-HMI-CVIS 组 CO_2、CO、HC、NO_x 的总排放量分别比空白组低 1.01%、10.72%、1.52% 和 9.83%。在 90% 的置信水平下,Ecolane-HMI-CVIS 组和空白组的 CO 排放均具有显著性($p = 0.062$)。

实验路段及各关键区域能耗统计结果　　　　表 9-18

实验路段	FC 均值(标准差)		显著性
	空白组	Ecolane-HMI-CVIS 组	
区域 1	8.27(2.43)	8.83(1.81)	0.31
区域 2	6.95(1.29)	6.89(1.54)	0.987
区域 3	5.83(1.97)	6.38(1.82)	0.142
区域 4	7.72(2.22)	7.57(1.25)	0.726
区域 5	8.82(1.76)	8.46(1.03)	0.269
区域 6	8.04(0.97)	7.59(1.00)	0.379
区域 7	8.56(1.98)	9.02(1.59)	0.272
整体	7.77(1.23)	7.69(0.57)	0.719

注:FC 单位为 L/100km。

实验路段及各关键区域排放统计结果　　　　表 9-19

实验路段	CO_2 均值(标准差)		显著性	CO 均值(标准差)		显著性
	空白组	Ecolane-HMI-CVIS 组		空白组	Ecolane-HMI-CVIS 组	
区域 1	193.31(57.82)	206.55(42.17)	0.295	0.59(0.40)	0.57(0.35)	0.909
区域 2	162.60(30.11)	161.34(35.94)	0.974	0.40(0.20)	0.36(0.17)	0.342

续上表

实验路段	CO₂ 均值(标准差)		显著性	CO 均值(标准差)		显著性
	空白组	Ecolane-HMI-CVIS 组		空白组	Ecolane-HMI-CVIS 组	
区域 3	136.67(46.15)	149.56(42.68)	0.14	0.21(0.13)	0.20(0.07)	0.534
区域 4	180.80(52.03)	177.32(29.18)	0.73	0.30(0.19)	0.26(0.09)	0.252
区域 5	206.71(41.10)	198.35(24.12)	0.268	0.30(0.12)	0.28(0.07)	0.593
区域 6	188.29(22.69)	178.06(23.42)	0.088*	0.30(0.20)	0.21(0.03)	0.015**
区域 7	200.31(46.07)	211.20(36.87)	0.28	0.43(0.36)	0.42(0.26)	0.9
整体	181.91(28.80)	180.08(13.33)	0.725	0.32(0.10)	0.28(0.06)	0.062*

注：CO_2 单位为 g/km，CO 单位为 g/km，FC 单位为 L/100km，** 表示 $p < 0.05$，* 表示 $p < 0.1$。

实验路段	HC 均值(标准差)		显著性	NOₓ 均值(标准差)		显著性
	空白组	Ecolane-HMI-CVIS 组		空白组	Ecolane-HMI-CVIS 组	
区域 1	0.050(0.02)	0.055(0.01)	0.213	0.046(0.028)	0.048(0.024)	0.935
区域 2	0.041(0.011)	0.041(0.011)	0.819	0.032(0.015)	0.030(0.014)	0.451
区域 3	0.016(0.006)	0.017(0.006)	0.225	0.016(0.012)	0.015(0.009)	0.659
区域 4	0.059(0.021)	0.056(0.015)	0.429	0.021(0.016)	0.018(0.010)	0.234
区域 5	0.047(0.012)	0.046(0.008)	0.707	0.026(0.011)	0.025(0.008)	0.584
区域 6	0.021(0.005)	0.020(0.003)	0.098*	0.025(0.015)	0.018(0.005)	0.02**
区域 7	0.049(0.017)	0.053(0.014)	0.272	0.036(0.026)	0.038(0.022)	0.768
整体	0.042(0.008)	0.041(0.005)	0.655	0.025(0.009)	0.023(0.006)	0.103*

注：HC 单位为 g/km，NO_x 单位为 g/km，** 表示 $p < 0.05$，* 表示 $p < 0.1$。

七　小结

本节基于驾驶模拟技术设计开发了以生态车道为路端、车路协同生态驾驶 HMI 为车端的车路协同生态驾驶预警系统，通过开展驾驶模拟实验，探究 Ecolane-HMI-CVIS 对个体驾驶人驾驶行为生态性的影响。

（1）形成了针对生态驾驶车路协同辅助系统的驾驶模拟实验测试平台，提出了驾驶人生态驾驶行为影响分析及节能减排效果量化评估的指标体系。

（2）Ecolane-HMI-CVIS 有助于减少急加速、急减速等不良驾驶行为，改善驾驶人生态驾驶行为。在 Ecolane-HMI-CVIS 作用下，CO 排放显著减少 10.72%，驾驶人驾驶行为的生态性显著提升。

（3）研究结果有助于明确 Ecolane-HMI-CVIS 的作用机制和节能减排效果，为生态驾驶和车路协同技术相结合降低车辆油耗排放提供数据和方案支持。此外，研究结果可为进一步优化面向生态驾驶的人机交互车载终端设计提供借鉴和参考。

第六节　L3 级自动驾驶接管行为特性

一　问题提出

自动驾驶技术的应用为道路交通安全性、生态性、舒适性等问题的改善提供了新的机遇。美国汽车工程师学会将自动驾驶车辆分为 6 级(L0~L5),其中 L3 级自动驾驶允许驾驶人在自动驾驶过程中将情景意识和控制力脱离驾驶任务,但驾驶人须在自动驾驶系统失效前或超出系统功能极限时接管车辆,驾驶人的高效接管行为是自动驾驶车辆控制权安全过渡的重要保证。

基于驾驶模拟技术开展接管行为实验测试是自动驾驶人因测试的主要研究方法。然而,目前基于驾驶模拟技术开发自动驾驶接管行为测试平台的技术尚不完善,一定程度上制约了自动驾驶实验测试的开展。同时,驾驶人对自动驾驶的主观适应性与其客观接管行为紧密相关。以往研究往往聚焦于驾驶人接管行为的客观评估,缺乏对驾驶人使用自动驾驶的适应性和主观感受的探索,因而从主客观角度综合探究驾驶人接管行为差异的研究仍相对较少。

针对以上研究问题,本节基于驾驶模拟技术构建自动驾驶接管实验测试平台,基于主观数据分析驾驶人对自动驾驶技术主观适应性的差异,依托接管行为客观数据分析驾驶人的接管表现,研究结果可为深度挖掘自动驾驶条件下驾驶人的接管行为特性提供支撑。

二　方案设计

1.实验控制因素

(1)接管请求时间(Takeover Request Time,TOR)。

接管请求时间是本车发出接管请求预警时刻至前方发生碰撞时刻(Time To Collision,TTC)的持续时间,或本车发出接管请求预警时刻至自动驾驶失效时刻的持续时间。接管请求时间的长短代表接管事件的紧急程度,本节将接管请求时间设定为 5s、10s。

(2)驾驶次任务(No-Driving-Related Task,NDRT)。

以往研究中,驾驶次任务包括读新闻、看视频、玩游戏、发短信等娱乐任务和工作任务,本节选择在手机上看娱乐视频(即娱乐任务,Entertainment Task,ET)和微信发语音(即工作任务,Work Task,WT)作为驾驶次任务。

(3)接管请求方式。

基于华为平板开发 HMI,可提供视觉和听觉结合的接管请求预警信息,共设计 4 种类型的 HMI 界面(图 9-38)。依据 HMI 界面进行车辆控制权切换,且车辆采用单一控制模式输入(即由自动驾驶系统或驾驶人控制,无共同控制模式)。

①当 HMI 发出接管请求后,驾驶人需在接管请求时间的倒计时结束前[图 9-38d)]按下"接管"按钮,此后车辆控制权归属为驾驶人。

②当 HMI 发出接管请求后,若驾驶人未在接管请求时间的倒计时结束前接管车辆,则在接管请求时间的倒计时结束前车辆控制权归属为自动驾驶系统,倒计时结束后车辆立刻启动紧急避险系统(属于自动驾驶系统模块)。

③在自动驾驶功能可用时[图 9-38b)]按下"启动"按钮,将恢复车辆的自动驾驶。

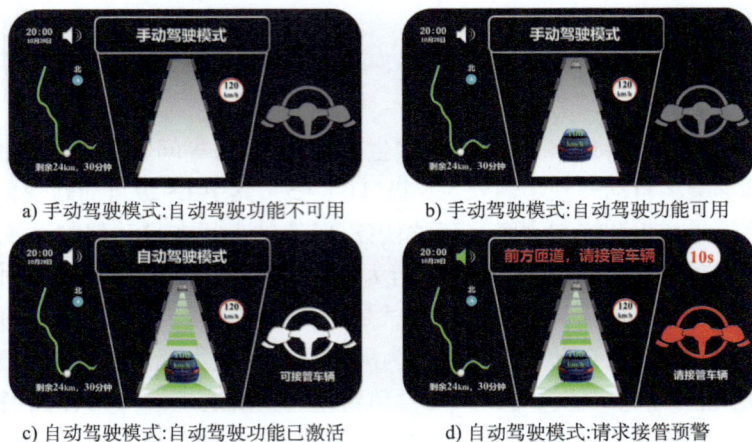

a) 手动驾驶模式:自动驾驶功能不可用　　　　b) 手动驾驶模式:自动驾驶功能可用

c) 自动驾驶模式:自动驾驶功能已激活　　　　d) 自动驾驶模式:请求接管预警

图 9-38　自动驾驶车辆 HMI 界面设计

2. 实验场景设计

面向高速公路选择常见的 4 种场景:主线接管(C1)、团雾接管(C2)、事故接管(C3)、匝道接管(C4),场景设计如图 9-39 所示。依据《公路通行能力手册》,自由流交通密度设为 6pcu/(km·ln),稳定流交通密度设为 20pcu/(km·ln)。C1~C4 设为自由流,为探究交通流因素的影响,在团雾接管场景中增设稳定流(C5)。雾区限速 60km/h,匝道限速 40km/h、普通路段限速 120km/h。自动驾驶车辆速度为 100km/h,驾驶人接管车辆后根据道路限速行驶,由手动驾驶模式切换至自动驾驶模式后,车辆逐渐恢复速度 100km/h。

a) 主线接管C1　　　　　　　　　　　　　　b) 团雾接管C2

c) 事故接管C3　　　　　　　　　　　　　　d) 匝道接管C4

图 9-39　接管场景示意图

基于驾驶次任务、接管请求时间、接管场景和交通流 4 个因素,共组成 18 种接管情景(Scenario)组合(表 9-20)。

接管情景组合及编号　　　　　表 9-20

驾驶次任务 NDRT	工作任务 WT		娱乐任务 ET	
接管场景/接管请求时间	5s	10s	5s	10s
主线接管 C1	S1	S2	S3	S4
团雾接管 C2	S5	S6	S7	S8
事故接管 C3	S9	S10	S11	S12
匝道接管 C4	S13	S14	S15	S16
雾区接管(稳定流)C5	—	S17	—	S18

三　实验测试

依托驾驶模拟实验平台,开展自动驾驶接管行为驾驶模拟测试实验,采用智能车载终端向驾驶人传递自动驾驶接管预警和辅助驾驶信息,通过 SMI ETG 2w 眼动仪采集驾驶人的视觉特征,通过 KF2 心电仪获得驾驶人的心电特征。

1. 被试选取

研究共邀请 42 名视力、听力良好且有驾驶能力的被试,被试属性见表 9-21。

被试属性特征　　　　　表 9-21

驾驶人属性	水平/人数		平均值	标准差
性别	男性	32 人	—	—
	女性	10 人	—	—
年龄	青年人(18~35 岁)	15 人	23.2	2.0
	中年人(36~60 岁)	14 人	46.5	6.6
	老年人(>60 岁)	13 人	63.7	2.9
驾龄	低驾龄(1~12 年)	18 人	4.1	2.7
	中驾龄(13~26 年)	14 人	20.2	4.7
	高驾龄(>26 年)	10 人	32.0	4.4

2. 实验流程

每位驾驶人需要进行 2 次实验,每次实验起点随机确定,实验步骤如表 9-22 所示。

实验步骤 表9-22

步骤	内容
1	填写知情同意书和主观问卷。被试填写知情同意书和基础信息表,填写生理心理状态表和 KSS 疲劳量表
2	驾驶前培训。为降低驾驶人学习效应影响,分别从理论培训、视频培训、实操培训三个环节对驾驶人进行充分培训。培训后填写主观培训测试问卷和实验前技术接受度问卷
3	开始第 1 次正式实验。驾驶人佩戴好实验设备后,实验员根据预设随机起点调出实验场景,向驾驶人宣读实验指导语后开始第 1 次实验
4	实验间歇。第 1 次实验结束,驾驶人休息 10~15min,整理相关设备准备第 2 次实验
5	开始第 2 次正式实验。实验员根据预设随机起点调出第 2 次实验场景,驾驶人开始第 2 次正式实验
6	实验结束。两次实验全部结束后,驾驶人填写设备及场景仿真评价表、实验后技术接受度问卷、技术信任度问卷、状态感知度问卷、KSS 疲劳量表

四 数据处理

驾驶人的主观感受数据(包括技术信任度、技术接受度、状态感知度)通过问卷获取。采用 7 分李克特量表量化,将得分转化为百分制,并进行主观问卷数据的信度和效度检验。

实验共获得 756 条接管行为数据,剔除接管失败数据后获得 713 条有效数据。另外统计了驾驶人是否成功接管自动驾驶车辆的控制权,以及驾驶人在下次自动驾驶启动前是否控制车辆达到横向稳定状态的事件数量。

五 指标提取

本节从主观维度探究驾驶人对于自动驾驶的技术接受度、技术信任度、状态感知度以及疲劳变化度的差异;从客观维度分析驾驶人属性和外界环境因素在第一操纵行为、接管成功率和接管正确率中的差异。所选指标如下。

1. 主观感受评估指标

(1)技术接受度:衡量驾驶人对自动驾驶的接受程度。

(2)技术信任度:衡量驾驶人对自动驾驶的信任程度。

(3)状态感知度:衡量在自动驾驶过程中驾驶人对外界情况的感知程度。

(4)疲劳变化度:衡量自动驾驶实验前后驾驶人疲劳变化程度。

2. 接管行为描述性指标

(1)第一操纵行为(First Control Behavior, FCB):驾驶人接管车辆后首先操纵的控制设备。

(2)接管成功率(Takeover Success Ratio, TSR):车辆发出接管请求后,驾驶人在接管倒计时结束前接管车辆控制权的事件(TS)数与总接管事件数的比值。

（3）接管正确率(Takeover Correct Ratio,TCR)：在下次自动驾驶启动前接管车辆，并达到横向稳定状态的事件数与总接管事件数的比值。

六　结果分析

1. 主观感受评估

基于主观数据分析驾驶人对实验前后自动驾驶接受度、技术信任度、状态感知度和疲劳变化的差异，为研究驾驶人对自动驾驶的适应性提供支撑。数值差异统计检验的结果如图 9-40 和表 9-23 所示。

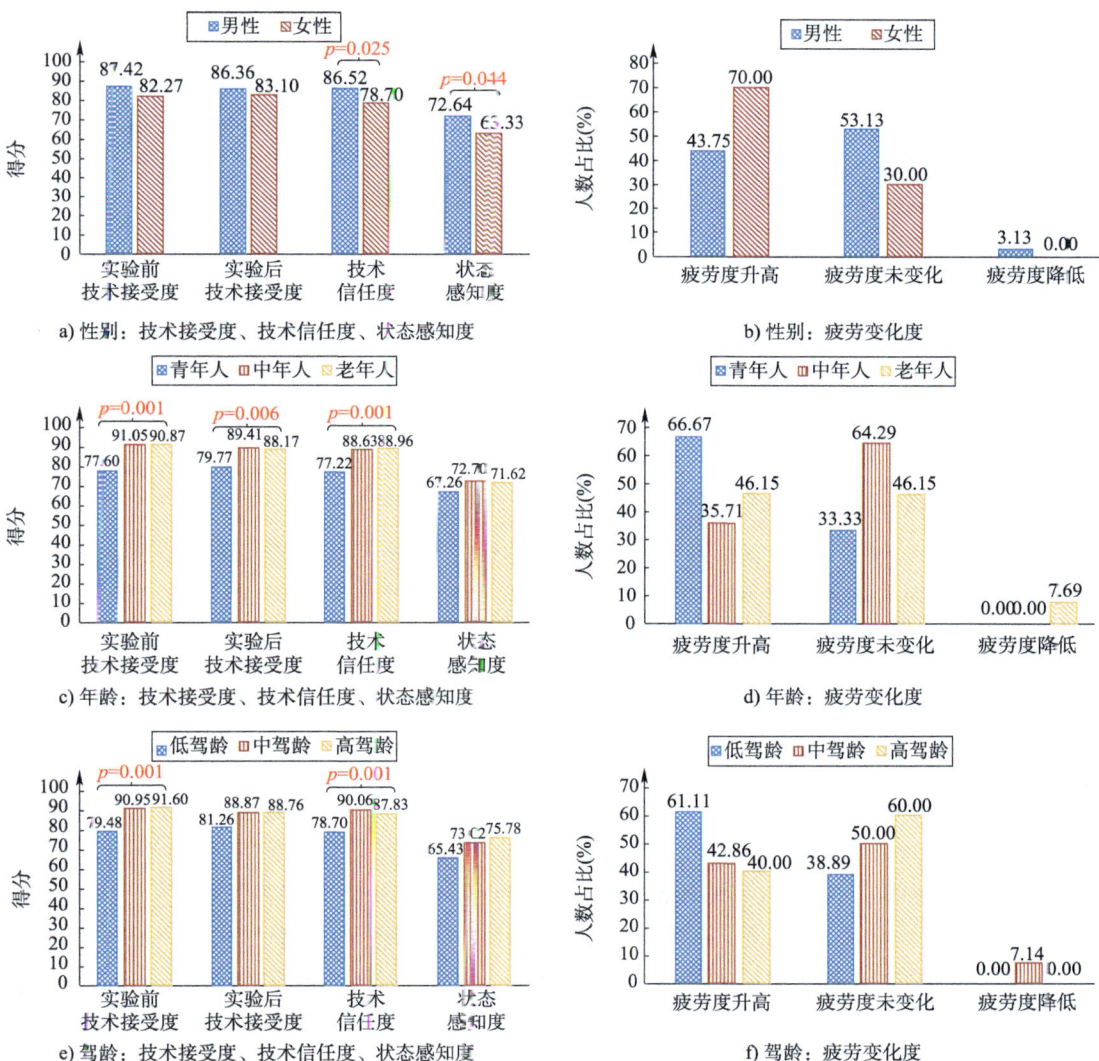

图 9-40　驾驶人属性对自动驾驶适应性差异

驾驶人属性对自动驾驶适应性差异 表 9-23

因素	实验前技术接受度		实验后技术接受度		技术信任度		状态感知度		疲劳变化	
	检验方法	p	检验方法	p	检验方法	p	检验方法	p	检验方法	p
性别	U检验	0.218	U检验	0.487	独立T检验	0.025*	独立T检验	0.044*	卡方检验	0.878
年龄	H检验	<0.001*	H检验	0.006*	H检验	0.001*	H检验	0.205	卡方检验	0.246
驾龄	H检验	0.001*	H检验	0.033*	ANOVA	0.001*	ANOVA	0.077	卡方检验	0.902

注：显著性检验的置信水平为95%；*表示具有统计差异。

图 9-40a) 表明，男性的实验前后技术接受度、技术信任度、状态感知度高于女性，这可能是因为男性比女性对自动驾驶更感兴趣。图 9-40b) 显示，实验后男性的疲劳程度上升比例小于女性，表明男性对自动驾驶的适应性优于女性。

图 9-40c) 显示年龄因素对实验前后技术接受度和技术信任度具有显著影响。青年人的实验前后技术接受度、技术信任度、状态感知度最低，中年人略高于老年人。图 9-40d) 表明，实验后青年人的疲劳程度上升比例高于中年人和老年人，青年人的疲劳耐受性更低。

图 9-40e) 表明驾龄因素对实验前后技术接受度和技术信任度具有显著影响。低驾龄人群的实验前后技术接受度、技术信任度、状态感知度最低，中驾龄和高驾龄人群之间无明显差异。图 9-40f) 显示，实验后低驾龄人群的疲劳程度上升比例最高。由此可知，低驾龄人群对自动驾驶的适应性低于中驾龄和高驾龄人群。

2. 接管行为的描述性统计分析

接管成功率、接管正确率和第一操纵行为是评估驾驶人接管行为的直观统计指标。图 9-41a) 所示为驾驶人属性因素(性别、年龄、驾龄)和接管情景因素(接管请求时间、驾驶次任务、接管场景)对应的接管成功率和接管正确率的统计差异。其中，第一接管行为体现为规避前方事件而采取的第一措施，主要受接管场景的影响，因此仅分析接管场景对应的第一操纵行为差异，结果如图 9-41b) 所示。

由图 9-41a) 可知，驾驶人接管车辆控制权后，车辆达到稳定状态受多种因素的影响，在各因素中接管成功率均大于或等于接管正确率。其中，男性的接管成功率和接管正确率低于女性，结合主观评估分析推测女性在车辆自动驾驶期间保持谨慎态度有利于接管安全。对于年龄和驾龄因素，中年人和中驾龄人群的接管成功率和正确率最高，老年人和高驾龄人群的接管成功率和正确率最低。接管请求时间5s对应的接管成功率和正确率高于10s，娱乐任务对应的接管成功率和正确率高于工作任务。事故情况下的接管成功率和正确率最低，主线接管、团雾接管、匝道接管、团雾接管(稳定流)对应的接管成功率和正确率逐步增加，表明与有效报警相比，车辆误判接管报警会对接管的安全性产生不利影响。

由图 9-41b) 可知，在不同的接管场景中，根据前方接管事件的不同，驾驶人所采取的第一操纵行为也不同。因此,在自动驾驶接管功能设计时可依据不同的接管场景为驾驶人推荐最优的接管策略。

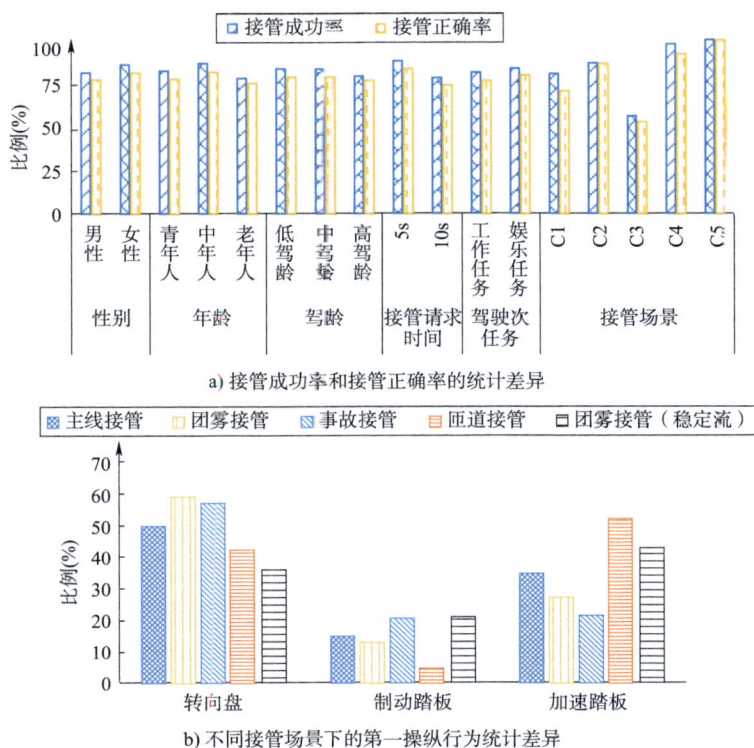

a) 接管成功率和接管正确率的统计差异

b) 不同接管场景下的第一操纵行为统计差异

图9-41 接管行为指标的统计差异

七 小结

本节研究自动驾驶中驾驶人的接管行为,基于驾驶模拟技术开发自动驾驶接管测试平台,通过问卷调查、驾驶模拟实验等获得多维数据,从主观维度分析驾驶人对自动驾驶的适应性差异,从客观维度探究驾驶人的接管表现差异。

(1)基于驾驶模拟技术开发自动驾驶接管测试平台,通过人机交互设备可再现多种不同车型的人机交互界面,为开展自动驾驶接管实验测试和人机交互设备效用评估提供了方法和技术支持。

(2)从主观适应性来看,在自动驾驶过程中,男性驾驶人具有更高的疲劳耐受力,低驾龄人群对自动驾驶的适应性弱于中驾龄和高驾龄人群;从客观表现来看,驾驶人的接管成功率和接管正确率具有差异性,且在不同的接管场景中,驾驶人的第一操纵行为不同。

(3)研究结果可为改善驾驶人对自动驾驶的适应性提供支持,为优化自动驾驶车辆的设计提供指导。在未来研究中,将深入探究驾驶人属性和接管情景等多重因素间的交互效应,挖掘自动驾驶接管行为影响机理。

第七节　网联自动驾驶混驾编队生态特性

一　问题提出

机动车燃油消耗导致的尾气排放是交通环境污染的重要来源,为推进生态环境建设,我国提出了"二氧化碳排放力争于 2030 年前达到峰值,努力争取 2060 年前实现碳中和"目标,以上目标对机动车的节能减排效果提出了更高要求。

网联自动驾驶编队具有管理车辆协作行驶、减少行车空气阻力等优势,有望与生态驾驶结合,成为机动车深度节能减排的重要模式。考虑实验成本、技术实施难度等因素,现有研究多采用数值仿真、微观交通仿真等手段,将编队车辆考虑为同质车型,较少考虑驾驶人因特性对编队运行的影响,也较少考虑异构车辆编队的生态特性。因此,有必要探究网联自动驾驶条件下混驾编队运行的生态性。

本节基于驾驶模拟技术,搭建高速公路生态车道模拟实验场景,开发网联生态驾驶HMI,选取慢速车辆跟驰和超视距预警作为典型交通事件,构建"领航车-网联 L2 级人驾、跟驰车-网联自动驾驶"的混合编队模式,探究网联自动驾驶混驾编队的生态特性。本节研究可为开展网联自动驾驶编队运行模式的测试与推广提供方案借鉴与平台支撑。

方案设计

1. 实验设备

依托驾驶模拟实验平台开展驾驶模拟实验,设计高速公路生态车道场景,开发车路协同生态驾驶预警系统,并依托车端 HMI 实现网联环境下生态驾驶预警信息的传输及交互。

本节研究基于驾驶模拟技术开发网联自动驾驶混驾编队,其技术流程如图 9-42 所示。①车辆在仿真环境中按照编队模式行驶,其中领航车为人驾模式、跟驰车为自动驾驶模式;②驾驶模拟器管理中心通过仿真软件提供的 API 函数实时采集仿真环境中道路条件、领航车驾驶行为、跟驰车运行状态等数据,对数据融合处理后采用 UDP 协议及有线通信方式将数据传输给 HMI;③HMI 接收数据并根据交通状态为驾驶人提供生态驾驶指导;④驾驶人根据 HMI 反馈信息完成下一步驾驶任务。

2. 场景设计

本实验设计为双因素双水平实验,因素 1 为车队形式:单车/编队;因素 2 为网联条件:有网联预警/无网联预警。

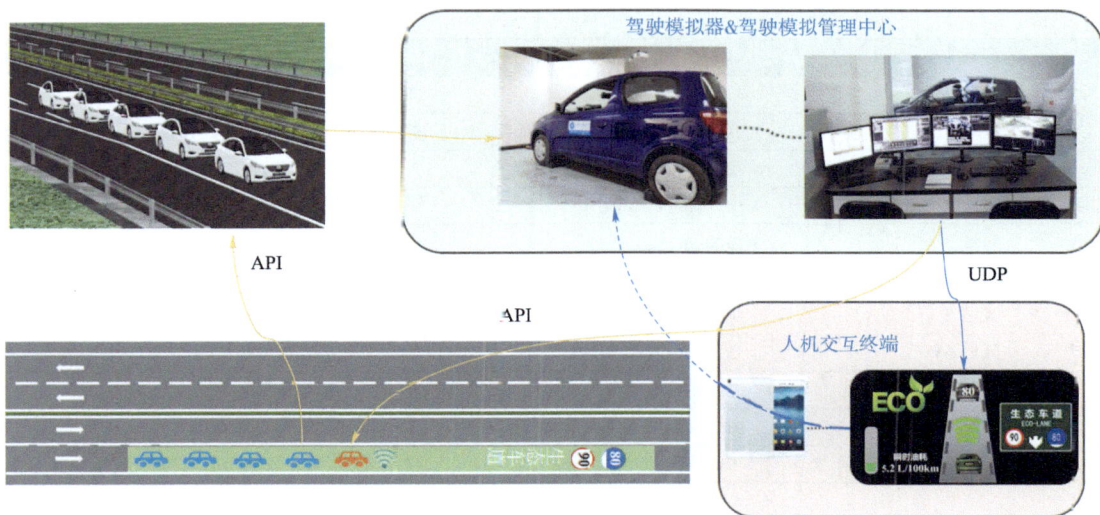

图 9-42 基于驾驶模拟的网联自动驾驶混驾编队技术流程图

实验场景沿用自动驾驶接管实验所用道路场景(见本章第六节),道路为双向四车道,横断面宽度为 26m(包括:单车道宽度为 3.75m,绿化带宽度为 2m,路肩宽为 4.5m),主路限速 120km/h。道路线形多为直线和平缓曲线,无急弯、陡坡等复杂线形。交通流条件设定为自由流。

实验路段沿用生态车道作为路端道路设施。实验路段全长 9.5km,划分为区域 0~区域 9 共 10 个区域(图 9-43),各区域设置有预警点,区域及预警点释义分别见表 9-24 和表 9-25。其中,区域 3~区域 8 为生态车道,全长 6km,以绿色路面形式铺设于高速公路最外侧车道,限速区间为 80~90km/h。此外,区域 6 过渡段在单车实验中设置有 300m 的轻雾事件,编队实验中设置有旁侧车道交通追尾事故,其目的是降低被试因熟悉场景而引起的学习效应,同时过渡段可使编队车辆以稳定编队状态驶入区域 7。

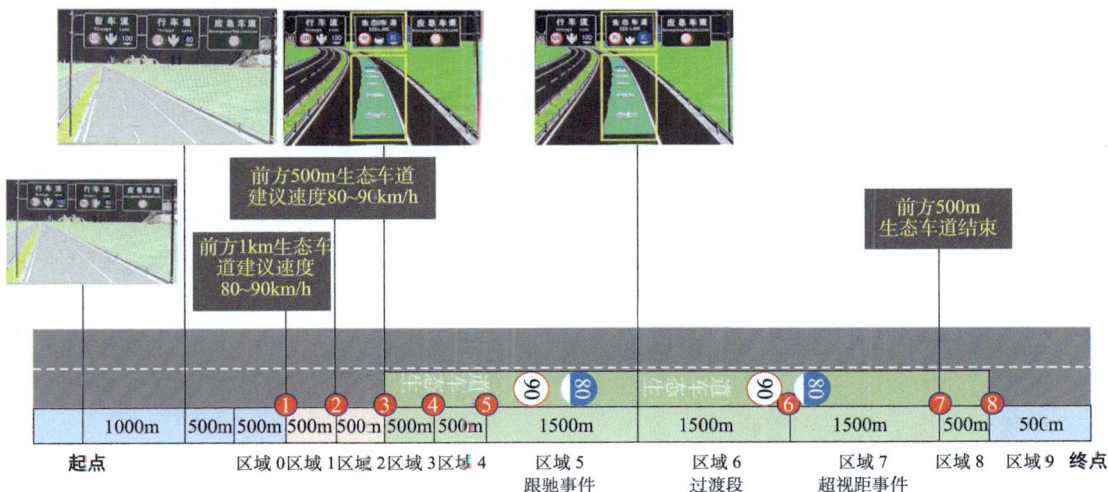

图 9-43 实验路段划分

实验路段释义　　　　表 9-24

区域编号	区域起点	描述
前 1.5km	0km	车辆组队并行驶至平稳状态
区域 0	1.5km	控制区域,保证数据切分完整
区域 1	2.0km	进入生态车道前 1000m
区域 2	2.5km	进入生态车道前 500m
区域 3	3.0km	进入生态车道后 500m
区域 4	3.5km	慢速车辆预警
区域 5	4.0km	慢速车辆跟驰事件
区域 6	5.5km	过渡段区域
区域 7	7.0km	超视距事件
区域 8	8.5km	生态车道结束前 500m
区域 9	9.0km	控制区域,保证数据切分完整

生态驾驶语音预警信息内容　　　　表 9-25

预警点	语音预警信息
预警点 1	前方 1000m 最外侧为生态车道,建议车速 80 ~ 90(路)
预警点 2	前方 500m 最外侧为生态车道,建议车速 80 ~ 90(路)
预警点 3	您已进入生态车道,建议车速 80 ~ 90(路)
预警点 4	前方有慢速车辆(交通)
预警点 5	请保持安全车距(车)
预警点 6(1)	前前车减速(交通-超视距)
预警点 6(2)	前前车加速(交通-超视距)
预警点 7	前方 500m 生态车道结束(路)
预警点 8	您已驶离生态车道(路)
—	建议车速 80 ~ 90(车)
—	车距过近-"哔哔哔"蜂鸣声(车)
—	请避免急加速(车)
—	请避免急减速(车)

实验路段中交通标志标线设置如图 9-43 所示,在实验路段起点和起点后 1km 处以龙门架形式设置有常规高速公路限速标志,即最左侧车道限速 100 ~ 120km/h,中间车道限速 80 ~ 100kmh,最外侧为应急车道;在生态车道起点和区域 6 起点以龙门架形式设置有生态车道限速标志,即中间车道限速 80 ~ 90km/h,同时路面铺有"生态车道"字样和限速标线;在进入生态车道前 1000m、进入生态车道前 500m、生态车道结束前 500m 以可变信息板形式显示生态车道指示标志及限速区间。

3. 交通事件设计

本实验设置慢速车辆跟驰和超视距预警两种交通事件。以上两个交通事件均在生态车道路段触发,图 9-44 为交通事件中所涉及车辆类型的释义。慢速车辆跟驰事件是指前车速度在 70 ~ 80km/h 速度范围内波动。超视距预警事件是指被试车辆前方第二辆车(代称前前车)触发急减速和急加速事件,急减速为速度由 80km/h 减速至 50km/h,急加速为速度由 50km/h 加速至 80km/h。

图 9-44　交通事件中车辆模式释义

4. 网联生态驾驶 HMI 设计

本实验设计的网联生态驾驶 HMI 分为四个区域(图 9-45)。区域 1 为生态驾驶行为提示区域,用于纠正驾驶人不良驾驶行为;区域 2 为实时油耗显示区域,用于实时显示车辆油耗数据;区域 3 为车辆状态显示区域,用于显示前车间距、前车及前前车运行状态信息;区域 4 为限速标志提示区域,用于显示当前车道类型及限速范围。

(1)图 9-46 为 HMI 图标释义,其中图 9-46a)和图 9-46b)为生态驾驶行为图标,图 9-46c) ~图 9-46f)为车辆状态图标。具体说明如下:

①图 9-46a)指当驾驶人踩制动踏板过深时,提示驾驶人缓踩制动踏板。

②图 9-46b)指当驾驶人踩加速踏板过深时,提示驾驶人缓踩加速踏板。

③图 9-46c)为主车图标。

④图 9-46d)指车辆减速状态。

⑤图 9-46e)指车辆匀速状态。

⑥图 9-46f)指车辆加速状态。

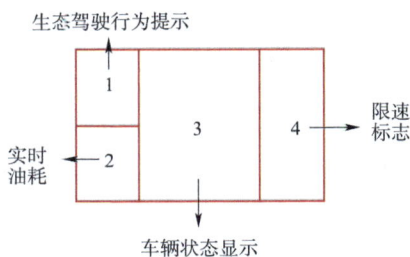

图 9-45　HMI 设计功能分区

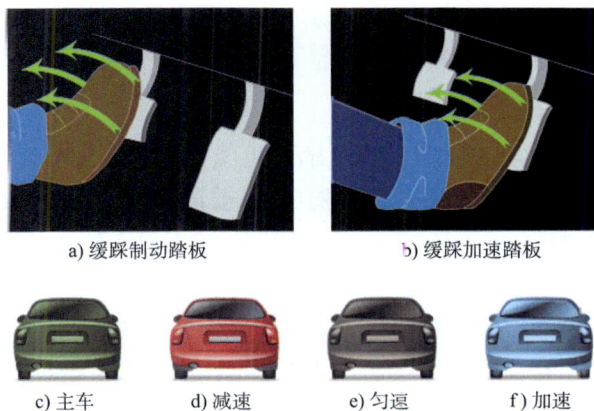

a) 缓踩制动踏板　　b) 缓踩加速踏板

c) 主车　　d) 减速　　e) 匀速　　f) 加速

图 9-46　HMI 图标释义

(2)结合网联生态驾驶 HMI 设计界面(图 9-47),具体应用场景解释如下:

①图 9-47a)为车辆位于生态车道预警路段且无交通事件(区域 1 ~ 区域 3、区域 8),此时驾驶人以生态驾驶行为操控车辆。

②图 9-47b)为车辆位于生态车道慢速车辆跟驰路段或过渡段(区域 4 ~ 区域 6),此时前车处于加速状态,领航车驾驶人加速踏板踩踏过深,HMI 会通过界面图片和语音播报同时提示其缓踩加速踏板。

③图 9-47c)为车辆位于生态车道超视距预警路段(区域 7),此时前车与前前车处于减

速状态,领航车驾驶人距离前车过近且制动踏板踩踏过深,HMI 会通过界面图片和语音播报同时提示其车距过近并需要缓踩加速踏板。

④此外,当车辆没有在预警路段行驶时(区域0、区域9),网联生态 HMI 为息屏状态。

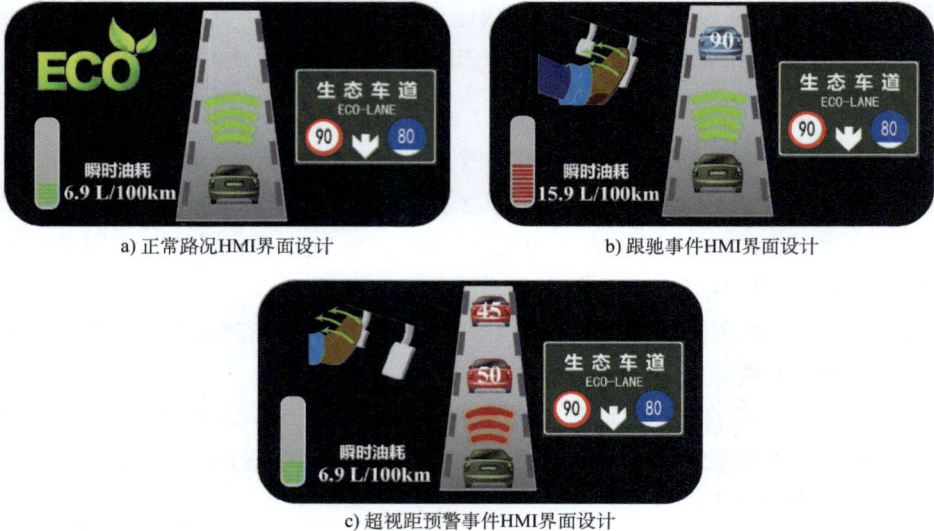

a) 正常路况HMI界面设计   b) 跟驰事件HMI界面设计

c) 超视距预警事件HMI界面设计

图 9-47 HMI 界面释义

如前所述,HMI 通过文字、图片、语音等形式为驾驶人提供网联交互信息。在各关键区域,除 HMI 界面内容提示方式外,还通过语音提示的方式对驾驶人进行预警。因此,本实验以信息内容简洁、驾驶人易理解为设计目标,从车、路、交通三个维度对预警信息内容进行设计,具体语音预警信息内容见表9-25。

5. 编队模式设计

本实验编队车辆由 5 辆车组成,图 9-48 为车队跟驰模式释义。领航车由被试驾驶,车辆具备 L2 级辅助自动驾驶功能,被试通过 HMI 接收网联信息。跟驰车模拟为网联自动驾驶车辆(Connected Automated Vehicle,CAV)车型,采用 SCANeR 自动驾驶车辆跟驰模型,为区别表征跟驰车在非网联条件和网联条件下的行为特征,选取车头时距作为差异化参数指标,将跟驰车在非网联条件下的期望车头时距设定为 1.1s,网联条件下的期望车头时距设定为 0.6s。

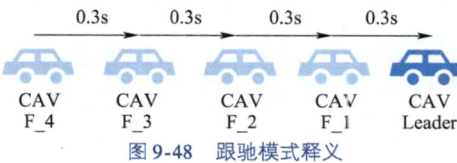

0.3s   0.3s   0.3s   0.3s

CAV   CAV   CAV   CAV   CAV
F_4   F_3   F_2   F_1   Leader

图 9-48 跟驰模式释义

三 实 验 测 试

1. 实验对象

本次实验共招募 40 名被试,其中 4 名被试参加预实验,36 名被试参加正式实验。被试主要来自在校学生、在职教师、后勤人员和学校车队专职驾驶员。所有被试均具有 C1 以上驾驶证且无生理心理疾病。被试实验前需签署知情同意书。具体被试属性信息见表 9-26。

被试基本属性信息　　　　　　　　　　　　　　　　　　表 9-26

性别	数量	年龄(岁)		驾驶经验(年)		驾驶里程(km)	
		均值	标准差	均值	标准差	<30000	≥30000
全部	36	36.67	14.18	9.61	10.01	24	12
男性	24	38.59	13.98	11.67	10.5	14	10
女性	12	32.83	13.3	5.51	7.38	10	2

2.实验流程

驾驶模拟实验基本实验流程共分为三个步骤:①实验前准备:实验背景介绍、驾驶模拟器练习、基本信息采集;②正式实验:实验指导语宣读、正式实验测试、实验后数据核查;③实验后调查:实验后问卷调查、实验优化建议访谈、实验酬金发放。

网联自动驾驶混驾编队实验流程为常规驾驶模拟实验流程,但有以下几点需要补充:①在实验前准备阶段,重点向被试介绍生态驾驶理念和编队概念、单车与编队实验区别、网联生态驾驶 HMI 使用方法;②通过生态驾驶理解程度调查问卷观察被试是否熟悉网联生态驾驶 HMI 使用方法及是否知晓如何生态驾驶;③实验后设计有单车与混驾编队驾驶感受调查问卷,用以量化评估驾驶人在编队行驶时的主观感受。

四　数据处理

实验共采集 144 条(36 名被试×4 个场景)数据,包含速度、加速度、行驶位置等基础数据指标,数据采样频率为 20Hz。由于每名被试的实验时长不同,不便比较每名被试在同一时间点位的驾驶行为特征,故使用 Matlab 编程将时间维度数据转换为以 5m 为单元的空间维度数据。

五　指标选取

本节研究旨在探究有无网联条件下单车与混驾编队的生态性差异。图 9-49 所示为混驾编队实验数据的分析指标,研究选取速度和加速度作为驾驶行为指标,选取燃油消耗(FC)作为能耗指标,选取 CO_2、CO、HC、NO_x 作为排放指标。

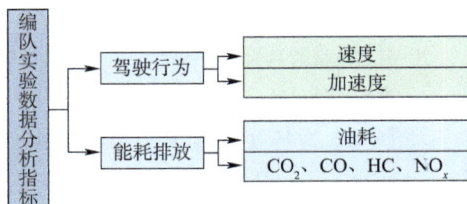

图 9-49　混驾编队实验数据分析指标

六　结果分析

1.驾驶行为

图 9-50 为 4 个实验组的速度整体均值。结合表 9-27 中整体实验路段速度显著性结果

可以看出,编队-有网联组的速度整体均值最低,网联条件对速度整体均值存在显著影响。

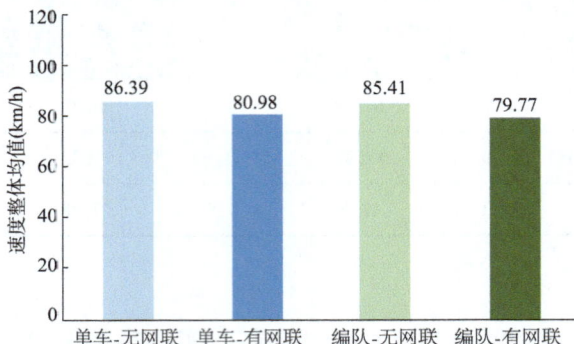

图 9-50   速度整体均值

各实验路段速度显著性差异   表 9-27

实验路段	显著性					
	车队形式		网联条件		交互影响	
区域 0	0.418		0.915		0.054	*
区域 1	0.462		<0.001	* * *	0.208	
区域 2	0.920		<0.001	* * *	0.326	
区域 3	0.950		<0.001	* * *	0.780	
区域 4	0.629		<0.001	* * *	0.252	
区域 5	0.231		0.022	* *	0.035	* *
区域 6	0.016	* *	<0.001	* * *	0.033	* *
区域 7	0.057	*	0.003	* *	0.256	
区域 8	<0.001	* * *	0.402		0.405	
区域 9	0.020	* *	<0.001	* * *	0.226	
整体	0.207		<0.001	* * *	0.260	

注:参数检验-双因素重复测量方差、非参数检验-Scheirer-Ray-Hare 检验;* * * 表示 $p < 0.001$,* * 表示 $p < 0.05$,* 表示 $p < 0.1$。

图 9-51 为各实验组在各实验路段的速度均值。结合表 9-27 中各实验路段速度显著性结果可以看出,网联条件能够降低车辆运行速度,其中编队-有网联组在各实验路段速度均值最低。跟驰事件中,在跟驰初段(区域 4)的网联条件对车辆速度有显著影响,而在常规跟驰状态下(区域 5)网联条件对车辆速度有显著影响。超视距事件(区域 7)中,车队形式和网联条件对车辆速度均有显著影响。

图 9-52 为各实验组的加速度整体均值。结合表 9-28 中整体实验路段加速度显著性结果可以看出,网联条件下的加速度整体均值更趋于 0,单车-有网联组的加速度整体均值最接近 0。其中,车队形式和网联条件对加速度整体均值都存在显著性影响。

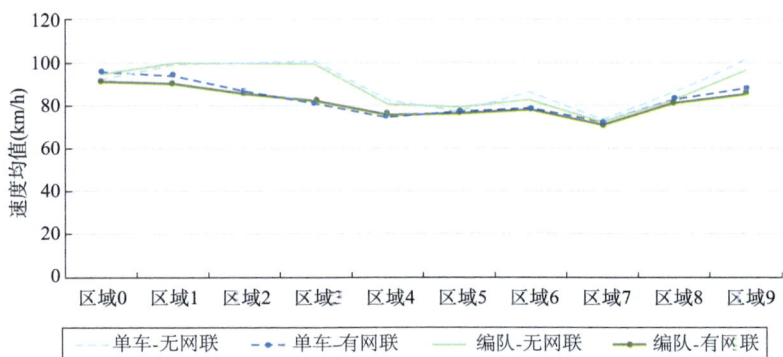

图9-51　各实验路段速度均值

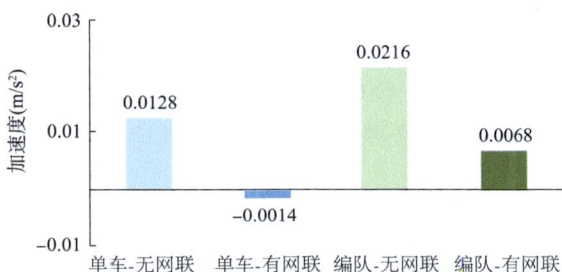

图9-52　加速度整体均值

各实验路段加速度显著性差异　　　　　　　　　　表9-28

实验路段	加速度-显著性					
	车队形式		网联条件		交互影响	
区域 0	0.099	*	0.136		0.299	
区域 1	0.085	*	0.001	* * *	0.303	
区域 2	0.308		<0.001	* * *	0.218	
区域 3	0.383		0.084	*	0.171	
区域 4	0.906		0.020	* *	0.034	* *
区域 5	0.354	*	0.489		0.152	
区域 6	0.617		0.570		0.037	* *
区域 7	0.002	* *	0.003	* *	0.184	
区域 8	0.030	*	<0.001	* * *	0.133	
区域 9	0.950		0.755		0.047	* *
整体	0.001	* * *	<0.001	* * *	0.658	

注:参数检验-双因素重复测量方差、非参数检验-Scheirer-Ray-Hare 检验;＊＊表示 $p < 0.05$,＊表示 $p < 0.1$。

图9-53 为各实验组在各实验路段的加速度均值。结合表9-28 中各实验路段加速度显著性结果可以看出,网联条件对加速度影响较大,编队-有网联组在各实验路段的加速度均值表现更为平稳。超视距事件中(区域7),车队形式和网联条件对车辆加速度均有显著影响。

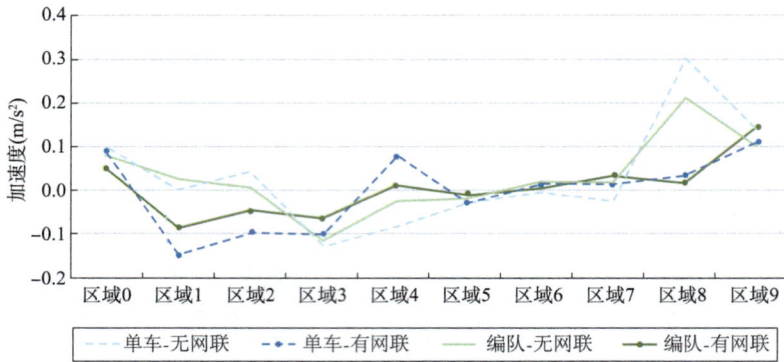

图 9-53　各实验路段加速度均值

2. 能耗排放

图 9-54 所示为各实验组的油耗整体均值。结合表 9-29 中各实验路段油耗显著性差异结果可以看出,编队-有网联组的油耗整体均值最低。其中,车队形式和网联条件对油耗整体均值都存在显著性影响。

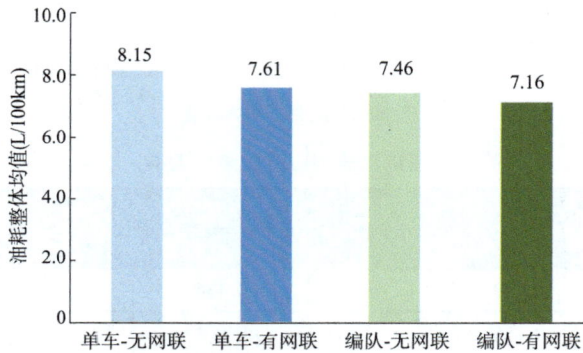

图 9-54　油耗整体均值

各实验路段油耗显著性差异　　　　　　　　　　　　表 9-29

实验路段	显著性(P-Value)					
	车队形式		网联条件		交互影响	
区域 0	0.005	* * *	0.045	* *	0.788	
区域 1	0.988		<0.001	* *	0.579	
区域 2	0.269		<0.001	* *	0.033	* *
区域 3	0.021	* *	0.032	* *	0.530	
区域 4	0.015	* *	0.617		0.134	
区域 5	<0.001	* * *	0.911		0.008	* *
区域 6	0.010	* *	0.011	* *	0.016	* *
区域 7	0.002	* *	0.001	* *	0.682	

续上表

实验路段	显著性（P-Value）					
	车队形式		网联条件		交互影响	
区域8	<0.001	＊＊	<0.001	＊＊	0.061	＊
区域9	0.032	＊＊	0.961		0.033	＊＊
整体	<0.001	＊＊	<0.001	＊＊	0.907	

注：参数检验-双因素重复测量方差、非参数检验-Scheirer-Ray-Hare 检验；＊＊＊表示 $p < 0.001$，＊＊表示 $p < 0.05$，＊表示 $p < 0.1$。

图 9-55 所示为各实验组在各实验路段的油耗均值。结合表 9-29 中各实验路段油耗显著性结果可以看出，网联条件能够降低车辆油耗，其中编队-有网联组在各实验路段油耗均值最低。跟驰事件中，车队形式对车辆油耗有显著影响，常规跟驰状态下（区域 5）车队形式与网联条件间的交互作用对油耗有显著影响。超视距事件中（区域 7），车队形式和网联条件对车辆油耗均有显著影响。

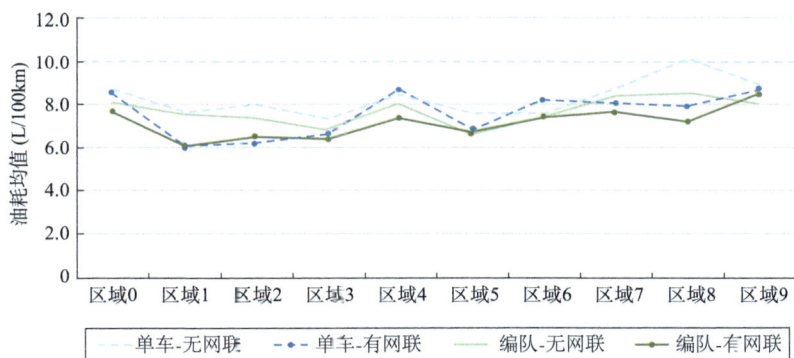

图 9-55　各实验路段油耗均值

图 9-56 所示为各实验组的 CO_2 整体均值。结合表 9-30 中整体实验路段 CO_2 排放显著性结果可以看出，编队-有网联组的 CO_2 排放整体均值最低。其中，车队形式和网联条件对 CO_2 排放整体均值都存在显著性影响。

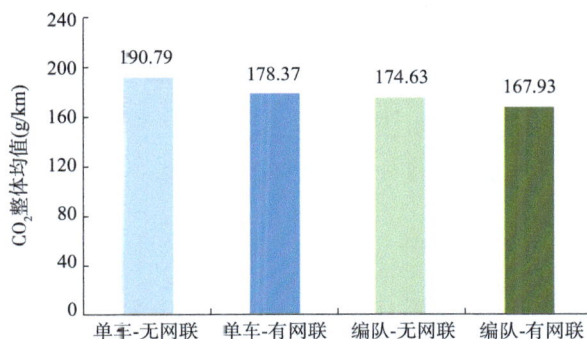

图 9-56　CO_2 整体均值

各实验路段 CO_2 排放显著性差异 表 9-30

实验路段	显著性					
	车队形式		网联条件		交互影响	
区域 0	0.004	* *	0.046	* *	0.790	
区域 1	0.979		<0.001	* * *	0.578	
区域 2	0.270		<0.001	* * *	0.033	* *
区域 3	0.021	* *	0.034	* *	0.533	
区域 4	0.014	* *	0.638		0.133	
区域 5	<0.001	* * *	0.698		0.008	* *
区域 6	0.010	* *	0.010	* *	0.015	* *
区域 7	0.001	* * *	0.001	* * *	0.518	
区域 8	<0.001	* * *	<0.001	* * *	0.086	*
区域 9	0.069	*	0.742		0.059	* *
整体	<0.001	* * *	<0.001	* * *	0.902	

注:参数检验-双因素重复测量方差、非参数检验-Scheirer-Ray-Hare 检验;* * * 表示 $p<0.001$,* * 表示 $p<0.05$,* 表示 $p<0.1$。

图 9-57 所示为各实验组在各实验路段的 CO_2 均值。结合表 9-30 中各实验路段 CO_2 排放显著性结果可以看出,网联条件能够降低车辆 CO_2 排放,其中编队-有网联组在各实验路段 CO_2 排放均值最低。跟驰事件中,车队形式对车辆 CO_2 排放有显著影响,常规跟驰状态下(区域 5)车队形式与网联条件间的交互作用对 CO_2 排放有显著影响。超视距事件中(区域 7),车队形式和网联条件对车辆 CO_2 排放均有显著影响。

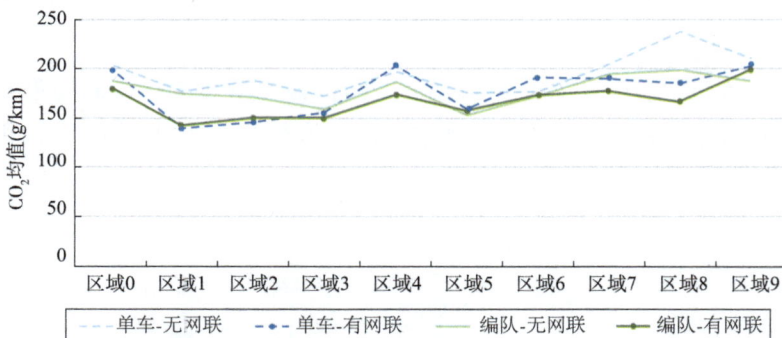

图 9-57 各实验路段 CO_2 均值

七 小结

本节基于驾驶模拟技术构建"领航车-网联 L2 级人驾、跟驰车-网联自动驾驶"的混驾编队模式并开展驾驶模拟实验,分别从单车与混驾编队的驾驶行为特征和能耗排放两方面展开分析,探究网联自动驾驶混驾编队的运行生态特征。

(1)形成了网联自动驾驶混驾编队运行生态性评估的驾驶模拟测试平台,并提出节能减排效果量化的指标体系及分析方法。

(2)驾驶行为方面,网联条件和车队形式能够显著降低车辆运行速度,使车辆行驶更平稳,其中,网联条件对车辆运行状态的改善效果更好;能耗排放方面,网联条件和车队形式均对降低能耗排放有显著作用,其中网联混驾编队的节能减排效果最佳。

(3)研究成果有助于明确网联自动驾驶混驾编队的节能减排潜力,揭示网联信息和车队形式对编队运行生态性的影响,为开展网联自动驾驶混驾编队运行模式的测试与推广提供方案借鉴与平台支撑。

思考题

1. 车路协同技术对施工区换道行为的改善体现在哪些方面?
2. 车路协同技术对隧道行车安全性的改善体现在哪些方面?
3. 如何分析驾驶人对车路协同雾区预警信息的响应能力?
4. 如何描述驾驶人的接管行为特性?
5. 自动驾驶混驾编队对车辆能耗排放的改善作用体现在哪些方面?

本章参考文献

[1] 中华人民共和国国家质量监督检验检疫总局,中国国家标准化管理委员会.雾的预报等级:GB/T 27964—2011[S].北京:中国标准出版社,2012.

[2] WU Y,ABDEL-ATY M,PARK J,et al. Effects of real-time warning systems on driving under fog conditions using an empirically supported speed choice modeling framework [J]. Transportation research part C:emerging technologies,2018,86:97-110.

[3] ZHAO X,CHEN H,LI H,et al. Development and application of connected vehicle technology test platform based on driving simulator:Case study[J]. Accident Analysis & Prevention,2021,161:106330.

[4] 赵晓华,陈雨菲,李海舰,等. 面向人因的车路协同系统综合测试及影响评估[J]. 中国公路学报,2019,32(6):248-261.

[5] HANOWSKI R J. The impact of local/short haul operations on driver fatigue[D]. Blacksburg:Virginia Polytechnic Institute and State University,2000.

[6] LI X,JIA B,JIANG R. The effect of lane-changing time on the dynamics of traffic flow [C]. First International Conference on Complex Sciences,2009,Shanghai,China,February 23-25,2009. Springer Berlin Heidelberg,2009:589-598.

[7] LEE S E,OLSEN E C B,Wierwille W. W. A comprehensive examination of naturalistic lane-changes[R]. Blacksburg,VA:Virginia Tech Transportation Institute,2004.

[8] TOLEDO T,ZOHAR D. Modeling duration of lane changes [J]. Transportation Research Record:Journal of the Transportation Research Board,2007,1999(1):71-78.

［9］ 欧阳男,赵伟.考虑驾驶负荷的高速公路作业区换道预测模型［J］.中国安全科学学报, 2018,28(10):7-12.

［10］ 邢冠仰. 隧道车路协同系统对驾驶行为安全性影响作用及效用评估［D］. 北京:北京 工业大学,2021.

［11］ 常鑫. 基于模拟车联网环境的交通流特性研究［D］. 北京:北京工业大学,2021.

［12］ ALI Y,ZHENG Z,HAQUE M M,et al. Understanding the discretionary lane-changing behaviour in the connected environment［J］. Accident Analysis & Prevention,2020, 137,105463.

［13］ HAQUE M M,WASHINGTON S. The impact of mobile phone distraction on the braking behaviour of young drivers:a hazard-based duration model［J］. Transportation research part C:emerging technologies,2015,50:13-27.

［14］ GUO H,WANG W,GUO W,et al. modeling lane-keeping behavior of bicyclists using survival analysis approach［J］. Discrete Dynamics in Nature and Society,2013: 401-417.

［15］ HAMDAR S H. Modeling driver behavior as a stochastic hazard-based risk-taking process, civil and environmental engineering［J］. Northwestern University,Evanston Illinois,2009: 158-168.

［16］ GUO H,GAO Z,YANG X,et al. Modeling pedestrian violation behavior at signalized cross-walks in China:A hazards-based duration approach［J］. Traffic injury prevention,2011,12 (1):96-103.

［17］ HAQUE M M,WASHINGTON S. A parametric duration model of the reaction times of driv-ers distracted by mobile phone conversations［J］. Accident Analysis & Prevention,2014, 62:42-53.

［18］ BELLA F,SILVESTRI M. Driver's braking behavior approaching pedestrian crossings:a parametric duration model of the speed reduction times［J］. Journal of Advanced Transpor-tation,2016,50(4):630-646.

［19］ LI Y,HAQUE M M,ZHENG Z,et al. A hazard-based duration model to quantify the impact of connected driving environment on safety during mandatory lane-changing［J］. Transporta-tion research part C:emerging technologies,2019,106:113-131.

［20］ VLAHOGIANNI E I. Modeling duration of overtaking in two lane highways［J］. Transporta-tion research part F:traffic psychology and behaviour,2013,20:135-146.

［21］ YAO Z,WANG Y,LIU B,et al. Fuel consumption and transportation emissions evaluation of mixed traffic flow with connected automated vehicles and human-driven vehicles on express-way［J］. Energy,2021,230:120766.

［22］ MA F,YANG Y,WANG J,et al. Predictive energy-saving optimization based on nonlinear model predictive control for cooperative connected vehicles platoon with V2V communication ［J］. Energy,2019,189:116-120.

[23] 郝雷. 智能网联汽车高速队列行驶气动特性与油耗排放相关性研究[D]. 厦门:厦门理工学院,2021.

[24] LEE D, HESS D J. Regulations for on-road testing of connected and automated vehicles: Assessing the potential for global safety harmonization [J]. Transportation Research Part A: Policy and Practice,2020,136: 85-98

[25] LU Z, ZHANG B, FELDHÜTTER A, et al. Beyond mere take-over requests: The effects of monitoring requests on driver attention, take-over performance, and acceptance [J]. Transportation Research Part F: Traffic Psychology and Behaviour,2019,63: 22-37.

[26] ZEEB K, BUCHNER A, SCHRAUF M. Is take-over time all that matters? The impact of visual-cognitive load on driver take-over quality after conditionally automated driving[J]. Accident Analysis & Prevention,2016,92: 230-239.

[27] 王积伟. 控制理论与控制工程 [M] 北京:机械工业出版社,2011.

[28] 任福田,刘小明,孙立山. 交通工程学 [M]. 北京:人民交通出版社股份有限公司,2017.

[29] HEIKOOP D D, DE WINTER J C F, VAN AREM B, et al. Effects of mental demands on situation awareness during platooning: A driving simulator study[J]. Transportation Research Part F: Psychology & Behaviour,2018,58:193-209.

[30] ARAMRATTANA M, HABIBOVIC A, ENGLUND C. Safety and experience of other drivers while interacting with automated vehicle platoons[J]. Transportation Research Interdisciplinary Perspectives,2021,10(1):100331.

[31] REINOLSMANN N, ALHAJYASEEN W, BRIJS T, et al. Investigating the impact of dynamic merge control strategies on driving behavior on rural and urban expressways-A driving simulator study [J]. Transportation research Part F: Psychology & Behaviour, 2019, 65: 469-484.

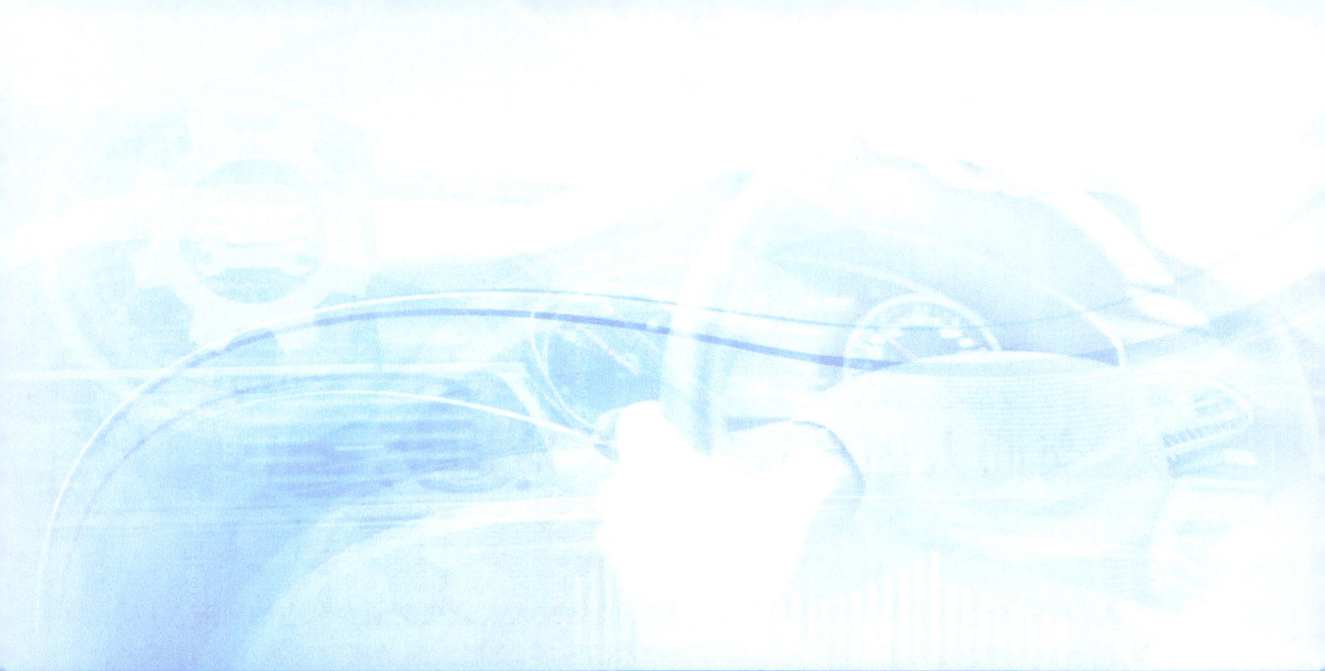

第三篇

拓展应用篇

第十章
交通人因拓展研究及应用

前几章主要介绍了以驾驶模拟技术为基础的驾驶人人因在交通安全中的研究及应用。现今,随着虚拟现实、人工智能、大数据等新技术的发展,交通人因的研究已被扩展到更多方面。本章主要探索除驾驶模拟以外的其他研究内容及案例,其中,虚拟现实技术与交通人因一节重点介绍了基于VR(Virtual Reality)技术的人行横道线设计、基于 Unity 引擎的超速驾驶行为培训以及基于 VR + BIM 技术的地铁枢纽综合信息标识系统优化设计;大数据分析方法与交通行为一节重点介绍了风险驾驶行为与安全管控、自行车骑行行为与改善措施;职业驾驶员风险驾驶行为与矫正干预一节重点介绍了职业驾驶员安全绩效评价以及培训干预。此外,本章最后一节也作为全书的结尾,进一步论述了驾驶模拟系统和交通人因研究的未来发展趋势。这些研究是对交通人因应用的有益拓展,基于新技术的交通人因研究将成为未来发展的热点,研究结果对于交通安全水平的综合提升具有重要参考价值。

第一节　虚拟现实技术与交通人因

一　基于 VR 技术的人行横道线优化设计

(一)问题提出

改善行人过街安全一直是全国乃至全世界所共同关注的话题。为了提高行人过街安全性,人们研发了形形色色的交通安全设施。人行横道线就是其中一类非常常见的交通安全设施。出于进一步提升人行横道线效用,并增强其美化市容的目的,世界各国交通领域从业人员设计了各种不同颜色、不同样式的新型人行横道线,见图 10-1。因此,人行横道线的设置对保障行人出行安全具有重要的现实意义。

人行横道线的合理设置对提升行人出行安全具有重要作用,然而部分新型人行横道线在各国关于道路交通标线的标准规范中缺乏明确的条款规定,导致实际应用中多以美化城市为目标。因此,有必要对人行横道线对驾驶人的作用效果进行评估。虚拟现实是以计算机技术为核心,一定范围内营造与现实环境在"三感"等方面高度近似的数字化环境,通过感知设备使用户与虚拟环境中的对象进行交互,产生身临其境的感受和体验,这为人行横道线设置效果评价提供了新的思路和方法。

a) 广东深圳某处的艺术人行横道线　　　　　　b) 陕西西安某处的脸谱人行横道线

c) 北京朝阳区某处的立体人行横道线　　　　　　d) 瑞士某处的广告创意人行横道线

图 10-1　世界不同地区不同颜色、不同样式的新型人行横道线

本节基于虚拟现实技术搭建行人过街的虚拟场景,被试能够较好地在虚拟场景中完成观察、行走等基本任务,可以为相关沉浸式的测试研究提供支撑。同时,通过行人暴露在车行道上的行走距离来探究不同人行横道线设置形式对行人的作用效果,进而给出不同人行横道线对行人过街安全性的影响程度。

(二) 实验设计

1. 实验控制因素

实验的自变量有三个,分别为人行横道线类型、道路宽度、行人距人行横道距离。人行横道线类型这一因素有两个水平,分别为新型人行横道线、普通人行横道线;道路宽度这一因素有两个水平,分别为道路宽度较宽和宽度较窄;行人距人行横道距离这一因素有两个水平,分别为距离较近和距离较远。实验过程中,采用全样本实验方法,针对两种人行横道线、两种道路宽度及两种行人距人行横道距离共设计 8 个实验场景。表 10-1 为人行横道线实验场景设计表。

2. 人行横道线设计

实验中普通人行横道线的设计依据为《道路交通标志和标线 第 3 部分:道路交通标线》(GB 5768.3—2009),单根人行横道线长 5m,宽 0.4m,人行横道线间距 0.6m,人行横道线距离停止线 2m。普通人行横道线的 RGB 颜色参数为 255,255,255。立体人行横道线由三在

《道路交通标志和标线 第3部分:道路交通标线》(GB 5768.3—2009)中没有相关规定,通过实地调查,获取位于某路交叉口处立体人行横道线的相关参数。单根人行横道线由一个白色矩形色块、一个蓝色梯形色块、两个黄色平行四边形色块,白色矩形色块长5m,宽0.4m,黄色平行四边形色块边长为0.4m,蓝色梯形色块的长边长6m。白色矩形色块的RGB颜色参数为255,255,255;蓝色梯形色块的RGB颜色参数为0,0,152;黄色平行四边形色块的RGB颜色参数为234,171,0。两种人行横道线设计示意见图10-2。

人行横道线实验场景设计 表10-1

序号	人行横道线类型	道路宽度	行人距人行横道距离
1	普通	较宽	较近
2	普通	较宽	较远
3	普通	较窄	较近
4	普通	较窄	较远
5	新型	较宽	较近
6	新型	较宽	较远
7	新型	较窄	较近
8	新型	较窄	较远

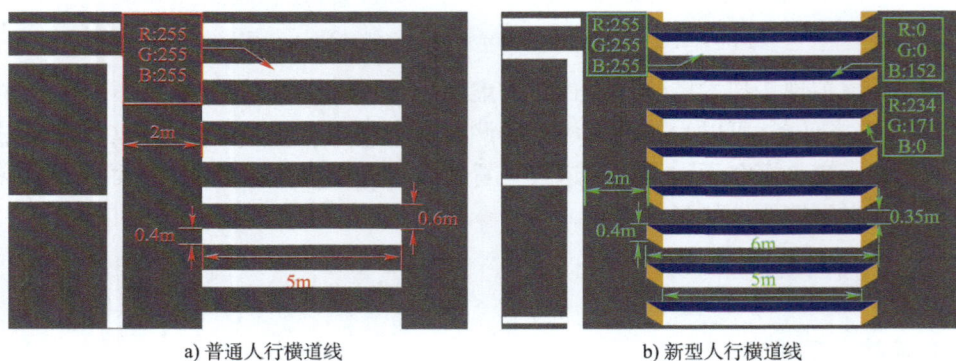

a) 普通人行横道线　　　b) 新型人行横道线

图10-2　两种人行横道线设计示意图

3. 道路宽度设计

实验中设计较宽道路路段和较窄道路路段两种类型,道路横断面见图10-3。其中,较宽道路路段宽为37m,每条道路由八条3.75m宽的机动车道、两条3.5m宽的非机动车道组成(人行道宽度不计入在内),道路总长1km。八条机动车道由两个方向各四条车道组成。较窄道路路段宽为23m,每条道路由四条4m宽的机动车道、两条3.5m宽的非机动车道组成(人行道宽度不计入在内),道路总长1km。四条机动车道由两个方向各两条车道组成。

4. 行人距人行横道距离设计

如图10-4所示,该因素表示行人距人行横道中心线的水平距离,其中较近和较远分别为20m和100m。

a) 37m宽路段横断面图

b) 23m宽路段横断面图

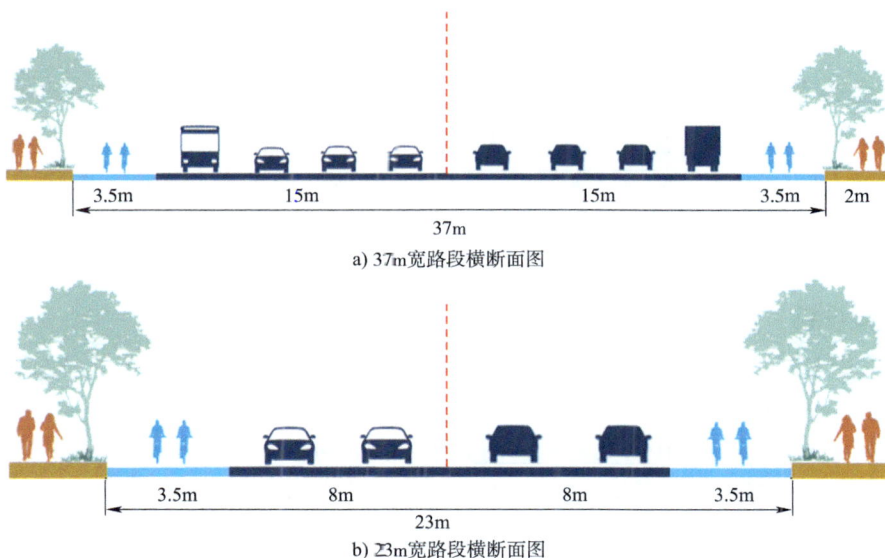

图 10-3 两种宽度路段横断面图

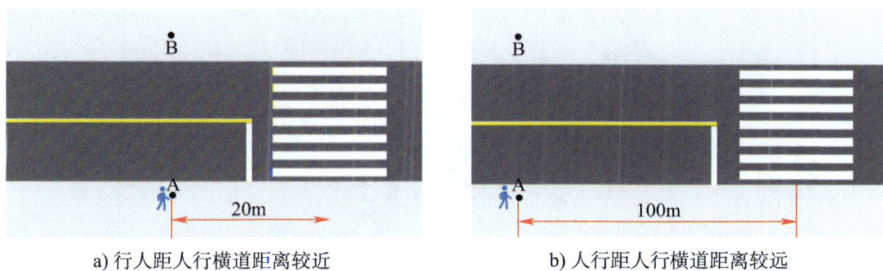

a) 行人距人行横道距离较近   b) 人行距人行横道距离较远

图 10-4 行人距人行横道距离示意图

5. 场景整体设计

实验场景整体为全长 1km 的城市道路,以 20m 为间隔在道路两侧放置双头路灯。道路外侧包含医院、银行、便利店、政府机关等一系列标志性建筑物,以便为行人指定需到达的目的地。道路横断面为无护栏隔离的一幅路,路段中间设置行人过街设施,行人需要从起点 A 行走至街道对面的终点 B,如图 10-5 所示。

a) 行人过街起终点   b) 行人过街实验场景

图 10-5 行人过街场景整体示意图

（三）实验测试

1. 被试选取

在高校老师、学生和社会群体中招募 36 名被试，其中男性 18 人，女性 18 人。被试年龄为 22～25 岁（平均值为 23.8，标准差为 1.45）。所有被试均要求身体状况良好，无色盲、色弱、三维场景眩晕等影响实验结果有效性的身体状况，并且在实验前 24h 之内不允许喝酒或者咖啡等刺激性饮品，实验前无疲劳现象。

2. 实验设备

实验采用 HTC VIVE 设备开展虚拟现实环境下的沉浸式行人过街实验，包括头戴式设备、手柄以及空间定位追踪装置。其中，头戴式设备双眼组合分辨率为 2016×1200，屏幕刷新频率为 90Hz，视场角为 110°；实验用手柄参数为北通阿修罗 BTP-2175S2，被试可利用手柄摇杆与自身转动控制在虚拟环境中的移动和转向。该虚拟现实设备通过 Unity 3D 软件和 Steam VR 实现虚拟现实场景呈现，并可以通过 Unity 3D 自带的 C#脚本编写，实现场景中运动部件数据的导入、导出功能，包含场景运动部件激活、移动、实时时空坐标等。虚拟现实实验设备见图 10-6。

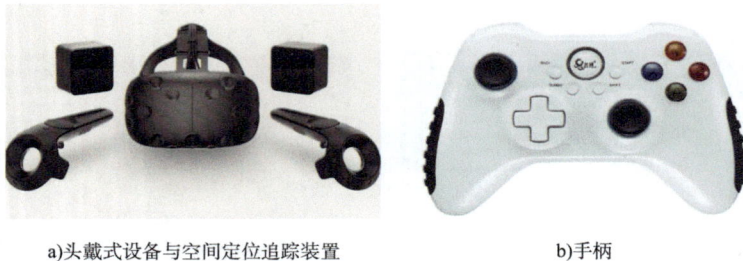

a)头戴式设备与空间定位追踪装置　　　　　　　　　b)手柄

图 10-6　虚拟现实实验设备

3. 实验流程

实验流程包括四个阶段：

（1）实验准备：实验准备阶段，被试填写基本信息问卷，问卷内容包括性别、年龄、职业等人口学信息。实验前 24h 内未喝酒或者咖啡等刺激性饮品，精神状态良好。该阶段耗时约 10min。

（2）操作训练：为了让被试熟悉虚拟现实系统的操作，在正式实验开始之前，要求被试在准备路段（与实验路段相似的一条城市道路）进行适应性操作训练，操作时间约为 5min。训练内容包括：前进、后退、向左跨步、向右跨步、四处观察、转向等操作。训练过程中，工作人员在旁讲解实验仪器的使用方法，并陪伴被试完成操作练习。同时，告知被试在实验过程中按照自己日常习惯完成过街任务。该阶段耗时约 10min。

（3）正式实验：正式实验开始前，告知被试虚拟现实实验任务为从起点 A 处的标志性建筑物前行行走至街道对面终点 B 处的标志性建筑物前。被试按照随机排列的场景顺序依次进行虚拟现实实验。共 8 个场景，平均每个场景耗时 3min。为了防止被试疲劳，每完成四个实验场景休息 5min。该阶段耗时约 30min。

（4）实验后问卷：被试实验后需对不同类型人行横道线的绕路引导性、过街规范性、醒目性打分。该阶段耗时约 10min。

（四）结果分析

1.指标提取

通过从虚拟现实实验平台中获取得到的轨迹坐标数据进行预处理，可以分类得出行人的不同过街模式，见图 10-7。

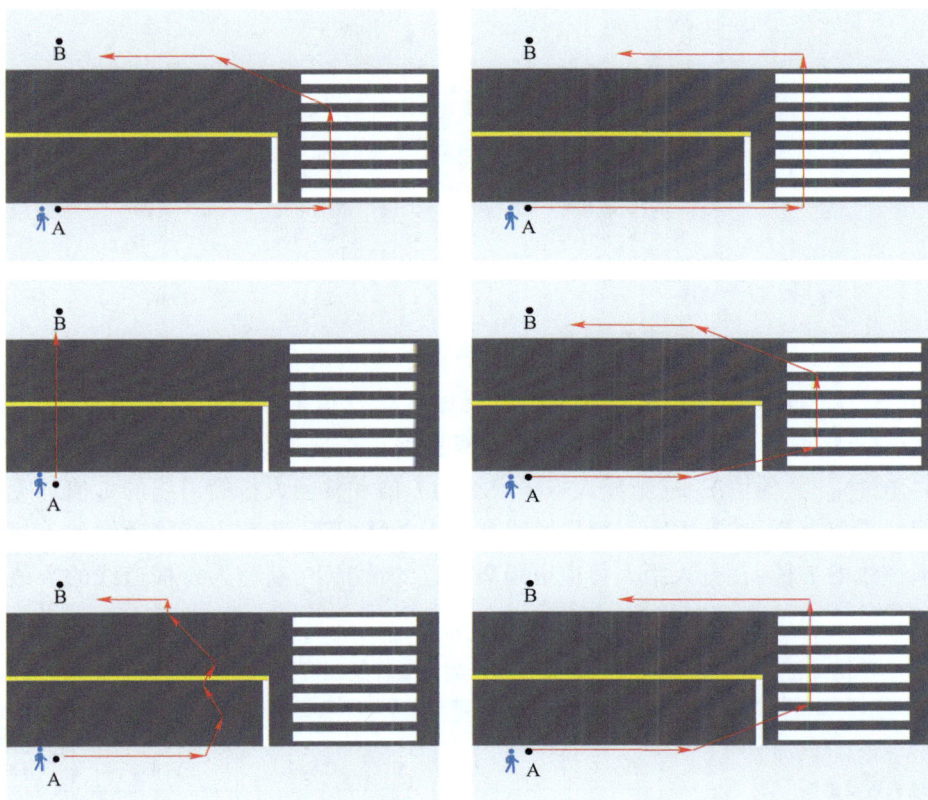

图 10-7　行人不同过街模式示意图

为了对不同过街模式下的行人客观行为进行统一评价，选取暴露在车行道上的行走距离 L 作为评价指标。该指标能够反映行人在完成过街任务时，行走在车行道上的距离（行走于人行横道区域不计算在内），值越大表明行人过街的危险性越大，越不安全；反之，则危险性越小，越安全。暴露在车行道上的行走距离 L 计算公式如下：

$$L = \sum_{i=1}^{n} \sqrt{(X_{i+1} - X_i)^2 + (Y_{i+1} - Y_i)^2} \tag{10-1}$$

式中，X_i 为某个轨迹点横坐标；Y_i 为某个轨迹点纵坐标；X_{i+1} 为下一个轨迹点横坐标；Y_{i+1} 为下一个轨迹点纵坐标。

2. 暴露在车行道上的行走距离分析

实验包含除人行横道线以外的两种道路宽度(道路宽、道路窄)× 两种行人距人行横道距离(距离近、距离远)设计,共四个不同的外部环境条件,选用重复测量方差分析对暴露在车行道上的行走距离这一指标进行差异性分析。四种外部环境条件下的不同类型人行横道线下行人暴露在车行道上的行走距离见图10-8。从图中可知,在相同的道路宽度水平下,行人距人行横道距离较近的 L 值小于距离较远的 L 值;在行人距人行横道距离相同时,道路宽度较宽情况下的 L 值大于较窄情况下的 L 值。

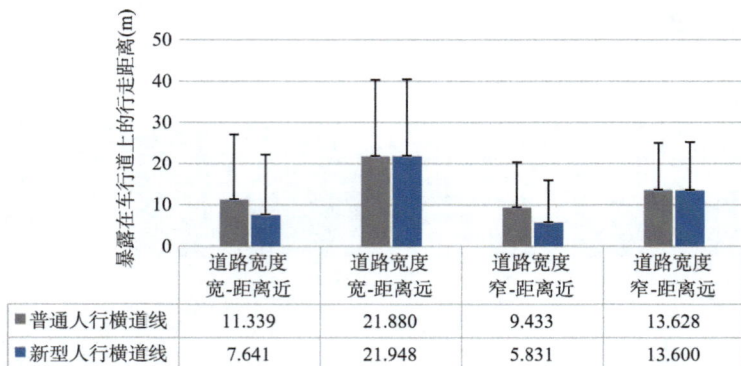

	道路宽度宽-距离近	道路宽度宽-距离远	道路宽度窄-距离近	道路宽度窄-距离远
普通人行横道线	11.339	21.880	9.433	13.628
新型人行横道线	7.641	21.948	5.831	13.600

图10-8 不同类型人行横道线下行人暴露在车行道上的行走距离 L(m) 对比结果

表10-2 为不同类型人行横道线下行人暴露在车行道上的行走距离差异性分析结果。道路窄-距离近情况下,新型人行横道线的 L 值显著小于普通人行横道线的 L 值($F_{(2,36)} = 3.502, p < 0.1$)。其他情况下,新型人行横道线的 L 值和普通人行横道线的 L 值均无显著性差异。但从趋势上看,在行人距人行横道距离较近的情况下,新型人行横道线的 L 值小于普通人行横道线的 L 值;在行人距人行横道距离较远的情况下,新型人行横道线的 L 值和普通人行横道线的 L 值基本没有差异。

不同类型人行横道线下行人暴露在车行道上的行走距离 L(m)差异性分析结果 表10-2

人行横道线类型	数值	道路宽-距离近	道路宽-距离远	道路窄-距离近	道路窄-距离远
普通人行横道线	均值	11.339	21.880	9.433	13.628
	标准差	15.914	18.718	10.934	11.406
新型人行横道线	均值	7.641	21.948	5.831	13.600
	标准差	14.716	18.821	10.059	11.632
整体	F	2.806	0.001	3.502	0.001
	p	0.103	0.975	0.070	0.979

3. 主观感受

实验后通过主观问卷获取行人对不同类型人行横道线的绕路引导性、过街规范性、醒目程度开展调查,得分结果符合正态分布,并满足方差齐次性检验,因此采用独立样本 T 检验对数据进行分析,结果见图10-9。

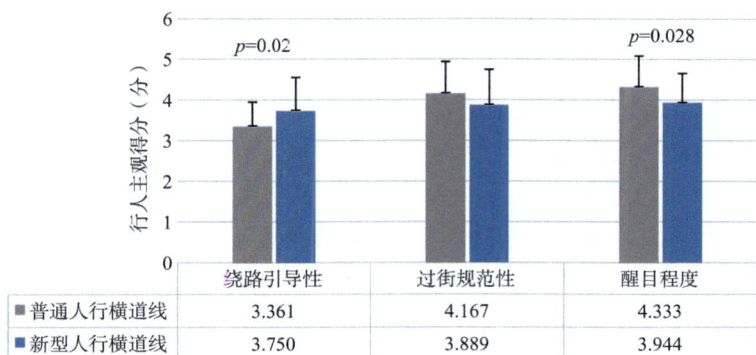

图 10-9　行人对不同类型人行横道线引导其规范过街的主观感受

从行人对于两种类型人行横道线的绕路引导性评价结果可看出,新型人行横道线的绕路引导性相比普通人行横道线有显著性差异($p = 0.02 < 0.05$),新型人行横道线的绕路引导性更强,更能够引导行人沿人行横道过街;从行人对于两种类型人行横道线的过街规范性评价结果可知,新型人行横道线的过街规范性相比普通人行横道线无显著性差异,表明新型人行横道线的过街规范性与普通人行横道线的差异不大;从行人对两种类型人行横道线醒目程度的评价结果可知,新型人行横道线的醒目程度相比普通人行横道线存在显著性差异($p = 0.028 < 0.05$),表明新型人行横道线比普通人行横道线更加醒目。

(五)小结

本小节针对新型人行横道线和普通人行横道线,从行人人因角度,探索了新型人行横道线和普通人行横道线分别对行人过街行为的规范性以及过街主观感受的作用,为从机动车和非机动车多用户主体的角度综合评估人行横道线效用奠定基础。

(1)采用虚拟现实技术,考虑将两种人行横道线、两种道路宽度、两种行人距人行横道距离等因素水平作为实验自变量,开发实验场景并开展虚拟现实实验,获取了行人在不同场景下的客观行为数据和主观感受数据,分析了新型人行横道线和普通人行横道线对行人过街规范性的影响。

(2)选取了行人暴露在车行道上的行走距离为客观行为评价指标,绕路引导性、过街规范性、醒目程度为主观感受评价指标进行差异性分析,得出新型人行横道线比普通人行横道线有较好的绕路引导性、醒目程度,并在道路相对较窄、行人距人行横道距离相对较近的情况下能显著减少行人暴露在车行道上的距离。

(3)研究结果可为道路人行横道线的设置提供方法指导,可以推广至对不同路段、交叉口行人过街设施的设置效果进行评价,未来可从机动车和行人多用户主体角度出发,基于驾驶模拟器和 VR 技术融合综合考虑人行横道线对出行安全的影响。

二　基于 Unity 引擎的超速驾驶行为培训

(一)问题提出

针对交通事故致因分析的研究发现,80% 以上道路交通事故由交通违法行为所致,而其中超过 90% 的交通事故与超速、疲劳、分心驾驶等不良驾驶行为相关。而心理作为行为的诱因,不良驾驶行为的发生与驾驶人的心理活动有着密切的关系,因此解决不良驾驶行为、提升行车安全的重要途径就是对驾驶人进行适当的心理干预。

国内外学者从心理学、教育学、行为学等角度研究了不良驾驶行为的形成机理,同时在不良驾驶行为的心理干预方面构建了一系列模型、理论及方法。但在研究中缺乏对人因因素的综合考虑,没有形成差异化的干预指南,同时传统静态宣教的效果不佳且延续性差,亟需探寻新的培训方式和模式。随着科技的发展,虚拟现实、模拟驾驶等技术也因其沉浸式的体验效果,逐步应用于教育培训。Unity 引擎是一个能够让用户轻松创建可视化虚拟场景、动态仿真、建模模拟等多种内容互动的开发工具,它具备的功能性强、扩展多的特点,为推动驾驶教育培训提供了更多可能。

为实现对超速驾驶行为的心理矫正与干预培训,本小节基于 Unity 引擎,首先设计包含高速公路、乡村道路与城市道路三种典型道路类型的虚拟场景,完成沉浸式体验测试,并记录驾驶操控及车辆运行数据;然后,通过分析各指标的差异性,获得在不同道路类型下,不同教育培训方式对驾驶行为特性的影响;最后,基于柯氏层次评估模型,通过对比实验前后不同培训方式的培训效果,探寻适合不同类型人群的最优驾驶行为培训方式。

(二)实验设计

1.被试选取

招募合适的被试是研究的重要因素。为找到容易发生超速行为的驾驶人,首先通过 A 型人格问卷,筛选出符合 A 型人格(较具进取心、侵略性、自信心,并且容易紧张)的驾驶人。经筛选,共在学生和社会群体中招募 60 名被试,其中男性 52 名,女性 8 名(女性驾驶人占总样本量的 1/6);从年龄来看,35 岁及以下驾的驾驶人有 36 名,36 ~ 45 岁有 15 名,45 岁以上有 9 名(平均年龄 32 岁);从驾龄来看,5 年及以下驾龄的驾驶人有 24 名,6 ~ 10 年的有 12 名,10 年以上有 24 名(平均驾龄 10 年)。所有被试身体状况良好,无色盲、色弱等疾病,并且在实验前 24h 内不允许喝酒、咖啡等刺激性饮品,且无疲劳现象。

2.实验设备

基于 Unity 开发平台,为驾驶人提供较为真实的道路交通模拟环境,给予被试尽可能真实的驾驶体验。实验中,电脑作为"驾驶模拟器",显示虚拟交通场景,利用手柄完成转向盘、加速踏板、制动踏板等各种驾驶操作任务,并且通过模拟真实导航语音信息,提供驾驶人更加真实的导航环境,如图 10-10 所示。

3.场景设计

实验场景涵盖多种典型道路类型,依次包含高速公路、乡村公路与城市道路,三种场景总长度约 6.5km。其中,高速公路为双向四车道,车道宽度为 3.5m,长度约 2.5km,其间设计一个道路施工区危险源(危险源 1);乡村道路为双向两车道,车道宽度为 3.5m,包含急弯、长直线路段等,长度约 2.5km,其间设计一个对向来车危险源(危险源 2);城市道路包含双向六车道路段、双向两车道路段及多个交叉路口,车道宽度均为 3.5m,长度约 1.5km,其间设计两个危险源,分别是公交车遮挡和非机动车闯红灯(危险源 3 和危险源 4)。实验场景路线见图 10-11,实验场景见图 10-12,危险源场景见图 10-13。

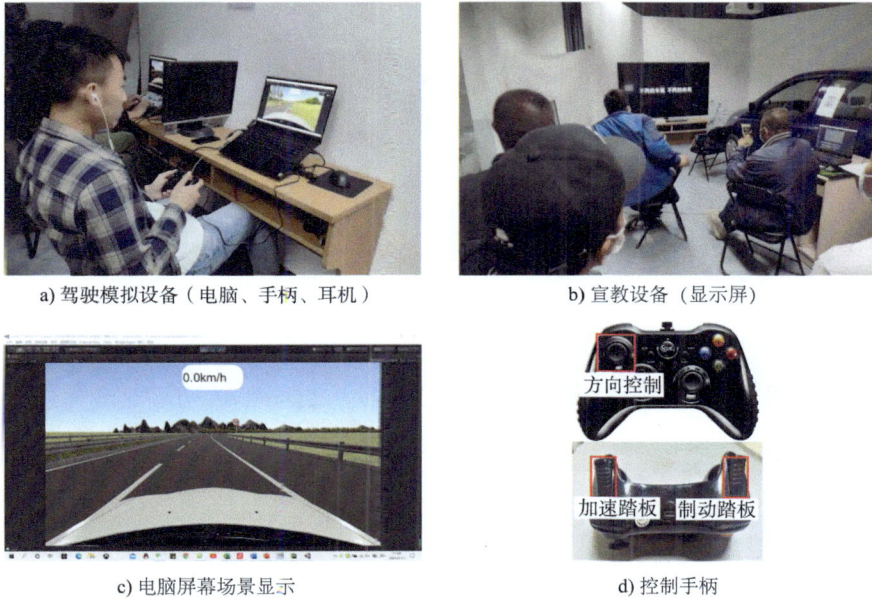

a) 驾驶模拟设备(电脑、手柄、耳机)

b) 宣教设备(显示屏)

c) 电脑屏幕场景显示

d) 控制手柄

图 10-10 基于 Unity 平台的驾驶模拟实验设备组成

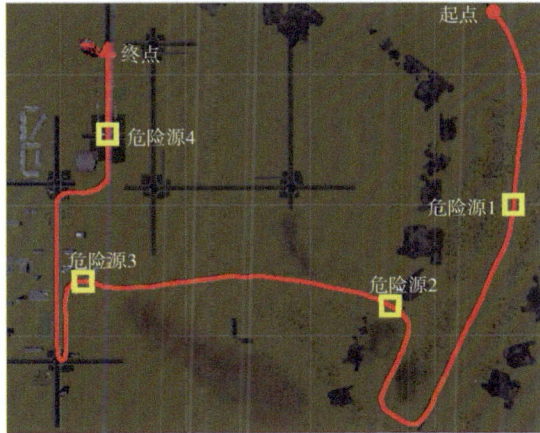

图 10-11 实验场景路线图

a) 高速公路

b) 乡村双向两车道

图 10-12

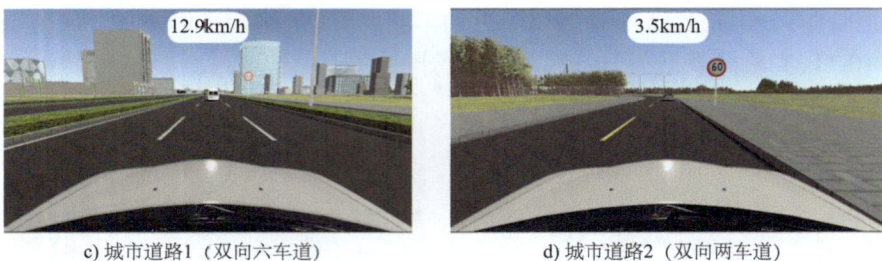

c) 城市道路1（双向六车道）　　　　　　　　d) 城市道路2（双向两车道）

图 10-12　实验场景

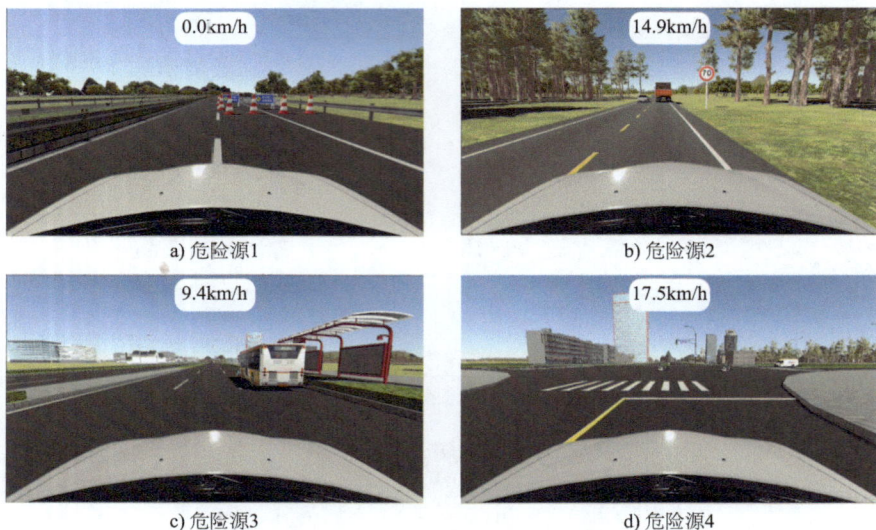

a) 危险源1　　　　　　　　　　　　　　b) 危险源2

c) 危险源3　　　　　　　　　　　　　　d) 危险源4

图 10-13　危险源场景

4. 教育素材

传统宣教组通过 PPT 的形式对被试进行教育培训,其中内容主要为因超速驾驶行为导致的交通事故视频(图 10-14),希望通过视觉的直接刺激实现心理干预。

事故一：超速致车辆失控

公路上，两车超速驾驶相互追逐，最终车辆失去控制，与路旁树木发生猛烈碰撞。

事故二：超速致车辆失控

隧道里前方发生拥堵，驾驶人超速驾驶，导致车辆来不及刹车，与前车发生碰撞。

超速致车辆失去控制

超速行驶导致制动距离变长，发生追尾

安全驾驶，利人利己

图 10-14　传统宣教组教育培训 PPT

新型视频组通过 PPT 的形式对被试进行教育培训,其中内容主要为国外导演设计和拍摄的全新展现形式的交通事故视频,比如事故即将发生的瞬间时间静止,两方人员在意识到自身错误后极其后悔,但仍无法改变车辆相撞的结局(图 10-15),希望通过情感和视觉的双重刺激实现心理干预。

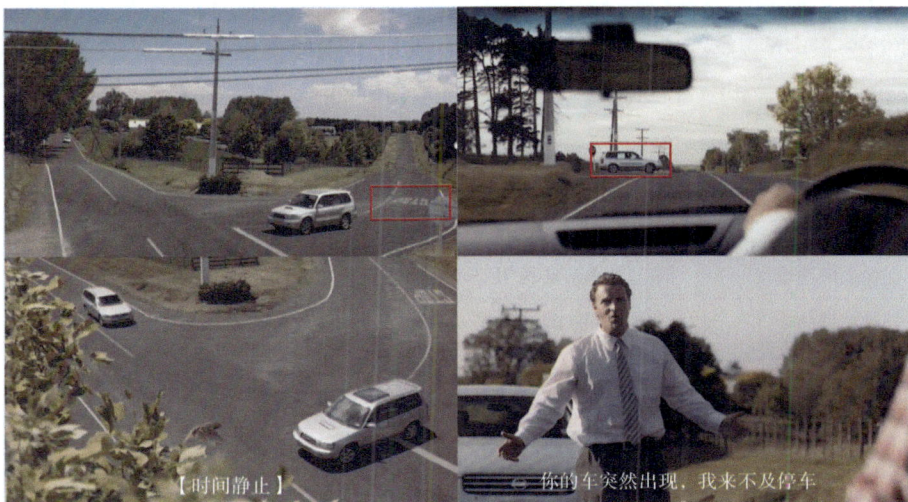

图 10-15　新型视频组教育培训 PPT

Unity 培训组通过驾驶模拟操作的形式对被试进行教育培训,其中内容主要为让被试在危险源场景中超速驾驶,以第一人称视角身临其境地体验超速驾驶行为带来的危害(图 10-16),希望通过操作和视觉感受刺激实现心理干预。

图 10-16　Unity 培训组教育培训驾驶模拟场景

5. 实验流程

实验流程的科学设计与严格控制,是顺利完成驾驶模拟实验的重要保障。由于需要对比不同教育培训方式的长短期效应,被试的实验分两次进行,且两次实验间隔不小于 1 天,实验流程如表 10-3 所示。第一次实验主要用于对比验证不同教育培训方式的效果,被试首先填写实验前问卷,包括基本信息、生理心理状态、知情同意书和驾驶安全测试问卷(初试),其中驾驶安全测试问卷分为道路畅通与规则遵守、超速驾驶、激情驾驶三个维度,是用于测量驾驶员驾驶安全态度的有效工具。然后,在完成实验前的设备熟悉和练习后开始正式实验,即进行综合场景测试(初试),主要用于测试被试的驾驶表现。被试休息5min后,分为三组进行相应的教育培训(培训内容详见教育素材)。随后,休息10min,再次进行综合场景测试(复试),用于对比培训前后的驾驶表现。最后,填写实验后问卷,包括生理心理状态、模拟场景仿真评价和驾驶安全测试问卷(复试,与实验前问卷部分的内容相同,用于对比培训前后的驾驶安全态度)。第二次实验主要用于对比验证不同教育培训方式的长期效果,同样完成驾驶安全测试问卷和综合场景测试的最终测试,并与第一次实验的驾驶安全态度和驾驶表现进行比较。

传统宣教组、新型视频组和 Unity 培训组实验流程 表 10-3

实验	步骤	内容
实验一	实验前问卷填写	填写基本信息表、生理心理状态表、知情同意书、驾驶安全测试问卷(初试)
	驾驶培训与练习	利用"Unity 练习场景",对被试进行培训和操作练习(约10min)
	开始实验	1. 进行综合场景测试(初试); 2. 实验员核查 Unity 记录的数据是否保存完好; 3. 完成实验后,被试休息5min
	开始培训	传统宣教组和新型视频组:实验员讲解教育培训 PPT。 Unity 培训组:①被试进行 Unity 培训"超速模式"场景1;②被试进行 Unity 培训"超速模式"场景2
	继续实验	1. 培训完成后,被试休息10min,进行综合场景测试(复试); 2. 实验员核查 Unity 记录的数据是否保存完好
	实验后问卷填写	被试填写生理心理状态表、模拟场景仿真评价表、驾驶安全测试问卷(复试)
实验二	实验前问卷填写	被试填写被试生理心理状态表、驾驶安全测试问卷(最终测试)
	开始实验	1. 开始综合场景测试(最终测试); 2. 实验员核查 Unity 记录的轨迹数据是否保存完好
	实验后问卷填写	被试填写生理心理状态表、模拟场景仿真评价表、劳务信息表

(三)数据处理

1. 数据说明

所有数据均在上述实验过程中利用 Unity 平台采集获得,原始轨迹数据为 TXT 格式文件,包含时间(s)、(X,Y,Z)坐标值和瞬时速度(km/h)。除此之外,还有记录了被试驾驶全过程的视频文件,用于捕捉驾驶过程中偏移道路和发生碰撞事故的时间点,并与轨迹数据中电脑系统时间相匹配,便于数据对应。

2. 数据处理

数据处理和数据库搭建流程如图10-17所示。首先,读取 TXT 格式的轨迹数据,并保存为 CSV 格式文件,便于后续处理。其次,对数据进行预处理,删除无效数据,处理数据中的突变点,选取有效数据分析的范围。随后,基于原始轨迹数据提取评价指标,如加速度(m/s^2)、加速度变化率 JERK(m/s^3)等,计算驾驶绩效评价指标,如驾驶全过程的超速次数(次)、超速时长(s)、超速占比(%)、最高车速(km/h)、平均车速(km/h)等。最后,搭建数据库,数据库包括轨迹数据和绩效数据。

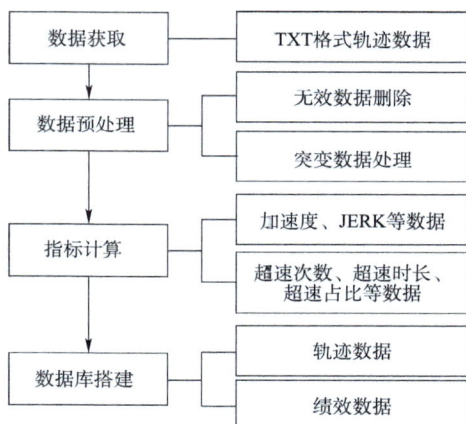

图 10-17 数据处理流程图

(四)分析方法及结果

1.评估模型及方法

本小节选用柯氏层次评估模型,基于反映、学习、行为、效果 4 个层次评估干预培训效果。柯氏层次评估模型(图 10-18)详细介绍见第八章第五节。各级评估指标如表 10-4 所示,一级指标四项,对应反映、学习、行为、效果四个层次,二级、三级指标分别表征和具化一级指标。为探究适用于不同道路条件的干预效果评估模型,将不同场景下数据分别进行干预效果分析,以探究超速行为 Unity 引擎支撑下培训效果的有效性。最终,形成一套分层级、多指标、可量化、系统性的干预效果评价体系,支撑干预培训手段的有效性论证。

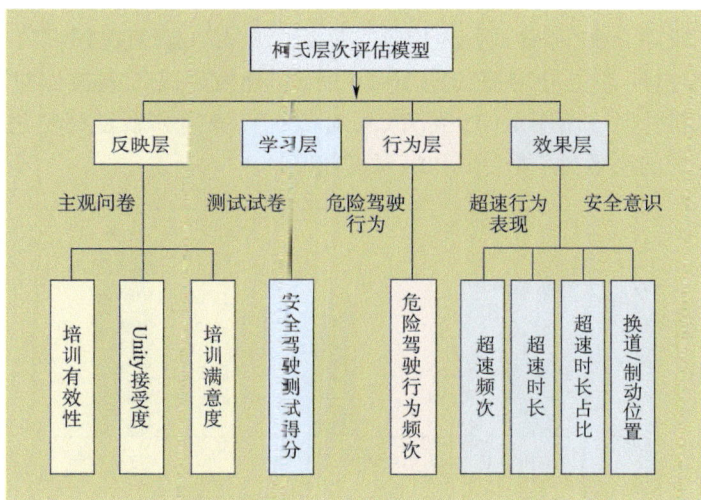

图 10-18 柯氏层次评估模型

各层级评估指标   表 10-4

一级指标	二级指标	三级指标
A 反映层	A1 培训主观反映	A11 培训有效性
		A12 Unity 接受度
		A13 培训满意度
B 学习层	B1 学习获得	B11 安全驾驶测试得分

一级指标	二级指标	三级指标
C 行为层	C1 客观反映	C11 危险驾驶行为频次
D 效果层	D1 超速行为表现	D11 超速频次
		D12 超速时长
		D13 超速时长占比
	D2 安全意识	D21 换道/制动位置

2. 干预效果评价

（1）反映层。

反映层是从心理层面评估被试对培训的满意程度、积极程度的重要工具，用来描述被试对培训的整体反映。采用被试对培训的主观反映（A1）表征该指标。研究通过问卷调查的方法评价超速驾驶行为培训效果，所有题项均采用五级李克特量表进行量测，其中 1 分代表完全不同意，5 分代表完全同意。

被试培训后填写培训调查问卷，包括被试对 Unity 培训系统的有效性（A11）、接受度（A12）及满意度（A13）。60 名被试分为传统宣教组（18 人）、新型视频组（18 人）、Unity 培训组（24 人），每组学员问卷得分均值如图 10-19 所示，分值越高代表被试对培训系统的有效性、接受度和满意度越高。由图 10-19 可知，相对传统宣教组和新型视频组，Unity 培训组被试对 Unity 培训系统的有效性、接受度和满意度较高。

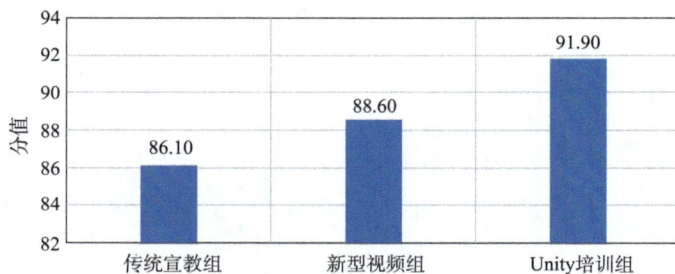

图 10-19　Unity 培训系统有效性、接受度和满意度问卷得分

（2）学习层。

学习层评估主要通过纵向对比不同教育培训方式下，培训前后被试的知识水平和认知程度，用于描述被试在培训中的学习程度（B1）。评估中这一指标用被试对培训中超速知识的认知程度来表征，采用安全驾驶测试得分（B11）来反映学习程度。通过答卷测试方式，借助被试静态培训前后相同试卷的得分情况，评价培训干预在学习层面的效果，测试试卷设计见表 10-5。

图 10-20 所示为三种培训方式所有被试成绩均值变化的变化情况，整体上，所有被试的培训后复试成绩均值明显高于培训前初试成绩，但随着培训后时间的推移，存在培训知识认

知遗忘的特点,经过一段时间的最终测试,成绩略有下降。

测试试卷设计　　　　　　　　　　　　　　　　　　　　　表10-5

考察点	每题分值	总分
超速行为的危害	5	25
超速行为相关的法律法规	5	25
诱发超速的情境	5	25
如何预防事故的发生	5	25

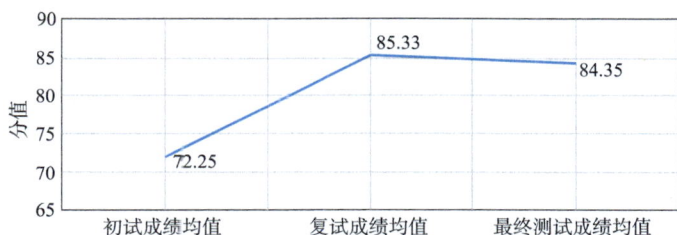

图10-20　测试过程成绩均值变化图

　　图10-21分别描述了三种培训方式被试测试成绩均值的变化情况。整体来看,三个组的测试成绩均呈上升趋势,传统宣教组和新型视频组经过最终测试后,成绩略有下滑,Unity培训组成绩略有提升。同时,培训时间因素(初试、复试、最终测试)的主效应是显著的($F_{(2,4)} = 22.993, p < 0.001$),所有培训分组的复试成绩均显著高于初试成绩,经过一段时间之后的最终测试和复试没有显著性差异,说明教育效果具有一定的保持作用。Unity培训组的最终测试成绩略高于复试成绩,这也说明Unity培训效果的保持性较好,可调整培训后测试时长,进一步开展深入分析。

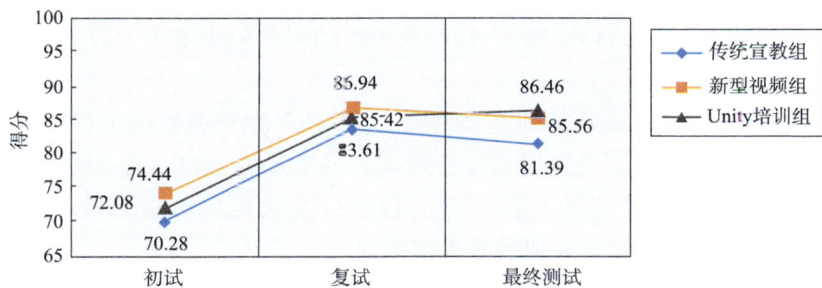

图10-21　各培训分组测试成绩均值变化图

（3）行为层。

　　行为层评估借助行为指标,考察培训后驾驶员接受知识、技能的应用与转化程度,用于表征培训对驾驶行为安全性的客观反映(C1),对比培训前后驾驶员的危险驾驶行为频次(C11)。选取平均速度(X_1)、速度标准差(X_2)、平均加速度(X_3)、加速度标准差(X_4)作为车辆运行状态指标,急加速频次(X_5)和急减速频次(X_6)作为车辆操纵行为指标,这些指标均可以反映危险驾驶行为的频次(C11)。其中,急加速频次是将Unity模拟设备产生的加速度

（正值）从小至大排序，85%位加速度值作为急加速的阈值，车辆行驶中加速度超过该值的次数即为急加速频次；急减速频次同样是将减速度（负值）绝对值从小至大排序，85%位减速度绝对值即为急减速的阈值，车辆行驶中减速度绝对值超过该值的次数即为急减速频次。行为层可以采用熵权法实现客观行为改善的量化评价。熵权法是一种客观赋权方法，用于度量信息中的信息量。利用熵权法评估超速驾驶行为的流程如下：

数据标准化处理：定义 6 项指标，分别为 $X_1, \cdots, X_6$，其中 $X_i = \{x_{i1}, \cdots, x_{ij}\}$，$x_{ij}$ 为指标数据。6 项指标标准化为 $Y_1, \cdots, Y_6$，则 $Y_{ij} = x_{ij} - \min(X_i)/\max(X_i) - \min(X_i)$。

计算各指标信息熵：定义信息熵为 $E_1, \cdots, E_6$，$E_j = -\ln(n)^{-1} \sum_{i=1}^{n} \ln p_{ij}$；其中 $p_{ij} = Y_{ij} / \sum_{i=1}^{n} Y_{ij}$，为第 j 个指标下第 i 个项目的指标值的比重，若 $p_{ij} = 0$，则 $\lim_{p_{ij} \to 0} \ln p_{ij} = 0$。

计算各指标的权重：通过信息熵计算权重为 $W_i = 1 - E_i/k - \sum E_i$，$k$ 为指标个数。

综合评分：定义 Z_l 为 6 项指标综合得分：$Z_l = \sum_{i=1}^{6} X_{li} W_i$，如表 10-6 所示。

行为层标准化得分　　　　　　　　　　　表 10-6

项目	传统宣教组		新型视频组		Unity 培训组		整体	
	标准化分数	提升比例	标准化分数	提升比例	标准化分数	提升比例	标准化分数	提升比例
初试	0.614	—	0.591	—	0.632	—	0.639	—
复试	0.674	9.77%	0.703	18.95%	0.723	14.40%	0.700	9.55%
最终测试	0.713	16.12%	0.713	20.64%	0.746	18.04%	0.709	10.95%

由表 10-6 可得，整体来看培训取得了一定效果，驾驶人的危险行为得到了一定程度的改善。复试成绩和最终测试成绩相比于初试都有明显的进步，其中新型视频组培训驾驶人行为层改善程度最好，Unity 培训组次之，传统宣教组的提升效果不是十分明显。

（4）效果层。

效果层评估是指在自我提升基础上，培训后对外界产生积极影响的评估。描述驾驶人培训后所带来的驾驶行为及安全意识的提升效果。超速频次（D11）、超速时长（D12）和超速时长占比（D13）的变化情况总体上表征被试超速行为表现的改善情况，换道/制动位置（D21）的变化情况表征被试安全意识的改善情况。

效果层采用双因素方差分析，用来分析两个因素的不同水平对结果是否有显著影响，其中培训分组和培训时间为因素，传统宣教组、新型视频组和 Unity 培训组为培训分组因素的三个水平，初试、复试和最终测试为培训时间因素的三个水平。

由图 10-22 和表 10-7 可得，超速频次培训时间因素的主效应是显著的。培训前后，超速频次整体呈下降趋势，所有培训分组的复试和最终测试的超速频次均显著低于初试的超速频次。

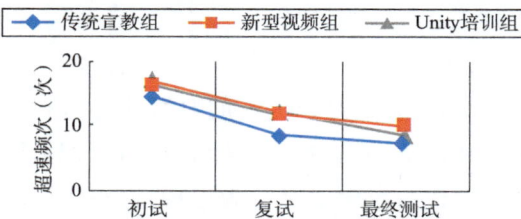

图 10-22　超速频次均值变化图

显著性分析表　　　　　　　　　　　　　　　　　表 10-7

项目	变量	培训分组（教育培训方式）				培训时间				培训分组 × 培训时间
		传统宣教组	新型视频组	Unity培训组		初试	复试	最终测试		
超速行为表现	超速频次（次）	9.96	12.67	12.46	NS	15.97	10.77	8.58	$F = 19.682$	NS
		(1.53)	(1.53)	(1.33)		(7.29)	(6.05)	(6.12)	$p < 0.001$	
	超速时长（s）	94.46	131.59	126.51	$F = 3.516$	154.69	108.32	92.26	$F = 9.517$	NS
		(18.87)	(18.87)	(16.34)	$F = 0.032$	(82.75)	(77.016)	(81.30)	$p < 0.001$	
	超速时长占比（%）	0.146	0.233	0.233	$F = 4.529$	0.265	0.186	0.171	$F = 4.649$	NS
		(0.04)	(0.04)	(0.04)	$P = 0.012$	(0.16)	(0.16)	(0.20)	$P = 0.011$	
安全意识	换道位置（m）	93.344	88.541	87.720	NS	86.42	91.89	90.65	NS	NS
		(4.88)	(4.88)	(4.23)		(24.85)	(18.01)	(19.47)		
	制动位置（m）	84.97	80.48	82.25	NS	81.18	82.05	82.56	NS	NS
		(4.78)	(4.78)	(4.14)		(20.11)	(19.97)	(20.39)		

注：括号内的数字是平均值的标准误差；NS 表示不显著。

　　由图 10-23 和表 10-7 可得，超速时长的培训分组和培训时间因素的主效应都是显著的。培训前后，超速时长整体呈下降趋势，所有培训分组最终测试的超速时长均显著低于初试的超速时长。

　　由图 10-24 和表 10-7 可得，超速时长占比的培训分组和培训时间因素的主效应都是显著的。培训后，超速时长占比整体呈下降趋势，Unity 培训组最终测试的超速时长显著低于初试的超速时长，其余两组尽管有差异，但不具备统计显著性。三个组最终测试的超速频次、超速时长和超速时长占比与复试相比均无显著性差异，但是 Unity 培训组的下降趋势相较于其他两组更加明显，这也证明了 Unity 培训方式的有效性。

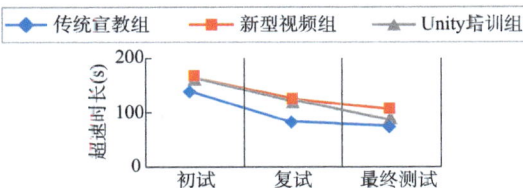

图 10-23　超速时长均值变化图

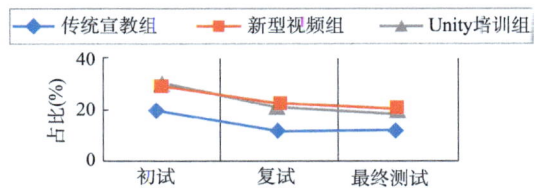

图 10-24　超速时长占比均值变化图

　　关于培训效果中驾驶人安全意识的提升程度，选取了驾驶人在高速公路风险源前的换道位置以及在城市道路非机动车风险源前的制动位置作为指标。由图 10-25 和表 10-7 可得，高速公路风险源前的换道位置的培训分组和培训时间因素的主效应均不显著。培训后，换道位置整体提前。由图 10-26 和表 10-7 可得，双因素方差分析事后检验结果表明，城市道路非机动车风险源制动位置的培训分组和培训时间因素的主效应均不显著。培训后，只有 Unity 培训组的制动位置提前；虽然 Unity 培训组最终测试的换道和制动位置与复试的换道和制动位置无显著性差异,但是 Unity 培训组的上升趋势比其他两组更加明显,这也在一定程度上说明了 Unity 培训方式的有效性。

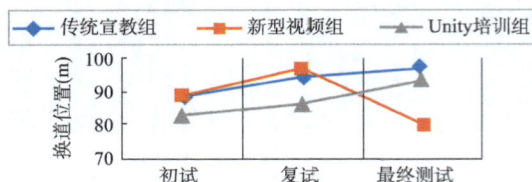

图 10-25　高速公路风险源换道位置均值变化图

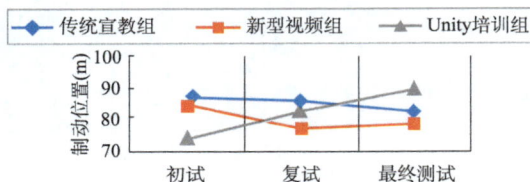

图 10-26　城市道路非机动车风险源制动位置均值变化图

(五)小结

本小节考虑驾驶人的人格特质,针对超速驾驶行为,选取宣传资料、视频展示、Unity 沉浸式驾驶模拟等驾驶人教育培训的干预方法,开展超速行为的培训测试,并通过对比培训前后不同培训方式的培训效果,探寻适合不同类型人群的最优风险驾驶行为的培训干预方式。

(1)设计包含高速公路、乡村道路与城市道路共三种典型道路类型的虚拟场景,从而获取包含时间、位置和速度等驾驶人操控指标及车辆运行指标。采用柯氏层次评估模型,实现宣传资料、视频展示、Unity 沉浸式驾驶模拟三种不同培训方式有效性的多层级综合量化评价,通过对比初试、复试、最终测试阶段评价指标的变化特性,获得不同培训方式的有效性。

(2)通过分析各指标的差异性,对比实验前后不同培训方式的培训效果。从主观反馈来看,Unity 培训组被试对 Unity 培训系统的接受度和满意度较高;从知识掌握情况来看,培训后超速驾驶知识测试得分都有所提升,但只有 Unity 培训组的最终测试成绩略高于复试成绩,这说明 Unity 培训更有延续性。

(3)从行为表现来看,驾驶人的危险行为得到了一定程度的改善。复试和最终测试成绩相比于初试都有所进步,其中新型视频组驾驶人行为层改善程度最好,相比之下,传统宣教组效果不是很好;从培训成效来看,Unity 培训组驾驶人超速频次、超速时长占比等超速行为表现都优于传统宣教组和新型视频组;同时,Unity 培训组驾驶人在风险源前的换道和制动位置方面比其他培训方式均有所提前,一定程度上说明了 Unity 培训方式在安全意识提升方面的有效性。

三　基于 VR + BIM 技术的地铁枢纽综合信息标识系统优化设计

(一)问题提出

城市化进程不断加快,推动了枢纽等大型交通基础设施的高速建设。随着枢纽建设朝着体量大型化、功能多元化、空间立体化的趋势发展,枢纽内的空间结构也越来越复杂。然而,枢纽内部存在缺少参照物、视觉条件不佳等客观因素,导致乘客在枢纽内寻路困难的问题愈发严重。

出现这些问题的主要原因之一在于标识系统设计没有充分考虑乘客的信息需求,乘客寻路行为与标识设计的结合不够充分,目前仍缺少能够准确刻画乘客寻路行为的实验测试平台,导致现今针对枢纽标识系统设计的评估优化能力明显不足。VR 技术是一种计算机仿真技术,能够创造和体验虚拟场景,让用户沉浸式地在虚拟生成的交互式三维动态场景中体验。BIM(Building Information Management)的全称是建筑信息模型,是以建筑工程项目的各项相关信息数据作为基础,管理三维建筑模型,通过数字信息仿真模拟建筑物所具有的真实信息。BIM 不是简单地将数字信息进行集成,而是一种数字信息的应用,并可以用于设计、建造、管理的数字化方法。BIM 可以将建设单位、设计单位、施工单位、监理单位等项目参与方集合在同一平台上,共享同一建筑信息模型,利于项目可视化、精细化建造,VR 和 BIM 技术的结合,为枢纽标识系统设计的评估优化提供了新的测试方法。

通过开发基于 VR + BIM 技术的虚拟仿真实验测试平台,将导向标识系统设计方案布置于虚拟场景,被试在虚拟场景中进行沉浸式体验测试,完成枢纽中的寻路任务,获得导向标识系统作用下乘客寻路过程的微观行为表现数据,进而支撑面向乘客寻路行为特征的枢纽导向标识系统的评估优化问题。本小节以北京四惠枢纽综合信息标识系统的优化设计为例,介绍 VR + BIM 技术的应用。

(二)实验设计

1. 需求模型构建

采用问卷调查获取乘客的信息需求,分别从设置内容、设置样式以及空间布局三方面设计问卷,其中设置内容设计问题 15 个,设计样式问题 6 个,空间布局问题 4 个。为方便获取乘客对综合信息标识系统的设计需求,使用东京理工大学著名教授 Noriaki Kano 开发的 KANO 需求模型,此模型主要是分析用户需求与用户满意度之间的相互关系。基于 KANO 需求模型,获取乘客对综合信息标识系统设计要素的满意程度,对应各要素所属质量等级,最终搭建综合信息标识系统换乘信息的需求模型,如表 10-8 所示。其中,I 为无差异质量,A 为魅力质量,O 为期望质量,R 为反向质量。

综合信息标识系统信息需求模型　　　　　　　　　　　　　　表 10-8

题项	内容	质量等级	题项	内容	质量等级
U1	电子屏提供公交线路信息	I	U9	灯箱内提供平面图信息	I
U2	电子屏提供公益广告	I	U10	灯箱内提供当前位置信息	O
U3	电子屏提供商业广告	R	U11	引导信息提供交通方式导向信息	O
U4	电子屏提供日期、天气信息	A	U12	引导信息提供换乘扶梯信息	O
U5	电子屏提供紧急通知信息	O	U13	引导信息提供卫生间信息	O
U6	灯箱内提供结构图信息	I	U14	引导信息提供无障碍电梯信息	I
U7	灯箱内提供北京市地图	I	U15	确认信息提供当前位置信息	O
U8	灯箱内提供地铁线路图	I	U16	综合标识颜色使用蓝白色	A

题项	内容	质量等级	题项	内容	质量等级
U17	综合信息标识颜色使用黄黑色	I	U22	在枢纽出入口处设置综合信息标识	O
U18	综合信息标识底色使用黑色	I	U23	在枢纽换乘大厅处设置综合信息标识	O
U19	综合信息标识与其他标识颜色一致	I	U24	在枢纽换层楼梯处设置综合信息标识	A
U20	综合信息标识使用图形符号	O	U25	在枢纽多方向交叉处设置综合信息标识	O
U21	图形符号采用不同颜色	A			

2. 内容设计

综合信息标识包含电子屏、灯箱、引导信息区域和确认信息区域四个部分,如图 10-27 所示。根据乘客信息需求以及设置位置确定各区域的信息内容,如表 10-9 所示。

图 10-27　综合信息标识各区域内容

综合信息标识各区域内容设计　　　　　　　　　　　　　　　　　　　表 10-9

板块	信息
显示屏	紧急预警信息、滚动公交信息、日期时间天气信息、公益广告
灯箱	枢纽空间结构图(枢纽客流入口、换乘节点)、枢纽平面示意图(换乘大厅及换乘中心)、周边街区导向图(主要客流出口)、北京市地图(其他枢纽位置)
引导信息区域	交通出行类信息以及需求服务类信息
确认信息区域	乘客所在位置、本地枢纽名称

3. 样式设计

颜色设计分为三种,一种是黑色标识,一种是蓝白色标识,还有一种是黄黑色标识,如图 10-28 所示。

图形符号设计分为两种,一种是每个图形符号底色均为白色;另一种为底色使用不同颜色来区分不同的交通方式,如图 10-29 所示。

导向箭头设计分为三种,一是箭头与图形符号一一对应;二是一个箭头对应多个图形符号;三是相同指引方向的图形符号共用一个箭头,如图 10-30 所示。

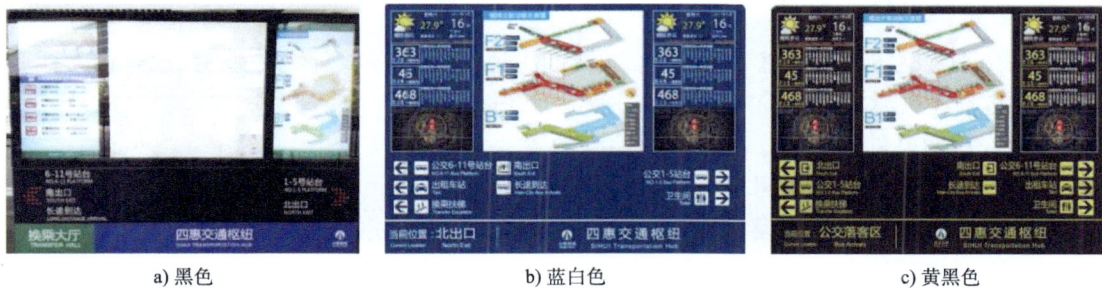

| a) 黑色 | b) 蓝白色 | c) 黄黑色 |

图 10-28　颜色设计

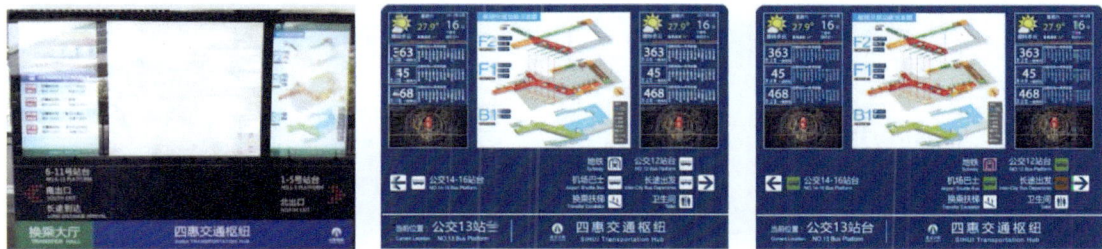

| a) 图形符号设计形式一 | b) 图形符号设计形式二 | c) 图形符号设计形式三 |

图 10-29　图形符号设计

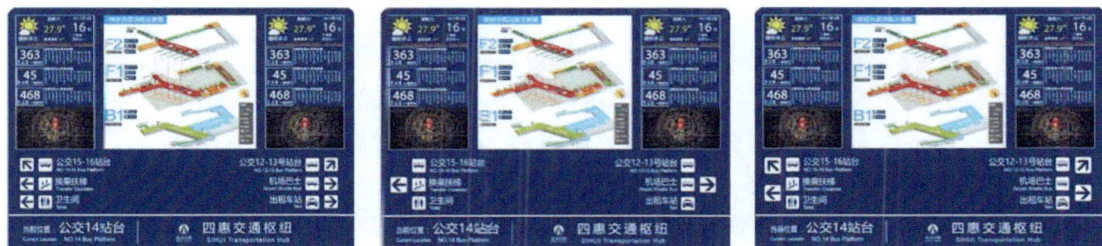

| a) 指引设计形式一 | b) 指引设计形式二 | c) 指引设计形式三 |

图 10-30　指引形式设计

　　最终,通过专家打分的方式,选取版面颜色、图形符号、导向箭头等设计要素中最优的一种方案设计,形成多种优化设计方案,得到新版综合信息标识综合优化设计方案,如图 10-31 所示。

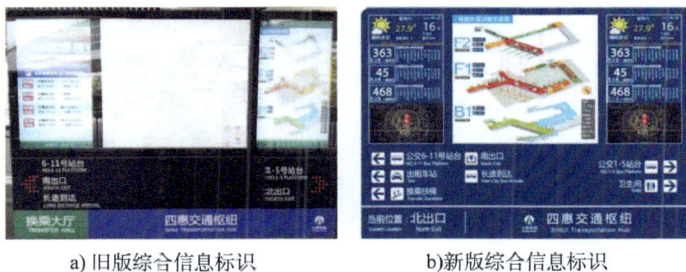

| a) 旧版综合信息标识 | b)新版综合信息标识 |

图 10-31　综合优化设计

4. 空间布局优化设计

目前,四惠枢纽综合信息标识的位置主要是按照设计师的设计经验确定,没有相关标准支撑,通过参考文献资料后确定了以下三条位置设置原则。

(1)在枢纽站的换乘大厅(换乘中心)处设置。

(2)在多条流线的信息需求重合点处设置。

(3)根据逐级导向原则设置的标识能够分阶段、分层地向乘客提供此时此地最需要的信息。包括在主要客流入口处、换层节点处、平面核心节点处等。

根据以上原则,分析后获得四惠枢纽综合信息标识位置设计方案,如图 10-32 所示。图中左侧为首层(F1)综合信息标识位置,右侧为二层(F2)综合信息标识位置。

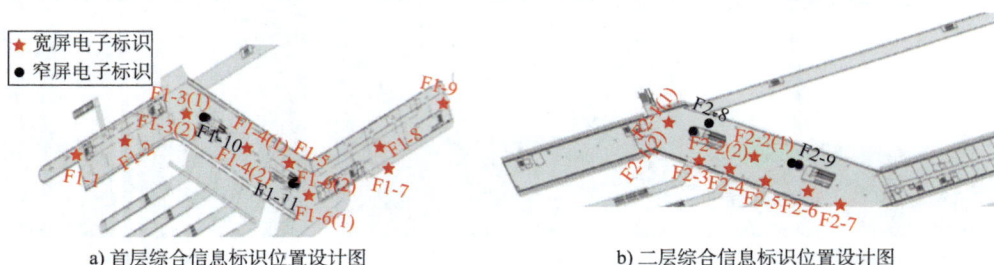

a) 首层综合信息标识位置设计图   b) 二层综合信息标识位置设计图

图 10-32   综合信息标识位置设计图

5. 实验流线设计

根据现场寻路实验的评估结果,选取寻路过程中成功率较低的流线作为测试流线。

流线 1:公交 5 站台—长途落客(红色流线:平面换乘,寻路成功率 13.04%)。

流线 2:出租汽车—公交 16 站台(蓝色流线:立体换乘,寻路成功率 38.46%)。

流线 3:出租汽车—公交 5 站台(紫色流线,平面换乘,寻路成功率 36%)。

流线 4:公交 16 站台—地铁(绿色流线:平面换乘,寻路成功率 73.08%)。

各流线在枢纽中的分布情况如图 10-33 所示,其中黑色流线为各站台导向北出口的导流线。

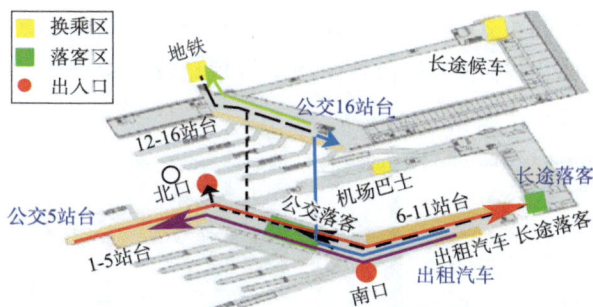

图 10-33   流线分布图

6. 实验场景设计

研究设计了 8 个实验场景。实验场景的具体情况如下所示:

实验场景1:流线1(平面)——流线中采用旧版综合信息标识设计;

实验场景2:流线1(平面)——流线中采用整套新版综合信息标识设计;

实验场景3:流线2(立体)——流线中采用旧版综合信息标识设计;

实验场景4:流线2(立体)——流线中采用整套新版综合信息标识设计;

实验场景5:流线4(平面)——流线中图形符号有颜色变化;

实验场景6:流线4(平面)——流线中图形符号没有颜色变化;

实验场景7:流线3(平面)——流线中为蓝白色综合信息标识;

实验场景8:流线3(平面)——流线中为黄黑色综合信息标识。

7.实验问卷设计

测试过程共设计了实验前问卷、练习后问卷、综合信息标识综合评估问卷等。问卷均为七级李克特量表,最低影响程度赋值为1,最高影响程度赋值为7,其余选项赋值按顺序依次增加。

(三)实验测试

1.实验设备

开发的基于 VR + BIM 技术的虚拟仿真实验测试平台,主要包括 BIM 技术中的 Revit 和 Fuzor 软件以及头戴式虚拟现实外部设备 HTC Vive 三部分组成。建模工具 Revit 实现枢纽建筑环境和标识的建模。Fuzor 软件可实现场景的渲染和与 VR 设备的连接。Fuzor 可以直接将三维建筑模型转化成带建筑信息的 VR 场景并建立双向实时同步的链接,并且其自带的沉浸式虚拟现实外接设备的端口,支持各种 VR 外部设备。头戴式虚拟现实外部设备 HTC Vive 可提供显示及交互,满足建筑信息的可视化呈现,可以实现乘客在三维模型中的虚拟体验。以北京四惠枢纽为例,基于 VR + BIM 技术的虚拟仿真实验测试平台的具体搭建过程如下。

(1)北京四惠枢纽建筑模型搭建。

根据实验流线范围和四惠枢纽的建筑平面图,将建筑平面图中建筑范围导入到 Revit 建模软件中,完成平面和立体建模,如图 10-34 所示。

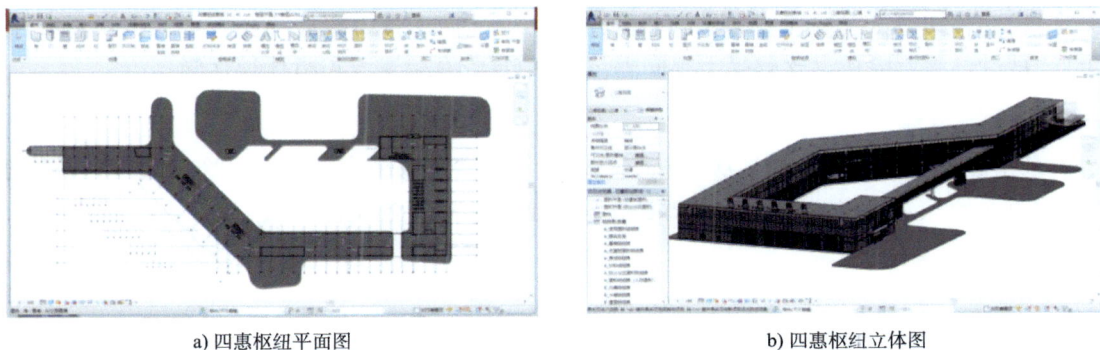

a) 四惠枢纽平面图　　　　　　　　　　　　　　　b) 四惠枢纽立体图

图 10-34　四惠枢纽建模图

(2)虚拟环境处理。

在 Revit 构建的建筑模型基础上,使用 Fuzor 实现渲染,如图 10-35 所示。

（3）标识系统导入。

四惠枢纽建筑模型场景中，分别导入综合信息标识和其他标识。通过 Fuzor 软件设置标识内容、设计样式、空间布局和材质，导入标识后的场景如图 10-36 所示。

图 10-35 渲染后效果图

图 10-36 标识导入后场景示意图

图 10-37 头戴式虚拟现实设备

（4）VR 虚拟体验。

将 Fuzor 软件渲染后的三维模型导入 VR 中，利用头戴式虚拟现实设备可满足建筑信息的可视化呈现，如图 10-37 所示，最终实现乘客在三维模型中的虚拟体验。

2. 被试选取

实验招募 46 人进行虚拟环境下的寻路实验，其中男女被试各 23 人，对被试进行了 3D 眩晕测试，测试结果均为合格。

3. 实验流程

（1）实验前问卷：被试首先填写实验前基本信息问卷。

（2）适应性训练：引导被试在练习场景内移动与转向，多次练习结束后完成练习后问卷，确认被试的生理心理状况良好，没有出现不良反应，能够适应虚拟环境。

（3）正式实验：实验员向被试宣读实验指导语，实验员按照场景随机顺序表依次打开实验场景，并告知被试实验任务和实验目的，之后，被试在场景中完成寻路任务。每次实验结束后，被试都需要完成寻路感受主观问卷，最后填写综合信息标识整体评估问卷。

4. 实验数据

基于虚拟实验测试中的视频分析，统计每个被试在每个实验场景中的"寻路时长"和"犯错点个数"，以及通过主观问卷获取被试对导向标识系统的主观评估数据。

（四）结果分析

1. 设计方案对比分析

（1）主观数据。

针对综合信息标识系统的整体评估问卷，从标识内容、标识样式以及空间布局三方面展开对比分析。

①标识内容。被试对新旧标识系统的内容满意度和引导信息满意度进行打分评价,结果如图 10-38a)所示。通过配对 T 检验可得,被试对新版标识内容的综合满意度($p < 0.05$)以及对引导信息的满意度($p < 0.05$)均显著高于现有标识。

②标识样式。标识样式主要包括颜色、引导信息排列方式、图形符号等。被试对标识样式的满意程度如图 10-38b)所示。配对 T 检验分析结果表明,两者差异性不显著($p = 0.239$)。

③空间布局。被试对新旧标识系统的空间布局满意度进行打分评价,实验结果如图 10-38c)所示。通过 T 检验可知,新版标识布设位置($p = 0.01$)和角度($p = 0.053$)均优于现有标识。

(2)客观数据。

为检验新版综合信息标识是否能提高乘客寻路效率,实验选取了平面流线 1 开展实验,通过被试在虚拟环境下的寻路实验,记录被试从公交 5 站台到长途落客寻路过程中的寻路时长和犯错点个数,分析新版综合信息标识的寻路功效。其寻路时长和寻路平均犯错点个数分析结果如图 10-39 所示。通过配对 T 检验,在平面流线 1 中,被试在新版标识下的寻路时长短于现有标识($p < 0.05$),即新版标识下,寻路时长更短,效率更高。在平面流线 1 中,被试在新版标识下的平均犯错点个数少于现有标识,但是并未表现出显著差异。

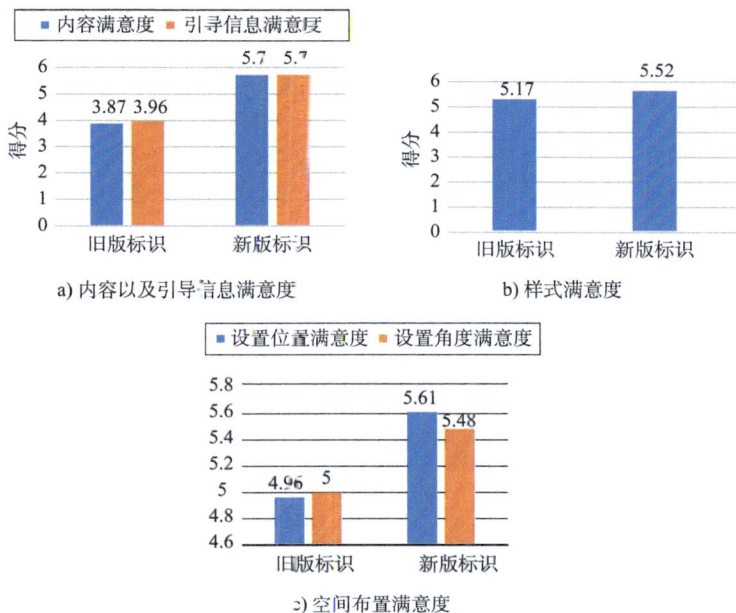

a) 内容以及引导信息满意度

b) 样式满意度

c) 空间布置满意度

图 10-38　标识内容及引导信息、样式、空间布局的满意度

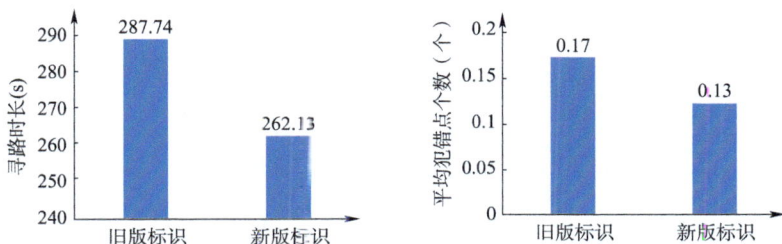

图 10-39　流线 1 平均寻路时长和平均犯错点个数

2.综合信息标识系统综合分析

完成综合信息标识系统对比分析后,使用灰色近优综合评估方法对综合信息标识的设计方案进行综合评估,该方法的具体计算公式参考第四章第四节评价方法部分。

首先,将2种方案下的26个评价指标数值排列形成26×2的白化灰矩阵,计算结果如表10-10所示。

白化灰矩阵 表10-10

评估指标	旧版标识	新版标识	评估指标	旧版标识	新版标识
流线1寻路时间	287.74	262.13	枢纽空间结构图容易理解	4.57	4.78
流线1犯错点	0.17	0.13	动态标识信息准确性	5.96	5.91
流线2寻路时间	213.00	163.30	标识醒目性	5.22	5.57
流线2犯错点	1.48	0.48	能否看清动态标识引导信息	5.52	5.78
流线1本次寻路任务难度	4.00	4.52	动态标识美观性	5.17	5.52
流线1是否清楚目的地方位	4.87	4.78	动态标识尺寸满意度	5.30	5.65
流线1枢纽空间复杂度	4.39	3.96	动态标志牌引导信息文字间距	5.26	5.39
流线2本次寻路任务难度	4.48	4.48	动态标志设置位置满意程度	4.96	5.61
流线2是否清楚目的地方位	4.91	4.35	动态标识设置角度满意程度	5.00	5.48
流线2枢纽空间复杂度	4.26	4.22	动静态标识术语一致性	5.78	6.09
动态标识对寻路影响	3.87	5.70	动静态标识信息关系	5.04	4.96
引导信息对寻路影响	3.96	5.70	动静态标志颜色搭配	4.87	5.70
箭头符号是否容易理解	5.87	5.48	动静态标志设置位置	4.61	5.39

各评估指标的量纲不统一而难以计算,因此首先进行量纲为一处理,即把各指标值映射到[0,1],然后以映射后的效果测度取代原评估指标,得到近优白化灰矩阵,计算结果如表10-11所示。

近优白化灰矩阵 表10-11

旧版标识	新版标识	旧版标识	新版标识
0.416402638	0.457082876	0.725713095	0.760270862
0.384775357	0.513033809	0.745910183	0.740465583
0.387879098	0.505915788	0.718844994	0.766767993
0.323529412	1	0.725849016	0.760141096
0.464582583	0.4109769	0.718644087	0.766956294
0.431454312	0.439298936	0.719237108	0.766400197
0.414333783	0.459864968	0.73403752	0.752236797
0.435323622	0.435323622	0.695992024	0.787569922
0.411046327	0.464482349	0.708533543	0.776306317
0.433108278	0.437573312	0.723898712	0.761998645
0.590643537	0.869374196	0.749627075	0.73670247
0.599628546	0.863201533	0.682998541	0.798864365
0.768363529	0.717139294	0.682941713	0.798912947

基于构建的近优白化灰矩阵，利用公式计算出新旧两种方案的近优度，并根据大小进行排序，近优度值越接近 1，说明对应方案的综合评价越好，结果如表 10-12 所示。

白化灰近优度　　　　　　　　　　　表 10-12

旧版标识系统	新版标识系统
0.59	0.67

综合考虑客观与主观评估指标，旧版综合信息标识系统的优度值为 0.59，新版综合信息标识系统的优度值为 0.67，新版综合信息标识系统综合评估优于旧版综合信息标识系统。

（五）小结

本小节以北京四惠枢纽为研究对象，对其综合信息标识系统进行实地评估，从标识设计的内容、样式、空间布局三个层面对四惠枢纽综合信息标识系统进行优化设计，构建基于 VR + BIM 技术的虚拟仿真实验测试平台。根据被试在寻路测试中的行为表现和主观感受，实现对多种设计方案的比选，形成枢纽导向标识系统评价优选的设计方法。

（1）形成以 KANO 需求模型和 VR + BIM 技术为基础的枢纽综合信息标识系统优化设计与优选方法。

（2）以北京四惠枢纽为例，针对枢纽综合信息标识系统优化设计，从乘客实际需求出发，基于 KANO 需求模型，搭建乘客信息需求模型；针对枢纽综合信息标识系统优选，基于 VR + BIM 技术，搭建虚拟仿真实验测试平台，获取乘客在虚拟场景中的客观寻路行为数据和主观感受评估数据；最后实现对北京四惠枢纽综合信息标识系统设计方案的优选。

（3）使用 KANO 需求模型获取乘客对综合信息标识系统的设计需求，并且搭建了基于 VR + BIM 技术的虚拟优化实验研究平台，为综合信息标识系统优化设计提供了新的仿真平台，但是枢纽虚拟实验平台的真实性还有待提高，需进一步减轻被试在寻路过程中的不适情形，改善虚拟实验平台的硬件设施，形成更加完善的测试平台。

第 ② 节　大数据分析与交通行为

一　风险驾驶行为与安全管控

（一）问题提出

传统的道路交通安全分析，多以事故分析或安全评价为主。由于事故数据具有偶发性、周期长的特点，导致全路网风险时空特征刻画不足，安全性综合分析受到制约，难以实现交通事故的事前预防。因此，有必要提出一种能够涵盖大规模交通路径及时间范围的交通安全性定量化评价方法,助力于实现道路交通风险的实时监管和主动防控。

安全风险量化评价和甄别问题实质就是基于安全风险发生的数据特征,考虑人-车-路-环境间的相互作用,实现风险状态的评价和识别。目前,主要包括设计一致性评价、事故评价及冲突评价等方法,但由于设计参数的有限性、事故数据的小概率特点以及冲突数据的局部性,很难实现道路交通安全风险全面而精准的评价和判定。事实上,基于事前替代指标的交通安全风险识别与致因挖掘已成为研究热点。统计表明,超过90%的交通事故与危险驾驶行为直接或间接相关,但已有的替代指标尚未针对驾驶行为深入挖掘;现今,移动终端传感器和GPS设备等载体可实现细粒度驾驶行为数据和定位信息的精准感知和汇聚,形成数量巨大、结构复杂、类型众多的驾驶行为大数据集合。如果能攻克数据的庞杂性问题,合理界定风险驾驶行为内涵,充分考虑驾驶行为和交通安全的相关性,突破小概率事故数据的制约,从风险驾驶行为角度找寻安全评价替代指标,将为数据驱动下的安全风险甄别、致因挖掘提供可能。这为城市道路、国省干道、高速公路等不同类型道路交通安全水平的综合提升提供了新途径。

本小节基于导航数据和实地调查数据,选择交通组织复杂、交通事故频发的城市快速路立交出口安全风险防控为研究案例,以风险驾驶行为和速度波动情况构建的交通秩序指数作为事故替代指标,采用大数据分析方法构建交通秩序预测模型,并利用可解释机器学习框架解析安全风险致因,为交通安全风险评估甄别-致因诊断-精准防控全周期综合治理能力的提升提供支持。

(二)数据来源及处理

1. 数据概况

城市快速路立交出口作为快速路连接主干道路的关键枢纽,是车辆合流、分流、交织运行集中发生地。由于急加速、随意换道等危险行为加剧道路风险,导致交通事故频发。因此,针对立交出口区域的道路风险辨识与致因分析对于提升快速路交通安全整体水平具有重要意义。本小节选取北京市西二环和莲花池东路至西路范围内的9座立交桥作为研究对象,选择不同方向22个典型立交出口路段开展风险预测及致因解析,图10-40所示为研究范围示意图。该区域交通环境复杂,并且每个出口的平均导航用户量达1200辆/h。

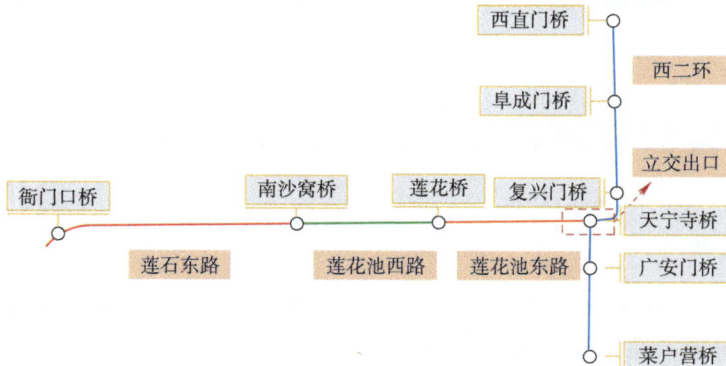

图 10-40　研究区域示意图

2. 数据类型

数据采集时间为2019年6月1日至2019年6月30日,数据类型包括地图数据、拥堵状态数据、环境数据和驾驶行为数据。此外,结合实地调查获得交通控制设施设置参数与立交出口道路属性数据,以此构建支撑立交出口路段安全分析的综合数据库。

(1)地图数据。

地图数据包括道路ID、道路长度、道路等级等信息。道路ID用于匹配不同来源的多类型数据,道路长度用于计算相邻出口间距和单位距离内发生的驾驶行为事件频率。

(2)拥堵状态数据。

交通拥堵状态数据包括时间、平均速度(km/h)、拥堵指数和道路ID。所有道路每2min采集并上传一次交通拥堵状态数据。

拥堵指数(Congestion Index,CI)是指当前道路自由流速度与其平均速度的比值,计算方法如式(10-2)所示。

$$CI = \frac{自由流速度}{平均速度} \tag{10-2}$$

导航软件将拥堵指数划分为四个等级,驾驶人在使用导航软件时分别以不同的颜色显示四个等级。导航软件提供的交通拥堵状态四个等级定义如下:

①畅通,拥堵指数$\in [0,1.5)$。

②缓行,拥堵指数$\in [1.5,2)$。

③拥堵,拥堵指数$\in [2,4)$。

④严重拥堵,拥堵指数$\in [4,+\infty)$。

(3)环境数据。

环境数据包含天气和时段。由于研究时间段仅为1个月(2019年6月),天气类型主要包括晴、阴、多云与小雨,未覆盖雾或暴雨等极端天气类型。此外,将时段数据分为高峰时段(07:00—10:00、17:00—20:00)和非高峰时段(10:00—17:00、20:00—07:00)。

(4)驾驶行为数据。

导航软件可精准辨识用户在不同驾驶情境中触发的风险驾驶行为事件,并记录事件形态、发生时间与坐标。风险驾驶行为事件指急加速、急减速、急左换道、急右换道、急左转和急右转6种事件类型。判定阈值与相关指标由导航软件公司内部经大量车辆测试计算所得。然而,由于用户隐私和公司机密的保护,尚未提供阈值和计算方法。判定方法如下:

①急加速或急减速:手机处于车内固定位置,当车辆加速度超过或低于某一阈值时,识别并记录一次急加速或急减速事件。

②急换道或急转弯:手机处于车内固定位置,当车辆转弯向心力的检测角度变化超过某一阈值时,识别并记录一次急换道或急转弯。

通常,用于识别急加速和急减速的加速度阈值为$3m/s^2$;用于识别急转弯或急换道的横向加速度阈值也为$3m/s^2$。该阈值常作为研究中的建议值使用,导航软件的取值不一定与该阈值一致。

（5）交通控制设施数据。

交通标志传递的信息有效性和准确性直接影响驾驶人的判断-决策-行为过程，进而影响行驶安全。根据《北京市道路交通标志指路系统设置指南》（BJJT/0040—2019），出口预告标志提供前方出口相交道路名称、方向和距离等信息；桥形标志提供前方立交各匝道的出口走向、名称等信息。因此，本小节提取影响立交出口安全性的 2 种因素：出口预告标志数量和桥形标复杂度。

（6）道路属性数据。

道路属性数据包括车道数、交通合流数、交通分流数和出口间距类型等信息。交通合流（分流）数表示各立交出口前 500m 内交织段处的交通合流点（交通分流点）数量。出口间距指该立交出口沿行驶方向与相邻出口之间的距离。出口间距划分为 3 个等级：小间距为 $[0, 250)$m，中间距为 $[250,750)$m，大间距为 $[750,+\infty)$m。

3. 数据库搭建

（1）数据预处理。

首先，统计研究区域内使用导航的用户数量，将个体风险驾驶行为事件转换为集计驾驶行为，集计驾驶行为反映了单位车辆在单位时间内的风险驾驶行为事件频次。然后，采用拥堵状态数据中的平均速度计算速度变异系数。速度变异系数是速度标准差和平均速度的比值，与事故频率显著相关，能够在一定程度上反映道路风险。

（2）交通秩序指数计算。

以道路类型与拥堵水平作为划分条件，将驾驶行为与速度变化情况进行量化加权，获得道路安全有序性的替代指标——秩序指数。"秩序"是反映道路有序或无序程度的指标。秩序指数越高，速度波动越小，急加减速、急换道及急转弯等风险驾驶行为越少。相反，秩序指数越低，表明道路不良驾驶行为越多，速度波动更大。假设道路秩序指数与拥堵指数和安全程度相关，当道路的秩序度较差时，其交通风险较高。交通秩序指数（Traffic Order Index，TOI）的计算主要考虑两个方面：驾驶行为和速度变化。应用 TOPSIS 方法综合评价多个驾驶行为事件的交通秩序得分。TOPSIS 方法是一种补偿性聚合方法，通过确定每个评价指标权重，对评价指标标准化，计算每个指标的数据值与理想解间的几何距离，得到驾驶行为综合评价得分，其中理想解是由每个评价指标的最佳取值所确定。该方法适用于几何意义直观的大样本，其充分利用了原始数据并具有较高的运算效率。因此，该方法适用于解决城市道路交通秩序评价的大样本问题。在使用 TOPSIS 方法计算出驾驶行为综合得分后，应用标准离差法确定驾驶行为和速度变化系数的权重，加权求和即为交通秩序指数。交通秩序指数的计算步骤如下：

步骤1：将数据划分为 13 种道路类型和 4 种拥堵水平，将划分的数据分类为 m 种（本例为 $13 \times 4 = 52$ 种）不同的评价方案。

步骤2：建立由 m 个评价方案和每个方案中的 n（本例为6）个驾驶行为事件组成的评价矩阵 $(x_{ij})_{m \times n}$，将矩阵进行归一化处理，如公式（10-3）所示：

$$r_{ij} = \frac{x_{ij}}{\sqrt{\sum_{k=1}^{m} x_{kj}^2}} \qquad (10\text{-}3)$$

式中,$i = 1,2,3,\cdots,52$;$j = 1,2,\cdots,6$。

步骤3:计算加权归一化决策矩阵,利用熵理论确定权重。信息熵是随机数据源产生信息的平均速率。一般来说,熵代表无序性或不确定性。熵越小,信息越有序,有用的信息越多,因此权重越大。熵的计算方法如公式(10-4)所示:

$$H_j = k \sum_{i=1}^{m} f_{ij} \ln f_{ij} \tag{10-4}$$

其中,$f_{ij} = \dfrac{r_{ij}}{\sum\limits_{i=1}^{m} r_{ij}}$,$k = \dfrac{1}{\ln m}$。

应用公式(10-5)计算权重:

$$w_j = \frac{1 - H_j}{6 - \sum_{j=1}^{6} H_j} \tag{10-5}$$

归一化决策矩阵计算方法如公式(10-6)所示:

$$t_{ij} = r_{ij} \times w_j \tag{10-6}$$

步骤4:最劣解A_w和最优解A_b由公式(10-7)和公式(10-8)计算所得:

$$A_w = \max(t_{ij} \mid i = 1,2,\cdots,m) \tag{10-7}$$

$$A_b = \min(t_{ij} \mid i = 1,2,\cdots,m) \tag{10-8}$$

目标i和最劣解A_w及最优解A_b之间的距离计算方法如公式(10-9)和公式(10-10)所示:

$$d_{iw} = \sqrt{\sum_{j=1}^{6} (t_{ij} - t_{wj})^2} \tag{10-9}$$

$$d_{ib} = \sqrt{\sum_{j=1}^{6} (t_{ij} - t_{bj})^2} \tag{10-10}$$

步骤5:计算与最劣解的贴近度,获得驾驶行为的得分S_{dbi}:

$$S_{dbi} = \frac{d_{iw}}{d_{iw} + d_{ib}} \tag{10-11}$$

步骤6:计算速度变化系数CSV的倒数y_i,使指标越大,得分越低,与驾驶行为评价指标的趋势一致,将指标归一化,得到归一化矩阵S_{csv_i}作为速度变化系数的得分。

$$S_{CSV_i} = \frac{y_i - \min(y_i \mid i = 1,2,\cdots,m)}{\max(y_i \mid i = 1,2,\cdots,m) - \min(y_i \mid i = 1,2,\cdots,m)} \tag{10-12}$$

步骤7:利用标准离差法计算S_{db}和S_{csv}的权重。标准离差法的计算思路与熵权法相似。一般来说,某指标的标准差越大,该指标的变化程度越大,所能提供的用于评价的信息也越多。相反,若指标的标准差越小,反映其变异程度越小,因此在评价过程中提供的信息较少,权重占比较小。标准离差法的计算方法如公式(10-13)所示:

$$w_k = \frac{\sigma_k}{\sigma_{db} + \sigma_{csv}} \tag{10-13}$$

式中,σ_k是k指标的标准差;k代表驾驶行为db或速度变化系数CSV。

交通秩序指数的计算方法如公式(10-14)所示:

$$TOI_i = w_{db} \times S_{dbi} + w_{CSV} \times S_{CSV_i} \qquad (10\text{-}14)$$

式中, w_{db} 为驾驶行为 db 的权重; w_{CSV} 为速度变化系数 CSV 的权重。

交通秩序指数值越大,道路秩序度越好。相反,交通秩序指数值越小,道路秩序越差。

交通秩序指数作为模型的因变量,是反映城市交通秩序度的综合指标,对获取城市快速路立交出口路段的安全风险分布具有重要意义。为划分立交出口的风险水平,采用 K-means 聚类将交通秩序指数划分为如下 3 个水平:

①高风险道路,交通秩序混乱,$TOI_i \in [0, 0.449)$。

②中风险道路,交通秩序良好,$TOI_i \in [0.449, 0.670)$。

③低风险道路,交通秩序较好,$TOI_i \in [0.670, +\infty)$。

(3)数据库构建。

由道路 ID 与时间匹配各类型的数据,并将所有数据类型换算为以小时为单位,聚合形成包含立交桥属性、驾驶行为、交通秩序指数、拥堵指数、交通控制设施、道路属性、环境属性在内的立交出口安全分析数据库。最终样本量为 15840 组。

(三)分析方法及结果

1.风险预测模型

应用以上数据库,基于极限梯度提升(eXtreme Gradient Boosting,XGBoost)算法,以道路属性、交通设施、运行状态、外部环境等多种要素为自变量,以交通秩序指数为因变量,构建城市快速路立交出口路段的风险预测模型。XGBoost 算法是 Chen 等提出的一种人工智能集成机器学习算法,具有并行速度快、复杂度可控、容错性强、泛化能力强等优点。该算法的基本原理是:由多个精度较低的决策树模型迭代合成高精度的强学习器,运用二阶泰勒展开式,在损失函数里加入正则项,控制模型复杂度并防止模型过拟合。

XGBoost 算法的目标函数为

$$O^{(t)} = \sum_{i=1}^{n} l\left(y_i, \widehat{y_i}^{(t-1)} + f_t(x_i)\right) + \Omega(f_t) \qquad (10\text{-}15)$$

$$\Omega(f_t) = \gamma \Gamma + \frac{1}{2}\lambda \parallel \omega \parallel^2 \qquad (10\text{-}16)$$

式中,$O^{(t)}$ 为经过 t 次迭代后的目标函数;n 为样本数量;$l\left(y_i, \widehat{y_i}^{(t-1)} + f_t(x_i)\right)$ 为选定的训练损失函数;y_i 为第 i 个样本的真实值;$\widehat{y_i}^{(t-1)}$ 为经过 $t-1$ 次迭代后第 i 个样本的预测值;$f_t(x_i)$ 为经过 t 次迭代训练后的样本 x_i 的决策树函数;$\Omega(f_t)$ 为第 t 次迭代的复杂性函数;γ 为复杂度参数;Γ 为叶节点数;λ 为正则项惩罚系数;ω 为叶子节点上的权值。

定义一个近似的目标函数,利用二阶泰勒展开将目标函数 $O^{(t)}$ 表示如下:

$$O^{(t)} = \sum_{i=1}^{n} l\left[(y_i, \widehat{y_i}^{(t-1)}) + g_i f_t(x_i) + \frac{1}{2} h_i f_t^2(x_i)\right] + \Omega(f_t) + C \qquad (10\text{-}17)$$

式中,g_i 和 h_i 分别为第 i 个样本一阶和二阶下输出的损失梯度;C 为常数项。

2.风险致因解析

可解释机器学习(Interpretable Machine Learning)是用于理解机器学习系统的行为和预

测的算法。Lundberg 等开发了一种可解释机器学习方法的统一框架 SHAP。本小节将 SHAP 应用于训练后的模型,解析特征变量对交通秩序指数预测值的综合影响作用。对于每个测试样本,模型生成一个预测值,并提供一个可解释的预测。其主要思想是计算添加到模型中的特征的边际贡献,即 SHAP 值,等价于特征对样本的影响。在合作博弈理论中,SHAP 值计算公式(10-18)如下:

$$\Phi_m = \sum_{L \subseteq N\{m\}} \frac{|L|!(M-|L|-1)!}{M!} [v(L \cup \{m\}) - v(L)] \tag{10-18}$$

式中,Φ_m 为第 m 个特征的贡献;L 为特征子集;$N\{m\}$ 为特征集合;M 为输入特征总数;$v(L \cup \{m\})$ 为当样本只有 $L \cup \{m\}$ 中的特征值时,模型的预测值;$v(L)$ 为当样本只有 L 中的特征值时,模型的预测值。基于可加特征属性方法,定义线性函数 g,即:

$$g(x) = \Phi_0 + \sum_{m=1}^{M} \Phi_m x_m \tag{10-19}$$

式中,$g(x)$ 为样本 x 的事后解释模型预测值;Φ_0 为模型预测值的平均值;x_m 为第 m 个特征样本。

3.风险分析结果

(1)预测精度评价。

为了评估预测模型的性能,选取混淆矩阵可视化模型预测结果,并计算准确率、精确率和召回率作为预测结果的评价指标。对于多分类预测,根据各类别所占数据集的比例计算各类别中每个评价指标的加权平均值。评价指标的相关定义如下:

$$A = \frac{T_P + T_N}{T_P + T_N + F_N + F_P} \tag{10-20}$$

$$P = \frac{T_P}{T_P + F_P} \tag{10-21}$$

$$R = \frac{T_P}{T_P + F_N} \tag{10-22}$$

式中,A 为准确率;P 为精确率;R 为召回率;T_N 表示实际为负被预测为负的样本数量;T_P 表示实际为正被预测为正的样本数量;F_N 表示实际为正但被预测为负的样本数量;F_P 表示实际为负但被预测为正的样本数量。

XGBoost 模型的风险预测混淆矩阵如图 10-41 所示,由公式(10-20)至公式(10-22)计算可得,模型的风险预测准确率为93.69%,精确率为93.73%,召回率为93.69%,表明基于 XGBoost 算法的城市快速路立交出口区域的道路风险具有精准预测能力。

(2)风险致因分析。

为探究快速路立交出口路段风险致因机理,采用可解释机器学习对预测结果进行致因分析。SHAP 算法提供了局部可解释性,这对解释单特征或双特征交互作用对交通秩序水平影响分析具有明显优势。图 10-42 为 SHAP 概要图,横坐标 SHAP 值用以衡量特征对模型预测值的贡献程度和影响。SHAP 值为正,表明该特征值有助于提高交通秩序水平预测值,交通秩序较好;SHAP 值为负,表明特征值使交通秩序水平降低,有反向作用。

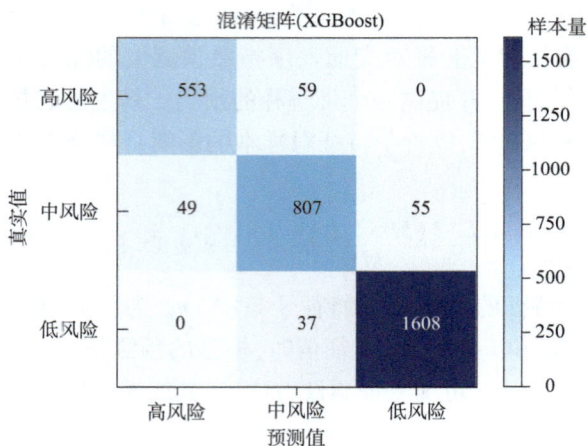

图 10-41　立交出口风险预测模型混淆矩阵图

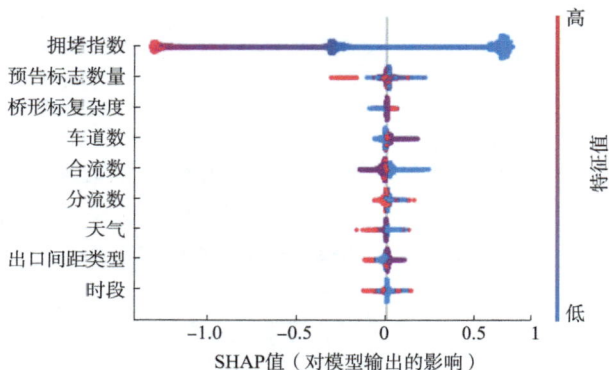

图 10-42　SHAP 概要图

图 10-42 表明,SHAP 值随着拥堵指数的增加而降低。交通拥堵易使驾驶人频繁产生急加速、急减速等风险行为,继而导致交通秩序混乱和高风险产生;针对交通控制设施因素,预告标志设置数量在影响道路风险发生概率方面显示了不确定性,过多的预告标志数量可能会造成信息过载。此外,设有低、中复杂度桥形标的快速路立交出口比无桥形标的立交出口更安全有序,且相比于低复杂度的桥形标,中复杂度桥形标对提高道路秩序水平的影响更大;对于道路属性和外部环境因素,四车道的立交出口路段更加有序;相邻出口距离为中间距的立交出口路段相比小间距和大间距的交通秩序更高;较少的分流、合流数以及晴朗的天气均对道路安全有积极影响;而交通高峰与平峰时段难以直接表征对立交出口交通秩序水平的影响。

事实上,交通秩序是受多因素影响下的综合行为表现,仅关注单一特征无法全面解析道路交通秩序水平的致因结果,因此,有必要进一步探究多因素作用下交通秩序水平的影响特征。由于交互特征组合较多,且拥堵指数是影响模型预测最重要的特征,因此。研究重点以拥堵指数与车道数,拥堵指数与预告标志数量之间的交互作为分析范例。为了揭示两个特征的交互作用,SHAP 依赖图提供了特征变量对交通秩序预测值的边际效应,横坐标拥堵指数值垂直方向上的色散表示与另一特征的交互作用。图 10-43 和图 10-44 分别为两个特征组合和交通秩序水平预测值的关系。

　　首先,图 10-43 所示是拥堵指数与车道数之间的交互作用对交通秩序水平的影响。其中,图 10-43a) 是总体结果图,图 10-43b)、c)、d) 分别是根据拥堵指数的取值区间对图 10-43a) 的局部放大结果图。图中纵坐标 SHAP 值表示拥堵指数对交通秩序水平预测的贡献值。由图 10-43a) 可知,拥堵指数对交通秩序水平的影响存在非线性负相关,不同拥堵状态下的立交出口秩序度存在较大差异。由自由流至缓行状态时(0 < CI < 2)交通秩序水平显著降低,反映了道路交通风险随拥堵程度的增加而上升,揭示出缓解拥堵可提高道路安全水平。当交通状态处于拥堵甚至严重拥堵时(CI > 2),道路的风险程度则不会随拥堵的严重而加剧。因此,交通组织管控过程中,应考虑缓解拥堵作为道路安全改善的首要措施,如鼓励错峰出行、多样化出行路径选择等。

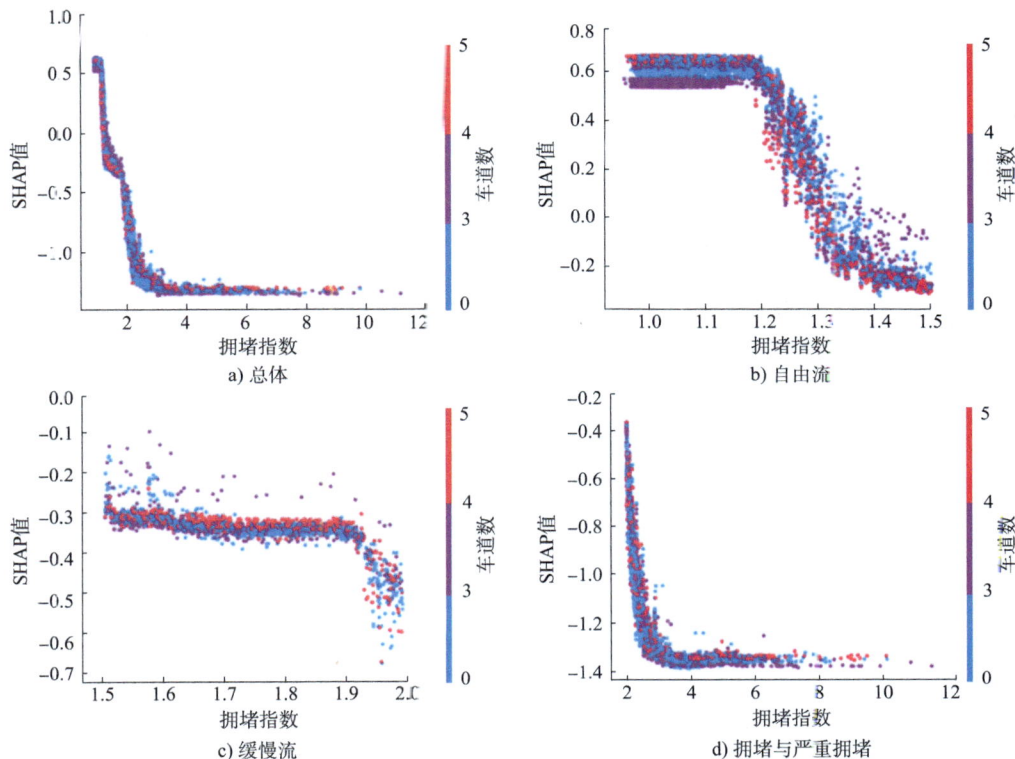

图 10-43　拥堵指数和车道数的 SHAP 依赖图

　　对于拥堵指数和车道数量的耦合影响,由图 10-43b) 可知,自由流道路下交通秩序较好(SHAP 值为正),此时两个特征的交互作用并不显著;随拥堵程度的增加,车道数对道路安全的影响发生改变。图 10-43c)、d) 表明,在立交出口处,当拥堵状态处于缓行或拥堵时,较多车道对交通秩序水平的负面影响更小,即更多的车道可降低缓行或拥堵产生的道路风险。然而,拥堵本身对于道路风险的影响依旧存在(SHAP 值仍为负)。Yu 等的研究表明,在交通量大的路段,车道少的道路更容易发生交通事故,增加车道数有助于减少车辆密度和车辆之间的作用,从而改善交通安全,这些研究与本研究结果具有一致性。

　　其次,图 10-44 所示是拥堵指数与预告标志数量之间的交互作用对交通秩序水平的影响。其中,图 10-44a)是总体结果图,图 10-44b)、c)、d)分别是根据拥堵指数的取值区间对图 10-44a)的局部放大结果图。当拥堵指数 CI < 1.6 时,设有 3 个或 4 个预告标志的立交出口路段交通运行秩序更加安全有序。Huang 等研究指出,设有 3 级预告标志的出口路段,可以有效引导驾驶人产生更为合理的换道行为,从而减少风险驾驶行为事件的发生。当拥堵变得更为严重时,车流甚至趋于停滞,预告标志数量与拥堵指数对交通秩序水平的交互影响不再显著。实际上,在严重拥堵的车流中,驾驶人行为更易受到交通流和周边环境的影响,而交通标志作为一种静态交通控制设施,在阻塞流中很少被驾驶人持续关注。因此,在立交出口路段进行交通设计和组织优化时,车道管理控制或标志设计优化建议考虑道路的拥堵水平。

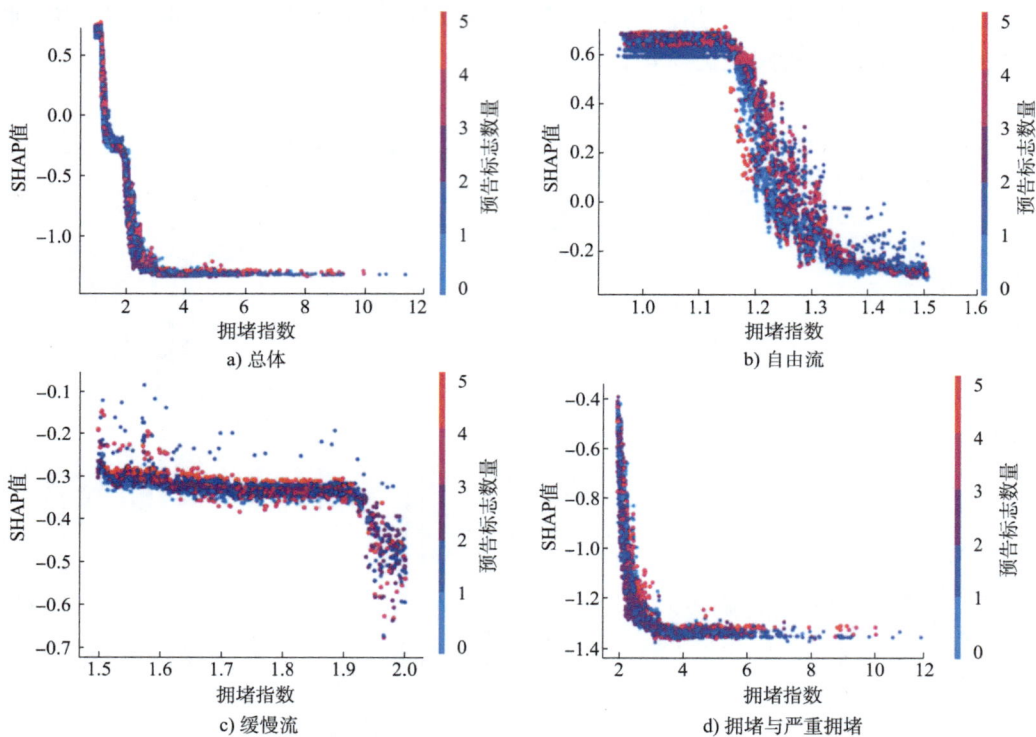

图 10-44　拥堵指数和预告标志数量的 SHAP 依赖图

(四)小结

　　本小节基于导航海量集计驾驶行为数据,提出一种交通有序性评价替代指标——交通秩序指数,为交通系统的安全性分析及道路安全性预测奠定基础。通过对比秩序指数与拥堵指数的关联关系,验证了交通秩序指数安全评价的有效性,为道路交通安全分析、致因挖掘及风险预测奠定了理论基础。

　　(1)风险驾驶行为数据的引入为解决交通安全分析问题提供了新的机遇,通过构建交通事故替代指标、提出基于大数据的动态交通风险分析方法,可以突破小概率事故数据的分析瓶颈,从防患于未然的角度解决道路交通安全问题。

（2）基于 XGBoost 算法构建的快速路立交出口风险预测模型可实现立交出口区域的精准风险预测。并且，拥堵指数与交通秩序指数存在非线性负相关，是立交出口安全风险的重要影响因素。不同拥堵状态下的预告标志数或车道数对交通秩序指数具有差异化影响；较多的车道在缓行或拥堵的道路上可减少道路风险。

（3）本小节主要以城市快速路立交出口为例进行了分析，其他类型的道路分析结果可能不尽相同，但都同样适用于本研究方法。未来还可以深入探讨风险驾驶行为、交通流、道路条件、天气等多风险因素之间的耦合影响关系。通过对道路安全水平的量化评价，有效识别高风险路段，科学合理指导交通安全水平提升工作。

二 自行车骑行行为与改善措施

（一）问题提出

近年来，我国电动自行车发展迅速。载至 2022 年底，全国电动自行车社会保有量已超过 3.5 亿辆。然而，电动自行车在带给人们出行便利的同时，也带来了一定的安全风险。2019 年，驾驶电动车自行车造成的事故占非机动车事故总数的 80% 以上，死亡人数达到8639 人，接近非机动车死亡人数的 70%，这给城市交通安全管理与保障带来了巨大的挑战。风险骑行行为作为电动自行车的重要安全隐患备受关注，有学者指出，约四分之一非机动车与机动车间的交通冲突是由非机动车骑行者的风险行为造成的。据统计，电动自行车与机动车间发生的交通事故中，大约 12% 的碰撞是由电动自行车逆行（电动自行车骑行方向与正常交通流行驶方向相反的骑行行为）引起的。因此，为了促进电动自行车交通健康可持续发展，有必要针对电动自行车逆行骑行行为开展深入的研究和分析。

近年来，随着移动互联网飞速发展，共享单车和共享电动自行车内置 GPS 系统能够全天候、高精度、细粒度采集骑行轨迹，突破传统研究中骑行行为难以观察的瓶颈。大规模的骑行轨迹数据为研究风险骑行行为提供了一种新途径，有助于利用大数据探究多种因素对逆行行为的影响。此外，机器学习模型可以挖掘自变量与因变量间复杂的非线性关系，能够较好地预测风险。国内外已有不少研究使用基于梯度提升决策树的复杂模型建模（如 XGBoost、LightG-BM 和 CatBoost），并结合 SHAP 可解释性机器学习框架挖掘特征变量的影响作用。

本小节针对共享电动自行车逆行行为开展研究，挖掘人-车-路-环境中多元要素对逆行行为的影响。基于共享电动自行车运营企业提供的订单轨迹数据，以路段逆行频次为因变量，使用大数据分析方法构建逆行行为预测模型，并利用可解释机器学习框架解析逆行行为致因，为进一步提升电动自行车安全运营管理水平及交通设施的优化提供支撑。

（二）数据来源

本小节研究数据包含四部分：①运营企业订单轨迹数据；②数字地图路网数据；③兴趣点（POI）数据；④道路参数数据。

订单轨迹数据来源于国内某品牌共享电动自行车服务商提供的用户订单轨迹数据，研究选取湖南省长沙市中心城区芙蓉区作为研究对象,该区地处长沙市政治经济文化中心,其辖区内道路条件、交通状态及土地利用性质多样、共享电动自行车骑行量较大,可为影响作用分析提供丰富的数据来源。研究区域的路网数据通过开源地图平台 OpenStreetMap (OSM)获取,路网数据内容包括道路(边)、节点(端点)、道路长度、道路方位角及单双向标识等属性,用于计算道路条件相关特征变量。兴趣点(POI)数据来源于高德地图 API,各类 POI 实现路段聚合,以设施数量作为特征变量取值。机非分隔形式、非机动车道宽度与过街通道间距等特征变量通过百度街景地图进行统计。将多源数据进行清洗和处理,搭建逆行行为影响特征数据库如表 10-13 所示。

逆行行为影响特征数据库   表 10-13

	特征变量	平均值	标准差	最小值	最大值	数据源
因变量	逆行频次	3.456	4.871	0	79	订单轨迹数据
分类变量	工作日/节假日	0:节假日(47.63%);1:工作日(52.37%)				订单轨迹数据
	出行时段	1:7~9 时(11.35%);2:9~11 时(10.87%); 3:11~13 时(11.15%);4:13~15 时(11.06%); 5:15~17 时(10.99%);6:17~19 时(11.57%); 7:19~21 时(11.29%);8:21~23 时(11.07%); 9:23~7(+1d)时(10.65%)				订单轨迹数据
	机非分隔形式	0:无机非分隔(47.31%);1:标线机非分隔(40.87%); 2:护栏机非分隔(5.28%);3:绿化带机非分隔(6.54%)				街景地图
	非机动车道宽度	0:无非机动车道(47.06%);1:窄非机动车道(27.43%); 2:宽非机动车道(25.51%)				街景地图
连续变量	性别(男性)比例	0.595	0.271	0.000	1.000	订单轨迹数据
	平均骑行速度(km/h)	10.787	4.428	0.157	27.522	订单轨迹数据
	平均加速度(km/h)	0.325	0.265	0	4.596	订单轨迹数据
	平均减速度(km/h)	-0.290	0.214	-4.413	0	订单轨迹数据
	过街通道间距(m)	167.881	161.236	0.000	1169.791	街景地图
	公交地铁站数量(个)	0.375	0.701	0	6	导航软件 API
	公司设施数量(个)	4.843	12.970	0	131	导航软件 API
	教育设施数量(个)	2.057	3.923	0	30	导航软件 API
	娱乐设施数量(个)	0.740	1.557	0	14	导航软件 API
	金融设施数量(个)	0.907	1.998	0	18	导航软件 API
	餐饮设施数量(个)	6.209	9.775	0	97	导航软件 API
	政府机构设施数量(个)	1.189	2.659	0	23	导航软件 API
	住宿设施数量(个)	1.949	5.616	0	75	导航软件 API
	医疗设施数量(个)	1.194	2.473	0	43	导航软件 API
	住宅设施数量(个)	0.917	1.488	0	11	导航软件 API
	购物设施数量(个)	14.020	23.835	0	237	导航软件 API

（三）数据应用

1. 自行车骑行数据处理

基于轨迹数据实现逆行行为的精准快速判定是分析的关键。数据处理主要包含轨迹数据切分、轨迹数据清洗、轨迹地图匹配及逆行行为判定四个步骤。

（1）轨迹数据切分。

为了确保骑行轨迹映射到地理信息系统，需要将订单数据切分成相互独立的轨迹点，其中每个轨迹点拥有唯一的经纬度坐标。如表 10-14 所示，切分后每个轨迹点数据包括订单 ID、用户性别、用户年龄、轨迹点时间、轨迹点经度、纬度及起讫点标识。

订单轨迹数据切分　　　　　表 10-14

订单 ID	性别	年龄	时间	经度（°）	纬度（°）	起讫点标识
C0000001	女	20	2020-05-01 11:38:23	112.947393	28.204963	1（起点）
C0000001	女	20	2020-05-01 11:38:29	112.947383	28.204970	0（轨迹点）
C0000001	女	20	2020-05-01 11:38:32	112.947385	28.204971	0（轨迹点）
...	...	...	...	...	...	...
C0000001	女	20	2020-05-01 11:43:07	112.948391	28.205793	2（讫点）

（2）轨迹数据清洗。

共享电动自行车的 GPS 轨迹点可能会受到城市高楼建筑物遮挡等外界因素的干扰而出现数据异常，表现为过大地偏离真实位置（漂移点）或丢失（缺失点），导致轨迹点无法有效映射位置信息。本小节通过对轨迹数据进行清洗，形成可用于逆行行为判定的轨迹链数据集，为逆行行为的致因诊断奠定基础。

清洗轨迹数据时，考虑到异常识别的准确度与宽容度并尽可能多地保留有效轨迹点，对轨迹链进行遍历，设当前轨迹点与其前一点分别为 P_i、P_{i-1}，在处理过程中对漂移点、缺失点及轨迹子链的判定原则进行如下规定：针对漂移点，当 $D_{P_{i-1}P_i} > k \times T_{P_{i-1}P_i}$（其中，$D_{P_{i-1}P_i}$ 为 P_{i-1} 与 P_i 两轨迹点间距离，k 为容许速度上限值，$T_{P_{i-1}P_i}$ 为通过 P_{i-1} 与 P_i 两轨迹点的时间）时，删除轨迹点 P_i；针对缺失点，当 $T_{P_{i-1}P_i} > 60s$ 时，将轨迹截断，生成新的轨迹子链；针对轨迹子链，当轨迹点的个数连续超过 5 个时，将其作为轨迹子链保留。

（3）轨迹地图匹配。

轨迹地图匹配目的是为每一个轨迹点增加与其相匹配的路段编号标识，即轨迹点匹配后无需借助数字地图即可获得其所在位置的道路信息，研究借鉴 Yuan 等开发的地图匹配算法。该算法考虑了 GPS 轨迹的时空网络拓扑信息，并通过设计一种基于交互式投票的策略来模拟轨迹点之间的加权相互影响，以解决复杂路网下由于轨迹数据漂移带来的邻近道路错误匹配问题。具体地图匹配过程如下：

索引：按照时间序列索引轨迹子链及子链中的轨迹点。

匹配：采用最近邻匹配算法，每个轨迹点都与路网交叉计算，以投影距离最小的路段作为匹配目标。

优化:匹配的轨迹点部分可能存在部分误差,将匹配投影距离大于20m的轨迹点删除,优化轨迹链匹配结果。

(4)逆行行为判定。

借助马晓磊等提出的共享单车逆行行为识别方法,该方法以共享单车轨迹数据为驱动,通过创建道路缓冲区,考虑单、双向路不同车辆运行轨迹特征:在单向道路上,骑行方向与道路骑行缓冲区方向相反;在双向道路上,自行车轨迹位于骑行方向左侧的子缓冲区,最终基于地理学、几何学等定义设计算法实现逆行行为识别。基于共享单车逆行行为识别方法,研究结合电动自行车的运行特点,实现单向路和双向路下的逆行行为判定。

①单向路逆行判定。

如图10-45a)所示,单向路具有确定的方位角(0°~360°,以正东方向为0°,逆时针方向增大)。当轨迹点骑行方向角与道路方位角差值超过阈值时将该点识别为逆行点。单向路逆行判定算法如下:

步骤1:按时间序列索引轨迹链的个轨迹点。

步骤2:依次计算轨迹点$P_i(i=1,2,\cdots,N)$与骑行方向角φ_i与道路方位角ω的方位差$|\varphi_i-\omega|$;如果方位差满足$|\varphi_i-\omega|\in[d_1,d_2]$,$d_1=180°-\alpha_d$,$d_2=180°+\alpha_d$,则轨迹点$P_i$识别为逆行点;否则轨迹点$P_i$识别为正常骑行点。

步骤3:当轨迹子链中超过50%轨迹点识别为逆行点时,判定该轨迹子链为逆行子链。

其中,180°为$|\varphi_i-\omega|$的预期值,α_d为$|\varphi_i-\omega|$的容许浮动值,可以选取α_d为45°。

②双向路逆行判定。

如图10-45b)所示,双向路允许双向通行因而没有确定的方向角,逆行表现为在目标方向的道路左侧骑行。因此,通过定义路段的临时方位向量,使用几何学方法判定逆行。判定算法如下:

步骤1:按照时间序列索引轨迹链的N个轨迹点。

步骤2:定义路段一端点到另一端点的临时方位向量;依次定义轨迹点到路段一端点的骑行方向向量;如果满足,则轨迹点识别为逆行点;否则轨迹点识别为正常骑行点。

步骤3:当轨迹子链中超过50%轨迹点识别为逆行点时,判定轨迹子链为逆行子链。

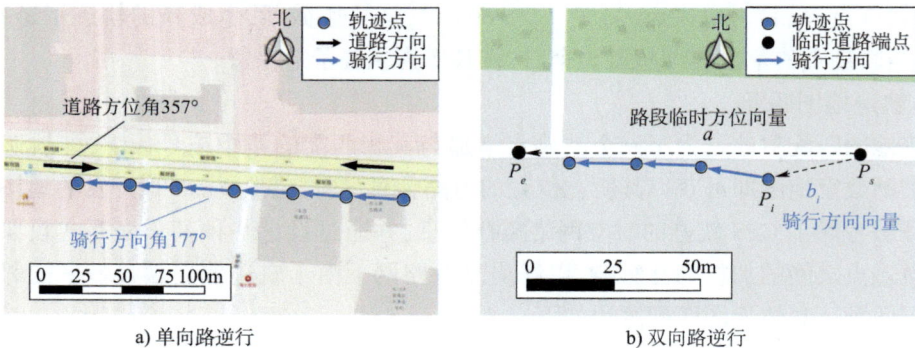

a) 单向路逆行　　　　b) 双向路逆行

图10-45　逆行行为识别示例

　　将所有轨迹进行逆行判定后,以路段为索引计算路段逆行频次以及逆行行为的严重程度,数据库结构如表 10-15 所示。

逆行行为影响特征数据库

表 10-15

类别	符号	特征变量		变量类型
风险骑行行为	Y	路段逆行频次		连续
人口属性	x_1	性别(男性)比例		连续
出行时段	x_2	工作日/节假日	分类	0(节假日)
				1(工作日)
	x_3	时段	分类	1(07:00—09:00]
				2(09:00—11:00]
				3(11:00—13:00]
				4(13:00—15:00]
				5(15:00—17:00]
				6(17:00—19:00]
				7(19:00—21:00]
				8(21:00—23:00]
				9(23:00—07:00(+1d)]
交通状态	x_4	平均骑行速度(km/h)		连续
	x_5	平均加速度(m/s²)		连续
	x_6	平均减速度(m/s²)		连续
道路条件	x_7	机非分隔形式	分类	0(无机非分隔)
				1(标线机非分隔)
				2(护栏机非分隔)
				3(绿化带机非分隔)
	x_8	非机动车道宽度	分类	0(无非机动车道)
				1(窄非机动车道)
				2(宽非机动车道)
	x_9	过街通道间距(m)		连续
公共交通设施	x_{10}	公交站、地铁站数量(个)		连续
土地利用性质 (各类 POI 数量)	x_{11}	公司设施数量(个)		连续
	x_{12}	教育设施数量(个)		连续
	x_{13}	娱乐设施数量(个)		连续
	x_{14}	金融设施数量(个)		连续
	x_{15}	餐饮设施数量(个)		连续
	x_{16}	政府机构设施数量(个)		连续
	x_{17}	住宿设施数量(个)		连续

类别	符号	特征变量	变量类型
土地利用性质 （各类 POI 数量）	x_{18}	医疗设施数量（个）	连续
	x_{19}	住宅设施数量（个）	连续
	x_{20}	购物设施数量（个）	连续

2. 分析方法及结果

本小节选择 CatBoost 模型构建路段逆行频次影响模型，CatBoost 模型是 Gradient Boosting 算法中的一种，是继 XGBoost、LightGBM 之后第三个基于 GBDT 改进的算法，由俄罗斯 Yandex 公司在 2018 年开源。相较于 GBDT、XGBoost、LightGBM 算法，CatBoost 算法有其独特优势：①分类型特征处理，在训练模型之前可以考虑不用通过特征工程去处理分类型特征；②鲁棒性强，减少了对很多超参数调优的需求，并降低了过拟合，更具有通用性。研究基于 CatBoost 模型构建逆行行为致因诊断模型的流程如下。

（1）模型构建与参数调优。

依据路段逆行频次连续且数据库中分类变量与连续变量异构的特点，选择 CatBoost 模型回归算法，考虑人口属性、出行时段、交通状态、道路条件、公共交通设施、土地利用性质方面的多类型特征变量，构建路段逆行频次影响模型。特征变量选择中，各特征变量分别与逆行频次进行双变量相关性检验，结果显示所有特征均与逆行频次存在显著相关关系（$p <$ 0.001）。研究将数据集划分为训练集与测试集，划分比例为 8∶2，用于模型拟合训练与模型性能评价。参数调优可有效防止过拟合，提升模型性能。通过采用参数网格搜索与五折交叉验证进行参数调优，降低模型随机影响。

（2）模型性能评价方法。

选取评价指标均方根误差 E_r（RMSE）、平均绝对误差 E_a（MAE）和决定系数 R_s（R-Square）作为测试集与预测结果的度量，评价模型性能水平。其中均方根误差与平均绝对误差代表误差水平，越接近 0 模型性能越好；决定系数反映模型对因变量变化的解释程度，越接近 1 模型性能越好。评价指标定义如下：

①均方根误差

$$E_r = \sqrt{\frac{1}{N_t} \sum_{i=1}^{N_t} (y_i - \widehat{y_i})^2} \tag{10-23}$$

②平均绝对误差

$$E_a = \frac{1}{N_t} \sum_{i=1}^{N_t} |y_i - \widehat{y_i}| \tag{10-24}$$

③决定系数

$$R_s = 1 - \frac{\sum_{i=1}^{N_t} (y_i - \widehat{y_i})^2}{\sum_{i=1}^{N_t} (y_i - \bar{y})^2} \tag{10-25}$$

式中,N_t 为测试集样本数量;y_i 表示第 i 个测试样本值;$\hat{y_i}$ 表示第 i 个预测样本值,$\bar{y}$ 为所有测试集样本的平均值。

(3)模型结果分析。

构建传统统计学方法负二项回归模型与三种基于加权决策树的机器学习 CatBoost、XG-Boost、LightGBM 模型进行比较,验证模型预测能力。另外,为了消除机器学习划分训练集与测试集的随机影响,对三种机器学习模型更换随机状态进行 100 次循环测试,最终获得模型性能评价指标如表 10-16 所示。

模型评价指标统计特性　　　　　　　　表 10-16

模型	E_r			E_a			R_s		
	平均值	最大值	最小值	平均值	最大值	最小值	平均值	最大值	最小值
负二项回归	13.719	—	—	2.907	—	—	0.524	—	—
CatBoost	**2.608**	**2.891**	**2.447**	**1.643**	**1.705**	**1.579**	**0.714**	**0.762**	**0.672**
XGBoost	2.660	2.912	2.487	1.671	1.747	1.606	0.703	0.750	0.654
LightGBM	2.683	3.046	2.485	1.677	1.788	1.602	0.698	0.744	0.651

比较模型各评价指标统计平均值可知,CatBoost 模型均方根误差与平均绝对误差最低($E_r=2.608$ 次,$E_a=1.643$ 次),同时决定系数平均值最高($R_s=0.714$),表明机器学习模型性能优于负二项回归模型,CatBoost 模型更适合进行路段逆行频次预测,拥有较好的回归预测能力。

为了探究重要特征变量与逆行频次间的影响作用,基于 SHAP 可解释机器学习框架对训练后的 CatBoost 模型进行解释,解析特征变量对逆行频次预测的综合影响作用,以实现共享电动自行车逆行行为影响分析与成因诊断。

首先,观察图 10-46 SHAP 特征概要图,模型所有特征变量中前 10 个重要特征依次为:工作日/节假日>性别(男性)比例>餐饮>过街通道间距>时段>平均加速度>公交地铁站>公司>娱乐>平均减速度。另外,SHAP 特征概要图中每一点代表样本在相应特征上的 SHAP 值,颜色则表示样本自身特征值的大小,如在分类变量工作日/节假日中,工作日对逆行频次呈现正向影响,节假日则呈现负向作用。从餐饮设施特征来看,设施数量越多对于逆行频次的发生影响程度越大。

由图 10-46 可以看出,出行时段方面,工作日/节假日是影响逆行的主要因素,工作日下的 SHAP 值显著高于节假日,表明工作日时更易发生逆行行为;人口属性方面,男性比例大小对逆行频次的影响没有明显的倾向性,即男性和女性都可能产生逆行,其具体的影响结果需要进一步探究;土地利用方面,道路周围餐饮设施越多,逆行行为发生概率越大;同理,公司、娱乐、教育、购物、住宿、医疗、住宅、金融等设施对逆行行为亦具有一定影响;公共交通设施方面,地面公交站与地铁站出入口越多,对逆行行为的正向影响越大,这与公共交通设施对共享电动自行车的吸引有关。为了进一步理解特征变量与逆行的影响关系,绘制各属性单特征 SHAP 部分依赖图研究特征变量对预测值的边际效应。SHAP 部分依赖图横坐标为特征值,主纵坐标为相应的 SHAP 值,次纵坐标为一定区间内的 SHAP 平均值。

图 10-47 为公共交通设施与部分土地利用性质 SHAP 部分依赖图。公共交通设施方面,

图 10-47a) 显示了公交地铁站数量对逆行频次的影响,当公交地铁站数量小于或等于 2 时, SHAP 平均值上升;之后,SHAP 平均值相对平稳;当公交地铁站数量增至 6 时,SHAP 平均值再次显著上升。结果表明,逆行频次随着公交地铁站数量增加而增加。

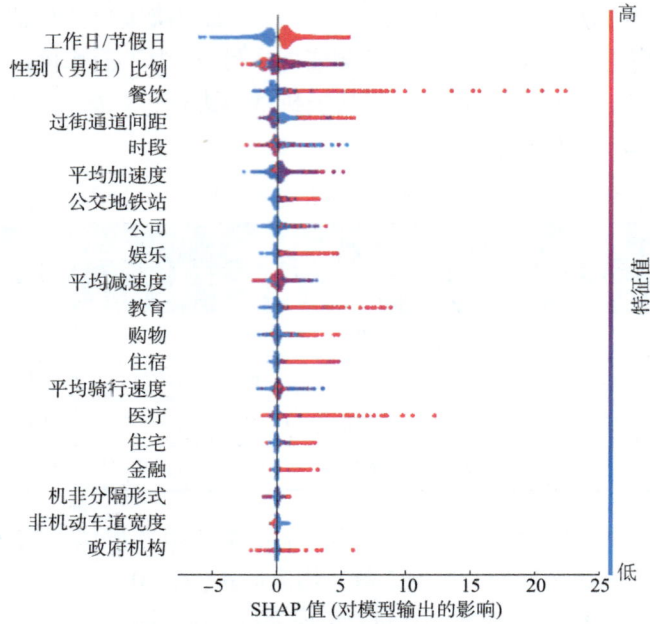

图 10-46 SHAP 特征概要图

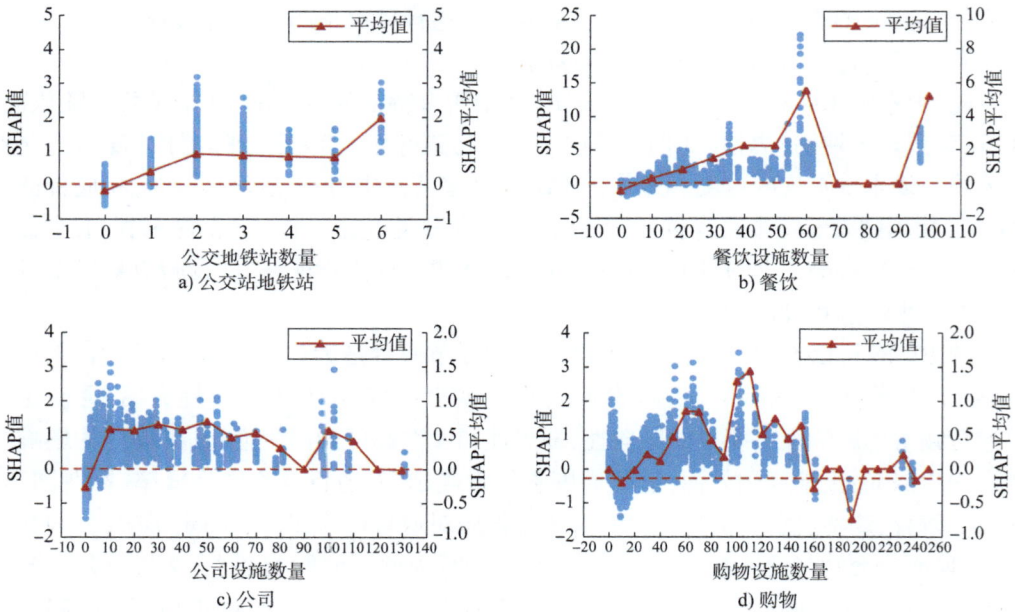

a) 公交站地铁站

b) 餐饮

c) 公司

d) 购物

图 10-47 公共交通设施与土地利用性质 SHAP 部分依赖图

土地利用性质方面,图 10-47b)、c)、d) 分别为餐饮、公司和购物设施对逆行的影响,均表现为在一定范围内设施数量与逆行频次呈现正相关,超过某一阈值后 SHAP 平均值开始下降,但基本都维持大于 0 的趋势。这些结果表明,路段上餐饮、公司和购物等设施对逆行的影响是非线性的,在一定数量范围内,路段上设施越集中越容易发生逆行行为。这与共享单车逆行的影响规律具有一定的相似性,理解这种非线性影响对于不同用地性质区域采用地域差异化政策,这对于提升非机动车骑行的安全性至关重要。

图 10-48 为出行时段、人口属性、交通状态 SHAP 部分依赖图。出行时段方面,图 10-48a)为时段属性的逆行影响,各个时段对逆行频次的影响存在明显差别,早高峰(标签 1:7—9 时)与晚高峰(标签 6:17—19 时)SHAP 值大于 0 且大于其他时段,说明早晚高峰期间的逆行行为频次较高;日间平峰及夜间 SHAP 平均值小于 0,表明该时段与逆行存在负相关关系。

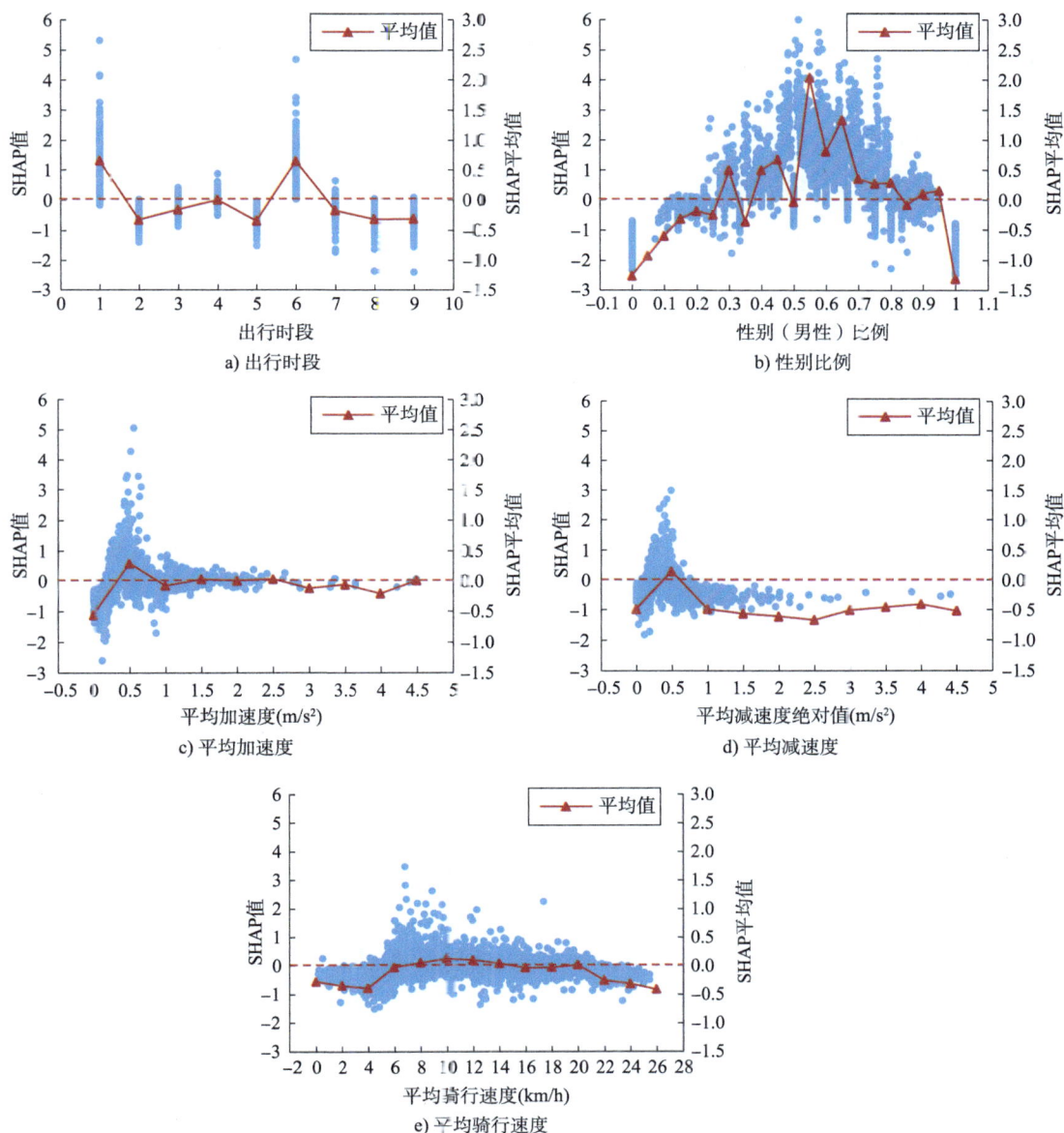

a) 出行时段　　　　　　　　　b) 性别比例

c) 平均加速度　　　　　　　　d) 平均减速度

e) 平均骑行速度

图 10-48　出行时段、人口属性、交通状态 SHAP 部分依赖图

人口属性方面,图 10-48b)显示了性别(男性)比例对逆行行为频次的影响。骑行人男性比例属性幅度对 SHAP 值影响幅度较大且呈现非线性影响,该比例在 0.3~0.8 之间时逆行频次增多,而仅有男性或女性时逆行降低。表明男性、女性混合时逆行次数多,可能由于男女生理、心理的差别导致骑行的速度、环境、安全认知存在差异,可能存在相互影响,其复杂的影响机理需进一步深入分析。

交通状态方面,图 10-48c)、d)显示了速度变化与逆行的相关关系,平均加速度与平均减速度部分依赖图具有相似的趋势。加速度小于 $0.3m/s^2$ 时不易发生逆行行为,处于 $0.3~1.0m/s^2$ 之间时易发生逆行行为,增至 $1.0m/s^2$ 后其影响作用较小。图 10-48e)显示了骑行速度与逆行的相关关系,当骑行速度在 6~16km/h 之间时与逆行存在正相关关系,骑行速度较低或较高时存在负相关关系。综合分析交通状态表明,骑行速度与逆行行为相互影响,在骑行速度较低且加速度较小的路段中,其交通流可能处于接近饱和状态,逆行发生的概率较低。当骑行速度较快且加速度较大时可能交通流量较小,骑行人受到道路周围设施吸引较小,不易发生逆行。当骑行速度适中且加速度频繁变化时,交通流内部互相干扰多可能处于交通流量较大区域,骑行人会因受到公共交通设施和多种土地利用性质的影响而发生更多逆行行为;同时,逆行时因受到顺行交通流的阻力,骑行难以提升速度,也会表现出一定范围的速度、加速度变化。

图 10-49 为道路条件 SHAP 部分依赖图。图 10-49a)显示了过街通道间距对逆行频次的影响。首先,过街通道间距为 0 时,SHAP 平均值大于 0,表明在无物理隔离路段,为了方便到达目的地,骑行人会随时穿越道路,过街掉头并发生逆行行为;其次,当过街通道间距在 50~400m 之间时,SHAP 平均值小于 0,表明在此过街通道间距的区间范围内,骑行人可以接受的额外出行距离,骑行人更倾向于选择安全的绕行方式到达目的地;另外,当过街通道间距在 400~600m 之间时,逆行频次显著增加,表明该间距已经超过骑行人的忍耐距离,从而出现较多的逆行行为;最后,当过街通道间距大于 600m 时,该特征对逆行行为的影响作用较小。通过查看导致该结果的样本,发现长距离过街通道间距主要为跨江跨河桥、高架桥等特殊道路,无过街设施情况下非机动车骑行人自然不可改变骑行方向。因此,过街通道间距的合理设计对非机动车通行安全的影响较大。

另外,机非分隔形式特征 SHAP 部分依赖图如图 10-49b)所示,机非分隔形式对逆行频次也存在一定影响。可以看出,无非机动车道(标签 0)与标线机非分隔(标签 1)的 SHAP 平均值接近于 0,表明标线分隔的非机动车道与无非机动车道的影响相似,且与共享电动自行车逆行关系较小。护栏机非分隔(标签 2)与绿化带机非分隔(标签 3)则与逆行频次呈现相反影响。护栏分隔一般出现在次干路与支路,此类道路电动自行车过街较为便利,且护栏分隔的非机动车道一般较窄,逆行的安全风险较大,使骑行人感到危险,故逆行概率较低。而绿化带分隔的非机动车道一般出现在路幅较宽的道路,此类路段过街通道间距较大,过街便利性较差,同时绿化带的机非分隔为逆行提供了安全空间,发生逆行的概率较大。因此,在规划非机动车道时应该考虑合理的非机动车道宽度与便捷的过街设施,同时也可以看出机非分隔形式与其他特征变量存在交互影响的可能,需要进一步深入考虑多特征变量对逆行频次的交互影响。

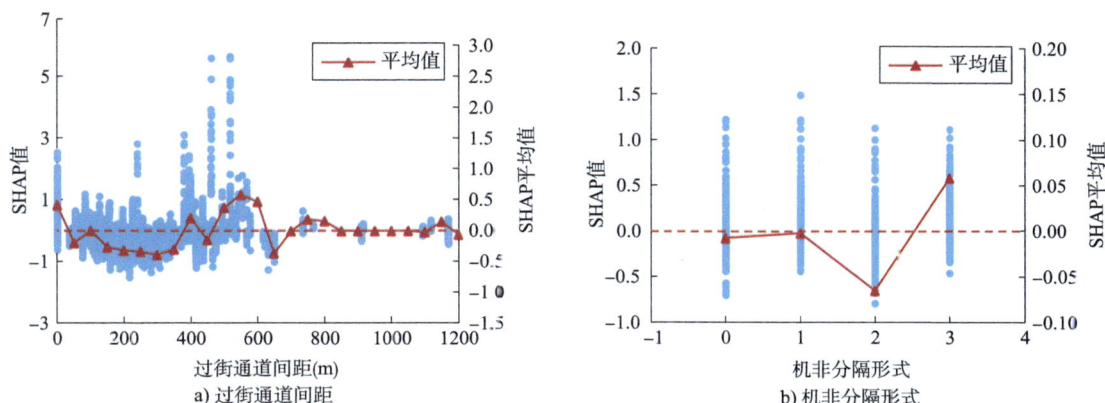

图 10-49 道路条件 SHAP 部分依赖图

3. 自行车交通安全改善措施

本小节研究结论可为共享电动自行车安全运营管理的改善举措提出针对性的建议。例如：

（1）通过加强现场执法、宣传教育应对工作日早高峰 7—9 时、晚高峰 17—19 时逆行频发的现象。

（2）合理规划设计道路交通设施，建议非机动车出行集中的路段适当增加道路过街设施，将过街通道间距控制在 400m 以内，在道路条件允许和非机动车流量适宜时多采用物理隔离的机非隔离设施等。

（3）合理规划骑行空间和停车空间，如在餐饮、公司、购物等重要影响设施密集的路段适当增加过街通道，加强路边停车管理，在公交地铁站出口附近增加停车点等。

（4）对于公共交通设施与土地利用性质的非线性影响，应考虑采用地域差异化的政策，保障和提升共享电动自行车的骑行安全。

（四）小结

本小节基于共享电动自行车 GPS 轨迹数据，对共享电动自行车骑行的逆行行为开展分析。

（1）通过准确识别骑行轨迹中的逆行行为，以路段逆行频次为因变量，使用机器学习CatBoost 模型建立路段逆行频次影响模型，结合 SHAP 可解释性机器学习框架可视化解析影响逆行行为的人-车-路-环境多元要素间的关系，为共享电动自行车安全运营管理、道路交通设施优化及靶向治理、精准施策提供理论支撑。

（2）为进一步深入探究共享电动自行车逆行行为的影响因素，开展多因素交互的影响分析，获取更加精细的道路设施参数，考虑兴趣区面积以消除兴趣点数量的空间偏差，以及研究骑行人心理、态度等人因对逆行行为的影响将十分必要。未来可将逆行行为影响研究推广到共享电动自行车其他风险骑行行为的研究，助力共享电动自行车行业安全健康发展。

（3）共享电动自行车与共享单车存在相似的特点，例如两者拥有相似的逆行比例，并且这两种交通方式逆行频次都会受到公共交通设施、土地利用性等特征的非线性影响，但影响程度存在差别。因此,一定程度上可以将共享电动自行车与共享单车的管理措施互相借鉴,两者的差异也值得深入剖析。

第三节 风险驾驶行为及矫正干预

一 职业驾驶员安全绩效评价

(一)问题提出

随着互联网技术的发展,出租汽车行业发生了很大的变革,网约车作为一种新型的出租汽车运营方式已经在全世界范围内开展。它的出现很大程度上提高了人们的出行效率,不过也带来了一些交通安全上的风险隐患。为了获取更高的市场利润,一些网约车公司盲目地增加驾驶员数量,最终使得一些驾驶水平较低的驾驶员进入行业。此外,平台对驾驶员的日常安全管理手段欠缺,导致网约车交通事故频发。以杭州市为例,2019—2021 年,涉及网约车的交通事故共造成 69 人受伤,16 人死亡。

针对网约车事故频发的现状,加强对网约车驾驶员的安全管理是非常必要的,而驾驶员管理的核心在于解决驾驶员的安全评价问题。网约车信息采集设备记录的驾驶行为事件数据,为驾驶员安全评价提供了机遇。根据其收集的危险驾驶行为数据,研究人员可以利用统计分析方法对驾驶员群体进行风险等级划分,实现对风险等级较高的驾驶员的针对性安全管控。这种虽然在一定程度上帮助驾驶员了解了自身的驾驶风险,但是这种群体性的评估不够细致,无法对单个驾驶员进行定量分析。

本小节利用数据包络分析的方法对每个网约车驾驶员的安全状况进行评估,它不仅可以充分量化每个驾驶员的安全风险,根据其数值大小对驾驶员进行安全排序,还可以进一步指出一些驾驶员安全状况差的原因和改进方向,为管理者提供更多有价值的信息。

(二)数据来源

从实际的统计数据出发,对于所有的驾驶员而言,发生事故是一种小概率事件。因此,针对驾驶员的驾驶安全评估多以事故替代指标为基础。研究所用的数据来源于中国某网约车平台,该网约平台所使用的汽车上装有车载设备,可实时记录车辆行驶状况和驾驶员驾驶状态(通过算法识别驾驶员是否出现疲劳、看手机等情况)。

选取驾驶过程中出现的疲劳、超速、看手机和风险驾驶行为事件频次作为表征驾驶风险的指标,相关危险驾驶行为定义见表10-17。

采集某市 97 名网约车驾驶员在 2020 年 6 月的驾驶行为数据,包括每个驾驶员在采集时间段内的行驶距离和各种危险驾驶行为累计数量,以研究网约车驾驶员的驾驶安全水平。

以 5 号和 13 号驾驶员为例,最终形成的驾驶员安全评价数据信息清单,示例见表 10-18。

危险驾驶行为	描述
风险驾驶行为	车辆横、纵方向加速度超过特定范围记作一次,其中纵向范围为 $-4.5 \sim 3m/s^2$,横向范围为 $-4 \sim 4m/s^2$
超速	车辆导航车速超过道路限速20s记作一次
疲劳	单次闭眼时间持续 2s 或打哈欠记作一次
看手机	开车时将手机切换到后台系统运行,后又切换回网约平台应用程序(用于预订和导航,由网约车公司设计),间隔时间超过2s记作一次

驾驶员编号	距离(km)	风险驾驶行为(次)	超速(次)	看手机(次)	疲劳(次)
5	3385.9	37	631	108	20
13	2939.6	40	311	184	3

(三)分析方法及结果

1.分析方法

(1)数据包络分析。

数据包络分析(DEA)是一种评估相同类型个体或单位优劣的综合评估方法,常常被用于评估工业生产部门的效率或者同类型组织的工作绩效。在 DEA 中,受评估的单位或组织被称为决策单元(DMU)。DEA 通过选取决策单元的多项投入和产出数据,利用线性规划,以最优投入与产出作为生产前沿(所有的 DMU 的投入和产出可以对应一个投入产出的集合,这个集合的边界,即表示以现有的投入获得最大的产出或是在现有的产出条件下最小投入的边界,被称为生产前沿)。通过比较决策单元偏离 DEA 生产前沿的程度对被评价决策单元的相对有效性进行综合绩效评价。其基本思路是:通过对投入产出数据的综合分析,得出每个 DMU 的相对效率值,确定各 DMU 是否为 DEA 有效。其中,位于前沿面上(效率值为1)的 DMU 被认为是 DEA 有效;位于前沿面外,相对效率值在 0 和 1 之间的 DMU 被认为是非 DEA 有效,而且离前沿面边界越近,其效率数越高。

第一个数据包络分析模型是 Charnes、Cooper 和 Rhodes 提出的 CCR 模型,该模型假设生产表现出恒定的规模收益,即产出与投入成比例增加。它是用来研究具有多项输入、多项输出的"生产部门"时衡量其"规模有效"和"技术有效"较为方便,而且是卓有成效的一种方法和手段。自从该方法提出以来,就广泛应用于各个行业的有效性评价上。1984 年,Banker、Charnes 和 Cooper 对 CCR 模型进行了改进,提出了 BCC 模型。BCC 模型改变了 CCR 模型中规模报酬不变的设定,改为了规模报酬可变。换句话说,投入总和与产出总和不是成比例增加的。

尽管驾驶员不是传统工业生产的生产单元,但对于驾驶安全性而言,驾驶员所追求的安全效率就是行驶距离更多的情况下保持尽可能少的危险行为数量。一般情况下,驾驶员出现的危险行为数量会随着行驶距离的增加而增加,为简单起见,本小节认为危险驾驶行为频次与行驶距离是成比例增加的,因此采用 CCR 模型对网约车驾驶员的安全效率进行评估。将每个驾驶员作为待评价的决策单元,将驾驶员行驶过程中出现的各种危险驾驶行为频次作为决策单元的输入,将行驶里程作为决策单元的输出。

假设样本中有 n 个 DMU,每个 DMU 有 p 种投入和 s 种产出。假设 $x_{ij}(i=1,2,\cdots,p;j=1,2,\cdots,n)$ 表示第 j 个 DMU 的第 i 种投入,$y_{rj}(r=1,2,\cdots,s;j=1,2,\cdots,n)$ 表示第 j 个 DMU 的第 r 种产出,$v_i(i=1,2,\cdots,p)$ 表示第 i 种投入的权重,$u_r(r=1,2,\cdots,s)$ 表示第 r 种产出的权重。

决策单元 j_0 的效率数学模型为:

$$\max\left(\frac{u^{\mathrm{T}}Y_{j0}}{v^{\mathrm{T}}X_{j0}}\right) \tag{10-26}$$

$$\mathrm{s.\,t.}\begin{cases}\dfrac{u^{\mathrm{T}}Y_j}{v^{\mathrm{T}}X_j}\leqslant 1,j=1,2,\cdots,n\\[2mm] u\geqslant 0,v\geqslant 0\end{cases}$$

式中,向量 $X_j=[x_{1j},x_{2j},x_{3j},x_{4j},\cdots,x_{pj}]^{\mathrm{T}}$ 和向量 $Y_j=[y_{1j},y_{2j},y_{3j},y_{4j},\cdots,y_{pj}]^{\mathrm{T}}$ 分别代表第 j 个 DMU 的输入向量和输出向量,$v=[v_1,v_2,\cdots,v_p]^{\mathrm{T}}$ 和 $u=[u_1,u_2,\cdots,u_s]^{\mathrm{T}}$ 分别是输入权重向量和输出权重向量,则第 j 个 DMU 的效率评价指数为 $h_j=(u^{\mathrm{T}}Y_j)/(v_j^{\mathrm{T}}X_j)$。

借助 DEA 模型可以计算得到所有驾驶员的安全效率值,将安全效率值等于 1 的驾驶员定义为"DEA 有效驾驶员",将安全效率值小于 1 的驾驶员定义为"非 DEA 有效驾驶员"。

(2)松弛变量。

在 DEA 模型的规划公式中,引入松弛变量 s^+、剩余变量 s^- 和无穷小量 ε。松弛变量表示达到最优配置需要减少的投入量,剩余变量表示达到最优配置需要增加的产出量。由此,不等式约束会变为等式约束,模型可以简化为:

$$\min\left[\theta-\varepsilon(s^-+s^+)\right] \tag{10-27}$$

$$\mathrm{s.\,t.}\begin{cases}\displaystyle\sum_{j=1}^{n}\lambda_j Y_j-s^+=Y_{j0}\\[3mm]\displaystyle\sum_{j=1}^{n}\lambda_j X_j+s^-=\theta X_{j0}\\[2mm]s^+\geqslant 0,s^-\geqslant 0\\[1mm]\lambda_j\geqslant 0(j=1,2,\cdots,n)\end{cases}$$

式中,θ 是第 j 个 DMU 的评价效率,λ 为新构成的第 j 个 DMU 的组合比例。通过以上公式,可以求解得到模型的最优解 θ^*、s^{+*} 和 s^{-*},用来解释各个 DMU 的有效性问题:当 $\theta^*=1$ 并且 s^{+*} 和 s^{-*} 都等于 0 时,这个 DMU 为 DEA 有效。当 $\theta^*=1$ 并且 s^{+*} 或 s^{-*} 不等于 0 时,这个 DMU 为 DEA 弱有效。当 $\theta^*<1$ 时,DMU 是无效的。

同时,DMU 各个投入指标的松弛变量的大小,可以反映 DMU 该指标的投入过量状况。如果一个指标松弛变量等于零,代表这个指标没有出现投入赘余,否则说明该指标投入过量。如果驾驶员的某个危险驾驶行为指标出现松弛变量大于 0 的状况,说明该驾驶员的这种行为导致了较低的驾驶安全效率。

(3)超效率 DEA 模型。

针对基于 DEA 算法得到的驾驶员安全效率值,非 DEA 有效驾驶员可以按照其效率值的大小进行安全程度排序,并且借助投入指标的松弛变量值,得到各个驾驶员安全行驶的改进方向。然而,通过 DEA 算法计算得到效率值为 1 的评估单元可能会出现多个,因此无法评估这些决策单元的优劣,需要进一步进行排序比较。

采用超效率 DEA(SE-DEA)算法,对 DEA 有效驾驶员进行二次分析。超效率 DEA 模型是由 Andersen 和 Petersen 于 1993 年提出的,它克服了传统 DEA 模型只能区分出决策单元规模报酬有效与否、在规模报酬有效情况下决策单元难以比较效率高低的弊端。其具体做法是,评价某一个决策单元时,将其剔除于决策单元集合之外,使得计算出的决策单元综合效率不再限制于 0~1,有可能大于 1,进而对各决策单元进行比较和排序。

超效率 DEA 模型数学表达式如下:

$$\max\left(\frac{u^{\mathrm{T}}Y_{j0}}{v^{\mathrm{T}}X_{j0}}\right) \tag{10-28}$$

$$\mathrm{s.\,t.}\begin{cases}\dfrac{u^{\mathrm{T}}Y_{j}}{v^{\mathrm{T}}x_{j}}\leqslant 1,(j=1,2,\cdots,n;j\neq j_{0})\\ u\geqslant 0,v\geqslant 0\end{cases}$$

(4)基于数据包络分析的驾驶安全评价总体框架。

基于以上的模型方法,构建一种网约车驾驶员的安全绩效评估方法架构,如图 10-50 所示。其基本步骤包括:

①将各类危险驾驶行为和车辆行驶距离分别作为投入指标和产出指标放入 DEA 模型,得到所有驾驶员的安全效率值,根据其数值大小将驾驶员分为 DEA 有效驾驶员(安全效率值 =1)和非 DEA 有效驾驶员(安全效率值 <1)。

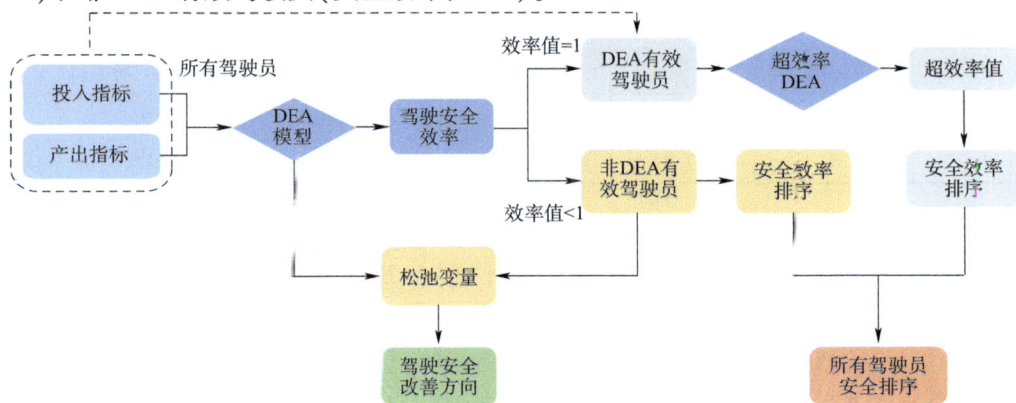

图 10-50 驾驶安全评价方法框架

②对于非 DEA 有效驾驶员,一方面根据安全效率值大小进行排序,另一方面借助 DEA 模型中的松弛变量探究这些驾驶员安全效率值偏低的原因。

③对于 DEA 有效驾驶员,使用超效率 DEA 模型进行二次分析,得到二次分析的超效率值,从而对这些驾驶员进行安全程度排序。

④最终获得所有驾驶员的驾驶安全排名,并为排名落后的驾驶员指明了改善和提升驾驶安全水平的方向。

2. 研究结果

(1)驾驶员划分。

采用数据包络分析模型专用软件(如 DEAP-XP)对 97 名网约车驾驶员的安全效率进行评估计算。最终结果发现,86 名驾驶员安全效率值小于 1,为非 DEA 有效;11 名驾驶员安全效率值为 1,为 DEA 有效。

(2)非 DEA 有效驾驶员行为优化。

在 DEA 模型中,松弛变量被用来表征 DMU 的投入冗余或产出不足的程度。即当投入指标的松弛变量值大于 0 时,代表该指标的投入过多,产出并未增加,造成了浪费。通过对投入指标的松弛变量的解析,可以得到各个 DMU 的改进方向。而驾驶员作为 DMU,当某个投入指标的松弛变量出现大于 0 的情况时,代表该驾驶员此类风险驾驶行为偏多,从而导致了非 DEA 有效的驾驶员出现效率不足的状况。这时,就可以基于结果对驾驶员的驾驶行为进行针对性的改进。表 10-19 列举了随机选取的几个非 DEA 有效驾驶员导致安全效率较低的危险驾驶行为因素,或者说是需要改进的危险驾驶行为。以 7 号驾驶员为例,其看手机的松弛变量数值为 202.68 > 0,因此 7 号驾驶人需要改进的危险驾驶行为是看手机。

非 DEA 有效驾驶员的行为改进   表 10-19

驾驶员编号	松弛变量数值				行为因素
	风险驾驶行为	超速	看手机	疲劳	
7	0	0	202.68	0	看手机
11	0	0	10.54	0	看手机
24	0	0	20.34	2.68	看手机,疲劳
35	86.19	0	70.12	0	风险行为,看手机
77	48.84	0	0	4.92	风险行为,疲劳
81	0	157.84	0	0	超速

(3)驾驶员效率排序。

非 DEA 有效驾驶员的安全效率值介于 0 ~ 1 之间,其安全程度可以根据效率值的大小进行排序。

对于 DEA 有效驾驶员而言,其安全效率值都相等(效率值均为 1),因此为了对所有驾驶员的安全效率进行更细致的排序,需要对 11 名 DEA 有效驾驶员进行进一步分析。采用超效率 DEA 模型对 DEA 有效驾驶员进行二次分析,将投入指标和产出指标输入到超效率

DEA 模型中,得到的驾驶员安全超效率值不再有小于 1 或等于 1 的约束,这样可以根据超效率值对 DEA 有效驾驶员进行排序。超效率值可以根据超 DEA 模型程序进行计算,表 10-20 展示了 11 个驾驶员的超效率值。

DEA 有效驾驶员的超效率信息 表 10-20

驾驶员编号	超效率值	驾驶员编号	超效率值
12	1.961	83	1.992
17	1.404	85	1.068
46	1.039	88	1.051
48	1.108	45	2.181
72	1.242	54	1.587
78	1.872		

最终,对所有驾驶员按照其效率值(或超效率值)大小进行排序,得到这些驾驶员的安全状况排名。

(四)小结

本小节针对网约车驾驶员的驾驶安全评价问题,利用危险驾驶行为事件数据,借助非参数综合评估模型——数据包络分析(DEA),提出一种基于危险驾驶行为的驾驶员安全绩效评估方法,实现网约车驾驶员的驾驶安全评估。

(1)量化驾驶安全风险,并对驾驶员安全程度进行排序。使用车载信息采集设备收集了 97 名驾驶员一个月的驾驶行为数据,得到了网约车驾驶员在行驶过程中产生的各类危险驾驶行为次数和行驶总里程,并将它们分别作为 DEA 模型的输入和输出,最终获得每个驾驶员的相对安全效率值和安全程度排序。

(2)分析每个驾驶员驾驶风险形成原因。借助 DEA 模型,得到每个驾驶员投入指标的松弛变量,其数值大小表明了各个安全效率较低的驾驶员安全性不足的原因和改进方向,便于后期安全状况的改善。

(3)根据研究结果,个体驾驶员可以更好地了解自己的驾驶表现,在日常驾驶中加强驾驶安全管理,管理人员可以开展针对性培训和宣教,以优化驾驶员的驾驶行为。

二 职业驾驶员培训干预

(一)问题提出

2021 年,全国超过 6.1 万人在交通事故中死亡,约 25 万人受伤。而危险驾驶行为(包括超速驾驶、酒后驾驶、分心驾驶、疲劳驾驶等)是导致交通事故的重要因素。作为需要长时间参与驾驶活动的职业驾驶员,其驾驶行为直接影响乘客的生命安全。因此对职业驾驶员的危险驾驶行为进行科学管理具有重要的现实意义。

系统化的驾驶安全教育培训是增强驾驶员风险意识和危险辨识能力的有效手段。但是,教育培训的对象是人,人对教育的接受程度各不相同,有必要根据驾驶员个体特征制定针对性的、差异化、个性化的教育培训方法,以期显著提高培训的有效性,进而综合提升驾驶员驾驶的安全性。事实上,前人研究已经表明,不同培训方法的培训效果在驾驶员群体间呈现明显的差异性。并且,由于个体属性特征的差异性,也会表现出不同的社会属性、教育需求的差异性。可见,有必要面向人因特征开展驾驶员教育培训干预方面的深入研究,以提升驾驶员安全管理的有效性。

因此,本小节基于网约车平台采集的驾驶员数据,旨在开发一种面向驾驶员群体的"千人千面"驾驶教育培训优化方法。为提高教育培训的针对性,在驾驶员风险值排序的基础上选择高风险驾驶员。同时,为了促进教育培训的多样性,需要根据驾驶员的价值取向和目标取向,考虑驾驶员的个体特点,通过问卷量表对驾驶员进行分类。进而,设计针对不同驾驶员类型的反馈内容、反馈方式及反馈时间,搭建教育培训辞典,最终建立一种有针对性、差异化的矫正驾驶员风险驾驶行为的教育培训干预方法。

(二)方案设计

开发了一种基于不同类型驾驶员的有针对性的、差异化的风险驾驶行为教育培训优化方法(Targeted and Differentiated Optimization Method of Risky Driving Behavior Education and Training,TDOM-RDBET)。

TDOM-RDBET 的开发过程包括三个步骤。首先,根据通过驾驶行为数据和个人特征计算出的风险综合得分,选择高风险的驾驶员。其次,根据包含目标取向、价值取向和人口统计信息的调查问卷,将驾驶员分为不同的类型。最后,根据不同类型驾驶员的动机,设计了不同类型驾驶员和不同风险驾驶行为的相应反馈。主要步骤如图 10-51 所示。

1.高风险驾驶员选取

为了提高培训的针对性,以驾驶员的综合风险评价得分为基础,考虑驾驶员培训前的风险状况。经驾驶员授权,基于网约车平台开发的驾驶员历史驾驶行为数据评估其安全风险水平,风险值反映了驾驶员未来发生交通事故的可能性。数值越高,说明驾驶员的风险越大。风险值的计算基于驾驶员过去 60 天 300 单的危险驾驶行为数据和个人特征(如年龄、性别、驾龄、工作资历)。平台记录驾驶员的危险驾驶行为包括超速、疲劳驾驶、分心驾驶、急加速、急减速、急转弯,以及路口的其他危险驾驶行为。考虑上述风险行为的频率、持续时间、百分比和其他指标。基于此,计算驾驶员的风险值排名,从 0 到 1 代表了驾驶员在网约车平台所有驾驶员中的风险值排名。

根据每个驾驶员的风险值排名,选择高风险的驾驶员作为目标人群,进一步研究定制的、有针对性的教育培训方法。

2.驾驶员类型划分

(1)问卷设计。

不同的个体特征导致不同的行为动机,驾驶员改变驾驶行为的动机主要受价值取向和目标取向两个社会属性的影响。

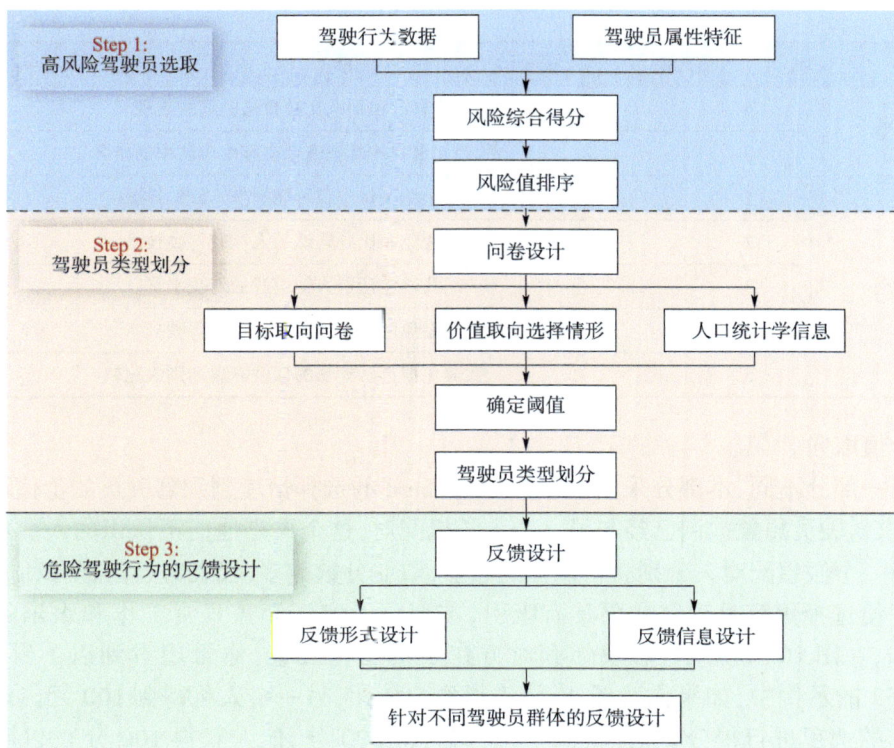

图 10-51　TDOM-RDBET 的框架和评估流程图

驾驶员的价值取向各不相同,对待个人自身收益和他人收益的重视程度存在差异,根据价值取向可以将驾驶员分为自我型与公益型。自我型更在乎自身收益,而公益型则更追求对社会更有益。同样,驾驶员的目标取向可分为两类,即学习型和竞技型。学习型驾驶员自身主动期望通过学习提升驾驶技能,竞技型驾驶员更愿意通过与他人的比较进而促使学习。

本小节设计了一份自填问卷来收集实证数据。问卷由三部分组成:第一部分涉及目标取向,第二部分涉及价值取向,第三部分收集人口统计资料。

①目标取向。

本部分包含 10 道题,其中 5 道题测试驾驶员是否为竞技型,其余 5 道题测试驾驶员是否为学习型。测试题修改自 Hibberd 的测试。表 10-21 显示了与目标取向相关的问题。所有问题均采用五级李克特量表进行测量:"强烈不同意""不同意""中立""同意""强烈同意"。回答的分值从 1(表示"强烈不同意")到 5(表示"强烈同意"),评分越高,态度越积极。

目标取向部分的题项　　　　　　　　　　　　　　表 10-21

目标取向	问题序号	问题内容
竞技型	1	我喜欢展示自己在驾驶技术方面比其他人,如同事和朋友表现得更好
	2	当别人知道我有很好的驾驶技术时,我很享受
	3	我努力想办法向别人展示我的驾驶技术

续上表

目标取向	问题序号	问题内容
竞技型	4	我喜欢和别人比较自己的驾驶表现
	5	我想知道我的驾驶表现在整个车队中的排名
学习型	1	我避免工作中我可能操作不好的情况
	2	我避免和比我熟练的人比较驾驶技术
	3	我避免让别人知道我的驾驶水平
	4	我避免向别人展示我良好的驾驶技术
	5	我避免把自己糟糕的驾驶表现和别人比较

②价值取向。

与上一部分不同，本部分采用了修改自 Hibberd 的选择情境判别驾驶员的价值取向。任务中，要求驾驶员想象他们已经与另一个人随机配对，这个人是他们不认识的人。他们将为自己和另一个假想配对人分别获得期望的收益，收益分数越多，代表对自己越有利。

为了使选择更容易理解和更具有吸引，本部分设定了涵盖日常工作和娱乐的具体情景。例如，在图 10-52 所示，假设你和对方在手机上抢红包，你希望看到以下哪种情况？如图 10-53 的示例中，如果你选择 A，你将得到 500 元，另一个人将得到 100 元。最后根据被试所选的选项进行得分评估（本例中，被试获得 500 分，他人获得 100 分），以确定价值取向类型。

	A	B	C
你获得的	480	540	480
别人获得的	80	280	480

a)

	A	B	C
你获得的	500	500	570
别人获得的	500	100	300

b)

	A	B	C
你获得的	560	500	500
别人获得的	300	500	100

c)

	A	B	C
你获得的	510	560	510
别人获得的	510	300	110

d)

	A	B	C
你获得的	520	520	580
别人获得的	520	120	320

e)

图 10-52　价值取向的测试题目

	A	B	C
你获得的	500	500	550
别人获得的	100	500	300

图 10-53　价值取向部分选择情境的具体场景示例

③人口统计信息。

被试信息部分主要包括年龄、驾龄、教育程度和婚姻状况等。

(2)驾驶员类型划分阈值确定。

目标取向部分,打乱最终问卷的问题顺序。第1、2、4、6、10题代表学习型,得分越高,说明驾驶员更倾向于学习型。第3、5、7、8、9题代表竞技型,得分越高,说明驾驶员更倾向于竞技型。第1、2、4、6、10题总分大于15分,且第3、5、7、8、9题总分小于12分的驾驶员确定为学习型驾驶员,同时第1、2、4、6、10题总分小于12分,且第3、5、7、8、9题总分大于15分的驾驶员确定为竞技型驾驶员。

价值取向部分,得分越高,驾驶员就越具有个人主义倾向。被试总分和他人总分的差值大于780分的驾驶员,为自我型驾驶员;而被试总分和他人总分的差值小于400分的驾驶员,为公益型驾驶员。驾驶员类型分类结果如表10-22所示。

驾驶员类型分类结果 表10-22

驾驶员类型	阈值
自我-学习型(A-C型)	$\sum(1,2,4,6,10) \geq 15$ 而且 $\sum(3,5,7,8,9) \leq 12$ $\sum_{i=1}^{5}(个人得分-他人得分) \geq 780$
自我-竞技型(A-D型)	$\sum(1,2,4,6,10) \leq 12$ 而且 $\sum(3,5,7,8,9) \geq 15$ $\sum_{i=1}^{5}(个人得分-他人得分) \geq 780$
公益-学习型((B-C型)	$\sum(1,2,4,6,10) \geq 15$ 而且 $\sum(3,5,7,8,9) \leq 12$ $\sum_{i=1}^{5}(个人得分-他人得分) \leq 400$
公益-竞技型(B-D型)	$\sum(1,2,4,6,10) \leq 12$ 而且 $\sum(3,5,7,8,9) \geq 15$ $\sum_{i=1}^{5}(个人得分-他人得分) \leq 400$

(3)驾驶员类型划分结果。

根据设计的问卷和驾驶员类型分类的阈值,可以将驾驶员分为五种类型:自我-学习型(A-C型)、自我-竞技型(A-D型)、公益-学习型(B-C型)、公益-竞技型(B-D型)以及价值或目标取向不分的驾驶员(ND型)。

图10-54提供了这些类型驾驶员特性的详细信息。例如,对于A-C型驾驶员,他们的价值取向是自我型,目标取向是学习型,他们学习实施某种行为时主要因为该行为对他们有明显的效益,并且他们想了解自身学习提升的过程。B-D型驾驶员的价值取向是公益型,目标取向是竞技型,在这种情况下,促使他们学习实施某种行为的主要动力是因为该行为对大家均有益处,同时他们想得到比他人更好的学习成绩。

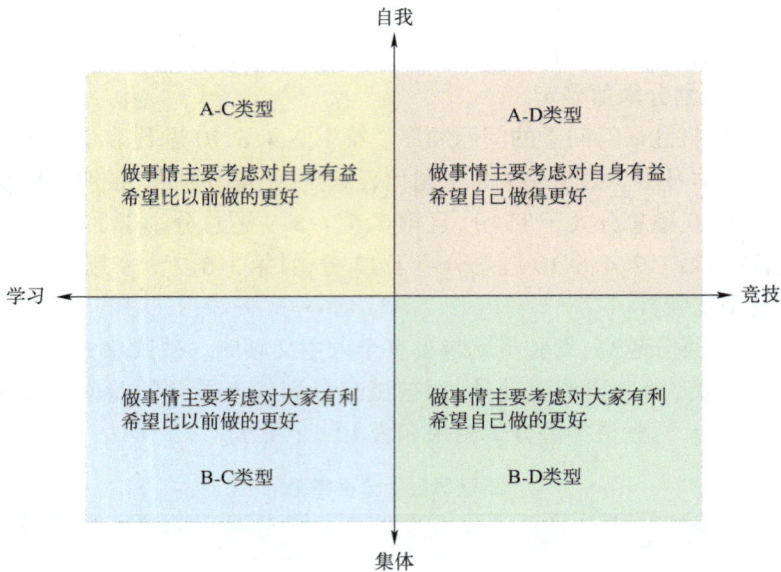

图 10-54　四种驾驶员属性及其特性的描述

3.危险驾驶行为反馈设计

　　并不是所有的驾驶员都拥有相同的价值取向和目标取向。因此,针对不同驾驶类型的驾驶员和不同的危险驾驶行为设计了相应的反馈,从而提升培训效果;同时,建立针对不同类型驾驶员的两类反馈形式和四类反馈信息的对应关系;最后,开发形成风险驾驶行为教育和培训辞典,如图 10-55 所示。

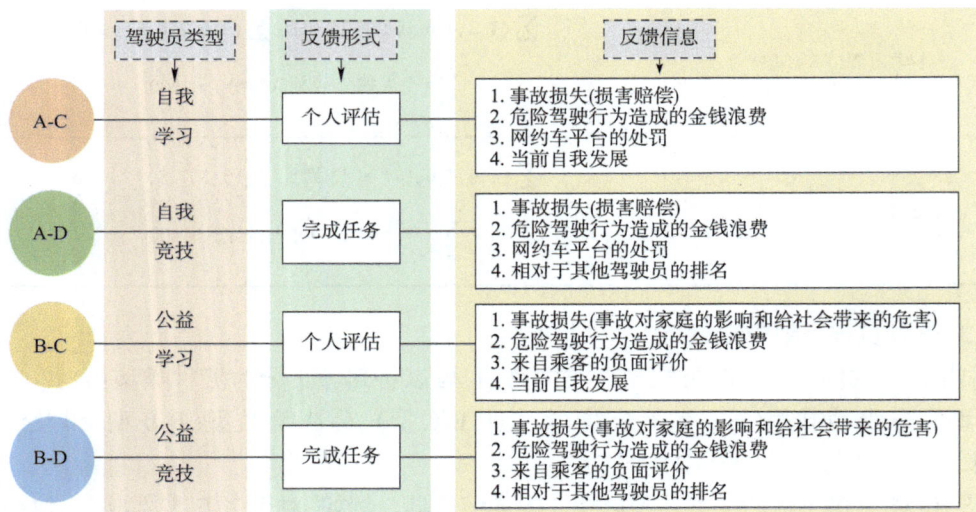

图 10-55　教育和培训辞典结构

　　对于自我-学习型的驾驶员(A-C 型),通常以自身获益为动机,关注自己的进步,反馈信息包括事故损失(损害赔偿)、危险驾驶行为造成的金钱浪费以及网约车平台的处罚。反馈形式强调自身与其过去的对比(个人评估)。

对于自我-竞技型的驾驶员(A-D 型),通常以自身获益为动机,关注自己与他人相比的表现,反馈信息包括事故损失(损害赔偿)、危险驾驶行为造成的金钱浪费以及网约车平台的处罚。反馈形式是提供与其他驾驶员相比的任务完成度状况(完成任务)。

对于公益-学习型的驾驶员(B-C 型),注重社会的整体利益,关注自身的进步。反馈信息包括事故损失(事故对家庭的影响以及给社会带来的危害)、危险驾驶行为造成的金钱浪费以及乘客可能产生的负面反馈。反馈形式强调自身与其过去的对比(个人评估)。

对于公益-竞技型的驾驶员(B-D 型),注重社会的整体利益,关注自己与他人相比的表现。反馈信息包括事故损失(事故对家庭的影响以及给社会带来的危害)、危险驾驶行为造成的金钱浪费以及乘客可能产生的负面反馈。反馈形式是提供与其他驾驶员相比的任务完成度状况(完成任务)。

(三)案例分析

1.高风险驾驶员选取

根据 2020 年 7 月 9 日的网约车平台风险值排名,选择风险较高的前 50000 名驾驶员作为实验对象。被试年龄 21 ~ 60 岁(平均 = 37.286,标准差 = 7.941)。被试的驾龄为 3 ~ 40 年(平均 = 10.9,标准差 = 5.727)。实验对象的年龄和驾龄分布与网约车公司驾驶员数量统计特征一致。

2.驾驶员类型划分

所有问卷通过线上填写完成,由网约车平台在国内提供问卷服务。问卷链接发放给 50000 名开车时使用手机的高风险驾驶员,同一 IP 地址的被试不能重复提交问卷。每个被试用需要 10min 时间完成问卷填写。3 天内共回收问卷 3070 份,剔除不完全和不合理数据(如所有问题选项均相同),获得有效样本 2743 个。

(1)信效度分析。

由于目标取向的量表问卷(用数量来表示程度),因此对目标取向部分进行信度和效度分析,问卷质量的检验包括信度检验和效度检验。信度是指调查结果的内在一致性和可靠性。效度即有效性,是指一种调查工具或手段能够准确测量对象的程度,即检验问卷是否能够真实反映被试的心理状况。

克朗巴赫系数是美国教育学家 Lee Cronbach 提出的一种检验信度的方法,用来检验问卷数据的可靠程度。可以采用 SPSS 软件计算问卷的克朗巴赫系数。一般而言,克朗巴赫系数在 0.7 ~ 0.9 之间的问卷,被认为具有较高的内在一致性。本小节中克朗巴赫系数为 0.752,因此目标取向问卷是可靠的。

采用因子分析法对问卷数据进行效度检验。因子分析前,首先进行 KMO 检验和 Bartlett's 球形检验。KMO 检验用于检查变量间的相关性和偏相关性,KMO 取值在 0 ~ 1 之间,KMO 越接近于 1,变量间的相关性越强,偏相关性越弱,因子分析的效果越好,KMO 在 0.7 以上时代表效果比较好。Bartlett's 球形检验用于检验相关阵中各变量间的相关性,如果 sig 值小于 0.05,代表变量之间存在相关性,说明适合作因子分析。在检验中,KMO = 0.829 > 0.7,

Barlett 的 $\chi^2 = 8643.655$（Sig $=0.000$）。检验结果表明目标取向问卷具有可接受的效度。

（2）驾驶员类型划分。

根据表 10-22 的阈值，在 2743 份有效问卷中，有 870 名驾驶员被划分为四种类型的驾驶员，其中 124 名被归类为 A-C 驾驶员，40 名被归类为 A-D 驾驶员，379 名被归类为 B-C 驾驶员，146 名被归类为 B-D 驾驶员；有 181 名驾驶员被归类为 ND 型。

3. 驾驶员培训实施

整个培训过程从 2020 年 6 月 10 日开始，到 2020 年 6 月 25 日结束。第 1 组为实验组，第 2 组为空白对照组，第 3 组为一般控制组。第一阶段是培训前阶段（从 2020 年 6 月 10 日到 2020 年 6 月 16 日），第二阶段是培训阶段（从 2020 年 6 月 17 日到 2020 年 6 月 18 日），第三阶段是培训后阶段（从 2020 年 6 月 19 日到 2020 年 6 月 25 日）。

在第一阶段，选择了前 50000 名高风险的网约车驾驶员，并通过网约车公司的智能手机应用程序和智能手机短信服务收到了包含目标取向、价值取向和人口统计信息的调查问卷。最后，共 870 名驾驶员被分为五种类型：A-C 型、A-D 型、B-C 型、B-D 型和 ND 型（价值取向或目标取向没有区分的驾驶员）。在前四种类型的驾驶员中，将每种类型的驾驶员按 7：3 的比例分为实验组（第一组）和空白对照组（第二组）。此外，由于有较高比例的高危驾驶员无法根据调查问卷进行分类，但这部分驾驶员也需要教育和培训来提高他们的安全意识。因此，在与网约车公司沟通后，181 名 ND 型的驾驶员被分配到一般控制组（第 3 组）。

第二阶段，对 870 名驾驶员展开培训实验，每组驾驶员通过智能手机接收的反馈内容见表 10-23。

实验安排 表 10-23

驾驶员类别	分组	驾驶员数量	反馈内容
A-C	实验组	88	与图 10-54 A-C 驾驶员反馈信息相同
	空白对照组	36	无
A-D	实验组	30	与图 10-54 A-D 驾驶员反馈信息相同
	空白对照组	10	无
B-C	实验组	267	与图 10-54 B-C 驾驶员反馈信息相同
	空白对照组	112	无
B-D	实验组	102	与图 10-54 B-C 驾驶员反馈信息相同
	空白对照组	44	无
ND	一般控制组	181	网约车平台以往的培训内容

4. 培训效果评价

以驾驶时使用手机作为案例研究，评估 TDOM-RDBET 的有效性。其中，选定的评价指标如下：

①驾驶时使用手机的平均风险综合得分（AS，无单位）。

②驾驶中，使用手机的频率，即平均每 100km 使用手机的次数（AF，次/100km）。

③危险驾驶行为的频率,即平均每100km出现危险驾驶行为的次数,包括急加速、急转弯和急减速(AFR,次/100km)。

这里选用AFR,主要是根据以往的研究,分心驾驶行为会对驾驶技能和速度控制能力产生负面影响,表现为转弯、换道、变速等。因此,通过对急加速、急减速、急转弯等危险驾驶行为的百公里频率分析,进一步验证优化方法的有效性。

基于双因素方差分析,TDOM-RDBET的有效性通过评估各组(实验组、空白对照组和一般控制组)和培训时间(即培训前、培训后两个时间段)对AS、AF、AFR的主影响作用,以及两个因素对AS、AF和AFR的交互影响。使用Bonferroni校正进行事后检验用于确定不同组之间均值的差异。本小节研究中的因子水平和数据特征符合以下两个假设:第一,各因子水平下的数据服从正态分布;第二,各因素的主效应和交互效应满足Mauchly的球度检验。因此,双因素方差分析可用于分析反馈内容与培训发生时间两种因素对危险驾驶行为的影响。反馈内容×培训发生时间前后的具体过程见表10-24。图10-55显示了危险驾驶行为在反馈内容×培训时间两个因素的交互效应的显著作用效果。

所有统计分析均采用SPSS软件包进行,$p < 0.1$表示分析结果有显著性差异,$p > 0.1$表示无显著性差异。

(1)反馈内容与培训时间对AS的影响。

如表10-24和图10-56a)所示,驾驶员反馈内容($F_{(3,866)} = 5.068, p < 0.05$)和培训时间($F_{(2,867)} = 8.653, p < 0.05$)的主效应、交互效应均为显著($F_{(6,863)} = 7.481, p < 0.05$)。结果显示,培训前,各组之间无显著性差异,但培训后,实验组的AS值显著低于空白对照组($p < 0.05$)和一般控制组($p < 0.1$)。此外,实验组在培训前后有显著性差异($p < 0.05$),培训后AR值显著降低。空白对照组和一般控制组在培训前后无显著性差异。因此,对于AR指标,实验组的培训效果优于空白对照组和一般控制组,这也部分证明了个性化和针对性培训方法的有效性。

(2)反馈内容与培训时间对AF的影响。

如表10-24和图10-56b)所示,驾驶员反馈内容对AF无显著的主效应,但驾驶员反馈内容和培训时间对AF的交互影响作用显著($F_{(6,863)} = 15.217, p < 0.001$)。结果显示,培训前实验组的AF值显著高于空白对照组($p < 0.001$)和一般控制组($p < 0.05$)。培训后实验组的AF值显著低于空白对照组($p = 0.05$)和一般控制组($p < 0.05$)。此外,实验组培训前后AF有显著性差异($p < 0.001$),培训后AF显著降低。空白对照组和一般控制组在培训前后无显著性差异。因此,对于AF指标,实验组的培训效果优于空白对照组和一般控制组,这也同样证明了个性化和针对性培训方法的有效性。

(3)反馈内容与培训时间对AFR的影响。

如表10-24和图10-56c)所示,驾驶员反馈内容对AFR的主效应不显著,也没有发现驾驶员反馈内容和培训时间对AFR的显著交互效应。结果显示,驾驶员在不同反馈内容条件下AFR并没有显著性差异。然而,实验组在培训前后存在显著性差异($p < 0.001$),培训后AFR值显著降低。空白对照组和一般控制组在培训前后无显著性差异。因此,对于AFR指标,实验组的培训效果略优于空白对照组和一般控制组。

反馈内容、培训时间和二者交互影响的汇总结果　　　　　表 10-24

项目	反馈内容（驾驶员分组）				培训前后			反馈内容 × 培训前后
	实验组	空白对照组	一般控制组	统计值	培训前	培训后	统计值	统计值
AS	0.886	0.902	0.890	$F = 5.068$	0.900	0.883	$F = 8.653$	$F = 7.481$
	(0.070)	(0.056)	(0.067)	$p = 0.006$	(0.058)	(0.073)	$p = 0.003$	$p = 0.001$
AF	1.867	1.768	1.846	NS	2.007	1.668	$F = 11.027$	$F = 15.217$
	(0.900)	(0.780)	(0.784)		(0.914)	(0.689)	$p = 0.001$	$p < 0.001$
AFR	1.100	1.099	1.063	NS	1.201	0.984	$F = 8.072$	NS
	(0.819)	(0.645)	(0.752)		(0.811)	(0.697)	$p = 0.005$	

注：括号内的数字是平均值的标准误差；NS 为不显著。

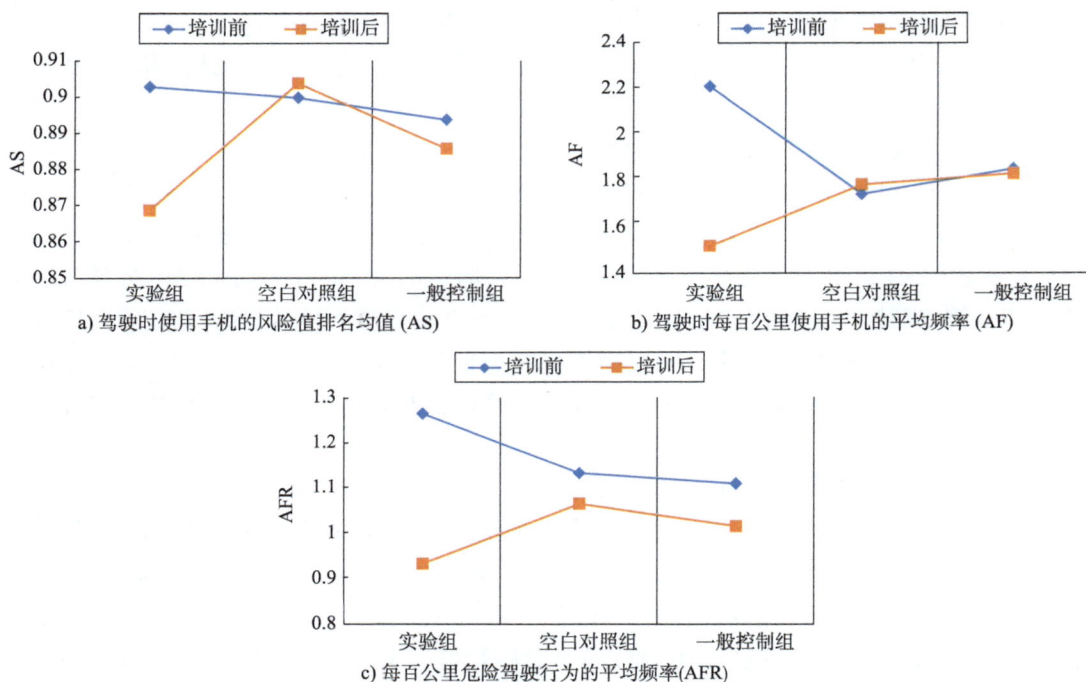

a) 驾驶时使用手机的风险值排名均值 (AS)

b) 驾驶时每百公里使用手机的平均频率 (AF)

c) 每百公里危险驾驶行为的平均频率(AFR)

图 10-56　反馈内容（实验组、空白对照组、一般控制组）和培训时间（实验前、后）交互作用图

综上，结果验证了有针对性、差异化的培训方法在改善驾驶时使用手机这种风险行为方面比一般的培训方法更有效。基于驾驶员价值取向和目标取向的培训方法对危险驾驶行为矫正干预有效性的提升具有积极作用。

（四）小结

本小节基于网约车平台，提出了一种有针对性、差异化的风险驾驶行为教育培训干预方法（TDOM-RDBET），并以网约车驾驶员为例，结合驾驶员类型，对 TDOM-RDBET 的培训效果进行了评价和验证。研究结果可为危险驾驶行为的教育培训、干预矫正奠定基础。此外,所提出的方法可推广至职业驾驶员(如出租汽车驾驶员、货运驾驶员、大客车驾驶员、公交车驾驶员等),建立定制化的培训方法和体系。

(1)研究对 870 名参与培训的驾驶员进行分类,设计了针对不同驾驶员类型的培训反馈,开发了针对不同人群、不同培训内容的教育培训辞典。通培训效果评价,验证了 TDOM-RDBET 在改善驾驶时使用手机这种风险比一般的培训方法更加有效。

(2)提出的 TDOM-RDBET 培训方法,主要包括以下步骤:①根据驾驶员的风险值排序选择高风险驾驶员;②通过主观问卷实现驾驶员基于价值取向和目标取向等社会属性的人群分类;③根据不同类型驾驶员的特点,设计不同的教育内容,生成教育培训辞典;④评价培训效果的有效性,支撑应用推广。

(3)当前研究存在一定的局限性:只针对看手机的危险驾驶行为进行培训,其他的风险行为未涉及。在未来的研究中,可以展开针对所有危险驾驶行为的培训,以在最大程度上提升网约车驾驶员的安全驾驶水平。

第四节　交通人因未来发展趋势

一　驾驶模拟技术未来发展趋势

作为一种研究交通人因与驾驶行为的重要科研工具,驾驶模拟综合实验测试平台给予驾驶真实感和沉浸式体验,"虚实结合""硬件在环",可实现涵盖交通系统人、车、路、环境要素的设计、开发和优化,全方位助力于面向人因的交通系统理论科学研究。平台具有测试成本低、安全性高、影响因素易控制、实验数据易采集等优势,可获得细粒度、多维度、高精度的车辆操控及运行状态数据,结合驾驶人生理心理、主观感受等数据,可构建驾驶人认知过程全链路综合感知测试平台,以支撑交通人因相关研究。随着交通领域对于人因要素的重视程度不断提升,驾驶模拟技术在交通系统的设计优化、评估诊断、机理挖掘、主动防御等领域均取得了一定的技术突破和应用成果,同时数据驱动下挖掘各要素间影响关系的内在成因解析也成为驾驶模拟技术的应用核心。近年来,以人为核心,驾驶模拟技术深度渗透支撑智能交通系统、车路协同、网联自动驾驶等新技术,为其大范围应用奠定了基础。如图 10-57 所示,本节总结了驾驶模拟技术未来发展的八大趋势。

(1)场景更丰富。驾驶模拟技术的核心是实现真实场景的再造,开发更加丰富、更加保真、更加精细的实验测试场景,特别是夜间场景、乡村公路、桥梁隧道、复杂立交等特殊复杂场景的开发成为近年来的关键技术难点。总体来看,构建涵盖道路环境、运行状态、交通事件、人机交互等要素的多种交通情景是未来驾驶模拟技术发展的基础。同时,场景开发过程中符合自动化及测量系统标准协会(Association for Standardization of Automation and Measuring Systems,ASAM）数据标准,以便于未来构建融合、贯通、丰富的场景库。另外,高效地创造虚拟仿真场景,可通过 OpenDrive 等系统快速导入实际道路场景,提高虚拟交通场景的搭建效率,也是近年来努力的方向。

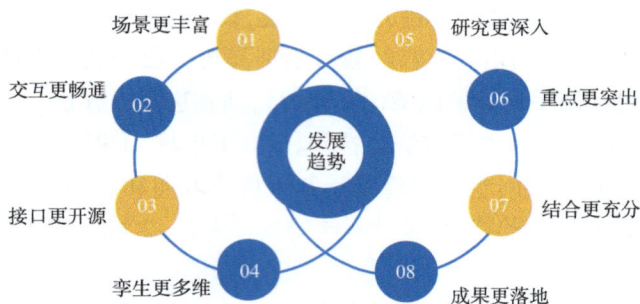

图 10-57　驾驶模拟技术未来发展趋势

（2）交互更畅通。驾驶模拟技术作为虚拟现实技术的代表,如何实现其与多种仿真平台和虚拟装备的互联互通,确保互联更畅通是驾驶模拟技术应用的关键所在。依托驾驶模拟器搭建多形态实验平台,可实现 Simulator + Matlab/Simulink 实验平台、Simulator + VISSIM 实验平台、Simulator + HUD 实验平台、Simulator + VR 实验平台、Simulator + SUMO 实验平台的构建,面向人因进行多维度、结构化、系统化实验测试,同时也和交通系统仿真软件相结合,可实现基于驾驶模拟技术和微观仿真软件的交通系统多尺度仿真评价和优化,进而延展驾驶模拟技术的支持范围。

（3）接口更开源。开源接口是驾驶模拟平台功能可拓展的关键所在。驾驶模拟系统具有丰富的开源接口,可通过应用程序接口（Application Programming Interface,API）、用户数据协议（User Datagram Protocol,UDP）以及无线通信技术（Wi-Fi）,实现与外界硬件设备和软件系统的数据交互。

（4）孪生更多维。基于驾驶模拟技术,可实现与真实交通系统要素间的数字映射和孪生,复现人-车-路-环境间的动态交互,这一特点是驾驶模拟技术的根本能力。此外,微观驾驶行为数据和微观仿真软件间可通过参数标定实现动、静态互联。同时,驾驶模拟系统通过云平台也可实现和实景沙盘自动驾驶车辆、实测道路网联车辆的全场景要素虚拟孪生。可见,以驾驶模拟技术为核心,攻克四相映射技术,实现多维度孪生,将为面向人因需求解决多尺度的仿真提供支持。

（5）研究更深入。自动驾驶技术、车路协同技术和智慧公路是智能交通未来的发展方向,基于驾驶模拟技术,可以再造网联系统中人-车-路-环境间的动态交互场景,特别是实现人机动态交互的虚拟仿真,考虑人因因素可实现面向个体驾驶人适应性和交通流群体效用的综合车路协同和自动驾驶技术的测试评估,为相关技术应用和优化设计提供参考。

（6）重点更突出。人因要素的分析是交通系统的热点问题,深入挖掘驾驶模拟技术对于自动驾驶测试的研究支撑,攻克多模拟器联动等关键技术,充分考虑自动驾驶中的人因因素,围绕自动驾驶接管绩效、人机交互、类人决策、通行规则、混驾编队等研究内容,驾驶模拟技术与交通仿真系统相结合,开展多级别自动驾驶的综合评测及优化,综合提升交通系统的安全性、生态性、顺畅性、舒适性。实现教研融合就是一个重点内容,实现人因科研成果向教学实践的快速转移也成为现在交通教育培训、人才培养的特色方向。因此,本-硕-博一体化的交通人因在教学实践中的应用是现在需要突破的重点。

(7)结合更充分。在未来研究中驾驶模拟系统、外场实车测试系统、交通仿真软件系统之间的充分结合将成为研究重点趋势。特别是在自动驾驶测试中,实现驾驶模拟测试、场地测试、先行区测试的一体化结合,以实现优势互补和全维度测试研究,是完成自动驾驶系统全面测试的重点支撑。

(8)成果更落地。面向交通人因要素,基于驾驶模拟技术实现人-车-路-环境-管理的控制优化是目前交通领域人因研究的主导方式。面向工程应用,广泛与企事业单位开展深度合作,秉承"以人为核心"的研究思路,围绕交通安全设施的评估及优化、驾驶人的特性分析及诊断、风险行为干预管控、交通风险路段主动防控、车路协同与自动驾驶测评等应用领域,"产-学-研-用"构建落地应用生态圈,并进一步推动驾驶模拟技术的研究和发展。

二 交通人因未来发展趋势

交通人因未来将面向"人-车-路-环境-管理"构成的交通系统,秉承以人为主体,深化落实"以人为核心"的研究应用理念,紧紧围绕"行为提升、设施优化、交通管理、网联协同"等重点内容,可围绕"更完美的人""更人性的路/环境""更高效的管"及"更安全的车/路"等方向开展深入研究。交通人因研究方向及框架如图 10-58 所示。

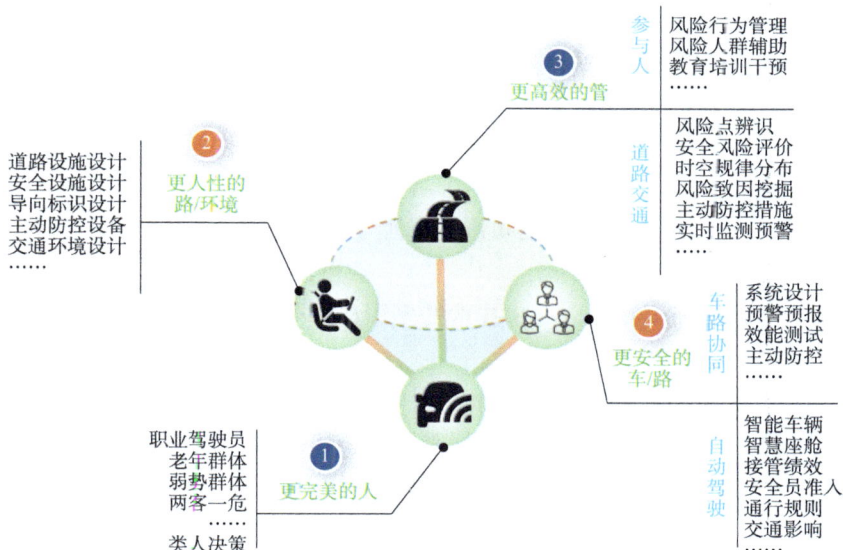

图 10-58 交通人因研究方向及框架

(1)更完美的人:靶向定位新手驾驶人、老年驾驶人、职业驾驶员、自动驾驶安全人、弱势群体及自行车骑行者等典型群体,实现驾驶人特性建模以及类人决策等关键技术。

(2)更人性的路/环境:以数据驱动为导向,构建"方案设计、特征表现、量化评价、优化甄选、配套设置、标准指南"一体化研究范式,在交通设施优化、道路优化设计以及安全防控策略等方面开展研究。

(3)更高效的管:包括驾驶人管理和道路交通管理两个方面。驾驶人管理,以驾驶人行为优化提升为导向,围绕"驾驶行为特征提取-驾驶行为评估甄别-驾驶行为技术应用"技术路线,在风险行为管理、风险人群教育培训干预等方面开展应用研究;道路交通管理,以解决重大交通安全隐患为导向,围绕"风险辨识、动态演化、致因挖掘、主动防控、孪生测试、效果评估、示范应用"整套关键技术和研究范式,在安全风险评价、主动防控策略、安全设施优化及实时监测预警等方面开展应用研究。

(4)更安全的车/路:瞄准车路协同和自动驾驶研究的焦点问题,以挖掘车路协同、自动驾驶的影响机理为核心,在车路协同系统有效性、自动驾驶适应性以及自动驾驶车辆人机交互合理性等方面开展应用研究。同时,采用类人决策的思路,为自动驾驶运行规则的制定以及综合评估奠定基础。

思考题

1. 使用虚拟现实技术(VR)完成人行横道线的优化设计,应考虑哪些因素?
2. 相较于传统宣教培训、新型视频式培训,基于 Unity 的沉浸式培训方式有什么优势?
3. 相比于传统的地铁枢纽标识系统优化设计方法,VR + BIM 技术的优点体现在哪里?列举你知道的在交通中 VR + BIM 技术的其他应用。
4. 简述风险驾驶行为对于交通事故防控的影响。试解释何为"千人千面"的教育培训方式?
5. 影响自行车逆行的因素有哪些?并举例说明如何依据影响因素提出相应改善策略。
6. 当各投入要素对总体产出的贡献度无法确定时,数据包络分析(DEA)较其他的综合评价方法(如 TOPSIS)有什么优势?

本章参考文献

[1] 王雯,王国强. 虚拟现实技术在空间认知心理学研究中的发展与应用现状[J]. 新西部月刊,2008(8):223-224.
[2] 梁鲲. 基于 Driving Simulation + VR 技术的多用户主体人行横道线影响效用及评估[D]. 北京:北京工业大学,2020.
[3] 王建明. 简析如何增强安全驾驶性[J]. 科学大众(科学教育),2016(10):172.
[4] 丁宇. 基于数据挖掘的城市交通事故驾驶人特征研究[D]. 沈阳:沈阳大学,2018.
[5] 徐岑,赵洪培. 浅析驾驶人心理因素对交通安全的影响[J]. 交通与运输,2018,34(06):83-84.
[6] BURSTEDDE C,KLAUCK K,SCHADSCHNEIDER A,et al. Simulation of pedestrian dynamics using a 2-dimensional cellular automaton[J]. Physical A,2001,295:507-525.
[7] MOTAMEDI A,WANG Z,YABUKI N,et al. Signage visibility analysis and optimization system using BIM-enabled virtual reality(VR)environments[J]. Advanced Engineering Informatics,2017,32:248-262.

［8］GREFENSTETTE J J. Optimization of control parameters for genetic algorithms［J］. IEEE Transactions on systems, man, and cybernetics, 1986, 16(1)：122-128.

［9］QUEST MOBILE. China mobile internet annual report in 2017［EB/OL］. http://www. questmobile. com. cn/research/report-new/18. Accessed January 2018.

［10］HWANG C L, LAI Y J, LIU T Y. A new approach for multiple objective decision making ［J］. Computers & operations research, 1993, 20(8)：889-899.

［11］CHEN K, ZHANG T, HU Y X. Study on applicability of objective weighted model in the selection of engineering materials［J］. Materials Review, 2013, 2(9)：104-106.

［12］MOUSA S R, BAKHIT P R, ISHAK S. An extreme gradient boosting method for identifying the factors contributing to crash/near-crash events：a naturalistic driving study［J］. Canadian Journal of Civil Engineering, 2019, 46(8)：712-721.

［13］LUNDBERG S M, LEE S I. A unified approach to interpreting model predictions［C］// Proceedings of the 31st International Conference on Neural Information Processing Systems. New York, 2017：4768-4777.

［14］YU R J, XIONG Y G, ABDEL-ATY M. A correlated random parameter approach to investigate the effects of weather conditions on crash risk for a mountainous freeway［J］. Transportation Research Part C：Emerging Technologies, 2015, 50：68-77.

［15］HUANG L H, ZHAO X H, Li Y, et al. Optimal design alternatives of advance guide signs of closely spaced exit ramps on urban expressways［J］. Accident Analysis & Prevention, 2020, 138：105465.

［16］新华网. 我国电动自行车社会保有量接近 3 亿辆［EB/OL］. 2020-11-20［2021-04-20］. https://baijiahao. baidu. com/s? id =1683861077944588599.

［17］环球网. 年死亡人数超 8 千人 专家呼吁国家立法强制电动自行车骑乘者佩戴安全头盔［EB/OL］. 2020-12-02［2021-04-20］. https://baijiahao. baidu. com/s? id =1684954314581734262.

［18］柏璐. 城市道路电动自行车交通特性与安全影响研究［D］. 南京：东南大学, 2017.

［19］STIMPSON J P, HE Z, WILSON F A. Bicyclists found at fault for bicycle crashes in California［J］. The American Journal of Emergency Medicine, 2016, 34(8)：1699-1701.

［20］CHEN T Q, GUESTRIN C. XGBoost：A scalable tree boosting system［C］//KRISHNAPURAM B, SHAH M. KDD '16：Proceedings of The 22nd ACM SIGKDD International Conference on Knowledge Discovery and Data Mining. New York：Association for Computing Machinery, 2016：785-794.

［21］KE G L, MENG Q, FINLEY T, et al. LightGBM：A highly efficient gradient boosting decision tree［C］//GUYON I, LUXBURG U V, BENGIO S, et al. Advances in Neural Information Processing Systems 30(NIPS 2017). Cambridge MA：MIT Press, 2017：3146-3154.

［22］DOROGUSH A V, ERSHOV V, GULIN A. CatBoost：gradient boosting with categorical features support［J］. arXiv preprint arXiv：1810. 11363, 2018.

［23］杨彦青. 电动自行车轨迹数据分析与可视化相关技术研究［D］. 沈阳：沈阳理工大学,2019.

［24］LUAN S,LI M,LI X,et al. Effects of built environment on bicycle wrong way riding behavior：a data-driven approach［J］. Accident Analysis & Prevention,2020,144：105613.

［25］YUAN J,ZHENG Y,ZHANG C Y,et al. An interactive-voting based map matching algorithm［C］//BILOF R. 2010 Eleventh International Conference on Mobile Data Management. Piscataway：IEEE,2010：43-52.

［26］HE T F,BAO J,LI R Y,et al. Detecting vehicle illegal parking events using sharing bikes' trajectories［C］//GUO Y K,FAROOQ F. KDD '18：Proceedings of the 24th ACM SIGKDD International Conference on Knowledge Discovery & Data Mining. New York：Association for Computing Machinery,2018：340-349.

［27］World Health Organization. Global status report on road safety 2018：Summary［R］. World Health Organization,2018. https：//creativecommons. org/licenses/by-nc-sa/3. 0/igo.

［28］WU Y,Zhao X,JIAN R,et al. The effectiveness of eco-driving training for male professional and non-professional drivers［J］. Transportation Research Part D Transport and Environment,2018,59：121-133.

［29］WU Y,ZHAO X,YAO Y,et al. Optimization method to improve ecodriving acceptance and effectiveness based on driver type classification［J］. Transportation Research Record,2017,2665(1)：21-29.

［30］HIBBERD D,JAMSON H,JAMSON S,et al. Multi-modal in-vehicle and nomadic device eco-driving support for car drivers［J］. Leeds,University of Leeds,2013.

［31］OFFERMAN T,SONNEMANS J,SCHRAM A. Value orientations,expectations and voluntary contributions in public goods［J］. The economic journal,1996,106(437)：817-845.

［32］中华人民共和国交通运输部. 1 月网约车监管平台收到超 7 亿订单信息［EB/OL］. 2022-02-17［2022-03-17］. https：//www. mot. gov. cn/jiaotongyaowen/202202/t20220217_3641750. html.

［33］CHARNES A,COOPER W W,RHODES E. Measuring the efficiency of decision making units［J］. European journal of operational research,1978,2(6)：429-444.

［34］BANKER R D,CHARNES A,COOPER W W. Some models for estimating technical and scale inefficiencies in data envelopment analysis［J］. Management Science,1984,30(9)：1078-1092.